ENCYCLOPÉDIE

DE LA

MYTHOLOGIE

© 1999 Copyright pour l'édition originale
Parragon Books Ltd
Queen Street House
4 Queen Street
Bath BA1 1HE, Royaume-Uni

Création
Foundry Design & Production

L'éditeur tient à remercier : Claire Dashwood, Jennifer Kenna,
Sonya Newland et Ian Powling.

© 2004 Copyright pour l'édition française
Parragon Books Ltd

Réalisation : InTexte Édition, Toulouse
Traduction de l'anglais : Thomas Guidicelli, Marie-Line Hillairet
avec le concours de Nicolas Blot, Sophie Léchauguette

ISBN : 978-1-4054-2235-2

Imprimé en Malaisie

ENCYCLOPÉDIE
DE LA
MYTHOLOGIE

Loren Auerbach, Pr Anne M. Birrell, R. P. Martin Boord, Miranda Bruce-Mitford,
Peter A. Clayton, Dr Ray Dunning, Dr James H. Grayson, Dr Niel Gunson, Stephen Hodge,
Dr Gwendolyn Leick, Dr Helen Morales, Mark Nuttall, Richard Prime, Pr James Riordan,
Dr Nicholas J. Saunders, Pr Harold Scheub, Bruce Wannell et Pr James Weiner.

SOUS LA DIRECTION DE
Arthur Cotterell

  # SOMMAIRE

INTRODUCTION

COMME BIEN D'AUTRES MOTS de la langue française, le mot « mythologie » tient ses racines du grec ancien (*muthos* : récit), et cette étymologie est commune à un grand nombre de langues modernes.

Au Vᵉ siècle av. J.-C., le mot « mythe » désignait une histoire, une suite d'événements liés les uns aux autres. L'historien Hérodote, auteur de récits sur les guerres médiques, eut à cœur de recueillir le plus grand nombre d'informations possible sur ces affrontements épiques, et certains des épisodes qu'il a exposés peuvent aujourd'hui être considérés comme des mythes. Il admettait volontiers qu'il ne pouvait en vérifier l'exactitude, mais il estimait que leur richesse les rendait impossibles à ignorer. C'était au lecteur de décider ce qu'il fallait considérer comme légende ou comme réalité. Cette idée du mythe renvoyant à une fiction construite plutôt qu'à un fait avéré fut reprise par le philosophe grec Platon qui établit un système de pensée fondé sur la recherche de la vérité.

Le développement de la connaissance dans la Grèce antique ne diminua en rien l'importance de la mythologie, car il renforça l'idée que les mythes étaient des récits traditionnels illustrant le rayonnement de la culture et de la langue. Ils contenaient les éléments de pensée à travers lesquels les Grecs pouvaient s'identifier comme appartenant à un peuple unique. La force de la mythologie grecque repose sur sa dimension collective. À la différence d'un récit composé par un seul auteur, le mythe grec existe par lui-même, supporté par une intrigue et des personnages aisément reconnaissables par ceux qui le lisent ou l'écoutent. Lorsque les Athéniens assistaient à des représentations théâtrales à l'occasion de fêtes religieuses annuelles, ils connaissaient déjà les événements que des auteurs tels que Sophocle ou Eschyle avaient choisi

de décrire. Les conséquences de la guerre de Troie exercèrent une intense fascination chez ces auteurs de même que la tragédie d'Œdipe. Le choix d'Œdipe de mourir dans un bois sacré de Colone, non loin d'Athènes, après avoir réalisé qu'il était coupable des crimes de parricide et d'inceste, donna encore plus d'intérêt à cette tragédie dans cette partie du monde grec. De fait, la tragédie *Œdipe à Colone*, écrite par Sophocle, exprime les sentiments les plus profonds

des Grecs anciens à l'égard du crime, de la peine et de la destinée dans la délivrance finale du roi de Thèbes devenu aveugle.

Au IVe siècle av. J.-C., le mythographe grec Évhémère déclara que mythes et légendes étaient liés à des événements historiques et que les dieux n'étaient autres que des humains élevés à ce rang après leur mort en récompense de leurs actions terrestres. Un tel point de vue s'applique aisément à la guerre de Troie : au XIXe siècle, les vestiges d'une ville antique furent mis au jour en Asie Mineure, à l'emplacement supposé de la cité homérique. Agamemnon, Ajax, Ménélas, Hélène, Pâris, Achille, Hector, Nestor, Ulysse, Priam, tous personnages de l'*Iliade* et de l'*Odyssée*, poèmes épiques d'Homère, ont peut-être été les acteurs d'un conflit survenu dans cette région. Malheureusement, cette explication semble trop simple. L'étude de récits épiques de l'Inde antique fait apparaître d'étranges similitudes entre l'*Iliade*, qui décrit la chute de Troie, et le livre III du *Râmâyana*, une des deux grandes épopées védiques, qui relate l'expédition de Râma dans l'actuel Sri Lanka en vue d'y quérir son épouse Sîtâ, enlevée par le roi des démons Râvana.

Les auteurs de la Grèce et de l'Inde antiques ont sans doute puisé leurs idées dans un héritage commun mais ont façonné leurs récits en accord avec leur environnement. Dans l'*Iliade*, la conduite des forces expéditionnaires grecques par Agamemnon est absorbée par le récit de rivalités divines dans lequel dieux et déesses règlent leurs disputes personnelles par l'intermédiaire des Troyens et des Grecs. Une lecture attentive des textes montre qu'Hélène elle-même (cause du conflit) est traitée plus comme une déesse que comme une

épouse infidèle. Fille de Zeus et de Léda, Hélène était sans doute une divinité pré-grecque dont le culte faisait intervenir à la fois enlèvement et retrouvaille. Son époux Ménélas, roi de Sparte, fut aussi l'objet d'un culte spécifique en des temps plus anciens. Vraisemblablement, il devint le frère du roi Agamemnon dans l'une des nombreuses versions produites avant l'écriture de l'*Iliade*.

Cet examen de l'univers d'Homère est une précieuse indication quant à la diversité des formes sous lesquelles un mythe survit. Il peut être transmis presque inchangé, par exemple s'il est lié à la théologie et aux rites, ou bien dans une version modifiée, en tant que récit historique ayant perdu toute relation avec des événements sacrés. Récits épiques, sagas et *Purâna* sont sans doute les expressions les plus riches de la mythologie, et nous devons une grande partie de nos connaissances aux mythographes les plus anciens. L'essentiel de la mythologie germanique aurait sans doute été perdu à jamais sans les efforts du poète et seigneur islandais Snorri Sturluson. Au début du XIIIᵉ siècle, Sturluson publia un ouvrage sur les divinités antérieures au christianisme, décrivant au passage les nombreux mythes auxquels elles étaient liées. Il y retraça notamment les sagas de la période viking (de 750 à 1050 environ), souvent articulées autour du dieu Odin et du géant Thor.

Les mythes mettent en valeur le divin et traitent presque invariablement de la nature de l'existence et du monde. Dans les mythes les plus anciens de l'antique Sumer (actuel Irak), les rois étaient choisis et intronisés par une assemblée céleste formée de divinités. Au IIIᵉ millénaire avant l'ère chrétienne, chaque cité sumérienne se trouvait sous l'influence d'une divinité locale dont le culte était célébré dans un vaste temple construit sur une haute embase en briques. La divinité était réputée propriétaire de l'ensemble des terres cultivables, de sorte que le roi n'avait d'autre fonction que celle de régisseur des domaines divins. Dans la cité d'Eridu, le temple portait le nom d'Apsou, en référence à l'océan d'eau douce sur lequel était censée flotter la terre. À cause du climat semi-aride sévissant dans cette partie du monde, les cultures de céréales ou de fruits n'étaient possibles que par le biais d'une irrigation régulière. Les réseaux d'irrigation donnèrent naissance à un vaste système nécessitant une constante supervision. Le divin propriétaire du temple d'Eridu reçut le nom d'Enki (ou Ea). Il est réputé pour son habileté, car lors de conflits avec des divinités généralement plus puissantes telles que Enlil, dieu de l'atmosphère, ou Ninhursag (ou Nimmah), déesse de la fertilité, il parvint à obtenir gain de cause sans jamais user de sa force.

Ainsi l'habile Enki réussit à se montrer plus fin que la déesse Ninhursag dans un mythe sur la création de l'humanité : dans les temps les plus reculés, les dieux devaient travailler la terre et s'en trouvaient mécontents. Ils protestèrent tant, que Enki et sa mère Nammu entreprirent la création d'humains afin de les soulager dans leurs tâches. Lors d'une fête vouée à la célébration de cet événement, les dieux burent sans modération et Ninhursag se vanta de pouvoir modifier la forme d'une créature humaine comme bon lui semblait. Enki releva le défi, précisant que, quelles que soient les circonstances, il ferait en sorte que chaque humain puisse gagner son pain. Il parvint à corriger les défauts des monstres imaginés par

Ninhursag puis proposa à celle-ci d'inverser les rôles. Il créa un homme vieux et décrépit, si usé par les ans que tout travail lui était évidemment impossible. Désespérée par la tournure des événements, Ninhursag s'avoua vaincue.

Durant les ères d'influences babylonienne et assyrienne, qui firent suite à la chute de l'Empire sumérien en 2004 av. J.-C., les divinités régionales virent leur rayonnement s'élargir et furent associées aux aspirations politiques de l'État. Leurs relations avec la nature devinrent moins étroites et leur pouvoir supposée sur la marche du monde moins déterminante. C'est ainsi que le dieu babylonien Mardouk et le dieu assyrien Ashur prirent tour à tour une position dominante dans leurs panthéons respectifs. Les exploits des divinités plus

anciennes continuaient cependant à être contés. Dans un récit faisant écho au déluge biblique, le dieu Enlil était accusé de faute contre l'humanité. Les villes étaient devenues si peuplées que le bruit empêchait Enlil de dormir. Profondément agacé, il entreprit de convaincre les dieux réunis en assemblée de faire descendre une épidémie sur la terre afin de réduire le nombre des humains. Fort heureusement, un sage nommé Atrahasis (ou Utanapishtim, ou Ziusudra) consulta le dieu Enki et prit connaissance du funeste projet.

L'humanité était invitée à davantage de silence, et si nombreux furent les cadeaux offerts à Namtar, dieu des fléaux, qu'il s'abstint d'envoyer une épidémie sur terre. Peu après cet épisode, Enlil, rendu à nouveau furieux par le bruit, envoya sur terre une terrible sécheresse qui mit les hommes au bord de la famine. L'humanité ne dut son salut qu'aux bancs de poissons envoyés par Enki dans les rivières et les canaux. Enki comprit cependant que ce répit n'était que temporaire, puisque Enlil pouvait employer les puissances du ciel pour arriver à ses fins. Il ordonna donc à Atrahasis de construire un bateau afin d'échapper à un déluge qui dura sept jours et sept nuits. Seuls survécurent à la tempête Atrahasis, sa famille et les animaux qu'il avait pris à bord. Les autres dieux furent d'abord horrifiés par l'étendue des destructions, mais lorsque le dévot Atrahasis accosta sur la terre ferme et se sacrifia à eux, ils se rassemblèrent autour de sa dépouille, telles des mouches.

Ces deux mythes du Proche-Orient ancien peuvent être qualifiés de cosmogoniques car ils ont pour support des événements tels que la création puis la quasi-destruction de l'humanité. Nombre de mythologies traditionnelles incluent des récits rapportant des événements d'une portée similaire, mais la plupart des mythes présentent plus de légèreté. Ils traitent généralement des interrogations et des conflits humains avec, pour toile de fond, l'action divine. Malchance, succès, cruauté, amour, mort, rapports familiaux, trahison, conflit des générations, refus de la vieillesse, magie, pouvoir, destin, guerres, chance, accidents, folie, voyages comptent parmi les thèmes les plus souvent évoqués. La richesse descriptive des récits mythologiques suggère une présence très profonde dans l'esprit humain. Les experts divergent dans l'explication de ce phénomène, mais la théorie émise par le psychologue allemand Carl Jung au début du XXᵉ siècle semble la plus vraisemblable. Selon Jung, tout être humain possède un inconscient personnel, alimenté par les expériences qui lui sont propres, et un inconscient collectif qui contient l'expérience mentale de l'ensemble de l'humanité. L'héritage commun de l'inconscient collectif, explique Jung, mène à la création d'images primordiales qui introduisent dans notre vie consciente une vie psychique inconnue appartenant à un passé lointain. Cette vie psychique est l'esprit de nos ancêtres : elle traduit la façon dont ils considéraient la vie, le monde, les dieux et les humains.

Qu'une telle abondance de récits ait fasciné les lecteurs de toutes les époques n'a rien de surprenant, et cela vaut encore plus pour les lecteurs modernes qui ont la chance de pouvoir accéder aux traditions du monde entier. Cet ouvrage vous invite à explorer les liens et les contrastes existant entre ces diverses traditions par une approche globale. Cette approche constitue la meilleure introduction possible vers les profondeurs encore largement inexplorées de la mythologie.

ARTHUR COTTERELL

COMMENT UTILISER CET OUVRAGE

Les mythologies sont présentées selon un classement géographique. Chaque région correspond à un chapitre, les régions les plus vastes ou les plus riches sur le plan mythologique faisant l'objet de divisions au sein du chapitre.

- L'introduction et la carte figurant en tête de chaque chapitre ou section offrent un bref aperçu de la tradition mythologique dans la région concernée.
- La légende figurant au pied de chaque double-page renvoie au type d'informations fournies :

☥ MYTHES CONNUS

Description de certains des mythes et légendes
les plus connus.

⚜ PERSONNAGES

Informations complémentaires sur les héros,
les protagonistes et les créatures apparaissant
dans les mythes.

♉ DIEUX

Informations sur certains dieux ou personnages
divins appartenant au panthéon d'une région.

⚞ REPRÉSENTATIONS

Description de la façon dont certains mythes
et croyances furent propagées sous diverses
formes artistiques.

☙ THÈMES

Mise en valeur des thèmes et sujets les plus fréquents
et les plus significatifs.

- Un glossaire des termes liés à la mythologie figure aux pages 306 à 308 de cet ouvrage.
- Les noms de tous les dieux, divinités, personnages et figures historiques sont regroupés dans l'index des noms, aux pages 313 à 316 de cet ouvrage.
- Les thèmes, lieux et autres éléments des mythologies sont regroupés dans un index des thèmes, aux pages 317 à 320 de cet ouvrage.

Proche-Orient ancien

INTRODUCTION

EN TERMES GÉOGRAPHIQUES, le Proche-Orient ancien correspond à l'actuel Moyen-Orient, c'est-à-dire aux régions d'Asie occidentale situées entre le plateau iranien et les rivages orientaux de la Méditerranée. Sa frontière septentrionale est constituée par la mer Noire et la chaîne du Caucase, sa frontière méridionale par le désert d'Arabie et le golfe Persique. Certains historiens y ajoutent l'Égypte ancienne, mais nous avons choisi de traiter cette région séparément dans cet ouvrage. En termes historiques, le Proche-Orient ancien renvoie aux civilisations des âges du fer et du bronze qui s'épanouirent dans cette partie du monde et dont nous avons eu connaissance grâce aux déchiffrage de textes. Les plus anciens, attribués aux Sumériens, utilisent une écriture cunéiforme et datent d'environ 2600 av. J.-C. Un peu plus tard apparurent diverses écritures sémites. Les civilisations urbaines de Mésopotamie ont exercé une grande influence sur l'ensemble de l'Asie occidentale, mais parce qu'elles englobaient des tribus non sédentaires, des bergers migrants et des travailleurs de la terre issus de groupes ethniques et linguistiques divers, elles n'ont jamais constitué un groupe culturel homogène. Durant les IIe et IIIe millénaires av. J.-C., certaines de ces peuplades développèrent des entités politiques indépendantes et accédèrent au lettrisme, tandis que d'autres subirent le contrôle direct de puissants États. Vers 1500 av. J.-C., la domestication du cheval et du chameau autorisa des déplacements sur de grandes distances et permit à ces peuplades de nouer des contacts plus étroits entre elles mais aussi avec des régions plus reculées, dont l'Égypte, l'Éthiopie, la Transcaucasie et l'Iran oriental. L'émergence de puissants empires multiethniques se disputant la possession de territoires coloniaux fut une constante durant la période comprise entre 1500 et 500 av. J.-C. Les effondrements successifs des nouveaux Empires assyrien et babylonien ouvrirent la voie aux conquêtes perses sous l'influence des rois achéménides, qui parvinrent, en peu de temps, à asseoir leur domination sur l'Égypte et l'ensemble du Proche-Orient. Alexandre le Grand, roi de Macédoine, entreprit de contester le pouvoir perse, et ses conquêtes marquèrent le début, pour cette partie du monde, d'une mainmise étrangère – d'abord macédonienne, puis romaine et byzantine – qui s'étendit sur plusieurs siècles. De fait, on considère souvent que la mort d'Alexandre le Grand, en 331 av. J.-C., marque la fin de la période historique du Proche-Orient ancien.

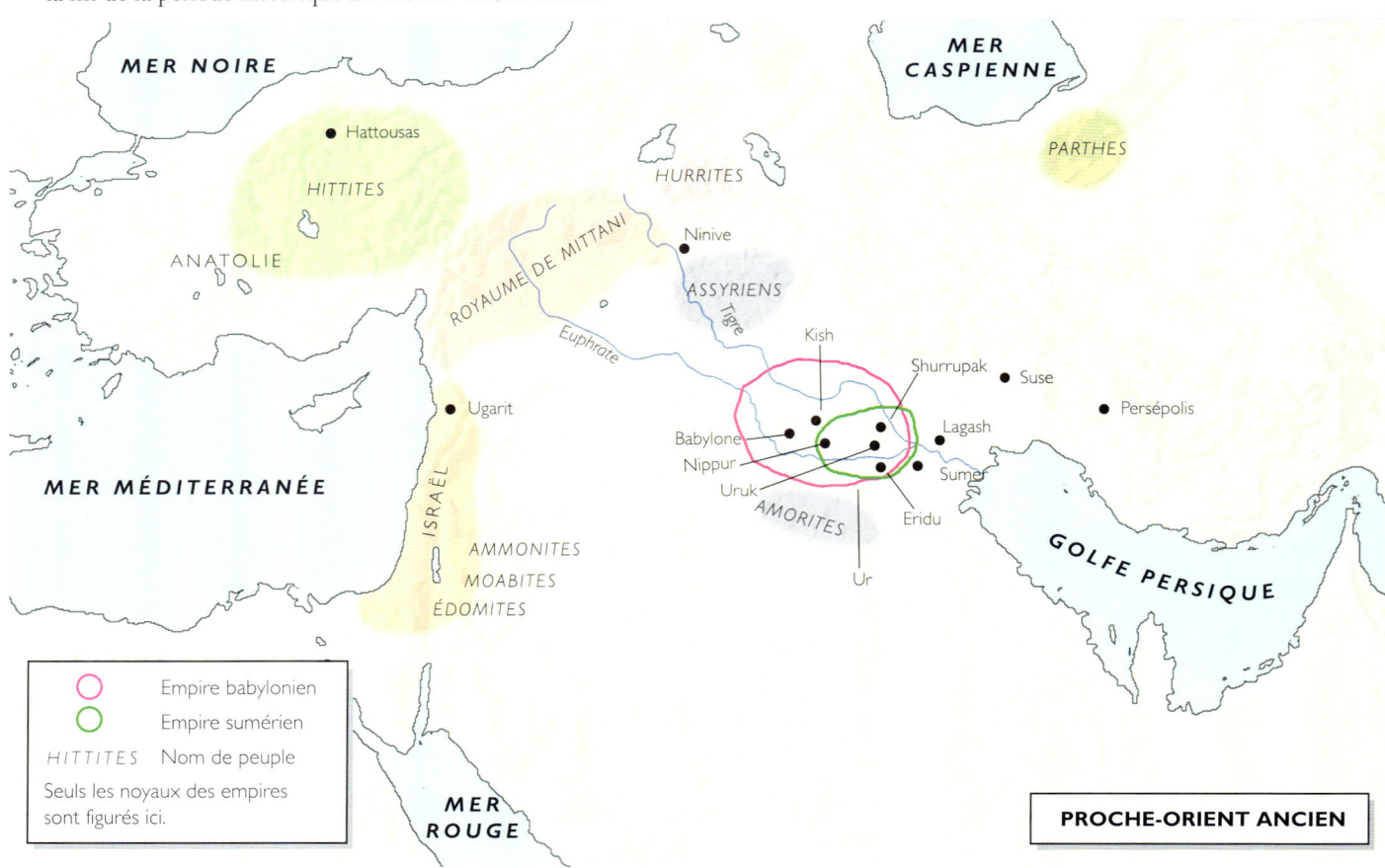

MER NOIRE

MER CASPIENNE

Hattousas

HITTITES

PARTHES

ANATOLIE

HURRITES

Ninive

ROYAUME DE MITTANI

ASSYRIENS

Tigre

Euphrate

Kish

Shurrupak

Suse

Ugarit

Babylone

Lagash

Persépolis

Nippur

Sumer

MER MÉDITERRANÉE

ISRAËL

Uruk

Eridu

AMORITES

AMMONITES

MOABITES

ÉDOMITES

Ur

GOLFE PERSIQUE

○ Empire babylonien

○ Empire sumérien

HITTITES Nom de peuple

Seuls les noyaux des empires sont figurés ici.

MER ROUGE

PROCHE-ORIENT ANCIEN

MYTHES CONNUS   PERSONNAGES

Mythologie sumérienne

INTRODUCTION

LES SUMÉRIENS étaient établis dans les régions méridionales du vaste bassin alluvial formé par le Tigre et l'Euphrate (actuel Irak). Ils utilisaient une écriture cunéiforme dont les signes représentaient des mots, des syllabes ou des voyelles, et qui, à ce jour, n'a pu être rapprochée d'aucun autre langage connu.

La civilisation sumérienne prit naissance au IVᵉ millénaire av. J.-C. avec la construction de vastes cités à l'architecture monumentale. Les Sumériens tiraient leur richesse de l'élevage et de l'agriculture, favorisée par leur maîtrise de l'irrigation. Les excédents de grains étaient échangés contre des marchandises non produites dans la région, dont le métal, le bois de construction et les pierres précieuses, ce qui stimulait le commerce lointain. L'entité politique de base était la cité, entourée de vastes terres cultivables. La civilisation sumérienne atteignit son apogée entre 2113 et 2004 av. J.-C., sous la troisième dynastie d'Ur. Au XVIIIᵉ siècle av. J.-C., le peuple sémitique des Amorites forma la cité-État de Babylone et le sumérien cessa d'exister en tant que langue parlée. L'écriture sumérienne continua cependant à être employée pour des besoins religieux durant plus d'un millénaire.

LES MYTHES SUMÉRIENS

LA PLUPART DES MYTHES sumériens nous sont connus grâce au déchiffrement de tablettes cunéiformes datant du début du IIᵉ millénaire av. J.-C., mais certains ont des origines encore plus lointaines. Nombre de ces tablettes furent découvertes parmi les vestiges de temples anciens, et la plupart des récits qu'elles rapportent mettent en scène les dieux auxquels ces temples étaient voués. Leur véritable usage demeure incertain : certains passages des textes font référence à des rites cultuels, d'autres prennent la forme de dialogues qui étaient peut-être récités lors de célébrations. Tous les textes ont pour toile de fond un État urbain bureaucratique et centralisé (l'Empire sumérien de la troisième dynastie d'Ur) qui imposait sa loi à d'autres cités-États de moindre importance.

La reconstitution et l'interprétation des mythes sumériens ne se font pas sans difficulté. Les tablettes sont très souvent incomplètes et la connaissance de la langue est encore imparfaite. De ce fait, les traductions ont un caractère provisoire, et nombre des versions les plus anciennes sont aujourd'hui peu fiables ou erronées. De la même manière, les interprétations liées au sens, à la fonction ou au contexte, sont souvent subjectives et sujettes à modifications.

ENKI ET NIMMAH

AU TOUT DÉBUT DU MONDE, les dieux sont tenus de travailler la terre et de veiller à son irrigation. Après quelque temps de ce dur labeur, ils s'adressent au dieu Enki et lui demandent de trouver une meilleure solution. Un jour, Enki, endormi dans les profondeurs liquides de l'Apsou, est réveillé par sa mère Nammu, qui lui ordonne de créer l'homme. Enki conseille à Nammu d'effectuer elle-même ce travail en façonnant un peu d'argile fertile de l'Apsou. Nammu se fait aider dans sa tâche par une autre déesse, Nimmah (ou Ninhursag), qui condamne ainsi l'humanité au travail.

Alors que les dieux fêtent leur réussite, Enki et Nimmah boivent plus que de raison et se livrent à un jeu selon lequel l'un doit attribuer une fonction sociale à chaque créature humaine imaginée par l'autre. Nimmah crée trois formes humaines masculines dépourvues d'organes génitaux, mais Enki contourne la difficulté en les nommant au poste de prêtre. Lorsque c'est au tour d'Enki de former des créatures humaines, le texte devient peu intelligible, mais la seconde créature est incapable de s'asseoir, de se tenir debout ou de se nourrir. Furieuse, Nimmah condamne Enki à retourner à jamais dans les profondeurs de l'Apsou, puis elle prend la créature – qui symbolise sans doute un nouveau-né – sur ses genoux.

◄ *Sceau cylindrique du milieu du IIIᵉ millénaire avant J.-C.*

ENKI

ENKI ÉTAIT LE FILS d'Anou, dieu du ciel, et de Nammu, déesse de l'eau et de la création. Il vivait au sein de l'Apsou, profondeurs liquides sur lesquelles flottait la terre, source unique de fertilité et de vie organique. À cause de la fonction essentielle de l'eau en Mésopotamie, Enki était associé à la sagesse. On l'invoquait dans nombre de rites visant à résoudre les problèmes les plus difficiles. Malgré tout, son grand appétit sexuel et son penchant pour la boisson étaient souvent évoqués pour expliquer les conditions imparfaites de la vie terrestre. Enki n'était pas un dieu guerrier : ces principaux adversaires étaient des déesses, en particulier Inanna, qui lui subtilisa par la ruse certains de ces pouvoirs.

INANNA

LA DÉESSE SUMÉRIENNE Inanna résultait sans doute d'un syncrétisme entre une divinité sumérienne locale associée à Uruk et la déesse sémitique Ishtar, associée au culte de Vénus et introduite durant la dynastie akkadienne, vers 2350 av. J.-C. La première était considérée comme la fille du dieu suprême Anou, la seconde comme la fille de la déesse-lune Nanna. La nature particulière de la planète Vénus était traduite par le caractère androgyne d'Ishtar, associée à la guerre et à la soif de conquête comme à l'enfantement et à l'attraction érotique. Les mythes mettent en avant le caractère irascible d'Inanna ainsi que les conséquences de ses colères et de sa sexualité affirmée.

ENKI ET NINHURSAG (NIMMAH)

LE PAYS DE DILMUN est présenté comme prometteur mais rendu difficile à vivre par l'absence d'eau douce. La déesse-mère se plaint de cette situation auprès d'Enki, dieu de l'eau, qui consent à créer rivières et canaux. Bientôt, les champs sont prêts pour la production de riches récoltes et un commerce profitable peut être mené grâce aux voies d'eau. C'est alors qu'Enki s'accouple avec une déesse dans les marécages situés au-delà de la cité. Après neuf jours, celle-ci enfante une autre déesse, qui est à son tour fertilisée par Enki. Ce cycle se répète plusieurs fois jusqu'à ce que Ninhursag conseille à la nubile Uttu de déjouer les avances d'Enki en lui réclamant des fruits et des légumes. Celui-ci s'exécute en faisant couler l'eau sur les terres arides entourant la ville. Lorsque Enki revient les bras chargés de concombres et de pommes, Uttu s'offre à lui. Ninhursag prélève la semence du dieu dans le ventre d'Uttu et crée huit plantes, mais Enki s'empresse de les dévorer. Furieuse, Ninhursag condamne Enki à souffrir de déficiences dans huit parties de son corps. À l'article de la mort, le dieu est sauvé par un renard qui persuade la déesse de l'épargner. Ninhursag prend alors Enki sur ses genoux et donne naissance à huit êtres divins.

▼ *Représentation moderne d'un roi assyrien.*

LES MYTHES LIÉS À NINURTA
Le retour de Ninurta à Nippur

APRÈS AVOIR REMPORTÉ plusieurs glorieuses batailles, Ninurta revient à Nippur couvert de richesses et accompagné d'un vaste équipage, mais sa marche triomphale met en péril la stabilité du pays. Il est persuadé par Nusku, messager du dieu Enlil, de montrer davantage de modestie et, bien qu'il y consente, les dieux assemblés sont stupéfaits par le nombre de ses trophées.

Ninurta et les tablettes du Destin

L'OISEAU-TEMPÊTE Anzou monte au cieux et y dérobe les tablettes du Destin. Lorsqu'il est attaqué par Ninurta, qui en a la garde, il les laisse tomber dans les profondeurs liquides de l'Apsou. Le dieu Enki refuse de restituer les tablettes et Ninurta, rendu furieux par cette décision, s'en prend à son messager. En représailles, Enki crée une tortue géante qui attaque Ninurta et lui mord les orteils. Ninurta se défend mais Enki ouvre un puits au fond duquel Ninurta est précipité. Seules les suppliques de Ninlil, mère de Ninurta, persuadent Enki de le libérer.

LES THÈMES

LES MYTHES et les textes religieux sumériens témoignent de l'émergence d'un ordre cosmique cohérent représenté par diverses divinités, chacune remplissant un rôle essentiel dans l'établissement d'une harmonie divine dans les cieux et sur la terre. Ce phénomène coïncide avec la troisième dynastie d'Ur, durant laquelle plusieurs cités sumériennes indépendantes furent réunies dans une structure politique unique gouvernée par des rois possédant un statut quasi divin. La création et le maintien de cet ordre, ainsi que sa protection contre les forces du mal constituent des thèmes récurrents de la mythologie sumérienne. Plusieurs mythes liés aux origines proposent un récit étiologique des institutions, des pratiques

MYTHES CONNUS PERSONNAGES

Mosaïque des tombeaux royaux d'Ur.

et des rituels sumériens (Enki et Ninhursag, Enlil et Ninlil). Malgré tout, les mythes les plus populaires offrent plusieurs niveaux de compréhension : ils reflètent la trame socio-politique d'une société hiérarchisée et projettent l'image d'un univers harmonieux tout en évoquant les angoisses de l'être humain et les ambiguïtés liées à la vie et à la mort dans un contexte historique particulier. De la même manière, le style et les artifices poétiques des mythes sumériens oscillent entre solennité liturgique, dialogues paillards et sentiments lyriques à l'intérieur d'un seul et même texte (Enki et Ninhursag).

LA DESCENTE AUX ENFERS D'INANNA

INANNA, REINE DE LA TERRE et des cieux, entreprend de descendre aux enfers. Consciente des dangers d'un tel périple, elle revêt ses habits d'apparat, emporte avec elle toutes ses amulettes magiques et donne des instructions à sa servante Ninshubur. Aux portes des enfers, Inanna demande à entrer pour assister aux funérailles de son beau-frère. Informée de cette requête, Ereshkidal, sœur d'Inanna et reine des enfers, entre dans une colère noire et ordonne que les sept portes des enfers soient verrouillées. Pour ouvrir chacune des portes, Inanna doit se séparer de l'un de ses atours royaux. Elle apparaît finalement nue et sans défense devant Ereshkidal, et ses tentatives pour s'emparer du trône sont rapidement déjouées. Les juges des enfers condamnent Inanna à la mort et sa dépouille est suspendue à un piton dans le mur.

Ne voyant pas revenir sa maîtresse, Ninshubur suit ses instructions

à la lettre. Elle prend le deuil et demande aux autres dieux de l'aider à obtenir la libération d'Inanna. Enlil et Nanna refusent, estimant qu'Inanna a mérité son sort. Seul Enki accepte d'apporter son aide. De la terre coincée sous ses ongles, il façonne deux êtres qui parviennent à se faire accepter au royaume d'Ereshkidal en prétendant compatir à sa peine.

Flattée par tant d'attention, Ereshkidal leur propose une récompense. Suivant les ordres d'Enki, les deux créatures demandent la dépouille d'Inanna et l'aspergent d'Eau de Résurrection. Mais les juges des enfers exigent qu'Inanna soit remplacée par un autre dieu ou déesse. Une harde de démons accompagne Inanna à chacune des sept portes, où elle revêt à nouveau ses atours royaux. Émergeant des enfers, Inanna se trouve face à Ninshubur. Lorsque les démons tentent de s'emparer de sa servante, Inanna refuse de même qu'elle refuse qu'ils s'en prennent aux autres dieux d'Uruk. Finalement, elle aperçoit son époux Dumuzi juché sur un trône magnifique et drapé de superbes habits. Folle de colère, elle le désigne aux démons comme celui qui doit mourir pour elle. Plus tard, Geshtinanna, sœur de Dumuzi, partage le sort de son frère, de sorte que chacun d'eux passe une moitié de son temps aux enfers et l'autre moitié sur terre.

Bas-relief en terre cuite représentant une déesse ailée.

Harpe sumérienne d'Ur, ornée d'une tête de taureau.

▲ *Divinité portant un récipient d'où coulait l'eau.*

DUMUZI

CE DIEU BERGER est associé
aux étendues semi-désertiques situées
au-delà des terres cultivées. Il est l'époux
d'Inanna, qui le préfère toujours
au dieu fermier lorsqu'ils se disputent
sa main. Certains textes célèbrent leur
mariage, d'autres narrent la mort
précoce de Dumuzi et son incapacité
à échapper à son destin. Dans
la descente aux enfers d'Inanna,
Dumuzi prend la place de son épouse
aux enfers, mais l'amour que lui porte
sa sœur Geshtinanna le sauve en partie
de cette fin. Dans d'autres récits,
la cause de sa mort n'est pas révélée
mais il est un dieu mourant qui va
et vient entre la terre et les enfers.

ENMESH ET ENTEN
(ÉTÉ ET HIVER)

Il s'agit d'un récit fragmentaire
exprimé sous forme de dialogue.

LORSQUE ENLIL conçoit l'idée de créer
un monde fertile où plantes et animaux
abondent, il crée deux frères, Enmesh
et Enten, afin de mener à bien son
projet. Enten est en charge des animaux
et des plantes. Il peuple les terres d'ânes,
de moutons et de boucs, remplit les cieux
d'oiseaux et les océans de poissons, puis
il plante des palmeraies et des vergers
et dessine de superbes jardins. Son frère
Enmesh se charge de créer des cités aux
demeures luxueuses et aux temples plus
hauts que des montagnes. Fiers de leurs
réalisations, les deux frères se rendent
auprès d'Enlil chargés de présents
symbolisant leur réussite : Enten offre
au dieu des animaux sauvages
et domestiques ainsi que diverses
plantes, Enmesh, des métaux
et des pierres précieuses. Bientôt,
les deux frères se querellent au sujet
de leurs mérites respectifs et demandent
à Enlil de trancher. Le puissant dieu
déclare que seul Enten, maître
de l'irrigation, peut porter le titre
de « fermier parmi les dieux ». Enmesh
accepte cette décision et s'agenouille
devant Enten, puis les deux frères
échangent des présents et honorent Enlil
par d'abondantes libations.

LES DIEUX SUMÉRIENS

ON CONNAÎT plusieurs listes de divinités
locales datant du début du IIIᵉ millénaire
av. J.-C., et le dieu du ciel Anou est chaque
fois nommé comme dieu suprême.
Les autres « grands dieux » étaient honorés
par la construction d'un vaste temple,
tel celui d'Enlil à Nippur, d'Enki à Eridu
et d'Inanna à Uruk. Parmi les principales
divinités astrales figuraient Utu, dieu
du soleil, Nanna, déesse de la lune, et Inanna,
déesse de Vénus. Certaines déesses étaient
tutélaires – ainsi de Baba à Lagash,
de Nammu à Eridu et de Ninhursag à Kish –,

d'autres remplissaient une fonction précise,
à l'image de Nisaba, patronne des scribes,
et de Nanshe, déesse des sources.
Les Sumériens représentaient leurs divinités
sous forme humaine. Chaque dieu était
réputé vivre au sein du temple qui lui était
voué, en compagnie de son épouse,
de ses enfants et de nombreux domestiques.
Au panthéon sumérien figuraient également
des esprits malfaisants enfantés par Anou,
capables de sorts et de rites de bannissement.

ENLIL ET NINURTA

FILS DU dieu suprême Anou, Enlil est
un dieu souverain qui a le pouvoir de
nommer les rois. C'est lui qui fait tomber
les pluies, gages d'abondantes récoltes,
mais son tempérament impétueux
le conduit à punir l'humanité imparfaite
avec des maladies et des inondations.

À l'origine des divinités
de l'agriculture et de la pluie, Ninurta
est peu à peu associé aux tempêtes
et aux prouesses guerrières. Dans un texte
mythologique appelé *Le Roi des tempêtes*,
Ninurta bat un démon puis construit
une imposante digue de pierres afin
d'empêcher les eaux du Tigre de
recouvrir la dépouille de son adversaire.

▼ *Bas-relief assyrien de Khorsabad représentant
le héros Gilgamesh tenant le lion qu'il a capturé.*

 MYTHES CONNUS PERSONNAGES

LES MYTHES LIÉS À GILGAMESH
Gilgamesh et le Pays des Vivants

ACCOMPAGNÉ de son ami Enkidu, Gilgamesh s'aventure au Pays des Vivants, territoire sacré du dieu Enlil gardé par le géant Huwawa. Parvenus à la forêt des Cèdres, Gilgamesh et Enkidu commencent à abattre les arbres mais ils doivent bientôt affronter la colère d'Huwawa. Ils parviennent à capturer le géant, le tuent et présentent sa tête à Enlil en son temple de Nippur. Rendu furieux, Enlil transforme les sept rayons de splendeur en outils de vengeance pour persécuter Gilgamesh et son compagnon. La suite est inconnue.

Gilgamesh, Enkidu et les enfers

AU DÉBUT DU RÉCIT, la déesse Inanna cultive un arbre sur les rives de l'Euphrate. Agacée par le vent dans le feuillage, elle fait transplanter l'arbre dans son temple d'Uruk avec l'idée de façonner un lit et un fauteuil avec son bois. Lorsque l'arbre atteint sa maturité, Inanna s'aperçoit que ses racines sont habitées par un serpent, sa couronne par un rapace féroce, et son tronc par un démon. Gilgamesh accepte de venir en aide à Inanna : il abat l'arbre d'un coup de hache, tuant net le serpent et causant la fuite du rapace et du démon. En plus du lit et du fauteuil, Inanna confectionne deux objets qu'elle présente à Gilgamesh en récompense de son aide mais, pour une raison obscure, les deux divinités tombent aux enfers. Enkidu, fidèle serviteur de Gilgamesh, entreprend de les sauver. Gilgamesh lui donne des instructions afin qu'il agisse en son nom, l'avertissant des dangers d'une telle situation. Enkidu descend aux enfers mais oubliant les instructions de son maître, il commet impair sur impair.

▲ *Représentation moderne de Gilgamesh pleurant la mort de son ami et serviteur Enkidu.*

Avec l'aide du dieu Enki, Gilgamesh aspire l'esprit d'Enkidu par un trou foré dans la terre et lui décrit le Pays des Morts : un homme père de trois fils y boit à sa soif, un homme père de sept fils y est proche des dieux, mais celui dont la dépouille n'a pas été inhumée est condamné à y errer sans repos pour l'éternité.

ENLIL ET NINLIL

CE MYTHE SITUÉ à Nippur décrit la relation amoureuse d'Enlil et Ninlil, et la naissance de trois créatures infernales. La jeune Ninlil est séduite par le dieu Enlil alors qu'elle se baigne dans un canal, en dépit des mises en garde de sa mère. Lorsque Enlil est banni de Nippur à cause de cette relation coupable, Ninlil le suit dans sa fuite. Elle parvient à s'accoupler encore avec lui, malgré les déguisements multiples du dieu, et conçoit chaque fois un nouvel enfant. Le dernier passage chante les louanges de Enlil et de Ninlil devenus parents.

LAHAR ET ASHNAN
(ÉLEVAGE ET AGRICULTURE)

AU TOUT DÉBUT DES TEMPS, Anou crée les dieux Annunanki, qui doivent brouter l'herbe à la manière des moutons et boire l'eau des ruisseaux. Plus tard, Anou crée Lahar, déesse du bétail, et Ashnan, déesse du grain. Elles produisent lait, viande et grains en abondance, mais les Annunanki ne sont toujours pas satisfaits. Sur les conseils d'Enki, Enlil décide d'envoyer les deux déesses sur la terre. Ils installent des enclos pour Lahar et donnent une charrue et un joug à Ashnan afin qu'elles introduisent élevage et agriculture auprès des hommes. L'humanité, vouée au service des dieux, peut désormais fournir à ces derniers tout ce dont ils ont besoin. À la fin du texte, les deux déesses se querellent, chacune voulant s'attribuer les mérites de cette évolution. Enki et Enlil interviennent et donnent raison à Ashnan.

Mythologie babylonienne

INTRODUCTION

AU DÉBUT du IIᵉ millénaire av. J.-C., plusieurs tribus amorites s'établirent dans l'actuelle Syrie méridionale et dans le bassin moyen de l'Euphrate. Elles formèrent bientôt un État gouverné par le roi Hammourabi, qui avait fait de Babylone sa capitale (XVIIIᵉ siècle av. J.-C.). À l'instar des précédentes civilisations sumériennes, la civilisation babylonienne était urbaine et bureaucratique, et elle tirait ses richesses de l'agriculture et du commerce. Vers 1500 av. J.-C., le babylonien devint la principale langue commerciale dans le Proche-Orient ancien, de sorte que nombre de scribes babyloniens étaient employés dans les grandes cités, de l'Égypte à l'Anatolie. La culture mésopotamienne était ainsi diffusée sur de très vastes territoires. Vers le milieu du Iᵉʳ millénaire, après la chute du nouvel Empire assyrien, Babylone atteignit son apogée sous le règne de Nabuchodonosor II.

À L'AUBE DES TEMPS, avant l'existence de la terre et des cieux, les eaux primordiales étaient entremêlées. De cette source de création émergent trois générations de dieux, dont les derniers représentants sont Anou et Ea (équivalent du dieu sumérien Enki). Les jeunes dieux sont si turbulents qu'ils dérangent Apsou, leur ancêtre, qui décide de les détruire. Son plan est déjoué par Ea, qui jette Apsou dans un lourd sommeil et s'empare des profondeurs liquides où il s'installe en compagnie de son épouse Damkina. Celle-ci donne naissance à Mardouk, dont la vigueur trouble Tiamat, épouse d'Apsou. Encouragée par les autres divinités supérieures, Tiamat se prépare à combattre Mardouk et rassemble une harde de monstres et de serpents conduite par son fils Kingu. Ea demande à Mardouk de relever le défi. Celui-ci accepte à la condition d'obtenir, en cas de victoire, le titre de chef suprême des dieux. Mardouk est doté d'armes au pouvoir irrésistible dont les sept vents. Il soulève une tempête et emprisonne Tiamat dans ses filets. Puis il défait l'armée en fuite et fait prisonnier Kingu, à qui il dérobe les tablettes du Destin.

Plus tard, Mardouk divise le corps de Tiamat. De la partie supérieure, il forme la voûte céleste avec étoiles et planètes, de la partie inférieure, la terre. De ses yeux, il fait couler le Tigre et l'Euphrate, et se sert de sa queue comme d'un bouchon pour empêcher les eaux de l'Apsou d'inonder la terre. Mardouk confie les tablettes du Destin à Anou afin qu'il les mette en lieu sûr, puis il est intronisé par l'assemblée des dieux. Accusé d'avoir provoqué la révolte, Kingu est exécuté. Ea crée l'homme en mélangeant le sang de Kingu à de l'argile : désormais les dieux Annunaki sont délivrés des labours. Pour remercier Mardouk, ils érigent un sanctuaire en son honneur et donnent à celui-ci le nom de Babylone. Tous les dieux réunis fêtent cet événement. Le poème se poursuit par des louanges à la gloire de Mardouk.

▲ *Représentation moderne de Mardouk terrassant Tiamat, déesse des mers.*

ENUMA ELISH
(MYTHE DE LA CRÉATION)

CE LONG POÈME, diffusé en plusieurs versions entre le XIIᵉ et VIIᵉ siècles av. J.-C., était récité à Babylone pour la fête du Nouvel An (un texte similaire, dans lequel Mardouk était remplacé par Ashur, dieu tutélaire assyrien, existait en Assyrie). L'essentiel du texte est constitué par l'énumération des divers noms du dieu Mardouk et par des louanges à sa gloire et à celle de Babylone. Reprenant des textes plus anciens liés à d'autres divinités telles que Ninurta et Enlil, ce mythe cosmogonique annonce les litanies.

◄ *Céramique babylonienne représentant un lion, symbole de la déesse Ishtar.*

MARDOUK

DIEU TUTÉLAIRE de Babylone, Mardouk acquit sa prééminence durant la première dynastie babylonienne, sous le règne d'Hammourabi. Il était le fils d'Ea, dont il partageait les pouvoirs magiques, et se trouvait souvent associé à Shamash, dieu-soleil, comme lui, juste et plein de compassion. Dans la mythologie babylonienne, Mardouk était un jeune guerrier tueur de monstres qui régissait l'ordre cosmique et décidait de la répartition des tâches entre les dieux. Il est symbolisé par un dragon ailé doté de cornes auquel est parfois attribué le nom de Mushkhushu.

LES THÈMES DE LA MYTHOLOGIE BABYLONIENNE

LES BABYLONIENS héritèrent leur culture et leurs institutions religieuses de Sumer et ils retranscrivirent à leur façon un grand nombre de mythes sumériens. La plupart de leurs dieux étaient des dieux sumériens rebaptisés en langue sémitique : Anou (An), Ea (Enki), Ellil (Enlil), Ishtar (Inanna), Shamash (Utu), Sin (Nanna).

Les thèmes les plus importants de la mythologie babylonienne sont la justice, la morale et la piété. Les angoisses concernant la mort et l'au-delà sont exprimées par des dieux tels que Nergal, Ereshkidal, Adapa, Gilgamesh et Atrahasis. Un grand nombre des mythes sumériens présentent un ton plus pessimiste dans leur version babylonienne, traduisant sans doute l'instabilité politique et sociale qui sévissait à cette époque. Ils prennent place dans un monde imprévisible au sein duquel les dieux sont capricieux et menacent l'ordre cosmique. Babylone est également le siège d'une idéologie et d'une identité nationales, illustrées par l'avènement du dieu Mardouk.

ADAPA

ADAPA EST L'UN des sept sages. Il a été créé par Ea en tant qu'homme doué d'une sagesse surnaturelle et sert son maître dans la cité d'Eridu. Un jour, alors qu'il pêche en mer, Adapa voit son bateau retourné par un fort vent du sud. De colère, il peste contre le vent qui s'abstient alors de souffler durant de longues années. L'histoire vient aux oreilles du dieu suprême Anou, qui assigne Adapa aux cieux afin qu'il devienne enfin responsable. Inquiet pour son protégé, Ea lui prodigue des conseils pour son voyage : Adapa doit prendre le deuil et exprimer sa sympathie aux deux divinités Dumuzi et Ningishzida, placées à la porte des cieux, afin de gagner leur soutien. Le plan fonctionne et lorsque Anou apprend qu'Adapa tire sa sagesse des conseils d'Ea, il lui propose l'Eau et le Pain de Vie, qui ont le pouvoir de le transformer en dieu. Croyant qu'il s'agit de l'Eau et du Pain de Mort, contre lesquels Ea l'a mis en garde, Adapa refuse ses présents. Anou s'esclaffe devant cette folie et renvoie Adapa sur la terre.

(Ce mythe illustre la thèse mésopotamienne selon laquelle la vie éternelle est réservée aux dieux. Adapa se voit offrir l'immortalité mais il est incapable de tirer parti de cette situation.)

◄ *Carte babylonienne du monde.*

ATRAHASIS
(MYTHE BABYLONIEN DU DÉLUGE)

Le mythe babylonien du déluge
s'apparente à des textes fragmentaires
sumériens mettant en scène le héros
Ziusudra qui parvient à échapper
à un déluge envoyé par les dieux grâce
aux instructions secrètes du dieu Enki.

LE MYTHE BABYLONIEN se situe au temps
où les divinités de moindre importance
doivent travailler dur au service des
grands dieux, ce qui finit par provoquer
une révolte. Enki propose de trouver une
solution et demande à la déesse-mère
de créer l'homme afin qu'il se charge
des labours. Enlil ordonne la mort d'un
dieu et le mélange de son sang avec un
peu d'argile. De cette mixture, la déesse-
mère forme sept couples d'humains
et définit les règles de la procréation.
Désormais, la destinée des hommes
est de se reproduire et de travailler au
service des dieux. Après quelque temps,
l'humanité remplit la terre et les cieux
d'un bruit incessant qui dérange la paix
des dieux. Enlil s'efforce de remédier
à cette situation en envoyant sur terre
épidémies et famines afin de décimer
la population. Ses plans sont déjoués par
Enki, qui conseille à Atrahasis, le Très
Sage, de présenter des offrandes aux
dieux de l'agriculture et de la guérison.
Furieux d'avoir échoué, Enlil décide
d'envoyer sur terre un terrible déluge
qui engloutira une fois pour toutes
l'humanité. Il fait jurer aux dieux de le
soutenir dans son action, mais il est une
fois encore trahi par Enki, qui apparaît
à Atrahasis en rêve et lui ordonne de
construire un bateau et d'y embarquer
avec sa famille et divers animaux.

Les dieux sont désemparés,
particulièrement la déesse-mère,
qui pleure la mort de ses créatures.
Lorsque les flots se retirent, Atrahasis
procède à son premier sacrifice et Enlil
est rendu fou de rage par cette nouvelle
trahison. Mais Enki lui explique qu'il est
allé trop loin car les dieux dépendent

des hommes pour leur subsistance.
Il conseille à Enlil de limiter son courroux
et de ne punir que les hommes
qui le méritent, puis il s'engage
à prendre des mesures afin de réduire
la population terrestre. Enki décrète
la création des femmes infertiles,
des prêtresses vouées au célibat
et de la mortalité infantile, représentée
par un démon ravisseur d'enfants.
En récompense de ses exploits,
Atrahasis obtient la vie éternelle.

▲ *Bas-relief assyrien à l'effigie de Gilgamesh.*

LE DÉLUGE DE NINIVE
(ONZIÈME TABLETTE
DE L'ÉPOPÉE DE GILGAMESH)

Le récit est conté à Gilgamesh
par le héros Utanapishtim.
Les similitudes avec le déluge
biblique sont frappantes.

UTANAPISHTIM, citoyen de la cité
babylonienne de Shuruppak, reçoit
un message secret du dieu Ea
l'avertissant que les dieux sont
sur le point de noyer la terre sous
un déluge. Ea ordonne à Utanapishtim
de construire un bateau dont il lui
prescrit les dimensions exactes, puis il
lui suggère de raconter à ses voisins
trop curieux qu'il se prépare à vivre
en compagnie d'Ea au sein des
profondeurs liquides. Sur le vaisseau
terminé, Utanapishtim embarque
de l'or et de l'argent, les membres
de sa famille et un représentant de
chaque espèce animale. À l'heure dite,
les digues se rompent et la pluie tombe
à seaux. La tempête est si terrible
que même les dieux en sont effrayés.

Au septième jour, les eaux
se retirent et Utanapishtim constate
que son bateau s'est échoué. Il libère
la colombe et l'hirondelle mais celles-ci
reviennent au bateau. Seul le corbeau
consent à s'installer sur la terre ferme.
Utanapishtim fait débarquer sa famille
et célèbre son salut par un sacrifice
au cours duquel il verse des libations
et brûle de l'encens. Attirés par
l'agréable senteur, les dieux
se rassemblent autour d'Utanapishtim
et de sa victime. Lorsque vient
la déesse-mère, elle pleure la destruction
de ses créatures et jure de ne jamais
oublier. Elle accuse Enlil de la destruction
presque totale de l'humanité. Enlil est
furieux qu'une famille humaine ait réussi
à échapper au déluge, mais Ea lui avoue
qu'il a organisé lui-même le périple
d'Utanapishtim. Apaisé, Enlil bénit
le héros et son épouse et leur accorde
la vie éternelle.

◄ *Le héros Utanapishtim sur son bateau.*

ISHTAR

CETTE DÉESSE SÉMITIQUE était associée à la planète Vénus. Durant la période akkadienne, elle était assimilée à la déesse sumérienne Inanna mais conservait néanmoins son caractère guerrier. Au IIᵉ millénaire, elle devint l'épouse d'Anou et la reine des cieux. Ses prouesses martiales et sa violence étaient contrebalancées par son instinct maternel et son souci de l'attraction érotique. Ishtar présidait à toutes les manifestations liées à la sexualité, et parmi ceux qui lui vouaient un culte passionné figuraient travestis, eunuques et prostitués des deux sexes.

NERGAL ET ERRA

NERGAL ÉTAIT UN DIEU sémitique connu depuis la seconde moitié du IIIᵉ millénaire, essentiellement associé aux enfers (*voir* Nergal et Ereshkidal). Plus tard, il fut rapproché de la planète Mars et son temps fut divisé entre les enfers et les cieux.

Erra, autre dieu sémitique, était associé à la fertilité des terres, surtout dans les régions des steppes. Un mythe datant du VIIIᵉ siècle avant J.-C. décrit Erra comme une force de destruction : il organisait un effondrement de toutes les convenances sociales alors que Mardouk s'était absenté.

ERRA

ERRA, DIEU de la pestilence et de la rébellion, dort dans son antre des profondeurs lorsqu'il est réveillé par les sept forces du mal. Elles lui remémorent les gloires de la guerre, moquent ses armes rouillées par l'inaction et lui ordonnent de reprendre ses conquêtes sous peine de devenir la risée des autres dieux. Erra accepte leurs suggestions. Il va trouver le dieu Mardouk et s'étonne de la pauvreté de ses atours. Mardouk explique qu'il ne peut laisser son palais sans protection pour aller quérir pierres et métaux précieux, car lors de son dernier voyage, de terribles calamités se sont abattues sur la terre. Erra persuade Mardouk de le nommer comme son représentant durant son absence, et il s'arrange en même temps pour freiner la quête de son maître. Cela fait, il exerce sa colère sur la terre, y causant guerres civiles et anarchie. Ishum, sa servante, compatit aux souffrances de l'humanité et réussit par la ruse à persuader Erra de diriger son énergie destructrice contre les ennemis de Babylone jusqu'à ce que sa colère soit apaisée. Avant de se retirer, Erra bénit les terres dévastées afin qu'elles deviennent à nouveau fertiles et peuplées.

▶ *Stèle néo-hittite représentant une déesse juchée sur un lion.*

Empreinte d'un sceau-cylindre sumérien représentant un jugement d'Ea.

NERGAL ET ERESHKIDAL

LES DIEUX DES CIEUX organisent un banquet et Ereshkidal, reine des enfers, envoie son messager Namtar afin de recevoir une part du festin. Les dieux accueillent Namtar avec respect, à l'exception de Nergal, qui ne daigne pas se lever pour le saluer. Ereshkidal souhaite venger cette insulte et attire Nergal aux enfers pour le tuer. Mais Nergal reçoit d'Ea des pouvoirs magiques et, lorsqu'il se trouve face à Ereshkidal, il l'empoigne par les cheveux et se prépare à lui trancher la tête. Ereshkidal implore sa grâce, offre de l'épouser et lui propose de partager avec lui son autorité sur les enfers, ce qu'il accepte.

Dans une autre version de ce mythe, Nergal est encore une fois accusé d'un manque de respect envers Namtar. Alors que Nergal s'apprête à partir pour les enfers, Ea lui donne des instructions : il ne doit ni s'asseoir, ni boire, ni manger. Il l'avise également de réfréner ses désirs sexuels. Nergal refuse mets et breuvages, mais lorsqu'il voit Ereshkidal seulement revêtue d'une légère tunique au sortir du bain, il ne peut réprimer son désir, et les deux divinités se donnent l'une à l'autre durant six jours et six nuits. Peu après, Nergal trompe la vigilance d'Ereshkidal et parvient à retourner aux cieux. Désespérée, Ereshkidal envoie un émissaire plaider pour son retour, mentionnant qu'étant maintenant impure elle ne peut plus exercer ses fonctions divines. Ea tente en vain de changer l'apparence de Nergal mais celui-ci est renvoyé aux enfers. Il se dirige droit vers Ereshkidal, la soulève de son trône et l'embrasse passionnément. Dès lors, Nergal demeure au royaume des morts. Il devient l'époux d'Ereshkidal et le roi des enfers.

GILGAMESH

L'HISTOIRE DE GILGAMESH est connue grâce à de multiples sources, dont plusieurs récits sumériens (*voir* Gilgamesh, Enkidu et les Enfers, et Gilgamesh et le Pays des Vivants). Reconnu dans l'ensemble du Proche-Orient ancien, Gilgamesh est associé à la quête de bois de construction en terre étrangère et il est souvent représenté sous la forme d'un être tueur de dragons. Dans d'autres récits le mettant en scène, Gilgamesh est confronté au déluge, refuse les avances de la déesse de l'amour ou s'interroge sur les enfers. La trame du récit le plus cohérent, qui porte le nom d'*Épopée de Gilgamesh*, s'articule autour de l'amitié masculine et de la mort. Le résumé qui suit est basé sur cette version, datant probablement de la fin du IIe millénaire av. J.-C., mais surtout connue grâce à un ensemble de douze tablettes datant du VIIe siècle av. J.-C. et découvertes dans la bibliothèque de Ninive.

L'ÉPOPÉE DE GILGAMESH

GILGAMESH, jeune roi de la cité d'Uruk, est moitié dieu, moitié humain. Ses orgies continuelles exaspèrent ses sujets qui se plaignent auprès des divinités supérieures. En réponse, Anou ordonne à la déesse-mère de créer une créature humaine à son image. Elle façonne Enkidu, homme vivant dans les steppes en compagnie des animaux sauvages. Enkidu est découvert par un chasseur qui s'étonne de ne rien prendre dans ses pièges.

Le chasseur rapporte l'existence de cette créature hirsute au roi d'Uruk et lui conseille alors d'envoyer une prostituée afin de l'apprivoiser. Après que la voluptueuse femme s'est livrée à lui, Enkidu quitte les animaux et se rend à Uruk en sa compagnie. Il y est présenté à Gilgamesh. Celui-ci a rêvé d'objets tombant du ciel et sa mère y a vu le présage d'une rencontre avec un homme dont il deviendra le meilleur ami. Après l'arrivée d'Enkidu, les deux hommes décident de chercher la gloire et quittent la ville. Leur première étape les conduit dans la forêt des Cèdres, où, avec l'aide du dieu-soleil Shamash, ils parviennent à tuer le démon Huwawa.

Lorsqu'ils reviennent à Uruk, la déesse Ishtar apparaît à Gilgamesh et lui offre de devenir son épouse. Il répond par des insultes et la déesse, furieuse, décide d'obtenir vengeance par le Taureau du Ciel. Enkidu et Gilgamesh tuent la créature mais, en punition, Enkidu tombe malade et meurt. Désespéré par la mort de son ami et confronté à sa propre fin, Gilgamesh quitte Uruk et se met à la recherche du héros Utanapishtim, à qui

▲ *La tête de cette fibule en bronze est ornée d'une représentation de Gilgamesh, roi d'Uruk.*
◄ *Stèle portant le code du roi Hammourabi. Le personnage assis est le dieu-soleil Shamash.*

a été offerte la vie éternelle.

Après avoir surmonté de nombreux dangers, il atteint un jardin habité par la déesse Siduri et rempli de pierres précieuses. Gilgamesh lui raconte son aventure et elle l'avertit que seul le dieu-soleil est autorisé à traverser les Eaux de la Mort. Gilgamesh parvient cependant à convaincre le passeur Urshanabi de lui faire effectuer le voyage afin qu'il puisse rejoindre Utanapishtim et son épouse. Lorsque Gilgamesh lui demande pourquoi lui, simple humain, a pu obtenir la vie éternelle, Utanapishtim raconte à son visiteur l'histoire du déluge et lui explique que sa vie éternelle rappelle aux dieux leurs devoirs envers l'humanité. Compatissant à son désespoir, Utanapishtim ordonne à Gilgamesh de se priver de sommeil durant sept jours et sept nuits mais Gilgamesh échoue dans cette entreprise. Utanapishtim lui offre alors des vêtements insensibles à l'usure et, dans une dernière faveur, il lui confie une plante de jouvence. Sur le chemin du retour, la plante est dérobée par un serpent. Finalement, Gilgamesh atteint Uruk et monte au sommet des remparts afin de contempler la ville.

Les tablettes découvertes à Ninive relatent la version babylonienne du vieux mythe sumérien mettant en scène Gilgamesh et Enkidu.

◄ *Vestiges d'une fresque murale du palais de Zimri-Lim, à Mari (Tell Hariri), représentant Zimri-Lim face à la déesse Ishtar.*

LA DESCENTE D'ISHTAR

CE TEXTE DÉCOUVERT dans le temple de Ninive est une version écourtée du mythe sumérien « La descente aux enfers d'Inanna ». Ishtar décide de se rendre au Pays des Ténèbres, royaume d'Ereshkidal. Pour qu'on la laisse entrer, elle menace d'abattre les portes et de libérer les morts pour qu'ils dévorent les vivants. Comme dans la version sumérienne, elle est dépouillée de ses atours. Ereshkidal jette un sort fatal à Ishtar, dont la mort cause l'arrêt des accouplements chez les hommes et les animaux. Ea crée un séduisant eunuque et l'envoie rendre visite à Ereshkidal. L'eunuque parvient, par la flatterie, à obtenir la dépouille d'Ishtar et asperge celle-ci d'Eau de Résurrection. La dernière partie, très endommagée, fait allusion au dieu Tammuz (équivalent du dieu sumérien Dumuzi) qui prend la place d'Ereshkidal aux enfers.

ETANA

LE TEXTE DE CE MYTHE est fragmentaire et la fin est manquante. Le prologue décrit la ville de Kish où les habitants se désolent de l'absence d'héritiers royaux. Le passage suivant évoque un arbre habité par un serpent et un aigle. Décidant de faire taire leur méfiance mutuelle, les deux créatures font serment d'amitié devant le dieu-soleil Shamash et s'associent dans la recherche de nourriture. Un jour, l'aigle brise son serment et dévore la progéniture de son compère, qui demande vengeance auprès de Shamash.

Le dieu tue un bœuf et indique au serpent de se dissimuler à l'intérieur du cadavre. Lorsque l'aigle se pose sur le bœuf afin d'en déguster les intestins, le serpent se jette sur lui, le déplume et le précipite au fond d'un puits. Au même moment, à Kish, le roi Etana n'a toujours pas d'héritier. Il supplie Shamash de lui procurer la Plante d'Enfantement, et le dieu lui parle d'un aigle emprisonné susceptible de lui apporter son aide. Etana se met en route et trouve l'aigle languissant dans son trou. Durant sept mois, il nourrit l'animal afin que ses plumes repoussent. Lorsque l'aigle

lui propose une récompense, Etana mentionne la plante d'Enfantement. Puisqu'elle ne peut être trouvée sur terre, il demande à l'aigle de l'emmener aux cieux pour consulter Ishtar, déesse de la procréation. Après plusieurs tentatives, le roi et l'aigle parviennent à s'envoler. La suite est inconnue.

LA MYTHOLOGIE ASSYRIENNE

LES TRACES ÉCRITES des mythes assyriens sont peu nombreuses, et ces textes sont très proches des récits babyloniens en raison de la grande influence exercée par la culture babylonienne sur les élites assyriennes. La principale divinité assyrienne est Ashur, dieu de la pluie et du beau temps, étroitement associé au roi. Dans la version assyrienne du mythe de la création, Assur remplace Mardouk. Les autres divinités importantes sont Ishtar, célébrée par un vaste temple à Ninive, Adad, dieu des tempêtes, Ea, dieu magicien, et Nabu, fils du dieu babylonien Mardouk et patron des scribes.

► *Fragment d'une tablette cunéiforme relatant le mythe babylonien de la création.*

 MYTHES CONNUS   PERSONNAGES

LA THÉOGONIE DE DUNNU

Dunnu était une cité située au centre de l'Empire babylonien. Connu grâce à des tablettes partiellement endommagées datant du début du IIe millénaire av. J.-C., ce mythe évoque la fondation de Dunnu et la généalogie de ses dieux. Le texte était sans doute lié à des célébrations saisonnières de caractère agricole.

Le premier couple divin est formé par la Terre et la Charrue. Ensemble, elles cultivent les champs, fondent la cité de Dunnu et donnent naissance à Shakan, dieu de l'élevage. La Terre désire son fils et l'épouse après avoir tué la Charrue. Shakan enterre son père à Dunnu et prend sa suite. Il épouse Tiamat, sa sœur, qui tue sa mère la Terre. Les dieux de la génération suivante tuent leurs deux parents. Leurs enfants, dieu et déesse de l'élevage, augmentent la fertilité des pâturages. Le dieu de l'élevage élimine ses parents et prend possession de toutes les terres. Son fils épouse sa sœur mais, plutôt que de tuer ses parents, il se contente de les emprisonner.

Le reste du texte est très endommagé, mais il semble, puisqu'il mentionne des dieux mésopotamiens tels que Ninurta et Enlil, que les relations entre parents et enfants prennent peu à peu la voie de la normalité.

▶ *Les stèles gravées telles que celle-ci ont déjoué les outrages du temps, permettant aux spécialistes de déchiffrer des écrits vieux de plusieurs milliers d'années.*

Mythologie hittite

INTRODUCTION

LES HITTITES, dont l'origine est sans doute indo-européenne, s'installèrent en Anatolie (actuelle Turquie) au XVIIIᵉ siècle av. J.-C. et y fondèrent un royaume indépendant autour d'une capitale nommée Hattousas. Le mot hittite tire son origine de « hatti », nom désignant les populations indigènes qui développèrent une civilisation florissante durant l'âge du bronze. Au XVᵉ siècle av. J.-C., les Hittites contrôlaient l'Anatolie et la Mésopotamie supérieure, et contestaient souvent avec succès la suprématie égyptienne en Syrie et en Palestine. L'Empire hittite fut démantelé au XIIIᵉ siècle av. J.-C., mais plusieurs principautés hittites étaient encore solidement établies à l'aube du Iᵉʳ millénaire av. J.-C. L'écriture hittite fut d'abord cunéiforme, puis hiéroglyphique.

Notre connaissance de la mythologie hittite provient de tablettes cunéiformes découvertes dans les ruines d'Hattousas, aujourd'hui à Bogazkale (Turquie). Les principales divinités hittites étaient le dieu de l'atmosphère, qui portait divers noms, et la déesse-soleil Arinna. Le panthéon officiel de l'Empire hittite englobait les mille dieux du Hatti, ce qui témoigne de l'appropriation par ce peuple de nombreuses divinités étrangères, en particulier mésopotamiennes et hurrites. De fait, nombre des mythes hittites sont des transcriptions de récits hurrites.

ILLUYANKAS

L'épopée d'Illuyankas était récitée lors des cérémonies du Nouvel An à Nerik, cité où le dieu de l'atmosphère était honoré par un temple. Elle est probablement tirée d'un vieux mythe hattien. Deux versions en sont connues.

ILLUYANKAS EST UN DRAGON géant qui parvient à vaincre le dieu de l'atmosphère après un terrible combat. La déesse-mère Inara décide alors d'intervenir. Elle organise un banquet et remplit bols et timbales d'un breuvage fortement alcoolisé. Contrainte de solliciter l'aide d'une créature humaine, elle fait appel à un homme nommé Hupashiya. Celui-ci accepte à la condition que la déesse se livre d'abord à lui. Inara s'y résout, puis se rend en sa compagnie au banquet auquel elle a invité Illuyankas et tous ses enfants. Les dragons boivent tellement qu'ils sont incapables de quitter la table. Hupashiya les attache et les présente au dieu de l'atmosphère, qui les tue sans attendre. Sa mission accomplie, Inara entraîne Hupashiya vers une maison lointaine pour qu'il y vive avec elle, mais elle lui interdit de regarder au-dehors. Après vingt jours, incapable de résister plus longtemps, Hupashiya jette un œil à la fenêtre et aperçoit son épouse et ses enfants. Frappé de détresse, il supplie la déesse de le laisser partir, mais celle-ci s'y refuse et le tue pour sa désobéissance.

Dans la seconde version du mythe, Illuyankas est parvenu à s'emparer des pouvoirs du dieu de l'atmosphère, cette fois en le privant de son cœur et de ses yeux. Rendu vulnérable, le dieu épouse la fille d'un homme de condition modeste. Le fils né de cette union courtise la fille d'Illuyankas et, pour son mariage, il exige les organes dérobés de son père. Guéri, le dieu reprend le combat. Il tue son vieil ennemi, puis son fils, rattaché au clan adverse par son mariage, et qui refuse d'être épargné.

▶ *Bas-relief hittite représentant la déesse Kubaba.*

LA REINE DE NESHA

UN JOUR, la reine de Nesha donne naissance à trente fils et décide de s'en débarrasser. Elle place les nourrissons dans des paniers d'osier qu'elle jette à la rivière. Par miracle, les bébés sont entraînés sans dommage jusqu'à la mer et y sont élevés par les dieux, qui les ont pris en pitié. Après quelque temps, la reine donne naissance à trente filles qu'elle se résout cette fois à garder. Arrivés à l'âge adulte, les fils entreprennent de rechercher le lieu de leur naissance. Leur mère ne peut les reconnaître et leur donne ses filles en mariage. Les plus jeunes frères mettent en garde leurs aînés contre les risques d'inceste mais il ne sont pas écoutés et les unions sont proclamées. La fin du récit est manquante.

TELEPINU

Le mythe de Telepinu faisait partie d'un rituel destiné à apaiser la colère des dieux lors des périodes difficiles. Seuls quelques fragments nous sont connus.

LE DÉBUT du récit manque, mais il est clair que Telepinu, divinité de l'agriculture, a disparu, ce qui engendre de graves conséquences sur la terre : les feux des âtres meurent, brebis et vaches négligent leurs petits, et hommes et animaux n'ont plus le cœur à s'accoupler. Le dieu-soleil ordonne au dieu de l'atmosphère de rechercher Telepinu mais ses efforts restent vains. La déesse Hannahanna libère une de ses abeilles, qui trouve le dieu endormi et le réveille d'une piqûre. Furieux, Telepinu cause chaos et destruction sur la terre, au point que les dieux eux-mêmes en sont effrayés. La magicienne divine Kamrushepa est appelée pour l'apaiser. Usant de formules magiques, elle délivre Telepinu de ses colères et restaure l'amour du dieu pour l'humanité. Telepinu retourne alors dans son antre et la terre retrouve fertilité et prospérité.

 DIEUX  REPRÉSENTATIONS THÈMES

27

Mythologie hurrite

INTRODUCTION

INSTALLÉS en haute Mésopotamie dès le IIIᵉ millénaire av. J.-C., les Hurrites parlaient une langue agglutinante d'origine indo-européenne. Durant deux millénaires, ils apportèrent d'importantes contributions à la culture du Proche-Orient ancien et formèrent l'essentiel de la population du royaume de Mitanni au XVIᵉ siècle av. J.-C. Les vestiges de leur capitale n'ayant pas encore été découverts, il est difficile d'établir l'ampleur de leur civilisation.

Les principaux dieux hurrites étaient Teshub, dieu de l'atmosphère, Kumarbi, père des dieux, et Shaushga, déesse proche de Ishtar la babylonienne. Ils vénéraient également un dieu-soleil (Shimegi), un dieu-lune (Kusuh) et englobaient dans leur panthéon nombre des divinités mésopotamiennes. Les Hurrites s'établirent également dans le Sud de l'Anatolie et un grand nombre de leurs récits mythiques furent repris par les Hittites. Étant donné l'absence de textes religieux émanant des Hurrites, les sources concernant la mythologie de ce peuple proviennent toutes de versions mésopotamiennes ou hittites. Certains de leurs mythes semblent avoir atteint la Grèce antique, sans doute par l'intermédiaire des Hittites.

LA ROYAUTÉ DANS LES CIEUX (KUMARBI)

ÉQUIVALENT du dieu babylonien Enlil et du dieu cananéen El, Kumarbi est lié à l'agriculture.

Ce récit, qui existe seulement dans une version hittite, décrit les luttes d'influence entre les divinités supérieures.

Alalu est détrôné par Anu, qui est à son tour attaqué par son fils Kumarbi. Quand Anu tente de s'échapper, Kumarbi le retient en lui mordant les organes génitaux. Anu lui prédit que ce geste lui vaudra de donner naissance à Teshub, dieu de l'atmosphère. Kumarbi s'efforce de cracher la semence, dont une partie tombe au sol et imprègne la terre, qui donne naissance à deux enfants. La suite est très incomplète : Kumarbi voit son ventre se gonfler et éprouve les pires difficultés à mettre au monde Teshub, qui finit par disputer le royaume à son géniteur.

▼ *Les créatures mi-hommes mi-animaux sont courantes dans l'art du Proche-Orient ancien.*

▶ *Statue d'un guerrier dans la cité hittite d'Hattousas (Bogazkale).*

ULLIKUMMI

Kumarbi fait le projet de détrôner le dieu de l'atmosphère. À cette fin, il répand sa semence sur un large rocher qui donne naissance à un monstre de pierre nommé Ullikummi. Kumarbi installe Ullikummi sur l'épaule droite du géant Upelluri, qui vit dans un pays lointain. Le dieu-soleil découvre le monstre et en informe le dieu de l'atmosphère, qui part aussitôt l'observer en compagnie d'autres divinités. Ishtar tente de séduire Ullikummi par ses charmes, mais elle échoue, car la créature minérale est aveugle et sourde. Inquiet, Kumarbi réunit les dieux en assemblée, mais Ullikummi a atteint une telle taille qu'il est devenu invincible. Ea va trouver Upelluri, qui ignore l'existence du monstre mais se plaint d'une douleur à l'épaule. Ea emprunte aux dieux de la création le couteau qui a servi à séparer la terre des cieux. Avec cette arme, il parvient à séparer Ullikummi de l'épaule du géant, réduisant ainsi considérablement sa puissance. La suite est indéchiffrable.

KUMARBI

Kumarbi épouse la fille du dieu des océans et donne naissance à Hedammu, créature à forme de dragon qui émerge chaque jour de l'onde pour dévorer quantité d'hommes et d'animaux. La déesse Ishtar découvre le monstre et en informe le dieu de l'atmosphère, qui se déclare impuissant. Décidée à se débarrasser du dragon, Ishtar revêt ses plus beaux atours et descend au bord de l'eau. Alors que le monstre s'apprête à la dévorer, elle use de magie pour remplir les océans d'une potion somnifère. Affaibli par le sortilège et séduit par les charmes de la déesse, Hedammu consent à la suivre. La suite est peu claire car le texte est très endommagé, mais il semble que le dieu de l'atmosphère parvient finalement à dompter Hedammu.

Mythologie biblique

INTRODUCTION

LES TEXTES SACRÉS DES HÉBREUX, rassemblés dans la Torah et dans les Livres prophétiques, contiennent diverses références à des divinités et à des rites cultuels rencontrés chez les peuples voisins d'Israël, dont les Cananéens, les Édomites, les Ammonites et les Moabites, et dans une moindre mesure, chez les Babyloniens et les Assyriens. Certains thèmes empruntent également à d'autres cultures du Proche-Orient ancien. Parce qu'elle est fondée sur la croyance en un dieu unique, créateur, médiateur et sauveur de l'humanité, la mythologie biblique est largement dépourvue de la richesse et de la diversité propres aux religions polythéistes. En outre, aucune des sources écrites avérées de l'Ancien Testament n'est antérieure à la période hellénistique (les manuscrits les plus anciens des grottes de Qumran datent du Iᵉʳ siècle av. J.-C.). Ces textes ont donc tous subi des altérations visant à produire une cohérence théologique minimisant les éléments mythologiques. Les premiers chapitres du *Livre de la Genèse* possèdent pourtant une structure et un contenu mythologiques, illustrés par des récits paradigmatiques liés à la forme et à la nature du monde et de l'humanité. L'épisode du déluge est clairement inspiré de la version babylonienne, même si le mythe est paré d'une signification théologique radicalement différente.

LE JARDIN D'ÉDEN ET LE PREMIER PÉCHÉ DE L'HOMME
GENÈSE II,4 – III,24

AU TOUT DÉBUT, lorsque Dieu crée le monde, la terre est dépourvue de végétation, car la pluie n'existe pas encore et il n'y a pas d'hommes pour labourer les champs. Voyant cela, Dieu façonne un homme avec un peu de terre et souffle sur son visage pour lui donner vie. Il le place dans un jardin de délices baptisé Éden, où il a planté de beaux arbres portant des fruits bons à manger, avec, en son centre, l'arbre de Vie et l'arbre de la Connaissance du Bien et du Mal. Dans le jardin coulent quatre fleuves, dont le Tigre et l'Euphrate.

Dieu commande à l'homme de veiller sur le jardin. Il l'autorise à en manger les fruits, à l'exception de celui de l'arbre de la Connaissance du Bien et du Mal, sous peine de mort. Comprenant qu'il n'est pas bon pour l'homme d'être seul, Dieu lui adjoint une compagne. Il réunit tous les animaux et demande à l'homme de les nommer, puis il laisse l'homme sombrer dans un profond sommeil et modèle une femme à partir de l'une de ses côtes. Il présente sa nouvelle créature à l'homme et lui explique qu'elle est faite de sa chair et qu'il doit quitter père et mère pour former une seule chair avec elle. L'homme et la femme sont nus mais ils n'en rougissent pas.

Le serpent, le plus rusé de tous les animaux, demande à la femme pourquoi Dieu a défendu de goûter aux fruits du jardin. La femme lui répond que seul le fruit de l'arbre situé au centre du jardin leur est interdit. Le serpent insinue alors que Dieu cherche seulement à les empêcher de devenir leur égal, capables de discerner entre le bien et le mal. À ces mots, la femme croque dans le fruit défendu et le fait manger à son compagnon. Aussitôt, les deux créatures prennent conscience de leur nudité et se couvrent d'une ceinture de feuilles de figuier.

▲ *Représentation moderne de Dieu trônant au Paradis, entouré de ses anges.*

◄ *Le serpent incite Ève à croquer dans le fruit de l'arbre de la Connaissance du Bien et du Mal qui pousse au jardin d'Éden.*

LA CRÉATION DU MONDE
GENÈSE I – II,4

DANS LA BIBLE, la création du monde se déroule en sept jours et résulte de la volonté unique de Dieu. Au commencement, Dieu crée le ciel et la terre, qui est vide et plongée dans les ténèbres. Puis Dieu fait apparaître la lumière afin de séparer le jour de la nuit. Il construit ensuite une étendue afin de séparer les eaux d'avec les eaux et donne à cette étendue le nom de ciel et à l'étendue solide le nom de terre. Le jour suivant, il rassemble les eaux situées au-dessous du ciel en un seul lieu et fait apparaître la terre ferme. Il couvre ensuite la terre de végétaux aptes à se reproduire de façon spontanée. Le quatrième jour, Dieu crée les étoiles et les planètes pour marquer les jours et les années. Le jour suivant, il remplit la mer de poissons et le ciel d'oiseaux. Le sixième jour, Dieu crée les animaux terrestres, domestiques et sauvages, puis il crée l'homme à son image, mâle et femelle, et lui donne la prévalence sur toutes les autres créatures du ciel, de la terre et des océans. Après avoir créé la terre, le ciel et tous leurs ornements, Dieu décide de se reposer. Il bénit le septième jour et le sanctifie.

LE CHÂTIMENT DE L'HOMME

DIEU APPELLE Adam et lui demande pourquoi il se cache. Lorsqu'il lui répond qu'il a honte de sa nudité, Dieu comprend qu'Adam et sa compagne ont mangé le fruit défendu. Sommée de s'expliquer, la femme accuse le serpent de l'avoir trompée. Furieux, Dieu condamne le serpent à ramper et à manger de la poussière tous les jours de sa vie, puis il fait de lui l'ennemi de l'homme.
À la femme, Dieu impose d'enfanter dans la douleur et d'être dominée par l'homme.

Il dit ensuite à Adam qu'à cause de sa désobéissance la terre sera maudite et produira des épines et des ronces. Il lui dit qu'il devra gagner son pain à la sueur de son front, et qu'il est poussière et redeviendra poussière. Adam donne à sa femme le nom d'Ève ; elle devient la mère de tous les vivants. Puis Dieu dote Adam et Ève d'habits de peau, et il se dit à lui-même qu'il lui faut empêcher l'homme et la femme de manger le fruit de l'arbre de Vie afin qu'ils ne puissent devenir immortels. Il chasse Adam et Ève du Jardin des délices et en fait garder le chemin par des chérubins porteurs d'une épée de feu.

LES FILS DE DIEU ET LES FILLES DE L'HOMME

SE MULTIPLIANT sur la terre, les hommes donnent naissance à des filles qui deviennent les épouses des fils de Dieu. Dieu décide que son esprit ne doit pas habiter l'homme et il limite la durée de vie de celui-ci à cent vingt ans. Des unions des filles des hommes et des fils de Dieu naissent les géants, fameux héros des temps anciens.

CAÏN ET ABEL (IV,1-22)

ÈVE DONNE NAISSANCE à Caïn, qui devient agriculteur, et à Abel, qui devient pasteur de brebis. Un jour, Caïn apporte à Dieu des fruits de sa terre en offrande, et Abel fait de même avec les premiers nés de son troupeau. Dieu regarde l'offrande d'Abel avec faveur mais ignore celle de Caïn, lequel entre dans une grande colère. Caïn attire alors son frère aux champs et le tue. Lorsque Dieu demande à Caïn où se trouve Abel, Caïn lui répond qu'il n'est pas son gardien. Dieu maudit Caïn, lui prédit que la terre ne lui donnera plus son fruit et le condamne à devenir errant et vagabond. Caïn s'en va habiter à l'est d'Éden. Sa femme lui donne un fils, Henoch, dont les descendants sont ceux qui vivent sous les tentes et près des troupeaux, ceux qui jouent de la harpe et du chalumeau, et ceux qui forgent les instruments d'airain et de fer.

(Une rivalité similaire entre agriculteur et berger, mais favorable à ce dernier, existe dans les mythes sumériens « Enmesh et Enten » et « Lahar et Ashnan ».)

◀ *Adam et Ève sont chassés du Jardin des délices après avoir désobéi à Dieu et mangé le fruit de l'arbre de la Science du Bien et du Mal.*

▲ *Noé et sa famille attendent à bord de l'arche que les flots se retirent.*

LE DÉLUGE

DIEU VOIT QUE L'HOMME ne pense qu'au mal et se repent de l'avoir créé. Il décide d'effacer de la surface de la terre tous les hommes et les animaux. Seul Noé, homme juste et parfait, trouve grâce à ses yeux. Dieu dit à Noé qu'il a résolu de faire périr tous les hommes en les soumettant à un déluge qui détruira tout sur la terre. Il commande à Noé de construire une arche en bois de pin, d'y aménager des cellules et d'en enduire la coque de poix, puis il lui ordonne de monter à bord de l'arche en compagnie de sa femme, de ses fils, d'un couple d'animaux de chaque espèce, et d'assez de vivres pour les nourrir tous.

Noé fait ce que Dieu lui a commandé. Sept jours plus tard, les eaux du déluge s'abattent sur la terre pendant quarante jours et quarante nuits. Les eaux soulèvent l'arche et submergent tout, tuant les créatures restées sur terre. Après quelque temps, Dieu se souvient de Noé et de l'arche. Il ferme les sources de l'abîme et les écluses des cieux, et la pluie cesse de tomber. Lentement, les eaux se retirent de la terre.

Après quarante jours, Noé libère la colombe mais, ne trouvant aucun endroit pour se poser, elle revient sur l'arche. Après sept jours, il envoie à nouveau l'oiseau, qui revient le bec chargé d'un rameau d'olivier. Sept jours plus tard, Noé libère à nouveau la colombe, qui cette fois ne revient pas. Noé comprend que la surface de la terre a séché et Dieu lui commande de sortir de l'arche avec sa femme, ses fils et tous les animaux. Noé construit un autel et sacrifie à Dieu plusieurs des bêtes pures et des oiseaux purs. Sentant une odeur agréable, Dieu décide de ne plus maudire la terre pour le salut de l'homme car c'est dans le cœur de l'homme que réside le mal. Il bénit Noé et ses fils et décrète que les animaux doivent vivre dans la crainte de l'homme, puis il fait apparaître un arc-en-ciel dans le ciel.

LA TOUR DE BABEL

IL N'EXISTAIT QU'UN SEUL langage sur la terre. Partis de l'orient, les hommes parviennent au pays de Schinear (Mésopotamie) et décident d'y construire une cité de briques.

Ils entreprennent de bâtir une tour qui montera jusqu'au ciel afin de se faire un nom et de n'être pas dispersés sur la surface de la terre. Dieu descend sur terre pour voir la cité et la tour. Il comprend qu'avec une seule langue, les hommes sont capables de réaliser tous leurs projets. Dieu décide alors de disperser les hommes aux quatre coins de la terre et de multiplier leurs langues afin qu'ils ne se comprennent plus entre eux. C'est pourquoi la cité inachevée porte le nom de Babel.

▼ *L'imposante tour de Babel, dont le sommet devait toucher le ciel.*

Mythologie ugaritique

INTRODUCTION

Ugarit est le nom d'une cité côtière de la Syrie antique (aujourd'hui Ras Shamra, non loin de Lattaquié). Vers le milieu du IIe millénaire av. J.-C., elle devint le centre d'un État de faible superficie mais de grande influence qui tirait ses richesses de l'agriculture et bénéficiait des échanges commerciaux existant entre l'Égypte, la Mésopotamie et l'Empire hittite.

À l'instar des autres peuples cananéens de Syrie et de Palestine, ses habitants parlaient un dialecte sémitique occidental. Ils utilisaient l'écriture cunéiforme babylonienne pour la tenue des documents officiels mais inventèrent une écriture alphabétique pour leurs rites et leurs récits mythologiques. Ugarit fut détruite au XIIIe siècle av. J.-C. La plupart des dieux de la mythologie ugaritique sont associés à la pluie, élément de première importance pour l'exploitation agricole du Croissant fertile.

Nombre des mythes ugaritiques nous sont connus à partir des tablettes découvertes dans les vestiges d'un temple de la cité d'Ugarit. L'interprétation des textes, écrits dans l'alphabet local, présente de grandes difficultés, tant au niveau du vocabulaire que de la grammaire. L'ordre même des tablettes est matière à discussion, et les traductions existantes sont rapidement remplacées par d'autres.

Les principales divinités du panthéon ugaritique sont le dieu créateur El, son fils Baal-Saphon, dieu de l'orage, qui réside au sommet du mont Saphon et domine la cité, et la déesse Anat dont le culte célèbre la guerre et l'amour physique.

LES MYTHES DES BAALS

Le mot baal, qui signifie « maître », est couramment employé pour désigner les divinités sémitiques occidentales. Il s'applique à diverses divinités climatiques locales, habituellement nommées d'après la montagne censée leur servir de refuge. Le baal cité dans les textes ugaritiques est l'ancienne divinité syrienne Hadad (à rapprocher du dieu mésopotamien Adad), également appelée Baal-Saphon. Il se manifeste par des orages riches d'éclairs et de tonnerre qui annoncent l'automne. Dans les mythes le mettant en scène, il combat les eaux déchaînées des océans (Ugarit dépendait du trafic maritime pour sa prospérité) et les chaleurs dévastatrices de l'été. Baal-Saphon est régulièrement vaincu par ses ennemis, mais il se lève à nouveau contre eux selon un rythme cyclique. Représentant de la fertilité et du renouveau, il prend souvent les traits d'un taureau, symbole de vitalité et de vigueur sexuelle.

LES MYTHES DE BAAL-SAPHON

Les textes forment un ensemble de récits liés entre eux, illustrant tous la nature et les activités de Baal-Saphon. Les tablettes sont en mauvais état : bien souvent le début et la fin sont manquants, ce qui complique la reconstitution de leur enchaînement. Le résumé ci-dessous puise ses sources dans *Anthology of Religious Texts from Ugarit*, ouvrage de Johannes de Moor publié en 1987.

La déesse Anat se baigne et s'enduit le corps d'huile précieuse avant de descendre au bord de l'océan, où elle provoque un bain de sang parmi les humains. Après avoir coupé la tête et les mains de ses victimes, elle veut davantage de violence, et transforme les meubles de sa maison en soldats à qui elle ordonne de tuer jusqu'à ce que le sang des victimes lui monte jusqu'aux genoux. Ainsi calmée, Anat se lave à l'aide de pluie et de rosée.

Au même moment, Baal-Saphon envoie un messager afin de demander à Anat de le rejoindre sur le mont Saphon. Il se plaint à elle d'être le seul dieu à ne posséder ni cour ni palais. Anat promet de plaider sa cause et s'en va trouver son père El, qui semble hésitant. On suggère alors de faire appel à Kothar, habile artisan divin, qui accepte l'offre. Mais à cause d'un complot contre Baal-Saphon, El est poussé à faire don du palais au dieu Yam.

Baal-Saphon voit sa fin en rêve, et Yam demande à El de lui livrer Baal-Saphon, qui se défend âprement mais est fait prisonnier. Yam tente de prendre possession du palais construit pour Baal-Saphon, mais il le trouve trop petit et commande à Kothar d'en construire un autre, plus spacieux. Le dieu artisan va trouver Baal-Saphon, qui se terre sous le trône de Yam, et lui dit qu'il est temps de réclamer son royaume. Il lui confie deux armes magiques que Baal-Saphon utilise pour combattre Yam et le capturer.

En compagnie d'Anat, Baal-Saphon rend visite à Astarté, ancienne épouse d'El, afin qu'elle persuade celui-ci d'autoriser la construction du palais qui lui est destiné. Astarté accepte d'intervenir auprès d'El, qui est si surpris par la visite de son ex-épouse qu'il consent à achever la construction du palais. On fait revenir Kothar et Baal-Saphon lui demande de ne pas mettre de fenêtre.

EL

L'ÉTYMOLOGIE du mot el demeure obscure encore aujourd'hui. On retrouve ces mêmes racines pour le mot dieu dans toutes les contrées de langue sémitique, de l'akkadien Ilum à l'arabe Allah. Dans la mythologie ugaritique, le dieu El, comme le Sumérien Anu, représente l'autorité divine et l'ordre cosmique. Il est le père de tous les dieux et, à l'image de Enlil en Mésopotamie, la source du pouvoir royal. El est également le père de l'humanité. À ce titre, il est lié à la fertilité humaine et à la naissance (*voir* « Aqat » et « Keret »). Ses relations avec Baal-Saphon sont souvent tendues, comme le montrent les récits les mettant en scène.

LES MYTHES DE BAAL-SAPHON (SUITE)

LORSQUE LE PALAIS est enfin terminé, El prépare un banquet de célébration. Baal-Saphon s'en revient après avoir conquis et pillé plus de quatre-vingt-dix cités. Il fait enfler sa voix jusqu'à en faire trembler la terre puis on l'installe sur le trône. Au faîte de son pouvoir, il comprend cependant que sa destinée est de descendre au royaume des morts, où règne Mot. Il voit les tempêtes de sable envoyées par Mot et convie celui-ci à son palais. Mot refuse et menace Baal-Saphon de l'avaler. Baal-Saphon doit se résoudre à descendre au royaume des morts. En chemin, il rencontre une génisse et s'accouple avec elle, et de cette union naît un bœuf. Au même moment, plusieurs messagers arrivent au palais d'El et annoncent la mort de Baal-Saphon. Les hommes se lamentent et Anat part à la recherche de sa dépouille afin de l'enterrer dignement sur le mont Saphon. El nomme Astar, l'un des fils d'Astarté, sur le trône de Baal-Saphon, mais il est bien trop frêle pour occuper le large fauteuil.

▶ *Stèle funéraire représentant le dieu Baal-Saphon lançant un éclair.*

Anat parvient au royaume des morts et rencontre Mot. Lorsque Mot lui avoue qu'il a dévoré Baal-Saphon, Anat entre dans une rage terrible et massacre Mot. Puis elle demande à El d'invoquer un rêve divinatoire afin de savoir si Baal-Saphon est encore vivant. Si El rêve que la pluie tombe d'huile et que les rivières coulent de miel, alors il n'est pas définitivement mort. El fait précisément ce rêve. Il envoie Anat et Shapash, la déesse-soleil, à la recherche de Baal-Saphon. El décrit les champs desséchés, privés de l'eau que Baal-Saphon est chargé de leur envoyer. Shapash ordonne à Anat de verser du vin pétillant dans les outres et d'apporter des couronnes de fleurs. Baal-Saphon est sans doute sauvé puisque sept ans plus tard, Mot, également ressuscité, impose un nouveau défi. Il ordonne la mort de l'un des frères de Baal-Saphon afin de venger l'agression commise sur lui par Anat. Baal-Saphon fait semblant d'accepter, mais il entreprend de tromper Mot en lui faisant l'offrande de sangliers, propres frères de Mot. Lorsque Mot s'aperçoit qu'il a mangé la chair de sa propre famille, il gravit le mont Saphon et attaque Baal-Saphon. Ils combattent âprement mais aucun ne l'emporte. Shapash intervient et avertit Mot qu'El supprimera son autorité sur le royaume des morts

s'il continue à provoquer Baal-Saphon. À ces mots, Mot bat en retraite. La fin du récit contient un hymne célébrant la gloire éternelle de Baal-Saphon. Assemblés en un banquet, les dieux demandent à la déesse-soleil de veiller sur les esprits des morts avec l'aide du dieu Kothar.

ANAT

LE CULTE de la déesse Anat, dont le nom est probablement d'origine akkadienne, était célébré dans toutes les régions occidentales du Proche-Orient ancien ainsi qu'en Égypte. Dans la mythologie ugaritique, elle est décrite comme vierge ou comme destructrice. À l'image de la déesse babylonienne Ishtar, Anat a les traits d'une femme très désirable doublée d'une guerrière assoiffée de sang. Elle est l'amante de Baal-Saphon, pour qui elle est toujours prête à combattre, et avec qui elle s'accouple sous les traits d'une génisse. Également associée aux rites funéraires, Anat pleure Baal-Saphon lorsqu'il est absent.

▼ *Bas-relief représentant le dieu Baal-Saphon, figure importante de la mythologie du Proche-Orient.*

AQAT

Ce récit provient de tablettes écrites par Elimelek, grand prêtre de Baal à Ugarit.

DÉSESPÉRÉ D'ÊTRE TOUJOURS sans héritier, le roi Danel demande à Baal-Saphon d'intervenir en sa faveur auprès du grand dieu El. Le vœu est exaucé et un fils naît. Il est nommé Aqat. Quelque temps plus tard, Kothar, artisan divin, est reçu par le roi avec tous les honneurs dus à son rang. En remerciement, Kothar remet au roi un superbe arc de chasse. Aqat s'approprie l'objet et rencontre un jour la déesse Anat qui lui dit que l'arc a été fabriqué pour elle et qu'il doit maintenant lui en faire l'offrande. Pour vaincre ses réticences,

elle lui offre or et argent, puis l'immortalité. Aqat réplique qu'il préfère partager le sort des mortels, et il met en doute les pouvoirs d'Anat. Il lui dit également qu'une telle arme n'est pas faite pour une faible femme et s'en va en riant.

Décidée à se venger, Anat va trouver El et le persuade d'accepter son plan. Elle appelle Yatpan, qui vole à la recherche d'Aqat sous les traits d'un vautour et le tue. Yatpan se saisit de l'arc mais le laisse échapper au-dessus de l'océan. Anat se lamente sur la dépouille d'Aqat et sur la perte des récoltes, occasionnée par le sang versé. Lorsque Danel apprend le sort de son fils, il implore Baal-Saphon de briser les ailes des vautours. Le roi maudit trois cités situées à proximité du lieu du crime, puis il s'isole dans son palais et pleure la mort de son fils durant sept années. Paghat, sœur d'Aqat, décide de venger son frère. Sous les traits d'Anat, poudrée et portant épée sur sa tunique, elle parvient à trouver Yatpan, qui se vante du meurtre d'Aqat sous l'emprise de la boisson. La suite du récit est fragmentaire. Paghat tue Yatpan. Danel demande l'aide de Baal-Saphon car il n'arrive pas à surmonter la mort de son fils et Baal-Saphon suggère l'organisation d'une cérémonie pour rappeler sur terre les âmes des défunts.

MOT

MOT REPRÉSENTE la mort sous tous ses aspects. Être dévoré par Mot signifie perdre la vie. Mot est l'ennemi de Baal-Saphon, qu'il ne parvient jamais à vaincre définitivement. Leur antagonisme est sans doute lié au calendrier agricole, Baal assurant les pluies permettant la germination des semences, et Mot représentant la sécheresse de l'été et la maturation des plantes céréalières. On ignore encore si Mot était une divinité faisant l'objet d'un culte ou un simple personnage des cérémonies rituelles.

YAM

LE DIEU YAM, dont le nom signifie « océan », était une divinité importante à Ugarit et sur le littoral de la Syrie antique, dont l'économie reposait sur le commerce maritime. Les mythes le présentent comme un personnage à deux facettes, illustrant sans doute le calme des mers d'été et la férocité des tempêtes hivernales. Dans les mythes de Baal-Saphon, il est opposé à celui-ci et est vaincu par des armes magiques. À la différence de Mot, Yam était une divinité reconnue faisant l'objet d'un culte.

KERET

Ce récit provient des tablettes écrites par Elimelek.

KERET, ROI DE Khubur, est profondément malheureux. Les hommes de sa famille sont tous morts, et aucune des sept femmes qu'il a épousées les unes après les autres n'a vécu assez longtemps pour lui donner des enfants. Le dieu El lui apparaît en songe et lui donne des instructions. Keret doit sacrifier un taureau en son honneur, puis il doit partir à la tête d'une armée pour conquérir le royaume voisin. Lorsque le roi assiégé lui offrira tous ses trésors, Keret refusera et demandera pour prix de la paix la main d'Hariya, sa fille. Keret fait comme il lui est demandé.

Après avoir rassemblé une puissante armée qui inclut même les hommes mariés, Keret quitte sa terre. En chemin, il fait une halte à un sanctuaire de la déesse Astarté et promet l'offrande d'une quantité d'or égale à trois fois le poids de sa future épouse si sa mission est couronnée de succès. Tout se déroule selon les plans. Keret épouse la superbe Hariya et tous les dieux sont conviés au festin de noces. El décrète que Hariya enfantera huit garçons et huit filles. Plus tard, après la naissance des seize enfants, Astarté se remémore la promesse de Keret, que celui-ci n'a jamais honorée. Elle décide de l'accabler par une maladie et lui conseille de préparer ses funérailles. À ces mots, Keret ordonne à son épouse de préparer un banquet sacrificiel.

Les sujets se lamentent sur le sort de leur roi, mais Keret les ignore et demande à sa plus jeune fille de pleurer sa mort prochaine. Le roi tombe bientôt malade et toutes les récoltes se flétrissent. Alarmés,

les dieux se réunissent et décident la création d'une forme humaine capable d'éloigner la maladie. El façonne une femme ailée qu'il nomme Shatiqtu. Il lui confie une fleur et pose sur ses lèvres un charme magique. Shatiqtu vole jusqu'au palais du roi et le guérit. Aussitôt, Keret commande à son épouse de tuer un agneau gras et, en deux jours, il retrouve assez de force pour monter sur son trône. C'est alors que Yassub, l'un des fils du roi, entre au palais et ordonne à son père d'abdiquer en sa faveur. Keret n'a que mépris pour son fils : il appelle le dieu Horon pour qu'il lui fracasse le crâne. La suite du texte est indéchiffrable.

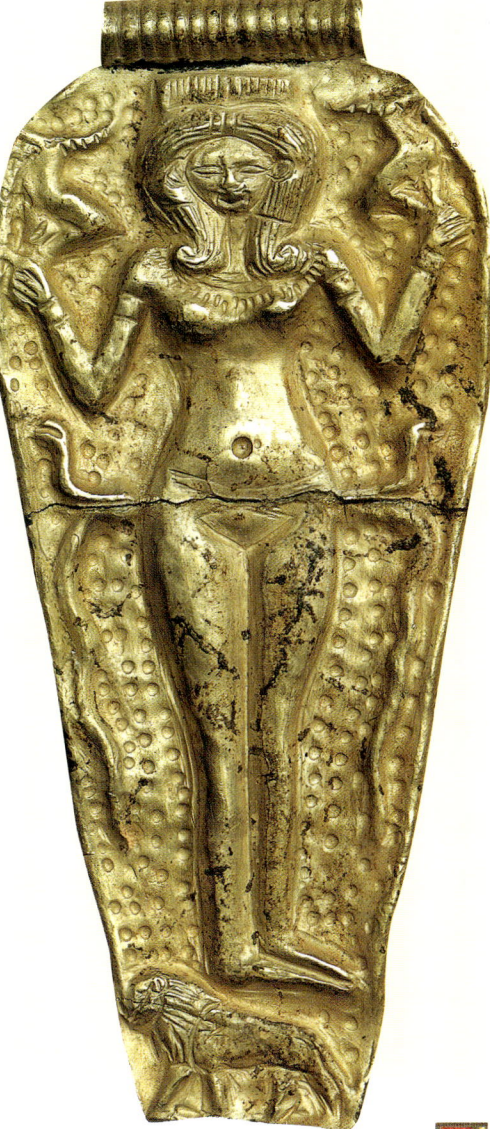

▲ *Statuette en bronze du dieu Baal-Saphon.*
▶ *Pendentif à l'effigie d'Astarté, déesse de la fertilité dans la Syrie antique.*

Mythologie perse

INTRODUCTION

PAR LEUR LANGAGE, les Perses appartiennent à la famille des peuples aryens, plus particulièrement à sa branche indo-iranienne. Ces nomades des steppes de l'Asie centrale, éleveurs de chevaux et de bétail, s'installèrent sur le plateau iranien au début du Iᵉʳ millénaire av. J.-C., en même temps que d'autres groupes tribaux tels que les Mèdes, les Parthes et les Scythes. Certaines tribus perses se fixèrent, d'autres demeurèrent nomades. Les premières adoptèrent un grand nombre des coutumes des civilisations urbaines de l'Asie occidentale, plus encore après la conquête de l'Élam, de l'Assyrie et de Babylone par le roi Cyrus II (559-530 av. J.-C.). Dès lors, les anciens nomades devinrent les maîtres d'un empire multiethnique s'étendant de la Méditerranée jusqu'aux fleuves Oxus (Amou-Daria) et Indus.

Quelque temps avant les conquêtes de Cyrus II (les chercheurs ne parviennent pas à s'accorder sur une date précise), la religion iranienne traditionnelle fut réformée par le prophète Zaratoustra, connu par les Grecs anciens sous le nom de Zoroastre. Zoroastre prônait le monothéisme : Ahura Mazda, souvent invoqué dans les écrits de Darius (521-486 av. J.-C.) et dans ceux des autres souverains de la dynastie achéménide (550-330 av. J.-C.), est le dieu suprême et infiniment sage du zoroastrisme, même si cette religion met l'accent sur la séparation entre le bien et le mal et sur les conflits que cette séparation induit.

▲ *Fresque du IIᵉ siècle représentant un prêtre zoroastrien.*

ENVIRONNEMENT, MIGRATIONS, EMPIRE

EN 640 AV. J.-C., les Achéménides de Pasargades régnaient sur la province élamite d'Anshan, dans le sud-ouest du plateau iranien. Les Mèdes étaient établis plus au nord, tandis que les Parthes, les Sogdiens et les Bactriens se partageaient le nord-est, et que les Scythes avaient pour territoire les steppes de l'Europe orientale.

Cyrus II fit de l'élamite Suse sa capitale d'hiver et de la cité mède d'Ecbatane sa capitale d'été. À Pasargades, son fief familial, il établit la cité cérémonielle, théâtre de célébrations d'inspiration babylonienne liées à l'équinoxe de printemps et à la nouvelle année. Plus tard, cette fonction fut attribuée à la cité de Persépolis par le roi Darius.

En 330 av. J.-C., les invasions d'Alexandre le Grand établirent une suprématie des idéaux grecs qui dura près de deux siècles. Le roi sassanide Ardechir s'efforça de restaurer les idéaux et la légitimité achéménides, mais ses successeurs ne parvinrent ni à ignorer l'héritage hellénistique, ni à échapper à la tentation d'imiter l'Empire byzantin.

La victoire des Arabes musulmans lors de la bataille de Qadisiya en 636 av. J.-C., et leur occupation subséquente de la capitale Ctésiphon, marquèrent non seulement la fin de l'Empire sassanide, mais également celle du zoroastrisme en tant que religion d'État. Les destructions de temples et de bibliothèques accentuèrent encore son déclin.

◀ *Bas-relief représentant un garde perse du palais de Xerxès.*

 MYTHES CONNUS PERSONNAGES

▶ *Ce rare vestige permet d'estimer la splendeur passée du palais de Cyrus.*

L'ESPRIT PROTECTEUR À PASARGADES

CYRUS II (vers 559-530 av. J.-C.) fit édifier un palais dans son fief familial de Pasargades, non loin d'Anshan. Dans les vestiges de ce palais, on a retrouvé l'inscription : « Moi, Cyrus, le roi, l'Achéménide ». Il n'est pas fait mention de croyance religieuse. Le personnage visible sur l'un des vestiges représente sans doute un esprit tutélaire, comparable à la silhouette ailée du palais assyrien de Khorsabad. Sa tenue est caractéristique du style vestimentaire éclectique des premières époques achéménides, qui assimilait volontiers des éléments originaires de Médie, d'Élam, de Babylone, d'Assyrie ou d'Égypte.

CRÉATION DU BIEN, IRRUPTION DU MAL, BATAILLE FINALE

Écrit au début du X⁻ siècle av. J.-C., le *Bundahishn*, le Livre de la création, est une compilation cosmogonique et chronologique de diverses sources plus anciennes.

L'HISTOIRE de la création s'étend sur 12 000 ans. Au tout début, le monde de lumière d'Ohrmazd coexiste avec le monde des ténèbres d'Ahriman. Ahriman (ou Angra Mainyu) voit la lumière, il entend Ohrmazd proposer une guerre de 9 000 ans entre lumière et obscurité, puis il retombe dans les puits sans fond. Après 3 000 ans, Ohrmazd (ou Ahura Mazda) crée le monde physique, le taureau primordial et le premier humain Gayomart.

Ahriman entreprend de détruire les créations de son rival. Il fracasse la voûte en cristal du ciel, traverse les océans et en rend l'eau amère et salée, transforme la terre en déserts et montagnes, puis tue les plantes, le taureau primordial et le premier humain. La semence de Gayomart est portée jusqu'au soleil et celle du taureau primordial jusqu'à la lune. De la semence lunaire naissent de nouvelles plantes, arrosées par les pluies de Tir, et de la semence solaire, après quarante ans, naît une rhubarbe androgyne qui produit à son tour le premier couple humain.

Une autre période longue de 3 000 ans commence, appelée Temps du Bien et du Mal. Durant celle-ci, Ahriman fait de l'homme une créature avide, amorphe et vicieuse. La naissance du prophète Zoroastre ouvre une dernière période de 3 000 ans. Durant cette dernière période, un sauveur naît tous les mille ans de la semence de Zoroastre préservée dans un lac, où elle fertilise miraculeusement les vierges qui viennent y nager. À la naissance du troisième sauveur, la dernière bataille commence, et tous les héros et monstres mythiques sont ressuscités pour y prendre part. Le mal est finalement vaincu par un feu de métal en fusion qui recouvre la terre. Ahriman est condamné à l'exil perpétuel dans les ténèbres sans fond et la terre devient à nouveau plate. Ce grand renouveau marque la fin de l'histoire de la création.

RITES RELIGIEUX, INFLUENCES, TEXTES

Durant des siècles, les liturgies de l'*Avesta* ont été transmises oralement, à l'image des *Vedas* en Inde. L'écriture, absente de la culture perse traditionnelle, était souvent considérée comme un concept sémitique enseigné par les démons. L'utilisation de la langue et de l'écriture araméennes se développa tout au long de l'Empire achéménide, tandis que l'écriture cunéiforme babylonienne était ponctuellement adaptée pour des inscriptions royales en persan ancien. La hiérarchie zoroastrienne considéra l'écriture avec méfiance, au moins jusqu'à la période sassanide moyenne (fin Ve et début VIe siècle av. J.-C.), époque à laquelle l'alphabet pahlavi, dérivé de l'araméen, fut remplacé par un alphabet avestan composé de quarante-six lettres.

Les *Gathas*, hymnes visionnaires du prophète Zoroastre, ont survécu à plusieurs siècles de transmission orale. Les chercheurs diffèrent sur l'interprétation exacte de ces hymnes, et l'on trouve peu de concordances entre les sources littéraires souvent fragmentaires et les sources archéologiques connues. Ce que nous connaissons aujourd'hui de l'*Avesta* est constitué de matériaux utilisés pour les rites du zoroastrisme, souvent postérieurs aux conquêtes arabes.

▼ *Griffon du palais de Darius Ier, roi de Perse.*

BAHRAM V ET LA HARPISTE AZADA

Bahram Gur est confié à sa naissance à un roi vassal lakhmide et devient, dès son adolescence, un chasseur et un cavalier émérite. Son protecteur lui fait don d'une captive byzantine, Azada, choisie parmi quarante esclaves. Accompagnant Bahram à la chasse, Azada lui lance un défi : il doit effleurer l'oreille d'une antilope par une première flèche, puis, alors que celle-ci se gratte l'oreille, transpercer la patte et la tête de l'animal par une seconde flèche. Bahram réussit ce prodige, mais Azada l'accuse d'être Ahriman, le dieu du mal. Furieux, le prince fait tomber Azada de son chameau et commande à la bête de la piétiner.

LES RÉCITS DU SHAH-NAMEH

Le *Shah-Nameh*, Livre des rois sassanide, retranscrit par le poète Firdusi à la demande du sultan Mahmud de Ghazni (998-1030), demeure l'une des sources les plus riches relatives à la mythologie et aux légendes historiques perses.

Jemshid est le quatrième des héros fondateurs de l'Iranshahr. Après un règne long et harmonieux, il réclame d'être appelé créateur du monde.

Aussitôt, la gloire royale l'abandonne, et ses gens de cour se tournent vers le prince arabe Zohak, à l'avenir prometteur. Jemshid est chassé du royaume puis assassiné.

Plus tard, Ahriman donne à Zohak un baiser empoisonné qui lui fait pousser un serpent sur chaque épaule. Zohak devient un tyran : il sacrifie quotidiennement un jeune garçon et donne sa cervelle à manger aux serpents.

Après mille ans de tyrannie, une révolte est fomentée par le courageux forgeron Kaveh, dont les deux fils ont été sacrifiés par Zohak. Kaveh rassemble les foules autour d'un drapeau fait de son tablier de cuir, puis marche à la recherche de Feridun, descendant légitime de la famille royale, dont le père a également été victime de la tyrannie arabe. L'armée sans cesse grossissante est menée par Feridun qui brandit sa massue à tête de taureau. Vaincu, Zohak est enchaîné puis emprisonné dans une grotte du mont Demavend. Lorsqu'un tremblement de terre a lieu dans la région, on dit que c'est Zohak qui agite ses chaînes sous la montagne.

LA TOMBE DE DARIUS Ier À NAQSH-I-RUSTEM

En 552 av. J.-C., Darius renversa un roi de Magan qui prétendait être le petit-fils de Cyrus et prit le pouvoir. Il fit construire sa propre sépulture à Naqsh-i-Rustem. Il y est représenté sur une estrade supportée par ses sujets, une main levée en appréciation du feu royal qui brûle sur un autel dressé devant lui. Dans l'autre main, il tient un arc, objet qui figure également sur les pièces d'or de l'Empire. Au-dessus de lui brille un soleil ailé figurant probablement Ahura Mazda, le dieu suprême. Le disque ailé est une représentation égyptienne mais les Assyriens ont ajouté une silhouette humaine flottant en son centre.

LE CULTE DU FEU ET ÉPHÉDRA

LE CULTE DU FEU et la consommation d'haoma, boisson hallucinogène, remontent aux premiers temps de la religion aryenne. Atar, dieu du feu, était loué sous cinq formes par les Sassanides : ils distinguaient le feu du temple et ce la terre, le feu intérieur humain, le feu intérieur végétal, le feu des éclairs, et le feu du paradis.

Les principaux temples du feu étaient l'Adhar Farn-Bag, à Karyan (Farsistan), l'Adhar Gushn-Asp, à Shiz, dans l'Azerbaïdjan iranien, et l'Adhar Burzin-Mehr, dans les montagnes du Khorasan. Ils étaient respectivement associés aux trois classes de la société : prêtres, nobles-combattants et agriculteurs.

L'haoma était fabriquée à partir de l'éphédra, plante des montagnes iraniennes. Les graines étaient broyées dans un mortier lors de la prière du coucher du soleil, et la poudre obtenue mélangée à de l'eau. Le breuvage, consommé dans le cadre du rite du Yasna, était censé guérir les maladies et éloigner la mort.

Dans la dernière apocalypse zoroastrienne, le pieux Arda Viraz accepte de boire une potion à base de vin de jusquiame afin de rejoindre le royaume des morts et de voir les récompenses décernées aux justes et les punitions réservées aux pêcheurs. Après sept jours et sept nuits de coma, il s'éveille dans le temple du feu, aussi frais qu'au sortir d'un bon sommeil, et décrit ses visions aux prêtres qui l'entourent.

▲ *Bas-reliefs de l'entrée nord de la salle des Cent Colonnes, représentant Darius et son armée.*
▶ *Chapiteau de l'Apadana datant du Vᵉ siècle av. J.-C.*

MITHRA

L'UN DES TRAITÉS ÉCRITS par les Hittites indo-iraniens établis en Asie Mineure, daté de l'an 1350 av. J.-C., fait état de plusieurs divinités, dont Mithra, Varuna et Indra. Dans le *Rig-Veda*, le plus ancien des quatre textes védiques, le mot Mithra est traduit par « ami ». En Iran, le dieu Mithra est associé à la notion d'accord, comme son équivalent babylonien Shamash, dieu-soleil qui veille sur les contrats juridiques. Dans l'Avesta, Mithra est décrit surveillant les terres des Iraniens depuis le sommet du mont Elbourz, et venant à leur secours pour repousser les attaques de voleurs de troupeaux.

La popularité de Mithra est attestée par le grand nombre de patronymes dérivés de son nom, dont Mithridate. Au début de l'automne, Mithra était célébré par une grande fête durant laquelle on buvait du vin et on échangeait des cadeaux.

Les cérémonies initiatiques du mithraïsme existèrent jusqu'au temps de l'Empire romain. Le symbole central du mithraïsme est le sacrifice régénérateur d'un taureau par un jeune dieu, qui évoque la mort du taureau primordial des mains d'Ahriman dans la tradition zoroastrienne. Associé au pouvoir indomptable du soleil, la fête mithraïque romaine de Sol Invictus a donné naissance à la date traditionnelle de la naissance du Christ, le 25 décembre.

ZAL, RUSTEM, ISFANDYAR, SOHRAB

RUSTEM EST LE HÉROS le plus célèbre des récits épiques perses, même si son origine doit être retracée jusqu'aux Saka légendaires de la région du Seistan. Son père Zal, né avec des cheveux blancs, est abandonné sur le versant exposé d'une montagne. Il est sauvé et élevé par le Simurgh, oiseau géant qui plus tard utilise ses plumes magiques pour aider Rustem à vaincre le héros Isfandyar.

ALORS QUE RUSTEM somnole après une journée de chasse et un festin de viande d'onagre rôtie, son superbe cheval est emmené en Samangan. Rustem le suit jusqu'à ce territoire, est il est accueilli par le souverain local. Le soir venu, Tahmina, fille du souverain, rejoint Rustem dans sa chambre. De cette union naît un fils, Sohrab, qui grandit sans connaître son père mais rêve d'égaler ses exploits. Rustem est le premier guerrier du Shah d'Iran, tandis que Sohrab devient un fier combattant des hordes turques. (À la fin de la période sassanide, les Turcs conquièrent les régions de Samarkand et de la Transoxiane. Ici encore, la mythologie se fait l'écho de luttes guerrières, cette fois entre Perses, Arabes et Turcs).

Le père et le fils sont opposés au cours d'une bataille, mais aucun des deux ne sait qui est l'autre. Sohrab est mortellement blessé par son père, et les deux hommes découvrent leur lien de sang. Les appels envoyés pour l'envoi d'onguents salvateurs restent sans réponse. Sohrab meurt et Rustem s'en retourne, pleurant amèrement la perte de son fils.

AHURA MAZDA ET LES AMESHA SPENTAS

AHURA MAZDA, dieu infiniment sage, est sans doute l'équivalent perse du dieu védique Varuna (Asura), gardien de l'ordre et de la loi (Asha ou Arta).

Zoroastre eut une vision de l'Amesha Spenta Vohu Mano alors qu'il émergeait de la rivière, où il était allé quérir de l'eau pour la confection de l'haoma. Il fut alors mené auprès d'Ahura Mazda, dieu unique infiniment sage. Dans le zoroastrisme, il existe une séparation franche entre le bien, représenté par Spenta Mainyu, émanation d'Ahura Mazda, et le mal, représenté par Angra Mainyu, et les deux entités s'affrontent jusqu'à la fin des temps. Toute création spirituelle ou physique est déterminée par cet antagonisme. Les croyants s'efforcent de favoriser la victoire du bien et de la lumière.

Ahura Mazda était assisté par des « immortels bienfaisants » appelés Amesha Spentas : Vohu Mano (la Bonne Pensée), qui prend soin du bétail, Asha Vahista (la Vérité), qui protège le feu, Spenta Armaiti (la Dévotion bienfaisante), qui protège la terre,

◄ *Bas-relief montrant des guerriers sassanides à cheval.*

Khshathra Vairya (la Seigneurie désirable), qui protège les minéraux, Haurvartat (la Plénitude), qui protège l'eau, Ameratat (l'Immortalité), qui protège les plantes.

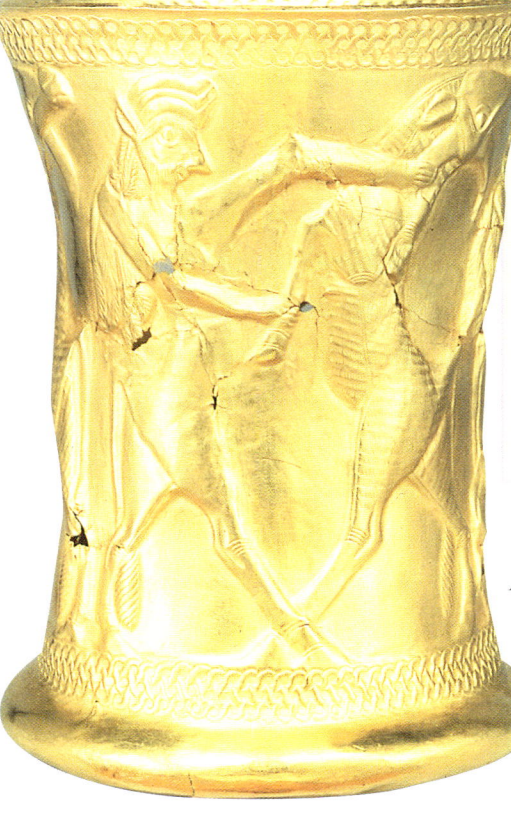

LE BIEN ET LE MAL

À L'INSTAR des autres religions monothéistes, le zoroastrisme est pauvre en écrits mythologiques. Il n'existe à vrai dire qu'un seul mythe, décrivant la lutte entre le bien et le mal, sans cesse renouvelée jusqu'à la fin des temps. Le mal est représenté par la vermine, la maladie, la mort et l'impureté morale. Naturellement bon, l'homme doit conserver sa pureté ou s'efforcer de la retrouver. Pour cela, il doit observer les lois de pureté dans la vie et dans la mort, refuser toute pollution du feu, de l'eau ou de la terre, et prier en présence du feu éclatant qui rappelle la divine énergie et les forces de vie.

GUERRIERS ET PENSEURS

DANS LA MYTHOLOGIE perse, le personnage du guerrier luttant contre monstres, démons ou étrangers pour défendre son roi ou sa religion est récurrent : Feridun, qui défait le tyran Zohak et l'enchaîne dans une grotte du mont Demavend, Isfandyar, seulement vaincu par les plumes magiques d'un oiseau géant, et Garshasp, qui aide à vaincre définitivement le mal à la fin des temps, en sont des exemples. D'autres héros plus récents, tels que Ali et Hamza, sont décrits dans un style proche de la tradition narrative préislamique.

Le sage est également une figure centrale, à l'image de Bozorgmehr, qui devine les règles du jeu d'échec et invente celles d'un autre jeu, ancêtre du jacquet et du backgammon.

AHRIMAN, DRUJ, JADU, PAIRIKA

ANGRA MAINYU (Ahriman), l'esprit destructeur, est l'exact opposé d'Ahura Mazda, dieu infiniment sage.

Aux créations de son ennemi, il répond en apportant maladies, famines, sécheresses et mort, Angra Mainyu réside au sein des Ténèbres du Nord, dans la Maison des Mensonges, en compagnie de l'esprit malin Aka Manah, de la mouche Nazu, qui s'introduit dans les cadavres, d'Azhi Dahaka (Zohak, le tyran arabe), de Jadu (Yatu) le magicien, de Pairika, la fée du mal, et de Mush, la souris qui dévore le grain des récoltes. C'est pour contrebalancer les pouvoirs de ces figures maléfiques que fut créé un ensemble de pratiques rituelles destinées à éloigner les forces du mal.

Aeshma Daeva, démon assoiffé de sang, apparaît dans le *Livre de Tobit des écritures apocryphes* sous les traits d'Asmodeus, qui tue les maris de l'épouse de Tobias dès la nuit de noces jusqu'à ce qu'elle soit exorcisée par la crémation d'un foie et d'un cœur de poisson.

Az, démon de l'avidité et de la concupiscence, était perçu comme la source de tous les malheurs du monde. Pour s'en prémunir, il fallait, selon le Sassanide Mazdak, communiste avant la lettre, mettre en commun toutes ses richesses personnelles, y compris or, terres et épouses.

▲ *Timbale ornée d'une scène de combat entre figures mythologiques.*
▶ *Archer de la garde royale perse.*

Égypte ancienne

INTRODUCTION

E
N 450 AV. J.-C., APRÈS UN VOYAGE EN ÉGYPTE, l'historien grec Hérodote écrit que ce pays est un cadeau du Nil. C'est par la grâce des débordements annuels du grand fleuve que se disperse sur le sol égyptien la boue fertile qui donne vie à la terre. Sans le Nil et ses caprices, l'Égypte ancienne n'aurait pu voir le jour. Ce phénomène, parfois atténué au point de causer des famines, ou amplifié au point de tout dévaster, contribua par sa régularité à la construction spirituelle des Égyptiens dans leurs rapports avec la vie et la mort. La recherche de l'ordre et le respect de la loi, symbolisés par la déesse Maât, gouvernait tous les aspects de la religion et du quotidien égyptiens.

Pour les Égyptiens, le monde d'après la mort, ou Champs d'Ialou (Champs-Élysées de la mythologie grecque), n'était pas situé aux cieux, mais à l'ouest, là où se couche le soleil et où règne Osiris, dieu de la vie éternelle. Pour qu'un défunt puisse accéder à ce territoire, il fallait d'abord que son corps soit soigneusement préservé (d'où le long et fastidieux processus de momification), puis que sa personne soit jugée favorablement par le tribunal divin, formé du dieu Osiris et de ses quarante-deux assesseurs, par le biais d'un rituel de questions appelé « confession négative ». Entre les bandages de la momie était inséré un scarabée de cœur en malachite portant en inscription un extrait du *Livre des Morts*, et attestant auprès des gardiens du monde invisible que le défunt appartenait aux justes.

Depuis l'Antiquité gréco-romaine jusqu'à aujourd'hui, la religion de l'Égypte ancienne a toujours été source d'étonnement. À l'instar des Grecs et des Romains, dont les larges panthéons étaient respectivement dominés par Zeus et par Jupiter, les Égyptiens vouaient un culte à de nombreuses divinités, mais c'est la représentation animalière de ces divinités qui a rempli de stupéfaction des générations de chercheurs. Hérodote a reconnu le caractère

sacré des animaux dans l'Égypte ancienne mais il n'a pas expliqué les principes religieux associés à ce statut.

La mythologie égyptienne emprunte rarement les chemins de traverse. Les mythes égyptiens sont beaucoup moins nombreux que ceux du Proche-Orient ancien ou que ceux de civilisations méditerranéennes plus récentes. Les principaux thèmes évoqués dans ces mythes sont la création et la destruction de l'humanité, les relations entre Isis et Osiris ou entre Horus et Seth, et le périlleux voyage du dieu Rê à travers le jour et la nuit.

LA CRÉATION

I
L EXISTE dans l'Égypte ancienne quatre récits distincts liés à la création. Ces quatre récits sont respectivement associés à quatre grandes cités – Héliopolis, Memphis, Hermopolis et Esna – et à quatre divinités supérieures – Atoum (plus tard assimilé à Rê), Ptah, Thot et Khnoum.

LA CRÉATION – HÉLIOPOLIS

À HÉLIOPOLIS, cité du soleil, Atoum se trouve seul sur un bras de terre boueux ayant émergé des eaux du Noun, magma liquide originel qui recouvre le monde. Réalisant qu'il a besoin d'autres dieux pour l'assister dans la création, il fait naître de sa semence Shou, dieu de l'air, et Tefnout, sa sœur, déesse de l'eau. De l'union de Shou et Tefnout naissent Geb, dieu de la terre, et Nout, déesse du ciel (les relations incestueuses sont fréquentes dans la mythologie égyptienne). Sur ordre de Rê, Geb et Nout sont séparés par Shou, et Rê interdit également à Nout d'enfanter durant les trois cent soixante jours de l'année calendaire.

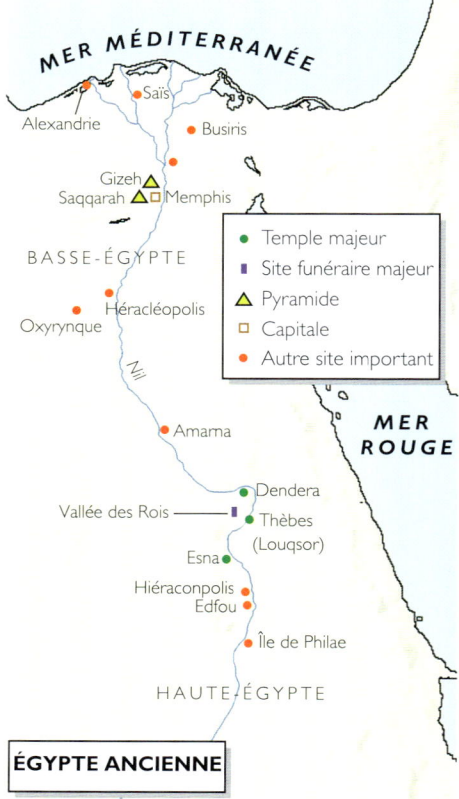

MER MÉDITERRANÉE

Alexandrie
Saïs
Busiris
Gizeh
Saqqarah ☐ Memphis
BASSE-ÉGYPTE
Héracléopolis
Oxyrynque
Amarna

● Temple majeur
■ Site funéraire majeur
△ Pyramide
☐ Capitale
● Autre site important

MER ROUGE

Dendera
Vallée des Rois ── Thèbes (Louqsor)
Esna
Hiéraconpolis
Edfou
Île de Philae
HAUTE-ÉGYPTE

ÉGYPTE ANCIENNE

 MYTHES CONNUS PERSONNAGES

Thot prend pitié de Nout et parvient
à allonger l'année de cinq jours
en jouant aux dés avec la lune. Durant
ces cinq jours (les jours épagomènes),
Nout met au monde cinq enfants
nommés Osiris, Isis, Horus l'Ancien, Seth
et Néphtys. La colère de Rê était
déclenchée par une prophétie selon
laquelle les enfants de Nout
surpasseraient son pouvoir (de même
que les enfants de Cronos et Rhéa étaient
supposés surpasser le pouvoir de leur
père dans la mythologie grecque).

L'OISEAU BÉNOU

ÉGALEMENT ASSOCIÉ au culte du soleil
et à la cité d'Héliopolis était l'oiseau Bénou,
représenté dans l'art égyptien sous la forme
d'un héron cendré et considéré comme
un symbole de résurrection (à l'image
du phénix grec, renaissant tous les cinq
cents ans de ses propres cendres).
À Héliopolis, l'oiseau Bénou figure posé
sur le sommet du Benben, pierre levée
constituant le centre du grand temple

▲ *Fresque de la tombe de Sennedjem, à Thèbes,
représentant les Champs d'Ialou.*
▶ *Triade d'Osorkon II, en or
et lapis-lazuli, figurant Isis, Osiris
et Horus.*

solaire. Cette pierre inspira sans
doute la forme des obélisques qui
trônaient par paire à l'entrée
des temples, et dont le sommet
pyramidal, ou pyramidion, était
souvent orné d'or, d'argent
ou d'électrum (alliage naturel
d'or et d'argent) afin de refléter
les premiers rayons du soleil.
Nombre de ces pierres
monumentales dédiées au soleil
furent emportées d'Égypte dès la fin
de l'Antiquité, et certaines ornent
aujourd'hui les places de grandes
capitales européennes, à l'image de
l'obélisque de Louqsor, érigé sur
la place de la Concorde à Paris,
et des divers obélisques ornant les
places de la Rome d'aujourd'hui.

LA CRÉATION – MEMPHIS ET HERMOPOLIS
Memphis

À MEMPHIS, capitale de l'Égypte durant l'Ancien Empire (2815-2400 av. J.-C.), la principale divinité était le dieu créateur Ptah, dont on disait qu'il avait fabriqué le cœur et la langue d'Atoum. Ptah était le patron des artisans et possédait le titre de père et mère de tous les dieux. Il était souvent représenté sous les traits d'un homme revêtu d'une tunique moulante et coiffé d'une calotte.

Hermopolis

UN TROISIÈME récit cosmogonique trouve ses origines à Hermopolis, cité du dieu Thot. Dans l'iconographie égyptienne, Thot est souvent figuré sous les traits d'un babouin ou d'un homme à tête d'ibis. Dieu de la sagesse et du savoir, inventeur des hiéroglyphes et patron des scribes, il est également associé avec la lune, dont il porte souvent le croissant sur la tête. Dans la cosmogonie locale, la butte primordiale surgit des eaux du Noun à Hermopolis, et le Grand Caqueteur, oiseau mythique, y pond un œuf duquel naît le soleil. Une autre version orne la butte primordiale d'un lotus dont les feuilles s'écartent pour donner naissance à Néfertoum, jeune dieu de la création.

LA DESTRUCTION

APRÈS LA CRÉATION du monde physique et de l'être humain, les dieux prolifèrent, et la plupart sont très liés entre eux, à la manière des douze dieux de l'Olympe dans la mythologie grecque. Il existe malgré tout, comme dans la tradition chrétienne, un récit de destruction. S'étant graduellement infatué de lui-même, l'homme ignore les conseils des dieux et se fait de plus en plus avare dans ses offrandes. Rê, chef de tous les dieux, réunit ceux-ci en assemblée afin de décider d'une punition. Il est décidé d'envoyer sur terre la déesse à tête de lionne, Sekhmet, qui symbolise la vigueur du soleil de midi et ne craint pas de tuer les humains. Arrivée sur terre, Sekhmet se livre à un effroyable massacre et se délecte du sang de ses victimes. Lorsqu'ils comprennent que la fin de l'humanité est proche, les dieux s'inquiètent mais ne parviennent pas à freiner l'ardeur guerrière de Sekhmet. Les dieux décident alors d'inonder un champ d'un liquide rouge sang concocté à l'aide de bière. Sekhmet s'y précipite, l'absorbe jusqu'à la dernière goutte et tombe bientôt dans une stupeur éthylique. Lorsqu'elle se réveille, l'humanité est sauvée et les hommes savent désormais qu'ils ne doivent pas négliger les dieux.

LA CRÉATION – ESNA

LE TEMPLE DE LA CITÉ D'ESNA était voué au dieu à tête de bélier Khnoum. Dans la cosmogonie locale, Khnoum faisait surgir les êtres vivants sur son tour de potier. Pour chaque créature, il façonnait également le Ka, double immatériel qui grandissait en même temps que l'être de chair. Après la mort, le Ka demeurait près de la tombe du défunt, tandis que le Ba, son âme, s'envolait sous les traits d'un oiseau. Le récit de la création est gravé sur les murs

▲ *Statue en granit de la déesse à tête de lionne Sekhmet sur le site du temple de Mout, à Thèbes.*
◄ *Statuette en bronze à l'effigie de Ptah, dieu créateur et patron des artisans.*

du temple d'Esna. Il y est fait allusion à une déesse nommée Neith, associée à la cité de Saïs, dans le Delta occidental, et considérée dans son fief comme une divinité primordiale ayant fonction de démiurge.

L'existence de quatre récits cosmogoniques distincts ne posait pas de problèmes particuliers aux Égyptiens. Chaque récit prévalait au sein du territoire qui l'avait vu naître, même si la version évoquée à Héliopolis était considérée comme la plus légitime, à cause de son association avec Rê, dieu-soleil et chef de tous les dieux.

ISIS

ISIS ÉTAIT la divinité la plus importante du panthéon égyptien aux yeux du peuple, car elle représentait tous les aspects et les aspirations de la vie terrestre. Isis personnifiait la femme aimante et fidèle, la mère éternellement dévouée, et la protectrice de la famille et de ses valeurs. Elle était souvent représentée sous les traits d'une femme assise portant son jeune fils sur ses genoux, dans une iconographie souvent similaire à celle employée pour représenter la Vierge Marie et le Christ dans la religion chrétienne. Le principal temple voué au culte d'Isis était situé sur l'île de Philae, à proximité de l'actuelle Assouan. Le culte d'Isis survécut au déclin de la civilisation égyptienne, et des temples consacrés à la déesse existaient dans de nombreuses cités de l'Empire romain, y compris à Londinium (Londres).

▲ *Statuette en bronze représentant la déesse Isis et son fils Horus.*

OSIRIS ET ISIS

LE MYTHE LE MIEUX accepté et le plus facilement assimilé par les anciens Égyptiens est celui narrant les relations entre Osiris et sa sœur et épouse Isis. Comme dans nombre de récits mythiques, les thèmes principaux sont la jalousie, l'opposition du bien et du mal, et le triomphe final du bien avec, pour corollaire, un gain substantiel pouvant aller jusqu'à la vie éternelle. La trame du récit est reprise par tant d'autres mythes de l'Antiquité qu'il est difficile de définir avec précision une origine. Certains chercheurs estiment que le culte d'Osiris fut introduit en Égypte depuis les territoires du Croissant fertile, au Proche-Orient.

Seth, frère d'Osiris et jaloux de celui-ci, décide de l'éliminer par la ruse. Pour célébrer le retour d'Osiris d'un pays lointain, Seth organise un grand banquet au cours duquel il promet d'offrir un magnifique sarcophage à celui qui pourra exactement s'y glisser. Tous les invités tentent leur chance mais échouent, étant à chaque fois trop grand, trop gros ou trop maigre (cet épisode peut être rapproché du mythe grec de Thésée et du bandit géant Procuste, qui rognait ou étirait le corps des étrangers dormant sur son lit). Finalement, Seth parvient à persuader son frère de s'allonger dans le cercueil qu'il a fait construire à ses mesures. Au signal, les fidèles de Seth se précipitent dans la salle, repoussent les amis d'Osiris, scellent le couvercle du sarcophage et précipitent celui-ci dans le Nil.

Longtemps porté par les flots, le sarcophage contenant le corps d'Osiris échoue sur le rivage d'un torrent d'eau claire, non loin de la cité de Byblos. Au fil du temps, il est pris dans les racines d'un arbre imposant et se trouve bientôt enchâssé dans son tronc. Voyant cela, le puissant roi de Byblos fait abattre l'arbre et décide d'utiliser son tronc comme pilier central de son nouveau palais.

▼ *Le temple d'Esna, voué au culte du dieu créateur Khnoum.*

ISIS À BYBLOS

ISIS, INCONSOLABLE, recherche le sarcophage d'Osiris dans toute l'Égypte et finit par le découvrir à Byblos. Sachant qu'il fait maintenant partie du palais, elle doit trouver un moyen d'entrer dans celui-ci. Elle se déguise en vieille femme et s'assoit non loin du torrent d'eau claire dans lequel les servantes de la reine ont coutume de laver le linge royal. Elle est prise en pitié par ces femmes, qui lui apportent de la nourriture et la traitent avec gentillesse. En retour, Isis leur apprend à tresser leurs cheveux. La reine remarque la nouvelle coiffure de ses servantes et s'enquiert de son origine. Les servantes lui décrivent la vieille femme assise tous les jours près de la rivière et qui semble souffrir d'une grande peine dont elles ignorent la cause.

Ayant récemment donné naissance à un fils, la reine a besoin d'une servante pour prendre soin de lui. Isis est donc présentée au palais. Elle accepte l'emploi mais demande à rester seule avec le nouveau-né la nuit. La reine trouve cette requête bien étrange ; elle s'en accommode pourtant. Chaque nuit, la vieille femme s'enferme dans la grande salle du palais en compagnie du jeune héritier. Bientôt, les servantes rapportent à la reine qu'elles entendent des bruits étranges ressemblant au bruissement d'ailes d'un oiseau. Intriguée, la reine se dissimule derrière une tenture de la grande salle. Lorsqu'elle perçoit le bruit mystérieux, elle sort de sa cachette et découvre son fils placé sur les braises de l'âtre tandis qu'une hirondelle (Isis) décrit des cercles autour du pilier central. Frappée de terreur, la reine se saisit de son enfant. Isis, pleine de colère, se révèle alors à elle

et la traite de femme stupide, lui indiquant qu'elle brûlait la mortalité de son fils. On appelle le roi : le couple royal se prosterne devant la déesse et lui propose une offrande. Isis demande que le pilier central du palais lui soit donné. Sa requête est acceptée, le toit du palais s'effondre et Isis s'empare du corps d'Osiris qu'elle ramène en Égypte. Elle le dissimule dans le delta du Nil et en assure la garde en compagnie de sa sœur Néphtys.

OSIRIS

FRÈRE DE NÉPHTYS et frère et époux d'Isis, Osiris est progressivement devenu le dieu du monde souterrain, protecteur des défunts. Comme tel, il est l'une de divinités les plus vénérées de l'Égypte ancienne. Osiris préside le tribunal divin auprès duquel tout défunt doit être jugé pour espérer une place dans le monde d'après la mort (les Champs d'Ialou), que les anciens Égyptiens situent très loin à l'ouest, là où le soleil se couche. Durant l'Ancien Empire, Osiris est principalement vénéré à Busiris, au milieu du Delta, et à Abydos, en Haute-Égypte. Dans cette dernière cité, le roi Séthi Iᵉʳ fit édifier le Château de Millions d'Années, vaste sanctuaire jubilaire caractérisé par ses sept chapelles axiales, dont l'une, la plus importante, consacrée au culte d'Osiris. Une grande fête en l'honneur du dieu y était célébrée chaque année, au quatrième mois de la saison des inondations.

◀ *Pectoral de la tombe de Toutankhamon représentant Osiris, protecteur des défunts.*

ISIS RAMÈNE EN ÉGYPTE LE CORPS DE SON ÉPOUX

ISIS RANIME le corps de son époux et se pose sur lui sous les traits d'un faucon afin qu'il la féconde. Suite à cette union, elle donne naissance à son fils Horus. Quelque temps plus tard, Seth, usurpateur du trône d'Osiris, découvre le corps de celui-ci dans un fourré de papyrus. Profitant de l'absence d'Isis, il découpe le corps en quatorze morceaux qu'il disperse dans le Nil. Une fois encore, Isis se met en route pour retrouver les restes de son époux. Elle voyage à bord d'une barque en papyrus mais n'est pas attaquée par les crocodiles, qui connaissent l'objet de son périple (selon une croyance encore évoquée aujourd'hui, les crocodiles du Nil n'attaquent pas l'homme par respect pour Isis).

Une version du mythe raconte qu'Isis enterre chaque morceau du corps d'Osiris à l'endroit même où elle en fait la découverte puis qu'elle y fait construire un temple. Selon une autre version, elle parvient à rassembler tous les morceaux du corps sauf un, le phallus, qui a été avalé par le poisson oxyrhinque. Dès lors, ce poisson est détesté dans toute l'Égypte ancienne sauf dans la cité éponyme, où on le considère comme sacré. Le corps d'Osiris (ou seulement sa tête, selon certains textes) est finalement enterré à Abydos, qui devient ainsi l'un des sites sacrés les plus importants d'Égypte, et où le roi Séthi Ier fit édifier le somptueux Château de Millions Années. De façon inhabituelle pour un sanctuaire égyptien, ce temple englobe sept chapelles dédiées respectivement à Horus, Isis, Osiris, Amon-Rê, Rê-Horakhty, Ptah et Séthi Ier lui-même.

Lorsqu'elle a enfin rassemblé les treize morceaux de la dépouille d'Osiris, Isis reçoit l'aide du dieu à tête de canidé Anubis qui se charge d'embaumer le corps. En plus de sa fonction de patron des embaumeurs, Anubis a pour rôle de guider les morts dans leur périple vers l'ouest jusqu'aux Champs d'Ialou.

HORUS ET SETH

SETH L'USURPATEUR s'étant autoproclamé roi, Isis se retire dans une cache secrète en compagnie de son jeune fils Horus. Lorsqu'il atteint l'âge adulte, Horus réclame à son oncle Seth le trône de son père Osiris. Les âpres batailles mettant aux prises Seth et Horus sont décrites et illustrées par de multiples textes et bas-reliefs du temple d'Horus à Edfou, qui compte parmi les mieux préservés de l'Égypte ancienne. Sur les bas-reliefs illustrant les combats, Seth est figuré par un hippopotame mâle qu'Horus transperce à l'aide d'une longue lance (pour les Égyptiens, l'hippopotame mâle symbolisait le mal, tandis que la femelle hippopotame, associée à la déesse Taourèt, était vénérée en tant que symbole de fécondité).

Lors d'un épisode de cette lutte, Seth trouve Horus endormi dans le désert et lui crève les yeux, qui représentent le soleil et la lune dans la mythologie. Prise de compassion, la déesse Hathor restaure la vue d'Horus en plongeant ses yeux dans du lait de gazelle. L'*oudjat*, qui représentait l'œil sain d'Horus, était l'une des amulettes réputées les plus puissantes de l'Égypte ancienne. Elle était portée par les enfants en collier ou en bracelet, ou bien insérée dans des bijoux précieux. Un bracelet serti d'un *oudjat* fut ainsi découvert sur la momie du pharaon Toutankhamon.

Lassés par le conflit interminable et indécis mettant aux prises les deux divinités, les dieux décident de faire désigner un vainqueur par le jugement d'une assemblée divine présidée par Rê. Les délibérations durent plusieurs années ; après plusieurs colères de Seth et Osiris, lequel menace de lâcher ses redoutables messagers à tête de chien si raison n'est pas donnée à son fils, une décision est enfin prise. Les dieux désignent Horus comme le plus juste et lui donnent le titre de roi légitime, et ils confirment Osiris, dont le corps a été embaumé par le dieu à tête de canidé Anubis, dans son rôle de seigneur des défunts. Renvoyé dans les étendues désertiques, territoire du mal, Seth devient le maître des orages. Dès lors, le pharaon est reconnu comme l'incarnation d'Horus et il accède au statut de dieu parmi les dieux après sa mort.

▲ *Représentation en bronze du poisson oxyrhinque, considéré comme sacré dans la cité éponyme du Fayoum.*

▶ *Le déambulatoire du temple d'Horus, à Edfou, porte le récit des combats entre Seth et le fils d'Isis.*

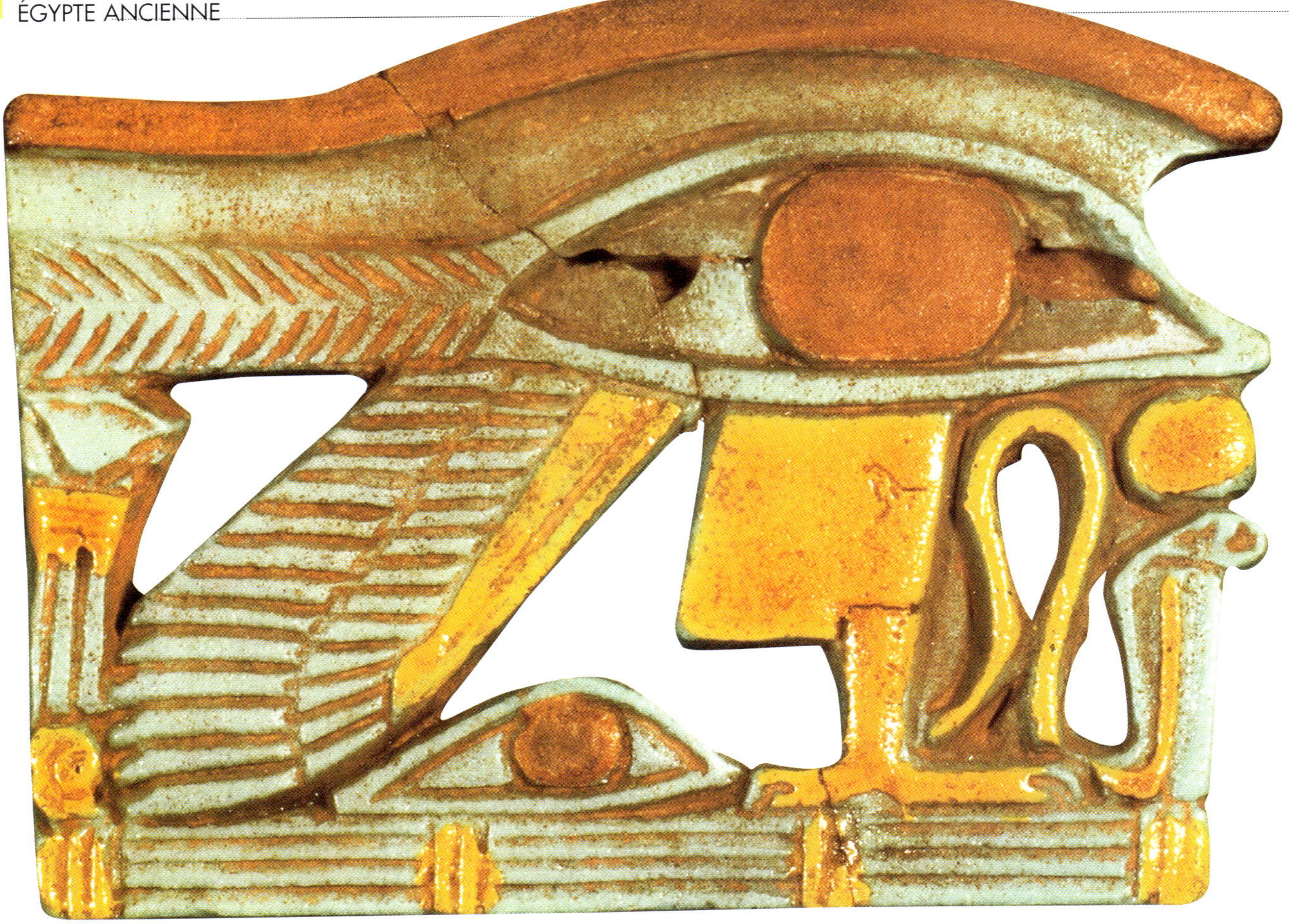

Cette amulette en terre cuite émaillée affiche l'œil d'Horus. Un tel bijou était censé assurer fortune et santé à celui ou celle qui le portait.

HORUS

FILS D'OSIRIS et d'Isis, Horus est représenté comme le fils du devoir qui doit venger la mort de son père. Dans l'Égypte ancienne, le pharaon était considéré comme l'incarnation d'Horus ; il prenait en charge une fonction surnaturelle qui le distinguait du commun des mortels. En tant que seigneur du ciel, Horus est souvent figuré sous les traits d'un faucon, mais il apparaît aussi en tant que jeune garçon sur les genoux de sa mère Isis. Le principal temple voué au culte d'Horus est situé à Edfou, au sud de Louqsor. Il demeure aujourd'hui l'un des édifices religieux les mieux préservés de cette époque.

ISIS APPREND LE NOM SECRET DU DIEU SOLEIL RÊ

ISIS EST LA PLUS PUISSANTE de toutes les divinités égyptiennes après Rê. Elle doit ce statut au fait qu'elle a réussi, par la ruse, à découvrir le nom secret du dieu des dieux. Sur ces vieux jours, Rê s'assoupit fréquemment et, dans son sommeil, la salive lui coule sur le menton. Isis parvient à prélever un peu de cette salive et l'utilise pour humidifier de la terre avec laquelle elle façonne un serpent venimeux. Les dieux ne pouvant être blessés que par une partie d'eux-mêmes, Isis donne vie au serpent et le dépose non loin d'un chemin souvent emprunté par Rê. Naturellement, le serpent mord Rê et lui injecte son venin. Rê agonise, car le serpent est en partie formé de sa propre salive. Il tremble de fièvre et éprouve des difficultés à parler. Bien qu'elle les connaisse, Isis lui demande les raisons de son trouble et lui offre de l'en guérir à condition qu'il lui révèle son nom secret. Rê livre plusieurs noms, mais Isis sait qu'aucun de ces noms n'est celui qu'elle cherche. Alors que la douleur augmente et devient insupportable, Rê accepte de divulguer son secret à Isis mais à condition que ceci soit fait à l'écart des autres dieux. Il fait également jurer à Isis de garder cette information pour elle seule. Ayant appris ce qu'elle souhaitait, Isis extrait le poison et guérit Rê. Elle connaît maintenant le nom secret du dieu des dieux et peut s'en servir pour lui disputer son autorité si le besoin s'en fait sentir. Elle n'éprouve pas l'envie de faire usage de ce secret, mais l'idée qu'elle en a le pouvoir la remplit de réconfort.

LE VOYAGE DANS LE MONDE DES HEURES TÉNÉBREUSES

CHAQUE SOIR, lorsque le soleil meurt et disparaît à l'horizon d'ouest, le dieu Rê a la charge de le faire renaître à l'horizon d'est. Pour cela, Rê entreprend un périlleux voyage sous la terre à travers les heures ténébreuses de la nuit, chacune gardée par des monstres terribles et démoniaques. Certaines des étapes de ce voyage sont le sujet de fresques murales ornant les tombeaux de la Vallée des Rois. Il existe trois descriptions retraçant les pérégrinations nocturnes du soleil : le *Livre de l'Amdouat*, le *Livre des Portes* et le *Livre des Cavernes*.

LE *LIVRE* D'AMDOUAT

LA VERSION LA PLUS COMPLÈTE de ce récit, qui retrace le périlleux voyage de Rê à travers les heures ténébreuses, est inscrite sur les murs de la chambre mortuaire du pharaon Thoutmosis III (décédé vers 1450 av. J.-C.) ainsi que sur ceux de la tombe de son fils Aménophis II (décédé vers 1419 av. J.-C.), toutes deux situées dans la Vallée des Rois, à Thèbes (Louqsor). Rê voyage dans une barque avec équipage, accompagné de plusieurs autres divinités. Ce premier récit magique, en principe réservé aux rois, est également utilisé pour les tombes de hauts personnages de l'administration, qui sont

alors figurés à la barre de la barque de Rê.

Chaque heure de la nuit est associée à divers dieux et animaux. À la première heure, des babouins chantent et laissent passer Rê, tandis qu'une douzaine de déesses serpents l'éclairent. Plusieurs divinités des récoltes figurent aux deuxième et troisième heures, et, à cette dernière, Rê ressuscite Osiris. La quatrième heure met en scène de nombreux serpents, symboles de la résurrection à cause de leur capacité à muer (cette croyance, très répandue dans tout le monde antique, était très présente dans les cultes voués à la divinité grecque Asclépios à Épidaure et sur l'île de Cos). À la sixième heure, Rê prend l'apparence du dieu scarabée Khépri,

qui pousse le disque solaire à travers le ciel durant la journée, et passe sans encombre auprès d'Aker, lion androcéphale à deux têtes. Le voyage se poursuit avec son lot d'incidents (chats décapitant au couteau le gigantesque serpent Apophis, déesses crachant le feu sur les ennemis de Rê ou leur arrachant la tête) jusqu'à la douzième heure. Ici, Rê pénètre dans le corps d'un serpent et surgit par sa bouche sous les traits de Khépri, le dieu scarabée. Il se repose un moment avant de renaître dans sa forme discale, enfanté par Nout, déesse de la nuit et du ciel. Cette scène, où Nout est représentée penchée sur le plafond de la chambre mortuaire et protégeant le sarcophage royal, est présente dans plusieurs tombes de la Vallée des Rois.

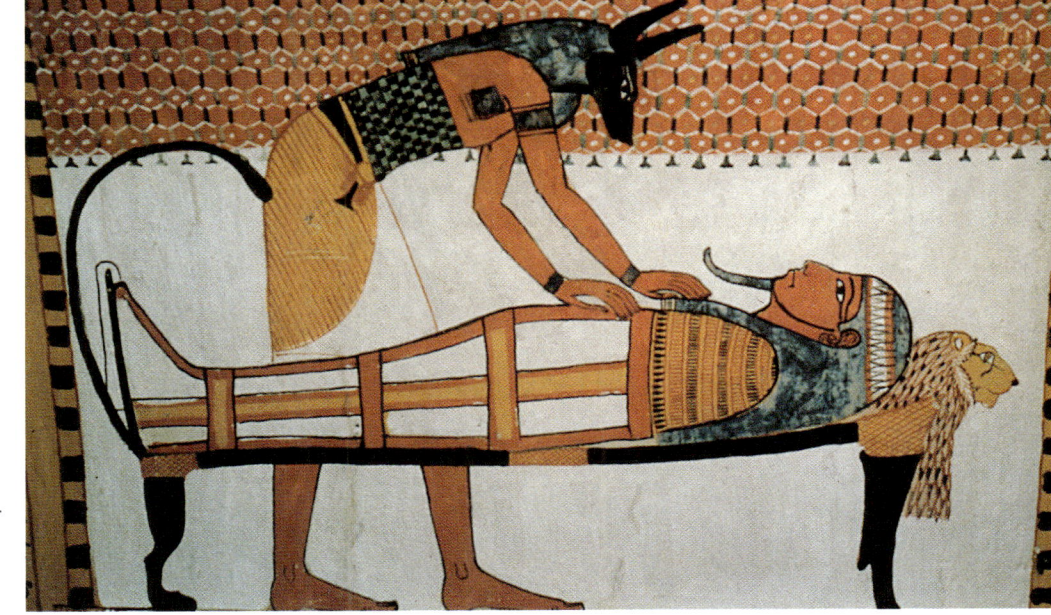

▶ *Sur cette fresque du tombeau de Sennedjem, à Deir el-Médineh, Anubis, dieu à tête de canidé et patron des embaumeurs, se penche sur la momie du pharaon.*

LE LIVRE DES PORTES

CETTE NOUVELLE DESCRIPTION des pérégrinations nocturnes du soleil est somptueusement représentée sur les murs du tombeau de Ramsès VI (décédé vers 1133 av. J.-C.), et elle figure également, gravée en hiéroglyphes, sur le sarcophage en albâtre de Séthi Ier (décédé vers 1278 av. J.-C.). Ici encore Rê doit franchir douze portes, certaines défendues par des serpents crachant du feu mais le dieu-soleil connaît le nom de ses adversaires et franchit les obstacles sans encombre. Le serpent démoniaque Apophis, tué par un chat dans le *Livre d'Amdouat*, tente d'empêcher le passage du soleil à plusieurs des portes. Rê parvient cependant à déjouer les pièges, et sa résurrection imminente est proclamée par un groupe de babouins voués à Thot, dieu de la sagesse. Les babouins sont souvent figurés sur le socle des obélisques, les pattes antérieures levées vers l'astre solaire en signe d'adoration. Parce qu'ils étaient les premières créatures à saluer le lever du soleil, par de bruyantes gesticulations, les babouins étaient considérés comme très pieux.

LE LIVRE DES CAVERNES

DANS CE RÉCIT, qui figure également sur les murs du tombeau de Ramsès VI, les douze heures de la nuit laissent place à six divisions nocturnes représentées par des cavernes. Le *Livre des Cavernes* met l'accent sur l'opposition entre le bien et le mal. Rê, dieu tout-puissant, connaît le nom de ses ennemis et peut donc facilement éviter leurs attaques. Il progresse sûrement vers sa résurrection, encore une fois sous les traits du dieu scarabée Khépri, chargé de pousser le disque solaire dans sa traversée du ciel.

LE LIVRE DES MORTS

LE *LIVRE DES MORTS* est un recueil de formules destinées à aider le défunt dans son périple vers l'au-delà. Dans sa version la plus complète, il compte cent quatre-vingt-douze chapitres. Nombre de ces chapitres reprennent les épisodes les plus connus de la mythologie égyptienne. Les plus importants sont le chapitre 125, souvent illustré sur les papyrus, qui invoque la pesée du cœur du défunt par le tribunal divin, le chapitre 30-5 dans lequel le cœur du défunt s'engage à ne pas accuser faussement celui-ci devant le tribunal divin, et le chapitre 6 qui figure fréquemment sur les *ouchebtis*, figurines momiformes intégrées aux sépultures à partir du début du Moyen Empire. Certains *ouchebtis* sont munis d'une houe et d'un pic et portent un sac de graines sur l'épaule gauche. D'autres sont représentés portant une jarre d'eau sur le dos. Leur taille n'est souvent que d'une dizaine de centimètres, mais elle atteint près d'un mètre pour les *ouchebtis* de granit découverts dans la tombe d'Aménophis III. Certaines des transcriptions les plus riches et les plus complètes du chapitre 6 du *Livre des Morts* ont été découvertes sur des *ouchebtis* de la Basse-Époque appartenant à la XXVIe dynastie (664-525 av. J.-C.). Les principales fonctions de ces serviteurs funéraires sont de répondre aux questions à la place du défunt et de remplacer celui-ci dans toutes les tâches qu'il pourra avoir à effectuer dans l'au-delà, notamment l'entretien des canaux d'irrigation, ce qui explique la présence d'outils tels que la houe et le pic. Les sépultures les plus riches peuvent comprendre jusqu'à trois cent soixante-cinq *ouchebtis*, un pour chaque jour de l'année, auxquels s'ajoutent plusieurs contremaîtres, distingués des simples serviteurs par leur fouet et leur tenue vestimentaire soignée.

ANUBIS

SOUVENT FIGURÉ par un homme à tête de canidé, Anubis est le dieu des morts et le patron des embaumeurs. Il aide Isis à reconstituer le corps de son époux Osiris, formant ainsi la première momie. Anubis est le gardien des nécropoles, dans lesquelles il se manifeste sous les traits des chiens errants qui occupent souvent ces lieux. Lors du rituel mortuaire précédant le placement de la momie dans le sarcophage, le prêtre portait un masque à tête de chien pour invoquer la présence du dieu. Anubis était une divinité funéraire très populaire, mais il ne fut construit qu'un seul temple voué à son culte, dans la cité de Cynopolis. Une chapelle pouvait cependant lui être consacrée dans le Château de Millions d'Années.

◄◄ *Panneau en bois d'un sarcophage montrant Osiris porteur d'une houlette et d'un fléau.*
◄ *Vignette du chapitre 25 du* Livre des Morts *: le scribe Ani observe la pesée de son cœur par le tribunal divin.*
► *Ce sarcophage en bois somptueusement décoré de scènes du monde d'après la mort a été retrouvé dans la tombe d'une femme non identifiée.*

Grèce antique

INTRODUCTION

L A MYTHOLOGIE GRECQUE a exercé une profonde influence sur la culture occidentale. Après avoir largement inspiré les dramaturges, artistes et philosophes de la Rome antique, elle a été déterminante dans le regain d'intérêt pour l'Antiquité apparu à l'époque de la Renaissance et encore perceptible aujourd'hui. L'origine des mythes de la Grèce antique est impossible à déterminer. Chacune des cités du monde grec, qui s'étendait de l'Italie du Sud jusqu'aux côtes de l'Asie Mineure, a donné naissance à ses propres mythes. Cette richesse est parfois cause de confusion, car il existe, pour chaque mythe connu, de multiples versions, parfois contradictoires.

À l'origine transmis, adapté et développé par la tradition orale, le panthéon des dieux et des héros grecs était déjà bien établi lorsque les premiers écrits mythologiques firent leur apparition, vers 750 av. J.-C. La littérature de cette période (en particulier l'*Iliade* et l'*Odyssée*, poèmes épiques d'Homère, et les textes du poète Hésiode) constitue l'une des sources principales pour notre connaissance de la mythologie grecque. L'*Iliade* a pour sujet la guerre de Troie, tandis que l'*Odyssée* narre les aventures du soldat grec Ulysse à qui le dieu Poséidon interdit le retour dans sa patrie. La *Théogonie* d'Hésiode est un texte traitant des origines du monde et du pouvoir des dieux. Les mythes de la création figurant dans cette œuvre offrent d'étonnantes similitudes avec certains récits mythiques du Proche-Orient ancien. De fait, les mythologies grecque et indo-européenne présentent de nombreux points communs et se sont peut-être inspirées des mêmes sources.

LE MOT FRANÇAIS « mythe » est dérivé du grec ancien *muthos* (récit). Aux premiers temps de la littérature grecque, le mot *muthos* ne désignait pas nécessairement un récit imaginaire, mais à partir du Vᵉ siècle av. J.-C., il était principalement employé pour désigner une fiction, par opposition au mot *logos* (parole, raison), qui renvoyait à un discours rationnel.

La rhapsodie, suite de poèmes épiques récitée par les rhapsodes, constituait l'un des deux principaux modes de diffusion des mythes dans la Grèce antique. L'autre était le théâtre, symbole de la grandeur culturelle athénienne. À Athènes, des foules nombreuses se pressaient pour assister à la représentation des pièces satyriques d'Aristophane ou à celle des tragédies d'Eschyle, de Sophocle ou d'Euripide, dont les sujets et personnages étaient directement tirés de la mythologie. Ces spectacles se déroulaient au théâtre de Dionysos, édifié sur le versant sud de l'Acropole, dans le cadre de festivités organisés en l'honneur des dieux. Ces événements, qui combinaient ferveur religieuse et divertissement, étaient l'occasion de débattre du rôle des dieux et des héros dans la vie quotidienne. Les anciens Grecs ne tenaient jamais pour véridiques les récits traditionnels qui leur étaient transmis : leur mythologie était dynamique, sans cesse interprétée et réinterprétée.

La philosophie comptait pour beaucoup dans cette attitude. Les penseurs présocratiques contestaient le bien-fondé des mythes et leur moralité. Au Vᵉ siècle av. J.-C., le philosophe Empédocle décrit la mythologie comme une allégorie physique dans laquelle les divinités Zeus, Héra, Hadès et Nestis représentent les quatre éléments fondateurs du monde que sont le feu, l'air, la terre et l'eau. Homère et Hésiode excellèrent à présenter les dieux et les héros comme des personnages faibles et enclins à la vengeance. Platon avait une position ambiguë vis-à-vis de la mythologie. Dans la *République*, il dénonce la plupart des mythes, prétendant qu'ils n'ont pas leur place dans la société idéale, mais il accepte par ailleurs les récits mythiques exaltant les valeurs correspondant à son idée de cette société.

Les dieux de l'Olympe n'étaient pas censés veiller constamment sur les humains. Il revenait à l'homme d'établir le contact avec telle ou telle divinité, et l'une des méthodes les plus souvent employées à cette fin était le sacrifice. Lors de célébrations officielles telles que les Panathénées, les prêtres effectuaient des sacrifices qui relevaient parfois du massacre. En l'an 333 av. J.-C., près de deux cent quarante taureaux furent ainsi égorgés dans une seule cité en l'honneur de Dionysos. De même que les offrandes votives et les libations (offrandes rituelles de mets et de boissons), ces sacrifices constituaient un moyen d'obtenir l'approbation et la protection des dieux.

LE RÔLE DU MYTHE

L'ANTIQUITÉ GRECQUE fut une époque d'une très grande créativité, à la fois politique, culturelle et artistique. La mythologie était présente dans tous les domaines de la vie privée ou publique. Part essentielle de l'éducation, à tel point que les écoliers étaient tenus de réciter

▲ *Les vestiges du Parthénon à Athènes.*

les textes d'Homère et d'Hésiode, elle figurait au premier plan parmi les sciences de l'époque et constituait également l'un des principaux thèmes artistiques. L'*Iliade* et l'*Odyssée* étaient récités intégralement durant les Panathénées, fête religieuse célébrant le culte de la déesse Athéna et pour lequel des milliers de fidèles convergeaient vers Athènes depuis l'ensemble de l'Attique. Les mythes grecs mettaient souvent en scène des personnages contraints, par des circonstances extrêmes, de transgresser les usages établis (à l'image d'Œdipe tuant son père et épousant sa mère). À ce titre, ils posaient d'intéressantes interrogations sur les valeurs morales et les fondements de la société qui les avaient vus naître.

ATHÉNA ET LE BAPTÊME D'ATHÈNES

PRENANT CONNAISSANCE d'une prophétie selon laquelle tout enfant né de Métis dépassera en puissance son père, Zeus avale la déesse qui porte Athéna, fille conçue par lui. Peu après, Zeus souffre d'un terrible mal de tête. De son crâne fendu surgit la déesse Athéna, déjà pleinement armée et prête au combat. Athéna, qui possède les pouvoirs et la sagesse de sa mère, est la déesse des sciences et des arts. Elle est souvent représentée par une chouette, oiseau réputé le plus intelligent.

Athéna et Poséidon se disputent le patronage de la future Athènes. On décide alors qu'il sera donné raison à celle des deux divinités qui offrira le plus beau cadeau à la cité. Poséidon fait couler l'eau salée sur les versants de l'Acropole, reliant ainsi la ville aux océans. Athéna crée l'olivier et son fruit, dont l'huile sert à l'éclairage et à la cuisine, et constitue une denrée commerciale très appréciée. Ce présent est jugé le plus intéressant par les autochtones. Ils décident de nommer leur cité Athènes en l'honneur d'Athéna et bâtissent sur l'Acropole un temple voué au culte de la déesse auquel ils donnent le nom de Parthénon.

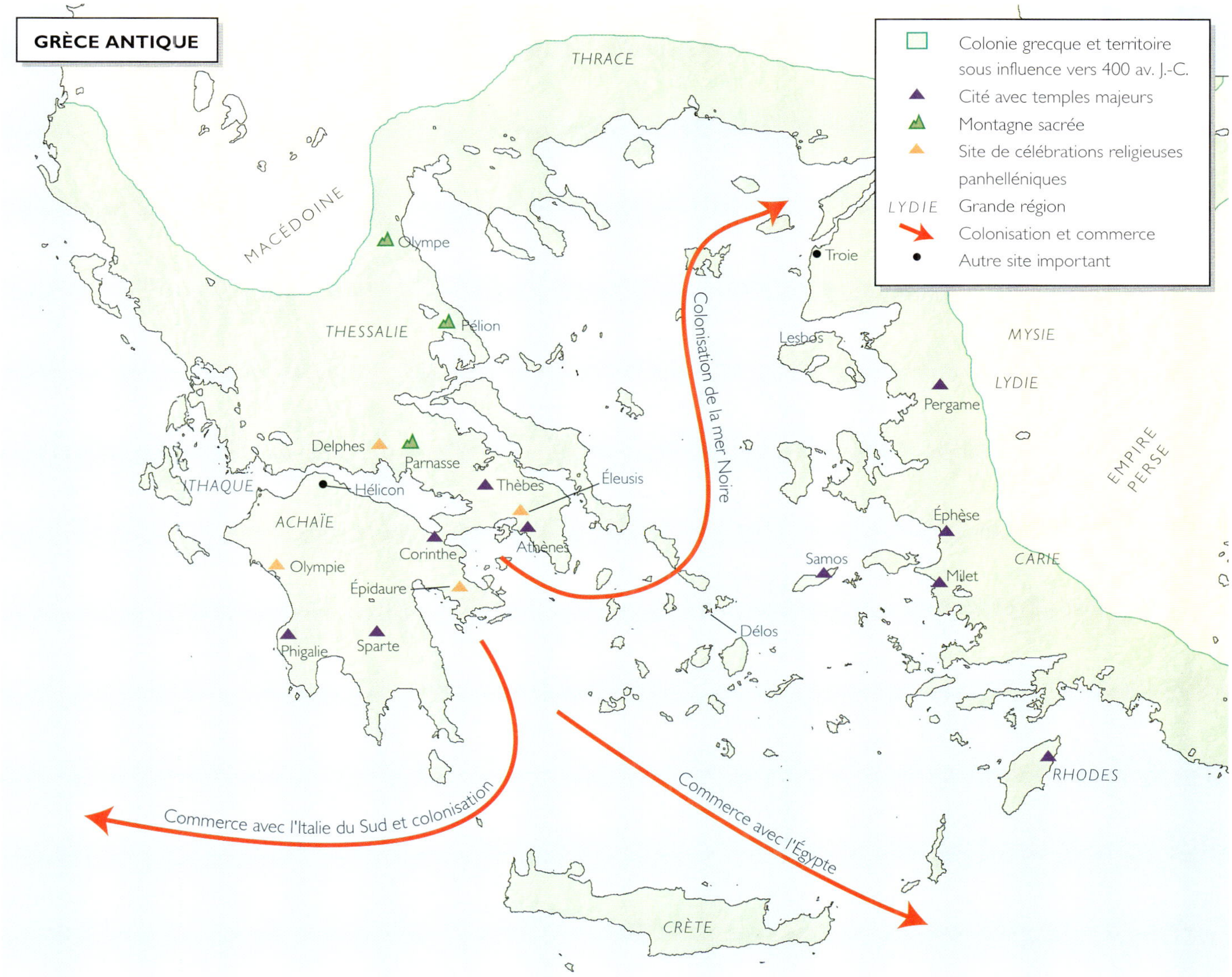

GRÈCE ANTIQUE

	Colonie grecque et territoire sous influence vers 400 av. J.-C.
▲	Cité avec temples majeurs
▲	Montagne sacrée
▲	Site de célébrations religieuses panhelléniques
LYDIE	Grande région
→	Colonisation et commerce
●	Autre site important

THRACE

MACÉDOINE

Olympe

THESSALIE
Pélion

Troie

Lesbos

MYSIE

LYDIE

Pergame

Delphes
Parnasse

ITHAQUE

Hélicon

Thèbes
Éleusis

Colonisation de la mer Noire

Éphèse

EMPIRE PERSE

ACHAÏE

Corinthe

Athènes

Samos

Milet

CARIE

Olympie

Épidaure

Délos

Phigalie
Sparte

RHODES

Commerce avec l'Italie du Sud et colonisation

Commerce avec l'Égypte

CRÈTE

LE PANTHÉON OLYMPIEN

L'HABITAT SUPPOSÉ des principales divinités grecques était le mont Olympe, plus haut sommet de Grèce, situé dans le nord du pays. Les dieux étaient représentés comme belliqueux et sous des traits humains. Zeus, dieu suprême, régnait sur le ciel. Son frère Poséidon était le dieu de la mer, tandis qu'un autre frère, Hadès, gouvernait les enfers. Hestia, l'une de ses sœurs, était la déesse du foyer domestique et Déméter, autre sœur, celle des terres cultivées. De l'union de Zeus et de sa sœur Héra naquirent Arès, dieu de la guerre, Héphaïstos, dieu du feu et des forges, Hébé, déesse de la jeunesse, et Ilithye, déesse de l'enfantement.

Une union entre Zeus et Métis donna naissance à Athéna, une autre entre Zeus et Déméter engendra Perséphone, future déesse des enfers. Artémis, déesse vierge et chasseresse, et son frère Apollon, dieu de la musique et de la poésie, naquirent d'une union entre Zeus et Léto, fille des Titans. Avec la déesse Maïa, Zeus conçut Hermès, messager des dieux, et la mortelle Sémélé lui donna Dionysos, dieu de la vigne. Fille de Zeus, Aphrodite, déesse de l'amour et de la beauté, se forma à partir de l'écume de la mer.

POSÉIDON, DIEU DE LA MER

AUSSI REDOUTABLE que son frère Zeus, Poséidon règne sur la mer et a le pouvoir de calmer les tempêtes. Il est souvent représenté par un trident, avec lequel il peut fendre la terre, un taureau, qui symbolise sans doute son agressivité, ou un cheval, animal qu'il est réputé avoir créé. Poséidon se trouve souvent en conflit avec la déesse Athéna. Il est l'ancêtre de certains des monstres les plus extraordinaires de la mythologie grecque, dont la femme-serpent Échidna, le Cerbère, l'hydre de Lerne et le Sphinx.

▶ *Fresque de la Salle des Géants (Palais du Té, Mantoue), représentant les dieux de l'Olympe.*

NÉS DE LA TERRE

CERTAINS RÉCITS relatifs à la création de l'humanité sont basés sur l'autochtonie, c'est-à-dire sur l'idée d'une naissance depuis la terre elle-même. Pris de colère contre les hommes, Zeus leur envoie un déluge afin de les submerger. Prométhée avertit son fils

Deucalion et sa belle-fille Pyrrha, qui survivent en construisant une arche. Lorsque les eaux se retirent, Deucalion et Pyrrha effectuent plusieurs sacrifices en l'honneur de Zeus, qui envoie la déesse Thémis à leur aide. Celle-ci leur conseille de marcher en jetant des pierres par-dessus leur épaule. Les pierres lancées par Deucalion donnent naissance à des hommes, celles lancées par Pyrrha à des femmes. La race humaine est ainsi recréée à partir de la terre.

Les mythes liés à l'autochtonie étaient particulièrement importants pour les Athéniens, qui mettaient l'accent sur leur origine terrestre pour affirmer leur supériorité sur les autres Grecs et sur les Barbares. Dans la pièce d'Euripide *Érechthée*, Praxithée, épouse du roi d'Athènes, s'exprime en ces termes : « Nos ancêtres ne sont pas venus d'un autre lieu. Nous sommes nés de la terre. D'autres cités, fondées sur un coup de dé, sont les répliques de villes lointaines. Quiconque habite une cité inspirée d'une autre ne possède du citoyen que le nom et non l'essence. ›

▲ ▶ *Le tout-puissant Zeus, roi des dieux, brandissant un éclair.*

DU CHAOS À LA CRÉATION

AU TOUT DÉBUT, seul existe le Chaos, état primordial et primitif d'où surgit Gaïa (la terre), Éros (dieu de l'amour), le Tartare (les enfers), l'Érèbe (ténèbres des enfers) et la Nuit (ténèbres de la terre). L'union de la Nuit et de l'Érèbe donne naissance à l'Ether et au Jour.

De son côté, Gaïa enfante Ouranos (le ciel) et ensemble, ils produisent les premières divinités : douze Titans (géants à forme humaine), trois Cyclopes (créatures à œil unique) et trois Hécatonchires (monstres à cinquante têtes et cent bras). Déçu par ses enfants, Ouranos les envoie aux enfers. Folle de colère, Gaïa persuade Cronos, le plus jeune des Titans, de s'emparer du pouvoir après avoir émasculé son père.

Cronos épouse sa sœur Rhéa, qui lui donne cinq enfants. Ayant appris par une prédiction qu'il va être tué par l'un d'eux, Cronos les avale à mesure de leur naissance. Pour protéger Zeus, son sixième enfant, Rhéa le remplace par une pierre, avalée par Cronos, et le met sous la protection des nymphes. Devenu adulte, Zeus livre un terrible combat aux Titans (la titanomachie), dont il sort victorieux avec l'aide des Cyclopes et des Hécatonchires. Il oblige Cronos à vomir ses frères et sœurs et devient le roi des dieux.

LES SOUFFRANCES DE L'HUMANITÉ

LES MAUX ÉPROUVÉS par l'humanité sont expliqués par le mythe de Prométhée et de Pandore. Alors qu'il sacrifie un animal à Zeus, le Titan Prométhée fait don de tous les os au dieu des dieux mais garde pour lui la viande. Furieux, Zeus refuse de donner l'usage du feu aux humains, mais usant encore

de ruse, Prométhée parvient à monter au ciel pour y dérober la flamme du Char du Soleil et la transmettre aux hommes. Outré, Zeus ordonne à la Violence et à la Force d'attacher Prométhée à un poteau sur le mont Caucase, où un aigle lui arrache le foie. Immortel, Prométhée ne peut mourir, et son foie est reconstitué chaque soir pour que le supplice puisse avoir lieu le lendemain.

Zeus punit également les hommes pour avoir accepté la flamme. Il demande à Héphaïstos de façonner une femme d'argile qu'il nomme Pandore et envoie ce présent à Épiméthée, frère de Prométhée, accompagné d'une jarre bien close (la boîte de Pandore). Malgré les avertissements de Prométhée, Épiméthée accepte les présents et épouse Pandore. Lorsque celle-ci ouvre la jarre, souffrances et maladies s'en échappent et se répandent sur l'humanité. Il n'y reste que l'Espérance, signe que les hommes ne doivent pas désespérer.

LE CULTE DES HÉROS

Dans la mythologie grecque, les héros sont généralement fils d'un dieu et d'une mortelle. Le héros Persée naît d'une union entre Zeus et la mortelle Danaé, et le puissant Héraclès d'une étreinte entre le même Zeus et la mortelle Alcmène. Les héros ne sont pas divins, mais leur âme est réputée éternelle. Ils viennent souvent en aide aux humains en difficulté.

Presque ignorés au temps d'Homère, les héros devinrent objets de cultes religieux à partir du Vᵉ siècle av. J.-C., et l'on bâtit des temples en leur honneur sur le lieu supposé de leur mort. Le culte voué à un héros, personnage d'un courage et d'une droiture exemplaires, était censé apporter chance et fortune, tandis qu'un manque de respect pouvait attirer sa colère. Nombre de cités grecques firent d'un héros leur protecteur, créant un mythe supportant cette affirmation. La plupart des héros possédaient une aura locale et étaient associés à un lieu particulier, ainsi d'Œdipe à Colone, d'Ajax à Salamine et de Thésée à Athènes. Le pouvoir des héros était à la fois bénéfique et maléfique : Œdipe sauva Thèbes mais commit d'horribles crimes.

▶ *Troie détruite par les flammes.*
▲ *Ajax et Cassandre, personnages de la guerre de Troie.*

LA GUERRE DE TROIE

Nous savons par les découvertes archéologiques que la cité de Troie (Ilion), située dans le nord-ouest de l'Asie Mineure, fut détruite au cours d'un conflit armé vers 1250 av. J.-C. Cette guerre était peut-être celle entre Grecs et Troyens que décrit Homère dans l'*Iliade*, mais rien ne permet de l'affirmer.

Alarmé par un présage qui fait de son fils Pâris le futur destructeur de la cité, Priam, roi de Troie, décide de lui ôter la vie. Hécube, épouse de Priam, parvient à déjouer les plans de son époux et confie Pâris aux bergers du mont Ida.

Devenu adulte, Pâris reçoit de Zeus la mission de décider laquelle des trois déesses Aphrodite, Athéna et Héra doit être déclarée la plus belle. Pâris désigne Aphrodite, qui lui a promis le cœur d'Hélène, épouse de Ménélas et plus belle femme de la terre. Pâris enlève Hélène et provoque la colère de Ménélas. Pour soutenir celui-ci, les Grecs voguent vers Troie et font vœu de reprendre Hélène à son ravisseur.

Durant le siège de la cité, Agamemnon s'empare de Chryséis, fille de Chrysès, prêtre troyen d'Apollon. Le dieu envoie une terrible peste sur les Grecs et Agamemnon est contraint de rendre Chryséis à son père. Il se venge en enlevant la captive Briséis à Achille.

Furieux, celui-ci se retire dans sa tente et refuse de combattre, ce qui donne la victoire aux Troyens. Hector, fils aîné de Priam et d'Hécube, tue Patrocle, parti au combat revêtu de l'armure d'Achille. Achille jure de venger son ami. Il tue Hector, attache son corps à son char et le traîne autour des remparts de la cité. Priam supplie qu'on le laisse enterrer son fils. Les dieux interviennent et contraignent Achille à rendre la dépouille d'Hector à son père. Plus tard, Achille est tué par une flèche de Pâris qui l'atteint au talon, son unique point faible.

Les Grecs remportent la guerre grâce à une ruse mise au point par Ulysse. Ils construisent un immense cheval en bois à l'intérieur duquel se glissent les meilleurs combattants, puis embarquent sur leurs bateaux pour simuler une retraite. Croyant à une offrande des dieux, les Troyens tirent le splendide cheval à l'intérieur de leur cité. La nuit venue, les Grecs s'extirpent de leur cachette, mettent le feu aux maisons et réduisent les Troyennes en esclavage. Ainsi la prémonition d'Hécube se trouve vérifiée.

H
MYTHES ET PROPAGANDE

L'ART GREC prenait souvent pour thème
les mythes établissant la supériorité
des anciens Grecs sur les peuples voisins.
Les Athéniens notamment, utilisaient des
scènes mythologiques afin d'illustrer cette
assertion. Sur la face ouest du Parthénon,
monument célébrant la suprématie
athénienne, la frise extérieure a pour
thème le combat triomphal des Athéniens
contre les Amazones, guerrières
mythiques. Centaures (créatures mi-
homme, mi-cheval) et Perses comptent
parmi les autres ennemis des Athéniens
souvent représentés dans l'art grec.
En associant les Perses, ennemis bien réels,
avec ces adversaires mythiques proches
des animaux, les Athéniens mettaient
en exergue leur supériorité supposée.

THÉSÉE, HÉROS ATHÉNIEN

THÉSÉE ÉTAIT le héros officiel d'Athènes.
Il n'était pourtant pas né dans cette cité,
et son plus fameux exploit eu lieu
sur l'île de Crète, où il tua le Minotaure,
monstre mi-homme mi-taureau
qui habitait un labyrinthe et se repaissait
tous les sept ans de jeunes Athéniens.
Au VIᵉ siècle av. J.-C., le tyran Pisistrate
(vers 600-527 av. J.-C.) fit de Thésée
un héros panathénien. Les citoyens
de la cité étaient encouragés à imiter
le héros, et tout texte présentant celui-ci
sous un jour défavorable se trouvait
immédiatement censuré.

Vers 510 av. J.-C., un récit épique
narrant ses exploits fut composé.
Le contenu exact de ce texte ne nous
est pas connu, mais il relate sans doute
les combats victorieux de Thésée contre
Sinnis, brigand qui attachait ses victimes
aux cimes de deux pins courbés puis
relâchait les arbres pour les écarteler,
ou contre Procuste, autre brigand
qui donnait asile aux voyageurs mais
coupait ou étirait leur corps à la mesure
de son lit. Thésée n'a sans doute jamais
existé, mais il était néanmoins honoré
par les Athéniens pour avoir unifié

l'Attique, région dont Athènes était la ville
principale.

HÉRACLÈS, SUPER-HÉROS

HÉRACLÈS (HERCULE) était le plus grand
des héros grecs et le seul à être vénéré
dans l'ensemble du pays. Il fut également
l'une des premières figures mythologiques
à figurer dans l'art grec. Héraclès illustre
parfaitement le statut ambigu du héros
dans la Grèce antique : individu droit
et courageux dont les excès étaient
regardés avec admiration, bien
que souvent cause de déshonneur
et de destruction.

Parmi ses exploits les plus fameux
figurent les douze travaux, effectués
sous les ordres du roi Eurysthée afin
de racheter le meurtre de plusieurs
de ses enfants lors d'un accès de folie
inspiré par Héra. Héraclès était également
réputé pour sa gloutonnerie, son appétit
sexuel (il aurait honoré les cinquante
filles du roi Thespius au cours d'une seule
nuit) et son penchant pour la boisson.
Ses infidélités causèrent sa perte :
désespéré par la relation qu'entretenait
Héraclès avec Iole, son épouse Déjanire
tenta de regagner ses faveurs à l'aide
d'une potion qui s'avéra être un poison.
Alors que le corps d'Héraclès était placé
sur un bûcher, Zeus s'en empara
et l'emmena au ciel. Héraclès devint
ainsi le seul héros immortel.

▼ *Bas-relief figurant Héraclès et Apollon.*

LES DOUZE TRAVAUX D'HÉRACLÈS

1. Le lion de Némée

Le lion qui terrorise la cité de Némée a un cuir si épais qu'aucune flèche ne peut le transpercer. Héraclès l'assomme de sa massue de fer, puis il le déchire et porte sa dépouille en guise de vêtement.

2. L'hydre de Lerne

Dans l'étang de Lerne vit une hydre, créature serpentine à neuf têtes. Dès qu'une des têtes du monstre est coupée, elle est remplacée par deux autres. Héraclès a l'idée de cautériser les plaies à l'aide de sa torche, ce qui empêche les têtes de repousser.

3. La biche de Cérynie

Consacrée par la déesse Artémis, la biche de Cérynie possède des sabots d'airain et des cornes d'or. Héraclès doit la capturer vivante. Après une traque longue d'un an, il parvient à la piéger dans ses filets.

4. Le sanglier d'Érymanthe

Héraclès parvient à enchaîner le sanglier et le porte sur ses épaules. À cette vue, Eurysthée, terrifié, se dissimule à l'intérieur d'une jarre de bronze.

5. Les écuries d'Augias

Héraclès doit nettoyer en une seule journée les écuries du roi Augias, qui n'ont jamais encore fait l'objet d'entretien. Il y parvient en détournant le cours de deux fleuves des environs, l'Alphée et le Pénée.

6. Les oiseaux du lac Stymphale

Ces oiseaux amateurs de chair humaine ont un bec, des griffes et des ailes de fer. Héraclès les chasse de leur repaire par le bruit de cymbales, puis les transperce de ses flèches.

7. Le taureau de Crète

Ce taureau monstrueux et furieux terrorise la Crète. Héraclès parvient à le capturer vivant à mains nues.

8. Les juments de Diomède

Diomède, roi des Bistoniens, nourrit ses juments de chair humaine. Héraclès le capture et le livre en pâture à ses juments.

9. Les Amazones

Héraclès défait les Amazones et s'empare de la ceinture que leur reine Hippolyte a reçu en cadeau.

10. Les bœufs de Géryon

Géryon est un géant à trois corps dont les bœufs sont gardés par le berger Eurytion et son chien à deux têtes Orthros. Héraclès les tue tous les trois et ramène les bœufs en Grèce, ouvrant au passage le détroit de Gibraltar.

11. Le jardin des Hespérides

Les pommes d'or des trois filles d'Atlas (les Hespérides) sont gardées par le dragon Ladon. Héraclès élimine le monstre et s'empare des fruits.

12. Cerbère

Pour cette dernière tâche, Héraclès doit s'emparer de Cerbère, chien à trois têtes et gardien des enfers. Il capture le monstre et le livre à Eurysthée, qui, terrorisé, le rend à Hadès.

LE SUPPLICE DE TANTALE

FILS DE ZEUS et de la nymphe Plota, Tantale connaît un destin funeste. Il déshonore les dieux en leur servant la chair de son propre fils. Pour le punir, Zeus l'envoie aux enfers et le voue à un châtiment cruel. Tantale est contraint de se tenir debout dans un cours d'eau frais et limpide que surplombent des arbres chargés de fruits superbes et appétissants. Lorsqu'il tente de boire ou de manger, eau et fruits se dérobent, le condamnant à une faim et à une soif perpétuelles. Tityos, Sisyphe et Ixion sont d'autres suppliciés célèbres de la mythologie grecque.

◀ *Ce vase grec figure la capture de Cerbère par Héraclès.*

le dieu de l'éloquence et le messager des autres dieux. On le trouve souvent représenté portant des sandales et un bonnet ailés. Son aisance verbale en faisait également le patron des escrocs et des menteurs. Dans un mythe célèbre, Hermès vole les bœufs d'Apollon et les fait marcher à reculons afin de masquer son méfait. Lorsque Zeus entreprend de le punir, il ment sur son âge et joue de sa harpe avec une telle dextérité qu'Apollon finit par lui pardonner.

LES TEMPLES

IMPRESSIONNANTS par leurs dimensions et leur beauté, les temples étaient des sites publics dans lesquels l'expression de la culture grecque était privilégiée. Frises et frontons de ces édifices portaient souvent les représentations de batailles épiques célébrant la supériorité de l'homme grec sur l'étranger. Le combat entre lapithes et centaures, créatures mi-hommes mi-chevaux, était ainsi figurée sur une frise extérieure du Parthénon, sur une frise du temple d'Apollon Épikourios à Bassae et sur le fronton ouest du temple de Zeus à Olympie. La procession des Panathénées était une autre scène, non mythique celle-là, représentée sur le Parthénon. Mythes et réalité étaient étroitement mêlés et servaient à affirmer la supériorité athénienne.

LES DIEUX DOMESTIQUES

CHAQUE HABITATION de la Grèce antique comprenait un âtre protégé par la déesse Hestia. Cette divinité était peu présente dans les récits mythologiques mais elle possédait une grande importance en tant que symbole de stabilité et de prospérité domestiques. Quelques jours après une naissance, une cérémonie avait lieu pour donner un nom au nouveau-né et le placer sous la protection d'Hestia.

À l'extérieur de l'habitation, non loin de son seuil, une statue d'Hermès montait la garde afin d'attirer la bonne fortune. Comme son alter ego Mercure chez les anciens Romains, Hermès était

ACTÉON LE VOYEUR

ACTÉON APPREND à ses dépens ce que coûte un regard indiscret. Un jour, alors qu'il chasse dans les bois, Actéon découvre Artémis se baignant nue. Ulcérée par cette intrusion, la déesse transforme Actéon en un cerf qui est bientôt mis en pièces par les propres chiens du chasseur. Dans d'autres mythes, le devin Tirésias est rendu aveugle par Athéna après qu'il l'a surprise nue, et Érymanthe, fils d'Apollon, est lui aussi puni d'aveuglement parce qu'il a vu Aphrodite se baignant nue après une étreinte avec Adonis.

ARTÉMIS ET LES RITES DE PASSAGE

SŒUR JUMELLE D'APOLLON, Artémis est la déesse de la chasse. Elle est souvent représentée portant un arc et un carquois. Vierge farouche, elle fait tomber une terrible vengeance sur quiconque menace sa chasteté. Lorsque Orion le chasseur tente de gagner ses faveurs, Artémis fait sortir de terre un scorpion qui cause la mort du chasseur et de son chien Sirius. Orion et son chien sont alors placés dans le firmament où ils prennent la forme de constellations d'étoiles.

De façon étrange, Artémis était également associée à l'enfantement. Les cultes qui lui étaient voués laissaient une grande place aux rites de passage féminins que constituaient la naissance, la puberté et la mort. Nombre

de mythes mettant en scène Artémis (et quelques autres divinités) étaient étroitement associés à des rituels religieux. Avant leur mariage, les jeunes Athéniennes se rendaient à Brauron, non loin d'Athènes, pour servir Artémis dans un rituel qui comprenait une danse de l'ours. Le mythe veut que Callisto, maîtresse de Zeus, fût transformée en ourse par Héra et abattue d'une flèche par Artémis.

◀ *Les vestiges du Parthénon, à Athènes.*
▲ *Statue grecque à l'effigie du dieu Zeus.*

LA MÉTAMORPHOSE

DANS NOMBRE DE RÉCITS de la mythologie grecque, les personnages se métamorphosent. Parfois, ce changement d'apparence physique constitue une punition. Térée, roi de Thrace, épouse Progné qui lui donne un fils nommé Itys. À l'occasion d'une visite, Térée abuse de Philomèle, sœur de Progné, et lui coupe la langue. Muette, Philomèle tisse une tapisserie décrivant la scène et la présente à sa sœur. Pour se venger, celle-ci tue Itys et sert sa chair en repas à Térée. Le roi de Thrace poursuit Progné et Philomèle, qui se transforment respectivement en hirondelle et en rossignol. Il se transforme lui-même en épervier mais ne peut les rattraper.

L'ENLÈVEMENT DE PERSÉPHONE

D'UNE UNION entre Zeus et Déméter, déesse de l'agriculture et propre fille de Zeus, naît la belle Perséphone, qui est un jour enlevée par Hadès alors qu'elle cueille des fleurs dans la forêt. Accablée de douleur, Déméter parcourt le monde à sa recherche. Elle voyage sans répit pendant neuf jours entiers sans jamais boire ni manger. Le dixième jour, elle rencontre Hélios, dieu soleil, qui lui rapporte qu'Hadès a emmené Perséphone aux enfers avec l'accord de Zeus. Désespérée, Déméter continue son errance parmi les mortels sous les traits d'une vieille femme.

▲ Ce décadrachme en argent porte l'effigie de la déesse Perséphone.

Lorsqu'elle arrive dans la cité d'Éleusis, les filles du roi Céléos persuadent leur père de prendre la vieille femme à son service. Déméter devient servante de la reine Métanira, mais celle-ci, reconnaissant la divinité, lui offre à boire et à manger. Pleurant toujours la mort de Perséphone, Déméter refuse et reste silencieuse, mais elle est poussée à rire par les pitreries d'une esclave nommée Lambé (qui donnera son nom à la poésie iambique, souvent drôle et satyrique). Employée à la garde du jeune prince Démaphon, fils de Céléos, Déméter entreprend de rendre l'enfant immortel en le nourrissant d'ambroisie, herbe des dieux, et en le plaçant toutes les nuits sur le feu de la cheminée. Une nuit, elle est surprise par Métanira alors qu'elle installe Démaphon sur l'âtre. Devant les cris d'horreur de la reine, Déméter retire l'enfant de la flamme et déclare à sa mère qu'il ne peut plus être immortel. Déméter dévoile sa véritable identité et quitte le palais après avoir établi des rites à célébrer en son honneur : les mystères d'Éleusis.

Pleurant toujours la disparition de sa fille, Déméter interdit aux récoltes de pousser, au point que l'humanité commence à souffrir de la faim. Zeus intervient et déclare que Perséphone sera rendue à sa mère s'il est prouvé qu'elle n'a rien mangé durant son séjour aux enfers. Hélas, Hadès a réussi à convaincre Perséphone de goûter à six pépins de grenade. Zeus, magnanime, opte pour un compromis : Perséphone est autorisée à passer neuf mois de l'année sur terre auprès de sa mère, mais elle doit revenir aux enfers durant les trois mois restants. Chaque année, durant l'absence de Perséphone, qui correspond à l'hiver, Déméter pleure et la végétation cesse de pousser.

▲ Bas-relief représentant un prêtre et une prêtresse lors d'un rite.

LES MYSTÈRES D'ÉLEUSIS

IL EXISTAIT DIVERS cultes des mystères dans la Grèce antique, et tous comprenaient une cérémonie d'initiation secrète. L'un des plus suivis était celui voué à la déesse Déméter et à sa fille Perséphone, célébré par les mystères d'Éleusis. L'Hymne à Déméter, un des hymnes homériques du poète Callimaque, était sans doute déclamé chaque année lors des rites des fêtes d'Éleusis. Ces rites étaient réputés secrets, et quiconque en dévoilait la teneur était condamné à une mort immédiate.

De ce fait, notre connaissance de ces rites est limitée. On suppose cependant qu'ils étaient liés à l'agriculture et à la vie dans l'au-delà, thèmes souvent abordés dans les mythes mettant en scène la déesse Déméter et sa fille. Les fêtes d'Éleusis avaient lieu au mois de septembre et duraient neuf jours. À cette occasion, une procession rejoignait Éleusis depuis Athènes, puis

▲ *Tête en bronze du dieu Apollon.*

une cérémonie initiatique avait lieu, durant laquelle on reconstituait probablement l'enlèvement de Perséphone par Hadès. Les mystères furent célébrés à Éleusis pendant plus d'un millénaire, et ils furent perçus comme une menace, sans doute avec raison, par les premiers chrétiens.

APOLLON ET DELPHES

APOLLON, FILS DE ZEUS et de Léto, et frère jumeau de la déesse Artémis, était associé à un grand nombre d'activités. Dieu du soleil et de la lumière, il était également patron des musiciens, et, à ce titre, souvent représenté avec une lyre. Selon un récit mythique célèbre, le satyre Marsyas défia Apollon dans une compétition musicale et dut se déclarer vaincu. Pour le punir de son impertinence, Apollon attacha Marsyas à un arbre et le fit écorcher vif. Apollon était le père d'Asclépios, dieu de la chirurgie et de la médecine, mais il pouvait également envoyer de terribles maladies sur les mortels à l'aide de ses flèches.

Sur l'île de Délos, qui le vit naître, et à Delphes, où il s'exprimait par un oracle et comptait un sanctuaire, Apollon était l'objet d'un culte très suivi. À Delphes, centre du monde, Apollon tua le serpent Python, acte célébré tous les quatre ans par

les jeux Pythiens, et qui donna le nom de Pythie à l'oracle de la cité. Assise sur un trépied dans une salle souterraine, la Pythie répondait aux questions dans une sorte de transe. Pour la consulter, on venait de toute la Grèce, et ses prédictions n'étaient jamais mises en doute.

ASCLÉPIOS

À PARTIR du IVe siècle av. J.-C., nombre d'habitants de la Grèce antique visitaient le sanctuaire d'Épidaure avec l'espoir d'être guéris de leurs maux par Asclépios, à la manière des malades se rendant à Lourdes. Dans certains mythes, Asclépios est un mortel à qui le centaure Chiron apprend les secrets de la médecine et de la chirurgie, dans d'autres, il est le fils d'Apollon, dieu de la guérison. Le culte d'Asclépios fut introduit dans la Rome antique après une terrible épidémie de peste, en 293 av. J.-C. Asclépios est tué par un éclair envoyé par Zeus, qui le punit ainsi pour avoir tenté de ressusciter les morts.

ŒDIPE

La version la plus connue du mythe d'Œdipe est celle mise en scène par Sophocle dans sa tragédie *Œdipe Roi*. Elle dresse le portrait d'un homme à la découverte de lui-même.

QUESTIONNÉ par le roi Laïus, l'oracle de Delphes prédit que l'enfant issu de l'union entre celui-ci et la reine Jocaste donnera la mort à son père. Lorsque l'enfant naît, Laïus l'abandonne sur les pentes du mont Cithéron. Le nouveau-né est trouvé par un berger qui le conduit à Corinthe, où le roi Polybos et la reine Mérope l'adoptent et lui donnent le nom d'Œdipe.

Jeune homme, Œdipe décide de consulter l'oracle de Delphes, qui lui

prédit qu'il sera le meurtrier de son père et l'époux de sa mère. Pensant que la prédiction désigne Polybos et Mérope, Œdipe quitte Corinthe dans l'heure. Sur la route de Thèbes, il rencontre Laïus monté sur son char qui lui ordonne de laisser le passage. La querelle s'envenime et Œdipe tue l'homme dont il ne connaît pas l'identité, accomplissant ainsi la première partie de la prédiction.

À cette époque, la cité de Thèbes est terrorisée par le Sphinx, monstre à corps de lion et tête de femme, qui étrangle et dévore ceux de ses habitants se montrant incapable de répondre à cette devinette : « Quelle est la créature qui marche sur quatre pattes le matin, sur deux à midi et sur trois le soir ? » Œdipe se présente au monstre et répond que cette créature est l'homme, qui se traîne à quatre pattes au début de sa vie, marche ensuite sur ces deux jambes, puis s'aide d'une canne lorsqu'il atteint un grand âge. Furieux, le Sphinx se précipite du haut d'un grand rocher et meurt. Les habitants de Thèbes se réjouissent et font d'Œdipe leur roi. Il épouse Jocaste, veuve depuis peu, accomplissant ainsi la seconde partie de la prédiction.

Quelque temps plus tard, la ville est frappée par la sécheresse, la famine et la maladie. Interrogé, l'oracle annonce que Thèbes ne peut être sauvée que si le meurtrier de Laïus en est chassé. Œdipe fait mener une enquête approfondie et découvre bientôt l'horrible vérité de la bouche du devin aveugle Tirésias. Jocaste se pend tandis qu'Œdipe, frappé de désespoir, se crève les yeux et quitte Thèbes sous la conduite de sa fille Antigone.

▲ *L'iconographie de ce vase grec figure une procession sacrificielle en l'honneur de l'oracle de Delphes.*

LA TRANSGRESSION

À L'IMAGE de celui d'Œdipe, nombre de mythes grecs visent à mettre les humains en garde contre toute désobéissance ou manifestation d'arrogance envers les dieux. Ixion commet une faute lorsqu'il tente de séduire Héra, reine des dieux, et le châtiment voulu par Zeus est terrible : Ixion est conduit aux enfers et attaché à une roue sur laquelle il est condamné à tourner pour l'éternité. Dans un autre mythe, Atrée tue les enfants de son frère Thyeste et lui sert leur chair en repas pour le punir d'avoir séduit son épouse Aérope. Ce mythe également connu des anciens Romains est le thème de la tragédie de Sénèque *Thyeste*.

LES FEMMES MEURTRIÈRES

LA MYTHOLOGIE GRECQUE comprend de nombreux récits mettant en scène des femmes meurtrières de leur époux. Un de ces récits raconte l'histoire de Danaos, père de cinquante filles (les Danaïdes), et celle de son frère Égyptos, père de cinquante garçons. Égyptos souhaite que ses fils épousent leurs cousines, mais Danaos refuse. Devant l'insistance de son frère, Danaos est contraint de céder, mais il ordonne à chacune de ses filles de tuer son époux lors de la nuit de

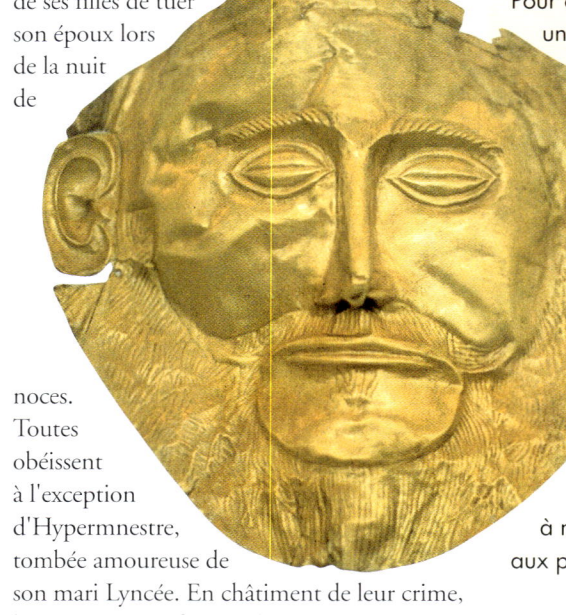

▲ *Masque funéraire en or à l'effigie d'Agamemnon.*

noces. Toutes obéissent à l'exception d'Hypermnestre, tombée amoureuse de son mari Lyncée. En châtiment de leur crime, les quarante-neuf Danaïdes coupables de meurtre sont envoyées aux enfers et condamnées à remplir éternellement un tonneau sans fond.

Clytemnestre est une autre meurtrière célèbre de la mythologie grecque. Clytemnestre hait son époux Agamemnon, coupable d'avoir sacrifié sa fille aînée Iphigénie à la demande de la déesse Artémis afin de favoriser le succès des armées grecques à Troie. Agamemnon s'en retourne de Troie accompagné de sa maîtresse Cassandre, prêtresse d'Apollon. Folle de rage, Clytemnestre, aidée de son amant Égisthe, jette un filet sur son époux alors qu'il prend un bain et transperce son corps de plusieurs coups de couteau.

JASON ET MÉDÉE

Médée est l'une des épouses meurtrières les plus célèbres de la mythologie grecque. Elle est la femme de Jason, héros célèbre pour sa quête de la Toison d'or.

EN COLCHIDE, une Toison d'or appartenant au roi Ætès est gardée par un féroce dragon. Pélias, tyran de Iolcos, convoite la Toison et charge son neveu Jason de s'en emparer. Pour ce voyage, Jason fait construire un navire auquel il donne le nom d'*Argo*. Il y embarque en compagnie de cinquante combattants réputés pour leur bravoure. Après de multiples aventures, les Argonautes parviennent en Colchide, où le roi Ætès promet à Jason de lui offrir la Toison s'il réussit, en une seule journée, à mettre sous le joug deux taureaux aux pieds d'airain et au souffle de feu,

▲ *Aidé de Médée, Jason parvient à conquérir la Toison d'or.*

à leur faire labourer un champ de quatre arpents, à semer les dents du dragon dans les sillons ainsi créés, puis à tuer les géants nés de cette semence. Amoureuse de Jason, Médée, fille d'Ætès et qui possède l'art des enchantements, décide d'aider celui-ci dans sa tâche. Elle endort le dragon, permettant ainsi à Jason de dérober la Toison. Ætès se lance à la poursuite des Argonautes, mais Médée parvient à ralentir le roi en tuant son propre frère Apcyrtos et en jetant les morceaux de son corps devant le navire.

Arrivés à Iolcos, Jason et Médée découvrent la mort du père de Jason, tué par Pélias, et décident de se venger. Médée conçoit un plan particulièrement cruel : elle persuade les filles de Pélias qu'elle a le pouvoir de rajeunir leur père si le corps de celui-ci est bouilli puis coupé en morceaux. Les filles s'exécutent. Elles égorgent leur père et font bouillir son corps dans une grande marmite. Médée révèle alors son stratagème. Furieux, les habitants de Iolcos chassent Médée et Jason, qui s'exilent à Corinthe, où ils ont plusieurs enfants.

Quelques années plus tard, Jason tombe amoureux de Glaucé, fille du roi de Corinthe Créon. Il décide de répudier Médée et de l'envoyer en exil. La colère de l'enchanteresse est terrible : elle fait périr Créon et Glaucé en leur offrant des tuniques empoisonnées puis elle égorge ses propres enfants afin de rendre Jason fou de douleur. Riant de ces crimes, elle s'échappe sur un char tiré par des dragons.

LES FEMMES BLESSÉES

STÉNOBÉE, épouse du roi d'Argos Proetos, désire le beau Bellérophon, qui rejette ses avances. Furieuse, elle s'en va dire à Proetos que Bellérophon a tenté de la séduire. Le roi complote pour faire tuer son soi-disant rival, mais ses plans échouent.

Hippolyte, fils de Thésée, est moins heureux. Il se refuse à sa belle-mère Phèdre, qui se pend de désespoir. Auparavant, elle a laissé une note à son époux accusant Hippolyte d'avoir abusé d'elle. Thésée appelle la colère de Poséidon sur son fils, qui est jeté de son char et meurt écrasé. Ce mythe a inspiré à Racine sa tragédie *Phèdre*.

LES AMAZONES

POUR LES ANCIENS Grecs, le mythe des Amazones évoquait un monde tumultueux et cauchemardesque dans lequel les femmes prenaient les armes et détenaient tous les pouvoirs. Les Amazones formaient une société exclusivement féminine, chassaient à cheval, portaient des habits d'homme et livraient bataille. Elles représentaient l'antithèse du monde civilisé : elles habitaient de lointaines terres orientales, s'habillaient tels les Perses, ne cultivaient pas la terre et ne connaissaient pas les villes.

Elles ne toléraient les hommes qu'au titre de serviteur et ne s'unissaient à eux que pour enfanter. Les garçons nés de ces unions étaient tués, tandis que les filles, seules à être élevées jusqu'à l'âge adulte, étaient amputées du sein droit afin de faciliter le maniement de l'arc. Plusieurs des grands héros athéniens combattaient les Amazones. Lors du huitième de ses travaux, Héraclès s'empara de la ceinture de leur reine Hippolyte, qui fut plus tard enlevée par Thésée. Elles sortaient toujours vaincues de ces batailles, ce qui renforçait l'idée d'une supériorité masculine chère aux anciens Grecs.

REGARD MORTEL

MÉDUSE EST L'UNE des trois Gorgones, monstres femelles à la chevelure hérissée de serpents. Tout être vivant croisant le regard de Méduse est immédiatement transformé en pierre. Méduse est tuée par le héros Persée, fils de Zeus et de Danaé, à qui le roi rusé Polydectès a demandé de lui rapporter sa tête. Persée est aidé dans son entreprise par Hermès et  Athéna. Les dieux lui confient une serpe, un sac, un casque d'invisibilité, un bouclier et des sandales ailées. Persée parvient à décapiter Méduse en observant le reflet du monstre dans son bouclier, puis il place sa tête dans son

▲ *Tablette en argile du temple d'Apollon représentant une tête de Gorgone.*
◀ *Statue de Poséidon, dieu grec des océans.*

sac et s'envole à l'aide de ses sandales ailées. En chemin, il observe une jeune fille enchaînée à un rocher près du rivage. Il s'agit de la belle Andromède, sur le point d'être sacrifiée à un monstre marin afin d'apaiser la colère de Poséidon, car sa mère a osé affirmer qu'elle était plus belle que les nymphes des eaux. Persée sort la tête de Méduse de son sac, transformant ainsi le monstre en pierre, puis il libère Andromède et en fait son épouse. Après s'être débarrassé de Polydectès en usant du même stratagème, Persée fait don de la tête de Méduse à Athéna, qui la porte sur le poitrail afin de pétrifier ses ennemis.

▲ *Fou de rage, le cyclope Polyphème projette des rochers sur Ulysse et ses hommes alors qu'ils s'échappent.*
▶ *Bas-relief représentant un satyre servant du vin au dieu Dionysos.*

LES MONSTRES MYTHIQUES

LA MYTHOLOGIE de la Grèce antique regorge de monstres terrifiants et grotesques. De même que les Amazones, ces monstres avaient pour vocation d'être vaincus par les dieux et les héros grecs. Lors de la création du monde, Zeus vint à bout du monstre Typhon, décrit par le poète Hésiode comme possédant cent têtes aux yeux lançant des flammes, et capable d'imiter la voix ou le cri de tout être vivant. Typhon donna naissance à la Chimère, créature immonde à tête de lion et à queue de dragon. Un grand nombre de monstres résultaient de l'union entre une femme et un animal. Les harpies étaient des vautours à tête de femme qui tourmentaient l'aveugle Phinée en lui dérobant sa nourriture et en l'aspergeant d'excréments. Phinée fut sauvé par le héros Jason. Autres êtres hybrides, les sirènes étaient des créatures ailées à tête de femme dont la voix ensorcelante attirait les marins navigant à proximité. Ce détour causait la perte du bateau sur les rochers et la mort de l'équipage. Pour échapper au chant des sirènes, Ulysse se fit attacher au mât de son navire par ses hommes puis leur ordonna de se boucher les oreilles avec de la cire.

ULYSSE ET LES CYCLOPES

AU COURS DE SON RETOUR vers Ithaque, Ulysse connaît de bien étranges aventures. Dans l'une d'elle, il met pied sur l'île des Cyclopes, géants portant un œil unique au milieu du front. Alors qu'ils arpentent l'île à la recherche de provisions, Ulysse et ses hommes pénètrent dans l'antre du cyclope Polyphème. De retour des pâturages avec son troupeau de moutons, Polyphème rentre dans sa caverne et en bloque l'accès avec un énorme rocher. Lorsqu'il découvre les Grecs, il décide d'en manger deux pour son dîner et deux autres pour son petit-déjeuner. Les hommes d'Ulysse ne peuvent déplacer le rocher mais Ulysse a un plan. Il fait boire le cyclope jusqu'à le rendre saoul et lorsque celui-ci lui demande son nom, il répond « Personne ». Puis il crève l'œil unique du géant au moyen d'un pieu. Attirés par les hurlements, les autres Cyclopes accourent et demandent à Polyphème le nom de son agresseur. Lorsque Polyphème leur répond « Personne », ils s'en retournent chez eux. Le lendemain, Ulysse et ses hommes parviennent à sortir de la caverne en s'attachant chacun au ventre d'un mouton. Pour le punir, Poséidon, père de Polyphème, condamne Ulysse à errer sur les mers durant dix années.

LA GUERRE ET L'AMOUR

ARÈS EST LE DIEU de la guerre. Fils de Zeus et de Héra, il est redouté et souvent brutal. Dans l'*Iliade*, il apporte son soutien aux guerriers troyens. Malgré tout, Arès se trouve peu présent dans les récits mythiques grecs et il est surtout connu en tant qu'amant de la belle Aphrodite. Cette relation adultère entre Arès et Aphrodite est contée dans l'*Odyssée* : Aphrodite est l'épouse d'Héphaïstos, dieu du feu et des forges, mais elle offre ses charmes à Arès. Un matin, Arès et Aphrodite sont surpris par Hélios, le Soleil, qui les dénonce à Héphaïstos. Celui-ci forge des chaînes indestructibles et les place autour du lit afin d'emprisonner les deux amants, puis il invite les autres dieux de l'Olympe à contempler ceux-ci. Les dieux s'esclaffent et concèdent qu'une nuit avec Aphrodite vaut bien un peu d'embarras.

Née de l'écume de la mer non loin de l'île de Chypre, Aphrodite est associée à l'amour et à l'attraction physique. Elle conquiert de nombreux amants, dont le beau chasseur Adonis, tué par un sanglier. Des textes ventant les qualités d'Adonis étaient chantés chaque année à Athènes lors de la célébration des Thesmophories.

DIONYSOS, DIEU DU VIN ET DE LA DÉMESURE

SELON LES PROPRES mots d'Euripide, Dionysos était à la fois le plus doux et le plus cruel des dieux. Associé à l'illusion et au déguisement, il était célébré par des processions champêtres et des représentations théâtrales. Dionysos était également le dieu de la vigne et du vin, boisson alors sacrée. Les adorateurs de Dionysos, qui symbolisait la passion et la démesure, se livraient à des extases délirantes. Il était aussi célébré par des rituels mystérieux qui persistèrent jusqu'à l'Antiquité romaine. Ses liens avec la fertilité – il était souvent symbolisé par un phallus – lui valaient d'être assimilé à certains dieux de la fertilité du Proche-Orient ancien, dont les Mésopotamiens Tammuz et Dumuzi, et l'Égyptien Osiris.

LES SATYRES ET LES MÉNADES

SATYRES ET MÉNADES formaient l'essentiel du cortège du dieu Dionysos. Les satyres étaient des créatures mi-hommes mi-boucs.

▲ *Détail d'une fresque figurant la danse d'une ménade, rite initiatique du culte de Dionysos.*

L'AU-DELÀ

LES ANCIENS GRECS n'avaient pas d'équivalents pour l'Enfer et le Paradis de la religion chrétienne, mais ils imaginaient diverses destinations après la mort. L'une d'elle était le royaume de Hadès, dieu des enfers. Frère de Zeus et de Poséidon, Hadès était très rarement inclus dans le panthéon olympien, car son antre ténébreux se trouvait à l'opposé du céleste Olympe. Les régions les plus profondes et les plus sombres des enfers, le Tartare et l'Érèbe, étaient destinées à accueillir les mortels condamnés à un châtiment éternel, ainsi par exemple de Tantale et des Danaïdes. Les âmes vertueuses allaient elles aux Champs-Élysées, qui constituaient également la destination des vaillants guerriers morts au combat.

Le défunt devait être enterré selon un cérémonial très précis afin que son passage vers l'au-delà se déroule sans difficulté. Il était tout d'abord conduit au royaume des morts par Hermès, messager des dieux, puis Charon, passeur des enfers, lui faisait traverser dans sa barque les cinq fleuves : le Styx (fleuve de la haine), l'Achéron (fleuve du malheur), le Léthé (fleuve de l'oubli), le Cocyte (fleuve des gémissements) et le Pyriphlégéton (fleuve de feu).

Ils aimaient le bon vin et étaient généralement représentés en état d'excitation sexuelle, à la poursuite des nymphes ou des ménades. Leur licence était extrême, et l'une des fonctions de cette imagerie était de définir les limites acceptables du comportement masculin dans la société : à l'inverse ces satyres, l'homme grec devait observer une certaine modération dans la recherche des plaisirs terrestres. Les satyres sont fréquemment figurés dans l'art grec ancien, et ils étaient, à Athènes, le sujet de pièces comiques souvent jouées après la trilogie tragique lors des représentations théâtrales.

Les ménades étaient des jeunes femmes conduites par Dionysos jusqu'à des transes religieuses. Elles quittaient leur foyer et suivaient le dieu à demi nues à travers la campagne. Libérées des conventions humaines, elles dépeçaient les animaux vivants et se repaissaient de leur chair. Comme les satyres, elles portaient un long bâton décoré de feuilles de vigne appelé thyrse.

☫ L'ART ET LA BOISSON

DES SCÈNES MYTHIQUES étaient figurées sur nombre d'objets usuels de la maison grecque, en particulier sur les urnes et les gobelets utilisés lors des *symposiums*, rites sociaux d'une grande importance. Lors de ces banquets, les hommes buvaient ensemble, consolidaient leurs relations et écoutaient des poèmes dont dieux et héros étaient presque toujours les acteurs. Les femmes étaient seulement présentes pour la danse, la musique ou le plaisir sexuel. Les décorations les plus courantes empruntaient aux thèmes dionysiens et représentaient satyres, ménades et diverses scènes de débauche.

▲ *Cette urne figure les scènes d'un récit mythique ayant pour personnages Apollon et Artémis.*

Rome antique

INTRODUCTION

DURANT LES QUATRE premiers siècles de l'ère chrétienne, l'Empire romain exerçait sa domination sur un territoire plus étendu que l'actuelle Europe. La rapidité et la dimension géographique de l'expansion romaine furent extraordinaires. Négligeables au moment de la fondation de la République, vers 510 av. J.-C., les possessions de Rome formaient la quasi-totalité de l'actuelle Italie en 241 av. J.-C., et elles s'augmentèrent d'une grande partie du Bassin méditerranéen dès l'an 31 av. J.-C., sous la conduite du futur empereur Octave (Auguste). À l'aube de l'ère chrétienne, Rome dictait ses lois à près de cinquante millions de sujets et la cité elle-même comptait environ un million d'habitants.

Les anciens Romains adoptèrent les mythes et le panthéon de la Grèce antique par le biais de la civilisation étrusque, qui se développa dans la péninsule italienne entre 900 et 500 av. J.-C., et attribuèrent de nouveaux noms aux divinités helléniques : ainsi Zeus, Héra, Athéna, Artémis et Aphrodite devinrent respectivement Jupiter, Junon, Minerve, Diane et Vénus. On ne connaît pas de mythes romains dans lesquels ces dieux jouent un rôle particulier, et il n'existe pas non plus de mythe romain de la création. À la différence des divinités grecques, capables de se battre, d'aimer ou de se venger à la manière des humains, les dieux romains avaient pour vocation essentielle de figurer diverses qualités abstraites et leur personnalité importait moins que leur fonction.

MALGRÉ TOUT, les anciens Romains firent plus que reprendre à leur compte le panthéon grec, mettant notamment l'accent sur les mythes servant le mieux la société romaine. Pour les Romains, sagesse et connaissance importaient moins que les diverses activités permettant de nourrir une population sans cesse croissante. C'est pourquoi Minerve (déesse romaine de la sagesse) était une divinité mineure lorsqu'on la compare à son équivalent grec Athéna.

À l'inverse, Cérès, déesse romaine de l'agriculture, possédait davantage

◄ *Éros, dieu de l'amour, est puni devant Vénus.*
▲ *Pièce romaine à l'effigie de l'empereur Auguste César.*

de prestige que n'en avait Déméter dans le monde grec, tandis que Mars, dieu de la guerre et pendant du dieu grec Arès, était célébré par les Romains comme une divinité de premier plan, ce qui permettait d'entretenir l'esprit martial nécessaire à l'accomplissement des projets de l'Empire. D'une manière générale, les mythes romains sont davantage liés à l'histoire du pays et de sa population que ne le sont les mythes grecs, de sorte qu'il est souvent difficile, aujourd'hui, de faire la part entre le mythe et la réalité historique. La mythologie romaine est moins imaginative que la mythologie grecque et se trouve ancrée en temps et en lieu avec beaucoup plus de réalisme que celle-ci. L'historien grec Plutarque (vers 46-120) traita Romulus et Remus, fondateurs mythiques de la ville de Rome, comme des personnages historiques. Lorsque faits et légendes sont ainsi étroitement mêlés, la tâche des chercheurs et des historiens se révèle encore plus difficile.

Rome fut peuplée par un acte de violence. Après avoir fondé la cité, Romulus autorisa tous les bandits et criminels de la péninsule à s'y installer, mais il se devait de trouver des femmes afin d'assurer durablement son peuplement. Il s'adressa à plusieurs communautés voisines, mais nulle part il ne trouva un homme prêt à donner sa fille à un criminel. Romulus décida alors de recourir à la ruse : il invita la tribu des Sabins à la célébration d'une grande fête religieuse, puis, à l'heure dite, ordonna à ses hommes d'enlever toutes les Sabines en âge de se marier. Titus Tatius, roi des Sabins, rassembla alors une armée et se mit en tête d'envahir Rome. Les combats firent rage jusqu'à ce que les Sabines elles-mêmes interviennent pour rétablir la paix.

Dès lors Rome fut gouvernée conjointement par Romulus et Titus Tatius, puis, à la mort de celui-ci, par le seul Romulus, déclaré premier roi de Rome. Lorsque Romulus s'éteignit à son tour, il fut assimilé au dieu Quirinus et l'on construisit un temple en son honneur.

LA NAISSANCE
DE LA MYTHOLOGIE ROMAINE

LA GÉOGRAPHIE joue un rôle essentiel dans la compréhension de la mythologie romaine. L'Empire romain était d'une telle étendue qu'il était impossible qu'une tradition religieuse ou mythologique s'y établisse à l'exclusion de toute autre. À mesure que les Romains s'emparaient de nouveaux territoires, ils intégraient dans leur propre mythologie les mythes des peuples conquis. Ainsi, la mythologie romaine est un étrange mélange de croyances de diverses origines, plus particulièrement grecques, égyptiennes et celtes. Introduite en Italie au IIe siècle av. J.-C., la déesse égyptienne Isis devint rapidement populaire à Rome et fut souvent associée à Fortuna, déesse romaine du hasard et de la fertilité. Autre divinité égyptienne, le dieu Amon à tête de bélier fut présent dans la mythologie grecque avant d'être incorporé dans le culte impérial romain. Il était le dieu protecteur des armées romaines et figurait sur le plastron des combattants.

♓ JANUS

JANUS EST UN DIEU romain qui n'a pas d'équivalent dans la mythologie grecque. Gardien des portes et des passages, Janus est souvent représenté avec deux visages orientés en des directions opposées, car il avait le pouvoir de surveiller à la fois entrants et sortants.

L'EMPIRE ROMAIN

OCÉAN ATLANTIQUE

BRITANNIA
Londinium

GERMANIA
Rhenus
Sequana
GALLIA
Danubius
Rhodanus
DALMATIA
MER NOIRE
HISPANIA
ITALIA
Roma
Byzantium
Carthago
Athenae
Tyrus
MER MÉDITERRANÉE
Alexandria
AEGYPTUS

Empire romain en 218 av. J.-C.
Extension de l'Empire romain au IIe siècle

LA GRANDE MÈRE

MAGNA MATER (la Grande Mère), nom donné par les anciens Romains à Cybèle, déesse phrygienne de la fécondité, était une divinité majeure de la Rome antique. Son culte fut introduit à Rome en 204 av. J.-C. sur l'avis d'un oracle. Dans un récit mythique attribué à l'écrivain latin Arnobe (IVᵉ siècle av. J.-C.), Cybèle naît d'un imposant rocher situé en Phrygie. Un jour, Zeus tente d'abuser de Cybèle et répand sa semence sur le rocher, dont naît Adgestis, fils au caractère violent et imprévisible. Bacchus fait boire du vin à Adgestis afin de l'endormir, puis il fait pousser des sarments de vigne sur ses organes génitaux. Revenu à lui, Adgestis trébuche sur les sarments et arrache ses propres testicules. Le sang répandu au sol donne naissance à un grenadier dont le fruit féconde une jeune fille. Attis, son enfant, devient le protégé de Cybèle et d'Adgestis. Lorsque le roi de Phrygie obtient qu'Attis épouse une de ses filles, Adgestis, fou de colère, pousse les invités mâles

▲ *Détail d'une fresque représentant Bacchus.*
▼ *Une louve allaite les jumeaux abandonnés Romulus et Remus.*

de la noce à se castrer puis s'inflige lui-même le même supplice. Les éléments liés à l'automutilation et à la transe extatique se retrouvent dans les pratiques cultuelles des adorateurs de Magna Mater.

A
LES DEVINERESSES

DANS L'*ÉNÉIDE*, Énée descend aux enfers guidé par la Sibylle de Cumes, dont l'extrême vieillesse est due à une punition infligée par Apollon. Le dieu offre à la devineresse autant d'années de vie qu'elle peut tenir de grains de sable dans une seule main. Celle-ci accepte, mais lorsqu'elle repousse les avances d'Apollon, le dieu la transforme en une vieille femme ridée. Les prophéties sont souvent véhiculées par les femmes : la Pythie est l'oracle de Delphes, tandis que dans la Bible, la pythonisse d'Endor prédit au roi Saül sa défaite et sa mort.

LES ENFANTS ABANDONNÉS

ABANDONNÉS et laissés pour morts sur les rives du Tibre, Romulus et Remus sont élevés par une louve. L'image de l'animal allaitant les jumeaux devint un symbole de la puissance romaine. Le thème du nouveau-né abandonné, recueilli par un animal ou un humble mortel puis rétabli à sa vraie place dans la société, est souvent présent dans le mythe. Dans la mythologie grecque, Œdipe est abandonné sur le mont Cithéron. De même, les personnages de contes de fées connaissent souvent un sort similaire.

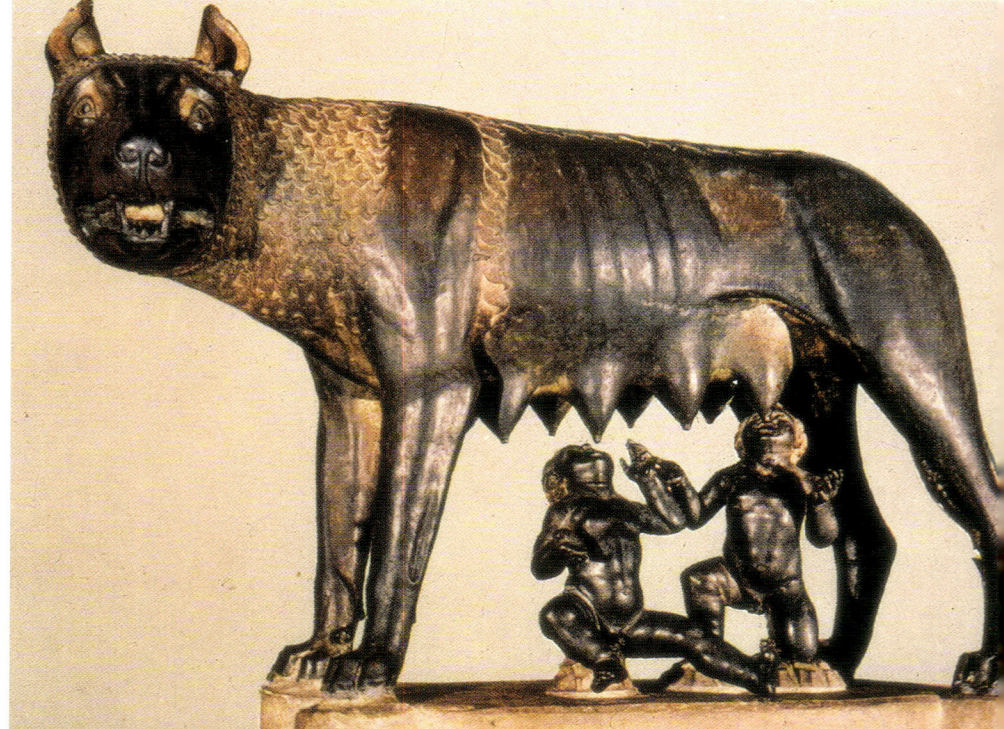

ROMULUS ET REMUS

LE MYTHE DE ROMULUS ET REMUS raconte la naissance de Rome à partir d'un fratricide. Les jumeaux Romulus et Remus sont le fruit d'une union entre la mortelle Rhéa Silvia et le dieu Mars. Lorsqu'il apprend que sa nièce Rhéa Silvia est enceinte, le roi Amulius la jette en prison, puis il fait abandonner les deux jumeaux qu'elle a enfantés sur les rives du Tibre. Romulus et Remus sont sauvés par une louve qui les allaite, puis recueillis par le berger Faustulus et son épouse Acca Laurentia. Devenus adolescents, les deux jumeaux ont maille à partir avec des voleurs de moutons et Remus se trouve conduit devant le roi. Entre-temps, Faustulus décide de dévoiler à Romulus les circonstances de sa naissance. Lorsqu'il apprend ses origines, Romulus vole au secours de Remus, tue le roi Amulius et fait monter sur le trône d'Albe-la-Longue son grand-père Numitor. Plus tard, Romulus et Remus entreprennent de fonder une cité sur le site même où ils ont été abandonnés, mais ils ne peuvent s'accorder sur le nom à lui donner. La dispute s'envenime, à tel point que Romulus tue son frère et devient seul roi de la cité qu'il nomme Rome (*Roma* en latin).

LA NAISSANCE DE ROME

ÉNÉE, HÉROS TROYEN mineur dans les poèmes épiques d'Homère, devint une figure majeure sous la Rome antique. Énée était vénéré comme le fondateur de Rome dès le IIIe siècle av. J.-C., mais c'est dans l'*Énéide*, monumental poème épique de Virgile, que ses aventures sont contées avec le plus de ferveur. Écrit au Ier siècle av. J.-C., l'*Énéide* narre la fuite d'Énée de Troie, son périple en Méditerranée jusqu'aux terres italiennes, puis son combat contre le roi Turnus pour gagner la main de la belle Lavinia et conquérir le royaume du Latium. Lors d'une visite aux enfers, Énée découvre Rome dans toute sa splendeur et rencontre les âmes de grands personnages romains non encore nés. Le poème de Virgile se termine avec la défaite de Turnus, mais une autre version de ce mythe évoque la fondation d'Albe-la-Longue par Ascagne, fils d'Énée. Cette version semble corroborer le mythe de la fondation de Rome par Romulus, descendant du roi d'Albe-la-Longue. Tout à son devoir religieux, Énée incarnait les valeurs morales de la Rome antique et l'empereur Auguste se prétendait son descendant.

ÉNÉE ET DIDON

AVANT D'ATTEINDRE les terres d'Italie, Énée pose pied à Carthage sur la côte nord-africaine. Didon, reine de Carthage, a fui la cité phénicienne de Tyr après que son époux Sychée y a été brutalement assassiné. Didon a juré une fidélité éternelle à Sychée, mais la déesse Vénus, mère d'Énée, envoie Cupidon afin que Didon puisse à nouveau aimer. La reine de Carthage s'éprend d'Énée et songe à l'épouser. Un jour, alors qu'ils chassent, Énée et Didon s'abritent dans une grotte et consomment leur union. Quelque temps plus tard, Mercure, messager des dieux, est envoyé par Jupiter afin de rappeler à Énée que son destin est de fonder Rome. Alors qu'Énée se prépare à quitter Carthage en secret, Didon découvre ses plans. Il prend la mer malgré la colère de Didon, et quelque temps après son départ, la reine de Carthage se donne la mort. Lorsque Énée se rend aux enfers, il y voit Didon et son époux à nouveau unis. Cette partie du mythe est plus qu'une simple romance : par son infidélité, sa puissance séductrice et son autodestruction, Didon symbolise Carthage, ennemie jurée de Rome, et qui, sous la conduite d'Hannibal (247-183 av. J.-C.), parviendra à menacer l'hégémonie romaine.

▼ *Énée narre ses aventures à la reine Didon.*

VÉNUS ET CUPIDON

DÉESSE DE L'AMOUR et de la beauté, Vénus joue un rôle essentiel dans le poème épique l'*Énéide*. Mère d'Énée, qu'elle a conçu avec le mortel Anchise, elle intervient plusieurs fois pour venir en aide à son fils.

Vénus est accompagnée de son fils Cupidon, dieu du désir charnel, souvent figuré sous les traits d'un jeune garçon ailé porteur d'un arc et de flèches. Équivalent romain de la divinité grecque Aphrodite, elle présente aussi de nombreux points communs avec Inanna et Ishtar, déesses sumérienne et akkadienne de la fécondité.

LE HÉROS ROMAIN

LE HÉROS ROMAIN diffère beaucoup des héros de la mythologie grecque. Uniquement préoccupé de sa gloire personnelle, à l'image d'Achille prostré dans sa tente tandis que ses compatriotes meurent aux portes de Troie, le héros grec montre souvent un comportement antisocial. À l'inverse, le héros romain est entièrement porté vers l'avenir de Rome et de ses idéaux. Énée incarne parfaitement la dévotion totale aux trois vertus romaines les plus importantes : *gravitas* (respect des devoirs envers l'État), *frugalitas* (rejet de l'excès et de la luxure) et *pietas* (respects des devoirs envers la religion).

TARPÉIA

APRÈS L'ENLÈVEMENT des Sabines, Romains et Sabins se livrent bataille, et les Romains sont trahis par Tarpéia, fille de Tarpéius, gouverneur romain chargé de défendre le Capitole. Tombée amoureuse du roi sabin Titus Tatius, Tarpéia s'engage à livrer la citadelle du Capitole aux Sabins si le roi promet de l'épouser. Dans une autre version, Tarpéia est motivée par sa soif de richesses : elle demande en échange de sa trahison que les soldats sabins lui donnent « ce qu'ils portent au bras gauche », c'est-à-dire de riches bracelets en or. Une fois maître du Capitole, Titus Tatius refuse de récompenser la traîtresse, et ordonne à ses soldats de jeter sur Tarpéia leur lourd bouclier, qu'ils portent également au bras gauche. Morte écrasée sous le poids de ces armes, Tarpéia est enterrée à l'extrémité sud-ouest du Capitole, à proximité d'un aplomb rocheux dès lors appelé Roche tarpéienne. C'est depuis ce promontoire que les anciens Romains précipitaient vers une mort certaine les condamnés coupables de trahison.

LA VIOLENCE

UN GRAND NOMBRE de mythes romains traitaient de la violence sexuelle et de la chasteté féminine. Dans le monde grec, le mythe de Déméter et de Perséphone offrait une vision féminine sur la violence masculine tout en célébrant le pouvoir des deux divinités et les relations étroites qui les unissent. Dans un autre mythe grec, les centaures tentaient de s'emparer de femmes lapithes, mais ces créatures non civilisées étaient repoussées par les soldats grecs. À l'inverse, la mythologie romaine présentait le viol des Sabines par les premiers Romains comme un véritable bienfait car il permettait de former une descendance. Ce recours à la violence était approuvé par les dieux et par les Sabines elles-mêmes.

LUCRÈCE ET LA RÉPUBLIQUE

LE MYTHE DE Lucrèce expose comment une femme vertueuse réussit à faire tomber la monarchie. Lucrèce, épouse de Tarquin Collatin, est connue à Rome

◄ *Arrivée d'Énée devant Pallanteum.*

pour sa grande droiture. De retour
à l'improviste de l'une de leurs
campagnes, les soldats romains
surprennent leurs épouses ivres.
Seule Lucrèce se tient à l'écart, occupée
à filer de la laine en compagnie
de ses servantes. Tarquin Sextus, fils
du roi Tarquin le Superbe, désire Lucrèce.
Il se rend chez elle en l'absence
de Tarquin Collatin et Lucrèce
l'accueille avec politesse. Tarquin exige
alors qu'elle se donne à lui et, comme
Lucrèce refuse, Tarquin menace
de la tuer et de placer son corps à côté
de celui d'un esclave afin de suggérer
un adultère. Désespérée, Lucrèce cède
à ce chantage. Plus tard, elle appelle
son père et son époux et leur fait part
de son sort. Malgré leurs exhortations
à ne pas se sentir coupable, Lucrèce se
donne la mort. Pour se venger, la famille
de Lucrèce renverse le dernier des
Tarquin, mettant ainsi fin à la royauté
romaine. La République (*res publica*) est
instituée et l'époux de Lucrèce devient
l'un de ses premiers magistrats.

▼ *La vertueuse Lucrèce se donne la mort
après avoir été déshonorée par Tarquin Sextus.*

♈ HÉRO ET LÉANDRE

DEVANT L'INSISTANCE de ses parents,
Héro, jolie jeune fille de la cité de
Sestos, devient prêtresse de la déesse
Vénus. Pour honorer cette fonction, elle
est contrainte de demeurer vierge. Lors
d'une fête en l'honneur de Vénus, Héro
aperçoit Léandre, jeune homme dont
la beauté est célébrée dans sa ville
d'Abydos tout autant que celle d'Héro
l'est à Sestos. Léandre tombe amoureux
d'Héro et cet amour est bientôt
réciproque. Les parents d'Héro refusent
toute idée de mariage, de sorte que
les deux amoureux sont contraints
de se rencontrer en cachette.
Chaque soir, guidé par une torche
qu'Héro place à la fenêtre de sa
chambre, Léandre traverse à la nage
le fleuve Hellespont, qui sépare
les cités d'Abydos et de Sestos.
Il passe la nuit avec sa bien aimée
puis traverse à nouveau le fleuve avant
l'aube. Une nuit, une forte tempête
se déchaîne sur le fleuve et le vent
souffle la torche d'Héro. Sans l'aide
de la flamme et confronté à de terribles
vagues, Léandre se noie. Au lever
du jour, Héro scrute le rivage depuis
la fenêtre de sa chambre et aperçoit le
corps de son amant rejeté par les eaux.
Désespérée, elle se jette dans le vide
et rejoint son compagnon dans la mort.

LES MÉTAMORPHOSES

DANS SON ŒUVRE les *Métamorphoses*,
le poète romain Ovide (43 av. J.-C.-17)
adapte un grand nombre de mythes grecs
sur un mode latin. Ce long poème épique
constitue l'une des sources d'informations
les plus riches sur la mythologie gréco-
romaine, et a exercé une influence
considérable sur la littérature d'Europe
occidentale. Nombre des récits
des *Métamorphoses* traitent des relations
des nymphes ou des mortelles avec les dieux.
Dans l'un des chants du poème, le dieu
Apollon brûle de désir pour la nymphe
Daphné, qui se refuse à lui. Apollon
continue pourtant à poursuivre Daphné

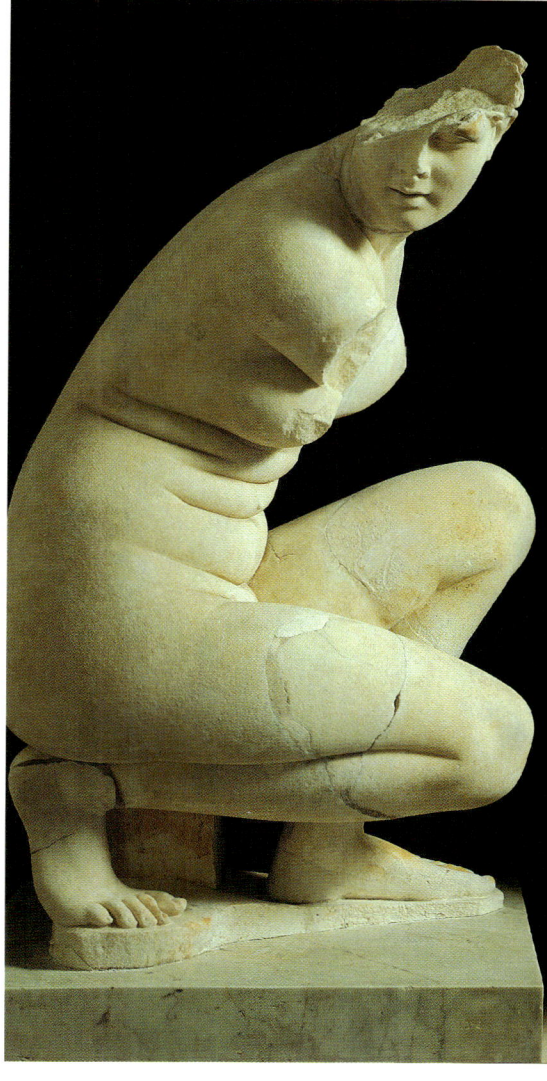

▲ *Vénus, voluptueuse déesse de l'amour.*

de ses avances jusqu'à ce que le père
de celle-ci la transforme en laurier.
Ce mythe explique pourquoi le laurier
est l'arbre consacré au dieu Apollon,
mais il existe également une dimension
politique dans l'adaptation d'Ovide.
Durant le règne d'Auguste César, Apollon
devient la principale divinité romaine
et l'empereur aime à lui être associé.
En faisant le portrait d'un Apollon
contraint d'étreindre un tronc d'arbre
plutôt que la nymphe qu'il désire, Ovide se
moque indirectement d'Auguste. Le poème
se termine par une ode à la gloire de Rome
et d'Auguste César, mais la véritable
signification du texte est difficile à établir.

ÉCHO ET NARCISSE

DANS L'UN DES RÉCITS des *Métamorphoses* d'Ovide, Écho est une nymphe dont les bavardages incessants importunent Junon, qui tente de surprendre les infidélités de son époux Jupiter. Pour la punir, Junon interdit à Écho de prendre la parole et ne l'autorise qu'à répéter faiblement les derniers mots de ses interlocuteurs. Écho tombe amoureuse de Narcisse, fils du dieu fleuve Céphise et de la nymphe Liriope, réputé pour sa beauté autant que pour son égoïsme et sa vanité. Écho est ignorée par Narcisse, mais elle suit partout l'objet de son amour, répétant inlassablement la fin des phrases qu'il prononce. Désespérée, elle s'isole au fond des bois et fond littéralement de chagrin, de sorte qu'il ne reste bientôt plus d'elle qu'un filet de voix. Plus tard, Narcisse est puni par la déesse Diane pour avoir brisé le cœur de tant de jeunes filles : il surprend un jour son reflet à la surface d'un étang et tombe amoureux de sa propre image. Incapable de rendre cet amour, il se dessèche à son tour et meurt. Alors qu'il agonise sur le sol, il est transformé en narcisse.

MOSAÏQUES ET FRESQUES

NOMBRE DE THÈMES et personnages mythologiques étaient évoqués sur les magnifiques fresques qui décoraient l'intérieur des villas romaines. Plusieurs de ces ornementations sont aujourd'hui visibles sur les sites de Pompéi et d'Herculanum, cités détruites par l'éruption du Vésuve en 79. Il existe également des vestiges de mosaïques et de fresques sur presque tous les sites ayant connu une présence romaine. La mosaïque figurée ci-contre, qui représente la Gorgone Méduse, ornait le sol de thermes romains située dans l'actuelle Tunisie.

▲ *Apollon sauroctone, copie romaine d'une œuvre grecque.*

PRIAPE, DIEU PHALLIQUE

LE CULTE DE PRIAPE, dieu de la fécondité et de la virilité, fut célébré en Grèce et en Italie à partir du IIIe siècle av. J.-C. Des statues à son effigie étaient souvent placées dans les jardins et les vergers afin d'éloigner les voleurs. Fils de Jupiter pour certains, de Bacchus pour d'autres, Priape était souvent représenté sous les traits d'un vieil homme à la face rougeaude et au sexe démesuré. Il était associé à l'âne, animal symbolisant la luxure. Priape était un personnage de nombreux poèmes comiques à caractère obscène, et, sur les fresques murales, on le représentait fréquemment en train de peser son sexe sur une balance.

ORPHÉE ET EURYDICE

FILS DE CALLIOPE, muse de la poésie et de la musique, Orphée est un joueur de cithare réputé. Lorsque sa fiancée Eurydice meurt mordue par un serpent, Orphée part à sa recherche dans

▼ *Ce détail d'une mosaïque romaine représente la tête de la Gorgone Méduse. De tels vestiges ont beaucoup appris aux chercheurs sur la mythologie de la Rome antique.*

▲ *Une peinture représentant Orphée avec sa harpe, se lamentant sur la plage.*

le monde de l'au-delà. Sa musique enchanteresse envoûte Cerbère, le chien à trois têtes, qui le laisse entrer, et elle charme tant Pluton et Proserpine qu'ils acceptent de laisser repartir Eurydice au pays des vivants. Les deux divinités imposent cependant une condition : ils interdisent à Orphée de regarder en arrière avant sa sortie des Enfers. Mais alors qu'il atteint la porte des enfers, suivi par Eurydice, Orphée ne peut résister à l'envie d'observer sa fiancée. Il se retourne et la perd pour l'éternité. La douleur d'Orphée est telle qu'il renonce à jamais à la compagnie des femmes. Lorsque les Thraciennes s'efforcent de le consoler, il repousse leurs avances. Pour se venger, elles déchirent son corps en lambeaux et jettent sa tête dans l'Hèbre, mais celle-ci demeure vivante et continue de chanter. Punies à leur tour, les Thraciennes sont transformées en chênes par les divinités. La lyre d'Orphée est placée au sein de la voûte céleste où elle forme une constellation, et les dieux accordent à son âme l'immortalité.

LES DIEUX DOMESTIQUES

DANS LEUR HABITATION, les anciens Romains vénéraient les lares, les pénates et la déesse Vesta. Esprits protecteurs, les lares étaient souvent figurés portant une corne à boire et divers récipients. On les vénérait sur de petits autels construits à la croisée des chemins. Les pénates étaient des dieux domestiques qui veillaient sur les provisions et les biens de la maisonnée.

La déesse Vesta, équivalent romain de la divinité grecque Hestia, protégeait la terre et l'habitation. Dans les cités, la déesse était servie par six vierges, appelées vestales. Choisies dans les familles romaines nobles dès l'âge de six ans, les vestales étaient libres de se marier après les trente années de service obligatoire dues à la déesse. Lorsqu'une vestale devenait impure avant cette échéance, elle était enterrée vivante. Les activités publiques des vestales se rapprochaient des tâches ménagères effectuées dans leur demeure par les jeunes Romaines non mariées : elles entretenaient le temple de Vesta, temple rond situé dans le Forum, et surveillaient le feu sacré, que l'on disait rapporté de Troie par Énée, afin qu'il continue de brûler éternellement.

CUPIDON ET PSYCHÉ

LA MORTELLE PSYCHÉ est d'une telle beauté que ses parents la proclament l'égale de la déesse Vénus. Pour les punir de leur arrogance, Vénus envoie sur terre son fils Cupidon avec l'ordre de transpercer Psyché de l'une de ses flèches afin qu'elle tombe amoureuse d'un monstre. Maladroit, Cupidon se pique lui-même et s'éprend de Psyché. Il l'épouse et l'installe dans un superbe palais, mais il lui explique qu'il ne peut lui apparaître sous des traits humains. Plus tard, les sœurs de Psyché sont invitées au palais et, jalouses, insinuent que l'époux de Psyché n'est pas Cupidon. Pour en avoir le cœur net, Psyché approche une lampe de Cupidon alors qu'il est endormi. Le dieu se réveille et, furieux, quitte sur le champ son épouse. Désespérée, Psyché se met à la recherche de Cupidon, jusqu'à ce que Vénus lui impose d'aller quérir une jarre auprès de Proserpine afin de prouver qu'elle est digne de son fils. Psyché s'exécute, mais la curiosité la pousse à ouvrir la jarre, qui libère sur elle le sommeil de la mort. Cupidon intercède auprès de Vénus : les deux époux sont à nouveau unis et Psyché devient immortelle.

Monde celte

INTRODUCTION

LES CELTES sont parmi les grands peuples fondateurs de l'Europe. Plusieurs siècles avant l'essor de l'Empire romain, les royaumes celtiques occupaient la plupart des territoires européens au nord des Alpes, et durant leur période de plus grande expansion, entre le Vᵉ et le IIIᵉ siècle av. J.-C., leur monde s'étendait de l'Irlande au nord de l'Espagne à l'ouest, et jusqu'à l'actuelle Turquie à l'est.

Longtemps, les historiens ont pensé que les Celtes avaient envahi l'Europe occidentale au cours du IIᵉ millénaire av. J.-C. mais on estime aujourd'hui que les modes de vie et la culture celtiques ont été adoptés par les populations autochtones de façon progressive.

Les Celtes formaient un groupe conscient de son identité ethnique. Leur monde se composait d'un ensemble de royaumes seulement liés entre eux par une langue et une culture communes. Ce peuple apparemment peu organisé domina malgré tout l'Europe durant cinq siècles, avant de subir l'ascendance des Romains, qui repoussèrent les Celtes jusqu'en Irlande, au pays de Galles, en Écosse, en Cornouailles et en Bretagne.

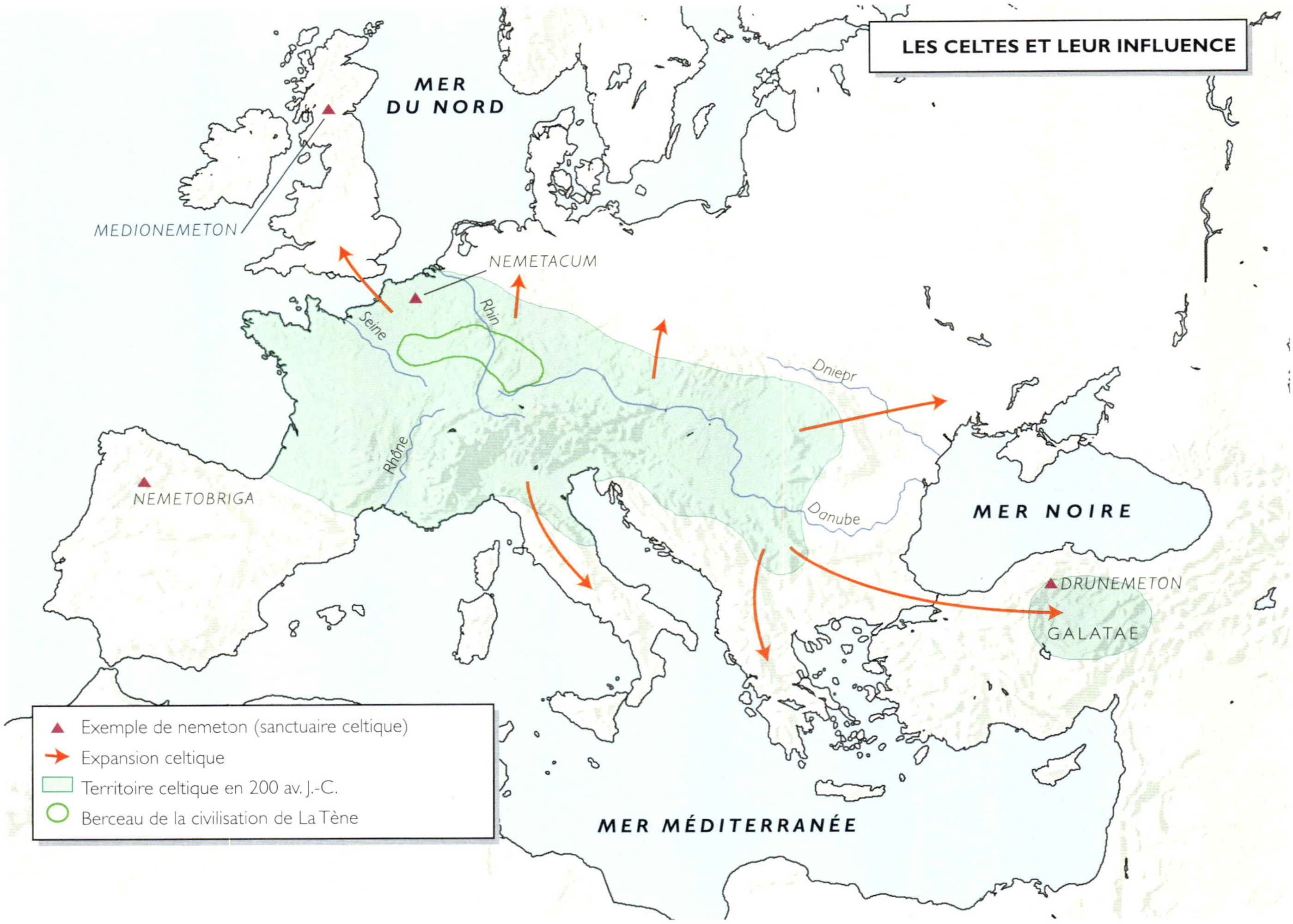

LES CELTES ET LEUR INFLUENCE

MER DU NORD

MEDIONEMETON

NEMETACUM

NEMETOBRIGA

Seine

Rhin

Rhône

Dniepr

Danube

MER NOIRE

DRUNEMETON

GALATAE

MER MÉDITERRANÉE

▲ Exemple de nemeton (sanctuaire celtique)
→ Expansion celtique
▢ Territoire celtique en 200 av. J.-C.
◯ Berceau de la civilisation de La Tène

MYTHES CONNUS   PERSONNAGES

◄ *Chez les Celtes, la tête est symbole de pouvoir spirituel.*
► *Motifs en or fin sur une urne décorative celtique.*

LES CELTES DANS L'HISTOIRE

LES CELTES TENAIENT leurs racines de la culture de Hallstatt, présente en Europe centrale entre le XIIIe et le Ve siècle av. J.-C., et nommée d'après le bourg autrichien éponyme, à proximité duquel de nombreux objets datant de cette période ont été mis au jour. À partir du Ve siècle av. J.-C., les tribus hallstattiennes furent progressivement remplacées par des communautés guerrières de langue celtique, qui développèrent la civilisation de La Tène.

Au début du IVe siècle av. J.-C., certaines tribus celtiques s'installèrent dans le nord de l'Italie, d'autres s'établirent le long du Danube avant d'envahir, un siècle plus tard, la Grèce et l'Asie Mineure. Cette période d'expansion prit fin au IIIe siècle av. J.-C., avec les résistances des Romains au sud, des Germains au nord et des Daciens à l'est. Durant deux siècles, les Romains conquirent une à une les places fortes celtiques, jusqu'à ce que seules l'Irlande et certaines parties de la Grande-Bretagne fussent encore sous l'emprise des Celtes.

Sous l'influence romaine, de nombreux Celtes se convertirent au christianisme, et, après la chute de l'Empire romain au Ve siècle, les anciens territoires celtiques furent soumis à la loi germanique. En Irlande et dans certaines parties de la Grande-Bretagne, la culture celtique connut cependant un renouveau entre le VIe et le VIIIe siècle.

LES SOURCES

LES CELTES PAÏENS ont laissé peu de traces écrites : lois, traditions et croyances religieuses étaient principalement transmises de façon orale. Notre connaissance de la culture celte est donc essentiellement basée sur les témoignages d'auteurs classiques grecs et romains, sur quelques vestiges archéologiques, et sur des écrits irlandais et gallois plus tardifs.

Incapables de comprendre les coutumes celtiques, Grecs et Romains antiques cherchèrent à justifier la conquête de leurs territoires en décrivant les Celtes comme des barbares indisciplinés avides de violence et se livrant à des rituels sauvages. Leurs récits sont donc peu crédibles, même si certaines de leurs observations ont été corroborées par des découvertes archéologiques.

La mise au jour de nombreux objets celtiques a permis aux chercheurs d'obtenir une vision différente de celle décrite par les auteurs gréco-romains. De fait, les Celtes formaient un peuple d'une grande intelligence et d'une grande richesse, dont les qualités artistiques et techniques demeurèrent inégalées dans l'Europe préhistorique.

Écrits après la chute de l'Empire romain et traitant uniquement de régions extérieures à l'Europe celtique pré-romaine, les textes irlandais et gallois sont de peu d'utilité pour comprendre la mythologie des Celtes païens. Malgré tout, ces récits compilés par des moines ont un intérêt propre et nous éclairent sur la façon dont certaines traditions mythologiques ont inspiré les romans arthuriens de l'époque médiévale.

LES FÊTES RELIGIEUSES

LES PRINCIPALES fêtes religieuses celtiques, souvent évoquées dans la mythologie, occupaient quatre jours de l'année.

Le 1er février avait lieu la grande fête d'Imbolc, dédiée à la déesse de la fécondité Brigid, qui marquait la venue du lait chez les brebis. Sous l'influence chrétienne, cette fête est devenue celle de sainte Brigitte, abbesse fondatrice du monastère de Kildare. Lors de la fête de Beltaine, célébrée le 1er mai, les Celtes allumaient de grands feux en l'honneur de Bel, dieu de la vie et de la mort. La troisième fête était celle de Lughnasa, célébrée le 1er août en l'honneur de Lugh, dieu le plus important de la mythologie irlandaise. Célébrée à la pleine lune au plus proche du 1er novembre, la fête de Samain marquait la fin d'une année pastorale et le début de la suivante. C'est à cette seule occasion que les esprits de l'au-delà se faisaient connaître aux hommes. Les chrétiens ont fait de cette fête la Toussaint, et elle a donné naissance, dans les pays anglo-saxons, aux célébrations d'Halloween.

LE FEU

EN ALLUMANT de grands brasiers à l'occasion de fêtes religieuses, les Celtes affirmaient la place du feu comme pendant du soleil sur la terre. Comme l'astre solaire, le feu avait le pouvoir d'entretenir ou de détruire la vie. Il était également un élément purificateur, et les Celtes avaient coutume de fertiliser les champs en y répandant les cendres de leurs âtres.

Les principales cérémonies liées au feu avaient lieu lors des fêtes de Samain et de Beltaine. Elles servaient à encourager le soleil dans son cycle annuel et à le persuader de revenir après sa demi-mort saisonnière. De façon peu surprenante, ces rites du feu étaient particulièrement présents en Europe du Nord.

Dans la mythologie celtique, les événements importants se produisent souvent lors de fêtes religieuses. Dans le *Livre des Invasions* (texte irlandais écrit au XIIᵉ siècle – *voir* page 79), la seconde bataille de Magh Tuireadh, entre les Tuatha de Danann et les Fomorii, se déroule le jour de Samain. C'est aussi en ce jour de l'année que le héros Cuchulainn meurt et que Gauvain quitte la cour du roi Arthur pour honorer son rendez-vous avec le Chevalier vert. De même, les récits mythiques associés à la fête de Beltaine ont presque toujours pour thème le monde de l'au-delà.

LES REPRÉSENTATIONS ANIMALES

LES CELTES vénéraient les animaux pour leur force et leur rapidité, et nombre d'animaux sauvages ou domestiques figurent de façon symbolique dans les récits mythiques. Le taureau était un symbole de puissance et de richesse, tandis que le sanglier était associé au tempérament guerrier. Les Celtes païens décoraient leurs armes de figures animalières stylisées dissimulées au sein de motifs complexes. À la période celto-romaine, les animaux étaient représentés seuls, en figurines de bronze ou d'argile, ou avec des divinités telles qu'Épona, déesse des chevaux, ou Nehalennia, associée aux dauphins.

ÉPONA

DÉESSE d'une grande importance pour les Celtes d'Europe continentale, Épona est évoquée par de nombreux écrits et objets d'art celtiques. On la représentait souvent montant un cheval en amazone, accompagnée d'un oiseau, d'un chien et d'un poulain.

Le culte d'Épona fut introduit en Grande-Bretagne par les Romains. Elle était la seule divinité celtique figurant au panthéon de Rome. Associée à la fertilité et à l'agriculture, Épona était aussi très populaire dans la cavalerie romaine. En Grande-Bretagne, son culte fut mêlé à ceux de Macha et de Rhiannon.

▼ *Monolithe portant des inscriptions celtiques.*

LES DIEUX DES CELTES PAÏENS

DANS LEURS DESCRIPTIONS, les anciens Romains réduisaient considérablement la diversité et l'abondance des divinités celtiques afin de les faire entrer dans un système comparable à celui adopté par la Rome antique. C'est dans cet esprit que les dieux celtiques Lugh et Brigid étaient respectivement assimilés à Mercure et à Minerve.

Fort heureusement pour les archéologues, les Celtes, fortement influencés par les conquérants romains, produisirent un grand nombre de statues à l'effigie de leurs dieux. Nombre des divinités celtiques découvertes par le biais de sculptures, bas-reliefs ou figurines échappent aux panthéons classiques, et diverses inscriptions nous ont permis de connaître le nom de beaucoup d'entre elles.

Les Celtes vénéraient de nombreux dieux associés à des thèmes de leur quotidien, tels que guerre, chasse, agriculture ou guérison. À l'image de Lugh, un petit nombre de ces divinités étaient vénérées dans toute l'Europe mais la plupart avaient une dimension locale, voire familiale. En Gaule, le dieu Bormo était associé aux sources et aux puits, tandis qu'en Grande-Bretagne, la déesse Sulis donna son nom à la cité thermale romaine d'Aquae Sulis, aujourd'hui Bath.

CERNUNNOS

DIVINITÉ MAJEURE des Celtes païens, Cernunnos était associé à la nature, aux animaux, à l'agriculture et au monde d'après la mort. Il était représenté sous les traits d'un homme à bois de cervidé, installé dans la posture du lotus, tenant d'une main le torque sacré et de l'autre un serpent à tête de bélier.

Cernunnos est sans doute l'équivalent le plus proche du « dieu suprême » Zeus ou Jupiter. On en retrouve la trace dans les traditions littéraires irlandaise et galloise, tandis que, dans l'iconographie chrétienne, il sert de modèle pour la représentation du Diable.

hors norme, leurs obligations (*gessa*), leurs ambitions, leurs amours, leurs batailles et leur mort.

Ainsi, Cuchulainn possède trois pères, et son *geis* lui interdit de consommer de la viande de chien. De même, Lugh doit prouver sa valeur en remportant une partie d'échecs avant d'entrer à Tara et Gauvain est contraint de se livrer à un rituel de décapitation avec le Chevalier vert. Dans nombre d'histoires d'amour, telles celles de Deirdre et de Grainne, l'héroïne place son élu sous un *geis* afin qu'il se donne à elle.

De telles suites d'événements ont permis l'écriture de récits cycliques liés à un ou plusieurs héros et se poursuivant indéfiniment.

LE CYCLE MYTHOLOGIQUE

PARMI LES ÉCRITS IRLANDAIS figurent nombre de récits en prose, dont le *Livre des Invasions* et l'*Histoire des Lieux*, ouvrages du XIIᵉ siècle. Le *Livre des Invasions* tire ses origines d'une histoire de l'Irlande rassemblée par plusieurs moines érudits au cours des VIᵉ et VIIᵉ siècles. De fait, il s'agit d'un mythe irlandais de la création, narrant une succession d'invasions légendaires depuis le Déluge jusqu'à l'arrivée des Gaëls.

L'invasion la plus importante est celle des Tuatha De Danann – tribus de la déesse Dana –, qui forment la race divine irlandaise. Pour s'établir en Irlande, ils doivent en expulser les Firbolg, puis combattre les démoniaques Fomorii. Leur dieu-druide est Dagda, le « dieu bon » et parmi les autres personnages qu'ils vénèrent figurent le dieu druide Nuada – qui délègue son pouvoir à Lugh après avoir perdu un bras dans la bataille – et les dieux artisans Goibhniu, Luchtar et Credné. Le dieu Lugh n'apparaît pas dans les récits mythiques du *Livre des Invasions*, mais on le rencontre dans d'autres textes en tant que père de Cuchulainn.

La légende veut qu'après la conquête de l'Irlande par les Gaëls, les Tuatha De Danann se soient réfugiés sous terre.

LES HÉROS

LES HÉROS CELTIQUES Cuchulainn et Finn MacCool ont longtemps dominé la littérature irlandaise, tandis qu'en Grande-Bretagne, les légendes arthuriennes ont connu une immense popularité. Parmi les héros de moindre importance, les femmes sont les égales des hommes, notamment dans les domaines de l'amour et de la guerre, ainsi que le montre le mythe de Deirdre. Les vies des héros celtiques se ressemblent, tout comme se ressemblent les récits qui s'en font l'écho. On y évoque leur conception ou leur naissance

▲ *Cernunnos, dieu aux bois de cervidé.*
▶ *Divinité celtique portant un torque.*

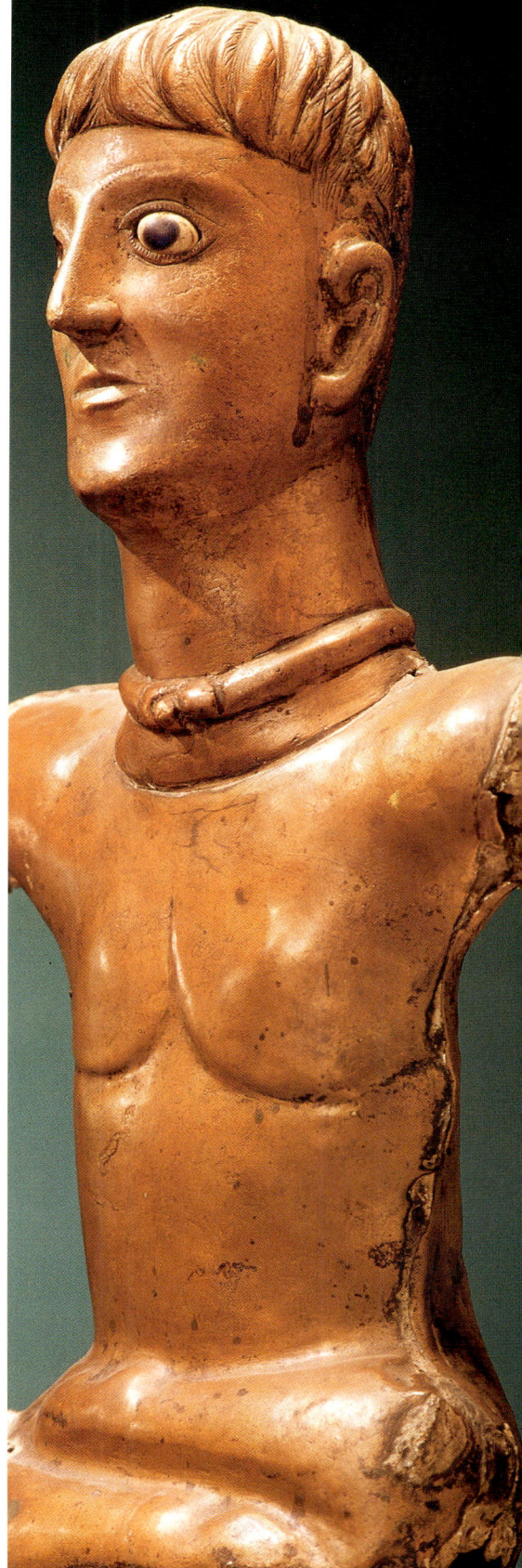

LUGH À TARA

NUADA, CHEF MANCHOT des Tuatha de Danann, préside un grand festin à Tara, lorsqu'un jeune homme se présente aux portes du lieu. Interrogé, le jeune homme déclare être Lugh, fils de Cian des Tuatha de Danann et petit-fils de leur ennemi Balor. Il prétend vouloir offrir son aide à Nuada dans la bataille prochaine entre les Tuatha De Danann et les Fomorii.

Nul ne peut entrer à Tara s'il ne possède un talent particulier, de sorte que les gardes demandent à Lugh ce qu'il peut offrir. Celui-ci répond qu'il est charpentier, mais les gardes répliquent qu'il y a déjà un excellent charpentier à Tara. Lugh prétend alors qu'il excelle dans l'art de la forge, mais les gardes lui expliquent que le forgeron de Tara vient d'inventer trois nouvelles techniques. Lugh insiste, déclarant successivement qu'il est harpiste,

guerrier, poète, historien et magicien. Hélas, aucun de ces talents ne trouve son emploi à Tara.

Dans un dernier effort, Lugh conjure les gardes d'aller trouver Nuada et de lui demander s'il existe à Tara un seul homme possédant tous ces talents à la fois, puis il fait vœu de se retirer si l'on trouve cet homme. Les gardes se rendent auprès du roi et lui décrivent ce jeune homme nommé Lugh, maître de tous les arts et de toutes les techniques, et qui rassemble à lui seul tous les talents des habitants de Tara.

Intrigué, Nuada suggère une épreuve afin de déterminer la véritable valeur de Lugh. Il envoie aux portes de Tara son meilleur joueur d'échecs et lui commande de défier le jeune visiteur. Après avoir remporté la partie sans difficulté, Lugh est conduit auprès du roi, qui lui impose une nouvelle épreuve : il demande à Ogma, son champion, de rouler un énorme rocher en dehors

▲ *Le héros Cuchulainn en compagnie des femmes-cygnes venues lui demander son aide.*
▼ *Lugh réussit la première épreuve en battant aux échecs le meilleur joueur de Tara.*

de la citadelle, puis il défie Lugh de replacer le rocher dans sa position initiale. Lugh s'exécute sans effort apparent et Nuada se trouve si impressionné qu'il lui tend sa couronne. Plus tard, Lugh mène le combat victorieux des Tuatha De Danann contre les Fomorii.

LUMIÈRE ET SAVOIR

LES ANCIENS CELTES étaient convaincus que la nature était régie par des forces divines, et ils considéraient la course du soleil comme le phénomène naturel le plus important. Pour eux, le soleil constituait non seulement une source de vie et de fécondité, mais également une force de guérison pour les malades et un réconfort pour les défunts.

Le dieu Lugh, principale divinité du panthéon celtique, était associé au ciel et au soleil. Maître des arts et des techniques – Jules César le nommait le Mercure gaulois –, il apportait avec lui la lumière et la connaissance depuis le monde de l'au-delà.

Le mythe de Lugh arrivant à Tara engendra deux évolutions importantes dans la mythologie irlandaise : il établit l'idée d'un dieu unique omnipotent et créa un nouvel ordre de divinités capables de suppléer les humains imparfaits et de leur apporter ordre et savoir. Lugh devint roi des Tuatha De Danann, peuple des lumières, chassa les rustres Fomorii et conçut le grand héros Cuchulainn.

L'équivalent gallois de Lugh était Lleu, dieu de lumière à la main habile.

LES FESTINS

LE FESTIN est un thème récurrent de la mythologie celtique et il est souvent l'occasion d'événements déterminants. Ainsi, les récits mettant en scène Briciu et Mac Datho s'articulent souvent autour de festins. Grainne séduit Diarmuid lors d'un festin, tandis que Deirdre naît au cours d'un autre. C'est également lors d'un festin qu'Étain, transformée en papillon, atterrit dans un gobelet d'hydromel. Dans l'histoire de Branwen, un mariage et un traité de paix sont décidés au cours d'un festin, et Fergus Mac Roth, roi des Ulates, devient fou furieux alors qu'il participe à l'une de ces réunions.

LA RENAISSANCE D'ÉTAIN

ÉTAIN, LA PLUS BELLE jeune fille d'Irlande, épouse Midir, dieu du monde de l'au-delà, et le suit jusqu'au palais de Bri Leith. Fuamnach, première épouse de Midir, s'en trouve jalouse et use de magie pour transformer Étain en flaque d'eau, en ver de terre puis en papillon.

Midir est satisfait de la nouvelle apparence de son épouse, de sorte que Fuamnach décide de recourir une nouvelle fois à ses pouvoirs magiques. Cette fois, elle forme une tempête qui projette Étain sur un rivage rocheux où elle demeure étendue durant sept ans. Oengus, fils adoptif de Midir, retrouve

Étain et parvient chaque nuit à lui faire reprendre forme humaine. Ils vivent heureux jusqu'à ce que Fuamnach le découvre et lève une nouvelle tempête. Étain est précipitée dans un gobelet d'hydromel au cours d'un festin et avalée par la femme qui tient le gobelet en main. Étain se fraye un chemin jusqu'à la matrice de son hôte et renaît sous les traits d'une petite fille exactement mille douze ans après sa première incarnation. Cette fois, elle est Étain, fille d'Étar.

Jeune fille, Étain épouse Éochaidh, roi d'Irlande, mais Midir vient à découvrir la renaissance d'Étain et se rend auprès d'Éochaidh pour tenter de la reprendre. Étain refuse de quitter son nouvel époux sans son consentement. Midir défie alors Éochaidh dans une partie d'échecs. Il remporte la partie mais, lorsqu'il se rend au palais d'Éochaidh, il trouve toutes les portes closes. Midir traverse les épaisses murailles et reprend sa

▲ *Ce récipient celtique en bois et en bronze était sans doute utilisé pour préparer et servir le vin.*

forme humaine dans la grande salle. Il s'empare d'Étain, puis les deux époux réunis se transforment en cygnes et s'échappent par une cheminée.

Furieux, Éochaidh marche vers le palais de Bri Leith et en fait le siège durant neuf ans. Après ce laps de temps, Midir se rend et promet de restituer Étain. Il fait apparaître cinquante jeunes femmes, toutes identiques trait pour trait à Étain. Éochaidh examine attentivement les jeunes femmes, choisit l'une d'entre elles et s'en retourne à Tara.

Quelques années plus tard, Midir révèle au roi d'Irlande qu'Étain était enceinte de lui lors de sa fuite, et que la femme qu'il a choisie est sa propre fille. De cette union incestueuse, entre-temps, est né le héros Conaire Mor, de sorte que les malheurs d'Éochaidh ne sont que relatifs.

Elle met en scène deux animaux aux pouvoirs surnaturels dans un récit de bataille mythique. Le combat entre le taureau brun Donn et du taureau à cornes blanches Finnbennach symbolise la lutte longue et stérile entre Ulster et Connacht, les deux plus septentrionales des cinq provinces de l'ancienne Irlande. La longue rivalité entre les deux provinces est suggérée par le fait que les deux taureaux ont déjà tenté de régler leur différend sous diverses apparences.

Écrit à l'origine dans un environnement chrétien, le récit a sans doute subi des altérations mais il conserve en grand intérêt mythologique : le héros guerrier Cuchulainn défend la cause ulstérienne tandis que la déesse-reine Medb gouverne le Connacht, et la destinée des deux royaumes se trouve entre les mains de Morrigane, déesse de la mort et de la destruction.

MORRIGANE

MORRIGANE est la déesse celtique de la guerre. Elle arpente les champs de bataille, remplissant les combattants de furie et se nourrissant des cadavres sous les traits d'une corneille. Elle possède également le don de prophétie.

Dans les légendes irlandaises, Morrigane est une déesse triple qui figure tantôt sous son nom, tantôt sous celui de ses sœurs Badb, Macha et Nemain. En plus de sa soif de mort et de destruction, elle possède un grand magnétisme sexuel. Morrigane a sans doute inspiré le personnage de Morgane dans les légendes arthuriennes.

◄ *Cuchulainn est guidé vers le Pays des Ombres par une roue lumineuse.*
▼ *Medb, reine de Connacht, sur son trône.*

DAGDA

SOUVENT APPELÉ « Dieu bon » ou « Père Puissant », Dagda était le chef spirituel des Tuatha De Danann. Parmi ses attributs figuraient un chaudron inépuisable ayant le pouvoir de rassasier les braves qui y puisaient, et une massue portée sur un chariot servant à tuer les ennemis ou à ressusciter les amis. Dagda avait aussi le pouvoir de commander les éléments afin d'assurer d'abondantes récoltes. Bien qu'à la fois dieu patriarcal, dieu de la guerre et dieu de la fertilité, il est souvent représenté selon un mode satirique.

LE CYCLE D'ULSTER

CE TERME DÉSIGNE une collection de textes épiques irlandais en prose, dont l'essentiel est formé par un ensemble de récits appelé la *Tain Bo Cualnge*. Le manuscrit le plus ancien porte le nom de *Leabhar na h-Uidhri* (*Le Livre de la Vache grise*) et date du XIIe siècle, mais l'histoire elle-même trouve ses origines au VIIe ou au VIIIe siècle.

LE TAUREAU BRUN D'ULSTER

UNE NUIT, la reine du Connacht Medb et son époux Ailill en viennent à comparer leurs possessions. La reine s'aperçoit qu'elles seraient équivalentes s'il n'était fait cas de Finnbennach, superbe taureau à cornes blanches appartenant à Ailill.

Medb parcourt en vain ses terres à la recherche d'une bête équivalente, lorsqu'elle entend parler de Donn, taureau brun de l'Ulster, propriété de Daire mac Fiachniu. Daire songe à prêter son taureau pour un an si on lui fait une offre généreuse mais, après avoir entendu les envoyés de Medb se vanter de pouvoir s'en saisir quand bon leur semblerait, il dissimule Donn dans un endroit secret.

Entendant ces nouvelles, Medb est folle de colère, au point qu'elle pousse son époux Ailill à envahir l'Ulster afin de s'emparer du taureau. Les deux époux rassemblent une imposante armée, dont un contingent du Leinster formé d'hommes si disciplinés que Medb songe à les tuer tous. Malgré tout, le bon sens prévaut et Ailill réussit à convaincre Medb de répartir les hommes du Leinster dans les autres contingents afin qu'ils montrent le bon exemple.

Une âpre bataille s'ensuit entre les forces du Connacht et celles du roi d'Ulster Conchobhar, forçant souvent parents et amis à se battre entre eux. Une grande partie du temps, Cuchulainn est contraint de lutter sans aucune aide contre les armées de Medb, car lui seul a pu échapper à un sort jeté sur les habitants de l'Ulster par la déesse Macha. Medb tente de gagner Cuchulainn par des promesses, mais il reste sourd et tue un grand nombre des soldats de la reine, qui l'attaquent tantôt en combat singulier, tantôt par dizaines. Les combattants de l'Ulster retrouvent bientôt leurs forces, et sous les exhortations de Cuchulainn, ils mettent l'armée de Medb en déroute.

Entre-temps, des soldats de Medb ont trouvé le taureau Donn et l'ont emmené dans le Connacht avec cinquante génisses issues du troupeau de Daire. Lorsque le taureau brun est mis en présence du taureau à cornes blanches d'Ailill, une haine immédiate naît entre les deux animaux. Ils abaissent leurs cornes et se livrent une lutte féroce dans toute l'Irlande.

▲ La reine Medb prend conseil auprès d'un druide pour venir à bout du héros Cuchulainn.

Pour finir, Donn, le taureau brun, est aperçu trottant victorieusement vers l'Ulster, dispersant les entrailles du taureau à cornes blanches à travers la plaine. Épuisé et gravement blessé, il meurt quelques jours plus tard.

LA DÉCAPITATION

LES CELTES pensaient que la tête était le siège de l'âme. Pour célébrer leurs victoires, ils décapitaient leurs adversaires et apportaient les têtes dans des temples pour en faire don aux dieux. La décapitation est souvent présente dans la mythologie celtique, où il n'est pas rare qu'une tête séparée d'un corps soit douée d'une vie propre. Ainsi, dans les *Mabinogion*, Brân Vendigeit (Brân le Béni) demande à ses sept compagnons de lui trancher la tête afin qu'elle les guide vers l'île de Bretagne, tandis que dans un autre récit, la tête d'un serviteur de Finn MacCool s'adresse aux ennemis de Finn alors qu'elle est fichée sur un piquet. Ailleurs, l'énorme tête du héros Conall Cernach sert de récipient pour recueillir un lait capable de guérir les malades de l'Ulster. D'autres exemples de la place de la décapitation dans les mythes celtiques apparaissent dans *Le Festin de Briciu* et dans *Gauvain et le Chevalier vert*, récits du cycle d'Ulster. En plaçant leur tête sur le billot, Cuchulainn et Gauvain montrent qu'ils sont prêts à tous les sacrifices pour prouver leur valeur et leur intégrité.

▼ *Cuchulainn se met en route vers Emain Macha.*

LE FESTIN DE BRICIU

BRICIU, CELUI À LA LANGUE EMPOISONNÉE, construit un superbe palais à Emain Macha et décide d'y inviter tous les hommes de l'Ulster et du Connacht, ses rivaux traditionnels, pour un grand festin. Nul ne souhaite s'y rendre car la réputation de Briciu est bien connue, mais celui-ci profère de telles menaces que les invités n'ont pas d'autre choix.

Selon la tradition, le plus valeureux des guerriers présents aura le privilège de choisir la plus belle pièce de viande au cours du festin. Soucieux de faire naître la discorde, Briciu va trouver les trois principaux prétendants – Laoghaire Buadach, Conall Cernach et Cuchulainn – et persuade chacun d'eux de réclamer ce privilège. Pour ne rien laisser au hasard, il s'en va également trouver les épouses des trois héros et convainc chacune d'elle que seul son mari est digne de la part du champion.

Comme l'a imaginé Briciu, une violente dispute se déclenche, et le sage Sencha mac Ailella suggère qu'elle soit arbitrée par Medb, reine du Connacht. Après un débat mouvementé, la reine accorde la préséance à Cuchulainn, mais, sur le chemin du retour vers Emain Macha, Laoghaire et Conall déclarent que la reine a été achetée et qu'ils refusent d'accepter son verdict.

Les trois héros se rendent alors dans le Munster pour obtenir le jugement du grand guerrier Cu Roi. Celui-ci désigne également Cuchulainn comme le champion digne du privilège, mais les deux autres héros refusent encore une fois d'admettre leur défaite.

Le différend n'est toujours pas résolu lorsqu'un soir, alors que les hommes de l'Ulster sont rassemblés à Emain Macha, un géant apparaît dans la grande salle du palais. Voyant Laoghaire, Conall et Cuchulainn, le géant leur propose un marché : il suggère que chacun d'eux lui coupe la tête et qu'en échange il lui soit permis de couper la tête de son bourreau le soir suivant.

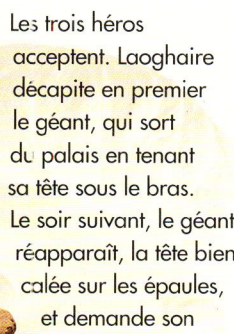

Les trois héros acceptent. Laoghaire décapite en premier le géant, qui sort du palais en tenant sa tête sous le bras. Le soir suivant, le géant réapparaît, la tête bien calée sur les épaules, et demande son dû à Laoghaire. Terrorisé, celui-ci revient sur sa parole et refuse.

La même mésaventure se produit pour Conall, et seul Cuchulainn, lorsque son tour vient, se montre prêt à payer sa dette. Il s'agenouille, pose sa tête sur le billot et attend stoïquement son sort.

Mais le coup de hache ne vient pas, car le géant n'est autre que Cu Roi lui-même : il épargne Cuchulainn et le déclare champion de toute l'Irlande.

GÉANTS ET HÉROS

DANS LA MYTHOLOGIE celtique, le géant est une figure récurrente. L'Irlandais Finn MacCool et le Gallois Brân Vendigeit, héros mythiques, expriment leur grandeur sous les traits de géants. Certains géants jouent un rôle majeur, tel Yspaddaden, dont l'épée est l'un des objets que le héros Culhwch doit quérir pour obtenir la main d'Olwen. D'autres imposent des épreuves, tel Cu Roi dans *Le Festin de Briciu*.

On rencontre aussi des géants simples d'esprit, souvent vaincus par des héros secondaires, et même des géantes, à l'image de Cymidei Cymeinfoll dans le mythe de Branwen.

LE CYCLE OSSIANIQUE

LE PLUS ANCIEN MANUSCRIT connu du cycle ossianique (ou cycle fenian) date du VIIIe siècle, mais certains récits semblent trouver leurs origines au IIIe siècle. La première transcription complète des huit grandes parties dont se compose le cycle ne fut produite qu'au XIIe siècle. Nombre de chercheurs estiment que les longs récits en vers et en prose du cycle ossianique se trouvent vraisemblablement à l'origine des sagas arthuriennes du Moyen Âge.

Le héros surnaturel de ces textes est le chasseur et poète Finn MacCool, sans doute une des dernières figurations de Lugh, dieu d'une époque antérieure. Il est le chef de la troupe des Fianna, guerriers irlandais voués à la défense du roi et choisis pour leur courage et leur discipline.

Le statut divin de Finn MacCool est confirmé par plusieurs chapitres de sa vie. Il est élevé par des druides, puis il épouse une femme transformée en biche par un magicien. Il acquiert le savoir en goûtant au Saumon de la Connaissance et possède le don de prophétie. En outre, Finn MacCool peut user de pouvoirs magiques lorsque le besoin s'en fait sentir.

◄ *La statuaire donne de précieuses indications sur le caractère des héros de la mythologie celtique.*
▼ *Enluminure du XVe siècle représentant le couronnement du roi Arthur.*

LE POISSON MAGIQUE

LE DRUIDE ET POÈTE Finnegas pêche depuis sept ans sur les rives de la rivière Boyne dans l'espoir d'attraper Fintan, le Saumon de la Connaissance. Selon une très ancienne prophétie, quiconque goûtera à ce poisson sera doué d'un savoir sans limites et prendra le nom de Finn MacCool. Un jour, un jeune garçon nommé Demné offre à Finnegas de l'aider dans son entreprise.

Bientôt, à la grande joie de Finnegas, les deux compagnons parviennent à capturer Fintan. Finnegas ordonne à Demné de cuire le saumon mais il lui interdit absolument de goûter à sa chair. Hélas, Finnegas ignore que Demné est le nom d'enfance de Finn MacCool. Durant la cuisson, Demné se brûle le pouce au contact du poisson et suce sa blessure afin d'atténuer sa douleur. Aussitôt la prophétie se réalise : Demné acquiert un savoir sans limite et prend le nom de Finn MacCool.

Lorsqu'il apprend cet épisode, Finnegas s'exclame que Finn MacCool peut bien manger le poisson en entier. C'est ce que fait le héros, qui bientôt se montre capable de prédire l'avenir.

DEIRDRE

AVANT MÊME LA NAISSANCE de Deirdre, le druide Cathbad prédit qu'elle sera une jeune fille extrêmement belle qui causera de grands malheurs en Ulster. Apprenant cette prophétie, le roi Conchobhar décide de modifier le destin de l'héroïne : il assurera son éducation et l'épousera.

Élevée dans la forêt par Leborcham, nourrice de Conchobhar, Deirdre devient une belle jeune fille et se trouve bientôt en âge d'épouser le roi. Un jour pourtant, elle aperçoit sur la neige un corbeau buvant le sang d'un jeune veau que Leborcham vient d'égorger. Elle demande à Leborcham si tous les maris ont une peau grise et fripée comme celle de Conchobhar ou s'il en existe un avec des lèvres rouges comme le sang, une peau blanche comme la neige et une chevelure noire comme les plumes d'un corbeau. Oublieuse de la prophétie, Leborcham indique à Deirdre que Naoise, fils d'Usna, possède toutes ces qualités, et Deirdre décide aussitôt d'en faire la connaissance.

Elle rencontre Naoise et en tombe aussitôt amoureuse. Naoise sait pourtant que Deirdre est promise au roi et refuse d'aller plus avant. Deirdre menace alors de le compromettre : pour défendre son honneur, Naoise fait appel à ses frères Ardan et Ainnle et tous partent pour l'Écosse.

Furieux, Conchobhar les poursuit à la tête de son armée et, devant leur résistance, il leur propose un pacte. Il envoie trois de ses guerriers – Fergus Mac Roth, Dubthach Doeltenga et Cormac Conlanges – afin de permettre aux fugitifs de regagner l'Irlande sous leur protection. Dès qu'ils ont atteint l'Ulster, Conchobhar trahit sa parole et fait assassiner les trois fils d'Usna par Eogan MacDurthacht.

Enragés par cette traîtrise, Fergus et ses fidèles attaquent Conchobhar et tuent près de trois cents de ses hommes avant de se réfugier dans le Connacht, province ennemie de l'Ulster.

Deirdre est inconsolable, mais elle se résout à épouser le roi. Après un an de ce mariage, Conchobhar demande à Deirdre de lui citer les deux personnes qu'elle déteste le plus au monde. Deirdre lui répond qu'il est l'objet premier de sa haine et qu'Eogan MacDurthacht vient en second. Furieux, Conchobhar envoie Deirdre pour passer un an auprès d'Eogan. En route, Deirdre se jette sur le chemin et meurt écrasée.

◀ *Deirdre enlace la tête tranchée de son amant Naoise, tué par le roi Conchobhar.*

LES AMOURS DIVINES

L'AMOUR EST UN THÈME CENTRAL dans nombre de récits mythiques celtiques. Souvent, il s'articule autour de trois personnages : un homme beau et jeune, une jeune fille désirable et un mari ou un prétendant plus âgé et non aimé de la belle. Les mythes de Diarmuid et Grainne, et de Deirdre et Naoise sont de parfaits exemples d'un tel triangle amoureux, et montrent que son issue est souvent tragique. Le conte gallois mettant en scène Pwyll et Rhiannon est comparable aux récits irlandais. Dans ce conte, Gwawl, prétendant

▲ *Le jeune Finn MacCool, en compagnie de la princesse Tasha.*

éconduit de la belle Rhiannon, jette un sort sur Dyfed, dont tous les habitants disparaissent à l'exception des deux héros.

La mythologie irlandaise contient également l'idée d'une souveraineté sacrée dans laquelle l'union du roi avec la déesse de l'amour et de la fertilité assure la prospérité de tous. Souvent, la déesse apparaît sous les traits d'une sorcière et se transforme en jeune fille d'une incroyable beauté dès lors que le roi accomplit son devoir.

Perçus comme des symboles d'harmonie, de richesse et de bonne santé, amours et mariages divins sont souvent figurés sur les vestiges archéologiques liés aux religions celtiques païennes.

DIARMUID ET GRAINNE

FINN MACCOOL, chef des Fianna, décide de se marier une dernière fois. Il choisit comme épouse Grainne, fille de Cormac Mac Airt, souverain du royaume de Tara. Grainne ne peut se résoudre à aimer un homme si âgé et, au cours du festin de noces, elle tombe amoureuse d'un jeune guerrier nommé Diarmuid. Elle use d'un puissant somnifère pour endormir tous les invités à l'exception de Diarmuid, puis supplie celui-ci de l'emmener.

D'abord loyal à son chef, Diarmuid accepte de suivre Grainne lorsque celle-ci met en cause sa virilité. Les deux héros subtilisent des chevaux dans l'écurie puis quittent le palais alors que tous les invités sont encore endormis. Au réveil, découvrant la disparition de sa promise et de l'un de ses plus valeureux guerriers, Finn MacCool est pris d'une terrible colère. Il ordonne aux Fianna de traquer les fuyards sans leur laisser de répit.

Diarmuid et Grainne continuent leur fuite éperdue, avec chiens et guerriers à leurs trousses. La poursuite est si terrible que les deux héros n'ont de temps ni pour dormir ni pour manger. Ils parviennent finalement à trouver le repos avec l'aide d'Aengus, père adoptif de Diarmuid, qui leur prête son manteau d'invisibilité. Durant seize années, ils parcourent les terres irlandaises, dormant à la belle étoile, et mangeant ce qu'ils peuvent cueillir ou chasser en chemin.

Plus tard, Aengus et le père de Grainne s'unissent pour demander le pardon de Finn MacCool. Celui-ci accepte de mettre fin à la poursuite si Diarmuid promet de ne pas s'afficher avec la belle Grainne. Un grand festin de réconciliation est donné au palais de Tara, et les terres de Diarmuid lui sont retournées.

Durant plusieurs années, Diarmuid et Grainne vivent heureux, mais Finn n'a pas renoncé à sa promesse. Un jour, il s'arrange pour que Diarmuid parte chasser le sanglier de Benn Bulben, car, selon une prophétie, Diarmuid doit trouver la mort au cours d'une confrontation avec ce terrible animal.

Ainsi que prédit, Diarmuid se trouve gravement blessé par le sanglier et sa seule chance de survie réside dans les pouvoirs magiques de Finn MacCool. Le chef des Fianna a le pouvoir de guérir les maux de ses guerriers en leur faisant boire de l'eau contenue dans ses deux mains réunies en coupelle. Deux fois, l'eau tombe de ses mains alors qu'il s'en revient de la source. La troisième fois, il réussit enfin mais il est trop tard, car Diarmuid a succombé à ses blessures.

▼ *Un corbeau apparaît à Cuchulainn.*

LES ANIMAUX

DIVERS ANIMAUX sauvages ou domestiques sont présents dans les récits mythiques celtiques : Oisin est transporté dans le monde de l'au-delà par un superbe coursier blanc ; l'Ulster et le Connacht, provinces ennemies, sont figurés par des taureaux furieux ; la belle Étain est transformée en papillon ; Finn MacCool obtient son savoir en goûtant la chair d'un saumon ; Deirdre se morfond lorsqu'elle aperçoit un corbeau buvant le sang d'un veau égorgé ; saint Patrick apparaît sous les traits d'un cerf ou d'un daim.

Ces représentations révèlent la place importante tenue par les animaux dans la vie quotidienne des anciens Celtes.

Le cheval, vénéré pour sa beauté, sa rapidité, sa bravoure et sa vigueur sexuelle, était un symbole de puissance pour une élite de guerriers aristocratiques. Ovins et bovins procuraient aux Celtes viande, produits laitiers, cuir, os et corne, couvrant ainsi l'essentiel de leurs besoins. Le bœuf était utilisé pour le trait, et le taureau signifiait la puissance et la richesse de son propriétaire.

La chasse constituait la principale activité de loisirs et, dans l'esprit des guerriers, il existait un lien spirituel entre chasseurs et chassés. C'est pourquoi le sanglier, dont la viande figurait dans tous les festins, était traité avec un grand respect.

▼ *Saint Patrick convertit Oisin au christianisme.*

OISIN AU PAYS DE LA JEUNESSE ÉTERNELLE

OISIN, FILS de Finn MacCool, chasse un jour en compagnie de son père et de guerriers du clan des Fianna lorsqu'il aperçoit une jeune fille merveilleusement belle sur un cheval blanc. Elle déclare s'appeler Niam aux cheveux d'or et être venue pour conduire Oisin à Tir na nOg, Pays de la jeunesse éternelle.

Niam explique aux guerriers qu'elle aime Oisin depuis qu'elle l'a surpris chassant en compagnie de Finn MacCool plusieurs années auparavant, alors qu'elle parcourait l'Irlande à cheval avec son père. Pendant sept années, elle a observé Oisin en secret, jusqu'à ce que son père consente finalement à ce qu'elle lui déclare sa flamme.

Niam ensorcelle Oisin afin que l'amour qu'elle lui porte devienne réciproque, puis tous deux s'échappent sur le cheval blanc de l'héroïne, traversant lacs et rivières pour atteindre le Tir na nOg, où ils se marient et vivent heureux durant trois cents ans.

Plus tard, Oisin se languit de sa terre, de son père et de ses amis. Niam s'efforce de dissuader son époux de retourner en Irlande, mais elle ne peut rien contre la volonté d'Oisin. Elle lui confie son cheval blanc et le conjure de ne jamais en descendre, car son voyage serait alors à jamais interrompu.

Revenu sur ses terres d'Irlande, Oisin va de surprise en surprise. La campagne n'est plus aussi belle, son père et ses guerriers sont morts depuis longtemps, et les habitants du pays pratiquent une religion nouvelle. Pris d'une grande tristesse, il tourne bride et se met en route pour rejoindre Niam. En chemin, il rencontre plusieurs paysans affairés à hisser une lourde pierre sur un chariot. Les hommes lui demandent

des thèmes propres à la chevalerie issus d'une influence continentale plus tardive.

Les quatre récits du Mabinogi, qui s'articulent tous autour du héros Pryderi, narrent les histoires de Pwyll, de Branwen, de Manawydan et de Math. Les autres récits composent *Les Quatre Livres Anciens du Pays de Galles* et *Les Trois Romans*. Le huitième récit, *Le Livre de Taliesin*, ne figurait pas dans les transcriptions les plus anciennes.

Dans *Les Quatre Livres Anciens* figure le conte de *Culhwch et Olwen*, présenté comme le premier récit gallois de caractère arthurien, mais composé avec des figures de style et un vocabulaire datant du XIe siècle. Dans ce récit, Arthur est présenté comme un personnage tenant à la fois du chef celtique et de l'homme de cour.

LES FAMILLES

LES TRIBUS CELTIQUES étaient gouvernées par un roi à la tête d'une assemblée populaire. Hiérarchisées, ces communautés se composaient de nobles, de guerriers, de fermiers et d'une élite intellectuelle dans laquelle figurent druides, bardes et artisans reconnus. Les liens de sang étaient importants, et les Celtes vivaient au sein de familles pouvant compter plusieurs centaines de parents proches ou éloignés. On comprend donc que les héros Culhwch et Peredur se montrent incapables de reconnaître un cousin ou une tante lors de leurs périples.

Les quatre récits du Mabinogi mettent en scène deux grandes familles divines fondées par Don et par Llyr. Don, déesse-mère liée à la Gaélique Ana, est l'épouse du dieu Beli Mawr. Leurs descendants sont les enfants de la lumière ou du ciel, comparables aux Tuatha de Danann de la mythologie irlandaise.

À l'inverse, les descendants de la déesse Llyr (la Gaélique Lir) sont vus comme les représentants d'une époque antérieure moins éclairée. En cela, ils sont à rapprocher des Fomorii. Brân Vendigeit et Branwen sont des enfants de Llyr.

Les deux familles sont décrites comme étant en perpétuel conflit, mais elles sont également unies par des mariages.

son aide et Oisin accepte mais, lorsqu'il tente d'arrêter sa monture, ses rênes se brisent et il tombe à terre. Aussitôt le cheval blanc disparaît et Oisin se transforme en un vieillard aveugle et proche de la mort.

Il est transporté auprès de saint Patrick, qui parcourt les chemins pour prêcher la nouvelle religion. Le saint l'accueille dans sa nouvelle confession et, avant de mourir, Oisin, le guerrier poète, parvient à lui conter quelques-unes de ses aventures du temps où les Fianna régnaient sur ces terres.

LES MYTHES GALLOIS

LES *MABINOGION*, formés des quatre branches (récits) du Mabinogi et de huit autres contes, forment l'œuvre la plus importante de la littérature médiévale galloise.

Les plus anciens manuscrits connus des *Mabinogion* sont *Le Livre blanc de Rhydderch* et *Le Livre rouge d'Hergest*, qui datent du XIVe siècle. Leur origine est sans doute beaucoup plus ancienne, car ils contiennent de nombreux éléments typiques de la culture celtique, dont héros divins, animaux enchantés et festins. À ces traits ont été ajoutés, lors de l'écriture des textes,

◄ *Le chaudron de Gundestrup, magnifique vestige archéologique datant du II siècle.*

BRANWEN, FILLE DE LLYR

AFIN D'ASSURER LA PAIX entre Galles et Irlande, Branwen, sœur de Brân Vendigeit, est promise au roi d'Irlande Matholwch. Efnisien, autre frère de Branwen, refuse cette union et, lors de la noce célébrée à Harlech, il insulte le roi et cause de telles blessures à ses chevaux qu'ils doivent être abattus.

Brân Vendigeit apaise la colère de ses hôtes par de somptueux cadeaux, dont un chaudron magique capable de ressusciter les guerriers morts au combat.

Une fois la noce conclue, Branwen accompagne le roi Matholwch en Irlande où ils vivent heureux durant quelque temps. Mais bientôt la rancune du roi ressurgit, attisée par ses conseillers, et Branwen en ressent les conséquences. Elle est reléguée aux cuisines où elle subit les sarcasmes quotidiens des servantes. Matholwch fait en sorte que Brân ne découvre pas cette situation, mais Branwen dresse un merle pour qu'il porte un message à son frère qui, furieux, décide d'envahir l'Irlande.

Sous les traits d'un géant portant sur son dos joueurs de harpe et de luth, Brân traverse à pied la mer d'Irlande pour ouvrir le chemin à sa flotte. Voyant cela, les Irlandais battent en retraite au-delà de la rivière Shannon et en détruisent les ponts. Le géant se rit de cette défense : il s'allonge entre les deux rives pour permettre à ses guerriers de traverser le cours d'eau.

Afin d'apaiser Brân, Matholwch offre d'abdiquer en faveur du fils que Branwen lui a donné mais, lors de la cérémonie, Efnisien, qui se sent floué, jette l'enfant dans l'âtre. Les combats reprennent et les Irlandais, grâce au chaudron magique, prennent facilement l'avantage. Efnisien détruit alors le chaudron magique au prix de sa vie et les Gallois, réduits à sept, remportent la bataille.

Gravement blessé, Brân ordonne à ces hommes de lui trancher la tête, de la porter jusqu'à Londres et de l'enfouir tournée vers l'est sur la Colline blanche afin de décourager les envahisseurs. En chemin, les sept hommes séjournent à Harlech durant sept années, visitent l'au-delà sur l'île de Gwales et passent huit autres années à Pembroke. Durant tout ce temps, la tête de Brân demeure vivante et divertit les sept compagnons.

Elle est finalement enfouie selon les instructions du géant. Quant à Branwen, elle meurt le cœur brisé, convaincue que, par sa faute, Galles et Irlande sont des pays à jamais ruinés.

▼ *Détail du chaudron de Gundestrup.*

LES CHAUDRONS MAGIQUES

NOMBRE DE RÉCITS mythiques irlandais et gallois font appel à un chaudron magique. Celui du dieu-druide Dagda nourrit les braves sans jamais se vider, celui du héros Brân ressuscite les morts, d'autres contiennent une mixture apportant la sagesse. Le plus convoité de tous est le Graal de la tradition celtique, rempli d'un breuvage d'immortalité.

La plupart des chaudrons celtiques de l'époque païenne sont en bronze, cuivre ou argent richement décoré. Le plus extraordinaire est sans doute le chaudron de Gundestrup, daté du IIᵉ siècle, qui porte une représentation du dieu Cernunnos tenant un torque et un serpent.

L'AU-DELÀ

AVANT D'ADOPTER la religion chrétienne, les Celtes possédaient déjà l'idée d'un enfer et d'un paradis tenant lieu de punition ou de récompense pour leur vie terrestre. Ils étaient convaincus d'une renaissance dans un au-delà après leur mort, à tel point qu'ils convenaient souvent d'y régler leurs dettes.

L'au-delà des mythes celtiques était un monde invisible peuplé de divinités, d'esprits, de fées et de géants. Ce pouvait être un paradis qui attirait les rêveurs tels que Oisin, ou un purgatoire. Après leur mort, les Tuatha De Danann étaient censés habiter de confortables chambres souterraines, tandis que les Fomorii, moins favorisés, devaient s'accommoder de profondeurs humides situées sous les lacs et les océans.

Dans la mythologie celtique, la limite entre les mondes visible et invisible était souvent floue. Les magiciens habitaient l'un et l'autre, et le monde invisible était fréquemment visité par des héros tels que Finn MacCool et Cuchulainn. Le héros gallois Pwyll pénètre par mégarde dans le monde de l'au-delà alors qu'il chasse, provoquant la colère d'Arawn, maître des lieux. Pour racheter son offense, il doit prendre la place d'Arawn durant une année entière et affronter Havgan en combat singulier.

▲ *Le bateau de Broighter, modèle réduit en or daté du Iᵉ siècle, était probablement une offrande votive au roi des océans Manannan Mac Lir.*

LE SEIGNEUR DE L'AU-DELÀ

ALORS QU'IL CHASSE, le héros gallois Pwyll, prince de Dyfed, pénètre un jour sur les terres d'Arawn, seigneur de l'au-delà. Celui-ci s'en trouve offensé et impose au héros un marché pour racheter sa faute.

Le royaume d'Arawn se trouvant sous la menace d'un seigneur voisin du nom d'Havgan, Arawn demande à Pwyll de prendre son apparence et de séjourner en son royaume durant un an. À la fin de cette période, il devra tuer Havgan.

Pwyll est prêt à accepter ce marché, mais il s'inquiète du devenir de ses terres durant son absence. Prévoyant, Arawn lui répond qu'il prendra l'apparence de Pwyll et veillera sur ses biens. Pwyll accepte, et les deux protagonistes échangent leurs apparences. Avant de se mettre en route pour Dyfed, Arawn avertit Pwyll que, si Havgan est frappé une seconde fois après un premier coup mortel, il ressuscitera.

Pwyll se conduit de façon honorable, se refusant à partager la couche de l'épouse d'Arawn bien que celle-ci ignore sa véritable identité. À la fin de l'année, il tue Havgan d'un seul coup d'épée et retourne à Dyfed. Après avoir raconté son aventure à ses gens, ceux-ci le nomment seigneur de l'au-delà.

LES VOYAGES

LE TERME « IMRAMM » s'applique à un ensemble de récits irlandais anciens dans lesquels les héros explorent un au-delà souvent figuré par un archipel aux paysages stupéfiants. Le plus connu de ces récits est *Le Voyage de Brân, fils de Fébal*. Dans sa quête de l'au-delà, Brân recherche la Terre des femmes, où froid et faim n'existent pas. Après diverses aventures, il revient en Irlande et découvre que plusieurs siècles se sont écoulés depuis son départ. Ses parents et amis sont morts depuis longtemps, et le récit de son voyage est accueilli comme une histoire ancienne. Maíle Dúin et saint Brendan sont d'autres voyageurs célèbres de la mythologie celtique.

◀ *Image religieuse figurant saint Patrick.*

On retrouve dans la plupart des mythes liés aux saints la dévotion celtique envers les animaux, et certains de ces récits font intervenir la métamorphose : saint Patrick se transforme en daim afin d'échapper à ses ennemis, saint Ciaran de Clonmacnoise dresse un renard à porter une copie de ses psaumes, et une loutre rapporte à saint Kevin de Glendalough le bréviaire qu'il a fait tomber par mégarde dans un lac.

LE DAIM

SAINT PATRICK et son psalmiste Benen se rendent à Tara afin de convaincre le roi Laoghaire et les membres de sa cour de se convertir au christianisme. Le voyage s'effectue le jour de Pâques et, alors qu'ils approchent de la citadelle, Patrick décide de célébrer cette fête par un grand brasier.

Ce même soir, Laoghaire s'apprête lui aussi à faire donner un grand brasier pour la fête de Beltaine, qui marque la renaissance du printemps, et que ses sujets célèbrent depuis des siècles. À peine son feu prend-il que Laoghaire aperçoit au loin la lueur du brasier de saint Patrick. Contrarié, il consulte ses druides, qui prédisent que le feu de saint Patrick brûlera

LES SAGES ET LES MAGICIENS

LE SAGE le plus célèbre était sans doute Merlin l'Enchanteur, conseiller du roi Arthur. Cathbad, Ameirgein, Mogh Ruith et Taliesin étaient d'autres de ces personnages, qui se trouvaient en relation avec l'au-delà et jouissaient d'un immense respect. Nombre d'entre eux exerçaient la fonction de druide et il leur était interdit de consigner les secrets de leurs pouvoirs magiques. Le savoir des druides était transmis de génération en génération par le biais de textes en vers à mémoriser. De ce fait, il pouvait s'écouler vingt ans avant qu'un novice parvienne à retenir lois, récits, traditions et formules magiques, qui étaient ensevelis avec lui.

LES SAINTS CELTIQUES

LE CHRISTIANISME a inclus dans ses traditions certains des thèmes de la mythologie celtique, et a puisé dans les aventures des guerriers et des héros celtiques pour créer certains événements extraordinaires de la vie des saints. Ceux-ci ne pouvaient exceller dans l'art de la guerre, mais ils avaient la capacité de produire des miracles.

Un grand nombre de ces prodiges étaient attribués à saint Patrick durant sa lutte contre les druides, qui avaient beaucoup à perdre dans l'installation de la religion chrétienne. À Tara, saint Patrick était contraint de se débarrasser des druides Lochru et Lucetmail par des moyens miraculeux afin de convaincre le roi Laoghaire et les membres de sa cour de se convertir au christianisme.

▼ *Enluminure du XVᵉ siècle représentant le roi Arthur et ses chevaliers.*

▲ *Chevaliers autour de la Table Ronde,*
au centre de laquelle trône le Saint-Graal.

éternellement et qu'il éclipsera celui
de leur roi. Ce présage enrage encore
plus Laoghaire : il décide de tout faire
pour empêcher qu'il se réalise.

Le roi quitte la citadelle
et s'en va défier saint Patrick à la tête
de son armée. Alors qu'il approche,
il voit saint Patrick lever les bras au ciel
en un geste de prière, puis il se forme
un épais brouillard qui obscurcit sa
vue. Lorsque le brouillard se lève enfin,
Patrick et son compagnon ont disparu,
mais Laoghaire aperçoit un daim
et un faon se dirigeant vers Tara.

⊞ LES ENLUMINURES

LE CHRISTIANISME a contribué à
préserver l'héritage celtique en incluant
des légendes à la vie des saints. Ainsi,
les exploits de saint Patrick rappellent
ceux du héros celtique Cuchulainn.
L'imagerie symbolique celtique, formée
d'animaux et de plantes, se reflète aussi
à travers des personnage tels que
sainte Colombe. Restituée dans le style
hautement décoratif développé par
les Celtes païens, cette imagerie a donné
naissance aux superbes manuscrits
enluminés produits par les moines
chrétiens des VIIᵉ et VIIIᵉ siècles, dont
le *Livre de Durrow*, l'*Évangéliaire
de Lindisfarne* et le *Livre de Kells*.

Ⓐ ARTHUR

PRÉSENT DANS l'ensemble des
mythologies celtiques, mais surtout dans
les récits gallois et irlandais, le personnage
du roi Arthur a sans doute été inspiré
par un seigneur britannique du Vᵉ siècle
rendu célèbre par sa résistance devant les
Saxons. Dès le Moyen Âge cependant,
Arthur et ses chevaliers sont fermement
ancrés dans la mythologie, au même titre
que Finn MacCool et les Fianna.

Les premières références au roi
Arthur se rencontrent dans les vers du
poète et barde gallois Aneirin (VIᵉ siècle),
dans les écrits du moine britannique
Gildas (VIᵉ siècle) et dans ceux de
l'historien celtique Nennius (VIIIᵉ siècle).

LES ROMANS ARTHURIENS

L'ORIGINE DES ROMANS arthuriens demeure aujourd'hui obscure. Le conte de *Culhwch et Olwen*, récit arthurien écrit en langue celtique, est l'un des plus anciens, tandis que *Les Trésors de l'Annwn*, poème gallois écrit au Xe siècle, annonce la trame de la quête du Graal. Les récits arthuriens devinrent rapidement populaires dans la littérature irlandaise en raison des analogies existant avec les aventures de Finn MacCool et des Fianna.

Le mythe populaire du roi Arthur trouve ses racines dans les textes du chroniqueur gallois Geoffroy de Monmouth. Son *Histoire des Rois de la Grande Bretagne*, écrite au XIIe siècle, inspira le poète normand Wace, auteur d'une version plus romancée dans laquelle apparaît la Table Ronde. À la fin du XIIe siècle, l'épopée fut reprise par le poète français Chrétien de Troyes, qui amena le concept d'amour courtois et la première version de la légende du Graal.

Dans une variante postérieure, le poète anglais Layamon réintroduisit certains éléments de la tradition celtique. Au XIVe siècle fut écrit *Gauvain et le Chevalier vert*, récit arthurien le plus célèbre et, plus tard, au XVe siècle l'écrivain anglais Thomas Malory donna à la saga sa dernière forme dans l'ouvrage *La Mort d'Arthur*.

LES TRANSFORMATIONS

LES PERSONNAGES de la mythologie celtique possèdent souvent le don de transformer à loisir objets et créatures. Morrigane, déesse irlandaise de la guerre, prend la forme d'une corneille buvant le sang des guerriers morts ; Arawn, seigneur de l'au-delà, échange son apparence avec celle du héros Pwyll ; Sadb, mère d'Oisin, apparaît la plupart du temps sous les traits d'une biche.

Merlin peut modifier son apparence et celle des autres comme bon lui semble. En le faisant apparaître sous les traits de Gorlois duc de Cornouailles, il permet à Uther, père d'Arthur, de s'unir à Igraine, épouse du duc.

L'EAU

LES ANCIENS CELTES percevaient l'eau comme un élément à la fois salvateur et destructeur, et cette opposition apparaît dans les différents récits narrant les aventures de Merlin.

Dans *La Mort d'Arthur*, de Thomas Malory, Merlin est séduit par la rusée Nimue, fille de Dylan, dieu des océans. Nimue parvient à convaincre Merlin de lui livrer les secrets de ses pouvoirs magiques, et, lorsqu'elle en sait suffisamment, elle use de son nouveau savoir pour emprisonner Merlin dans une grotte.

Dans la version bretonne, l'association de Viviane avec l'eau est signifiée par la fontaine auprès de laquelle elle rencontre Merlin, dans la forêt de Brocéliande. Viviane et Merlin tombent amoureux l'un de l'autre, et le magicien aide Viviane à se retirer du monde terrestre. Le récit se termine sur une note positive, alors que les deux amoureux vivent des jours heureux.

▲ *Sanglier en bronze probablement utilisé comme offrande votive. Le sanglier est souvent figuré dans l'art celtique.*

Nimue et Viviane incarnent le même personnage et leurs caractères opposés reflètent les deux facettes de l'eau telles que représentées dans les différentes traditions narratives. La deuxième version répond mieux à l'humeur romantique de cette époque.

CULHWCH ET OLWEN

JEUNE HOMME, Culhwch provoque la colère de sa belle-mère, qui fait serment qu'aucune femme ne le touchera tant qu'il n'aura pas gagné la main d'Olwen, fille à la beauté merveilleuse du géant Yspaddaden.

Culhwch rejoint la cour de son cousin le roi Arthur afin d'obtenir de l'aide. Il y fait la connaissance de personnages extraordinaires

nuc tout estour mernelouse
ne ne vie plus pilouse
len tirent Bedner & sur kes
leur gels barons en art le res
els seneschals gels hoteleurs

◄ *Ce poème du XIVᵉ siècle, écrit en français, décrit le combat entre Arthur et l'empereur romain Lucius.*

Livrant une terrible bataille, Arthur et ses hommes poursuivent les animaux jusqu'au pays de Galles, puis jusqu'à la rivière Severn, et alors que le sanglier lutte contre le courant, deux des poursuivants parviennent à se saisir du peigne et du rasoir tant convoités.

Muni de ceux-ci et de tous les autres objets demandés par Yspaddaden, Culhwch s'en retourne au château du géant. Il fait d'Olwen son épouse, et la barbe du géant est enfin rasée. Plus tard, Goreu, dernier fils du berger, tranche la tête d'Yspaddaden et fiche celle-ci sur un piquet.

LA FILLE DU GÉANT

DU FAIT DE SES RACINES CELTIQUES, le conte de *Culhwch et Olwen*, inclus dans les *Mabinogion*, est l'un des textes les plus importants de la légende arthurienne. Il a sans doute été écrit au cours du XIᵉ siècle, mais certaines analogies

▼ *Jason et Médée à la conquête de la Toison d'Or.*

et parvient à les convaincre de l'accompagner jusqu'au château d'Yspaddaden. En chemin, la troupe rencontre le berger du géant, dont l'épouse est une tante de Culhwch. Lorsqu'elle entend la requête de son neveu, l'épouse hésite car vingt-trois de ses vingt-quatre enfants sont déjà morts par la faute du géant, mais elle accepte finalement d'organiser une rencontre entre Culhwch et Olwen.

Olwen se révèle encore plus belle que ne l'avait imaginé Culhwch, qui lui voue aussitôt un amour éternel. L'attirance est réciproque, mais Olwen ne peut se résoudre à quitter son père sans le consentement de celui-ci car il est écrit qu'il trouvera la mort le jour

du mariage de sa fille. Olwen ordonne à Culhwch d'aller trouver son père et de lui demander ce qu'il souhaite obtenir en échange de la main de sa fille.

Culhwch et ses compagnons poursuivent leur route jusqu'au château et, durant trois jours, ils y attendent la réponse du géant. Finalement celle-ci vient : le géant impose à Culhwch trente-neuf tâches, et l'une d'entre elles consiste à rapporter le peigne et le rasoir situés entre les oreilles de Twrch Trwyth, fils du roi Taredd transformé en sanglier. Aidé d'Arthur lui-même, Culhwch parvient à débusquer Twrch Trwyth et ses sept marcassins sur les terres irlandaises d'Esgeir Oervel.

avec d'autres textes irlandais indiquent une origine beaucoup plus ancienne.

L'aspect le plus intéressant pour les chercheurs, plus que l'histoire elle-même, est le nombre des personnages arthuriens décrits dans le texte. Culhwch en mentionne à lui seul plus de deux cents et dresse l'inventaire complet de la cour du roi Arthur. Les thèmes traités par le conte sont repris dans des récits postérieurs, augmentés d'éléments d'origines médiévale et continentale.

Le surnaturel n'est pas absent du texte : les liens de Culhwch avec la gente porcine sont évoqués dans la lutte finale qui l'oppose à Twrch Trwyth, prince transformé en sanglier. En outre, Culhwch est décrit comme un héros à caractère divin, doté d'un grand rayonnement.

Le récit évoque une suite d'épreuves comparable aux travaux d'Héraclès de la tradition grecque antique, et l'intrigue principale, comparable à celle du récit mythique classique *Jason et Médée*, appartient à une tradition folklorique bien établie.

LES RÉCITS BRETONS

À L'EXCEPTION des lais, on ne connaît pas de littérature bretonne antérieure au milieu du XVe siècle. Il n'existe rien de comparable, en Bretagne, aux manuscrits irlandais et gallois.

Au XIIe siècle, Marie de France popularisa le lai breton, poème narratif construit sur des thèmes celtiques et arthuriens, mais il fallut attendre le XIXe siècle pour voir apparaître les premiers récits folkloriques bretons.

Malgré tout, nombre de chercheurs estiment qu'il existait une tradition arthurienne en Bretagne, notamment à cause du nombre important de réfugiés gallois et irlandais arrivés dans cette région au Ve siècle. Certains pensent que ce sont leurs descendants, et non les écrits gallois, qui fournirent la matière des œuvres de Chrétien de Troyes au XIIe siècle. De nombreux passages des récits arthuriens se situent en Bretagne ; Geoffroy de Monmouth déclara que son œuvre lui avait été inspirée par un ouvrage breton, et Marie de France prétendait que ces récits trouvaient leurs origines dans des sources bretonnes depuis disparues.

L'histoire de Lanval, tirée d'un lai breton, montre que pour Marie de France, l'amour était une association inévitable de joie et de souffrance.

LANVAL

JALOUSÉ POUR SA BRAVOURE et sa prestance, Lanval est peu populaire à la cour. Un jour, le chevalier est invité à la demeure d'une femme très belle. Celle-ci explique qu'elle est venue de loin afin de juger si Lanval est aussi beau et courtois qu'on le prétend. Après une étreinte passionnée, elle ordonne à Lanval de ne parler d'elle à personne et lui promet que, s'il tient parole, elle assurera sa prospérité et apparaîtra dès lors qu'il en exprimera le souhait.

◀ *Enluminure représentant le roi Arthur et ses chevaliers.*

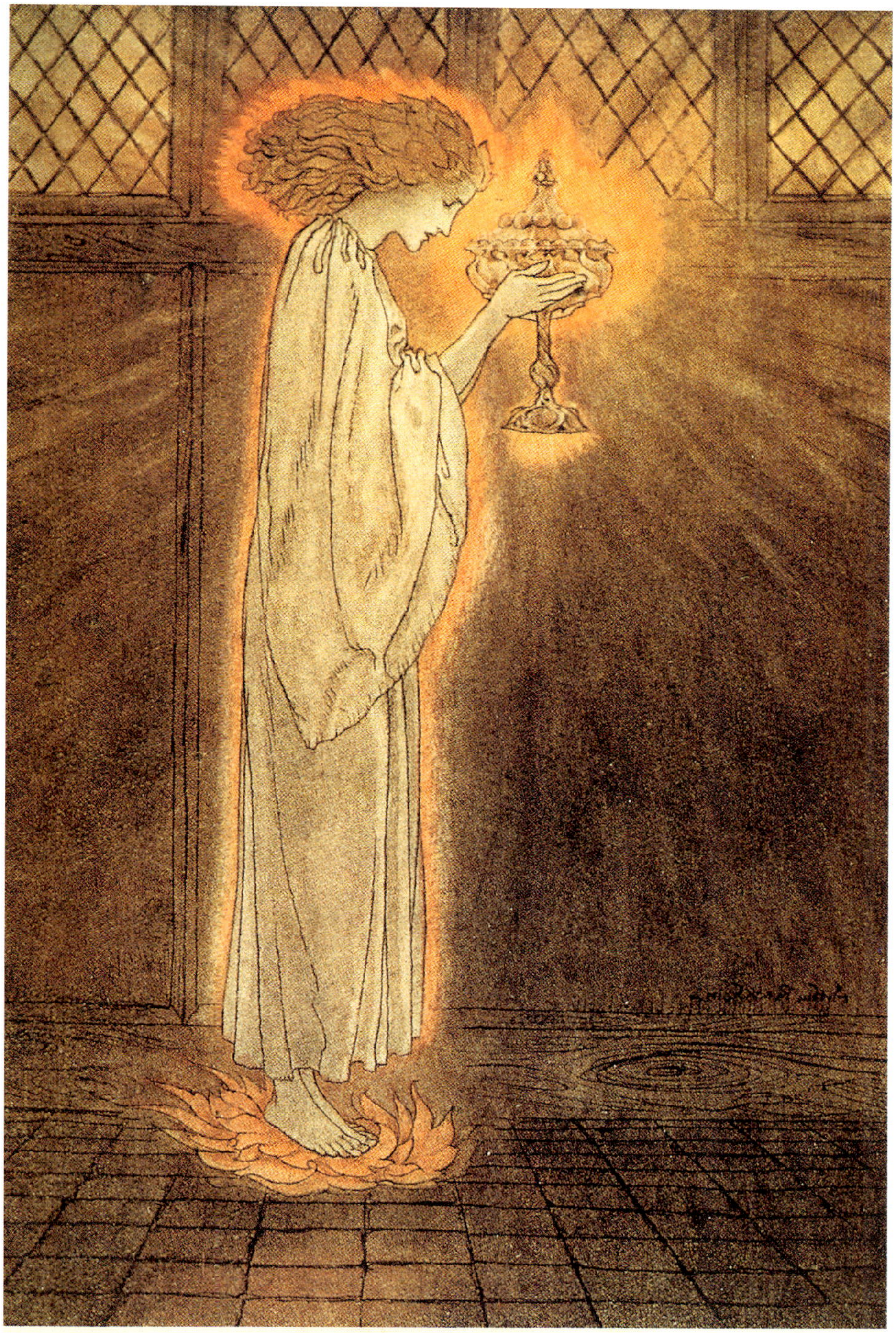

◀ *Une jeune vierge porte le Saint-Graal pour le présenter à l'un des chevaliers d'Arthur.*

Lanval accepte ce marché et retourne à la cour du roi Arthur où il se montre généreux de ses nouvelles richesses. Sa réputation va croissante et bientôt la reine Guenièvre tente de le séduire. Le chevalier repousse ses avances, arguant qu'il est promis à une autre femme. Furieuse, Guenièvre demande à Arthur que Lanval soit puni pour l'avoir insultée.

Devant ses juges, Lanval est sommé de prouver ses dires, et aussitôt la belle inconnue apparaît sur un superbe cheval blanc. Les juges conviennent que Lanval a dit la vérité et ordonnent son acquittement. Lanval enfourche à son tour le beau cheval blanc, qui conduit les deux amoureux jusqu'à l'île d'Avalon.

LES QUÊTES HÉROÏQUES

LA PLUS CÉLÈBRE est la poursuite du Saint-Graal par les chevaliers de la Table Ronde, mais il en existe beaucoup d'autres, en particulier dans les récits arthuriens. Pour gagner la main d'Olwen, Culhwch doit apporter trente-neuf objets au géant Yspaddaden. Owain, inspiré par Cynon, se met à la recherche du Château de la fontaine, et Peredur connaît d'incroyables aventures alors qu'il tente de venger les insultes faites à un nain par Cai. Quel que soit le but à atteindre, c'est toujours la quête en elle-même qui constitue l'intérêt du récit.

LE SAINT-GRAAL

DANS LE MYTHE ARTHURIEN, le Saint-Graal était un vase sacré recherché par les chevaliers de la Table Ronde.

Les premières allusions au Graal figurent dans les récits de Chrétien de Troyes. Dans l'un d'eux, Perceval échoue dans sa quête de l'objet sacré par manque de perspicacité, et d'autres mettent en scène divers chevaliers animés de la même volonté, dont Lancelot, guère plus chanceux que Perceval. Seul Galaad, fils de Lancelot, se montre digne du Graal. Dans d'autres versions, le Graal est trouvé par Galaad, Perceval et Bors.

Les légendes du Graal trouvent leurs origines dans les premiers récits mythiques celtiques. Le poème gallois *Les Trésors de l'Annwn* décrit un voyage que le roi Arthur fait en Irlande afin d'y quérir un chaudron magique, tandis qu'un autre chaudron figure au nombre des objets que Culhwch doit réunir dans le conte *Culhwch et Olwen.* L'histoire de Peredur, dans les *Mabinogion*, est souvent décrite comme une légende graalique dépourvue de Graal. Peredur est l'équivalent gallois de Perceval, de même que Gwalchmai, qui apparaît également dans le récit, est celui de Gauvain.

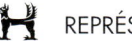

◄ *Oisin et Niam arrivent au Pays de la Jeunesse Éternelle.*

d'avoir vengé un autre outrage : il a vu Cai, irascible compagnon du roi, battre sévèrement deux nains, et il ne peut se résoudre à accepter cet honneur avant d'avoir demandé raison au chevalier.

Dans cette attente, Peredur bat la campagne. Il rencontre un ennemi d'Arthur, le défie, sort vainqueur du combat et offre de lui laisser la vie sauve s'il va demander pardon au roi pour ses offenses. Après quelque temps, Arthur souhaite remercier ce jeune homme d'une si grande bravoure et part à sa recherche.

Le périple de Peredur le mène auprès de deux de ses oncles. Le premier, pêcheur infirme, l'enjoint de ne jamais poser de questions sur les choses qu'il ne comprend pas. À la cour du second, il remarque une tête humaine posée sur un plateau richement décoré, mais réprime sa curiosité. Après cela, il tombe amoureux d'une jeune fille aux beaux cheveux noirs, puis passe quelque temps avec les sorcières de Caer Loyw, qui lui enseignent le maniement des armes.

Arthur rejoint finalement Peredur, occupé à rêver de sa belle au sommet d'une colline, et envoie plusieurs de ses chevaliers, dont Cai, afin de permettre une rencontre. Interrompu dans ses rêveries, Peredur passe sa colère sur les émissaires et les renvoie penauds auprès d'Arthur. Gwalchmai se montre plus courtois et parvient à amadouer Peredur. Lorsqu'il apprend que Cai se trouvait au nombre des hommes qu'il a rossés, Peredur accepte de rejoindre les chevaliers.

Peredur séjourne à la cour lorsqu'il apprend que la tête coupée remarquée dans la demeure de son oncle est celle d'un cousin assassiné par les sorcières de Caer Loyw. Il décide alors de se rendre au Château des Merveilles en compagnie des autres chevaliers d'Arthur, puis il exerce une terrible vengeance sur les sorcières.

PEREDUR, FILS D'EFRAWG

APRÈS LA MORT DE SON PÈRE et de six de ses frères à la bataille, le jeune Peredur est emmené par sa mère en un lieu où il ne sera pas tenté de prendre les armes. Un jour cependant, Peredur aperçoit au loin trois chevaliers sur de superbes montures, et il en est si impressionné qu'il décide de les suivre à la cour du roi Arthur.

Dès son arrivée, sa mise et sa naïveté provoquent les rires, mais il gagne le respect en tuant en combat singulier un chevalier coupable d'avoir insulté la reine Guenièvre. Il refuse cependant d'être fait chevalier du roi Arthur avant

LA MAGIE ET LES SORTILÈGES

LA MAGIE JOUE UN RÔLE déterminant dans la trame des récits mythiques celtiques. Étain et Midir s'enfuient du palais d'Éochaidh en prenant la forme de cygnes, tandis que Diarmuid et Grainne échappent aux guerriers de Finn MacCool grâce au manteau d'invisibilité d'Aengus. La magie permet également de déguiser son identité, à l'image de Cu Roi et de Bartilek apparaissant sous les traits de géants lors de rituels de décapitation. Héros et créatures mythiques sont dotés de pouvoirs magiques qui affirment leur grandeur. Finn MacCool est capable de prédire l'avenir, tandis que Balor, dieu borgne, possède un œil magique qui rend son regard mortel.

Les sortilèges sont plutôt utilisés dans un contexte amoureux : un philtre d'amour provoque le malheur de Tristan et Iseult ; Diarmuid est ensorcelé par Grainne, et Naoise par Deirdre. Bois, sources et lacs sont des lieux souvent enchantés qui permettent d'accéder au monde de l'au-delà. Merlin tombe sous le charme de Viviane dans la forêt de Brocéliande, et Arthur reçoit son épée magique depuis les profondeurs d'un lac.

LES TRIADES

LE CHIFFRE TROIS était sacré chez les Celtes. Le savoir était transmis par des tercets, et les formes tricéphales étaient courantes dans l'iconographie.

Les déesses-mères vont souvent par trois, tandis que Morrigane est souvent figurée par ses trois terribles sœurs. Parfois, un trio représente trois aspects d'un même personnage : Naoise, amant de Deirdre, a deux frères qui ne se distinguent de lui que par le timbre de leur voix.

Nombre de récits celtiques s'articulent autour de triangles amoureux incluant deux rivaux. Souvent, l'un est jeune et beau, à l'image de Tristan, et l'autre est un tuteur ou un époux âgé et possessif.

◀ *Représentation du XIIIᵉ siècle de Tristan et Iseult.*

TRISTAN ET ISEULT

TRISTAN VIT AVEC SON ONCLE, le roi Marc de Cornouailles, lorsque celui-ci cesse de payer son tribut en argent au roi d'Irlande. Un guerrier irlandais envoyé pour sa collecte est tué par Tristan, qui reçoit un mauvais coup durant le combat. Un remède est trouvé en Irlande, où Tristan est aussitôt envoyé sous une fausse identité. Sur les terres irlandaises, il est soigné et guéri par Iseult la Blonde, fille du roi d'Irlande.

Un mariage est arrangé entre Marc et Iseult afin de restaurer la paix, et le roi de Cornouailles envoie Tristan la quérir. Sur le chemin du retour, Tristan et Iseult goûtent à un philtre magique préparé par la mère d'Iseult et tombent éperdument amoureux l'un de l'autre.

Durant la nuit de noces, afin de dissimuler qu'elle n'est plus vierge, Iseult obtient de l'une de ses servantes qu'elle prenne sa place dans la couche du roi. Après les noces, Tristan et Iseult continuent à se rencontrer en cachette pour donner libre cours à leur passion.

Des rumeurs arrivent bientôt aux oreilles du roi Marc, qui se montre soupçonneux et manque plusieurs fois de surprendre les amants. Finalement, Iseult accepte de jurer solennellement qu'elle n'a pas commis l'adultère. Tristan assiste à la cérémonie, déguisé en mendiant. Prétendant trébucher, Iseult tombe dans ses bras, puis elle déclare qu'elle n'a jamais connu d'autre étreinte que celle de son époux et de ce pauvre homme.

Voyant son amour condamné, Tristan part pour la Bretagne, où il épouse la fille du roi Hoël. Mais son amour pour Iseult est tel qu'il ne peut se résoudre à consommer le mariage, provoquant colère et jalousie de son épouse.

Un jour, Tristan est à nouveau gravement blessé. Convaincu que seule Iseult a le pouvoir de le guérir, il envoie un navire afin de la ramener vers lui. Peu sûr de la décision d'Iseult, Tristan ordonne au capitaine de hisser des voiles blanches si Iseult se trouve à bord et des voiles noires si elle a refusé sa requête.

Le jour dit, Tristan demande à son épouse de surveiller le retour du navire. Lorsqu'elle l'aperçoit, elle ment et décrit un bateau à voiles noires. Brisé de chagrin, Tristan meurt en quelques heures et, lorsque Iseult découvre le corps de son amant, elle succombe à son tour de désespoir.

Le roi Marc enterre les deux amants côte à côte sur ses terres de Cornouailles. Sur la tombe de Tristan pousse une vigne, sur celle d'Iseult un superbe rosier et, au fil des ans, les deux plantes s'entremêlent étroitement.

▲ *Cette représentation bicéphale symbolisait sans doute les ennemis vaincus.*

LES TÊTES SACRÉES

Nombre de personnages des récits mythiques celtiques ont la tête tranchée ou sont contraints de participer à un rituel de décapitation. Les anciens Celtes étaient des chasseurs de tête qui conservaient leurs trophées pour les offrir aux dieux, convaincus qu'une tête renfermait l'essence de l'individu. À l'inverse des représentations d'individus en pied, les figurations céphaliques sont courantes dans l'art celtique, bien que parfois difficiles à discerner parmi les détails ornementaux. L'usage de bijoux ornés d'un visage est à rapprocher de l'idée que la tête est habitée de pouvoirs protecteurs.

GAUVAIN ET LE CHEVALIER VERT

À la cour du roi Arthur, lors de la veillée du Nouvel An, le festin est interrompu par l'apparition du Chevalier vert, qui défie tout homme présent dans l'assemblée de lui trancher la tête. En retour, explique-t-il, il coupera lui-même la tête de son bourreau un an après exactement.

Gauvain, neveu d'Arthur, accepte le défi et fait tomber d'un seul coup d'épée la tête du chevalier. Chacun est alors stupéfait de voir le Chevalier vert ramasser sa tête et s'en aller. Avant de passer la porte, la tête s'adresse à Gauvain et le prie de se trouver douze mois plus tard à la Chapelle verte.

Dix mois plus tard, Gauvain se met en quête de la Chapelle verte. Le jour de Noël, alors que l'heure approche, il trouve sur sa route le château du seigneur Bertilak, qui l'invite à passer quelques jours en sa compagnie. Bertilak suggère à Gauvain de prendre du bon temps et ordonne à son épouse de le divertir. Lui-même souhaite passer quelques moments à la chasse, et il propose que, chaque soir, Gauvain et lui-même échangent ce qu'ils ont obtenu durant la journée.

Les deux jours suivants, Bertilak quitte le château de bon matin avec ses chiens tandis que son épouse se rend dans la chambre de Gauvain. Gauvain ne veut accepter d'elle que des baisers, qu'il troque chaque soir contre le butin de la chasse. Le troisième jour cependant, la belle épouse fait don à Gauvain d'une pièce d'étoffe, et Gauvain se garde d'en faire part au seigneur.

Au jour dit, un guide conduit Gauvain vers la Chapelle verte. L'homme tente de dissuader Gauvain d'entrer dans l'édifice mais celui-ci n'a cure de ces avertissements. Dans la chapelle, le Chevalier vert attend, sa hache déjà levée. Gauvain retire son heaume et s'agenouille devant son bourreau, qui lui assène trois coups légers, dont un seul fait couler quelques gouttes de sang.

À la grande stupéfaction de Gauvain, le chevalier explique qu'il n'est autre que Bertilak lui-même, transformé par la sorcière Morrigane afin de tester la bravoure des chevaliers du roi Arthur. Les deux premiers coups de hache valent pour les deux soirs où Gauvain a remis à Bertilak les présents reçus dans la journée ; le troisième a puni Gauvain d'avoir gardé pour lui la pièce d'étoffe donnée par la belle épouse.

Dès lors, Gauvain fait serment de porter toujours sur lui la pièce d'étoffe afin de garder en mémoire ce moment de faiblesse.

◄ *Dans un autre mythe celtique, le Chevalier vert est vaincu par Beaumains.*

Europe centrale et de l'Est

INTRODUCTION

À L'EXCEPTION des Roumains, des Hongrois et des Albanais, les peuples du Centre et de l'Est de l'Europe sont majoritairement de la famille slave dont l'identité ethnique fut établie il y a quelque 1 500 ans. À cette époque, au Vᵉ siècle de notre ère, les Slaves entamèrent une migration à travers l'est de l'Europe, jusqu'à la mer Baltique au nord, jusqu'à l'Adriatique au sud, de la Bohême au centre, vers l'est, accomplissant un demi-tour en direction de l'océan Pacifique.

Ceux qui partirent vers le nord, les Polonais, les Biélorusses et les Russes arrivèrent dans des plaines marécageuses parcourues de larges fleuves et couvertes de neige jusqu'à six mois par an.

Ceux qui s'installèrent au centre, Tchèques, Slovaques et Ukrainiens, se trouvèrent dans la steppe, paysage d'herbes hautes quasiment dépourvu d'arbres.

LES TRIBUS qui traversèrent les Balkans – les Yougoslaves (Slaves du Sud : Serbes, Croates, Slovènes et Macédoniens) et les Bulgares – trouvèrent un climat plus accueillant autour de l'Adriatique, la mer Égée et la mer Noire, entourées de montagnes aux sommets enneigés.

Les robustes tribus russes partirent vers l'est en se frayant un chemin à la hache et en brûlant la forêt, arrosée de marécages et de lacs, et nourrissant une faune riche. Selon l'historien Vassily Kloutchevsky (1841-1911) on ne saurait comprendre la culture slave sans connaître la forêt, les fleuves et la steppe : « La forêt donnait au Slave le chêne et le pin pour construire sa maison, elle le chauffait avec le tremble et le bouleau, elle éclairait sa demeure avec les brindilles de bouleau, elle le chaussait de sabots, lui fournissait plats et assiettes, le revêtait de peaux et de fourrures et le nourrissait de miel. Elle était son plus sûr refuge contre les ennemis. »

Mais la vie dans les bois était rude et dangereuse : les loups et les ours attaquaient les hommes et leurs bêtes. C'était un monde inquiétant aux sons étranges et aux ombres menaçantes. La forêt enseignait la prudence et stimulait l'imagination.

La steppe laissa une empreinte différente sur l'âme slave. Son étendue infinie faisait rêver d'horizons lointains. Elle était pourtant plus menaçante que la forêt car il était impossible de se soustraire à la vue des nomades ou des Mongols (Tartares) redoutés.

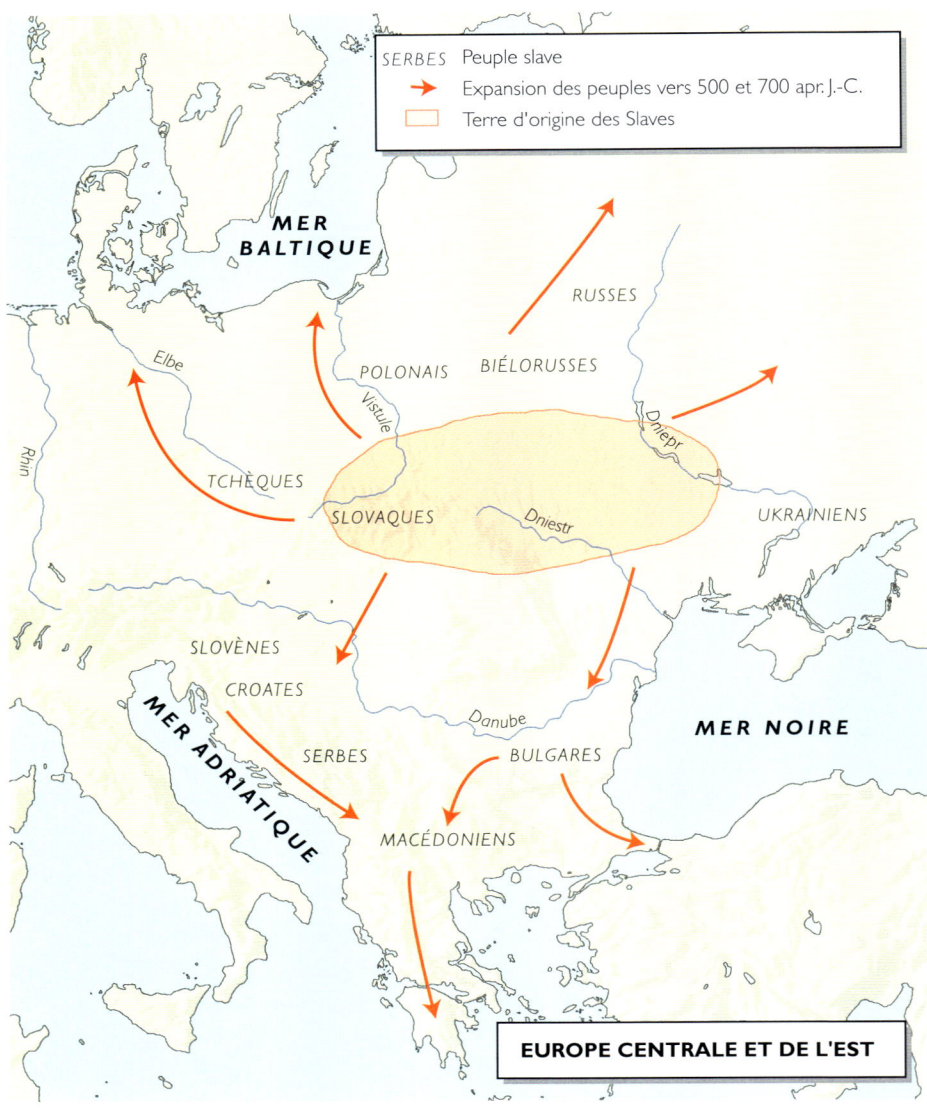

SERBES — Peuple slave
→ Expansion des peuples vers 500 et 700 apr. J.-C.
☐ Terre d'origine des Slaves

MER BALTIQUE

RUSSES

POLONAIS
BIÉLORUSSES

Elbe
Vistule
Rhin
Dniepr

TCHÈQUES

SLOVAQUES
Dniestr
UKRAINIENS

SLOVÈNES
CROATES

Danube

MER NOIRE

MER ADRIATIQUE

SERBES
BULGARES

MACÉDONIENS

EUROPE CENTRALE ET DE L'EST

MYTHES CONNUS   PERSONNAGES

◀ *La kibitka, tente des premiers émigrants russes.*
▶ *Le dieu créateur à tête de poisson est
un personnage clé du Centre et de l'Est de l'Europe.*

Si la forêt et la steppe suscitaient des
sentiments contradictoires, étant à la fois amies
et ennemies, il n'en allait pas de même pour
le fleuve, comme l'explique Kloutchevsky :
« Il aimait son fleuve. Rien d'autre dans
le paysage n'est chanté avec tant d'amour
dans le folklore. Et ce n'est que justice. Dans
son errance, le fleuve lui montrait le chemin,
dans ses haltes, il était son compagnon fidèle.
L'homme construisait sa maison sur ses berges.
Le fleuve le nourrissait la plus grande partie
de l'année. Il était pour les marchands la
meilleure route, été comme hiver. Il enseignait
au Slave l'ordre et la vie en société, il faisait
des hommes des frères, leur faisait prendre
conscience de leur appartenance au groupe,
leur enseignait à respecter les coutumes
des autres, à échanger des biens ou leur
expérience, à inventer et à s'adapter. »

Fleuves et lacs recelaient aussi leurs
mystères. Dans un monde peuplé de démons,
les premiers Slaves croyaient que l'esprit
du fleuve murmurait s'il était satisfait
et rugissait s'il était en colère. Le mouvement
perpétuel de l'eau suggérait naturellement
la vie. Les fleuves et les lacs se virent donc
attribuer un esprit masculin et une nymphe.
Les enfants de Mère nature sont ainsi
à la base de la culture slave et donnent
son caractère propre à cette mythologie.

LES COUTUMES RELIGIEUSES, LES CULTES ET LES INFLUENCES

C'EST ESSENTIELLEMENT aux conteurs, qui
cultivèrent leur art et transmirent les histoires
de génération en génération, qu'il faut
attribuer la qualité artistique des mythes.
Bardes ou ménestrels, bouffons ou colporteurs
aveugles étaient accueillis dans les villages
isolés, en particulier pour les longues soirées
d'hiver. Avant que la vie moderne ne gagne
les régions les plus éloignées du pays,
l'évocation des mythes constituait encore
une distraction fort appréciée pour rompre
la monotonie et animer les veillées.

À noter que cette activité n'était pas
réservée au peuple ; elle était aussi prisée par
les nobles. Dans les demeures aisées, il était
important de posséder un bon conteur,
même pour le tsar en personne. On dit que
le premier tsar russe, Ivan le Terrible, était
un fervent admirateur des mythes slaves
et entretenait à sa cour trois aveugles qui
se relayaient à son chevet pour l'endormir
en lui racontant des histoires. Les mythes
que les nourrices serves contaient aux enfants
nobles fournirent les thèmes d'innombrables
chefs-d'œuvre de la musique russe (*Sadko,
Snegourotchka* et *Le Coq d'or* de Rimski-
Korsakov, *L'Oiseau de feu* et *Le Sacre du
Printemps* de Stravinski, *Roussalka* de Dvorak).

Mais les conteurs ne furent pas toujours
les bienvenus. Le tsar Alexeï Mikhailovitch,
père de Pierre le Grand, les réunit tous
et leur fit couper la langue. Dans le célèbre
édit impérial de 1649, il était proclamé :

« Beaucoup de gens croient bêtement
aux rêves, au mauvais œil et au chant
des oiseaux ; ils inventent des énigmes et des
mythes ; par leurs paroles inutiles, leurs jeux
et leurs blasphèmes, ils détruisent leur âme. »

LE VODYANOÏ

FLEUVES, lacs et mers avaient une grande
importance. Le mouvement de l'onde
évoquant la vie, chaque étendue d'eau
avait son esprit, le vodyanoï. Il était
vieux, laid, couvert de vase et portait
une barbe verte. Il contrôlait la « vie »
de l'eau : elle débordait, s'il était ivre ;
il guidait les poissons dans les filets
s'il était content et provoquait
des tempêtes, coulait des navires
et noyait des marins s'il était en colère.

SNEGOUROTCHKA

Snegourotchka, Jeune fille de neige, est la fille de Belle Source et Vieux Gel à nez rouge. Jusqu'à ses seize ans, elle grandit dans le royaume glacial de son père pour éviter que le regard de Yarilo, le dieu-soleil, ne se pose sur elle et la fasse fondre.

À la fin d'un hiver, ses parents se rencontrent et se disputent à propos de son avenir. Sa mère veut qu'elle soit libre mais son père a peur du soleil. Finalement, ils décident de la confier à un couple âgé. Ainsi un matin, un vieillard et sa femme marchent dans la forêt enneigée et l'homme a envie de faire une « jeune fille » de neige (en russe, on ne dit pas « bonhomme » de neige). À sa grande surprise, les lèvres de la jeune fille rougissent, ses yeux s'ouvrent et elle sort de la neige : c'est une vraie jeune fille.

Elle grandit, non pas de jour en jour, mais d'heure en heure. Bientôt le soleil printanier réchauffe la terre et des touffes d'herbe verte commencent à apparaître. Snegourotchka se cache du soleil, cherche la fraîcheur de l'ombre et offre ses bras tout blancs à la pluie.

Un jour, l'été venant, des jeunes filles du village l'invitent à jouer avec elles. Elle se joint à elles avec réticence pour cueillir des fleurs, chanter et danser avec les garçons du village. Elle se tient en retrait jusqu'à ce que Lel, un berger, lui joue de la flûte puis la prenne par la main et l'entraîne dans la danse. À partir de ce jour-là, il vient régulièrement la voir. Mais, bien qu'il l'aime tendrement, il ne sent pas de réciprocité dans son cœur froid. Il la quitte alors pour une villageoise. De chagrin, Snegourotchka s'élance vers un lac au milieu de la forêt et supplie sa mère, Lo, de lui donner un cœur d'humain. Aimer, même pour un court instant, est plus précieux que la vie éternelle avec un cœur de glace.

La prenant en pitié, sa mère lui place une couronne de lys sur la tête et lui conseille de protéger son amour du regard ardent de Yarilo.

Courant à travers les arbres, Snegourotchka va trouver Lel et déclare son amour. Pendant qu'elle parle, le soleil monte dans un ciel sans nuage, dispersant les brumes de l'aube et faisant fondre les dernières neiges. Un rayon de soleil tombe sur elle et, dans un cri de douleur, elle prie Lel de jouer un dernier air de flûte. Il s'exécute tandis que le corps de la jeune fille s'enfonce dans le sol, ne laissant qu'une couronne de lys. Une vie passe, une autre arrive. Le soleil éveille la terre glacée d'un baiser et donne naissance aux fleurs et aux plantes. Mais Lel attend que les neiges hivernales lui ramènent sa bien-aimée.

◄ *Plaque en papier mâché,* palekh, *montrant Snegourotchka regardant les villageois danser et jouer.*

LA TRANSCRIPTION DES MYTHES

À la différence des Sumériens, des Égyptiens et des Grecs de l'Antiquité, les Slaves ne laissèrent pas de traces écrites de leurs mythes. Ce n'est qu'après la christianisation, à la fin du Xe siècle, que l'écriture et la littérature apparurent.

Le premier recueil important de mythes et légendes slaves fut compilé par Alexandre Afanassiev (1826-1871) dont l'œuvre imposante parut en huit volumes entre 1855 et 1867. Elle rassemble pas moins de 640 mythes, légendes et contes populaires, ce qui en fait de loin la plus grande collection jamais réunie par un seul homme. Afanassiev reprit la plupart des histoires dans des documents préexistants mais ce modeste homme de loi de la région de Voronej devint l'une des figures les plus influentes de la culture nationale russe.

L'intérêt d'Afanassiev pour la beauté intrinsèque de la langue paysanne, à une époque où l'aristocratie imitait les modes étrangères et conversait en français, l'amena à admirer la musicalité des mythes, leur poésie, leur sincérité, leur pureté et leur simplicité enfantine. Toutefois, son travail suscita l'opposition de certains milieux.

La seconde édition fut d'abord confisquée puis brûlée, et Afanassiev fut appelé à s'expliquer devant une commission d'enquête spéciale à Saint-Petersbourg. Il fut disgracié, congédié et privé de sa maison de Moscou. Toutefois, malgré la maladie et la pauvreté, Afanassiev consacra tout son temps libre à une nouvelle œuvre, *Les conceptions poétiques des Slaves sur la nature* (Moscou, 1865).

LES ESPRITS DOMESTIQUES

PARTOUT où ils se tournaient, les Slaves trouvaient des esprits bons, mauvais ou capricieux. Il fallait les traiter avec tact car ils étaient souvent liés aux esprits des ancêtres et la prospérité de la maisonnée dépendait de leur bien-être. Les Slaves avaient des rituels élaborés pour honorer la mémoire des ancêtres défunts : ils laissaient de la nourriture sur leur tombe en différentes périodes de l'année et allaient leur parler au moment de prendre des décisions importantes. Les histoires du plus jeune fils, « l'Idiot » souillon et faible d'esprit, illustraient ce culte des ancêtres : parce qu'il honore son défunt père, il reçoit invariablement une juste récompense (parfois il devient beau et intelligent, et épouse une belle princesse).

LES PALEKH

EXPRESSION de l'art populaire, les *palekh* sont nés dans le village éponyme à quelque 500 km au nord-est de Moscou. Ce sont des miniatures en papier mâché peintes et laquées qu'ornent les coffres à bijoux et les broches. Elles illustrent souvent des thèmes populaires (l'Oiselle de feu, Sadko, la Baba Yaga) ou des images religieuses. On peut en admirer une impressionnante collection dans la cathédrale Kriestodvijensky de Palekh.

La peinture est faite de pigments écrasés et incorporés à une émulsion à base de jaune d'œuf. Le jaune, séparé du blanc, est remis dans la coquille, on ajoute de l'eau et du vinaigre avant de battre le mélange avec un fouet spécial.

◀ *La magnifique cathédrale Kriestodvijensky, peinte par les artistes créateurs de* palekh*, est un trésor renfermant bien d'autres œuvres d'art.*

LA SYMBOLIQUE DES CONTES POPULAIRES SELON AFANASSIEV

ALEXANDRE AFANASSIEV chercha à élucider comment les mythes étaient nés et quel était leur sens caché, pour comprendre le monde des premiers conteurs, ceux qui devaient envisager leur environnement comme un lieu plein de mystères et de puissances extraordinaires qui contrôlaient les éléments de la nature.

Dans l'histoire de Maria Moriévna, trois fiancés oiseaux arrivent aux palais du prince Ivan accompagnés de tonnerre, de bourrasques et d'éclairs. Il y voit des personnifications de la pluie, du tonnerre et du vent. Les trois princesses qui leur sont destinées sont le soleil, la lune et les étoiles. Ainsi, pour expliquer pourquoi le ciel s'obscurcit durant une tempête, les Slaves primitifs imaginèrent, dans le langage poétique du mythe, l'histoire des jeunes filles enlevées.

Maria Moriévna (littéralement Maria « Fille de l'onde ») est en fait le soleil, qui se baigne dans l'eau à l'aube et au crépuscule. L'ogre Kachtchéï Bessmiertni (littéralement, « Vieil homme émacié et immortel »), entravé par des chaînes en fer, représente les nuages

de la tempête figés par le gel hivernal. Il reprend des forces quand il boit de l'eau à satiété au moment de la fonte des neiges. Il peut alors se libérer et s'enfuit en enlevant Maria Moriévna, tel un nuage couvrant le soleil.

▲ *Illustration de l'histoire de Maria Moriévna.*

Le prince Ivan correspondrait à Peroune, dieu slave du tonnerre et des éclairs qui disperse les nuages d'un coup de glaive, sauvant le soleil qu'il fait sortir de l'obscurité en allant le chercher derrière les montagnes.

LES VAMPIRES

LES CRÉATURES MALFAISANTES les plus connues des mythologies du Centre et de l'Est de l'Europe sont les vampires. Après l'implantation du christianisme, l'Église, voulant imposer un conformisme social, reprit ce mythe en l'exploitant pour faire régner la peur, pourchassant ceux qu'elle voulait stigmatiser (hérétiques, païens, sorcières, athées, prostituées, voleurs, etc.). Ces malheureux, souillés, ne trouvaient pas le repos dans la mort mais devenaient vampires. Ils entraient dans les maisons la nuit pour sucer le sang ou violer les victimes endormies qui dépérissaient et mouraient ou se transformaient elles-mêmes en vampires.

◄ *Les vampires servaient à effrayer les hérétiques et les païens, et à menacer tous ceux dont le comportement enfreignait les normes sociales.*

MARIA MORIÉVNA

Chevauchant, le prince Ivan découvre l'armée défaite de Kachtchéï Bessmiertni. Elle a été vaincue en combat singulier par Maria Moriévna, la reine guerrière. Ivan continue son chemin, trouve la reine et tombe amoureux. Ils se marient. Avant de repartir guerroyer, elle lui interdit de rentrer dans une des pièces du palais. À peine s'est-elle éloignée qu'Ivan ouvre la chambre interdite et y découvre un vieil homme enchaîné dans un chaudron de fer sur un brasier rougeoyant. Pris de pitié, le prince lui donne à boire. Kachtchéï Bessmiertni retrouve immédiatement ses forces, brise ses chaînes et emporte Ivan dans son royaume. Quand Maria Moriévna apprend cela, elle part au galop à la recherche de son mari mais se fait tailler en pièces. Alors, les beaux-frères d'Ivan, un faucon, un corbeau et un aigle, arrivent à son secours et aspergent les morceaux du cadavre avec l'Eau de Vie. Le corps retrouve son intégrité et Maria reprend vie.

Cette fois, avant d'aller secourir son mari, elle se met en devoir d'obtenir le seul coursier capable d'aller plus vite que l'étalon de Kachtchéï Bessmiertni. Il appartient à la Baba Yaga, la sorcière qui réside dans un au-delà fort lointain au bout de la terre. Pour y parvenir, Maria Moriévna doit traverser une rivière de feu. De trois ondulations d'une écharpe magique volée à Kachtchéï Bessmiertni, Maria Moriévna traverse la rivière de feu et parvient à la hutte de la Baba Yaga. Elle lui dit qu'elle est venue pour gagner l'un de ses coursiers. La sorcière lui donne trois jours pour rassembler les chevaux dans une prairie, et elle pourra y choisir un des plus beaux. Mais si elle échoue, sa tête prendra place sur le dernier pieu de la clôture de crânes. Maria Moriévna parvient à conduire les chevaux et s'entend dire par la reine des abeilles d'aller aux écuries et de seller une haridelle galeuse qui se vautre dans la

▲ *Illustration de la fuite du prince Ivan et de Maria Moriévna.*

boue. Tel est le cheval capable de faire le tour du monde en un jour. Elle s'exécute, retraverse la rivière de feu sur l'écharpe magique tandis que la Baba Yaga tombe dans le brasier et meurt brûlée. Maria Moriévna retrouve le prince Ivan et tous deux s'enfuient sur la carne devenue un fier coursier, poursuivis par Kachtchéï Bessmiertni. Le cheval de l'ogre trébuche, précipitant son cavalier à terre où il se brise le crâne. Maria l'achève de sa propre épée, brûle le corps et disperse les cendres au vent. Elle rejoint alors son royaume avec le prince pour y donner une fête à laquelle le monde entier est convié.

KACHTCHÉÏ L'IMMORTEL

L'ogre Kachtchéï Bessmiertni est un personnage slave à part entière. Ce sorcier, vieillard malfaisant, a pour spécialité d'enlever les belles vierges. Emprisonné et enchaîné, souvent par une courageuse vierge guerrière (comme Maria Moriévna), il est retenu dans une chambre interdite (thématique qui rappelle l'histoire de Barbe-Bleue). Son nom Kachtchéï semble dériver de l'ancien slavon ou du turc et signifierait « os » ou « prisonnier ». Les guerres opposant les Slaves aux tribus nomades turques, parmi lesquelles les Polovtsiens et les Tartares ont laissé de nombreux noms et personnages au folklore slave.

LES DRAGONS ET LES SORCIÈRES

AFANASSIEV LIT dans les mythes l'histoire des forces de la nature. Les héros sont le soleil, le ciel, la lumière, le tonnerre et l'eau, les méchants sont les dieux de l'obscurité, l'hiver, le froid, la tempête, les montagnes et les grottes.

Dans l'histoire de Vassilissa la Belle, la sorcière, la Baba Yaga, symbolise le sombre nuage de tempête voulant détruire la lumière, la jeune Vassilissa. À la fin du conte, cette dernière s'échappe et provoque la mort de ses deux méchantes demi-sœurs et de sa marâtre. Afanassiev y voit le soleil se libérant du pouvoir des nuages noirs.

Les histoires de dragon mettent aussi en scène le soleil (le héros ou plus souvent l'héroïne) harcelé par des nuages de tempête porteurs de neige et de grêle. Mais elles finissent toujours bien : le soleil détruit et disperse les nuages avec des éclairs (son épée) et le dragon est vaincu.

Dans les contes slaves, c'est le prince qui est éveillé par le baiser de la jeune vierge après qu'elle a surmonté de terribles obstacles. Pour Afanassiev, il faut y déceler une allégorie de la nature éveillée par le printemps, la terre embrassée par le soleil et ainsi ressuscitée.

Afanassiev s'intéresse aux mythes eux-mêmes et n'attache aucune importance

aux informations concernant les conteurs grâce à qui on connaît les histoires. Pour lui, la manière dont l'histoire est racontée ne compte pas puisque les mythes, comme les langues, sont le produit d'une œuvre collective réalisée au cours des siècles.

VASSILISSA ET LA BABA YAGA

UN VIEIL HOMME et sa femme vivent avec leur fille Vassilissa. Un jour, la vieille femme tombe malade et, avant de mourir, donne à sa fille une petite poupée en lui disant que quand elle aura besoin d'aide, elle devra la nourrir et lui demander conseil. À la mort de sa femme, le vieil homme épouse une veuve qui a deux filles. Toutes trois sont jalouses de Vassilissa. Un jour que le vieil homme est au marché, à la tombée de la nuit, sa belle-mère envoie Vassilissa chez la Baba Yaga chercher des éclats de bouleau pour éclairer leur hutte. La Baba Yaga est une sorcière qui vit au fond d'une forêt obscure. Vassilissa met la poupée dans sa poche et part. Elle arrive à une cabane en bois posée sur des pattes de poules et entourée d'une clôture de pieux surmontés de crânes. Les portails sont faits d'os de jambes humaines et la serrure, de dents. La Baba Yaga surgit alors de la forêt, volant dans son mortier qu'elle dirige à l'aide d'un pilon, tout en effaçant ses traces avec son balai.

Vassilissa lui explique ce qu'elle veut et la sorcière lui dit qu'elle doit travailler pour mériter sa récompense. Commence une série de travaux bien évidemment irréalisables : décortiquer le grain, trier des graines de pois et de pavot. Pourtant, en deux nuits, avec l'aide de la poupée, Vassilissa s'acquitte de ces tâches.

Vassilissa a maintenant compris que la sorcière n'a nullement l'intention de la laisser partir. Aussi, pendant son sommeil, Vassilissa s'enfuit-elle, prenant sur la clôture un crâne aux yeux luisants. Dans sa course à travers la forêt,

▲ *La Baba Yaga dans une illustration du conte de Vassilissa la Belle.*
◄ *Une belle princesse retenue captive par un dragon, qui dort la tête sur ses genoux.*

elle est doublée par trois cavaliers, l'un en blanc, représentant la lumière du jour, un autre en rouge représentant le soleil levant et le dernier en noir représentant la nuit profonde. Ils la guident sur son chemin.

Quand elle rentre chez elle, sa belle-mère et ses sœurs lui arrachent le crâne des mains. Ses yeux brillants se posent sur elles et les réduisent en cendres. Seule Vassilissa est indemne. Le lendemain matin, elle enterre le crâne profondément et un rosier aux fleurs rouge sombre pousse au-dessus. Vassilissa vit désormais dans la paix et le confort avec son père, conservant toujours la petite poupée dans sa poche, au cas où elle aurait encore besoin d'elle.

LES REPRÉSENTATIONS DANS L'ART

SI NOUS CONNAISSONS les noms de quelques anciens dieux païens slaves, on ignore presque tout de leur apparence ou de leur culte. L'église orthodoxe étouffa l'essentiel de l'héritage folklorique et des mythes païens, autant dans la musique que dans littérature et l'art. Dans les isbas, les sculptures en bois continuèrent à représenter les anciens dieux comme la déesse de la fécondité Makos, et la Baba Yaga. Les figures anthropomorphiques s'apparentant à des totems à l'effigie d'animaux étaient très populaires et moins dangereuses, ainsi de Mikhail Potapitch l'ours, Kozma la chèvre, Lisa Patrikeyevna la renarde (sage-femme, herboriste, commère et sage), et Petya le coq.

LA BABA YAGA

LA SORCIÈRE SLAVE est une vieille harpie assise sur un banc de bois ou un poêle en pierre, une jambe repliée sous elle et l'autre pendante. Son nez crochu atteint le plafond. Elle vit dans une isba posée sur des pattes de poule, tournant sur elle-même et pouvant n'avoir ni porte ni fenêtre. La Baba Yaga se déplace dans les airs dans un mortier de fer, se propulsant avec un pilon, ce qui provoque de terribles tempêtes. Elle laisse dans son sillage maladies et morts. Cannibale, elle est friande de la chair des enfants. On notera que, dans quelques histoires, c'est un personnage positif, qui retrouve sa vocation initiale du folklore où elle était la prêtresse en qui s'incarnaient tout l'amour et la sagesse.

LES INFLUENCES MATRIARCALES SUR LES MYTHES SLAVES

LES MYTHES SLAVES foisonnent d'éléments fantastiques et de personnages traditionnels : les héros et héroïnes sont de beaux et courageux jeunes hommes et des jeunes filles innocentes (ou vice-versa), assistés d'animaux et d'objets magiques ; les méchants sont

"He soon emerged in the form of a Wolf"
THE WERE-WOLVES.

des dragons, des sorcières ou des sorciers et des rois malfaisants. Le nombre porte-bonheur est trois : sorciers, tâches à accomplir, fils, princesses, nuits et dragons vont donc souvent par trois.

L'influence matriarcale est évidente dans les contes slaves où les personnages principaux sont souvent des femmes, parfois une guerrière à laquelle rien ne résiste comme Maria Moriévna ou une sage jeune fille comme Vassilissa la Belle, une épouse ensorcelée comme la Vierge colombe dans le conte de l'*Archer ou la princesse Grenouille*.

Avec les changements induits par le christianisme qui placèrent les hommes au centre de la société, les femmes perdirent leur pouvoir, et leurs connaissances furent niées. Les prêtresses furent assimilées à de méchantes sorcières. Leur sagesse supérieure – assimilée à de la sorcellerie – leur valut le bûcher ou, dans la plupart des pays slaves, d'être attachées à la queue d'un cheval que l'on lâchait dans la steppe. Les changements sociaux étant survenus plus tard, beaucoup de mythes ont échappé à cette réécriture visant à satisfaire à ce nouvel « ordre moral ».

LES LOUPS-GAROUS

ON CROYAIT que toute personne née avec une marque particulièrement saillante, des cheveux sur la tête ou des touffes de poils sur une partie du corps, pouvait se transformer en loup-garou. Dans certaines tribus, c'était un signe favorable. Ces enfants seraient doués de double-vue et capables de se métamorphoser en animal. Les méchants préféraient devenir des loups assoiffés de sang. Ces notions étaient si profondément ancrées qu'au XVIe siècle l'Église condamna les croyances dans les marques de naissance, les cheveux et les touffes de poils sur le corps et leurs associations au loup-garou.

◀ *Un gentilhomme montre à sa femme qu'il peut se transformer en loup, surprenant ses chiens autant qu'elle.*

▼ *L'église Saint-André de Kiev est spectaculaire. L'introduction du christianisme modifia les traditions de l'Europe de l'Est faisant basculer l'équilibre des pouvoirs, jusque-là favorable aux femmes, au bénéfice des hommes.*

LES DOUZE MOIS

DANS UN PETIT VILLAGE de Bohême vit une vieille femme avec sa fille et sa belle-fille. La vieille adore sa fille mais rien de ce que fait sa belle-fille ne la contente. Un soir, au plus profond de l'hiver, la cruelle marâtre ouvre la porte de l'isba et dit à sa belle-fille d'aller cueillir des perce-neige pour l'anniversaire de sa sœur. Pourtant, les perce-neige ne sortent qu'en mars et l'on est en janvier. La petite fille s'enfonce tout de même dans la neige. Au bout d'un moment, elle a la surprise de voir une lumière vaciller entre les arbres. Elle sent de la fumée chaude et entend le craquement des bûches dans un feu. Avant de comprendre, elle se retrouve dans une clairière où douze hommes discutent tranquillement autour d'un feu. Il y a trois vieillards, trois hommes d'âge mûr, trois jeunes et trois enfants. Ce sont les douze mois. Après qu'elle a expliqué pourquoi elle est venue, les mois se concertent. Ils la connaissent bien. C'est une jeune fille active en toute saison : elle lave le linge dans un trou de la glace et ramasse les brindilles dans la forêt. Ils décident de l'aider à trouver des perce-neige. Frère Mars demande à Janvier et à Février de le laisser prendre leur place une heure durant et ils acceptent. Immédiatement, un tapis de terre brune s'étend sous les pieds de la petite fille et des bourgeons paraissent aux branches. Le sol se couvre d'un épais tapis de perce-neige. La petite fille en ramasse d'énormes brassées et se dépêche de retourner vers la clairière mais celle-ci est vide. Elle rentre alors en courant chez elle avec son panier plein de fleurs. À peine a-t-elle fini de raconter son histoire que sa demi-sœur se précipite dans la forêt enneigée pour demander un bien plus beau cadeau aux douze mois. Toujours assis autour du feu, ils ne la reconnaissent pas et, en réponse à sa requête, pleins de colère, ils soufflent une tempête de neige qui a tôt fait de l'engloutir.

Quand sa mère part à sa recherche, elle trébuche aussi dans la neige et se trouve emportée. La jeune fille vit désormais heureuse dans son isba. Les gens racontent que, tout au long de l'année, elle a le plus beau des jardins. Des roses y fleurissent, les baies y mûrissent, et pommes et poires y sont abondantes toute l'année. Les douze mois ne viennent-ils pas tous la voir chaque jour de l'année ?

LES LIÉSHI

AU-DELÀ DE LA MAISON se trouve la forêt dense et profonde, bien entendu peuplée de toutes sortes d'esprits, le plus souvent dangereux. Les plus répandus sont les *liéshi*, sorte de génies cyclopes, qui s'amusent à égarer les gens pour qu'ils meurent au fond de la forêt. Ils prennent des formes évoquant les arbres mais sont souvent invisibles et ce sont leurs chants ou sifflements qui conduisent les voyageurs à leur perte.

L'ÂME ET LES CHARMES

L'IDÉE QUE L'ÂME réside hors du corps est une constante des anciens contes slaves. Non seulement l'âme s'en va à la mort mais elle peut aussi partir pendant le sommeil. Les Serbes croyaient que les âmes se rassemblaient la nuit au sommet des collines pour se battre. La victoire était synonyme de chance pour le dormeur, mais qu'une âme perde et il risquait de ne jamais se réveiller. À l'est des terres slaves (Russie, Biélorussie et Ukraine), l'âme peut s'incarner en *kikimora*, (mot signifiant cauchemar ou peur), une petite vieille minuscule et hideuse aux longs cheveux qui vit normalement dans la maison et dont les sanglots, à l'instar de la *banshee* irlandaise, peuvent annoncer la mort.

Dans plusieurs mythes, arbres et végétaux sont habités par les âmes des morts. On leur prêtait donc des qualités humaines. Cette superstition conduisit à considérer certains arbres comme sacrés, à imaginer des plantes parlant ou saignant et à planter des arbres de vie. À la mort d'un héros, l'arbre lui correspondant dépérissait et tombait.

Ces croyances primitives s'apparentent à l'idée plus contemporaine que briser un miroir vaut sept ans de malheur et, dans les zones culturelles slaves, que siffler dans une maison appelle le démon, présage de la mort. Quant aux charmes porte-bonheur d'aujourd'hui, ne ressemblent-ils pas aux épées magiques, aux nappes qui s'animent ou aux sacs toujours pleins des mythes slaves ?

L'AU-DELÀ

L'AU-DELÀ est parfois une île, Bouyane, très loin sur la mer (où le soleil se couche et se lève), un lieu baigné de soleil et de bonheur. C'est là que vivent les âmes des morts et de ceux qui ne sont pas encore nés, avec les graines, les plantes et les oiseaux qui apparaissent au printemps. Pour parvenir à cette île mystique, le héros doit voyager plus loin que le royaume Trois fois dix, souvent à pied, usant trois paires de chaussures en fer et trois cannes de pierre, mangeant trois miches de pierre et escaladant une montagne de fer ou de verre. C'est souvent une simple paysanne qui accomplit ce trajet, ce qui montre la puissance des femmes dans la culture slave.

◄ *Cette fine plaque d'or, destinée à être cousue sur une robe, montre une déesse assise. Ces bijoux et ornements témoignent des mythes anciens.*

▶ *Peinture serbe montrant une belle princesse sur le point d'ôter sa robe d'or.*

L'OISELLE DE FEU

PAR-DELÀ LES MONTAGNES BRUMEUSES, de l'autre côté des profondes mers écumantes, vit un roi qui a un verger. Il y tient plus que tout car dans ce verger pousse l'arbre qui donne les pommes d'or. Une nuit vient un voleur qui en dérobe quelques-unes. Le roi en est fort bouleversé et ordonne à Ivan, son palefrenier, de monter la garde toute la nuit. La moitié de la nuit passe, puis soudain Ivan voit une oiselle descendre sur l'arbre et commencer à picorer les fruits. Il l'attrape par la queue mais elle parvient à se libérer et à s'envoler, laissant une plume dans les mains d'Ivan. Le roi envoie Ivan à la recherche de l'oiselle magique. Il n'est pas allé bien loin quand apparaît devant lui un grand loup gris qui promet de l'aider à retrouver la voleuse. Il conseille à Ivan de mélanger un peu de bière à du pain et du fromage et de répandre le tout sur le sol. Dès que les oiseaux de feu commencent à manger, Ivan réussit à en attraper un et le met dans sa besace. Sautant sur le dos du loup, il se dépêche de rapporter sa prise au roi.

Le roi a entendu parler d'une princesse, Yéléna (Hélène) la Belle, qui vit au-delà des océans. Il envoie Ivan chercher la belle jeune fille. À nouveau, le grand loup gris vient l'aider et ils partent à toute vitesse vers le palais féérique au-delà des océans. Ivan enlève la princesse et ils partent tous deux chevauchant le loup pour revenir vers le vieux roi. Mais en chemin, Ivan et Yéléna la Belle tombent amoureux. Ils confient leur dilemme au loup qui leur dit de s'en remettre à lui. De retour dans le palais du roi, le loup prend l'apparence de la princesse et Ivan le présente au roi. Ce dernier ne se tient plus de joie et convie les nobles à assister au couronnement de la nouvelle reine. Comme il se penche pour l'embrasser, il sent la truffe froide du loup. Le choc est trop rude et le roi meurt sur-le-champ. Ivan épouse Yéléna la Belle et devient roi. Quant à l'oiselle de feu, elle est relâchée et s'envole pour ne plus jamais picorer de pommes ni de pain et de fromage.

◀ *On pensait que le vodyanoï appréciait tout particulièrement l'eau aux abords des moulins.*

L'AVÈNEMENT DU CHRISTIANISME

QUAND LES PRINCES SLAVES se convertirent au christianisme au Xᵉ siècle, à l'ouest, Polonais, Tchèques et Slovaques furent influencés par Rome ; les Slaves de l'Est et du Sud, par la Byzance grecque. L'Église interdit les dieux païens et s'employa à faire oublier les mythes les entourant. Les anciens cultes perdurèrent tout de même, soit intégrés dans les rites chrétiens soit dans le folklore. C'est ainsi que Peroune, dieu du tonnerre et des éclairs, devint Ilya le prophète ; Veles, gardien des troupeaux, devint saint Vlasya ; Koupalnitsa, déesse des rivières et des lacs, sainte Agrippine ; Koupala, dieu du soleil et de la lumière, Jean-Baptiste. Les rites du printemps coïncidaient avec Pâques (principale fête orthodoxe), la calende d'Hiver fut remplacée par Noël et la fête de Yarilo (dieu païen du soleil et de toute vie sur terre) devint la Saint-Jean-Baptiste. Les noms actuels de bien des créatures surnaturelles sont des vestiges de ces anciennes croyances. Le bogieman, qui effraie tant les petits Anglais, doit son nom au mot Dieu en russe, *bog*.

LES ROUSSALKI

LES ROUSSALKI, ou nymphes aquatiques, vivaient dans les profondeurs de l'eau. Belles jeunes filles à la peau couleur de lune, elles charmaient tant les passants par leur rire et leurs chants que certains se noyaient pour elles. Les roussalki étaient les âmes mortes d'enfants ou de jeunes femmes noyées ou malheureuses. Associées à la fécondité avant la christianisation, les roussalki furent par la suite liées à la mort.

LES VILAS

LES VILAS étaient aux chemins ce que les *roussalki* étaient à l'eau : des femmes éternellement jeunes et belles aux longues tresses soignées. C'étaient souvent des filles mortes avant d'avoir été baptisées (croyance chrétienne), rejetées par leur fiancé ou volages, dont les âmes voletaient entre la terre et le ciel. Elles paraissaient souvent la nuit pour chanter et danser, entraînant les humains qui les voyaient à danser jusqu'à la mort.

LES GÉNIES DE LA FERME

TOUS LES COINS de la ferme avaient leurs propres esprits ou génies. Dans la cour, c'était le dvorovoï, responsable des dépendances. Les nouveau-nés ou les animaux que l'on venait d'acheter devaient lui être présentés. Les bêtes devaient être de la couleur que l'on pensait être sa favorite. Il était souvent invisible mais ceux qui l'apercevaient décrivaient un vieillard à la barbe grise et au corps couvert de poils. Son royaume était à l'air libre. Pour l'intérieur, il lui fallait s'en remettre aux esprits protecteurs du foyer.

La grange où l'on séparait le grain avait son ovinnik (habitant de la grange), être irascible, voire dangereux. Il fallait se tenir sur ses gardes sinon il vous faisait tomber et vous blessait avec les outils. Un génie plus sympathique régnait sur la pièce de bains, le bannik, mais il ne détestait pas jouer des tours désagréables aux visiteurs, surtout s'ils venaient dans sa pièce pour s'y adonner à la divination. Les jeunes femmes, par exemple, l'utilisaient pour tenter de découvrir l'identité de leur futur époux. Si elles y laissaient un peigne, elles y retrouveraient peut-être une mèche des cheveux de leur promis (mais on n'ignorait pas que le bannik y mettait parfois un crin de cheval).

▼ *Une vila détruit le travail des maçons qui construisent un château tant qu'ils ne se sont pas acquittés des exploits qu'elle exige.*

Une inversion de sens similaire a permis de passer du sanskrit *deva* (dieu) à *devil* (diable). Cette racine a aussi donné Div et Divitsa (anciens dieux slaves). Le mot dieu (*dyew*) se rattache, en grec, au nominatif Zeus dont le génitif est *dios* désignant le roi des dieux d'en haut, en latin Jupiter pour *ju-pater* dieu-père. Tous ces termes renvoient à la famille indo-européenne *dei*, ce qui brille, qui par un élargissement de sens en est venu à désigner le ciel et les astres, et par extension les divinités.

SADKO LE MÉNESTREL

SADKO VIT À NOVGOROD et joue de son luth en érable pour les riches marchands pendant les banquets. Mais les temps se font difficiles et personne ne peut payer sa musique. Un jour, alors qu'il se promène le long du fleuve, il s'assied pour jouer de son luth. Il a à peine reposé l'instrument que les eaux se font écumantes et que la tête puissante du dieu de l'onde s'élève des profondeurs. Il a tant aimé la musique de Sadko qu'il lui demande de jouer dans son royaume sous-marin, lui promettant une récompense confortable.

Sadko n'a pas dit oui qu'il se retrouve au fond de l'océan dans un palais de pierres blanches. Le dieu des mers est assis sur son trône de corail dans une grande salle. Dès que Sadko entonne un air, le dieu se met à danser. En surface, les eaux écument et des vagues hautes comme des collines déferlent, faisant sombrer les bateaux dans les profondeurs. Au bout d'un moment, Sadko est si fatigué qu'il ne peut jouer une note de plus. Il sent une main se poser sur son épaule et, se retournant, voit un homme à barbe blanche. Le sage lui conseille de casser les cordes de son luth pour interrompre la danse. Le dieu des mers lui offre une fiancée en récompense. Mais il ne devra pas se hâter de choisir et laisser les trois cents premières, puis les trois cents suivantes et encore trois cents passer, et ne prendre que la toute dernière pour épouse. Le sage prévient Sadko, il ne doit pas toucher la jeune épousée sous peine de rester à jamais sous les eaux. Sadko casse ses cordes et la danse s'interrompt. Le dieu des mers proteste mais insiste pour que Sadko ait sa récompense :

▲ *L'esprit de la ferme, dvorovoï, protégeait les humains et les animaux.*

il choisira sa fiancée parmi ses filles. Une procession de jeunes vierges paraît, chacune plus belle que la précédente. Sadko laisse passer les trois cents premières, puis les trois cents suivantes et encore trois cents. Arrive alors Tchiérnava, la plus belle de toutes. Et Sadko la prend pour épouse. Plus tard dans la nuit, quand Sadko reste seul avec sa femme, il se souvient de l'avertissement du vieil homme et se couche sans la toucher. Au milieu de la nuit, cependant, il se retourne et la frôle du pied. Elle est si froide qu'il s'éveille en sursaut. Il se retrouve allongé sur les berges pentues de la rivière Tchiérnava, le pied gauche dans les eaux glacées. Il boitera de ce pied tout le restant de sa vie. Mais à ses côtés il y a un sac d'or qui fait de lui un homme très riche. Certains disaient que lorsqu'une tempête faisait rage sur une mer ou un lac, c'était en fait Sadko le ménestrel qui jouait de son luth et le dieu de la mer qui dansait une gigue au fond des océans.

Scandinavie

INTRODUCTION

L ES MYTHES NORDIQUES relatent les conflits entre les dieux et les géants, entre le chaos et l'ordre. Bien que ce qui en témoigne soit fragmentaire, la mythologie nordique occupe une place importante dans l'héritage culturel anglophone où son influence est omniprésente. D'ailleurs, les jours de la semaine correspondant aux mardi, mercredi, jeudi et vendredi, en anglais et dans plusieurs langues germaniques, évoquent encore les divinités nordiques Tyr, Woden/Odin, Thor et Frigg.

Les tribus germaniques cantonnées à l'est du Rhin s'avancèrent vers l'ouest sur des terres jusque-là défendues par les légions romaines. Ces peuples parlaient des langues saxonnes, et non celtes, slaves ou latines. Du IVᵉ au VIᵉ siècle apr. J.-C., l'Europe connut de multiples bouleversements. Certains dialectes saxons disparurent tandis que d'autres évoluèrent. Ils sont à l'origine de l'allemand, du néerlandais, du flamand, de l'anglais, du danois et du suédois, du norvégien et de l'islandais. Avec leurs langues, les peuples germaniques amenèrent leurs mythes, leurs religions et leurs dieux. Rares sont les vestiges de leurs croyances dans les pays où le christianisme s'imposa très tôt, aussi faut-il se tourner vers la Scandinavie et surtout l'Islande (qui ne devint chrétienne qu'au XIᵉ siècle) pour se faire une idée de la mythologie germanique.

LES SEULS TÉMOIGNAGES écrits dont nous disposons nous viennent d'observateurs extérieurs tel l'historien romain Tacite, puisque les Saxons ne connaissaient pas l'écriture au sens où nous l'entendons. Les runes, qui se doublaient d'une signification mystique, étaient utilisées pour graver des inscriptions sur le bois ou la pierre et non pour rédiger de longs traités. L'essentiel des sources écrites datant du XIIIᵉ siècle, leurs auteurs étaient déjà des chrétiens. Elles nous viennent d'Islande où les anciens dieux mirent plus longtemps à disparaître. Vers 1220, Snorri Sturluson, brillant érudit, grand propriétaire terrien et figure politique chrétienne en vue, écrivit un livre sur les dieux et mythes païens afin qu'ils ne soient pas perdus pour les poètes à venir. Cet ouvrage, l'*Edda*, offre un panorama complet des mythologies nordiques. Une collection de poèmes mythologiques intitulée l'*Edda poétique*, incunable aussi écrit en Islande au XIIIᵉ siècle, antérieur au précédent, est une autre importante source de connaissances. Ces deux œuvres

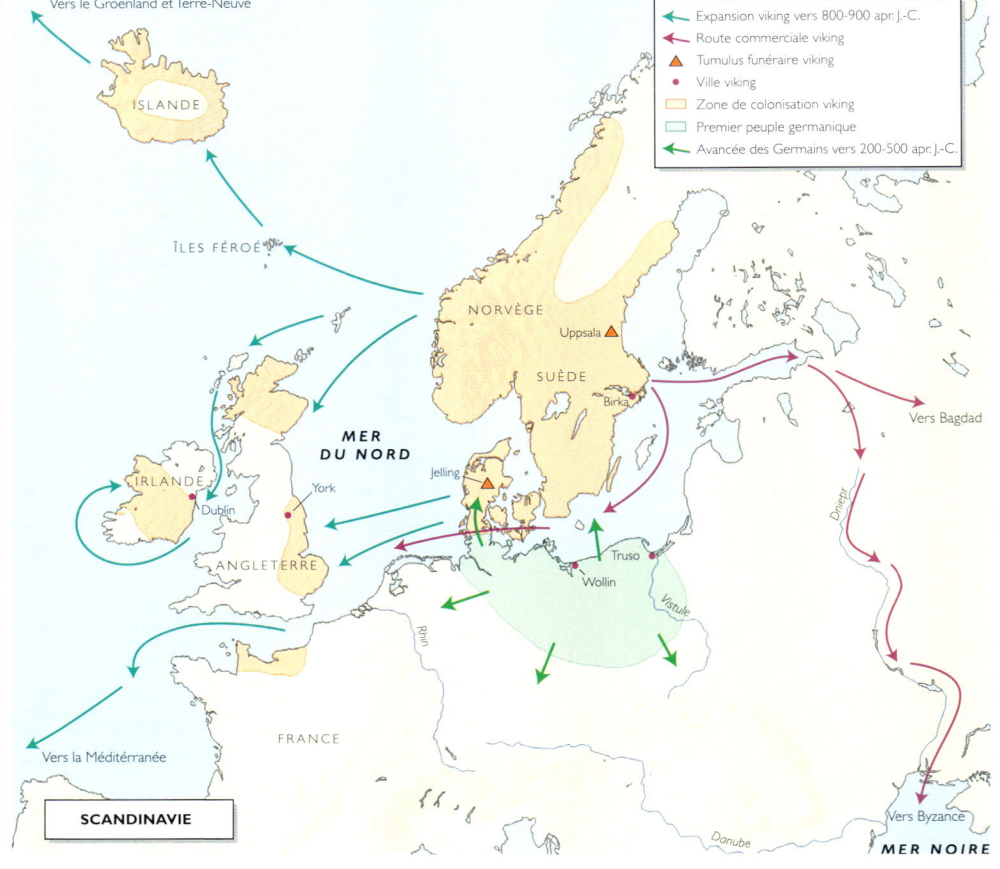

Vers le Groenland et Terre-Neuve

ISLANDE

ÎLES FÉROÉ

NORVÈGE

Uppsala

SUÈDE

Birka

Vers Bagdad

IRLANDE
Dublin

York

MER DU NORD

Jelling

ANGLETERRE

Truso

Wollin

Vistule

Rhin

FRANCE

Vers la Méditerranée

Danube

Vers Byzance

MER NOIRE

SCANDINAVIE

Légende :
- → Expansion viking vers 800-900 apr. J.-C.
- → Route commerciale viking
- ▲ Tumulus funéraire viking
- • Ville viking
- ▢ Zone de colonisation viking
- ▢ Premier peuple germanique
- → Avancée des Germains vers 200-500 apr. J.-C.

MYTHES CONNUS   PERSONNAGES

◀ *Les bas-reliefs des églises permirent*
de transmettre les récits du patrimoine culturel.
▶ *Les anciens manuscrits conservent les mythes*
et les légendes pour la postérité.

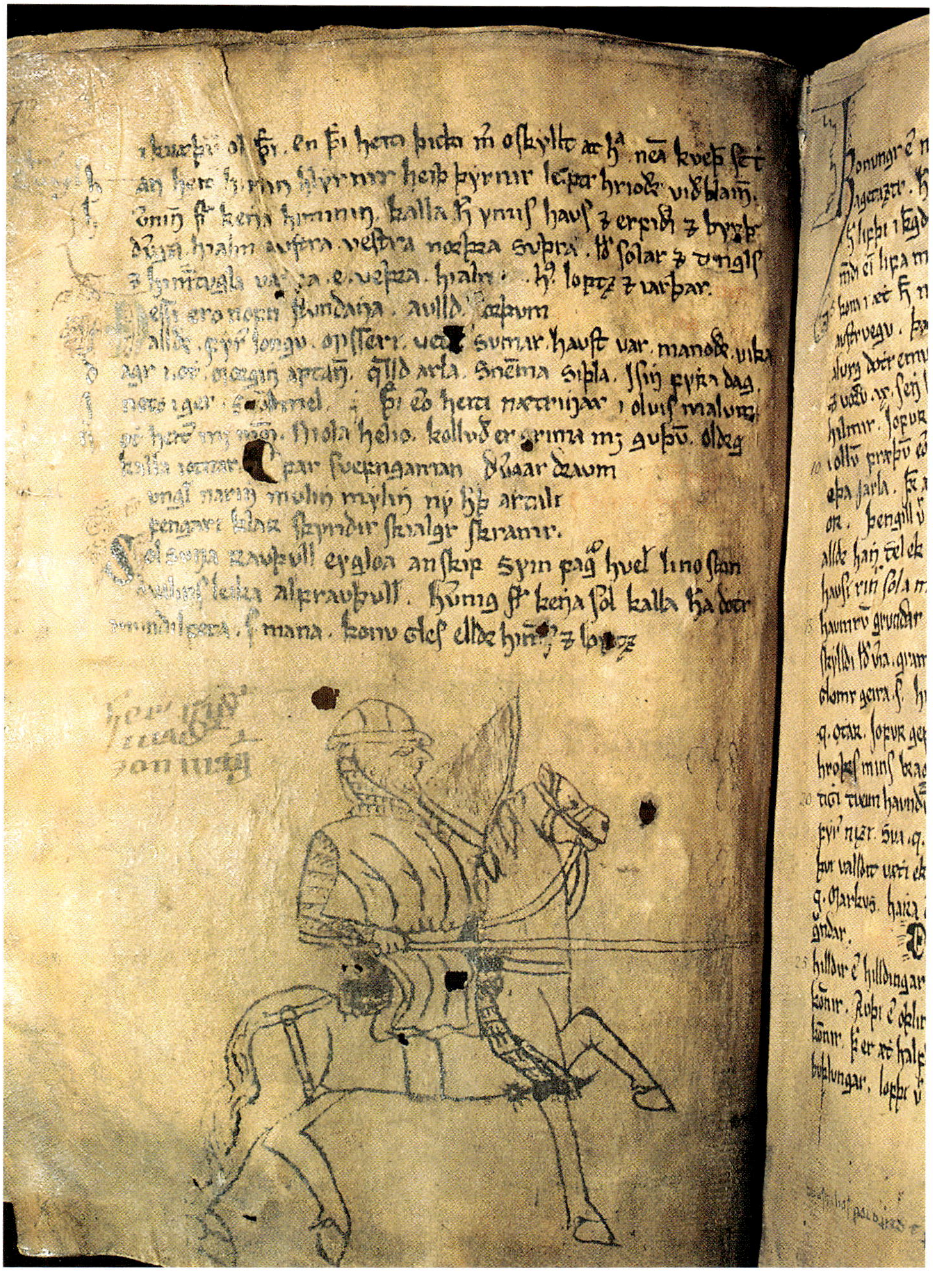

sont complétées par les sagas islandaises
et les vestiges archéologiques exhumés dans
les magnifiques bateaux tombeaux d'Oseberg
et Sutton Hoo.

LE CONTEXTE

LES PEUPLES du Nord pensaient que la vie
avait commencé avec la fusion de la glace
et du feu et croyaient qu'elle prendrait fin à
Ragnarök, jour où des flammes monteraient
jusqu'au ciel et où la terre sombrerait dans
la mer. L'image de la destruction par le feu
et l'eau étaient sans doute familière
aux poètes qui transcrivirent les mythes sur
cette île volcanique. Leur vision de vapeurs
et de flammes montant à l'assaut des cieux
s'inspirait peut-être des éruptions dont ils
avaient été témoins. Toutes les descriptions
des grandes éruptions volcaniques à travers
les âges ressemblent beaucoup à la succession
d'événements annoncés pour Ragnarök :
tremblements de terre secouant les montagnes,
soleil s'assombrissant masqué par des nuages
de fumée et de cendres, puis incendies,
fumées et vapeurs emplissant le ciel,
provoquant la fonte des glaces et de graves
inondations en même temps que des coulées
de lave incandescente ravagent tout sur
leur passage. Habitués à des hivers longs
et sombres, les peuples du Nord avaient
de bonnes raisons de redouter le très long
hiver de trois ans, sans soleil ni été.
Les Islandais connurent des étés sans nuit
et des hivers sans lumière. Cette vision
d'apocalypse a de nombreux points
communs avec l'imagerie de la fin
du monde dans d'autres civilisations.

LES RITES RELIGIEUX

LE CULTE des dieux nordiques prenait
différentes formes. D'immenses statues
de Thor, Odin et Freyr se trouvaient dans
le splendide temple d'Uppsala en Suède,
où l'on pratiquait des sacrifices humains.
En d'autres temples moins somptueux,
les prêtres sacrifiaient des animaux, surtout
à Thor et Freyr. Le culte pratiqué par le peuple
était moins spectaculaire. On portait des
offrandes sacrificielles aux bosquets, roches
et pierres réputés abriter un dieu local.
Il s'agissait le plus souvent d'aliments. On
érigeait en plein air de simples empilements
de pierres pour ces sacrifices.

Certains temples, très sobres, pouvaient
être construits spécialement, à moins que
l'on ne choisisse des lieux naturels sacrés
comme Helgafel, la montagne sacrée à l'ouest
de l'Islande. Thorolf, serviteur dévoué
de Thor, tenait cette montagne pour si sacrée
que nul ne devait lever les yeux vers elle sans
s'être lavé et qu'aucune créature vivante
ne devait y être blessée.

Thorolf suivit aussi la coutume qui
consistait à jeter par-dessus bord les piliers de
bois de son siège de vigie lorsque son bateau
approchait l'Islande pour permettre à Thor de
les guider vers le lieu où s'installer. Aux yeux
de Thorolf, le site ainsi choisi par Thor était
si sacré que nul ne devait le profaner, que ce
soit en versant le sang ou par ses excréments.

LA CRÉATION

AU DÉBUT EST Ginnungagap, un vide béant, bordé au sud par l'indomptable Muspell et au nord par le glacial Niflheim. Onze fleuves, dont les eaux empoisonnées gèlent, coulent de son cœur. Les vapeurs s'élevant de ce poison givrent et les couches successives finissent par former un pont au-dessus de Ginnungagap.

La face nord de Ginnungagap est couverte de glace et de givre mais sa face sud bénéficie de la chaleur du vent soufflé par Muspell. De la rencontre du froid et du chaud jaillissent les premiers signes de vie.

En fondant, les gouttes de glace forment le géant Ymir, tué plus tard par trois dieux, Odin, Vili et Vé, qui créent le monde à partir de sa dépouille. Ils déposent le corps dans le gouffre béant, façonnant la terre dans sa chair et les roches dans ses os, puis transforment son sang en lacs et mers. De son crâne, ils font le ciel qu'ils élèvent au-dessus de la terre avant de placer un nain à chaque coin, Nodri, Sudri, Austri et Westri. Des cheveux d'Ymir, les dieux font les plantes et les arbres puis ils dispersent dans le ciel sa cervelle qui se transforme en nuages.

L'APPARITION DE LA VIE

YMIR, le premier géant, créé à l'aube des temps, est à l'origine de la race des géants. Pendant son sommeil, deux créatures, masculine et féminine, prennent forme dans la sueur de ses aisselles tandis que ses jambes engendrent un monstre.

Ymir se nourrit du lait de la vache primitive Audhumla, également née spontanément au moment de la création. Elle lèche les pierres de givre salées pour se nourrir. Au fur et à mesure de ses coups de langue, les cheveux d'un homme commencent à apparaître, le deuxième jour c'est sa tête et, à la fin du troisième, il est entier. Buri est grand, fort et beau. Il a un fils, Bor, qui épouse Bestla, fille d'un géant. Le couple a trois fils, les dieux Odin, Vili et Vé.

Ces trois dieux tuent Ymir, façonnent le monde à partir de son corps, puis créent l'humanité en sculptant l'homme et la femme dans deux troncs qu'ils trouvent sur la grève. Odin insuffle la vie aux deux créatures, Vili leur donne conscience et mouvement et Vé leur octroie un visage, la parole, l'ouïe et la vue. Ils appellent l'homme Ask (frêne) et la femme Embla (nom dont on ignore s'il avait une signification). La race humaine descend de ces deux êtres.

▲ *Odin, habile magicien et dieu de la guerre.*
◄ *Détail d'une tapisserie. Odin, borgne, porte sa hache, Thor brandit son marteau et Freyr, dieu de la fertilité, tient un épi de blé.*

LA VIE QUOTIDIENNE

LA VIE DES PEUPLES du Nord était difficile. Dans ce climat impitoyable, ils devaient tirer du sol assez de nourriture pour subvenir à leurs besoins durant les longs hivers froids. En Islande, où les mythes survécurent le plus longtemps, le froid était implacable, rendant souvent tout déplacement impossible. Les liens familiaux jouaient donc un rôle essentiel. Les familles vivant en autarcie, le groupe offrait un soutien nécessaire pour surmonter les difficultés. Les mythes, qui racontent les aventures périlleuses des dieux, petit groupe soudé, prêts à s'entraider, à se soutenir, et loyaux les uns envers les autres, reflètent ces nécessités.

▶ *Le motif sur la poitrine de cette figurine, qui sert d'attache à l'anse d'un sceau, symbolise le dieu Thor.*

LA CRÉATION DES CLASSES SOCIALES

ON ATTRIBUE la création des classes sociales à Heimdall, dieu énigmatique. Un jour, sous un déguisement, il est reçu dans la ferme de Ai et Edda (arrière-grand-père et arrière-grand-mère) qui ne lui offrent qu'un pain grossier et un mauvais brouet. Il reste trois nuits, dormant entre eux deux. Neuf mois plus tard, Edda donnera naissance à un fils, un enfant noiraud et laid qui sera prénommé Thrall. Toute sa vie durant, il travaillera de ses mains et ses descendants seront des esclaves.

Heimdall arrive ensuite dans une maison où vit un couple, Afi et Amma (grand-père et grand-mère), tous deux bien vêtus. Ils lui accordent l'hospitalité et lui offrent une tranche de viande. Il passe là trois nuits, dormant entre eux deux. Neuf mois plus tard, Amma donnera le jour à un enfant aux yeux vifs et au teint rose qui recevra le nom de Karl (homme libre). Devenu adulte, il sera fermier et bâtisseur. Il sera le père de tous les hommes libres.

Heimdall arrive alors devant une demeure luxueuse où Fadir et Modir (père et mère) le régalent d'un repas somptueux avec du pain, de la viande, des volailles et du vin. Heimdall reste trois nuits, dormant entre eux deux, et neuf mois plus tard naîtra un garçon aux yeux pétillants, au teint et aux cheveux clairs que l'on nommera Jarl (duc). Il deviendra un homme accompli et le père de toute la noblesse.

LA COSMOLOGIE

ON CROYAIT que le monde se divisait en trois niveaux, superposés comme des assiettes empilées. La famille des dieux, ou Aésir, vivait à Asgard, au-dessus. C'était aussi le niveau où se trouvait Vanaheim, la résidence des Vanir (autre groupe de dieux) et Alfheim, le domaine des elfes. Au niveau intermédiaire se trouvait Midgard où vivaient les hommes, Jotunheim, la terre des géants, Svartalfheim, demeure des elfes noirs et Nidavellir, patrie des nains. Asgard et Midgard étaient reliés par un pont de flammes appelé Bifrost, ou arc-en-ciel. Le niveau inférieur était celui du glacial Niflheim.

La colonne centrale, ou arbre du monde, le grand frêne cosmique Yggdrasil, traversait les trois niveaux. Ses branches s'étendaient sur toute la terre et ses trois racines plongeaient dans les trois niveaux de l'univers. Chaque jour, les dieux tenaient conseil auprès du puits de Urd (le destin) situé sous la racine qui descendait jusqu'à Asgard. Sous la deuxième, qui s'enfonçait jusqu'à Jotunheim, se trouvait le puits de Mimir où Odin échangea l'un de ses yeux contre le droit de boire son eau, source de sagesse. Sous la troisième racine située sous Niflheim se trouvait Hvergelmir, la source des onze rivières de la création.

THOR

ARMÉ DE SON MARTEAU, Thor, dieu du tonnerre, protège le monde. Son attribut le plus célèbre est sa force prodigieuse qui surpasse celle de toute autre créature. Il est énorme, a une chevelure, une barbe et des sourcils roux, et de farouches yeux rouges et brillants. Son principal souci est de détruire les géants, menace constante pour le monde des dieux et des hommes. Thor les provoque avec l'intention de les anéantir, hésitant rarement à brandir son marteau quand il en rencontre un. Un dieu qui serait menacé peut l'appeler et le voir apparaître immédiatement.

LES GÉANTS

LES GÉANTS, IMMENSES et généralement hostiles, jouent un rôle primordial dans les mythes nordiques. Ils représentent généralement les forces du Chaos et du Mal contre l'influence desquelles les dieux doivent lutter pour maintenir l'ordre de leur univers. Ce n'est cependant pas toujours vrai et leurs relations sont souvent plus complexes. Si les dieux doivent surtout veiller à se protéger des géants, ceux-ci ne sont pas toujours des ennemis.

Ils peuvent parfois se montrer positifs, et d'ailleurs les dieux ont souvent des géantes pour maîtresses ou pour femmes. Freyr épouse Gerda, la fille d'un géant et Njord se marie avec Skadi, une géante elle aussi. Odin, lui-même descendant d'un géant, a plusieurs géantes pour maîtresses. Toutefois, dans la plupart des récits, quand il y a un géant, le marteau de Thor n'est pas loin de lui fracasser le crâne.

Les plus célèbres sont Hrungnir, qui provoque Thor en duel, et Thiassi, qui dérobe les pommes de la jeunesse. Utgarda-Loki, un seigneur des géants, use de sa magie pour se montrer plus malin que Thor et ses amis. Les géants secourables sont plutôt des géantes, et notamment Grid qui prête à Thor son bâton et sa ceinture de force alors qu'il est désarmé. Il a également deux fils de la géante Jarnsaxa.

THOR PERD SON MARTEAU

LE MYTHE DU VOL du marteau, Mjöllnir, témoigne de l'importance de la protection qu'il offre aux dieux et des efforts qu'ils sont prêts à fournir pour le récupérer. Il montre aussi l'étendue de ses fonctions. Un matin, Thor s'aperçoit de la disparition de son marteau. Il éveille Loki pour le lui dire et ce dernier décide de s'adresser à Freyja. « Nous prêteriez-vous votre apparence, la forme du faucon, pour chercher mon marteau ? », demande Thor. « Avec plaisir, répond-elle, quand bien même elle serait d'or ou d'argent je vous la prêterais si cela peut vous

aider à retrouver Mjöllnir. » Loki s'envole sous l'apparence du faucon, partant à la recherche de Thrym, le seigneur des géants. « As-tu caché le marteau de Thor ? », lui demande Loki. « Je l'ai dissimulé à huit lieues sous terre, répond Thrym, et je jure que personne ne le retrouvera si Freyja ne devient pas ma femme. » Loki et Thor annoncent à Freyja qu'elle doit se préparer à épouser Thrym. Furieuse, elle refuse. Inquiets, les dieux tiennent conseil pour décider quoi faire. Tant que les géants détiendront le marteau de Thor, les dieux seront sans défense contre les attaques et Asgard ne tardera pas à être vaincu. Si Freyja persiste dans son refus, comment peuvent-ils récupérer le marteau ? Heimdall propose que Thor prenne la place de Freyja, la fiancée, et qu'on l'envoie à Thrym. Thor repousse cette suggestion, protestant qu'il ne peut se vêtir en femme. Mais Loki lui rappelle le sort réservé à Asgard s'il ne retrouve pas Mjöllnir. Ainsi, on habille Thor en mariée, la poitrine couverte de bijoux et la tête sous un voile. Le collier des Brising est mis autour de son cou. Loki accompagne Thor en se faisant passer pour sa demoiselle d'honneur. Thrym se réjouit de l'arrivée de Freyja et ses serviteurs préparent un grand banquet pour l'accueillir. Thor y prend part et engloutit un bœuf entier, huit saumons et toutes les friandises destinées aux femmes puis il arrose le tout de trois cornes d'hydromel. Thrym l'observe avec inquiétude et dit qu'il n'a jamais vu une jeune fille autant manger et boire. Loki doit réagir très vite pour éviter que la supercherie ne soit découverte.

▼ *Le marteau de Thor utilisé pour protéger les dieux de leurs ennemis.*

« Voilà huit nuits que Freyja n'a rien mangé ni bu tant elle était impatiente d'arriver en terre des géants », explique-t-il. Thrym est si content d'entendre cela qu'il lève le voile pour l'embrasser mais se recule révulsé. « Pourquoi Freyja a-t-elle des yeux si rouges et si perçants ? », hoquette-t-il sous le choc. Loki répond : « Freyja n'a pas dormi de huit nuits tant elle était pressée d'arriver. » Thrym, rasséréné, veut procéder à la noce. Il ordonne d'apporter Mjöllnir pour bénir le couple. On le pose comme le veut la coutume sur les genoux de la mariée. Mais la scène change brutalement : Thor s'en saisit, bondit en arrachant son voile et massacre tous les géants présents en commençant par Thrym.

LE MARTEAU PROTECTEUR DE THOR

DES AMULETTES représentent le marteau de Thor, retrouvées en Scandinavie dans des tombes, témoignent de la foi placée dans la protection du dieu. La plupart datent de la fin du Xᵉ siècle et furent découvertes au Danemark, dans le Sud de la Norvège et dans le Sud-Est de la Suède. Elles ne font souvent pas plus de deux centimètres et beaucoup se terminent par un anneau suggérant qu'il s'agissait de pendentifs. Ce symbole protecteur est peut-être la version païenne de la croix des chrétiens. On a retrouvé des moules permettant de fabriquer côte à côte des croix et des marteaux pour répondre à la demande de clients aux croyances différentes.

LES ELFES ET LES NAINS

LES ELFES SONT présents dans la plupart des mythologies nord-européennes associées à la terre. Ils peuvent être dangereux. Les Anglo-Saxons, les Norvégiens et les Islandais les croyaient capables de provoquer maladies et cauchemars. Les elfes lumineux, plus beaux que le soleil et aussi bons, vivent à Alfheim, tandis que les elfes sombres, plus noirs que l'obscurité et démoniaques, vivent sous terre.

Les nains forment une autre race de créatures souterraines. Ils ne sont pas particulièrement petits mais on les imagine généralement hideux. Ce sont des êtres issus du sol, qui ont d'abord pris la forme d'asticots dans les chairs d'Ymir, le premier géant, et auxquels les dieux ont donné conscience et intelligence.

Les nains sont d'habiles artisans et des forgerons étonnamment doués qui façonnent des objets, le plus souvent en or, aux propriétés extraordinaires. Ils ont créé bien des trésors qui appartiennent aux dieux : Mjöllnir, le marteau de Thor, Draupnir, l'anneau d'Odin et le célèbre collier de Freyja. Gleipnir, la seule chaîne capable de retenir Fenrir le loup, est aussi l'œuvre de leurs mains.

Les nains maudissent parfois des trésors, surtout si on les a forcés à les forger ou à s'en défaire. Ainsi, deux nains, obligés de forger une épée magique, l'ensorcèlent de sorte qu'il est impossible de la tirer sans provoquer la mort.

◄ *Ce pendentif représente la déesse Freyja portant le collier des Brising spécialement exécuté pour elle par des nains orfèvres.*
▼ *Illustration d'une procession d'elfes. Les tons clairs permettent de penser qu'il s'agit d'elfes bienveillants.*

LA LOI ET L'ORDRE

LE THÈME de l'ordre était omniprésent. Les dieux s'efforçaient de le maintenir ou de le restaurer face à des forces obscures et imprévisibles, incarnées surtout par les géants. Dans ce combat, leurs principales armes étaient la force de Thor et son marteau. Thor se souciait par-dessus tout de la justice, de la loi et de l'ordre. C'est pourquoi les hommes l'associaient à la loi. Le peuple plaçait sa confiance en lui et comptait sur son action. L'assemblée islandaise annuelle, durant laquelle on récitait les textes de lois, réglait les litiges et tenait les procès, s'ouvrait toujours un jeudi, le jour sacré dédié à Thor.

L'ARBRE COSMIQUE

YGGDRASIL, le frêne cosmique aux origines inconnues, est l'axe de l'univers. Toutes sortes de créature l'habitent : un aigle omniscient est perché à son faîte, avec le faucon Vedrfolnir entre les yeux. Un méchant serpent, Nidhogg de Niflheim, mâchonne ses racines. Ratatosk, l'écureuil, va du sommet aux racines, rapportant les insultes que s'échangent Nidhogg et l'aigle. Quatre cerfs vivent aussi dans ses branches, Dain, Dvalin, Duneyr et Durathror.

L'arbre est source de vie et se montre secourable envers les êtres qui le peuplent mais ceux-ci le soumettent à rude épreuve. Nidhogg et les serpents qui l'entourent grignotent ses racines, les cerfs broutent ses feuilles et les jeunes pousses. L'écureuil le mordille. Le tronc pourrit. Ainsi le pilier central, principal soutien et nourriture du monde, n'est pas à l'abri des agressions et des épreuves.

Pour soulager ces souffrances, les Nornes, qui vivent non loin du puits d'Urd, mélangent son eau à la terre et la versent chaque jour sur les branches. Le mélange est si sacré que tout ce qu'il touche blanchit et il empêche que l'arbre pourrisse.

LA DESTINÉE

L'INFLUENCE du destin était présente partout. La destinée était incontournable et Ragnarök, la fin du monde, inévitable. Le destin des individus dépendait des Nornes, esprits féminins qui visitaient chaque nouveau-né, le vouant à la bonne ou mauvaise fortune. Si tous n'avaient pas la même vie, c'est que des Nornes bienveillantes amenaient la chance tandis que d'autres, malveillantes, distribuaient l'infortune. Le destin était confronté au stoïcisme et à l'humour. Mourir en héros était un sort enviable ; accepter l'adversité de bon gré et savoir affronter la mort avec une dernière boutade comptait parmi les actes les plus honorables.

▲ *Cette représentation d'Yggdrasil, l'arbre cosmique, montre bien l'aigle omniscient perché au sommet et le serpent Nidhogg lové dans les racines.*
▼ *Thor avec Mjöllnir, son marteau, et Gungnir, son épée.*

LA VIE APRÈS LA MORT

IL EXISTAIT plusieurs au-delà possibles. Les guerriers qui mouraient au combat, en particulier s'ils étaient percés d'une lance, arme sacrée pour Odin, devaient rejoindre Walhalla, le palais des héros défunts. Mourir

en guerrier était l'une des plus nobles façons de mourir et constituait un destin enviable. Pour échapper à Hel, lieux où se rendaient ceux qui s'éteignaient dans leur lit, un noble qui mourait chez lui pouvait se faire transpercer d'une lance afin de porter « la marque d'Odin », s'assurant ainsi l'entrée au paradis des guerriers, Walhalla. Freyja accueillait aussi les soldats tués. Elle parcourait les champs de bataille dans son char tiré par un chat, ramassant la moitié des défunts tandis qu'Odin prenait les autres. Les guerriers qu'elle choisissait allaient à Sessrummir (palais des nombreux sièges). Elle recevait aussi les femmes. Dans la saga d'Égill, une femme suicidaire affirme qu'elle ne se nourrira pas tant qu'elle ne soupera pas avec Freyja. La déesse Gefjon accueillait aussi les défuntes puisqu'elle était responsable des filles et des femmes décédant sans être mariées. Ceux qui mouraient dans un accident, de maladie ou de vieillesse rejoignaient le royaume de Hel sous l'autorité de la fille de Loki, prénommée Hel. Les noyés étaient emportés dans le palais sous-marin de Aegir et Ran.

▲ *Odin chevauchant Sleipnir, celui qui amène les guerriers morts sur le champ de bataille au Walhalla.*

LA MORT DE BALDER

BALDER RÊVE que sa vie est menacée, ce qui inquiète les Aésir au plus haut point. Sa mère Frigg échafaude un plan pour le protéger. Elle fait jurer à toutes choses, feu, eau, animaux, oiseaux, serpents, plantes, pierres, arbres, terre, métaux, maladies et poisons, de ne blesser ni porter atteinte à son fils.

Les Aésir s'amusent beaucoup, trouvant très drôle de lancer toutes sortes de projectiles sur Balder devenu invincible. Quand Loki voit cela, il se transforme en femme pour aller rendre visite à Frigg. Il lui dit que les Aésir tirent sur Balder mais que rien ne le blesse. Frigg répond : « Ni armes ni bois ne lui feront de mal, tous ont prêté serment. » « Toutes choses ont-elles promis de ne pas le blesser ? », demande Loki. Frigg répond qu'une plante, le gui, lui a paru trop jeune pour jurer. Loki repart alors chercher le gui qu'il déracine. Il s'approche de Hoder, dieu aveugle, qui se tient à l'écart et lui demande pourquoi il ne s'amuse pas lui aussi à tirer sur Balder. « Parce que je ne vois pas où il est et, en plus, je n'ai pas d'arme », répond-il. « Je vais t'aider à honorer Balder, dit Loki, je te montrerai où il se tient et tu pourras lui lancer ce bâton. »

Hoder prend le gui et le jette, guidé par Loki. Le projectile transperce Balder qui tombe, mort. Témoins de la chute, les Aésir restent muets de stupeur. Ils ne peuvent que sangloter. Frigg finit par parler et demande lequel parmi les dieux ira à Hel, l'au-delà souterrain, pour retrouver Balder et offrir une rançon à Hel, la maîtresse des lieux, afin qu'elle l'autorise à revenir à Asgard. Hermod, frère de Balder, se porte volontaire. On va chercher Sleipnir, le cheval d'Odin, et ils partent au galop. Hermod chevauche jusqu'aux portes de Hel, d'où il voit Balder sur le siège d'honneur. Il supplie Hel de permettre à son frère de revenir à Asgard, décrivant les larmes des Aésir. Hel répond qu'il faudra tester la force de l'amour pour Balder avant qu'elle ne le laisse s'en aller. « Si toutes les choses au monde le pleurent, alors je l'autoriserai à partir, mais qu'un objet refuse de le pleurer et je le garderai. » Les Aésir dépêchent alors des messagers partout dans le monde pour demander que l'on pleure Balder pour le libérer. Chaque être et chaque chose pleure, les gens, les animaux, la terre, les pierres et tous les métaux.

Sur le chemin du retour, les messagers croisent une géante nommée Thokk. Ils lui demandent de pleurer pour permettre à Balder de quitter Hel, mais elle refuse, disant : « Thokk versera des larmes sèches. Que Hel conserve ce qu'elle détient. » Balder ne peut donc rejoindre les siens. Il est probable que Thokk n'est autre que Loki déguisé.

WALHALLA

LES NOBLES et les héros morts au combat rejoignent Walhalla, le magnifique palais des défunts d'Odin. Ils prennent place parmi les Einherjar, héros morts formant l'armée personnelle d'Odin, et y coulent des jours heureux à banqueter et guerroyer en attendant la fin du monde, où ils devront livrer leur dernière grande bataille aux côtés du dieu.

Walhalla est un palais immense aux nombreuses portes ; ses chevrons sont taillés dans les hampes des lances, et ses tuiles dans les boucliers. Les Einherjar revêtent chaque jour leur tenue de combat et se battent par jeu. À la fin des joutes, tous ceux qui sont tombés se relèvent miraculeusement et, le soir venu, ils s'asseyent ensemble pour manger, boire et festoyer. Les guerriers dévorent la chair du sanglier Saerihimnir que chaque jour le cuisinier Andhrimnir fait cuire dans le chaudron Eldhrimnir. Il y a toujours assez de viande pour nourrir tous les Einherjar, quel que soit leur nombre, et chaque matin le sanglier entier peut être à nouveau cuisiné pour le lendemain. La boisson des Einherjar est l'hydromel inépuisable, produit par la chèvre Heidrun, qui emplit chaque jour une cuve à la contenance suffisante pour que tous puissent boire à satiété.

🜨 LES WALKYRIES

LES WALKYRIES choisissent pour Odin ceux qui meurent au combat. Leur nom signifie « celles qui choisissent les victimes ». Ces esprits féminins vont sur les champs de bataille pour accorder la victoire selon les vœux d'Odin et ramènent les morts au Walhalla. Elles servent à boire et à manger aux guerriers morts.

Des poèmes les décrivent à cheval, vêtues d'une armure, ce qui est à l'origine des représentations populaires. mais il semblerait que de bien plus mystérieuses créatures féminines surnaturelles et assoiffées de sang aient été associées aux batailles et aux morts dès l'aube des temps germaniques.

LES AÉSIR

ODIN, habile magicien, dieu de la guerre, de la mort, des rois, de la poésie et de la magie, était le principal dieu des Aésir. C'était un personnage effrayant dont il valait mieux se méfier. Il s'intéressait plus à ses pouvoirs magiques qu'à ses sujets. Sa reine était la belle et gracieuse Frigg, comme lui capable de voir l'avenir.

Thor, protecteur d'Asgard et dieu du tonnerre, était le fils d'Odin. C'était vers lui que les dieux se tournaient s'ils avaient des démêlés avec les géants. Il apparaissait alors instantanément, brandissant son invincible marteau, pour sauver la situation. Il protégeait aussi les humains. Thor était fiable et jouissait de la confiance de la population.

Balder, autre fils d'Odin, était l'un des Aésir les plus connus, surtout grâce au mythe de sa mort. C'était le plus sage, le plus doux, le plus beau et le plus aimé des dieux, mais il mourut tragiquement, victime d'un subterfuge de Loki. Tyr, autre dieu de la guerre, était le plus courageux de tous. Bragi, dieu de la poésie, et Ull, dieu des archers et de la chasse, faisaient aussi partie des Aésir.

▲ *Détail d'une pierre funéraire gravée. Les soldats de la rangée supérieure tiennent leur épée pointe en bas, signifiant la mort.*
▼ *Tyr, dieu du ciel avec une bête enchaînée, sans doute Fenrir qu'il avait réussi à entraver, y perdant une main.*

THOR PÊCHANT LE SERPENT COSMIQUE

L'ENNEMI JURÉ de Thor est Jormungand, serpent cosmique lové autour du monde au fond de la mer. Un jour, Thor prend l'apparence d'un jeune homme et loge une nuit chez Hymir, un géant. Le lendemain, alors qu'Hymir se prépare pour aller pêcher, Thor offre de l'accompagner. Le géant se moque de lui, disant qu'il est trop jeune et trop petit pour l'aider. Furieux, Thor rétorque qu'il n'est pas sûr d'être le premier à demander que le bateau fasse demi-tour et il est sur le point d'abattre son marteau sur Hymir quand il se souvient de son dessein secret de tester sa force en un autre lieu. Il demande donc à Hymir ce qu'il utilise comme appât. Ce dernier lui disant d'apporter son propre appât, Thor tranche le cou du plus gros bœuf du troupeau de son hôte.

Thor s'empare le premier des rames et Hymir trouve qu'il les manie avec une grande vigueur. Quand ils atteignent le lieu de pêche, Thor dit qu'il veut aller plus loin. Quelque temps plus tard, Hymir prévient qu'ils sont maintenant si loin qu'il est dangereux de poursuivre à cause du serpent cosmique. Thor répond qu'il continue, ce qui met Hymir au comble de l'anxiété.

Quand Thor pose finalement les rames, il fixe la tête du bœuf au bout d'une ligne et la lance. Au fond de l'eau, le serpent referme sa bouche sur l'appât à l'intérieur duquel se trouve un immense hameçon. Il s'accroche au serpent qui donne une violente secousse. À l'autre bout de la ligne, Thor fait appel à toutes ses forces pour y résister. Il tire si fort que ses pieds passent à travers le fond du bateau et qu'il se retrouve à marcher dans l'eau. Il ramène le serpent mais Hymir panique et devient très pâle. Juste au moment où Thor lève son marteau pour porter un coup mortel au monstre, Hymir coupe la ligne. Le serpent replonge au fond des mers et Thor jette son marteau sur lui. Puis, furieux

contre le géant, il le pousse par-dessus bord pour le faire disparaître à jamais. Quant à Thor, il regagne le rivage en marchant.

LES VANIR

DIVINITÉS de la fécondité, les Vanir vivaient aux côtés des Aésir. Njord, dieu de la mer et de ses trésors, était invoqué pour obtenir richesses et pêches fructueuses, et conjurer les dangers des voyages en mer. Il vivait à Noatun (le port) et était le père des jumeaux Freyr et Freyja.

Freyr, principal dieu de la fertilité, était un dieu de lumière et d'abondance, radieux et généreux. Il contrôlait les récoltes en agissant sur le soleil et la pluie. Les mariages étaient aussi l'occasion d'invoquer Freyr, puisqu'il veillait également à la fertilité des humains. On lui demandait d'assurer la prospérité et on le croyait capable d'apporter la paix. Les armes étaient interdites dans son temple et verser le sang dans ses lieux sacrés était tabou. Freyja, principale déesse des Vanir, était plus qu'une déesse de la fécondité, elle était aussi la déesse de l'amour, une magicienne experte, et elle accueillait les morts.

▲ *Thor avec son marteau symbolique aux prises avec Jormungand, le serpent cosmique.*

LES SANGLIERS

LES SANGLIERS étaient sacrés et dédiés aux divinités de la fertilité. Freyr et Freyja en avaient chacun un qu'ils montaient. On les voyait parfois sous la forme de cet animal. On en sacrifiait à Freyr pour avoir une bonne récolte. L'image du sanglier est présente sur les objets cérémoniels. Les rois de Suède héritaient du Sviagriss, un anneau orné d'un cochon. Les premiers rois accordaient grand prix aux casques ornés de sangliers. L'un d'eux portait le nom d'Hildisvin comme le sanglier de Freyja. *Beowulf*, épopée anglo-saxonne, mentionne un casque à effigie de sanglier qui sauva la vie de celui qui le portait.

LOKI, AMI ET ENNEMI DES DIEUX

LOKI ÉTAIT l'une des figures les plus remarquables de la mythologie nordique. Sans être vraiment un dieu, puisqu'il descendait des géants, il vivait cependant avec les Aésir, participant à leurs escapades, souvent prêt à leur donner un coup de main. Cependant, tout en étant l'ami et le compagnon des dieux et le frère

de sang d'Odin, Loki était aussi leur adversaire. À Ragnarök – jour de la fin du monde –, il lutterait aux côtés des géants, contre les dieux.

Loki était beau et intelligent mais aussi fourbe et perfide. Très malin, il avait plus d'un tour dans son sac et toujours un stratagème en réserve. Capable de se métamorphoser, il se muait en animal ou en oiseau pour faire ses mauvais coups. Snorri disait de lui qu'il était le destructeur des dieux et l'origine de tous les mensonges et de la malhonnêteté.

Rien n'indique qu'il ait fait l'objet d'un culte, mais il faisait partie intégrante des mythes. Sa présence est à l'origine de plusieurs péripéties dans la vie des dieux. Sa nature mystérieuse nous apparaît parce que, même s'il ne cessait de valoir des ennuis aux dieux, c'est souvent sa vivacité d'esprit et sa ruse qui les tiraient d'affaire. Son influence pouvait être bénéfique ou maléfique.

▲ *Détail d'une pierre de forge gravée à l'effigie de Loki les lèvres cousues.*
◄ *Statuette en bronze de Freyr, dieu de la fertilité.*

LOKI ET IDUN

LA DÉESSE IDUN conserve les pommes d'or de l'éternelle jeunesse, que les dieux doivent manger pour ne pas vieillir. Loki, par malice, manigance pour qu'Idun et ses pommes soient emportées par un géant, mais c'est aussi lui qui met fin à cette calamité en imaginant une ruse pour rendre Idun aux dieux.

Loki est capturé par le géant Thiassi, qui accepte de le libérer à condition qu'il promette d'enlever Idun et de la ramener avec ses pommes. Loki s'exécute et le géant le laisse partir. Il va alors trouver Idun et lui dit avoir vu dans la forêt des pommes qu'elle jugerait peut-être très précieuses. Il lui suggère de venir les voir en apportant ses pommes afin de pouvoir comparer. Dès qu'ils ont franchi les murs d'Asgard, Thiassi arrive sous la forme d'un aigle, s'empare de la déesse et de ses fruits et repart en terre des géants.

La disparition d'Idun et des pommes affecte profondément les dieux qui commencent à vieillir et à grisonner.

◄ *Dans ce mythe, Loki et Thiassi se métamorphosent en oiseaux pour se combattre.*

LA DESCENDANCE DE LOKI

LOKI ET LA GÉANTE Angerboda conçoivent trois monstres : Jormungand, serpent géant, Hel, une fille qui est mi-vivante mi-cadavre et le loup monstrueux Fenrir. Ces créatures jouent toutes un rôle dans la mythologie. Il est écrit que Jormungand et Fenrir tueront Thor et Odin le jour de Ragnarök. Odin capturera les enfants de Loki mais les dieux ne peuvent simplement les annihiler. Il leur faut trouver un autre moyen de les neutraliser.

Les dieux éprouvent une vive inquiétude en découvrant l'existence de ces trois créatures. Ils connaissent les prophéties leur annonçant qu'elles seront l'instrument de leur perte. Odin envoie donc des dieux à leur recherche, avec ordre de les ramener à Asgard. Quand elles sont devant lui, Odin jette Jormungand, le serpent, dans la mer qui entoure le monde. Le reptile grandit tant que son corps finit par encercler le monde et qu'il se mord la queue. Puis Odin place Hel à Niflheim, la terre des morts, lui confiant le soin de nourrir et de loger tous les morts qui arrivent là. Les Aésir conservent et élèvent à Asgard Fenrir, le loup à la force prodigieuse, mais seul Tyr est assez courageux pour s'occuper de lui.

LA PUNITION DE LOKI

APRÈS QUE SA MÉCHANCETÉ a provoqué la mort de Balder, Loki comprend que rien ne pourra apaiser la colère des dieux et s'enfuit. Il construit une maison pour se cacher sur une montagne et met une porte à chaque mur pour surveiller de tous les côtés. Le jour, il prend l'apparence d'un saumon et se cache dans une rivière proche. Une nuit, dans sa maison, il se demande ce

que les Aésir imagineront pour l'attraper. Il invente ainsi le premier filet de pêche.

Puis Loki s'aperçoit que les Aésir ont retrouvé sa trace et ne sont plus très loin. Il jette le filet dans le feu et s'enfuit vers la rivière. Les Aésir remarquent la forme du filet dans les cendres et comprennent que ce doit être un moyen d'attraper du poisson. Ils en tissent un très vite et vont à la rivière. Ils ratissent les eaux avec le filet mais Loki s'est dissimulé entre deux pierres et le filet passe au-dessus de lui. Les Aésir renouvellent la manœuvre, mais cette fois en lestant le filet, de sorte qu'il racle le fond. Loki se maintient en avant du filet mais se rend compte qu'il sera bientôt en pleine mer. Il saute par-dessus le filet pour remonter le courant.

Les Aésir font une troisième tentative, Thor marchant cette fois-ci devant. Loki doit maintenant choisir entre deux dangers mortels, la mer ou Thor. Il se résout à essayer de sauter et de s'enfuir au plus vite mais Thor le saisit par la queue, ce qui explique pourquoi le corps des saumons s'affine avant la queue.

Les Aésir comptent se montrer impitoyables. Ils emmènent Loki dans une grotte où ils lèvent trois dalles de pierre qu'ils percent chacune d'un trou. Ils vont chercher les fils de Loki, Vali et Narfi, et transforment le premier en un loup qui se jette immédiatement sur son frère et le réduit en pièces. Les dieux arrachent les intestins de Narfi et s'en servent pour attacher Loki sur les trois pierres. Les liens deviennent de fer. Skadi attache un serpent venimeux au-dessus de la tête de Loki, de sorte que le poison coule sur son visage. Le destin de Loki est d'attendre ainsi le jour de Ragnarök où il se libérera. Sigyn, sa femme, est à son côté et recueille le poison dans un bol, mais quand il est plein elle doit le vider et le poison atteint le visage de Loki, qui se tord alors si violemment que toute la terre en est secouée. C'est ce qu'on appelle un tremblement de terre.

Ils se réunissent pour déterminer quand Idun a été vue pour la dernière fois et s'aperçoivent que c'est alors qu'elle quittait Asgard en compagnie de Loki. Ils s'emparent alors de celui-ci, le menaçant de torture et de mort. Terrifié, il promet d'aller chercher Idun si Freyja lui prête son apparence de faucon. Loki s'envole donc sous l'apparence d'un faucon et arrive au château de Thiassi en terre des géants. Thiassi n'est pas là et Idun est seule. Loki se dépêche de la transformer en noix et rentre à Asgard en la tenant dans ses serres. À son retour, Thiassi découvrant la disparition d'Idun prend une fois de plus la forme d'un aigle pour partir à sa recherche. Les Aésir voient le faucon volant avec la noix poursuivi par l'aigle. Ils font un grand feu à Asgard. Le faucon franchit la muraille et se pose immédiatement, mais l'aigle, incapable de s'arrêter, passe au-dessus du feu et s'embrase.

C'est ainsi que les Aésir tuent Thiassi et que Loki, responsable de la disparition d'Idun et de ses pommes, est aussi celui qui les rapporte.

◄ Odin, dieu de la guerre.

Fenrir avancera la gueule béante avec à ses côtés Jormungand crachant son poison. Ils marcheront vers la plaine de Vigrid, lieu de l'ultime bataille, tout comme les dieux et les Einherjar, conduits par Odin, qui s'attaquera à Fenrir. Thor vaincra le serpent mais mourra, succombant aux effets de son propre poison. Fenrir avalera Odin. Des flammes, de la fumée et des vapeurs s'élèveront jusqu'au firmament. Le ciel s'obscurcira et les étoiles disparaîtront. La terre sombrera dans la mer, qui l'engloutira.

Toutefois, Ragnarök ne sera pas la fin de toutes choses. Le monde ressurgira, vert et fertile, permettant l'avènement d'un nouvel âge. Les récoltes pousseront sans avoir été semées. Les enfants des anciens dieux, assis sur l'herbe à l'endroit où se trouvait autrefois Asgard, parleront des temps passés.

Le monde des humains sera repeuplé par deux personnes, Lif et Lifthrasir qui seront restés cachés dans le frêne Yggdrasil. Ainsi la fin contiendra-t-elle un nouveau début, et le cycle recommencera.

TYR ET FENRIR

LES AÉSIR RETIENNENT à Asgard le loup Fenrir, fils de Loki, pour le surveiller, mais seul Tyr est assez courageux pour s'occuper de lui. Quand les dieux voient que Fenrir devient énorme, ils décident de l'entraver. Ils apportent donc une grosse chaîne et suggèrent au loup d'éprouver sa force en jouant avec elle. Fenrir, peu impressionné par la chaîne, les laisse faire. À peine attaché, il se libère d'un coup.

Les dieux se hâtent de forger une autre chaîne, deux fois plus longue, et exhortent Fenrir à se laisser attacher une deuxième fois, disant que sa force restera gravée dans les mémoires s'il se détache à nouveau. Fenrir, qui aspire à une telle renommée, se laisse faire. Il a un peu plus de mal que la première fois mais parvient encore à s'échapper.

ODIN

ODIN, ROI DES DIEUX, était aussi puissant que terrifiant. Ce n'était en rien une figure paternelle bienveillante. Il était le dieu des rois, des nobles et des poètes, mais aussi le dieu de la guerre, de la magie et de la sagesse. Il se métamorphosait et ses pouvoirs magiques en faisaient un ennemi redoutable. Il était devenu borgne en donnant un œil pour boire la boisson de la connaissance (ou eau de la sagesse) au puits de Mimir. On l'invoquait pour solliciter la victoire mais, comme il aimait les conflits, on l'accusait souvent d'accorder des triomphes injustes.

RAGNARÖK

NUL NE PEUT échapper à son destin. Cette idée trouve son aboutissement avec le concept de Ragnarök (mort des dieux), destruction inéluctable du monde. Ragnarök doit être annoncé par trois années de guerre suivies d'un terrible hiver de trois ans, sans été. Un immense tremblement de terre brisera tous les liens. Fenrir le loup se retrouvera libre, de même que Loki. En se rapprochant de la terre, Jormungand, le serpent cosmique, provoquera un immense raz de marée dont les eaux porteront le bateau Naglfar, fait avec les ongles d'hommes morts, rempli de géants, avec Loki à la barre.

 MYTHES CONNUS   PERSONNAGES

Les Aésir commencent à craindre de ne pas réussir à retenir Fenrir. Ils font mander les nains, qui forgent une entrave appelée Gleipnir. Elle ressemble à un ruban de soie mais a été tissée de six ingrédients magiques, le bruit de pas d'un chat, la barbe d'une femme, le souffle d'un poisson, les racines d'une montagne, les forces d'un ours et la bave d'un oiseau. Les Aésir portent Gleipnir à Fenrir qui la regarde avec défiance. « Je ne pense pas que mon prestige s'accroisse parce que j'aurai coupé ce fin ruban, dit-il. Toutefois, s'il est forgé par quelque sortilège, alors, quelle que soit sa finesse, nul ne l'enroulera autour de moi. » Les Aésir répondent qu'il réussira sans nul doute à rompre ce ruban si fin puisque les lourdes chaînes en fer ne lui ont pas résisté. Ils ajoutent que, s'il n'y parvient pas, ils le délivreront car ils n'auraient alors rien à craindre de lui. Fenrir réplique : « Si je ne parviens pas à me détacher, je devrai attendre très longtemps pour que vous me libériez. Je n'ai donc pas envie de jouer cette fois-ci. Mais, comme je ne veux pas passer pour un poltron, je le ferai quand même si l'un de vous met sa main dans ma gueule en gage de votre bonne foi. »

Les Aésir se regardent, ne sachant que faire, jusqu'à ce que Tyr accepte de placer sa main dans la gueule du loup. Fenrir accepte alors

de se laisser attacher, mais plus il se débat, plus le lien se renforce et il ne peut s'en dégager. Les Aésir rient tous beaucoup, sauf Tyr, qui perd sa main.

LES DÉESSES

DE PUISSANTES déesses figuraient au panthéon nordique. Les principales étaient Frigg, la gracieuse femme d'Odin, et Freyja, déesse de la fécondité et de la sensualité. Certains ont voulu voir en elles deux aspects d'une même divinité, Frigg représentant l'épouse et la mère, tandis que Freyja symbolisait la maîtresse et l'amante. Elles partageaient plusieurs fonctions : on les invoquait au moment des naissances, pour protéger et aider les femmes pendant le travail. Elles jouaient aussi un rôle au moment de nommer les nouveau-nés.

Les autres déesses étaient surtout liées à la fécondité. Certaines n'étaient peut-être que des aspects de Freyja et Frigg : Sjofn, Lofn et Gefjon semblaient être des aspects de la première tandis que Saga, Hlin, Vor,

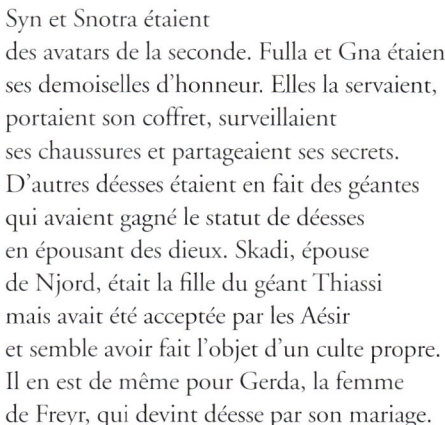

Syn et Snotra étaient des avatars de la seconde. Fulla et Gna étaient ses demoiselles d'honneur. Elles la servaient, portaient son coffret, surveillaient ses chaussures et partageaient ses secrets. D'autres déesses étaient en fait des géantes qui avaient gagné le statut de déesses en épousant des dieux. Skadi, épouse de Njord, était la fille du géant Thiassi mais avait été acceptée par les Aésir et semble avoir fait l'objet d'un culte propre. Il en est de même pour Gerda, la femme de Freyr, qui devint déesse par son mariage.

▲ *La dalle d'Andreas (île de Man) : le relief montre Fenrir engloutissant Odin le jour de Ragnarök.*
◄ *Cette broche représente Jormungand, le serpent cosmique qui rejoindra la terre le jour de la fin du monde.*

LE COLLIER DES BRISING

L'HISTOIRE RACONTANT comment Freyja parvient à s'emparer de son célèbre et magnifique collier en or, le collier des Brising, met en évidence le côté passionné et sensuel de sa nature.

Freyja rencontre un jour quatre nains occupés à fabriquer un objet en or. C'est d'ailleurs pour eux une activité fréquente car les nains sont des orfèvres renommés. Ils font, ce jour-là, un superbe collier, le plus beau que Freyja ait jamais vu. Elle le désire ardemment. Nul autre cou que le sien ne peut être destiné à arborer un tel ornement. Elle communique son désir aux nains, proposant d'acheter le collier, mais ils ne veulent pas le vendre. Elle leur offre une grande quantité d'or et d'argent mais ils s'obstinent à refuser de s'en séparer.

▲ *Les nains travaillaient à merveille les métaux. Ils forgèrent le collier de la belle déesse Freyja.*
◄ *Freyja, déesse de l'amour, du mariage et des morts, en train de filer les nuages.*

Consumée par sa convoitise, Freyja offre davantage d'objets de valeur, mais les nains ne sont pas intéressés. Finalement, ils donnent leur prix.

« Nous avons déjà tout ce que nous voulons. La seule chose que nous désirons, Freyja, c'est vous. Passez une nuit entière avec chacun de nous et nous vous céderons notre part du collier. »

Freyja est choquée. Elle regarde avec déplaisir les quatre nains contrefaits qui se moquent d'elle mais son désir du collier est un feu ardent. Quatre nuits ne semblent pas un prix trop élevé pour le posséder à jamais, et personne n'en saura jamais rien. Elle accepte le marché.

Freyja passe quatre nuits avec eux et chacun est satisfait. Elle a tenu parole, ils en font autant et lui donnent le collier. Elle rentre chez elle, prétendant qu'il ne s'est rien passé, et le collier devient l'un de ses plus chers trésors.

FREYJA

PUISSANTE, ARDENTE, belle, Freyja était la plus haute déesse des Vanir. Divinité majeure de la fécondité, elle était aussi déesse de l'érotisme et experte dans l'art de la magie, et accueillait les morts. Freyja apparaît dans nombre de mythes où elle est décrite à la fois comme désirable et sujet désirant. Les géants la convoitaient, cherchant souvent à l'enlever quand ils attaquaient Asgard. On l'accusait aussi de passer la nuit à poursuivre les hommes, comme une chèvre en chaleur, et d'avoir eu pour amants tous les elfes et dieux, dont son propre frère.

LES DIVINITÉS DE LA MER

LA MER avait une grande importance car elle était à la fois une source de nourriture et un moyen d'accéder à la gloire et à la renommée par les voyages, le commerce ou les raids. Le dieu marin le plus connu était Njord (de la famille des Vanir), mais Aegir, qui aurait personnifié l'océan, était aussi très puissant. Il vivait en pleine mer et la poésie viking évoque l'image de drakkars broyés entre ses mâchoires.

Aegir et son épouse Ran recevaient les noyés dans leur palais au fond des mers. Les sagas racontent que si les marins perdus apparaissaient à leurs propres funérailles, c'est que Ran leur avait fait bon accueil. Aussi jugeait-on prudent de ne pas prendre la mer sans porter de l'or pour ne pas arriver les mains vides au palais de Ran. L'hospitalité d'Aegir et Ran n'était pas totalement malveillante. Aegir était connu pour l'opulence de ses fêtes. Thor rendit visite au géant Hymir pour obtenir un chaudron assez grand pour contenir l'hydromel servi au banquet d'Aegir. Dans un poème narrant le chagrin d'un père dont le fils s'est noyé, le père veut se venger d'Aegir, mais en même temps le désigne comme le « brasseur de bière ».

NJORD ET SKADI

Skadi est la fille du géant Thiassi, tué par les Aésir à qui il a dérobé les pommes de la jeunesse. Elle épouse le dieu de la mer Njord. Ce mythe raconte ses noces, alliance d'une déesse de la fertilité avec un représentant de l'hiver et de l'obscurité.

Apprenant la nouvelle de la mort de son père Thiassi, Skadi s'arme, met son casque et sa cotte de mailles et se rend à Asgard pour le venger. Les Aésir lui offrent réparation et l'accord prévoit notamment qu'elle pourra choisir l'un d'eux pour époux. Toutefois, elle ne verra que les pieds des prétendants possibles et devra s'en contenter pour faire son choix.

Les dieux célibataires défilent donc devant elle, ne montrant que leurs pieds. Deux pieds sont bien plus propres et plus blancs que tous les autres. Ce ne peuvent être que les pieds de Balder, le plus beau et le plus blanc de tous les dieux. Sûre de son fait, Skadi désigne vite son époux.

Quand le possesseur des pieds ainsi choisi est dévoilé, il s'avère que c'est Njord, dieu de la mer. Ses pieds sont d'une propreté impeccable parce que la mer les lave sans cesse. Skadi est quelque peu interdite mais le mariage a lieu.

C'est une union difficile. Skadi est la fille d'un géant des montagnes et se languit de ses crêtes natales. Njord ne se sent bien qu'à proximité de la mer. Ils font des efforts, acceptant de passer alternativement neuf nuits à Thrymheim, château de montagne de Skadi, et neuf nuits à Noatun, résidence côtière de Njord. Hélas, ce compromis ne dure pas. Ils sont terriblement malheureux dans la maison de l'autre. Njord ne supporte ni les hauteurs, ni le hurlement des loups et Skadi ne supporte pas la haute mer et déteste le cri des mouettes. Ils finissent par décider de vivre séparément, Njord restant près de l'océan et Skadi dans les montagnes qu'on la voyait souvent parcourir à ski ou en raquettes.

▼ *Cette illustration montre Aegir, dieu personnifiant le vaste océan, déclenchant une violente tempête.*

◀ Une paire de montants de harnais ornés à l'effigie de l'aigle habituellement associé à Odin. Les becs et les serres acérés soulignent leur férocité.

LES ANIMAUX SACRÉS D'ODIN

ODIN N'AVAIT PAS besoin de manger. Il lui suffisait de boire du vin. Il donnait toute sa nourriture à ses deux loups, Geri et Freki, toujours assis à ses pieds. Il avait aussi deux corbeaux, Hugin et Munin (pensée et mémoire), qui survolaient chaque jour le monde pour lui en rapporter les nouvelles. Le soir, ils se posaient sur ses épaules et lui disaient ce qu'ils avaient vu.

Ils étaient souvent représentés avec le dieu et associés à son rôle de dieu de la guerre, autant dans la poésie que dans la réalité puisqu'on les trouvait souvent sur les champs de bataille se nourrissant des cadavres.

Enfin, Odin avait Sleipnir, son cheval merveilleux, engendré par Loki. Doté de huit jambes, il était le plus rapide des chevaux et portait Odin à travers les airs et par-dessus les mers. C'était l'un de ses plus grands trésors.

LES TRÉSORS DES DIEUX

LES DIEUX POSSÉDAIENT des trésors magiques fabriqués par les nains, les artisans les plus habiles du monde mythique. Odin avait sa lance, Gungnir, que nul ne pouvait arrêter avant qu'elle ait trouvé sa cible, et un anneau d'or, Draupnir, qui générait huit anneaux de même poids et de même valeur toutes les neuf nuits. Freyr avait un drakkar, Skidbladnir, toujours poussé par des vents favorables quand il hissait les voiles, mais que l'on pouvait plier et ranger dans sa poche quand on ne l'utilisait pas, et un sanglier doré qui parcourait les cieux et les océans plus vite que n'importe quel cheval et dont les soies illuminaient la nuit.

Le trésor le plus sacré appartenait à Thor. C'était Mjöllnir, son marteau qui ne manquait jamais de frapper sa cible et revenait toujours dans ses mains. Les dieux comptaient beaucoup sur ce marteau qui était leur plus précieux trésor puisqu'il les protégeait contre les géants. Les propriétés de Mjöllnir étaient telles qu'il ne servait pas seulement à assurer la protection physique mais qu'on le levait au-dessus des objets pour les bénir. Il fut ainsi levé sur la nef funéraire de Balder. Brandi au-dessus des os de deux chèvres, tuées et mangées, ayant appartenu à Thor, il les ramena à la vie.

LE CHIFFRE NEUF

ON NE SAIT PAS pourquoi mais le chiffre neuf avait des vertus particulières. Odin se suspendit neuf nuits pour apprendre neuf sortilèges. Heimdall avait neuf mères ; Aegir, neuf filles. Hermod passa neuf nuits à chercher Balder ; Freyr attendit Gerda, sa fiancée, neuf nuits. Njord et Skadi passaient neuf nuits l'un chez l'autre. Toutes les neuf nuits, Draupnir, l'anneau d'Odin, produisait huit anneaux. Thor devait s'écarter de Jormungand de neuf pas avant de mourir. Une grande fête de neuf jours se tenait tous les neuf ans à Uppsala en Suède au cours desquels on sacrifiait neuf individus de chaque race d'êtres vivants, y compris humains.

LES RUNES

LES RUNES, forme primitive d'alphabet, étaient destinées à être gravées dans le bois, la pierre ou les métaux. Elles se composaient de droites, plus faciles à sculpter que les courbes. On ne les utilisait pas pour écrire de longs documents. On en a retrouvé sur les stèles, sur des planchettes servant à tenir les comptes dans le commerce et sur les armes. On leur prêtait des pouvoirs magiques : on jetait des sorts en les gravant et on les portait pour se protéger. Odin, puissant dieu de la magie, s'était, croyait-on, sacrifié, acceptant de se suspendre pendant neuf nuits à l'arbre cosmique, pour apporter au monde le secret des runes.

ODIN ET L'HYDROMEL
DE LA POÉSIE

ODIN est le dieu de la poésie, ce qui explique peut-être sa place prépondérante dans les sources poétiques. Il ne parle qu'en vers et il lui appartient de distribuer le don d'écriture et l'inspiration. Il accorde à l'un de ses favoris la faculté de composer de la poésie aussi vite qu'il parle. Odin fournit le précieux hydromel de l'inspiration poétique aux dieux et aux hommes. Cette boisson est inventée par les nains à partir du sang d'un être appelé Kvasir, créé par les dieux en symbole de paix après une guerre entre les Aésir et les Vanir. Il est si sage qu'il n'y a de questions auxquelles il ne sache répondre. Il va partout répandre la connaissance mais est un jour tué par deux nains qui mélangent son sang à du miel, fabriquant ainsi un savoureux breuvage. En boire confère la capacité d'écrire des poèmes ou de prononcer de sages paroles. Plus tard, un géant du nom de Suttung enlève l'hydromel aux nains qui ont commis l'erreur de tuer ses parents. Odin, par son astuce, s'approprie la boisson inestimable pour les dieux et les hommes. Il séduit la fille du géant, Gunnlod, qui est chargée de veiller sur l'élixir. Elle consent à lui en laisser boire trois gorgées mais il avale le tout et s'enfuit, changé en aigle, pour rejoindre Asgard où il régurgite le liquide. Quelques gouttes d'hydromel tombent en dehors d'Asgard : c'est la part des hommes.

◄ *Tête de dragon sculptée provenant d'un drakkar funéraire découvert à Oseberg.*

▲ *On prêtait des pouvoirs magiques ou protecteurs aux dalles portant des inscriptions runiques.*

❦
LES FUNÉRAILLES EN MER

L'ÉPOPÉE anglo-saxonne *Beowulf* raconte les funérailles spectaculaires faites au roi du Danemark. Sa dépouille est déposée dans un drakkar, avec une cargaison précieuse et de l'or. Le bateau est lancé et l'emporte. Dans la mythologie, de somptueuses funérailles en mer sont faites au dieu Balder. Le bateau qui l'emmène vers l'océan est un brasier. Ces rites mythiques reflètent les enterrements réels. On a retrouvé les vestiges d'un somptueux drakkar funéraire renfermant une femme du IXe siècle entourée d'un trésor à Oseberg en Norvège. D'autres restes de drakkars funéraires ont été découverts dans divers ports scandinaves.

Sibérie et Arctique

INTRODUCTION

LES RÉGIONS ARCTIQUES, Sibérie, Alaska, Groenland et Nord de la Scandinavie, abritaient une multiplicité de groupes ethniques. Les Tchouktches, les Evenk, les Evenki, les Nenets, les Nivkhe, les Tchouvants, les Kamtchadals, les Youkaghirs et les Khantys vivaient en Sibérie. En Alaska, on distinguait les Eskimo inupiat et yupik, les Aléoutes et les Athabaskans. Les Inuit vivaient au nord du Canada et au Groenland, et une population Saami en Scandinavie. Les Saami occupaient également la péninsule de Kola au nord-ouest de la Russie, tandis que les Eskimo yupik étaient installés le long des côtes occidentales de la Sibérie. Ces peuples du cercle polaire chassaient, pêchaient et élevaient des rennes. Ils avaient des origines communes en Asie centrale. Les Inuit, peuple de nomades migrants, arrivèrent en Alaska en passant par la Sibérie lors de la dernière période glaciaire. Ils poursuivirent leur chemin à travers les vastes toundras au nord du Canada, atteignant finalement les côtes montagneuses et glaciales du Groenland il y a quelque 4 500 ans.

Quelles que soient les différences dans leur vie quotidienne, leurs langues ou leur organisation socio-économique, tous les peuples polaires entretenaient avec leur environnement une relation particulière, fondatrice de leur identité sociale et essentielle à leur survie culturelle. Qu'ils élèvent des troupeaux de rennes ou chassent le phoque, la baleine et ou caribou, les peuples arctiques étaient non seulement littéralement nourris par leur environnement dans un sens économique, mais aussi spirituel puisque c'était lui qui constituait le fondement de leur culture et de leur mode de vie.

complexe centré sur l'animal, comme la fête des ours en Sibérie, la fête de la vessie dans le Nord de l'Alaska, ou d'autres fêtes liées à la chasse aux mammifères marins. Ces pratiques visaient à honorer l'animal, à lui demander pardon et à assurer le retour de son âme dans le monde des esprits. Les offenses des individus à l'encontre d'animaux ou du monde des esprits étaient susceptibles

L'ÉTROITESSE DU LIEN unissant les populations de ces régions glaciaires à leur milieu se reflétait dans la richesse de leur mythologie et était soulignée par un système de croyances complexes et des codes moraux stricts. Les forces spirituelles inhérentes aux humains, aux animaux et aux phénomènes naturels faisaient de l'Arctique un environnement dangereux, recelant incertitudes et risques. La menace venait en partie du fait que les peuples chasseurs, comme les Inuit, pensaient que les animaux qu'ils tuaient avaient une âme qu'il leur faudrait apaiser. Il en allait de même chez les pasteurs qui devaient veiller à ce que les rennes soient tués selon les règles et que la viande, les os et la peau soient utilisés de manière à ne pas offenser l'esprit protecteur des animaux.

Parfois, les rites effectués avant ou après le meurtre d'une bête donnaient lieu à un cérémonial

INUIT Nom de peuple
Toundra
Forêt boréale
Calotte glaciaire
Origine des migrations inuits de Thulé 200 av. J.-C. à 800 apr. J.-C.
Migration inuit

SIBÉRIE
KHANTYS
NENETS
EVENK
EVENKI
SCANDINAVIE
SAAMIS
CERCLE ARCTIQUE
KORYAK
TCHOUKTCHES
ESKIMO
OCÉAN ARCTIQUE
Thulé 1200 apr. J.-C. (?)
PÔLE NORD
ILE SAINT LAURENT
E BÉRING
MER DE BEAUFORT
ISLANDE
GROENLAND
INUIT
YUPIK
INUPIAT
Thulé 1000 apr. J.-C.
ALASKA
INUIT
INUIT
INUIT
INUIT
PACIFIQUE
INUIT
CANADA
INUIT
BAIE D'HUDSON
LABRADOR

SIBÉRIE ET ARCTIQUE

 MYTHES CONNUS PERSONNAGES

de porter préjudice aux âmes des bêtes tuées et d'attiser la colère d'esprits vindicatifs et malveillants, compromettant ainsi l'équilibre de la communauté. Les mythes expliquaient que la violation des règles régissant les rapports entre les gens et la nature provoquaient malheurs, chasses infructueuses, famines et mauvais temps. Cette harmonie fragile entre les humains et leur environnement pouvait être rétablie par l'intervention du chaman qui visitait le monde des esprits, soignait les maladies et les afflictions et conjurait le malheur.

Les ressemblances entre les mythologies, les croyances religieuses et les cérémonies des peuples de l'Arctique s'expliquent en partie par leurs origines communes. Confrontés à des conditions matérielles identiques, ils ont aussi développé des techniques semblables pour assurer leur subsistance. Par ailleurs, ils avaient de nombreux contacts entre eux bien avant l'arrivée des Européens. Nous savons par l'archéologie et les sources ethno-historiques que les peuples du Nord-Est de la Sibérie et de l'Ouest de l'Alaska, malgré les distances, commerçaient, organisaient des foires ou se faisaient la guerre. Ils participaient aussi à des échanges rituels, fêtes et cérémonies religieuses. En les mettant en rapport les uns avec les autres, ces activités leur permettaient de tisser des réseaux sociaux, économiques et religieux. Pour les ethnies de l'Alaska et de Sibérie, ces réseaux pouvaient traverser la Sibérie et se poursuivre au sud, jusqu'en Corée, Japon et Chine. Les Eskimo d'Alaska

et les Athabaskans avaient aussi des liens avec les peuples installés à l'est du Canada et plus au sud avec les divers groupes indiens de la côte Nord-Ouest du Pacifique. Ces rencontres fournissaient l'occasion d'échanges matériels et spirituels, qui permettaient la circulation des mythes. Ceux-ci, mettant en scène un corbeau par exemple, suggèrent l'existence de contacts entre Tchouktches et Koriak de Sibérie et les peuples de l'Ouest de l'Alaska. Il existe aussi des similitudes dans les mythes des origines et ceux évoquant métamorphoses et réincarnations. Les mêmes thèmes sont présents dans divers mythes couvrant toute l'aire arctique. Indépendamment de l'origine

▲ *Les indigènes savent vivre dans les conditions polaires où glace et obscurité sont semi-permanentes.*
▼ *Les Evenki, par déférence pour l'esprit du renne, utilisent respectueusement sa viande, sa peau et ses os.*

du récit, tchouktche, koriak, youkaghir, inuit ou d'autres ethnies, les mêmes trames narratives reviennent : rencontres entre humains et créatures non humaines (animaux, géants ou monstres marins), humains se transformant en animaux et vice-versa, genèse et descendance des humains, femmes douées de pouvoirs surnaturels, voyages de l'âme du chaman, épopées des dieux et héros.

LE RESPECT DE L'ÂME DES ANIMAUX

LES MYTHES ET LES RÉCITS transmis oralement soulignent le rapport spirituel qui unissait les humains aux animaux. Ces derniers étant la principale source de nourriture, des rituels complexes étaient liés à la chasse et à l'utilisation du gibier. Chez les Nenets, les Tchouktches et les Evenki de Sibérie, rennes, ours, loups et renards étaient des personnages dominants dans les mythes, tandis que chez les Inuit, on leur préférait le phoque, la baleine, le morse et les poissons comme l'omble de l'Arctique. Aux yeux des peuples, les animaux étaient des êtres spirituels dotés d'une âme.

Ils présentaient donc un danger potentiel pour les hommes qui ne les traitaient pas comme il se devait. Les préoccupations quotidiennes des peuples chasseurs étaient doubles : l'espoir d'une bonne chasse et la crainte de la famine et de la malchance. Il fallait prendre ses dispositions pour que la chasse soit un succès. Les mythes indiquaient comment apaiser l'animal et lui témoigner son respect pour écarter la vengeance de son âme. De même était présente l'idée fondamentale que les animaux avaient un gardien ou un maître qui ne consentait à les libérer que si les hommes leur témoignaient du respect et faisaient preuve de déférence. Le mythe inuit de la Femme de la mer (Sedna ou Nuliayuk) reflète la croyance en l'unité de toute vie, mais symbolise aussi les tensions entre le monde des humains et celui des animaux, Sedna assurant la médiation entre les deux.

▲ *Le renard de l'Arctique est chassé pour sa fourrure. Toutefois les peuples polaires le traitent avec respect puisqu'ils le croient doté d'une âme.*
▼ *Cet ours polaire en ivoire marin est issu de la culture inuit.*

Y
LE MYTHE DE SEDNA

SEDNA EST UNE JEUNE FILLE qui refuse de se marier. Pour la punir, son père la marie à un chien et les envoie vivre tous deux sur une île proche. Un jour que son mari-chien est absent, un homme paraît dans un canot et invite Sedna à se joindre à lui. La jeune femme profite de l'occasion pour quitter l'île et prend place dans le bateau de l'inconnu.

À l'issue d'un long voyage, ils arrivent à son village et Sedna l'épouse. Elle comprend vite qu'il n'est pas un homme mais un pétrel capable de prendre forme humaine. Sedna a maintenant très peur et souhaite échapper à ce second mari. Entre-temps, son père, qui la recherche, la voit et se cache sous des roches en attendant le départ de l'oiseau. Le pétrel parti, père et fille quittent le village. Le pétrel revient à temps pour voir leur embarcation disparaître. Il s'envole à leur poursuite et provoque une énorme tempête qui fait tanguer l'esquif. Pour se sauver, le père de Sedna la jette à la mer.

Accrochée au rebord du bateau, Sedna le supplie de la sauver. La tempête redouble et, un par un, son père lui coupe les doigts qui, au contact de l'eau, se transforment en phoques, baleines et narvals. Avant qu'elle ne disparaisse dans les vagues, son père lui arrache un œil. Sedna descend vers le monde inférieur, au fond de la mer, où elle devient la maîtresse et la gardienne des mammifères marins qui sont nés ses doigts. Le père de Sedna regagne son village. Il repose dans sa tente quand les flots montent et l'emportent. Il est maintenant captif dans la demeure de Sedna dont le chien garde la porte.

Sedna fait généralement preuve de générosité envers les humains et libère les animaux dont elle a la responsabilité. Il arrive qu'elle les retienne parce que des chasseurs ont blessé l'âme d'un animal. Quand les animaux se font rares, un chaman doit lui rendre visite pour la supplier de les laisser partir. Parfois, les mammifères se prennent dans sa chevelure toute sale et emmêlée tant les humains violent les tabous. Quand cela se produit, le chaman doit venir voir Sedna et lui peigner les cheveux, délivrant ainsi les phoques, les baleines et les autres mammifères.

⊞ LES SCULPTURES INUIT EN STÉATITE ET EN IVOIRE

DANS LA MYTHOLOGIE des Inuit du Canada, l'univers n'existe que grâce aux actes créateurs humains. L'homme révèle donc ce qui est. Cette conception se reflète dans les sculptures de phoque, de baleine, de caribou et d'ours. On disait que les images cachées dans la matière attendaient le couteau du sculpteur pour apparaître. Les artistes ne disaient pas qu'ils créaient l'animal, mais qu'ils l'aidaient à émerger. Ils sculptaient pour des raisons rituelles,

religieuses ou esthétiques. Si l'on pensait que la représentation renfermait l'essence de l'animal, on croyait de même que le chasseur influençait l'esprit de sa proie.

⊻ LE MAÎTRE DES ANIMAUX

LES PEUPLES DE L'ARCTIQUE pensaient qu'un esprit protégeait les animaux, incarnant leur essence et veillant à ce que les humains accomplissent les rites. Ce maître, gardien ou propriétaire des animaux, pouvait aussi influencer la chasse. En Sibérie, dans les sociétés pastorales comme celles des Tchouktches et des Nenets, l'esprit tutélaire était le protecteur des rennes. Les Naskapi du Labrador se représentaient le gardien des caribous comme un homme à barbe blanche pouvant prendre la forme d'un ours. Pour les Inuit, la Femme des mers possédait tous les mammifères marins. Selon un mythe très répandu sur les côtes Nord du Pacifique, l'orque était la maîtresse des eaux.

⊻ L'ÊTRE SUPRÊME

POUR LES PEUPLES SIBÉRIENS, l'être suprême était distant, détaché des affaires humaines, intervenant rarement quand la maladie ou les mauvais esprits menacent la vie des hommes. Dans le passé mythologique, l'être suprême était proche des hommes et les chamans montaient régulièrement au ciel pour s'entretenir avec lui. Mais les mythologies sibériennes évoquent le souvenir d'une transgression qui l'offensa et le fit se retirer bien loin dans les cieux. Le monde humain devint vulnérable aux influences et aux actions des esprits des ancêtres, animaux et phénomènes naturels. Dans certains mythes, l'être suprême envoyait le premier chaman aux hommes pour les protéger de la famine, des maladies et des mauvais esprits.

▼ *Le renne est à la fois moyen de transport, source de nourriture et d'habillement.*

LES MYTHES ÉVOQUANT
L'ÊTRE SUPRÊME

POUR LES PEUPLES du cercle polaire, toute chose était mue par une force vitale et participait d'une même nature spirituelle. Les Tchouktches croyaient en un être suprême qu'ils appelaient le créateur ou l'être-qui-donne-la vie. Mais sa nature restait mystérieuse et difficile à conceptualiser. Pour eux, il ne se différenciait pas du maître des troupeaux de rennes et était aussi nommé être-renne. Les Evenki croyaient que l'être suprême était double : Amaka était l'aspect qui veillait sur le sort des gens, et Ekseri celui qui régnait sur les gardiens des animaux et les grandes forêts sibériennes. Amaka était aussi le terme *evenk* signifiant ours, animal qu'on imaginait être la forme incarnant l'être suprême et le maître des animaux.

L'être suprême personnifiait la force vitale qui traversait et animait à la fois le monde des humains et celui des animaux. Les Inuit appelaient ce principe de vie *inua*. Mais il y avait aussi *sila* qui régnait sur les éléments et l'univers. *Sila* était toutes les forces et les pouvoirs de chaque chose naturelle, le principe fondamental omniprésent dans

la nature. Il se manifestait en chaque individu ; c'était la force vitale qui reliait et plaçait un individu en harmonie avec son environnement immédiat.

▲ *Une Inuit se désaltère à l'eau d'un ruisseau.*
▼ *Le chaman en costume rituel invite l'esprit du feu à donner sa bénédiction.*

LE CHAMAN

LE CHAMAN était une figure universelle : il était l'intermédiaire dans les transactions entre les hommes, les âmes des animaux et le maître des animaux. Les mythes évoquent son initiation, longue, solitaire et ardue, au cours de laquelle il luttait contre les esprits pour développer ses pouvoirs avant de retourner chez les siens. Quand il entrait en transe, son âme quittait son corps pour aller dans le monde des esprits où elle négociait avec le maître des animaux pour que ceux-ci soient envoyés vers le chasseur qui pourrait en faire de la nourriture, demandant aussi le retour des âmes des humains capturées par des esprits malveillants.

LES MYTHES DES ORIGINES

IL EXISTE DE NOMBREUX mythes expliquant la genèse du monde. On retrouve l'idée que, avant le début des temps, tout n'était qu'obscurité, jusqu'à ce qu'un magicien ait créé le monde. Les Eskimo inupiat se transmettaient des histoires expliquant la création de l'homme-corbeau par le premier chaman. Corbeau harponnait une baleine dont le corps devenait terre, puis révélait la lumière et créait le premier peuple.

On retrouve l'être suprême dans plusieurs variantes d'un mythe expliquant comment,

▲ *Dans le grand Nord. l'hiver, les villages inuit consistaient en regroupement d'igloos.*

ayant dérivé sur les glaces, Corbeau atteignit un village et prit une épouse dans la population. Corbeau et sa femme eurent des enfants qui se transformaient en corbeaux quand ils retournaient sur la terre de leur père, mais conservaient la possibilité de reprendre leur forme humaine. Au fil du temps, leurs descendants oublièrent et perdirent cette faculté, restant corbeaux à jamais. D'autres mythes, liés à ceux décrivant l'équilibre entre le jour et la nuit, le temps et l'espace ou les différentes chasses de l'année, décrivent les origines des éléments, du soleil, de la lune et des autres corps célestes.

L'ORIGINE DU SOLEIL ET DE LA LUNE

ALORS QUE LE MONDE n'a pas encore sa forme actuelle, un homme vit dans un village côtier. Il n'est pas marié mais a une sœur cadette dont il est amoureux. La nuit, dans son igoo, après avoir éteint sa lampe à huile de phoque, la jeune femme reçoit la visite d'un homme qui lui fait l'amour. Dans l'obscurité, elle ne peut pas le voir, mais est déterminée à découvrir son identité. Une nuit, avant d'éteindre sa lampe, elle trempe son doigt dans de la suie. Quand l'homme vient lui rendre visite ce soir-là, elle enduit son front de suie.

Le lendemain, elle part à sa recherche et trouve son frère dans la maison des hommes, le front couvert de suie. Elle éprouve à la fois honte et colère. Dans un accès de rage, elle se coupe un sein, le met sur un plat et l'offre à son frère en lui disant : « Puisque tu me désires autant, mange-le. »

Son frère refuse et se lance à sa poursuite. Courant, toujours avec le plat, elle ramasse une poignée de mousse et l'allume. Son frère fait de même. La jeune fille accélère pour finalement monter au ciel et devenir le soleil. Son frère la suit mais les flammes de sa poignée de mousse s'éteignent, ne laissant que des braises ardentes.

C'est ainsi qu'il devient la lune. Encore aujourd'hui, la lune court après le soleil. Parfois, ils s'embrassent et provoquent une éclipse. Le soleil perd un peu de sa hauteur au milieu de l'hiver mais reprend forces et beauté au printemps et en été, ce qui ne fait qu'augmenter le désir de la lune. La lune n'a rien à manger, aussi, affamée, maigrit-elle au point de disparaître. Le soleil se montre alors clément et la nourrit du sein que la jeune fille a placé sur un plat. La lune retrouve des forces et reprend sa poursuite. Le soleil lui coupe alors les vivres, avant de la nourrir à nouveau.

LA LUNE

DANS LES MYTHES INUIT, il était possible de voyager jusqu'à la lune. Cela arrivait quand l'astre descendait sur terre et emmenait un homme ou une femme sur le traîneau tiré par des chiens avec lequel il parcourait le ciel. Certains groupes inuit pensaient que la lune avait une influence sur la fécondité et les déplacements des animaux. Si elle se fâchait contre un humain coupable d'avoir enfreint un tabou, elle punirait peut-être les Inuit en éloignant les animaux ou en empêchant les femelles de concevoir. Les chamans lui rendaient souvent visite pour calmer sa colère.

CORBEAU, ÊTRE ORIGINEL

DANS LES mythes tchouktches, koriak, kamtchadals et yupik du Nord-Est de la Sibérie et pour les groupes inuit de l'Alaska, du Canada et du Groenland, Corbeau était une figure centrale, l'ancêtre premier qui apporta la lumière au peuple. Dans certains mythes tchouktches, koriak et kamtchadals, Corbeau créa la terre puis enseigna aux hommes à se faire des vêtements, à construire des bateaux et à tisser des filets. Dans les versions sibériennes, les hommes sont issus de l'inceste entre le fils et la fille de Corbeau, tandis que chez les Koriak, Corbeau est magicien.

LE PAYSAGE SACRÉ

COMME LEURS MYTHOLOGIES et leurs pratiques en témoignent, le respect de la nature et des animaux était fondamental à la vision traditionnelle du monde. Le paysage recelait une diversité de lieux sacrés où les animaux apparaissaient en rêve aux chasseurs et où les voyageurs rencontraient leurs esprits. En Sibérie, des bois des rennes étaient placés dans les lieux sacrés et ornés de présents. Au Groenland, des morceaux de vertèbre ou de peau d'un ours tué à la chasse étaient laissés au vent pour que son esprit s'échappe. Dans le Nord de la Scandinavie, les Saami disposaient des pierres sacrées (*seiteh*) près de l'eau et au sommet des montagnes.

LA DUALITÉ DE L'EXISTENCE DES HUMAINS ET DES ANIMAUX

PLUSIEURS MYTHES avaient pour fonction de rappeler qu'au début des temps la frontière entre humains et animaux n'était pas clairement définie. Les mythes koriak, tchouktches et eskimo, yupik de Sibérie, inupiat d'Alaska, et inuit du Groenland et du Canada établissaient une double nature des créatures animées, ce qui permettait à un animal d'assumer une forme humaine et inversement. Tout humain était capable de se métamorphoser tandis que l'esprit tutélaire d'un animal pouvait non seulement s'incarner dans l'animal qu'il protégeait mais aussi prendre la forme de n'importe quel autre animal ou d'une personne.

C'est pour cette raison que le chasseur ne pouvait jamais être parfaitement sûr de la véritable nature de l'animal qu'il poursuivait et qu'il devait s'entourer de précautions pour l'approcher. L'animal pouvait être un esprit protecteur, l'âme libre d'une personne endormie, celle d'un puissant chaman où celle d'une personne récemment décédée attendant sa renaissance sous cette forme. Les Koriak de Sibérie pensaient qu'un ours noir était un humain revêtu d'une peau d'ours. L'histoire qui suit, racontée à l'auteur dans le Nord du Groenland, illustre cette thématique.

▼ *Chasse aux morses au Groenland.*

LE MORSE ET LA TÊTE DE HARPON

UN HOMME a sculpté une magnifique tête de harpon. La première fois qu'il chasse avec, il repère un morse sur un morceau de banquise. Il approche son kayak de l'animal en pagayant avec précaution afin de pouvoir lancer son harpon. Il vise et lance l'arme mais le morse plonge dans l'eau. En rapportant le harpon, l'homme s'aperçoit que la tête a disparu, seules restent la hampe et la vessie servant de flotteur. Il cherche mais ne peut retrouver le morse. Il attend alors, silencieux, essayant d'anticiper sur l'endroit où l'animal refera surface. Puis il contourne les glaces, toujours dans son kayak, mais sans revoir le morse. Dépité de cette disparition et de la perte de la tête de son harpon, il rentre chez lui. Le soir venu, il va voir un ami qui est un grand chasseur. Encore attristé, il lui raconte sa journée et la perte de cette belle tête de harpon. Son ami éclate de rire et, mettant la main dans sa poche, lui dit : « Je suis allé chasser dans mon kayak et tu m'as pris pour un morse ! Tiens, la voilà ta tête de harpon ! »

▼ *Les Inuit pensent que les âmes des défunts vont dans un monde heureux ne connaissant pas la faim où ils retrouvent leurs proches, ou vers un au-delà de froid et de famines, encore plus hostile que l'environnement qu'ils ont connu de leur vivant.*

L'ANIMAL, UNE PERSONNE NON HUMAINE

DANS TOUT L'ARCTIQUE, on considérait les animaux comme des personnes non humaines douées de conscience et d'intelligence. On disait que certaines espèces vivaient en communautés, semblables par leur organisation à celles des hommes. Pour les Tchouktches, il y avait les peuples de l'ours polaire, ceux du loup, du caribou et de l'araignée. Les Yupik disaient, eux, que les phoques vivaient suivant les mêmes règles que les hommes. Les histoires yupik racontent comment les jeunes apprenaient auprès de leurs parents à se méfier du danger que présentait un chasseur inattentif et peu respectueux.

▲ *Les Tchouktches voient en l'ours polaire une personne non humaine parce qu'il vit en communauté. Ils le croient intelligent et par conséquent digne du respect des hommes.*

LES MYTHES SUR LA RÉINCARNATION DE L'ÂME HUMAINE

LES MYTHES et récits ayant pour thème les noms et les réincarnations sont communs à tout l'Arctique. Il fallait trois âmes pour faire une personne, l'âme personnelle, l'âme libre ou souffle, et l'âme du nom. Les Inuit du Groenland croyaient qu'après la mort la première allait soit dans un au-delà où le gibier était abondant et où les âmes des proches étaient réunies, soit dans un monde glacial de famine éternelle. La seconde pouvait quitter le corps à volonté pendant le sommeil. Si elle s'égarait trop loin, le chaman devait parfois aller la chercher. Dans toute la Sibérie, le Groenland et l'Alaska, les gens pensaient que le nom d'une personne était aussi son âme. Après le décès, l'âme du nom quittait la dépouille et restait sans abri jusqu'à ce qu'elle soit appelée dans le corps d'un nouveau-né. Le nom s'assortissait d'un pouvoir et les qualités personnelles d'un défunt se transmettaient à celui qui reprenait son nom. Les mythes et les histoires évoquaient fréquemment l'errance des âmes après la mort, racontant comment, par l'intermédiaire de l'âme-nom, un défunt devenait l'esprit protecteur de ceux qui en héritaient.

◄ *Le chaman conserve un rôle important dans les communautés contemporaines.*

Le chaman avait pour rôle de suivre et de ramener l'âme dans le corps de la personne. Le voyage en terre des ombres était long et difficile. L'âme pénétrait dans un passage sous le bûcher funéraire pour emprunter une route où elle rencontrait d'abord une vieille femme et son chien qui gardaient la frontière entre ce monde et l'au-delà. L'âme atteignait alors une rivière qu'elle devait traverser en kayak. Une fois de l'autre côté, elle était en terre des ombres. Devenue ombre, elle continuait à vivre comme elle le faisait en terre des vivants. Elle rejoignait les âmes-ombres des parents et amis qu'elle avait sur terre. En terre des ombres, chaque famille disposait de sa propre maison ou tente. Les âmes-ombres des gens chassaient et pêchaient les âmes-ombres des animaux et des poissons. Les âmes des morts finissaient par quitter la terre des ombres pour rejoindre la terre et y renaître. Si les vivants ne respectaient pas les âmes des morts, elles refusaient de quitter la terre des ombres et les femmes ne pouvaient enfanter. Quand cela se produisait, l'âme du chaman aidée des esprits devait aller en terre des ombres plaider avec les morts pour qu'ils laissent leurs âmes partir afin que les femmes redeviennent fertiles. Le chaman ne parvenait pas toujours à convaincre les âmes des morts de revenir sur terre ou de laisser partir quelques parents. Dans ce cas, il était contraint de voler une âme pour la déposer dans le sein d'une femme. Il prenait alors une profonde inspiration et avalait l'âme. Il rejoignait alors très vite la terre des vivants. L'âme ainsi ravie n'ayant pas choisi de renaître, l'enfant ne vivait pas longtemps et l'âme repartait vers la terre des ombres dès qu'elle le pouvait.

LE VOYAGE DE L'ÂME VERS LA TERRE DES OMBRES

À LA MORT d'un être humain, ses trois âmes se séparaient. L'une restait avec le corps, sur la terre des vivants, et devenait un esprit ou un fantôme, une autre allait au ciel et finissait par rejoindre Pon, l'être suprême, et la troisième s'acheminait vers la terre des ombres où elle devenait aussi une ombre. L'âme rejoignait parfois la terre des ombres pendant le sommeil ou la maladie.

LE QIVITTOQ

AU GROENLAND, on racontait des histoires sur le qivittoq, être surnaturel errant et mystérieux, autrefois humain, ayant quitté sa communauté pour vivre seul dans les montagnes. Après avoir passé du temps dans l'immensité, les sens du qivittoq s'affinèrent : ses yeux, ses oreilles et ses narines grossirent pour lui permettre de voir, entendre et sentir les animaux. Ses dents et ses ongles s'allongèrent et s'aiguisèrent. Son corps se couvrit d'un poil épais et sa chevelure se mua en toison longue et touffue. Le qivittoq prit les traits caractéristiques d'un animal et ne compta que sur lui-même pour sa subsistance. Pendant les longs hivers sombres de l'Arctique, il rôdait dans son ancien village, épiait par les fenêtres et volait viande et poisson.

LES LUMIÈRES BORÉALES DANS LA MYTHOLOGIE

PENDANT QUE LES DÉFUNTS attendaient leur renaissance, leurs âmes formaient l'aurore boréale. Dans un mythe inuit du Labrador, il y avait au bout du monde un immense abîme bordé d'un raidillon escarpé qui conduisait à un trou dans le ciel permettant de passer en terre des morts. Les âmes de ceux qui étaient arrivés allumaient des torches pour éclairer les nouveaux venus. Dans les mythes inuit, on retrouve l'idée que la terre des morts était une terre d'abondance. Les âmes de ceux qui s'y rejoignaient festoyaient ou jouaient à la balle avec un crâne de morse, tout cela formant l'aurore boréale. Des variantes groenlandaises et canadiennes de ce mythe racontent que, se hâtant sur la neige gelée des cieux, les âmes produisaient des craquements sonores. Les âmes des morts ne voulaient pas être séparées des vivants et tentaient de communiquer en sifflant. Quand on entendait ce sifflement, il fallait y répondre par un doux murmure ou un faible sifflement car, piquée par la curiosité, la lumière s'approcherait. Les Tchouvants de Sibérie croyaient que la lumière du nord soulageait les femmes lors de l'accouchement

tandis qu'un histoire des Saami de Finlande racontent que les lumières boréales étaient toujours présentes, même le jour, et offraient une protection contre la sorcellerie et le mal.

▲ *Une aurore boréale que l'on croit être la lumière émanant des âmes attendant leur renaissance.*

▼ *Ce spectaculaire paysage glacé est présent dans tout l'Arctique et la Sibérie.*

LES LUMIÈRES BORÉALES ET LE VIEIL HOMME

UN VIEIL HOMME, sans conteste le vétéran de la terre de Lap, a atteint l'âge de 2 000 ans ou presque grâce à l'aide de trois rayons émanant des lumières boréales. Ce sont les âmes de personnes mortes qu'il a attrapées alors qu'elles se sont trop approchées de la terre et veulent maintenant y rester. Elles concluent un marché avec l'ancien. Aussi longtemps qu'il les retiendra dans sa lampe, la lumière boréale ne pourra pas les retrouver pour les ramener au ciel. En échange, elles se chargent de capturer les âmes de jeunes gens pour les transférer dans le corps du vieillard afin qu'il continue à vivre.

Un jour, un jeune homme curieux voit le vieil homme pendant sa promenade et le suit jusque chez lui. Le vieillard l'invite à entrer et referme la porte. Il laisse alors les trois âmes sortir de la lampe. S'emparant du jeune homme, elles plongent les mains dans son corps cherchant à en extraire l'âme. C'est alors que les lumières boréales descendent sur terre ; plusieurs rayons pénètrent dans la maison par la fenêtre et s'emparent des trois âmes. Le jeune homme est sauvé et les trois fugitives enfin ramenées aux cieux. Sans elles, le vieil homme ne tarde pas à décliner et à s'éteindre.

LES MASQUES CÉRÉMONIELS DES YUPIK DE SIBÉRIE

LES MASQUES exprimaient l'unité entre les humains et les animaux. Ils transportaient le passé mythique dans le présent. Les Eskimo yupik établis sur les côtes du Sud-Ouest de l'Alaska, le détroit de Béring et dans l'Est de la Sibérie sculptaient, pour leurs cérémonies, des masques complexes dans du bois flotté. Ils représentaient les esprits des animaux et des figures mythiques. On les portait lors de fêtes du groupe, pour les célébrations à l'occasion des marchés et durant les danses célébrant la mémoire des ancêtres. Selon un mythe yupik, une personne pouvait s'incarner en un animal ou son esprit en prenant sa forme. L'utilisation d'un masque permettait d'influencer l'esprit de l'animal, aussi les chamans portaient-ils souvent des masques pendant les rituels destinés à assurer des chasses et des pêches abondantes.

L'OURS DANS LA MYTHOLOGIE ARCTIQUE

L'OURS JOUAIT UN RÔLE prépondérant dans la plupart des mythologies polaires. L'ours ressemblait à l'homme. Comme lui, il pouvait se tenir debout et, une fois sa peau enlevée, son cadavre ressemblait à celui d'un humain. Son esprit était celui qui venait le plus souvent en aide au chaman. Plusieurs mythes Inuit évoquent l'accouplement d'une femme et d'un ours, thème symbolisant la proximité mais aussi la nature ambivalente des hommes et des animaux. On disait que des personnes étaient les fruits de ces unions. L'ours était un grand chasseur doté de pouvoirs particuliers. Il traquait parfois les humains et des histoires mettent en scène un chasseur en difficulté car il se retrouvait à la fois chasseur et proie. Tuer un ours conférait du prestige tout en mettant en danger. Dans la tradition saami, les chasseurs prenant part à la mise à mort d'un ours devenaient impurs et devaient effectuer une retraite durant laquelle ils se soumettaient à un rituel de purification. En Sibérie, la fête de l'ours était l'un des cérémonials centrés sur un animal les plus complexes de tout l'Arctique. À l'issue d'une chasse se soldant par la mort d'un ours, on donnait une fête au cours de laquelle sa dépouille était l'invité d'honneur et où on lui demandaient pardon.

LES ESPRITS GARDIENS DU FOYER

CHEZ LES PEUPLES de pasteurs comme les Koriak et les Tchouktches, chaque famille avait un esprit gardien représenté sur une plaque de bois sacrée couvrant le foyer. On ôtait cette plaque ornée de silhouettes humaines quand on allumait le feu dans le foyer situé au centre des maisons. Elle représentait le dieu du feu familial protecteur de la famille, de la maison et du foyer. Cette plaque sacrée était également un aspect du maître du troupeau et, chez les Koriak comme chez les Tchouktches, on y sculptait aussi l'être-renne. Non seulement la plaque protégeait la famille, mais la cérémonie du feu jouait un rôle important pour le bien-être et le sacrifice du renne. Ces animaux étaient issus du feu : dans les mythologies nordiques, l'être suprême tirait le premier renne d'un feu sacré. Dans la tradition koriak, le retour du renne revenant de la prairie donnait lieu à une cérémonie du feu. On allumait un feu neuf avec la plaque, et des bâtons embrasés étaient lancés pour accueillir le troupeau qui s'approchait du campement. Quand les Tchouktches sacrifiaient un renne, ils arrosaient le feu de son sang. Le sang était aussi étalé sur la plaque et utilisé pour peindre des images du renne sur les visages des gens.

▲ *Les plaques couvrant le feu chez les Tchouktches et les Koriak sont gravées à l'effigie du renne en témoignage de respect.*

▼ *L'ours a une telle importance pour les peuples arctiques qu'une cérémonie élaborée lui est consacrée au cours de laquelle la dépouille de l'animal tué est considérée comme un invité de marque.*

 MYTHES CONNUS PERSONNAGES

DES ESPRITS SECOURABLES

LE CHAMAN avait besoin de l'assistance des esprits lors de ses voyages dans leur monde. Souvent un esprit animal l'aidait en le portant sur son dos, volant sans bruit dans l'air ou nageant sans effort vers le fond de l'océan. Les esprits des humains jouaient parfois ce rôle. Quelle que soit leur nature, ils instruisaient le chaman, lui enseignant connaissances spirituelles et magie, ou, parfois, lui donnant une part de leur pouvoir. Pour les Nenets de Sibérie, l'esprit le plus serviable était le sanglier que le chaman tenait au bout d'une laisse magique tandis que, pour les Inuit, c'était surtout l'ours polaire qui apportait son soutien.

BONNE SANTÉ ET TRAITEMENTS

LES BONNES RELATIONS entre humains et animaux dépendaient surtout des premiers, qui devaient respecter l'esprit et l'âme des seconds. Il était tout aussi important de bien traiter l'âme des humains. Pendant que le corps, l'enveloppe matérielle, était soumis à la maladie et au vieillissement, l'esprit était confronté aux attaques d'esprits mauvais. Les Inuit netsilik, qui occupaient le centre de l'Arctique canadien, croyaient que toutes les maladies résultaient de l'occupation du corps par des esprits maléfiques qui s'attaquaient à l'âme. Les Eskimo inupiat attribuaient la maladie à une absence provisoire de l'âme. Si l'âme s'éloignait trop, la personne mourait à moins que le chaman, par son intervention, ne parvienne à la ramener. Les chamans pouvaient également nuire et provoquer les maladies. Pour les Eskimo inupiat, les maladies étaient dues à la présence d'un objet étranger introduit par un chaman dévoyé exploitant ses pouvoirs spirituels à des fins personnelles. Les Koyukons et les Athabaskans de la forêt boréale alaskienne accordaient une valeur particulière à l'âme des arbres pour guérir les maladies. Ils attribuaient, par exemple, un esprit bienveillant à l'épicéa blanc dont ils faisaient bouillir et infuser les aiguilles. Le chaman prescrivait ce breuvage pour soigner toutes sortes de douleurs.

▶ Gravures anciennes montrant les costumes des peuples arctiques.

POUVOIRS ET MAGIE AU FÉMININ

LES MYTHES DE L'ARCTIQUE évoquaient les connaissances de la magie de certaines femmes et leur influence sur les éléments et les esprits animaux. Au Groenland, on croyait qu'une femme venant d'accoucher pouvait provoquer une tempête en prenant une inspiration profonde et en soufflant. Les mythes groenlandais attribuaient l'origine de la mort à une conversation entre une femme et les esprits. Elle leur disait de laisser les gens mourir petit à petit pour éviter que la place vienne à manquer pour les vivants. Les femmes exprimaient les mythes et les croyances de leur société dans la confection de vêtements en peau. C'était en taillant de beaux habits et en prenant grand soin des peaux dont elles se servaient qu'elles satisfaisaient les esprits des animaux, essentiels à la survie du groupe, réussissaient et à avoir de l'influence sur eux. L'inverse était également vrai. Dans le Sud-Ouest de l'Alaska par exemple, les femmes devaient veiller à ne pas prendre leurs cheveux dans la couture des peaux qu'elles assemblaient. Si cela se produisait, quiconque porterait le vêtement serait en danger. Les récits inuit évoquaient eux aussi comment les agissements des femmes se répercutaient sur l'issue des chasses. Au Groenland, pour qu'une chasse à la baleine se passe bien, les femmes devaient, entre autres, rester chez elles dans l'obscurité jusqu'au retour des hommes avec leur proie.

LES VÊTEMENTS COMME ART SACRÉ

POUR LES PEUPLES du Nord, le vêtement apportait chaleur et protection contre les éléments. Qu'il s'agisse d'une tenue de tous les jours ou d'un habit servant lors des cérémonies ou des rituels, le vêtement exprimait des croyances religieuses et spirituelles et protégeait contre les mauvais esprits. On se servait des peaux des animaux, mais leurs esprits continuaient à exercer un pouvoir sur elles, aussi fallait-il observer des

tabous en les cousant. Les vêtements étaient ornés d'une imagerie sacrée dépeignant les esprits animaux et des personnages mythologiques. Pour le chaman, les motifs constituaient des références aux esprits qui lui venaient en aide. Le costume joue aussi un rôle essentiel dans les cérémonies funéraires.

Inde

INTRODUCTION

Les peuples de l'Inde antique ne voyaient pas l'utilité de créer des archives organisées suivant la chronologie. Ils vivaient dans un climat où tout ce que l'homme créait disparaissait assez rapidement et ils incinéraient leurs morts. Par conséquent, les documents, ruines ou sites funéraires, témoignages dont l'historien se sert pour retracer le passé, sont peu nombreux. Il en est donc réduit à formuler des hypothèses sur l'histoire de leurs civilisations remarquables et sur leurs mythologies.

Les *Veda*, hymnes écrits en sanskrit qui, dans leur état actuel, remontent à environ 1500 av. J.-C., sont une des principales sources d'informations. Ils nous révèlent l'influence des premiers indo-iraniens d'Iran, groupe indo-européen le plus à l'est. Ces populations qui se donnaient le nom « aryens » arrivèrent en Inde entre 3000 et 1500 av. J.-C. À quel point leurs croyances contribuèrent-elles au développement des *Veda* ? À quel point la sagesse védique était-elle déjà présente en Inde ? La réponse à ces questions est matière à conjectures.

Dans le Nord de l'Inde, les Aryens rencontrèrent une culture déjà bien implantée. La ville de Mohenjo-Daro, aujourd'hui un site archéologique au sud du Pakistan, fut florissante entre 3500 et 1700 av. J.-C. Ses rues pavées et son système d'évacuation des eaux usées témoignent d'un haut niveau de civilisation. À la même époque, entre 2500 et 1000 av. J.-C., mais dans le sud de l'Inde, la culture dekkan néolithique était à son apogée. La religion et la mythologie indiennes résultent de la fusion de ces trois cultures.

et de l'intelligence, cette sagesse fut écrite afin de ne pas être perdue pour les générations futures. Elle se développa, donnant d'abord matière à quatre *Veda*, puis à un immense corpus de connaissances spirituelles que l'on regroupait sous le terme de littérature védique. Celle-ci racontait les faits et gestes d'une race d'êtres divins dont les vies étaient liées à celles des mortels mais qui avaient accès à un royaume supérieur habité par des êtres immortels conduits par Vishnu (ou Shiva), l'être suprême.

Cette mythologie dépassa le statut de recueil de contes pour fournir la base d'une autre réalité et d'un système de croyances qui devint le fondement de l'hindouisme et contribua au développement du jaïnisme et du bouddhisme.

LES HYMNES VÉDIQUES

La tradition orale qui donna naissance à ces textes portait le nom de *sruti,* « ce qui est entendu ». Elle fut transmise par les brahmanes, gardiens du savoir. Selon leur enseignement, les connaissances védiques avaient été données à Brahmâ, le créateur, au début de l'univers, puis transmises oralement ensuite. Mais, à l'aube de l'âge actuel, le Kali Yuga, ou âge des conflits ou encore âge de fer, correspondant à un déclin de la mémoire

◄ Représentation d'un brahmane datant de 600 apr. J.-C.

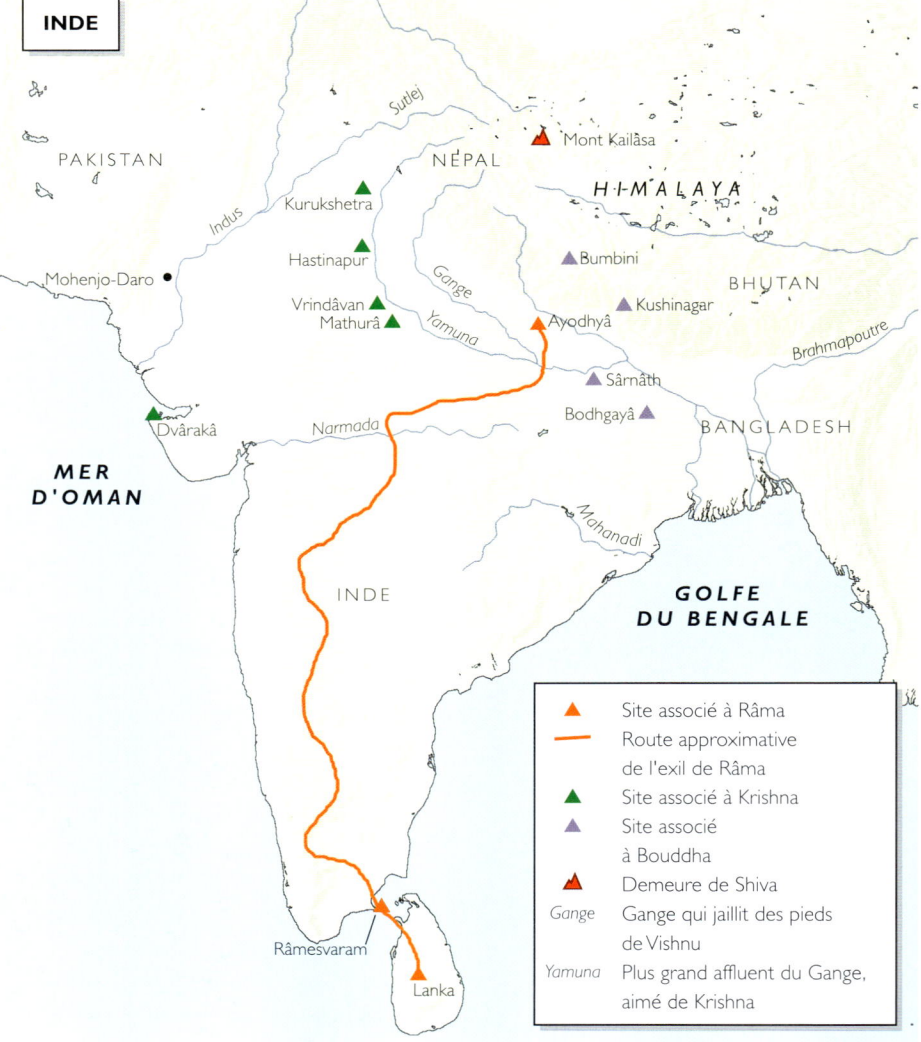

INDE

- ▲ Site associé à Râma
- ⎯ Route approximative de l'exil de Râma
- ▲ Site associé à Krishna
- ▲ Site associé à Bouddha
- ▲ Demeure de Shiva
- *Gange* Gange qui jaillit des pieds de Vishnu
- *Yamuna* Plus grand affluent du Gange, aimé de Krishna

UNE DOUBLE THÉMATIQUE

LA MYTHOLOGIE VÉDIQUE explore simultanément deux thèmes : celui du confort matériel et de la prospérité dans ce monde et celui de la recherche d'une réalité supérieure à travers l'ascétisme et la quête philosophique.

Privilégiant la prospérité, les plus anciens récits mettaient en avant la cérémonie du feu et accordaient la première place aux dieux de la nature capables de garantir cette aisance : Agni, le dieu du feu et Indra, le dieu de la pluie. Au cours du Iᵉʳ millénaire av. J.-C., on assista à une évolution, la quête de connaissances spirituelles et le désir d'échapper à ce monde prenant le pas. C'est alors qu'émergèrent les grands dieux de l'hindouisme plus récent : Vishnu, Shiva et la déesse Dêvî.

La vie du roi Bhârata, racontée dans le *Bhâgavat-Purâna*, témoigne de ce virage. Il se retire dans la forêt pour apprendre à se soustraire au cycle des renaissances. Au moment de sa mort, il est distrait par son affection pour un faon orphelin et revient à la vie dans le corps d'un cerf. Il réussit enfin à renaître en humain, à parvenir à la sagesse et à échapper au cycle des renaissances. Ce personnage est si important qu'il a donné son nom à l'Inde moderne, Bhârat.

LA LIBERTÉ ET LA SPONTANÉITÉ

LES MYTHES HINDOUS sont issus de deux grandes sources : d'une part, la littérature védique, porteuse de l'autorité divine d'êtres descendants de Brahmâ et Vishnu à travers une lignée de maîtres spirituels dont l'influence s'étend sur tout le pays et, d'autre part, les traditions locales exprimées dans des centaines de langues ou dialectes régionaux, qui ont leurs propres dieux et leurs fêtes. Les *Veda* racontent l'épopée des dieux majeurs que sont Vishnu, Shiva et la Déesse tout en transmettant un discours philosophique profond et un enseignement religieux. Toutefois, l'Inde doit une large part de la sagesse quotidienne, des couleurs et de la vivacité de sa culture aux légendes et traditions locales qui se sont développées parallèlement à la tradition védique ou qui, parfois, l'ont devancée. Elles s'expriment à travers les danses, le théâtre, le chant et l'art populaire.

▲ *C'est à travers le théâtre et la danse, ici la danse de Krishna, que les mythes et les croyances indiennes se perpétuent.*

Elles soulignent et renforcent la culture plus large dans laquelle elles s'inscrivent. On pourrait leur ajouter les traditions qui se sont développées autour du jaïnisme et du bouddhisme.

LA SAINTETÉ DE LA NATURE

POUR les hindous, le monde entier est sacré : les montagnes sont les os de Vishnu, les nuages sont ses cheveux, l'air sa respiration, les rivières ses veines, les arbres les poils de son corps, le soleil et la lune ses deux yeux et l'alternance du jour et de la nuit correspond au battement de ses paupières.

Tout sur moi repose, comme les perles enfilées sur un fil. Je suis l'odeur originelle de la terre. Je suis le goût de l'eau. Je suis la chaleur du feu et le son dans l'espace. Je suis la lumière du soleil et de la lune et la vie de tout ce qui vit.

LES TOUT PREMIERS TEMPS : LE RIG-VEDA

LES MYTHES les plus anciens sont réunis dans le *Rig-Veda*, écrit il y a au moins 3 000 ans et probablement le plus vieux texte qui nous soit parvenu. C'est un recueil de chants destinés à accompagner les rituels en l'honneur des divinités cosmiques. Il rapporte le rituel d'initiation cosmique qui présida au début de l'univers, quand le mâle originel fut sacrifié par les divinités de l'espace et du temps. Cet événement symbolise l'union des dieux et de l'homme dans le jeu de la vie, au cours duquel tous sacrifient leur temps et leur énergie au service de l'être suprême, qui est la substance de l'univers, offerte en sacrifice à lui-même. Ce thème de l'auto-sacrifice, à la fois devoir et honneur, est récurrent dans la mythologie. Le terme sanskrit se rapprochant le plus de la notion de « devoir » est *dharma*, traduit littéralement par « la finalité essentielle de la vie ». Il a donné naissance à un ensemble de principes codifiant les comportements comme l'obéissance au père, notamment. Bien compris, ces préceptes incarnaient un esprit de service qui exprimait l'amour. L'esprit de l'amour devait par la suite trouver son expression dans la *bhakti*, ou dévotion spirituelle, exposée dans la *Bhagavad-Gîtâ*.

LE PANTHÉON HINDOU

L'UNIVERS était empli de puissances cosmiques que l'on appelait les *devas* en sanskrit. Ils étaient responsables de l'aspect de la nature qu'ils incarnaient, Agni était le dieu du feu ; la déesse Gangâ, fille des Himalayas, était l'esprit du Gange. Elle fut emportée dans les cieux où elle devint la « Voie lactée », puis ramenée sur terre grâce aux pénitences du roi Bhagiratha où elle vint se prendre dans la chevelure de Shiva. Ses adeptes croyaient qu'elle les lavait de leurs péchés. Cette histoire mystique coexistait avec l'existence physique du fleuve, fusionnant ainsi mythe et réalité d'une manière emblématique, particulière à la mythologie hindoue dans laquelle le lien entre le propos visionnaire et la réalité matérielle est flou et mouvant.

Les dieux avaient leurs fidèles et leurs fêtes. Les divinités majeures qu'étaient Indra, dieu des cieux, ou Karttikeya, dieu de la guerre, étaient vénérées dans toute l'Inde. Tous les dieux et déesses n'étaient toutefois que les intermédiaires des trois grandes divinités, Vishnu, Shiva et Dêvî, et, en dernier ressort, de l'esprit suprême.

NÂRADA ET GANESH, MESSAGERS DES DIEUX

LES DIEUX bénéficient de l'aide des humains ou d'autres divinités. Nârada, messager de Vishnu, avertit le roi-démon Kamsa de la naissance de Krishna, précipitant la mission qui incombe à ce dernier sur terre. Son objectif est de préparer la voie afin que la grâce de Vishnu descende sur les humains.

Ganesh, dieu à tête d'éléphant, est le fils de Shiva. On dit qu'il écarte les obstacles survenant dans toute entreprise. De nature joviale, bien nourri, il est très apprécié des commerçants qui lui font des offrandes quotidiennes pour éviter des embûches dans leurs activités. Scribe de Vyâsa, il transcrivit le *Mahâbhârata*.

LA GENÈSE VÉDIQUE

LES SAGES VÉDIQUES décrivent Vishnu comme celui dont l'existence fait jaillir le cosmos. Au moment de sa formation, cet univers n'est que l'une des graines innombrables sortant du corps de Vishnu, graines qui flottent sur l'océan de la création comme des amas de bulles. Chacune d'elle se mue en un œuf doré à l'intérieur duquel Vishnu pénètre sous la forme de Purusha, l'homme cosmique. Apparaissant à l'intérieur de ce trou obscur, il transforme la matière primordiale en terre, eau, feu, air et éther. Au développement de son corps universel correspond l'émergence des mondes physiques et mentaux.

Les hymnes védiques racontent le sacrifice de Purusha, l'homme cosmique, à l'aube de l'univers. Les dieux préparent un sacrifice pendant lequel le gigantesque Purusha sera la principale offrande. Les éléments de l'univers sont produits à partir des différentes parties de son corps.

▲ *Vishnu se repose entre la destruction du monde et la création du nouvel univers.*

Sa bouche devient la parole, sous l'autorité du dieu du feu Agni ; ses narines deviennent la respiration et l'odorat, sous le contrôle du dieu du vent Vâyu ; ses yeux deviennent la vue, sous le contrôle du dieu-soleil Surya ; le mouvement paraît le long de ses jambes, les rivières selon ses veines et la pensée à partir de son cœur. Brahmâ et Shiva sont à la fois son intellect et son égo. Les quatre niveaux de la société humaine, prêtres, dirigeants, marchands et paysans sont issus respectivement de sa bouche, ses bras, ses cuisses et ses pieds.

On trouve ailleurs des récits plus précis du développement de l'univers entrepris par Brahmâ, le dieu créateur né du nombril de Vishnu. Brahmâ fait les planètes et les étoiles et les milliers de demi-dieux, chacun étant responsable d'un aspect de l'ordre cosmique.

Indra se voit confier la pluie ; Vâyu, le vent ; Surya, le soleil ; Chandra, la lune et Varuna, les océans et les rivières. La déesse Bhumi reçoit la terre.

Brahmâ et les dieux produisent la myriade de formes de vie qui peuplent l'univers, dont l'être humain fait partie. Les dieux reçoivent le pouvoir d'accorder de grands bienfaits à leurs adorateurs. Ils sont les puissances agissant derrière les éléments du monde de la nature que sont le vent, la pluie ou la terre elle-même. Bhumi, la déesse de la terre, est considérée comme l'une des sept mères. Quel que soit le pouvoir des demi-dieux, Vishnu se trouve derrière eux et c'est en réalité lui qui crée et contrôle tout. Sans lui, les demi-dieux sont impuissants.

▶ *Vishnu se reposant, veillé par ses fidèles serviteurs, sur le serpent Ananta.*
▼ *Le dieu-créateur Vishnu est ici avec la déesse Lakshmî sur Garuda.*

VISHNU

LES DEUX GRANDES divinités émergeant des premiers mythes étaient Vishnu et Shiva, respectivement dieu de la préservation et de la destruction. Chacun avait ses adeptes, qui l'honoraient comme dieu suprême, et se rattachait à une tradition gnostique et un culte qui lui était propres.

Vishnu était le fondement de l'existence : il pénétrait l'univers comme Brahmâ, « celui qui repose sur les eaux de la vie ». Il dormait au fondement de l'univers, veillé par la déesse Lakshmî. Quand l'équilibre de l'univers était troublé, c'était lui qui intervenait dans le monde humain pour y ramener le véritable enseignement religieux et y protéger le bien. Il se caractérisait par sa grande bonté et sa patience. Ses symboles étaient la fleur de lotus et la conque marine, qui lui servaient à bénir le bien, ainsi que la massue et le disque avec lesquels il combattait le mal.

La fonction de garant de l'équilibre était illustrée par Kûrma, l'incarnation de la tortue qui entreprenait d'aider à la fois les démons et les dieux mais qui se rangeait finalement du côté de ces derniers. Son rôle de maître ressort dans l'action de Krishna qui enseigna la *Bhagavad-Gîtâ* (*voir Le chant de Krishna*). Sous la forme de Matsya, son incarnation en poisson, il rétablissait l'enseignement védique, perdu dans le grand déluge, en instruisant le roi Satyavrata.

LES AVATARS DE VISHNU

LES DIX INCARNATIONS de Vishnu sont appelées *avatar*, ce qui signifie naissance par transformation. Peu à peu les formes sont de plus en plus développées : aquatiques, puis mammifères et enfin humaines. Ces récits influencent profondément la culture hindoue. Il y a Matsya le poisson, Kûrma la tortue, Varâha le sanglier qui sauve la terre depuis le fond de l'univers, Narasimha l'homme-lion qui protège l'enfant Prahlâda, Vamana le nain qui a raison du démon Bali, Parashurama le guerrier qui défait les rois guerriers et instaure la paix, Râma le bon roi, Krishna le gardien de troupeau et de son frère Balarama, Bhouddha le maître qui enseigne la non-violence et la compassion, et Kalki l'exterminateur qui vient à la fin de cet âge, chevauchant un cheval blanc, pour massacrer les démons et inaugurer un nouveau cycle cosmique.

Ainsi, vu de l'extérieur, Vishnu est une figure rassurante qui empêchera toujours le mal de triompher. Il est aussi vénéré sous le nom d'Antaryami, « celui qui est à l'intérieur », l'ami éternel qui vit au cœur de chacun et le guide qui apporte la sagesse.

LA ROUE DES RENAISSANCES

LA SAGESSE védique enseigne que tout être est une âme éternelle habitant un corps temporel. Cette âme individuelle, appelée *âtman*, est une particule de la nature divine. Par sa présence en tant qu'être, c'est elle qui donne de l'énergie au corps. Chaque âme est animée de son désir de profiter du monde et, pour réaliser ses volontés, elle entre dans le cycle des renaissances ou *samsâra*. Quand l'âme quitte un corps, elle renaît dans un autre, comme un acteur changeant de rôle. Allant de corps en corps à la recherche du bonheur, elle passe par toutes les formes de vie, d'insecte à dieu.

▲ *Vishnu et Lakshmî reposant sur le serpent aux mille têtes.*

▶ *Représentation traditionnelle de Krishna (à gauche) sur une feuille de lotus.*

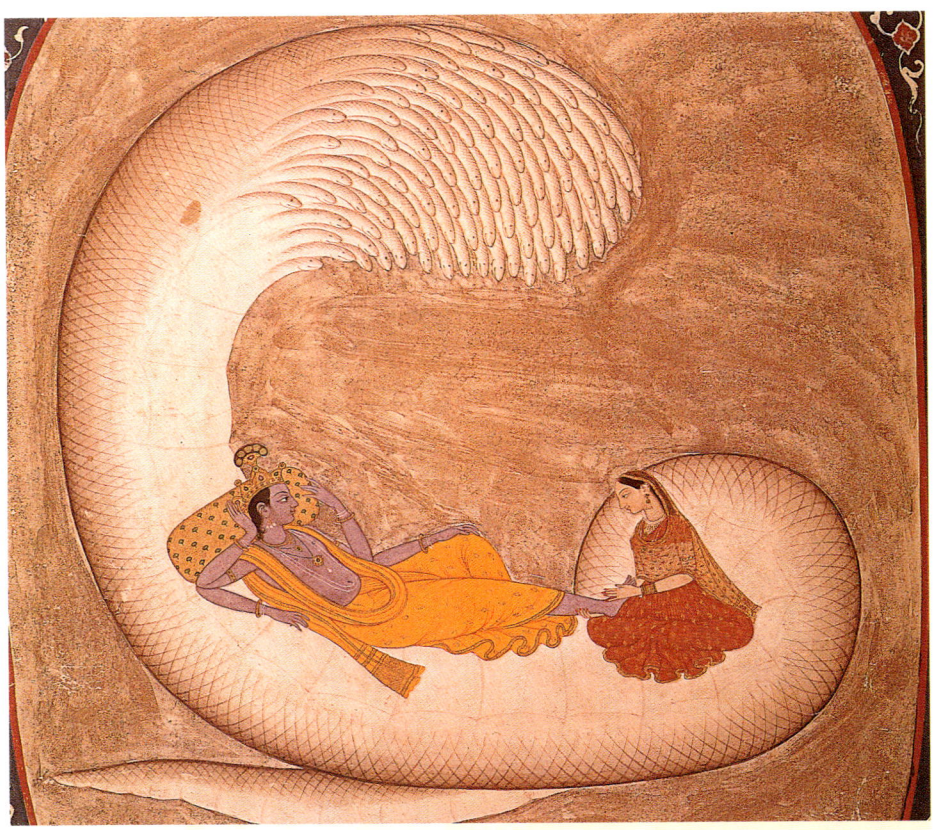

MATSYA LE POISSON

UN ROI DU NOM DE Satyavrata trouve un poisson minuscule dans une rivière et l'emporte dans un bocal à son palais. Le lendemain matin, le poisson a grossi, aussi le roi le place-t-il dans une mare.

Mais très vite la mare devient trop petite. Le roi le transfère alors dans un lac. Bientôt le poisson est si gros qu'il faut le mettre dans l'océan. Le roi lui demande pourquoi il a pris cette forme. Le poisson répond qu'il est Vishnu, venu sauver toutes les créatures terrestres d'un déluge dévastateur. Le roi doit rassembler un échantillon de toutes les plantes et un couple de tous les animaux pour les mettre à l'abri.

D'immenses nuages ne tardent pas à paraître et à se déverser sur terre, et l'océan déborde. Satyavrata et ses compagnons voient alors arriver un grand bateau à la surface des flots. Satyavrata les fait monter à bord et Matsya, maintenant un poisson doré d'une taille inconcevable, remorque le bateau et sa précieuse cargaison de toutes les espèces sur les eaux de la dévastation. Pendant d'innombrables années, l'obscurité envahit les mondes et ils errent dans la désolation laissée par la tempête. Pendant leur voyage, Matsya enseigne au roi la connaissance spirituelle.

Il est dit que quiconque entend ce récit est délivré de l'océan d'une vie de péchés.

▶ *Statue en bronze de Shiva.*

KÛRMA LA TORTUE

DIEUX ET DÉMONS convoitent le nectar de l'immortalité. Sur le conseil de Vishnu, ils font un pacte et acceptent de collaborer. Vishnu leur dit de jeter toutes sortes de légumes, d'herbes, de lianes et d'aromates dans la mer de lait et de baratter. Pour cela, ils ont besoin de la montagne dorée, Mandara, en guise de pivot, et de Vasuki, le serpent géant, dont le corps servira de corde. Ils enroulent donc le serpent autour de la montagne, les démons tenant sa tête et les dieux sa queue. Ils essayent de baratter mais la montagne s'enfonce dans la mer. C'est alors que Vishnu paraît sous la forme d'une gigantesque tortue, Kûrma, soutenant la montagne sur son dos. Se servant de Kûrma comme pivot, ils commencent à tourner. La première chose à en sortir est un poison mortel bu par Shiva. Ils continuent et la mer finit par produire le nectar d'immortalité. Les deux groupes se disputent pour s'en emparer. Vishnu se range au côté des dieux et les aide à obtenir le breuvage. Voyant le nectar perdu, les démons attaquent les dieux et une terrible bataille s'ensuit, à l'issue de laquelle les démons sont battus.

LE CYCLE DE VIE

LE GRAND THÈME sous-jacent à tous les mythes hindous est celui de l'éternel jeu entre le monde de l'illusion et celui de la réalité : d'un côté le cycle des renaissances perpétuelles et de la mort, création et destruction, dualité du bien et du mal, et de l'autre l'existence divine de l'âme immortelle et la divinité suprême. Cette tension se rejoue dans le drame des réincarnations, la descente périodique des avatars de Vishnu passant du monde éternel au monde temporel et, dans l'infatigable quête des ascètes et des adeptes pour la *mukti*, libération du monde des naissances et des morts.

SHIVA

SHIVA MANIFESTAIT le côté sombre du divin, son pouvoir de mort et de destruction. Prompt à la colère, ce pouvait être une figure terrifiante entourée d'esprits et de monstres. Mais il était aisé de lui plaire car il était compréhensif envers ses adeptes. Il témoignait de la bienveillance envers les éléments égarés de l'univers, les *asouras*, des anti-dieux, et envers ceux qui ne trouvaient pas leur place dans le monde. Il avait avec lui un petit tambour, porté par le taureau Nandi, pour accompagner sa danse de destruction. Il avait sur la tête un croissant de lune et un symbole des flots du Gange tombant des cieux, qu'il retenait dans ses cheveux pour éviter que les montagnes ne soient écrasées sous leur poids. Sa demeure était le mont Kailâsa et ses fidèles étaient nombreux dans les Himalayas. Il était présent sur les sites de crémation où il enduisait son corps de cendres et s'asseyait pour entrer en transe et méditer. Les ascètes demi-nus, qui parcouraient l'Inde le corps couvert de cendres en fumant du haschich, lui étaient dévoués. Les adorateurs de Shiva et Vishnu, les shivaïtes et les vaikhânasa, sont souvent opposés. Le mythe du sacrifice de Daksha (*voir La rage de Shiva contre Daksha*) explique les origines de cette inimitié. Toutefois, les uns et les autres reconnaissent que Vishnu et Shiva étaient des aspects d'une divinité suprême unique.

LA DESTRUCTION COSMIQUE

Si Brahmâ est le créateur, Vishnu celui qui préserve et assure la continuité, Shiva est la colère qui annihile le cosmos. La mort est la conséquence inévitable de la vie et n'est pas source de peur dans les mythes hindous puisque, dans ce monde de dualité, ni la vie ni la mort n'ont de sens l'une sans l'autre. La mort est précurseur de la vie, ce que tous doivent accepter, comme le dit la *Bhagavad-Gîtâ* : « Celui qui est né doit mourir, celui qui est mort doit renaître. Ne pleurez pas sur l'inévitable. »

À la fin de l'univers, le soleil et la lune ne brilleront plus et tout sera noir. Shiva commence sa *pralaya*, danse de destruction, au son du tambour, *damaru*, pour que le rideau descende sur l'acte universel. Les cheveux dénoués, il soumet les seigneurs des planètes avec son trident. Il génère le feu de l'éternité, qui brûle dans l'univers entier. Ce feu fait rage cent années célestes, détruisant toutes créatures. Des cheveux épars de Shiva s'abattent des torrents d'eau les cent années suivantes, noyant toutes les directions. L'univers, battu par des vents hurlants, s'emplit d'eau. Tombe alors la longue nuit silencieuse qui précède le prochain cycle de la création.

▼ *L'enseignement de Bouddha eut une grande influence sur la mythologie indienne.*

LA RAGE DE SHIVA CONTRE DAKSHA

Les dieux s'assemblent pour un sacrifice de mille ans. À l'arrivée de Daksha, qui dirige les brahmanes, tous se lèvent pour l'accueillir sauf Shiva, qui est dans une méditation profonde. Bien que Shiva soit marié à sa fille, Daksha est offensé. « Shiva ne mérite pas d'être présent à ce sacrifice », jure-t-il. Puis il part furieux.

Il s'ensuit une confrontation entre les fidèles de Shiva et ceux de Daksha, à l'origine de l'antagonisme immémorial entre les adeptes de Vishnu et ceux de Shiva.

Daksha organise un autre sacrifice sans inviter Shiva. Mais l'épouse du dieu, la déesse Sati, se rend à la cérémonie. Elle voit qu'aucune offrande n'a été faite à Shiva et est insultée par Daksha, son père, qui ignore sa présence, comme si ni elle ni son mari n'existaient.

« Daksha est jaloux de Shiva, déclare-t-elle, et je ne veux plus être sa fille, ni conserver ce corps qui vient de lui. »

Puis elle s'assoit par terre et concentre sa fureur entre ses yeux. Des flammes jaillissent et consument son corps. Un grand cri s'élève des fidèles de Shiva. Quand il apprend la terrible nouvelle, le dieu enragé a un rire dément et commence sa danse de destruction cosmique. Arrachant un cheveu de sa tête, il le précipite au sol. Un immense démon en surgit, aussi haut que les cieux et brillant comme trois soleils.

« Que dois-je faire, oh maître ? », s'enquiert le démon. « Tuer Daksha », hurle Shiva.

L'obscurité tombe sur l'aire du sacrifice quand paraît le démon immense. Il s'empare de Daksha, le décapite instantanément puis jette sa tête dans le feu sacrificiel. Les brahmanes s'enfuient, allant chercher protection auprès de Brahmâ, le père de tous les êtres. Il leur dit qu'ils doivent supplier Shiva lui-même de les pardonner.

▲ *Shiva et son aspect féminin, Pârvatî.*

Le mont Kalaîsa est la maison divine de Shiva, entourée de forêts d'arbres fleuris, bruissante du cri inquiétant du paon et du fracas des chutes d'eau. Au milieu, trône Shiva, assis grave et paisible parmi les sages. Les brahmanes tombent devant lui contrits. Shiva est heureux de leur pardonner et accepte de rendre la vie à Daksha mais, comme sa tête a été brûlée, il la remplace par une tête de chèvre.

Cette histoire illustre avec quelle facilité Shiva se fâche et se calme. Il est dit que celui qui l'entend avec ferveur est libéré du péché.

ℍ
DU MONDE COMME SYMBOLE

Dans la mythologie hindoue, tout aspect de la nature est un symbole divin, célébré par la danse, la poésie, la musique, la sculpture, la peinture et l'architecture. L'un des plus anciens symboles est le rituel du feu sacrificiel où le feu est Agni ou Vishnu, celui qui préserve. Le feu devient la bouche du dieu acceptant les offrandes de grains et de fruits que l'on y place. Lors d'un autre rituel quotidien, la méditation au soleil qui se font à l'aube, à midi et au coucher, le brahmane prie : « Oh soleil qui illumine les trois niveaux de l'univers, du haut, du milieu et du bas, de la même façon, illumine et inspire ma conscience intérieure. »

LA DÉESSE

Chaque divinité indienne est associée à un principe féminin. Tous les dieux étant des aspects de la divinité suprême, les déesses sont des aspects de la déesse suprême. C'est un principe fondamental dans la mythologie hindoue : de l'association de l'énergie masculine, *purusha,* et de l'énergie féminine, *prakriti,* est né le cosmos. Prakriti est, par la suite, devenue une déesse à part entière, Dêvî, avec ses fidèles. Elle est l'énergie féminine qui donne la matrice universelle. L'énergie masculine y conçoit l'abondance de la vie, symbolisée par l'image du *linga* de Shiva émergeant du sein de Dêvî, façonnée en pierre et présente chez tous les peuples indous. Dêvî apparaît comme la terrible Kâlî, à qui l'on sacrifie des chèvres, ou la généreuse Râdhâ, favorite de Krishna. Elle est Durgâ qui chevauche un lion et protège ses adeptes du mal. Elle est Bhumi, la terre-mère, qui donne une vie abondante et à qui les hymnes védiques adressent cette prière :

O Mère, avec tes océans, tes rivières et tes lacs, tu nous donnes la terre sur laquelle pousse le grain dont dépend notre survie. Donne-nous s'il te plaît assez de lait, de fruits, d'eau et de céréales.

LES POUVOIRS MAGIQUES

Les *siddhi,* pouvoirs magiques, sont si fréquents dans la mythologie hindoue que beaucoup croient à leur existence puisque la frontière entre mythe et réalité est très floue en Inde. On pense que la pratique de l'austérité permet de développer ces facultés. Il existe un plan supérieur appelé Siddhaloka où tous les habitants sont nés avec des pouvoirs magiques parfaitement développés. Un Yogi avancé dans sa pratique peut y parvenir sur terre. Aujourd'hui encore, de nombreux cas sont recensés. Les principaux pouvoirs sont l'aptitude à se faire infiniment petit ou infiniment grand, celle d'être ailleurs sur le champ ou de rapporter instantanément un objet, celle de se faire infiniment lourd ou infiniment léger et de contrôler les esprits.

▲ *De telles pierres étaient vénérées comme le symbole phallique du tout-puissant Shiva.*

Les récits relatant les conflits entre les dieux et les démons font généralement appel à la magie. Avant de combattre le démon-buffle, la déesse s'est retirée dans les montagnes pour faire pénitence et acquérir la puissance nécessaire. Son ennemi, le buffle peut se métamorphoser à volonté et devenir énorme, *siddhi* fréquent dans les histoires indiennes. De tels êtres sont virtuellement invincibles. Toutefois, le buffle finit par perdre parce que son âme se trouve piégée à l'extérieur de son corps.

HANUMAN

Fils du dieu du vent, le dieu-singe Hanuman était connu pour sa dévotion entière à Râma et sa bonne humeur. Il était vénéré dans d'innombrables autels au bord des routes. Il est dit dans le *Râmâyana* que nul ne lui était supérieur en force, amabilité, douceur, intelligence ou sagesse et qu'il était le maître de toutes les branches du savoir védique. Dans sa jeunesse, il fit un mauvais usage de sa force par espièglerie, ce qui contraria fort les sages de la forêt. Pour le punir, ils le condamnèrent à ne pas avoir conscience de sa force, ce qui le rendit doux et soumis.

LA DÉESSE DÊVÎ TUE LE DÉMON-BUFFLE

Mahishasura est né avec la tête d'un buffle et le corps d'un homme. Il est destiné à être l'ennemi des dieux. À la tête d'une nombreuse armée de démons, il s'empare du trône céleste, chassant les dieux hors du paradis. Les principaux dieux en conçoivent une telle rage que de leur fureur commune émerge la forme d'une femme terrible et magnifique à voir. Elle doit sa tête à Shiva, ses bras à Vishnu, ses pieds à Brahmâ, sa taille à Indra le roi des cieux, sa chevelure à la mort, ses seins à la lune, ses cuisses à l'océan et ses orteils au soleil. Cette splendide jeune fille reçoit le nom de Dêvî. Elle s'isole dans une montagne où elle reste longtemps en méditation, vivant une vie d'ascète. Sa pénitence apporte paix et prospérité sur la terre.

Pendant qu'elle est ainsi absorbée, les armées de Mahishasura entrent dans les montagnes. Ses soldats voient la mince figure de Dêvî dans une méditation profonde et parlent de son étonnante beauté à Mahishasura. Empli de passion, il va la trouver sous un déguisement et lui demande de l'épouser. Elle répond méprisante qu'il doit d'abord prouver sa virilité. Mahishasura tente de s'emparer d'elle mais elle lui échappe. Pris de colère il devient énorme et ses coups de queue déchaînent la fureur de l'océan ; la terre tremble sous l'impact de ses pieds, ses cornes dispersent les nuages et les armées de Dêvî sont dispersées devant lui, sous l'ouragan de son souffle. Dêvî prend une forme terrifiante et chevauche son lion pour l'attaquer mais le démon-buffle ne cesse de changer de forme.

Elle le ligote avec des cordes mais il se fait lion ; elle coupe la tête du lion

▲ *Mohini avec le nectar de l'immortalité.*

mais il se fait homme ; elle transperce l'homme mais il se fait éléphant. Elle tranche la trompe de l'éléphant mais il redevient buffle. La déesse, enragée et ivre du désir de sang, saute sur son dos, le perce de son trident et frappe si fort son cou que son âme sort de sa bouche. À cet instant, elle lui dérobe son épée et sectionne sa tête. Son esprit ne pouvant plus rentrer dans son corps, il meurt. Les dieux louent Dêvî, en criant « Victoire ! ». C'est depuis qu'elle est vénérée comme celle qui tua le démon-buffle.

RÂMA

RÂMA était le septième avatar de Vishnu. Son humanité et le fait qu'il soit tombé amoureux le rendaient cher aux hindouistes et faisaient de lui une des divinités les plus aimées. On citait souvent sa vie en exemple puisqu'il se montrait digne d'honneur et accomplissait son devoir. Ce code d'honneur ou Râma-Rajya est encore cité par les politiciens indiens comme un idéal à atteindre.

Son histoire débutait par une question adressée au conteur : « Dis-moi qui est au monde la personne la plus grande ? qui soit à la fois accomplie, instruite, puissante, belle, noble et qui se soucie de toutes les créatures ? qui soit sans colère mais capable d'instiller la peur dans le cœur de ses ennemis ? qui puisse protéger le monde du mal ? »

Le conteur répondit : « Celui que vous cherchez est difficile à trouver parmi les mortels. Il y a toutefois un roi célèbre du nom de Râma. Il est fort, beau, sage, plein de compassion, son caractère est pur et il est aimé de tous. Il a étudié la sagesse ancienne avec sérieux, c'est un brillant archer, courageux au combat. Par sa gravité, il est tel l'océan ; par sa constance tel l'Himalaya ; par sa force telle

Vishnu ; par sa beauté telle la lune ; par sa générosité telle la pluie et par sa dévotion telle la vérité, telle la religion elle-même. »

LE RÂMÂYANA : UNE ALLÉGORIE

LE *RÂMÂYANA* ou voyage de Râma raconte comment celui-ci est banni de son royaume, et sa lutte contre les forces du mal pour secourir la déesse Sîtâ. Le voyage humain du divin Râma est une allégorie du périple de chaque âme pendant lequel chacun de nous doit affronter son propre exil,

sa propre perte et ses démons intérieurs pour espérer atteindre finalement la rédemption. Entendre ou assister aux combats de Râma, c'est revivre sa vie dans un contexte divin.

Le *Râmâyana* est parfois interprété comme une allégorie de la rencontre des cultures aryenne et dravidienne. Les Aryens civilisateurs, représentés par Râma et le royaume de Ayodhya, rencontrent les Dravidiens indigènes, représentés par Râvana et le royaume de Lanka. Cette interprétation historique est incomplète car les thèmes du *Râmâyana* sont universels et évoquent l'immémorial combat entre le bien et le mal. Néanmoins, Râvana, démon aux yeux des adorateurs de Vishnu, est encore vénéré en héros dans le Sud de l'Inde. Cette indissociabilité du bien et du mal est récurrente dans les mythes hindous qui présentent les dualités de ce monde comme le jeu, ou *lilâ*, du divin.

▲ *Le dieu Râma et la déesse Sîtâ assis sous un dais.*
▼ *Le dieu Râma debout est entouré des dieux du* Râmâyana.

L'INTERACTION DES PRINCIPES MASCULIN ET FÉMININ

L'ÉQUILIBRE entre le féminin et le masculin est au centre des mythes hindous. Toutes les divinités ont un aspect féminin : Vishnu et Lakshmî ; Krishna et Râdhâ ; Râma et Sîtâ ; Shiva et Pârvatî. La *shakti* incarne le pardon et l'esprit de la dévotion au dieu tandis que son aspect masculin représente le flux de pouvoir et de protection en émanant. L'union des deux principes, source créatrice de l'énergie de la vie, est symbolisée par l'image du *linga* de Shiva, entouré de la *yoni* de la déesse, qui, partout en Inde, est vénérée dans tous les temples dédiés à Shiva.

LA LUTTE COSMIQUE ENTRE LE BIEN ET LE MAL

L'UNIVERS HINDOU se divise en trois grands niveaux : le niveau supérieur est habité par les *devas*, êtres divins investis de pouvoirs magiques. Le niveau intermédiaire est la terre, domaine des humains. Le niveau inférieur appartient aux *asouras*, anti-dieux ou démons détenteurs de pouvoirs occultes. *Devas* et *asouras* se livrent une guerre perpétuelle. Vishnu protège les premiers et Shiva, plein de compassion, les seconds. Quand un côté ou l'autre semble prendre le dessus, Vishnu s'incarne pour restaurer l'équilibre (*voir « Râma »*). Il y eu quelques accalmies dans les tempêtes belliqueuses universelles, comme lorsque les dieux et les démons barattèrent la mer de lait.

L'humanité est prise au milieu de ce combat cosmique. La vie humaine se trouve au cœur de la lutte entre le bien et le mal. Au cours de la vie, l'âme est libre de choisir son comportement et doit donc affronter ses propres démons, réels ou imaginaires, pour trouver son équilibre intérieur. Avec l'aide de Vishnu, esprit intérieur, l'âme peut s'élever au-delà du bien et du mal afin de percevoir la bonté divine de tout ce qui se trouve dans la portée cosmique de Dieu.

▲ *Bronze représentant Shiva et Pârvatî.*
▼ *Scène traditionnelle indienne montrant deux amoureux.*

LE RÂMÂYANA : L'ÉPOPÉE DE RÂMA

UN ROI SAGE du nom de Dasaratha règne sur le royaume d'Ayodhya au Nord de l'Inde. Il est âgé et fatigué mais n'a pas d'héritier. En réponse à ses prières, il a un fils : Râma, septième incarnation de Vishnu. À sa puberté, Râma épouse la divine

Sîtâ, miraculeusement née de la terre. Tous l'aiment, sauf sa marâtre Kaikeyî, qui le fait exiler dans la forêt de sorte que son propre fils puisse devenir roi. Râma y reste quatorze ans, vivant avec sa bien aimée Sîtâ. La dernière année de cet exil, le roi-démon Râvana fait enlever Sîtâ en envoyant le sorcier Maricha déguisé en cerf doré. Quand Sîtâ voit le magnifique animal, elle prie Râma de le capturer pour elle. Pendant qu'il se lance à sa poursuite, Râvana enlève Sîtâ et l'emporte dans les airs sur son char tiré par des ânes jusqu'à la ville étincelante de Lanka.

Râma, sans espoir de retrouver Sîtâ, sombre dans le désespoir. Son frère Lakshmana l'encourage, et ensemble ils vont trouver le dieu-singe Hanuman à la force surnaturelle. Hanuman promet de retrouver Sîtâ et, après avoir cherché dans tout le sous-continent, il la découvre cachée dans un bosquet de manguiers sur l'île de Lanka (aujourd'hui Sri Lanka). Il incendie la ville étincelante et se hâte de porter les nouvelles à Râma. Ils prennent alors la tête d'une innombrable armée de singes qui emprunte un pont de pierres flottantes pour atteindre l'île. Une épouvantable bataille s'ensuit au cours de laquelle Râma affronte Râvana en combat singulier et le tue, accomplissant ainsi le vœu originel des dieux qui ont prié pour que Vishnu descende et débarrasse l'univers de la tyrannie de Râvana.

Râma revient triomphalement à Ayodhya avec Sîtâ et devient roi. Mais ce n'est pas la fin de l'histoire. Tragiquement, il éloigne Sîtâ parce qu'elle a vécu dans la maison de Râvana et, aux yeux de tous, a perdu sa chasteté. Cette fin cruelle est typique de bien des mythes hindous où la ligne séparant le bien du mal est rarement parfaitement définie. En exil, Sîtâ donne des fils jumeaux à Râma puis met fin à sa vie en rentrant dans le sein de la terre-mère d'où elle est sortie. Râma continue de vivre le cœur brisé et, après un règne de 11 000 ans, disparaît avec toute sa cour.

▶ *Krishna danse sur la musique de jeunes bergères.*

♈ RÂVANA, UN HÉROS TRAGIQUE

DANS LES GRANDS mythes hindous la nature du mal est souvent ambiguë et les anti-héros peuvent être des personnages tragiques. Râvana, l'ennemi de Râma, fut chassé du paradis, condamné à renaître trois fois en démon et à être tué dans chaque vie par Vishnu. Il fut dans sa première vie Hiranyakashipu, tué par Narasimha, la quatrième incarnation de Vishnu ; dans sa deuxième vie, il fut Râvana, et dans la troisième, Kamsa, tué par Krishna. Sa haine envers Vishnu était sa participation au drame divin. Après avoir été tué par Vishnu pour la troisième fois, il retrouva le paradis.

KRISHNA

KRISHNA est réputé être le huitième avatar de Vishnu. Avec lui, l'image de Dieu dans les mythes hindous évolue, s'élargissant à l'ensemble des émotions et à la poésie. Aux yeux de ses adeptes, Krishna occupe une place unique puisqu'il est la source de toutes les autres incarnations.

C'est le *Bhâgavata-Purâna*, écrit autour de l'an 500 apr. J.-C., mais que les fidèles croient bien plus ancien, qui raconte l'essentiel de l'histoire de Krishna. On la retrouve imbriquée dans le *Mahâbhârata*, épopée historique de l'Inde. Il naît dans les donjons du roi Kamsa et s'échappe pour se cacher parmi les gardiens de vaches vivant dans les forêts du Vrindâvan. Kamsa veut éliminer l'enfant divin, craignant qu'il ne menace son autorité. Il ordonne que tous les enfants mâles de moins de deux ans soient exécutés, ce qui n'est pas sans rappeler l'histoire biblique de Jésus. Krishna tue les démons envoyés pour les supprimer. Ce faisant, il les délivre du cycle des renaissances.

Dans la forêt, Krishna profite de l'abondance de la nature, garde les vaches et joue avec les autres enfants, faisant le bonheur de sa mère par ses facéties.

♉ KRISHNA LE BERGER

LES HINDOUS avaient personnifié les aspects de la nature et de la spiritualité sous la forme de leurs divinités. Si certains n'y voyaient que des symboles, d'autres leur attribuaient une vie et une réalité au-delà du monde temporaire. Le dieu le plus aimé était Krishna le vacher, huitième incarnation de Vishnu. Enfant, il vivait dans la forêt, entouré de ses amis, de vaches et de paons. Il y dansait avec sa bien-aimée, la divine Râdhâ, heureux de l'abondance et de la simplicité de la vie rurale. Ils partageaient ensemble un amour spirituel parfait. Ses fidèles voyaient en lui le dieu suprême et lui témoignaient une dévotion absolue.

LE CHANT DE KRISHNA : LA BHAGAVAD-GÎTÂ

VERS LA FIN DE SA VIE, Krishna prononce les paroles immortelles de la *Bhagavad-Gîtâ* ou « Chant du Seigneur », sous la forme d'un dialogue avec son ami et disciple Arjuna. Cette conversation se tient au moment-clé du *Mahâbhârata*, alors que la guerre va éclater.

Krishna entame son enseignement en parlant d'*âtman*, le moi. Il le décrit comme une âme immortelle qui se réincarne d'un corps à l'autre, la vie de l'âme suivante étant décidée par ses actions dans la vie présente. L'âme, dit-il, ne peut se satisfaire des plaisirs temporaires de ce monde. Selon les lois du *karma*, ou action, l'âme ne devrait pas se soucier du résultat de ses actes. Krishna conseille à Arjuna de se battre sans s'attacher à la victoire ou craindre la défaite mais simplement pour accomplir son devoir.

Krishna achève la *Gîtâ* en appelant à dédier tous ses actes à Dieu en signe de dévotion. Tous les êtres vivants sont les enfants éternels de Dieu et trouveront le bonheur en s'en remettant à lui. C'est le seul moyen de délivrer le moi du cycle des naissances et morts afin de lui permettre de regagner le royaume spirituel immuable pour y être réuni avec son véritable ami éternel : Krishna.

L'AMOUR DE RÂDHÂ POUR KRISHNA

L'AMOUR PROFOND que Krishna porte à Râdhâ est au cœur du mythe. Son histoire est évoquée dans le *Bhâgavata-Purâna* et développée dans d'innombrables poèmes écrits en diverses langues indiennes. Elle est la déesse de la dévotion, qui orchestre les histoires d'amour dans la forêt enchantée de Vrindâvan.

Parfois, Râdhâ contrôle Krishna qui ferait n'importe quoi pour la satisfaire. C'est un point important de la tradition de *Krishna-bhakti*, ou dévotion pour Krishna : Dieu est lié par l'amour de ses fidèles. L'ancien ordre hiérarchique avait créé une image de Dieu exprimée par la force créatrice de Vishnu et la force destructrice de Shiva, basée sur la peur et le respect. Cette nouvelle image d'un dieu plus doux et plus attentif qui aime ses fidèles vient la remplacer.

Krishna rencontre Râdhâ la nuit, avec ses amies intimes qui favorisent leur relation. Il se divise mystiquement afin de pouvoir danser avec chacune d'elles simultanément. Quand il grandit, il les quitte pour aller à la ville et y devenir roi. Certaines en meurent, le cœur brisé. L'attente de Râdhâ, qui veut être réunie à Krishna, exprime le désir de l'âme qui tend vers Dieu.

LA RONDE COSMIQUE

KRISHNA AIME la compagnie des jeunes gardiennes de vaches dans son *rasamandala*, ou ronde, dans la forêt la nuit. D'innombrables peintures et tapisseries murales représentent cette danse où les participantes alternent avec les multiples formes de Krishna en formant un grand cercle. La nuit, la forêt les entoure de son immense variété de fleurs, d'arbres et d'animaux, sous la voûte céleste constellée d'étoiles où volent les dieux pour assister à ce moment magique.

Le *rasamandala* est le parfait symbole de la danse de la vie, où l'âme est à jamais enchevêtrée avec son amant, l'âme suprême.

◀ *Krishna dansant la ronde cosmique.*

LE MAHÂBHÂRATA : KRISHNA ET LA GRANDE GUERRE

LE *MAHÂBHÂRATA* est l'histoire de la lutte pour le trône de l'Inde, s'articulant autour de la rivalité entre les cinq fils du roi Pandu, les Pandava, et les cent fils de son frère Dhrtarâstra, les Kaurava.

Pandu est mort jeune et son frère devient régent. Les cinq orphelins sont adoptés par Bhïsma, grand-père de la dynastie royale, qui les éduque et en fait des guerriers et hommes d'État brillants, prêts à diriger le royaume dont ils sont les héritiers. Mais Dhrtarâstra veut que ses fils héritent du royaume, aussi les deux groupes princiers sont-ils en conflit. Les Kaurava complotent pour brûler les Pandava vivant dans une maison construite à cet effet. Les Pandava parviennent à s'échapper et la querelle se mue en une haine profonde. Les Pandava perdent une partie de dés truquée et sont contraints à un exil de douze ans. Ils jurent de se venger.

Pendant ce temps, Krishna l'ami des Pandava, et en particulier d'Arjuna, use de son influence pour tenter de trouver une solution pacifique à la rivalité. Après douze ans, les Pandava viennent réclamer leur royaume, les Kaurava refusent de leur donner la moindre terre. Toutes les maisons royales de l'Inde sont obligées de prendre parti et tous s'opposent dans une lutte mortelle.

Bhïsma s'allie aux Kaurava malgré son amour pour les Pandava qu'il considère comme ses propres fils. Les armées de Krishna luttent pour les Pandava. Krishna lui-même refuse de participer au combat mais, en signe d'amitié, il accepte de conduire le char d'Arjuna. Alors que la bataille va commencer, Arjuna perd toute motivation à l'idée de devoir tuer tous ceux qu'il aime. Il se tourne vers Krishna pour lui demander son aide. C'est à cette occasion que Krishna délivre son enseignement immortel, la *Bhagavad-Gîtâ* et révèle sa véritable nature divine et son identité de dieu.

La bataille fait rage pendant dix-huit jours. Des millions de combattants périssent, dont Bhïsma et les cent fils de Dhrtarâstra. Les Pandava sont pratiquement les seuls survivants. Sans illusions et ayant perdu tous leurs amis, ils dirigent leur royaume. À la fin de leur vie, ils se retirent dans les Himalayas pour se préparer à la mort. Au paradis, ils retrouvent leurs cousins, leur inimitié terminée, cette tragique histoire se révèle n'être que le jeu des illusions du monde matériel dans lequel rien n'est ce qu'il paraît.

LES FABLES ET LES CONTES MORAUX

L'ENSEMBLE des contes moraux réunis dans le *Pancatantra* s'est transmise aux cultures du monde entier. Même si les histoires mettent en scène des animaux, elles illustrent l'ensemble des préoccupations humaines y compris l'éthique quotidienne, la sagesse politique et des exemples de comportements hautement moraux. Les histoires furent retranscrites en sanskrit il y a plus de deux mille ans par un brahmane nommé Vishnu Sharman, mais leurs origines remontent à une tradition orale bien plus ancienne. Raconter était une activité centrale dans la tradition védique. La littérature sanskrite ancienne est riche de narrations présentées comme des récits historiques auxquels s'ajoute une dimension très didactique.

Les histoires du *Pancatantra* sont différentes parce qu'elles sont pure fiction et constituent probablement le plus ancien corpus littéraire ayant survécu. L'exemple qui suit (« L'oiseau, vainqueur l'océan ») est caractéristique d'une forme narrative qui mêle librement les personnages d'animaux au cadre formé par les divinités, ici Garuda, l'oiseau qui transporte Vishnu et le Dieu lui-même, illustre ainsi l'imbrication entre religieux et séculier dans la mythologie. La morale renforce la dimension spirituelle inhérente à la culture indienne.

L'OISEAU, VAINQUEUR DE L'OCÉAN

UN PETIT OISEAU et sa compagne vivent en bord de mer. L'oiseau construit son nid sur la plage. L'oiselle proteste disant que les vagues viennent trop près et emporteront le nid. L'oiseau la rassure, l'océan est son ami et ne fera jamais pareille chose.

Le lendemain, l'océan rit et allonge ses doigts couverts d'écume pour attraper le nid et les œufs minuscules. L'oiselle désespérée veut mourir mais son mari lui dit de ne pas s'inquiéter.

Il va assécher l'océan et récupérer le nid. Il prie les autres oiseaux de l'aider. Ils acceptent mais l'océan ne fait que se moquer, alors ils vont chercher Garuda, le roi des oiseaux. Apprenant la situation, Garuda fait dire à son maître, Vishnu, que l'océan a dérobé les œufs de son serviteur. Entendant cela, Vishnu, lui-même de fort méchante humeur, menace l'océan : « Si tu ne rapportes pas les œufs de ce petit oiseau, c'est moi qui vais t'assécher ! » L'océan, empli de craintes, rend immédiatement les œufs.

La morale de cette histoire rappelle notre proverbe : « Aide-toi, le ciel t'aidera. »

▲ *Statue en bronze de Shiva dansant.*

LE PAON, L'ÉLÉPHANT ET LA VACHE

LES ANIMAUX sont des symboles omniprésents dans l'art hindou. Le paon, des forêts du Nord de l'Inde symbolise la beauté et la grâce. Ses plumes sont un attribut de Krishna qui en porte toujours une sur la tête.

Les temples entretiennent souvent des éléphants pour porter l'autel et conduire les processions. Si blesser un éléphant apporte de grands malheurs, en nourrir un est source de bénédictions.

La vache est vénérée comme l'une des sept mères. Il ne faut pas lui faire de mal. Ce qui s'y rapporte est sacré, y compris ses bouses. Le ghee, ou beurre clarifié, fait avec son lait sert pour la cuisine, les lampes et le feu sacré.

LES VIES DE BOUDDHA

LES RÉCITS DU *JÂTAKA* rappellent les nombreuses vies antérieures de Bouddha sous forme humaine ou animale. Il y a en tout cinq cent quarante-sept histoires, racontées à l'origine par Bouddha à ses disciples. Écrites en pâli environ 400 ans av. J.-C., elles furent intégrées à la littérature bouddhique peu après sa mort. Elles montrent comment, incarnation après incarnation, il progresse dans ses vies, acquérant la sagesse, le désintéressement et la réflexion, qui finissent par le conduire à l'Éveil. Dans chaque vie, il accomplit un acte méritoire qui lui permet d'avancer sur la voie de la spiritualité. Dans les récits les plus tardifs, l'être qui va devenir le Bouddha conçoit un tel amour des autres qu'il est prêt à sacrifier sa propre vie pour eux. Il fait preuve de compassion, notion centrale de l'enseignement bouddhique, qui prédomine chez un être parvenu à l'Éveil. Certaines histoires sont des contes traditionnels adaptés afin de guider et d'apporter un enseignement aux fidèles bouddhistes. Elles se prêtent à la récitation, à la représentation par des acteurs itinérants et constituent une source d'inspiration toujours renouvelée pour les artistes, comme en témoignent les fresques d'Ajanta. Leur thème est en général le *karma*, les récompenses et les punitions que nous valent nos actions d'une vie à l'autre.

▲ *L'éléphant conduisait les processions royales ou religieuses. Ils étaient souvent parés de bijoux.*

BOUDDHA EN LIÈVRE

AVANT SA NAISSANCE sous l'identité de Siddârta Gautama, Bouddha a eu plusieurs vies animales. Cette histoire raconte sa vie de lièvre.

Un lièvre vit dans la forêt avec ses amis le chacal, la loutre et le singe. Les animaux respectent le lièvre, qui est sage et doux. Un jour, il leur dit de jeûner et ordonne que chacun donne la nourriture qu'il trouve à ceux qui en ont besoin. Le singe cueille des mangues mûres, le chacal trouve un lézard et un pot de lait et la loutre pêche du poisson frais. Mais e lièvre ne peut rien attraper et jure que, si quelqu'un a faim, il donnera son propre corps. Ce vœu fabuleux est entendu par la terre elle-même, qui le répète à Sakka, seigneur des devas. Il décide de mettre à l'épreuve le lièvre

Sakka pénètre dans la forêt déguisé en mendiant et demande à manger au lièvre. « Mange mon corps », répond-il sans hésiter.

Alors Sakka fait un feu et le lièvre n'hésite pas à se jeter dans les flammes. Sans ressentir nulle douleur, il monte au ciel. En témoignage de gratitude, Sakka dessine un lièvre sur la lune afin que tous puissent le voir et se souvenir de son sacrifice désintéressé.

◀ *Panneau en bois provenant d'un autel portatif montrant Bouddha en méditation.*
▶ *Miniature indienne figurant une déesse portant un luth dans un jardin. Les paons qui l'entourent symbolisent la beauté et la grâce.*

LES ARBRES SACRÉS

PARCE QU'ILS VIVAIENT dans la forêt, les premiers maîtres védiques accordaient une grande importance aux arbres, dont le banyan et le pippal, symboles de patience et de tolérance. Ces arbres étaient voués au bien-être. « Que ces arbres sont puissants, ils supportent les tempêtes, les pluies, la neige et le soleil brûlant et nous protègent ! » Cette tradition perdura, aboutissant à une relation entre le monde humain et végétal, la communauté des arbres, des plantes et des animaux, qui reconnaissait le droit des arbres, des animaux et des plantes de la forêt à vivre leur propre vie, libre de l'exploitation des hommes.

Sri Lanka

INTRODUCTION

CEYLAN EST UNE PETITE ÎLE située au nord de l'équateur et à l'est de la pointe de l'Inde. De par sa situation sur les routes maritimes entre l'Europe, l'Afrique et l'Asie, elle a toujours été en contact avec les grandes civilisations et avait déjà une culture très développée au Ve siècle av. J.-C.

En dehors d'un petit groupe aborigène, la majorité de la population descend d'émigrants indiens. Bien que rien n'atteste avec certitude une présence cinghalaise dans l'île antérieure au IIe siècle av. J.-C., des chroniques mentionnent l'arrivée des premiers locuteurs du cinghalais, que l'on pense originaires du Nord de l'Inde, au VIe siècle av. J.-C. Ils conquièrent les premiers habitants, les Yakshas et les Nagas, puis s'installèrent dans la plaine du Nord. Les Tamouls (ou Tamils), probablement immigrants de l'Inde dravidienne, arrivèrent sur l'île dès les premiers siècles après J.-C., puis vers 1200. La présence musulmane est d'origine arabe ; quant aux Européens, ce sont des descendants des colons portugais et hollandais.

Les premiers conquérants introduisirent dans l'île une forme abâtardie de l'hindouisme qui, progressivement, intégra les dieux et les esprits préexistants. Le bouddhisme fut établi entre 270 et 232 av. J.-C. Selon les textes, il fut introduit par le moine Mahinda qui était peut-être un fils du grand empereur indien Ashoka. C'est également à lui qu'on attribue le mérite d'avoir apporté le Canon pâli, textes religieux bouddhiques écrits en pâli. Suivant son exemple, des moines venant de monastères situés dans le Nord de l'Inde entreprirent le voyage, enseignant sur les côtes est de l'Inde avant d'effectuer la traversée pour établir des communautés bouddhistes sur l'île. Le bouddhisme s'imposa vite comme la religion dominante et l'est encore de nos jours.

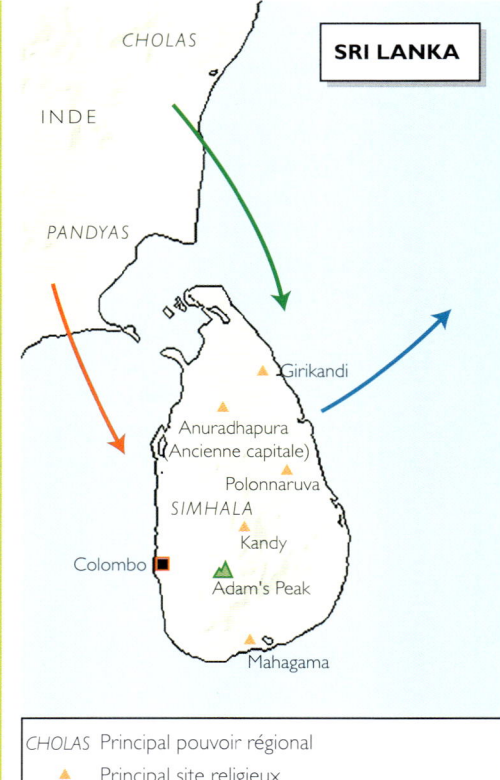

CHOLAS	Principal pouvoir régional
▲	Principal site religieux
■	Actuelle capitale
▲	Montagne sacrée
→	Invasion de rois indiens vers 600-1100 apr. J.-C.
→	Missionnaires bouddhistes à partir de 250 apr. J.-C.
→	Premier contact avec la Thaïlande

DÈS LE IIIe siècle av. J.-C., les Tamouls s'étaient installés à Anuradhapura, dans la plaine au nord de l'île. Les Cinghalais infligèrent une défaite aux Tamouls en 101 av. J.-C. L'histoire des Tamouls devient alors obscure, même si leur communauté reste présente dans le Nord et l'Est de l'île, tandis que les Cinghalais sont surtout au Sud et à l'Ouest.

Les contacts avec l'Afrique et le Moyen-Orient étaient fréquents sur le littoral. Les commerçants arabes et hindous fréquentaient les villes côtières. Les Portugais, Hollandais et Britanniques commercèrent avec l'île dès le XVIe siècle, époque de l'introduction du christianisme dans les deux communautés linguistiques. Au XIXe siècle, les Britanniques, qui avaient annexé l'île en 1815, firent venir

◀ *Une jeune femme présentant des offrandes au vénéré Shiva.*

de la main-d'œuvre tamile du Sud de l'Inde pour travailler dans les plantations, ce qui renforça la division de la population entre une majorité bouddhiste cinghalaise et une minorité tamile hindouiste.

LES MYTHES INSULAIRES

L'ÎLE EST RICHE d'une multitude de mythes que l'on peut répartir selon leurs thèmes : mythes au sujet des esprits, mythes des origines, mythes hindous parlant des dieux et des héros et mythes bouddhiques, dont le recueil de contes que l'on appelle le *Jâtaka*.

Plusieurs mythes relatent la défaite des premiers habitants de l'île, les Yakshas et les Nagas, devant les envahisseurs cinghalais qui arrivèrent vers le VIe siècle av. J.-C. On sait que les Nagas étaient des Hindous, et donc certainement d'origine indienne. Il semblent avoir disposé d'un système sophistiqué

L'ORIGINE DES MYTHES

d'irrigation et de réservoirs. Le *nâga*, mot sanskrit pour serpent, était peut-être leur totem. On sait peu de choses sur les Yakhsas mais ils sont mentionnés dans les épopées hindoues et dans le *Râmâyana*. Râvana, le roi démon, aurait été leur roi.

Les dieux locaux et nationaux pouvaient être protecteurs si on les traitait avec déférence. Les *devata*, qui étaient des esprits de la nature et les esprits de la fécondité, ou la déesse Pattini, divinité de la fertilité, étaient très populaires. Les mythes des origines liés à la naissance des *Yaksas*, esprits de la nature, et autres êtres supérieurs étaient racontés sur un ton incantatoire pour les évoquer. Il s'agissait de persuader l'esprit du respect que l'on avait pour lui avant de lui demander la permission d'agir sur son territoire.

PLUSIEURS MYTHES évoquent la genèse de la race cinghalaise et des phénomènes que sont la mer, les montagnes, les dieux et différentes espèces animales. La plupart dérivent de la tradition indienne, mais les populations de l'île ont imaginé des détails, créant ainsi des variantes originales. On sait qu'avant l'arrivée des populations dravidiennes et aryennes, les insulaires croyaient aux esprits de la nature, aux divinités de la fertilité et aux corps célestes. Ils adoraient les dieux du soleil, de la lune et des étoiles. Sumana, prince des *devas*, était peut-être au départ une divinité solaire. On pensait qu'il vivait au sommet du Samanala, la montagne sacrée au sud-ouest du centre de l'île, qui était depuis fort longtemps un lieu sacré d'où l'on pouvait

▲ *Le détail de ce coffret représente deux esprits accomplissant une danse rituelle.*

contempler le lever du soleil. Sa vocation sacrée est soulignée par le fait qu'aujourd'hui encore les hindous, les bouddhistes, les chrétiens et la petite communauté musulmane s'accordent à y voir un lieu saint. On y trouve une petite excavation qui évoque l'empreinte naturelle d'un pied énorme. Les bouddhistes prétendent que c'est la trace de Gautama Bouddha, quatrième Bouddha à s'être rendu sur cette montagne dans l'actuel cycle du monde. Les hindous affirment que c'est celle de Shiva tandis que chrétiens et musulmans pensent qu'il s'agit d'une trace d'Adam, d'où le surnom Adam's Peak (en français, pic d'Adam).

D'autres récits évoquent des autels contenant des reliques du Bouddha ou des sites bénis par lui ou des saints, mais rien ne prouve que le Bouddha se soit vraiment rendu sur l'île. Les contes du *Jâtaka* narrant les vies précédentes de Bouddha servent de guides spirituels aux bouddhistes.

◀ *Statue en bronze représentant Shiva.*

LE BOUDDHA

LE *MAHAVAMSA*, « grande généalogie », est une chronique historique qui rappelle l'arrivée des premiers colons cinghalais à Ceylan. Au VIᵉ siècle av. J.-C., le prince Vijaya et 700 soldats arrivent sur l'île et défont un groupe de Yakshas qui se replie à l'intérieur. Vijaya, qui est un « sinhala » parce qu'il descend d'un lion « sinha », épouse une princesse yaksha dont il a deux enfants. Mais il les chasse et ceux-ci s'enfuient dans la forêt. Sa femme est tuée par des Yakshas. Vijaya envoie quérir une autre princesse en Inde et des épouses pour ses compagnons. Son neveu assure la pérennité de la lignée. Ce récit est proche de la vérité historique puisque les premiers habitants dravidiens ont été repoussés au centre de l'île par des colons indo-aryens.

Selon le *Mahavamsa*, Bouddha convoque Sakka, le roi des dieux, juste avant de mourir. Il lui demande de protéger Vijaya et ses compagnons qui viennent de s'installer à Lanka, parce que c'est ici que sa religion sera établie et arrivera à maturité. Le mythe souligne l'importance de l'héritage du bouddhisme, déjà affirmée par les récits de la visite de Bouddha à Lanka.

La croyance que Bouddha traverse la mer pour venir à Ceylan et laisse l'empreinte de son pied sur la montagne sacrée est centrale dans la culture insulaire. Les sculptures de cette trace de pas sont très appréciées. Elles sont décorées des cent sept symboles de l'ascendant de Bouddha sur l'ensemble de l'univers pour rappeler le phénomène.

LES LIENS AVEC L'INDE

LES MYTHES HINDOUS nous sont assez familiers. Vishnu, Shiva, Brahmâ et les principaux dieux du panthéon sont présents dans d'innombrables récits. Les avatars ou incarnations de Vishnu sont connus et les grandes épopées comme le *Râmâyana* et le *Mahâbhârata* sont souvent mises en scène au théâtre ou à l'opéra. La première a une importance toute particulière puisqu'une grande partie de son action se déroule sur le sol de Lanka, terre du roi-démon yaksha, Râvana. Les Yakshas étaient un peuple ancien, vivant à Ceylan avant l'arrivée des Cinghalais entre les Vᵉ et VIᵉ siècles av. J.-C.

On raconte des histoires expliquant le statut des différentes castes. Comme en Inde, le système de castes est présent mais sous une forme simplifiée. La caste des brahmanes, la plus haute, et celle des intouchables, la plus basse, n'existent pas chez les Cinghalais. Bien que le bouddhisme n'ait jamais adopté un système de castes puisqu'il enseigne l'égalité, il y a toujours chez les Cinghalais un système de castes adapté.

Les mythes bouddhiques, en particulier tous ceux qui racontent la vie de Bouddha, et ceux, nombreux, qui relatent des miracles, sont très appréciés.

RÂMA ET SÎTÂ

LE *RÂMÂYANA* raconte que la princesse Sîtâ est enlevée, conduite à Ceylan et retenue contre sa volonté par Râvana. Râma et son frère Lakshmana ne peuvent venir à son secours qu'avec l'aide de Hanuman, commandant l'armée des singes. Les singes font un pont vivant entre le continent et l'île. Râvana est le roi des Yakshas ou démons. Il parcourt le ciel dans un chariot. Dans des temps plus reculés, il était probablement identifié au soleil. Le dieu Sumana, plus souvent associé à la montagne et au soleil, est peut-être un substitut plus tardif de Râvana.

Selon un récit, Bouddha a prêché devant Râvana au sommet du Samanala, l'amenant à accepter la prééminence du bouddhisme sur les croyances yakshas. Le mythe de la *stûpa* de Ruvanvaliseya est typique des récits concernant les lieux saints. Apparemment, le roi est à la recherche d'un endroit propice dans la campagne pour y ériger une *stûpa*. Il choisit finalement un emplacement où pousse un arbre telamby. Malheureusement, Swarnamali, esprit de cette essence, l'habite et, quand les hommes du roi arrivent pour l'abattre, elle pleure amèrement. Le roi parvient à la convaincre de quitter l'arbre. On le coupe et le roi peut construire sa grande *stûpa*. Ce mythe suggère que le lieu était déjà sacré et que les gens portaient depuis longtemps leurs offrandes à l'esprit de l'arbre bien avant qu'il ne devienne un site bouddhique.

L'ARBRE SACRÉ

LES ARBRES étaient souvent sacrés. Beaucoup pensaient que l'arbre sous lequel Bouddha atteignit l'Éveil avait le pouvoir de faire tomber la pluie, tout comme Bouddha lui-même. L'arbre de Bouddha à Anaradhapura se serait développé sur un rejeton du pippal (*Ficus religiosa*) de Bodh-Gaya sous lequel Bouddha méditait. Il aurait été apporté et replanté à Ceylan par les premiers missionnaires bouddhistes. Bien des miracles seraient liés à cet arbre qui resta central au rituel bouddhique jusqu'à l'arrivée de la dent sacrée, relique qui fut installée dans un autel de la *stûpa* de Kandy quelque six cents ans plus tard.

LES MYTHES ET LES ARTS

PEINTURES, sculptures et architectures illustrent les mythes hindous et bouddhiques. La sculpture indienne,

influencée par l'Inde du Sud, révèle l'importance des dieux, en particulier de la grande déesse et de Shiva. Les temples sont des constructions complexes érigées dans des jardins paysagers au milieu de lacs qui reflètent l'harmonie de l'univers.

LES STÛPAS

LES *STÛPAS* sont à la fois des reliquaires et des symboles visuels de l'Éveil. Les différents niveaux de la structure représentent les étapes du chemin vers l'Éveil. La *stûpa* est aussi une aide à la méditation.

Les *stûpas* les plus sacrées du bouddhisme contiennent, du moins le croit-on, des reliques du corps de Bouddha amené à Ceylan après sa mort. L'image de Bouddha est très populaire, qu'il soit assis en méditation ou protégé par le *nâga*. Les contes du *Jâtaka* sont souvent le sujet de fresques et ornent des objets en argent. La tradition consistant à sculpter de colossaux Bouddha en calcaire offre une magnifique représentation de l'étendue de sa doctrine.

LES DIEUX SRI-LANKAIS

LES ANCIENS DIEUX, comme Pattini et le dieu-soleil Sumana, sont toujours présents dans la conscience des Sri Lankais. On voit partout des emblèmes du soleil et de la lune ; les esprits de la nature et de la maison sont encore respectés. Vishnu, Shiva, Brahmâ, Ganesh et la Déesse sont vénérés dans la communauté hindoue essentiellement tamoule, et Bouddha est vénéré chez les Cinghalais majoritaires. On pense souvent que des esprits habitent les arbres, rochers et rivières et qu'ils risquent de se montrer méprisants si on ne les honore pas. Nombre de créatures qui peuplent les mythologies d'Inde et du Sud-Est asiatique – yakshas, nâgas, garudas, mi-homme mi-oiseau – font partie de la mythologie de l'île.

▲ *La position du lotus et celle des mains de Bouddha indiquent qu'il est en train d'enseigner.*
◀ *Shiva, tombé à terre, subit l'attaque de l'ogresse et déesse Kâlî.*

Tibet

INTRODUCTION

A U CARREFOUR de l'Inde et de la Chine se trouve le Tibet dont la religion animiste se fonde sur la dualité. Les Tibétains aspiraient à vivre en harmonie avec les forces invisibles en action tout autour d'eux, remerciant les esprits bienveillants de leur bonté par des offrandes régulières et restant toujours vigilants pour ne pas offenser les mauvais esprits.

Avant l'aube de l'histoire, le Tibet était sous la férule d'une succession de dirigeants non humains. Le premier souverain humain descendit enfin un jour du ciel, arrivant sur la montagne de Kong Po, et fut proclamé roi par le peuple reconnaissant. À la fin de son règne, il rejoignit les cieux d'où il était venu à l'aide d'une corde *dmu*, ne laissant aucune dépouille sur terre. Quand le septième descendant de la lignée royale coupa la corde magique reliant sa famille au ciel, il fut enterré dans la vallée de Yar-lung et c'est ainsi que naquit le culte des tombeaux royaux.

▲ *Panneau de bois sculpté à l'effigie de Vairocana.*

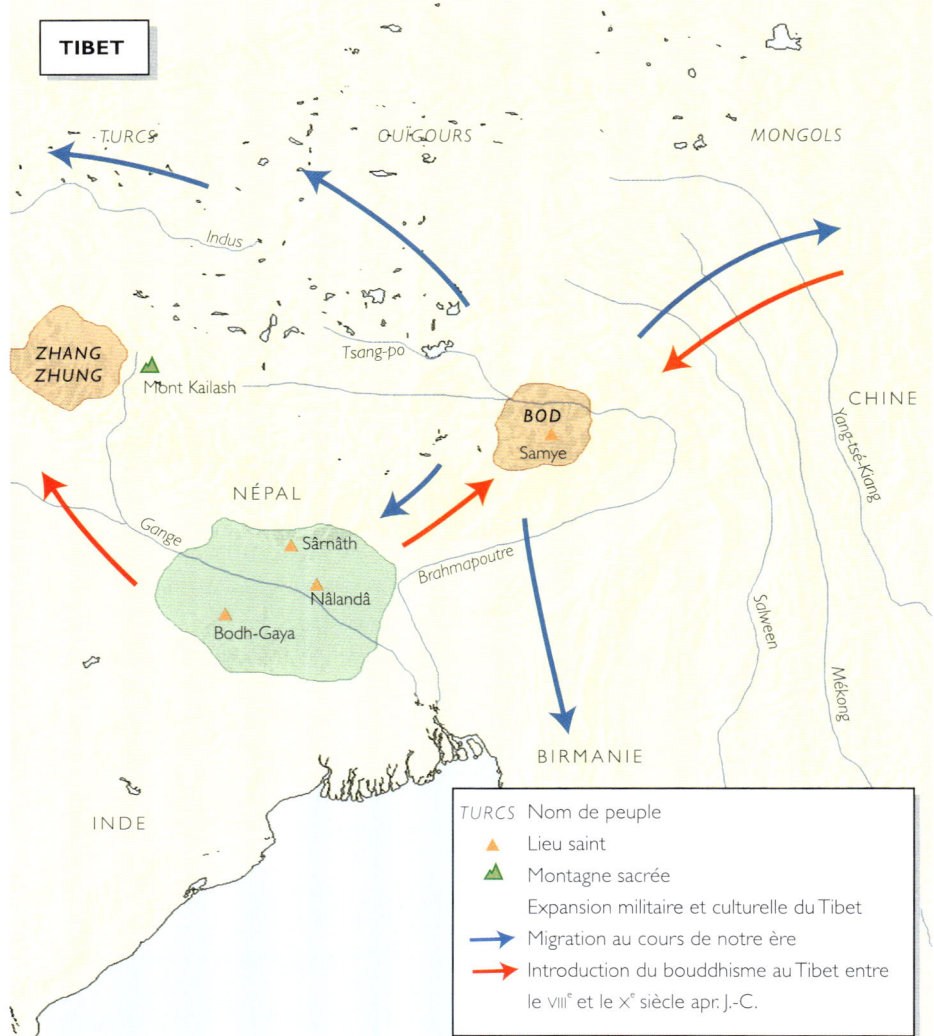

LES CINQ JINA

LES NOMBREUX dieux transcendantaux du bouddhisme tantrique, importés d'Inde, leur pays d'origine, forment cinq Bouddhas personnifiant l'ultime réalité : Vairocana, Aksobhya, Ratnasambhava, Amitâbha et Amogasiddhi. Souvent représentés sous la forme d'un mandala, l'un d'eux étant au centre et les quatre autres l'entourant, ils marquent les quatre points cardinaux et ont une couleur, une posture et un attribut spécifiques. Évoqués lors de profondes méditations, ces cinq Bouddhas sont des émanations naturelles des éléments de base constitutifs de la personnalité humaine. On les appelle les cinq *jina*. Ils se doublent d'une *shakti* (énergie féminine) correspondant aux cinq éléments que sont la terre, l'eau, le feu, l'air et l'espace.

LE PREMIER ROI HUMAIN

APRÈS vingt-sept générations de rois depuis le premier souverain humain, Lha-tho tho-ri

monta sur le trône en l'année de l'eau-oiseau 433, à l'âge de soixante ans. Il fut le premier à entendre parler du bouddhisme.
Selon la légende, un jour que le ciel était rempli d'arcs-en-ciel, des textes et des images bouddhiques tombèrent sur le toit de son palais. Il fut incapable de comprendre la moindre syllabe des écrits mystérieux mais il lui fut prédit que leur sens serait révélé à sa famille cinq générations plus tard. Vouant un culte à ces objets miraculeux qu'il considéra comme sacrés, Lha-tho tho-ri vécut jusqu'à cent vingt ans dans un corps qui n'en paraissait pas plus de seize.

Cinq générations plus tard, accomplissant la prophétie, le roi Songsten Gampo (entre 617 et 150 apr. J.-C.) ordonna la création d'un alphabet dans la langue de son pays, y introduisant ainsi l'écriture. Il fut le dernier souverain puissant du Tibet avant la domination des grands monastères. Deux princesses bouddhistes des pays voisins, la Chine et le Népal, comptèrent parmi ses cinq épouses. On dit qu'elles apportèrent dans leur dot des statues précieuses de Bouddha et des *bodhisattvas*. Cédant à leur insistance, Songsten Gampo entreprit de dompter la terre sauvage du Tibet, que l'on se représentait sous la forme d'une ogresse démoniaque, afin de préparer le pays à l'avènement de la religion étrangère.

TOMBES ROYALES

JUSQU'AU IXᵉ siècle de notre ère, on construisit les tombes des rois du Tibet dans la vallée de Yar-lung, où elles faisaient l'objet d'une surveillance constante. Les gardes et serviteurs résidant dans le sanctuaire ne devaient voir personne du monde extérieur. Tout animal qui s'aventurait dans l'enceinte sacrée le payait de sa vie. Pendant la fête annuelle en l'honneur des ancêtres, les gardes demeuraient cachés et ne sortaient qu'après le départ des hôtes royaux et des chamans. Ils émergeaient alors de l'obscurité et profitaient des mets et boissons offerts à profusion.

▲ *L'art traditionnel tibétain représente dieux et divinités.*

RACINES DES MYTHOLOGIES

DANS UN TEMPS d'avant les humains, les premiers dirigeants du Tibet étaient des démons noirs, les *gnod-sbyin,* qui savaient se servir d'arcs et de flèches mais ignoraient les ornements. Puis vinrent les *bud*, qui vivaient dans les régions boisées des neuf vallées et connaissaient marteaux et haches. Ensuite, ce furent les *srin*, avec leurs lance-pierres et leurs catapultes, puis les *lha* et l'acier trempé. Vinrent alors les *dmu-rgyal*, qui furent les premiers à employer la magie noire et les rituels. Ils furent suivis des méchants *'dre* qui abandonnèrent les vallées boisées pour s'établir sur les pentes des hautes montagnes. Les frères héroïques *ma-sang* prirent ensuite le contrôle et c'est eux qui donnèrent au Tibet son nom actuel de Bod. Sous leur dynastie, boucliers et armures furent inventés. Des êtres mystérieux aux pouvoirs miraculeux leur succédèrent, les *klu*, les *rgyal-po* et les *'gong-po*. C'est ainsi qu'une lente évolution prépara la terre à la venue de l'humanité.

LES FONDEMENTS

Pendant que les chamans des villages se voyaient relégués à un rôle social marginal, les prêtres bouddhistes devinrent les porte-parole de divinités chamaniques converties. Vêtus à l'image d'un dieu guerrier d'un lourd casque en métal et d'une armure, portant la lance, ces prêtres tombaient régulièrement dans des transes et des extases chamaniques et servaient de médiums à l'expression des prophéties des anciens dieux. Les prêtres ordonnés aujourd'hui ornent leurs temples des outils des chamans d'autrefois : flèche de divination, miroir magique et précieux fragments de cristal de roche. Tous ces objets ont acquis un nouveau sens symbolique dans le cadre de la doctrine bouddhiste. Les plumes, cornes, os et fourrures des tuniques des chamans d'antan ont donné naissance aux costumes de scène utilisés lors des danses de l'aigle, du cerf, du lion des neiges et du squelette.

L'aigle du chaman, grâce auquel il accédait autrefois à son nid dans l'arbre monde, devint le Garuda indien. On dit que le cerf fut l'un des premiers à avoir entendu les enseignements de Bouddha dans le parc aux cerfs à Varanasi. Le lion blanc fut identifié au vâhana (animal support), symbole de divinités bouddhiques comme Vairocana ou Manjusri, et les squelettes dansants des chamans blessés lors de leur initiation traumatisante par démembrement devinrent les gardiens des charniers sacrés de Vajrayana.

▲ *Écriture tibétaine ornementale ancienne.*

▲ *Padmasambhava assis tient dans la main droite un* vajra, *et dans la gauche un crâne et un bol.*

♈ PADMASAMBHAVA

Le mystique indien Padmasambhava a mystérieusement émané du cœur d'une fleur de lotus sous la forme d'un enfant de huit ans, au milieu du lac Dhanakosha d'Oddiyâna dans la vallée de la Svat, aujourd'hui située au Pakistan.

Élevé comme son propre fils par le roi d'Oddiyâna, Padmasambhava profite de la vie luxueuse du palais jusqu'à ce que survienne l'heure de son grand renoncement. Ayant assassiné un ministre du roi, il est chassé du royaume et condamné à mener la vie d'un ascète pénitent dans l'effrayant charnier situé au-delà de l'habitat humain. C'est là, dit-on, qu'il converse avec les êtres surnaturels, atteignant un haut niveau de spiritualité. On croit qu'il a été ordonné prêtre par Ananda, cousin de Bouddha, et qu'il a vécu plus de mille ans en suivant la voie de Bouddha.

Arrivant au Tibet sur l'invitation du roi, Padmasambhava parcourt tout le pays et pacifie les forces hostiles qui se déchaînent contre la nouvelle religion, si bien qu'encore aujourd'hui il est vénéré comme le fondateur du bouddhisme tibétain.

♈ LE GOUROU NÉ DU LOTUS

Pendant la seconde moitié du VIIIᵉ siècle apr. J.-C., le roi Trisong Detsen, empli d'admiration devant la culture sophistiquée de ses voisins bouddhistes, envoya des messagers en Inde quérir les hommes les plus érudits de son temps, dans l'espoir qu'ils fondent un temple nouveau et enseignent à son peuple le chemin du bien. S'en remettant à ses conseillers, le roi invita le *tantrika* (pratiquant de la religion occulte) connu sous le nom de Padmasambhava, le gourou né du lotus. C'est ainsi qu'une nouvelle mythologie héritée des magiciens bouddhistes indiens déferla sur le pays.

LA CRÉATION

Les plus anciens mythes chamaniques, autrefois dominants en Asie centrale et du Nord, content la genèse du monde et de tout ce qu'il contient. Selon ces récits, le monde fut créé et entretenu par une multitude de dieux et de démons invisibles qui résidaient dans d'innombrables lieux de pouvoir. On faisait appel à leur assistance avant toute entreprise. Ces créatures devaient être contrôlées et exorcisées par l'intermédiaire du chaman quand elles étaient à l'origine de troubles, de blocages ou de maladies. Le royaume octroyé aux hommes couvrait la face de la terre, les dieux et les démons vivaient dans les cieux et dans les labyrinthes souterrains au plus profond de la terre.

Seul un chaman en transe avait le pouvoir de voyager dans ces trois royaumes et de comprendre les mécanismes complexes de l'univers. Lui seul était capable de deviner les causes des maladies et des malheurs ou de ramener les âmes perdues enlevées par les esprits. C'était lui qui indiquait quels sacrifices devaient être accomplis, par exemple le tissage de fils entrecroisés (*mdos*) ou l'offrande d'une rançon à un esprit malveillant ou offensé. C'était lui qui montrait ce qui était sacré dans le paysage et qui préservait la vie des mythes.

LES STATUES DE BOUDDHA

PROUVANT son habileté dans l'art ancien de la géomancie, la reine Kong-jo, épouse chinoise de Songsten Gampo, indiqua les lieux où l'on pouvait construire des temples conçus pour appuyer sur les épaules et les hanches, les coudes, les genoux et le cœur de la démone de la terre. La grande image du Bouddha de douze ans en or, incrustée de pierreries, qu'elle apporta avec elle se trouve aujourd'hui dans le temple de Ra-sa 'phrul-snang, construit à Lhassa sur un lac dont les eaux sont le sang du cœur de l'ogresse. Cette statue est aujourd'hui encore l'image la plus vénérée dans tout le Tibet.

LE GOUROU PADMASAMBHAVA

LE ROI INVITE Padmasambhava à venir l'assister au Tibet, mais le roi et le gourou sont en désaccord. Lequel des deux doit saluer l'autre le premier ? Padmasambhava adresse un geste de salutation en direction du bâton du roi, ce qui le fait se briser en cent morceaux. Le roi lève immédiatement les mains en signe de salutation. Padmasambhava prononce un charme en jetant des graines de moutarde et l'espace autour d'eux s'embrase. Pe-dkar, le premier des démons *rgyal po*, ne tolère pas de voir un humain aux pouvoirs surnaturels capables de rivaliser avec les siens. Il envoie donc sa suite de mille démons *the'u rang* pour détruire le gourou. Arrivés sur place, ils n'ont aucune chance de le tuer car le feu le protège. Vaincus, ils retournent vers leur maître. Quand Pe-dkar arrive sur place, le feu brûle toujours. Il commence à se demander quelle en est la cause. Curieux des charmes invoqués par le gourou, il s'approche pour écouter. Sachant cela, le gourou lui perce l'oreille qui entend avec son *kila* magique et le rend sourd. Il lui perce ensuite l'œil qui voit et le rend aveugle. Il lui perce la jambe et le laisse handicapé. Pe-dkar ainsi défait est obligé de jurer de protéger la doctrine de Bouddha à jamais.

▲ *Masque chamanique représentant la reine des démons.*

▲ *Un bodhisattva, être ayant renoncé au nirvâna pour aider les gens sur terre.*

LES FORCES DE LA NATURE

LES FORCES chaotiques de la nature, à la fois craintes et honorées dans la tradition chamanique du Tibet, furent systématiquement triées et ordonnées sous l'influence du bouddhisme pour être harmonieusement incorporées à la cosmogonie indienne. Les fiers esprits de la terre furent, dit-on, convertis et domptés, devenant des protecteurs de la foi bouddhiste. Débarrassées de leur méchanceté originelle, ces forces terrifiantes ne s'en prenaient plus maintenant qu'à ceux dont les agissements coupables pouvaient être repérés comme étant les causes de leurs malheurs. Selon la doctrine du *karma*, le citoyen faisant preuve de probité morale n'a rien à redouter du monde invisible des esprits. Les cycles de la nature en vinrent à être interprétés et respectés en tant que déroulement du *dharma*, ou loi universelle. Puisqu'elles protégeaient la doctrine, ces forces pouvaient être invoquées par le bouddhiste en méditation, alors en mesure de les mettre en œuvre. Les rites chamaniques pré-existants, guérisons, rançons et exorcismes avec leurs effigies caractéristiques et leurs cadres de fils de laine colorés entrelacés, furent très vite adoptés par le clergé qui leur superposa une liturgie et une symbolique bouddhistes.

❧ NATURE ET PAYSAGE

LES TIBÉTAINS pensent que leur pays est sacré. Des éléments du paysage sont tout particulièrement saints du fait de leur association avec les mythes sur les dieux ou avec les dieux eux-mêmes. Les sites les plus quelconques recèlent des trésors appartenant aux esprits de la terre et il n'est pas question de les exploiter pour en tirer un profit, de peur d'offenser ces esprits dont le bon vouloir et la coopération sont nécessaires à l'homme. Le pays est constellé de « terres secrètes », lieux aux vertus particulières pour la pratique religieuse qui ont été découverts par des devins que l'on appelle les *gter-ston* ou « ceux qui révèlent les trésors ».

MISÈRE NOIRE ET RADIEUSE

ON DISAIT autrefois, que, au commencement, deux lumières naquirent. L'une était noire et on la nomma *myal ba nag po* Misère noire, l'autre était blanche et reçut le nom de *'od zer ldan* Radieuse. Puis, du chaos, jaillirent des rais de lumière multicolores qui se structurèrent à la manière d'un arc-en-ciel. Des cinq couleurs émanèrent les cinq qualités : dureté, fluidité, chaleur, mouvement et espace. Ces cinq composantes se réunirent et fusionnèrent formant un œuf énorme qui était sous la responsabilité de Misère noire et de Radieuse. De cet œuf, Misère noire produisit l'obscurité du non-être et l'emplit de pestilences et d'épidémies, d'infortunes, de sécheresses et de douleurs. Radieuse offrit alors au monde la lumière du devenir sous de bons augures et envoya vitalité, bien-être, joie, prospérité, longévité et une multitude de dieux bénéfiques.

Dieux et démons se rencontrèrent et s'accouplèrent. Un grand nombre de créatures naquirent de ces unions et le monde abrita leur nombreuse progéniture. Les histoires narrant leurs exploits se passent souvent au Tibet de sorte que la terre elle-même est perçue comme une manifestation de ces êtres divins et de leur descendance. Les montagnes, les arbres, les roches et les lacs qui forment le paysage sacré peuvent être identifiés comme abris des dieux, voire comme dieux et démons eux-mêmes.

❧ OBSCURITÉ ET LUMIÈRE

LA MYTHOLOGIE TIBÉTAINE porte sur des notions temporelles ou transcendantales. Les mythes courants évoquent la genèse et décrivent l'histoire depuis le début des temps. C'est le cadre d'épopées guerrières opposant forces de l'obscurité à celles de la lumière, impliquant dieux, démons, hommes des royaumes du dessus, du dessous et de la surface de la terre. Dans le royaume de ceux qui sont parvenus à l'Éveil, dont le niveau de conscience est au-delà de celui des hommes ordinaires, se trouvent les Bouddhas des cinq *jina* dont l'existence est exprimée dans les textes sacrés tantriques et dans les mandalas, représentations graphiques circulaires.

LE POIGNARD DÉIFIÉ

D'ORIGINE indienne, le culte d'un poignard courroucé (sanscrit : *kila*, tibétain : *phur-ba*) s'affermit vers le milieu du VIIIᵉ siècle de notre ère. Trois érudits, Padmasambhava, Vimalamitra et le Népalais Shilamanju s'entretinrent ensemble lors d'une retraite religieuse dans une grotte dans les montagnes de la vallée de Katmandou, non loin de l'actuel Pharping. Ils rédigèrent un commentaire détaillé de toute la connaissance accumulée jusque-là en Inde au sujet des *kila* et ces enseignements furent alors diffusés au Tibet. Un tel poignard, était-il dit, était l'incarnation d'un dieu ailé puissant en même temps que son symbole et son outil. Il suffisait de l'enfoncer dans le sol pour juguler toutes les influences pernicieuses. Qu'on le plante dans les coins ou en travers d'une ouverture et il créait une barrière magique infranchissable par les forces du mal. Bien qu'originaire d'Inde et connu dans tous les sites où se répandit la doctrine du bouddhisme tantrique ou Vajrayâna, les diverses formes de ce culte et les rituels consacrés au poignard divinisé semblent y avoir été perdus et sont aujourd'hui des caractéristiques originales du bouddhisme tibétain.

LA PREMIÈRE TOMBE ROYALE

LES SEPT premiers rois du Tibet descendent sur terre à l'aide d'une corde. À la fin de leur vie, ils remontent au ciel sans laisser de dépouille sur la terre. Le fils du dernier d'entre eux, Gri-gum, est le premier à avoir une tombe royale sur terre. Furieux de la prophétie de son chaman devin qui lui annonce qu'il mourra par le fer, Gri-gum défie ses ministres en duel. Lo-ngam, gardien des chevaux du roi, relève le défi. Pour des raisons relevant de la superstition, le roi se rend au combat entouré d'un troupeau de yaks portant sur leur dos des sacs de suie. Un turban noir noué autour de la tête, un miroir brillant sur le front, le roi porte les cadavres d'un renard et d'un chien sur ses épaules. Dès que la lutte est engagée, les cornes pointues des yaks transpercent les sacs de suie et l'air s'emplit d'un impénétrable nuage de poussière. Jouant farouchement de son épée au-dessus de sa tête, Gri-gum coupe le cordon qui le reliait au ciel mais n'inflige pas la moindre blessure à son adversaire. Abandonné des dieux qui le protégeaient, Gri-gum est tué par Lo-ngam qui décoche une flèche en visant soigneusement la seule chose visible dans le nuage noir : le miroir brillant au front du roi.

VAJRAPÂNI

LES TROIS *bodhisattvas*, Avalokitesvara associé au lotus, Manjusri associé au Tathagata et Vajrapâni associé au Vajra, qui sont les incarnations de la compassion, de la sagesse et du pouvoir, sont tous très beaux en apparence. Un jour toutefois, à l'issue d'un long rituel destiné à produire l'élixir d'immortalité, les Bouddhas, voulant prendre un peu

◀ *Statue en laiton d'Avalokitesvara incrustée de cuivre et de turquoises.*
▲ *Yama le rouge, Seigneur de la mort, faisant ici tourner la Roue de vie.*

de repos, confient à Vajrapâni la garde du nectar. Il ne parvient pas à s'acquitter de sa tâche et le précieux liquide est volé par le démon planétaire Rahu, qui boit le contenu du récipient d'or et le remplace par son urine avant de s'enfuir. Quand les Bouddhas comprennent ce qui s'est produit, ils ordonnent à Vajrapâni de boire l'urine toxique du démon. Ses yeux lui sortent des orbites, ses cheveux se dressent sur sa tête, son corps vire au bleu et se tord de douleur, tous ses muscles et ses nerfs se contractant et se nouant dans ses membres.

Avec l'aide du soleil et de la lune, Vajrapâni, furieux, parvient à capturer Rahu et le coupe en deux mais Rahu, qui a bu le nectar, ne peut mourir. Depuis, il poursuit les astres dans le ciel, les rattrapant et les dévorant régulièrement, ce qui provoque les éclipses. Ils s'échappent bien vite car, avec son tronc en deux moitiés, Rahu est incapable de les retenir bien longtemps.

AVALOKITESVARA

APRÈS AVOIR fait le vœu solennel d'apporter la libération à tous les êtres, le *bodhisattva* commence à enseigner la voie de la sagesse et de la compassion. Traversant les six royaumes de l'existence, il y amène le soulagement de toutes les souffrances jusqu'à ce qu'il ait vidé même les enfers. Il entreprend donc son voyage de retour vers le paradis mais, se retournant pour regarder derrière lui, il voit qu'à peine les a-t-il quittées, toutes les créatures retombent dans le péché et vivent dans la misère. Incapable de supporter leur souffrance, il verse des larmes de chagrin et son corps explose en un million de fragments. La déesse Târâ naît de ses larmes et le *bodhisattva* à onze têtes et mille bras surgit.

LE SINGE

UN SINGE plein de sagesse trouve le chemin de la solitude paisible des Himalayas afin de bénéficier de l'extase d'une méditation profonde que rien ne viendra troubler. La beauté de sa personnalité captive le cœur d'une démone de la roche du lieu où il s'est installé et elle ne tarde pas à tomber amoureuse de lui. Aucun de ses efforts de séduction cependant

ne parvient à affaiblir le vœu de chasteté du singe en méditation et elle souffre les affres de l'amour non partagé. Une démone frustrée et en colère présente un grand danger pour ce monde. Le singe *bodhisattva* éprouve une grande empathie pour la douleur de l'ogresse et, son esprit souhaitant amener le bien à tous les êtres, il finit par céder et succombe à ses prières. En temps voulu, six enfants naissent de leur union et c'est d'eux que descend la population entière du Tibet. Les six enfants du singe se reproduisant rapidement,

la nourriture ne tarde pas à manquer et ils se battent pour survivre. On dit que le vieux patriarche singe divise alors la population en quatre grandes tribus et deux plus petites et leur enseigne comment semer afin qu'ils aient à l'avenir une abondante réserve de vivres.

▲ *La déesse Târâ trône au centre de son univers. Ce paradis se caractérise par des tours de style chinois.*
◄ *Une forme d'Avalokitesvara, Seigneur de l'infinie compassion. Il tient un rosaire dans l'une de ses mains.*

▶ *Le Dalaï-lama, actuel père spirituel des Tibétains.*

LE DIEU SINGE

PIEUX bouddhistes, les Tibétains croient que leurs ancêtres originels ne sont autres que le saint *bodhisattva* Avalokitesvara (sPyan-ras gzigs) déguisé en singe et la déesse sGrol-ma (Târâ) sous l'apparence d'une ogresse de roc (*bra-srin-mo*). Ces divinités, patronnes du Tibet, veillent sur leur descendance depuis ce temps, tout particulièrement Avalokitesvara qui se manifeste de façon répétée à son peuple sous la forme du dalaï-lama. Les Tibétains expliquent leurs différentes personnalités en rappelant que les six premiers enfants du singe représentaient chacun un des six royaumes existant dans la cosmologie bouddhiste.

LA DÉFAITE DE RUDRA

LE MONDE est dirigé par un tyran égocentrique du nom de Rudra qui est la personnification parfaite de l'égoïsme. S'étant arrogé d'immenses pouvoirs par un mauvais usage des enseignements sacrés, il tient tous les dieux et démons du monde sous sa coupe. Il y a vingt-quatre grandes villes dans son domaine. Huit sont contrôlées par des esprits du royaume céleste, huit par des créatures rampant à la surface de la terre, huit par les démons venant de l'obscurité souterraine. C'est un temps de grande terreur car on rencontre de dangereux démons errant la nuit comme le jour. Ils tiennent dans leurs mains des tridents acérés et d'autres armes ; leurs corps sont couverts de peaux d'animaux et d'humains en guise de vêtements. Se parant des os luisants de leurs victimes, ces démons arborent sur leur tête des tiares faites de crânes et portent en collier des guirlandes de têtes

coupées sanguinolentes. Ils étanchent leur soif en buvant du sang humain et, la nuit, ils partagent la couche des épouses les uns des autres.

Témoins de cette épouvantable situation sur terre et profondément émus par les souffrances de l'humanité, les Bouddhas s'assemblent sur le sommet du mont Meru et élisent dans leur rang le *bodhisattva* Vajrapâni pour venir à bout du monstrueux tyran. Comme son corps a été béni par Vairocana, sa parole par Amitâbha, son esprit par Aksobhya, ses attributs par Ratnasambhava et ses actes par Amogasiddhi, l'invincible Vajrapâni affronte Rudra au sommet du mont Malaya et le vainc. Le corps de Rudra est jeté de la montagne

avec une telle force que ses membres arrachés se dispersent dans les huit directions. Les sites où ils tombent deviennent les huit grands charniers.

Après la défaite du seigneur du mal, les dieux et démons qui ont été ses sujets sont convertis par la puissance de Vajrapâni à la voie du bouddhisme et les vingt-quatre lieux sous leur contrôle sont intégrés au domaine sacré des Bouddhas courroucés. Aujourd'hui, les adeptes de ce culte tantrique tibétain portent des tridents et des ornements en os. Ils annoncent la défaite de Rudra en imitant ses attributs et visitent les lieux sacrés des Himalayas associés à ce mythe. Ils se réunissent pour célébrer les rites de l'Éveil et le triomphe du bien sur le mal.

Mongolie

INTRODUCTION

L'ART CHAMANIQUE consistant à entrer en transe pour aller dans les mondes invisibles afin de résoudre les dilemmes de la vie (autrefois répandu dans toute l'Asie centrale et du Nord) aurait été introduit en Mongolie dans les temps anciens par un adolescent de quinze ans prénommé Tarvaa. Tombé malade, il s'évanouit et on le crut mort. Révoltée par la vitesse à laquelle ses parents sortait le corps de la maison, l'âme de Tarvaa s'envola vers le royaume des esprits où elle fut interpellée par le juge des morts qui lui demanda pourquoi elle était venue si rapidement. Impressionné par le courage du garçon qui s'aventurait dans ce royaume où aucun être vivant ne s'était jamais risqué, le Seigneur des morts lui offrit le cadeau qu'il choisirait de ramener avec lui vers la vie. Dédaignant richesses, plaisirs, célébrité, longévité et les offres de ce type, Tarvaa choisit de revenir avec la connaissance de toutes les choses étonnantes qu'il avait rencontrées dans le royaume des esprits et le don d'éloquence. Quand l'âme rejoignit le corps, les corbeaux avaient déjà mangé ses yeux, mais, bien qu'aveugle, Tarvaa voyait l'avenir. Il vécut bien et longtemps, contant les récits de magie et de sagesse rapportés des lointains rivages de l'au-delà.

LA VACHE SACRÉE

LES TRIBUS Khalka de la Mongolie extérieure attribuaient leurs origines à l'amour d'un esprit chamanique de la nature et d'une vache. Le premier Khalka étant né d'une vache et élevé avec son lait crémeux, la tribu en hérita le désir d'élever du bétail et de vivre en nomade. Afin que leur entrée dans l'existence ne soit pas oubliée, les femmes de la tribu portaient les cheveux partagés en deux dans le milieu et sculptés à l'aide de graisse de mouton afin de former une longue paire de cornes. Leurs robes se caractérisaient par la ligne des épaules se projetant vers le haut afin d'évoquer les omoplates saillantes des animaux.

▼ *Les masques s'ornent de crânes que l'on croit contenir la personnalité d'un être.*

L'ORIGINE DES MYTHOLOGIES

LE COSMOS du chaman mongol était de structure verticale puisqu'il consistait en un Ciel éternel bleu au-dessus et en la Terre-mère en dessous. Le père des cieux régnait sur quatre-vingt-dix-neuf royaumes (*tugri*) dont cinquante-cinq à l'ouest et quarante-quatre à l'est. Le domaine de la Terre-mère en comportait soixante-dix-sept. Tous ces royaumes étaient reliés et nourris d'un réseau de vie dans lequel tout être vivant, du royaume d'en haut ou d'en bas, avait son rôle à jouer. La totalité avait la forme d'un arbre cosmique dont les branches s'étendaient à tous les niveaux. Des trous entre chaque niveau permettaient au chaman de passer de l'un à l'autre.

Les chamans connaissaient les esprits de la chasse et le dieu des héros. Ils connaissaient les protecteurs des chevaux et des vaches, ainsi que l'étoile du destin, qui, bien que née au sud, résidait désormais au zénith. Le chaman mettait au service des hommes toute cette science, rapportée des royaumes des esprits, au-delà des limites du monde perçu ordinairement, au prix d'une crise personnelle intense.

 MYTHES CONNUS   PERSONNAGES

LA GUÊPE

ALORS QUE le monde est encore jeune, le roi de toutes les créatures volantes ordonne à la guêpe et à l'hirondelle d'aller goûter la chair de toutes les créatures vivantes. Elles doivent rendre leurs conclusions le soir même et dire quelle viande est la plus savoureuse et convient le mieux au menu d'un roi. C'est une journée magnifique, aussi l'hirondelle se perd-elle dans des transports de joie, gazouillant et s'élançant à l'assaut du ciel bleu. La guêpe fait ce qu'on lui a demandé et passe la journée à piquer tout ce qu'elle rencontre et à goûter le sang chaud. Quand ils se retrouvent à la fin de la journée, avant d'aller au rapport devant le roi, l'oiseau demande à l'insecte quel est son verdict. « Il n'y a aucun doute, répond-il, le mets le plus délicat est la chair humaine. » Craignant que cela ne provoque de graves troubles, l'hirondelle arrache la langue de la guêpe avec son bec de sorte que quand le roi lui pose la même question, la malheureuse ne peut que bourdonner de façon incohérente. « Nous avons décidé, votre Majesté, dit l'hirondelle, que la viande la plus appropriée pour un roi est la chair de serpent. » Depuis ce jour, l'aigle et le faucon, qui sont les descendants de cette lignée royale, se régalent de serpents.

LES FONDEMENTS

BEG-TSE, le farouche protecteur de la Mongolie, est décrit dans la liturgie de son culte comme un guerrier féroce revêtu de l'armure et du casque doré des chefs militaires. Brandissant au-dessus de sa tête une épée de cuivre flamboyante à la poignée en forme de scorpion, Beg-Tse portait un arc et des flèches et « dévorait les cœurs de ses ennemis ». Accompagné de sa sœur Okin Tngri, « l'esprit de la vue intérieure », il piétinait les cadavres des hommes et des chevaux dans son palais au sommet d'une montagne qui s'élevait d'une mer de sang. Le général de Beg-Tse était le Maître de vie rouge qui allait au combat chevauchant un loup cruel. Les huit bouchers munis de leurs épées, qui dévoraient la chair, le sang et le souffle vital de leurs ennemis, sautaient autour d'eux dans une ronde guerrière.

On dit que Beg-Tse et sa horde tentèrent d'empêcher la diffusion du bouddhisme en Mongolie en barrant le chemin du troisième dalaï-lama en 1577. Toutefois, celui-ci prit la forme d'Avalokitesvara et les sabots de son cheval imprimèrent le mantra *Om Mani Padme Hum* (« ô le joyau dans le lotus »). Défait, Beg-Tse fut forcé de prêter serment et devint dès lors un protecteur du bouddhisme.

▲ *L'Orkhon, Mongolie. Aux yeux du chaman, les terres invisibles des esprits et des morts sont aussi importantes que l'environnement physique des vivants.*

GROUPES MYTHOLOGIQUES

LA MONGOLIE se convertit par deux fois au bouddhisme tibétain. Au XIIIᵉ siècle, Kubilay Khan (1215-1294), petit-fils du grand Gengis Khan, adopta cette religion et l'imposa à sa cour. Il devint le souverain d'un empire qui s'étendait de la Chine aux portes de l'Europe. Trois cents ans plus tard, presque toute la population fut convertie lorsque Altan-khan affirma sa foi dans cette religion. C'est lui qui conféra le titre mongol de dalaï-lama à son prêtre, nom que l'on continue à donner dans le monde entier à toutes ses réincarnations successives.

Depuis l'introduction du bouddhisme en Mongolie à cette époque, les anciens mythes chamaniques ont périclité et se sont perdus. Celui que les bouddhistes mongols appellent le « vieil homme blanc », par exemple, représente le seul vestige de la fière divinité chamanique qui régnait autrefois en père sur les quatre-vingt-dix-neuf régions célestes. On dit qu'il abjura lors d'une rencontre avec Bouddha. C'est maintenant un auxiliaire du clergé bouddhiste qui apporte son soutien à la nouvelle foi.

LE CHAMANISME

LES CHAMANS ayant suivi la voie de Tarvaa racontaient qu'ils étaient convoqués par les esprits de leurs ancêtres, qui traversaient les adolescents, causant une désagrégation de leur personnalité. Tandis que le chaman néophyte voyait son corps physique pulvérisé dans ce monde, son esprit allait se réfugier sur une des branches de l'arbre cosmique. Il y restait jusqu'à ce qu'il ait recouvré la santé, grâce aux esprits qui lui enseignaient à voir le monde depuis la cime de l'arbre, point de vue privilégié. Lorsqu'ils reposaient dans leurs nids sur les branches de l'arbre cosmique, les chamans apprenaient les sacrifices qui assuraient l'harmonie et l'ordre dans le réseau de la vie. Ils revenaient vers les hommes avec une connaissance des dieux du vent et des éclairs, des dieux des coins et de l'horizon, de l'entrée et des frontières, des rivières et du tonnerre et de nombreux autres dieux, cette connaissance leur conférant d'immenses pouvoirs. Comme ils pouvaient invoquer qui ils voulaient avec leur tambour, on disait que le dieu de la mort lui-même, dans une crise de rage, modifia le tambour à deux têtes. Il n'en laissa qu'une, comme on le voit aujourd'hui, afin de protéger sa souveraineté et d'empêcher les chamans de rappeler les âmes des défunts morts depuis longtemps comme le faisaient les premiers chamans.

LE TIGRE

LA PLUPART des danses sacrées exécutées dans les temples bouddhiques mongols mettaient en scène le « vieil homme blanc », bouffon et symbole de renouveau lors du Nouvel An. Perclus par les années, son bâton magique à tête de cheval lui servant de canne, le vieillard pénétrait en titubant sur la scène et frappait une peau de tigre jusqu'à ce que le tigre « meure ». Le vieillard absorbait la vitalité du tigre, dansait avec la vigueur de la jeunesse et s'amusait. Il échangeait des cadeaux et plaisantait tout en buvant de prodigieuses quantités d'alcool. Quand, ivre, il tombait, les danseurs, squelettes des tombeaux, le recouvraient d'une couverture.

HAYAGRIVA

RÉPUTÉ comme étant le peuple des cinq animaux, les Mongols étaient des pasteurs nomades qui élevaient moutons, chèvres, bovins, chameaux et chevaux. Les animaux étaient très présents dans la cosmologie chamanique primitive où ils accompagnaient et aidaient les hommes. Depuis l'introduction du bouddhisme, les fables d'antan et leurs animaux ont cédé la place aux récits tantriques, comme celui du dieu Hayagriva à encolure de cheval, qui résidait au cœur du *bodhisattva* Avalokitesvara dont il était un aspect farouche. La danse d'Hayagriva piétine les têtes des démons et conquiert le monde.

LE ROI ET LES MOUTONS

À LA FIN de chaque année, le sternum
d'un mouton était traditionnellement offert
au dieu du feu qui assurait la fécondité
des troupeaux. Les chamans savaient
que l'omoplate d'un mouton permettait
de faire des prédictions exactes.

Un roi cachait au monde sa jolie fille,
mais Tevne creusa une galerie très profonde
dans le sol et y fit venir l'une des servantes
de la princesse. Il alluma un feu au-dessus
du trou et y plaça une bouilloire pleine
d'eau. Il utilisa un tuyau de fer entouré
de coton pour parler à la vieille femme
en dessous. Après qu'elle lui eut révélé
l'identité secrète de la princesse, il la laissa
partir. Quand il parvint à identifier
la princesse, dissimulée parmi beaucoup
d'autres jeunes filles lui ressemblant
et toutes vêtues à l'identique, le roi fut bien
obligé d'accorder la main de sa fille à Tevne.
Consultant son livre magique de divination,
le roi apprit que le traître était un être
au postérieur de terre, avec un corps de feu,
des poumons d'eau et un tuyau de fer
en guise de cordes vocales. Incapable
d'élucider le sens de cette description,
le roi perdit la foi en son livre et le brûla.
C'est parce que des moutons léchèrent
les cendres qu'ils devinrent doués
du pouvoir de divination.

L'ÉPOPÉE DE GESAR KHAN

IL Y A FORT LONGTEMPS, sous forme humaine,
la marmotte aurait tué six des sept soleils qui
desséchaient et brûlaient la terre, provoquant
la famine et amenant la misère à tous les êtres.
Afin d'échapper à une flèche, le septième
soleil se mit à tourner autour de la terre,
ce qui expliquait qu'il se couche et se lève
et qu'obscurité et lumière alternent.
Tous les Mongols savaient que le corps
de la marmotte contenait de la chair
humaine, un mets dont la consommation
était taboue.

En 1577, Altan-khan promulgua
le premier édit contre les pratiques
chamaniques, interdisant les mythes anciens.
Il fut suivi en 1586 d'un second édit d'Abdaï-
khan. Dès lors, la mythologie prépondérante
en Mongolie s'inspira des enseignements
du bouddhisme tibétain.

L'épopée de Gesar Khan, bien
qu'imprégnée dans sa forme actuelle
de l'idéologie du bouddhisme, conserva
la mémoire de nombreuses divinités
chamaniques antérieures. C'étaient désormais
les puissantes forces de la montagne
et les esprits ou génies, aux pouvoirs
moindres, des lieux où se déroulait l'action
qui formaient la trame de ces mythes.

On disait que Gesar était né d'un œuf
blanc marqué de trois taches en forme

d'yeux qui sortirent de la couronne de la tête
de sa mère. Sa naissance rappelle les mythes
chamaniques des origines. Il arriva sur terre
entouré d'excellents présages, avec trois yeux,
mais sa mère terrifiée lui en arracha un en
le mettant au monde.

▲ *Pierres remontant à l'époque de Gengis Khan,
peut-être des stèles ou des lieux de culte.*
▼ *Représentation d'Avalokitesvara.*

GESAR KHAN

GESAR KHAN est un roi guerrier puissant et impitoyable qui met un terme à toute injustice violente qu'il rencontre. Il a été envoyé des cieux sur terre avec la mission de défaire quelques démons dont les malédictions menacent de détruire la stabilité de l'existence humaine. Dans l'euphorie succédant à la victoire, Gesar a tendance à oublier sa quête et a besoin de la vigilance de son ange gardien (aujourd'hui identifié à une *dakini* bouddhiste) pour le remettre sur le droit chemin. Les récits de ses exploits abondent en rebondissements dus aux faiblesses des mortels, et chaque histoire évolue de façon imprévisible en fonction des trahisons, de la duplicité, de la peur, de la convoitise et de l'envie des protagonistes.

LES RELIGIONS

PLUSIEURS RELIGIONS, en dehors du bouddhisme dominant, coexistent en Mongolie puisque l'islam et le christianisme nestorien y sont représentés. Aucune n'est toutefois parvenue à supplanter complètement les anciens cultes chamaniques et cultes des ancêtres. Ces pratiques archaïques, portant uniquement sur les affaires de ce monde et n'exigeant aucune croyance particulière dans la notion de rétribution morale ou de l'au-delà, ne sont pas enterrées très profondément sous la surface du mode de vie des Mongols, quelle que soit la foi dont ils se réclament. Ainsi, quand la maladie frappe, en particulier en cas de troubles nerveux, de fièvres ou de paralysie, le chaman est appelé à l'aide.

Il entre dans une transe hypnotique en battant son tambour et invoque les puissants esprits du cosmos naturel (ciel, paysage ou régions de l'au-delà) et sollicite leur concours pour exorciser le mal. Pour les affaires touchant à la vie du clan, épidémie, stérilité, sécheresse ou famine, les membres de la famille prient en adressant leur requête directement aux esprits des ancêtres (*avrak*). Le culte des ancêtres s'exprime aussi par l'adoration de certains totems claniques comme le cheval, le taureau ou le cerf.

LES YOURTES

PEUPLE NOMADE, les Mongols ont peu de constructions permanentes, préférant des tentes en forme de dôme que l'on appelle yourtes. Ces constructions circulaires consistent en un entrelacs de bois couvert de feutre, symbolisant l'univers, le toit étant le ciel et la hotte le soleil. Le foyer central rassemble harmonieusement tous les éléments : une grille métallique sur la fondation en terre contient le bois et le feu qui chauffe l'eau pour la cuisine. Le feu est sacré, les inconnus ne doivent pas y prendre de tison, et les membres de la famille ne doivent y jeter aucun détritus.

LE CHAT ET LE DÉMON

PSALMODIANT « La langue du chat est tachée et le poil du chien est souillé », les chamans se souviennent de l'époque éloignée où les mers de ce monde n'étaient que boues et où les montagnes n'étaient que collines. Dieu modela le premier homme et la première femme dans l'argile et laissa un chat et un chien veiller sur eux alors qu'il partait chercher les eaux de la vie éternelle aux sources de l'immortalité. En son absence, le diable endormit leur vigilance en leur offrant du lait et de la viande et, alors qu'ils étaient distraits, il urina sur la nouvelle

▲ *Dakini, esprit féminin de la sagesse.*

▲ *Roc sculpté à l'effigie de Bouddha, Mongolie.*

création de Dieu. Celui-ci, furieux de voir la fourrure de son œuvre ainsi souillée, ordonna au chat de la lécher entièrement, sauf la chevelure qui était intacte. La langue râpeuse du chat enleva tous les poils sales qu'elle put atteindre, n'en laissant que quelques-uns sous les bras et sur l'aine. Dieu mit tout ce que le chat avait enlevé sur le chien. Puis il aspergea ses créatures d'argile avec les eaux sacrées de la fontaine éternelle, mais ne put donner l'immortalité à l'homme à cause de la profanation du diable.

GENGIS KHAN

APRÈS AVOIR soumis toutes les tribus de Mongolie, le général Temüjin fut proclamé « Chef suprême » (*Gengis Khan*). Unissant toutes les chefferies vaincues sous son commandement, Gengis Khan sut inspirer à ses troupes une telle loyauté qu'il parvint à les conduire à la victoire sur l'ensemble du monde alors connu. Le chaman Kokchu annonça que le ciel éternel bleu (*mongke koko tngri*) avait élu Gengis Khan pour le représenter sur terre en lui donnant le droit divin de régner sur tout ce qui y vivait. Ceux qui se soumettaient à cette autorité inspirée étaient bien traités, les autres étaient impitoyablement massacrés. Son étendard (*tuk*) royal consistait en une touffe sacrée de neuf queues de yak et l'on dit qu'à sa mort l'âme de Gengis Khan fusionna avec son *tuk* qui prit dès lors le nom de Borjigin, l'esprit gardien et protecteur des armées mongoles.

Bien qu'il n'ait jamais appris à écrire, Gengis Khan est à jamais associé au *yasa* ou écrits de la loi. Ce document, qui contient les préceptes moraux et le code d'honneur de ses troupes, est considéré comme un talisman magique assurant la victoire et est vénéré dans le cadre du culte des ancêtres puisque Gengis Khan est véritablement le grand-père de la nation.

ꓧ LES VIOLONS

UNE JOLIE BERGÈRE reçoit toutes les nuits la visite d'un prince des cieux qui lui fait la cour. Et chaque matin son divin amant disparaît dans les profondeurs du ciel sur son cheval volant. Pour le garder auprès de lui, elle coupe les longues plumes des ailes du cheval. Alors qu'ils s'élèvent vers les cieux, le cheval tombe dans le désert et meurt. Perdu dans l'immensité, le prince ne peut plus aller voir la bergère ni rentrer chez lui. Il se fabrique un violon dans les os du cheval puis devient un ménestrel errant. De nos jours encore, les violons mongols sont sculptés en forme de tête de cheval.

▲ *Khori Tumed rend à sa femme sa robe de plumes et elle redevient un beau cygne et s'envole au loin.*

ꖾ LE CYGNE

SUR LA PETITE ÎLE de Olkhon sur le lac Baïkal, nourri par la rivière Khudar bordé de bosquets de bouleaux, Khori Tumed voit neuf cygnes arriver du nord-est. Ils enlèvent leur robe de plumes et se muent en neuf belles jeunes filles qui se baignent nues dans le lac. Khori Tumed dérobe en silence l'une des robes, de sorte que huit cygnes seulement reprennent les airs, et il épouse la jeune fille qui reste. Elle lui donne onze fils. Ils sont très heureux ensemble mais Khori Tumed ne veut jamais montrer à sa femme où il a dissimulé sa parure de cygne. Un jour, elle insiste une fois de plus : « S'il te plaît, laisse-moi passer mon ancienne robe. Si j'essaye de franchir la porte avec, tu n'auras aucun mal à m'attraper, je ne risque pas de m'échapper. »

Il se laisse convaincre. Elle l'enfile et s'envole soudain par l'ouverture centrale de leur yourte. Khori Tumed a juste le temps de lui saisir les chevilles et la convainc de rester au moins assez longtemps pour donner un nom à leurs fils avant de partir. Alors les onze enfants deviennent des hommes, Khovduud, Galzuut, Khalbin... Khori Tumed laisse sa femme-cygne repartir, elle volette autour de la yourte en bénissant leur clan avant de disparaître au nord-est.

▼ *Des yourtes s'élevant dans la plaine mongole.*

Chine

INTRODUCTION

LES ORIGINES DE LA CIVILISATION chinoise sont intimement liées à un environnement favorable. Trois zones se sont développées, chacune avec une écologie et une géographie propres. La ceinture tempérée au nord de la Chine, avec ses riches plaines profitant des lœss fertiles du fleuve Jaune, a permis la culture du millet, du chanvre, des fruitiers, des mûriers, et la formation de pâturages favorables aux plantes et aux animaux sauvages ou domestiqués, ainsi qu'à l'habitat humain. Mais c'est aussi une région sujette à des hivers terribles, à la sécheresse et aux inondations. La ceinture sud de la Chine forme la deuxième zone. Le climat y est régulier, doux et humide, et les alluvions du Yang-tsé-kiang y permettent la multiplication de cultures poussant en toutes saisons. Elle se caractérise par un réseau hydrographique favorable au riz, aux haricots, au lotus, aux bambous, aux poissons et aux tortues. La troisième ceinture est celle du littoral sud, avec ses zones de pêches côtières poissonneuses et son écosystème tropical.

Ces environnements différents ont façonné deux aires, caractérisées par l'émergence de communautés comparables d'un point de vue économique mais présentant des cultures différentes. Les premiers sites connus sont les établissements néolithiques de la culture Yangshao à Banpo près de Xi'an au nord, et de Hemudu dans la province de Zhejiang au sud-est. Les peuples néolithiques du Nord de la Chine présentent des traits mongols sans diversité ethnique significative. Cette homogénéité physique va à l'encontre de l'hypothèse de migrations des régions voisines vers le Nord de la Chine au néolithique. La première entité chinoise, la dynastie Shang, se forma dans la ceinture nord. Issus de la culture Longshan de la province du Henan, les Shang atteignirent leur apogée durant une période de développement culturel et technologique sans précédent.

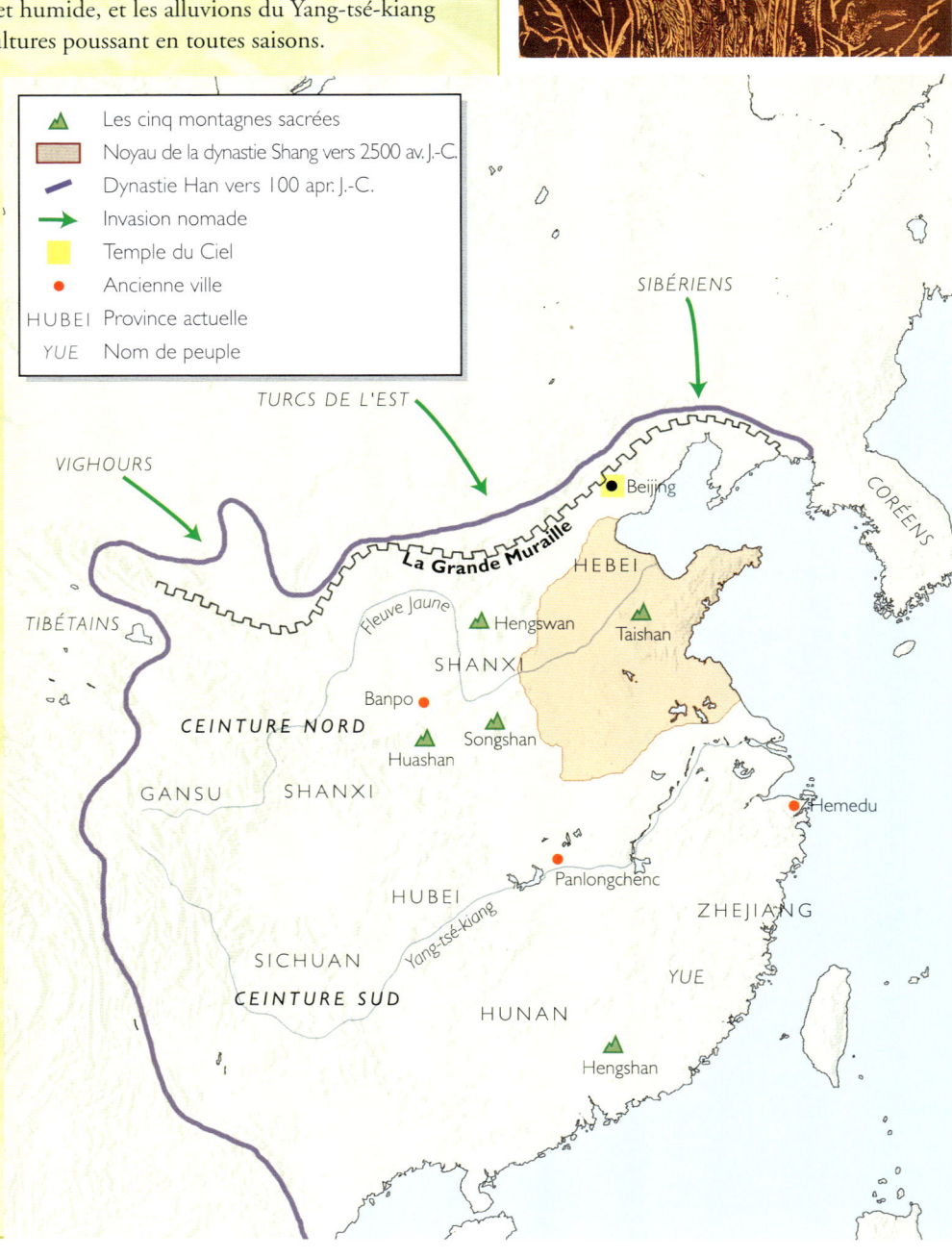

Légende de la carte :
- Les cinq montagnes sacrées
- Noyau de la dynastie Shang vers 2500 av. J.-C.
- Dynastie Han vers 100 apr. J.-C.
- Invasion nomade
- Temple du Ciel
- Ancienne ville
- HUBEI Province actuelle
- YUE Nom de peuple

SIBÉRIENS

TURCS DE L'EST

VIGHOURS

Beijing

La Grande Muraille

HEBEI

CORÉENS

TIBÉTAINS

Fleuve Jaune

Hengswan

Taishan

SHANXI

CEINTURE NORD

Banpo

Songshan

Huashan

GANSU

SHANXI

Hemedu

Panlongchenc

ZHEJIANG

HUBEI

Yang-tsé-kiang

SICHUAN

CEINTURE SUD

HUNAN

YUE

Hengshan

MYTHES CONNUS   PERSONNAGES

◀ *Saint bouddhiste chinois de la dynastie Qing.*

LES PRINCIPES FONDAMENTAUX : COUTUMES RELIGIEUSES, CULTES, INFLUENCES

LE CONCEPT de roi-prêtre était un principe fondateur de l'identité des Shang et expliquait son contrôle central. Les fonctions du roi étaient de s'adresser aux ancêtres pour prédire l'avenir, de conduire des rituels en l'honneur des ancêtres, de présider aux processions sacrées en territoire Shang, de conduire la guerre, de donner audience, de conférer les honneurs et d'ouvrir la chasse royale. Il n'y avait pas de capitale fixe mais des sites rituels, technologiques et funéraires. Le roi gouvernait grâce à l'intercession du grand dieu Dé. Une des régions du Nord-Est visitées par les rois Shang fut la vallée du Wei, à l'ouest du fleuve Jaune, où vivait le peuple Zhou.

Les Zhou se montrèrent réceptifs aux influences culturelles Shang. Ce peuple guerrier finit par conquérir les seigneurs Shang et imposer la dynastie Zhou en 1123 av. J.-C. Les rois Zhou initièrent une stratégie militaire visant à unifier les communautés du Nord et du Sud et étendirent leur pouvoir jusqu'à la Mandchourie, la Mongolie intérieure et les régions au nord et au sud du Yang-tsé-kiang. Les Zhou introduisirent la rigueur morale dans leur système politique et social. Ils abandonnèrent le grand dieu des Shang, préférant vénérer le dieu du ciel, Tian. Le roi Zhou était appelé Tianzi, le « Fils du ciel ».

En 771 av. J.-C., la puissance Zhou avait décliné, mais le roi conservait une autorité nominale sur une fédération de royaumes peu soudée. Ces royaumes fusionnèrent progressivement et, à l'époque dite des États-guerriers (Vᵉ à IIIᵉ siècles av. J.-C.), s'affrontèrent pour imposer leur domination à l'État réunifié. Qin, le plus militarisé de ces petits royaumes, situé dans l'actuelle province de Shanxi, au Nord-Ouest, parvint à unifier ce qui restait des États Zhou, fondant ainsi le premier Empire chinois, suivi par l'Empire des Han qui dura quelque quatre cents ans.

Il fallut la désintégration de la dynastie Zhou pour que des érudits éprouvent le besoin de consigner, pour la postérité, ce dont ils se souvenaient de leur histoire sacrée. Ils s'y employèrent, non en donnant un récit unifié et littéraire des mythes, mais en intégrant les narrations mythiques dans leurs écrits sur la philosophie, la loi, la littérature, les coutumes sociales et le gouvernement. Comme leurs versions des mythes sont assez proches, c'est sans doute qu'ils les puisaient dans un fonds commun de traditions orales antérieur aux premières transcriptions datées de 600 av. J.-C.. Si les dates et les origines des mythes sont à jamais perdues, leurs récits furent conservés dans des fragments disséminés dans les textes classiques.

UNE COLLECTE DIFFICILE

LES MYTHES de la Chine ancienne, nés de la tradition orale, furent préservés dans les textes classiques de l'époque des philosophes et dans les premiers écrits littéraires. La Chine n'eut ni Hésiode ni Homère ou Ovide pour retranscrire les récits oraux. Les lettrés chinois préférèrent citer des fragments des mythes dans leurs œuvres pour illustrer leurs thèses et conférer de l'autorité à leurs affirmations. Les mythes chinois forment un vaste corpus peu homogène, d'expression archaïque, préservé dans le contexte des écrits philosophiques, littéraires ou historiques. Il ne s'agit que de brefs fragments, décousus et énigmatiques. Intégrés à divers écrits classiques, ils comportent des variantes, les auteurs ayant souvent révisé le mythe pour l'adapter à leur point de vue. On dispose ainsi de nombreuses versions, suffisamment proches pour que l'on reconnaisse qu'il s'agit d'un même mythe, mais avec des variantes importantes. Si la refonte des traditions orales grecques et romaines s'est soldée par la perte de l'authenticité de l'oralité, la méthode chinoise, qui a consisté à inclure des fragments mythiques dans une pléthore de formes narratives éparses, nous a légué un rare exemple d'authenticité primitive.

À L'ORIGINE DU MONDE, LE CORPS DE PANGU

LA COSMOGONIE CHINOISE est riche. On y trouve l'image du monde, une terre primordiale et un ciel en coupole, reliés par des cordages, des montagnes et des piliers. On y découvre l'idée que l'univers fut créé à partir de vapeur. Une autre genèse raconte que le monde est issu de matière, semblable à un œuf, qui se sépare pour former ciel et terre. Selon un autre mythe, plus obscur, la déesse Nugua crée toutes choses par ses soixante-dix transformations.

Le récit de création le plus pittoresque nous vient d'un groupe ethnique minoritaire du Sud-Ouest de la Chine, fixé au IIIᵉ siècle av. J.-C. et probablement originaire d'Asie centrale. Il raconte comment le monde et les humains sont formés à partir du corps agonisant du géant Pangu, premier être semi-divin. Sa respiration devient le vent et les nuages, sa voix le tonnerre, ses yeux le soleil et la lune, et ses membres les montagnes. Ses fluides corporels donnent naissance à la pluie et aux fleuves, sa chair au sol. Ses cheveux produisent les étoiles, ses poils la végétation. Ses os, ses dents et sa moelle se muent en minéraux. Les parasites de son corps se transforment en humains. Cette série de métamorphoses est appelée le mythe du corps humain cosmologique.

▲ *Os gravé, utilisé pour la divination.*

LES DIVINITÉS CALENDAIRES ET CULTURELLES

LES TEXTES CLASSIQUES rapportent les péripéties de nombreuses divinités. Deux d'entres elles jouent un rôle dans les mythes de la création, Nugua et Pangu, quatre interviennent dans le mythe du déluge, Nugua, Gong-Gong, Gun et Yu. Si les divinités célestes et calendaires sont féminines (Xi-He, la déesse-soleil et Chang E, la déesse-lune), les divinités culturelles sont masculines (Fuxi et le dieu-fermier). Les dieux destructeurs ont des fonctions différentes. Chiyou est le dieu de la guerre, Gong-Gong le manipulateur occulte, et la « Déesse mère de l'Occident » envoie les châtiments.

◀ *Statue spectaculaire du dieu-ciel.*

LA MÉMOIRE DES MYTHES

LE PLUS ANCIEN texte classique renfermant des récits mythiques est une anthologie de poésie de la dynastie Zhou, de 600 av. J.-C. Elles contient les mythes rares de l'origine divine des Shang et des Zhou, chaque dynastie étant issue d'une déesse. Les traités plus récents de philosophie confucéenne n'évoquent que brièvement les figures mythiques, toutefois les écrits de Mencius (350 av. J.-C.) relatant deux versions du mythe de la catastrophe universelle provoquée par le déluge. Le texte anonyme, *Histoire ancienne*, accepté par l'école confucéenne, rapporte les mythes sur l'origine du gouvernement, le concept du sage-roi et le transfert du pouvoir politique. Les textes de la philosophie taoïste, dont celui de Zhuangzi (340 av. J.-C.), évoquent les mythes du chaos et des métamorphoses, et le dieu Hun Dun. Les deux sources principales de récits mythiques sont le chapitre « Questions du ciel » des *Paroles de Chu* (400 av. J.-C.) et le *Classique des montagnes et des mers* (IIIᵉ siècle av. J.-C. – IIᵉ siècle). La première contient le récit sacré du peuple de Chu en Chine centrale de l'ère de la création à l'histoire humaine. La seconde regroupe de nombreuses histoires sur plus

▲ *Confucius (en jaune) fut l'un des premiers philosophes à transcrire ses croyances et ses pensées.*

de cent figures mythiques. Ces deux ouvrages ont conservé des mythes majeurs et mineurs dans toute leur diversité. Divers incunables anciens et médiévaux et, plus tard, des encyclopédies renferment également des fragments de mythes.

LA CRÉATION DE L'HUMANITÉ PAR NUGUA

LE MYTHE DE PANGU est la première version du mythe de la création de l'humanité.

Dans une deuxième version du mythe, on apprend comment deux dieux émergent de la vapeur initiale pour former les puissances cosmiques du Yin et du Yang, et créer l'ensemble du vivant (choses et êtres).

Dans une troisième version, riche en détails colorés et spectaculaires, le créateur est une créatrice. Après la création du monde, la déesse Nugua pétrit de l'argile jaune, comme un potier, et produit des statuettes d'humains qui prennent vie. Comme elle ne parvient pas à en façonner davantage, elle trace un sillon dans la boue avec sa corde et, quand elle tire, des gouttes de boue retombent et deviennent des hommes. Le mythe explique ainsi l'origine de la hiérarchie sociale : les humains d'argile jaune sont la noblesse ploutocrate, tandis que les humains de boue représentent la multitude du bas peuple. La couleur jaune est empreinte d'un symbolisme fort dans toute la culture chinoise. « Empereur jaune » est la divinité suprême du taoïsme religieux et philosophique. Le jaune symbolise la terre divine et est la couleur emblématique de plusieurs dynasties. Les attributs de Nugua sont sa corde à nœuds et son compas.

LES ARCHÉTYPES DANS LA MYTHOLOGIE CHINOISE

BIEN DES PERSONNAGES dépeints dans les épisodes mythiques sont des modèles culturels. Nugua et Pangu dans le mythe de la création, Yi, dans la catastrophe du feu, et Yu, dans le mythe du déluge, sont des archétypes de l'image du sauveur et symbolisent l'ordre qui naît du chaos. La déesse-soleil et la déesse-lune, Xi-He et Chang E, ainsi que les divinités civilisatrices sont des archétypes des figures nourricières. On trouve également les figures du héros positif avec Yu, le dieu du grain Hou Ji et Shun, qui incarne aussi l'autorité morale, ainsi que celle du anti-héros Gun le magicien. La Furie sécheresse et le Dragon qui répond sont des images de la vengeance divine.

▶ *Une page de* sutra, *discours de Bouddha.*

COMMENT LIRE LES MYTHES CHINOIS ?

LA MANIÈRE la plus pratique et la plus fructueuse d'aborder le recueil aussi complexe que fragmentaire des mythes chinois est d'utiliser les théories des universitaires. L'approche naturaliste reconnaît les mythes solaires et lunaires des déesses Xi-He et Chang E. La critique féministe moderne souligne l'importance de ces mythes et de ceux ayant trait à Nugua, déesse créatrice et salvatrice. L'anthropologie révèle le pouvoir codifiant des mythes, à travers la passation de pouvoir entre les rois-sages Yao et Shun. Le regard ethnographique met en avant le mythe de la création par Pangu (Sud-Ouest de la Chine ancienne). La sémiologie s'intéresse aux mythes des origines, depuis les genèses faisant intervenir Nugua et Pangu jusqu'aux mythes de la découverte, avec les divinités ayant favorisé le développement de la culture comme le dieu-fermier et Fuxi. La portée étiologique du mythe est manifeste dans le mythe de la fondation de la dynastie Shang par un principe féminin, l'œuf d'un oiseau, et de celle des Zhou par l'empreinte du pied d'un dieu. Un mythe animalier explique, lui, l'origine du peuple Yao grâce à l'intervention du chien divin Pan Hu. Enfin, ces disciplines nous aident à reconnaître les mythes catastrophistes, à travers les figures de l'archer Yi, de Nugua, Gong-Gong et Yu.

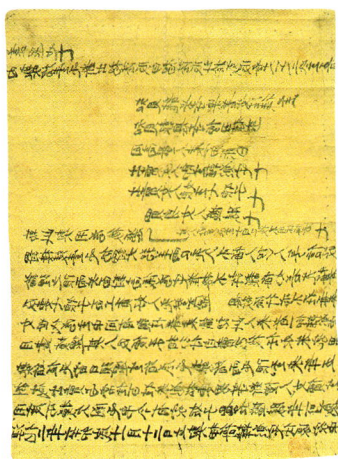

LE DÉLUGE

IL EXISTE QUATRE grandes versions du mythe du déluge. Dans la première, le dieu-ouvrier Gong-Gong raconte comment il remue les eaux du monde tant et si bien qu'elles se précipitent contre la barrière du ciel, faisant craindre le retour du chaos. L'histoire de la double catastrophe du feu et du déluge met en scène la déesse Nugua, qui met un terme au désastre. Un autre récit met en scène quant à elle le héros Gun qui risque tout en volant le terreau cosmique divin pour enrayer le déluge. Il échoue pourtant et est exécuté. Son fils Yu naît de ses entrailles, et Gun se métamorphose en ours.

La version majeure narre comment le héros Yu maîtrise les eaux grâce à ses prouesses physiques surhumaines, à un intelligent réseau d'évacuation et à sa vertu morale. Des créatures surnaturelles, le dragon aquatiques et la tortue, l'aident dans sa mission. Yu travaille si longtemps et si dur que son corps en est déformé. Après avoir canalisé les flots, il partage le monde en neuf régions et devient ainsi le fondateur de la dynastie mythique des Hia, la première de l'âge d'or.

Les thèmes de la punition divine, les péripéties liées au sauvetage de l'humanité et à son nouveau départ grâce à des survivants bénéficiant de la faveur de Dieu n'apparaissent pas dans les mythes chinois du déluge.

LES GRANDS THÈMES MYTHIQUES

IL EXISTE PLUSIEURS versions des grands thèmes : on a quatre cosmogonies et quatre variantes du déluge. Les thèmes de la guerre et du complot sont importants. Le retour à l'ordre naturel après les catastrophes universelles est suivi d'un âge d'or des rois-sages. Le personnage du guerrier et du héros irréprochable est récurrent. Plus rare, le thème de l'amour est présent dans le mythe du couple stellaire. Parmi les thèmes secondaires on trouve l'élevage ou l'agriculture, la migration et l'exil, les animaux et les végétaux, le conflit entre principes masculin et féminin ainsi que celui de l'altérité culturelle.

LES THÈMES UNIVERSELS ET SPÉCIFICITÉS INDIGÈNES

LES GRANDS THÈMES des mythes chinois présentent des parallèles significatifs avec les mythologies du monde. Les mythes cosmogoniques s'en distinguent par l'absence de créateur ou de concept d'une volonté divine. Il n'existe pas non plus de version autorisée, comme la Genèse, par exemple. On connaît plusieurs versions des mythes de la création et de la catastrophe du déluge mais une seule de la destruction par le feu, qui tourne autour du calendrier solaire. Il y a en revanche plusieurs mythes évoquant la sécheresse. Dans les mythes évoquant un apport culturel, la double thématique des dieux décidant d'offrir un bienfait aux humains et de leur apprendre à s'en servir ont des échos dans d'autres mythologies. Plusieurs dons divins de Fuxi, dont le Yi King, système de divination avec huit trigrammes, sont spécifiquement chinois. Les mythes archaïques de la fondation des dynasties Shang et Zhou sont racontés avec force détails. L'absence de mythe évoquant la création d'une ville s'explique par le fait que la Chine avait plusieurs capitales. Le mythe du héros révèle des stéréotypes parallèles comme la naissance divine et les tribulations de l'enfant-héros Hou Ji. Mais le mythe héroïque chinois se démarque par sa mise en relief de la valeur morale du guerrier-héros, Yu par exemple.

▲ *Assiette chinoise ornée d'un dragon vert et rouge. Les dragons occupent une place centrale dans la mythologie chinoise.*

LA DÉCOUVERTE DE LA MÉDECINE PAR LE DIEU-FERMIER

DANS LE MYTHE DU DIEU-FERMIER celui-ci raconte comment il fait découvrir la médecine aux humains et leur enseigne ses usages. Il a pitié des hommes qui se rendaient malades en mangeant des plantes vénéneuses et en buvant de l'eau contaminée. Pour aider l'humanité, le dieu goûte tous les végétaux et apprend aux hommes à reconnaître ceux qui sont nocifs. Sa technique consiste à battre les plantes de son fouet couleur de rouille puis à juger de leur valeur à leur goût et à leur odeur. Il les classe en catégories : fades, toxiques, frais et chauds. Cette taxonomie est le fondement de la médecine traditionnelle chinoise. Le dieu-fermier apprend aussi aux humains à reconnaître les différents types de sol et de terrain. Il crée une charrue en bois, leur enseigne à travailler la terre et à semer cinq sortes de grains. Sa fonction de divinité agricole recoupe celle du dieu du grain Hou Ji et son emblème est une charrue à soc fourchu. Il devient le patron divin de la médecine.

LES MYTHES DANS L'ART

LES MYTHES sont représentés sur des stèles funéraires et des fresques. On y trouve les prouesses des dieux, le déluge, les mythes ayant trait au feu, l'arbre de vie, le Paradis de la « Déesse-mère de l'Occident » et les épreuves des héros comme Shun. Le thème le plus populaire est celui du couple stellaire. Dans les romans, on retrouve le personnage du soldat héroïque de l'Antiquité et des animaux intelligents comme le singe. L'architecture des temples présente avec expressivité des personnalités déifiées comme Confucius. Le symbole du Dragon donneur de vie apparaît sur les textiles et les céramiques.

◄ Cette carapace gravée de symboles devait être utilisée lors des cérémonies divinatoires médicinales.
▼ Vase à motif de dragon du début de la dynastie Ming.

LA SÉPARATION DU CIEL ET DE LA TERRE

LE MYTHE de la séparation du ciel et de la terre appartient aux mythes de la création pour lesquels nous disposons de quatre récits de cosmogonie. La plus ancienne version parle de Zhuan Xu, le dieu du ciel monstrueusement déformé, qui préside sur le pivot du ciel et commande à ses deux petits-fils, Chong et Li, de soutenir le ciel en l'air et d'appuyer sur la terre pour qu'ils restent séparés, faute de quoi l'univers retournera au chaos.

Une version plus tardive de ce mythe, probablement venue du Tibet au IIIe siècle, raconte qu'à l'aube des temps la matière primordiale ressemble à un œuf de poule. Au bout de dix-huit mille ans, elle se sépare et le ciel et la terre s'ouvrent. L'éther, ou Yang, s'élève pour former le ciel, le Yin, plus lourd, descend et devient la terre. Entre ces deux éléments naît le premier humain semi-divin, Pangu, qui par neuf fois se métamorphose, devenant aussi divin et sage que le ciel et la terre. Planètes et créature parviennent au bout de leur développement dix-huit mille ans plus tard, formant la trinité du ciel, de la terre et de l'humanité. Par la suite émergent les Trois Souverains, dirigeants primordiaux dont les noms divins varient. Les nombres furent alors créés et la distance cosmique établie, ce qui fournit l'étiologie de la science des mathématiques et du calcul de la distance entre le ciel et la terre, égale à 9 656 km. Cette seconde version s'impose, devenant le mythe orthodoxe de la création dans la mythologie traditionnelle.

LE MYTHE DU CHAOS

DE NOMBREUX MYTHES décrivent la matière primordiale comme une vapeur informe, un œuf de poule ou une étendue infinie. La notion de chaos est présente dans les trois versions. Dans la première, elle se manifeste par une forme abstraite antérieure à la création appelée *hun dun*. Dans une autre version, Hun Dun devient un dieu qui vit sur la Montagne du ciel à l'ouest. Rouge comme une flamme de cinabre, il ressemble à un sac jaune, a six pieds et quatre ailes mais ni visage ni yeux. Il chante et danse. Zhuangzi, philosophe taoïste du IVe siècle av. J.-C., raconte la troisième version. Il explique comment le dieu Hun Dun commande le centre du monde avec les dieux des mers du Sud et des mers du Nord. Ils viennent souvent lui rendre visite dans ses terres. Pour le remercier de sa générosité, ils décident, puisqu'il est sans visage, de le doter de sept ouvertures corporelles pour voir, entendre, manger et respirer. Chaque jour, ils cisèlent une ouverture, mais le septième, Hun Dun meurt. Ce mythe taoïste est une mise en garde contre une charité mal dirigée et une intervention trop risquée.

◄ *Peinture montrant la Déesse du printemps et ses compagnons.*

LE MYTHE DU PREMIER MARIAGE

L'INVENTION de l'institution du mariage montre comment une figure mythique peut jouer différents rôles dans plusieurs mythes. La déesse Nugua, présente dans les anciens récits en tant que créatrice de toute chose, forgeron divin et sauveur de l'humanité lors de la catastrophe du feu et du déluge, réapparu dans un écrit médiéval racontant l'histoire du premier mariage. Or, entre la fin de l'Antiquité, époque où les mythes les plus anciens furent transcrits, et le Moyen Âge, la position de la femme avait régressé et la déesse perdait son rang de divinité primordiale pour simplement devenir la première femme.

Le mythe explique qu'elle et son frère souhaitent éprouver le plaisir de la sexualité mais en ont honte. Ils demandent donc la permission à Dieu qui réalise un miracle en signe d'approbation.

Les premiers humains font l'amour en cachant leurs visages honteux derrière un éventail d'herbe. Cette histoire, au thème rare d'un mariage entre frère et sœur, est peut-être une rationalisation de l'inceste en période de grande nécessité, déluge, famine, guerre ou épidémie, qui déciment les populations et menacent la survie de la race humaine.

DAME XIN CHUI

CETTE PEINTURE sur soie fut retrouvée dans la tombe de Dame Xin Chui, qui mourut en 168 av. J.-C., près de Changsha, ville de la province de Hunan. Elle raconte le voyage vers le paradis. La scène inférieure montre le monde aquatique où l'âme mortelle va mourir et reposer en paix. Elle est surmontée d'une scène de funérailles. En haut, les motifs du ciel représentent un disque de jade, un oiseau, messager à tête humaine, et la carte des cieux. La scène centrale montre l'âme immortelle de la défunte dans sa forme humaine, avec sa canne, qui demande le chemin du paradis à des guides célestes. Un hibou squelettique plane, symbole de l'imminence de la mort. Au centre, une déesse préside, probablement Nugua avec sa queue de dragon. La fumée votive s'élève de la scène de l'enterrement vers la déesse et les cloches de la destinée saluent l'âme qui arrive, gardée par des divinités animales. Les portes du ciel lui sont ouvertes.

◀ *Exemple de calligraphie chinoise ornant une image du dieu de la Longévité.*

L'INVENTION DE L'ÉCRITURE PAR FUXI

LE MYTHE de l'invention de l'écriture, de la divination et des outils de chasse fait appel au mimétisme ou plus exactement à la reproduction d'une action observée puis à son application par analogie. Fuxi règne sur l'univers, il regarde le ciel et la terre, observe les oiseaux et les bêtes, puis contemple leur image et les motifs qu'ils tracent. Riche de cette connaissance basée sur l'ordre naturel des choses, le dieu

▲ *Détail d'une peinture sur soie trouvée dans la tombe de Dame Xin Chui.*

crée les huit trigrammes pour que les humains puissent se livrer à l'art divinatoire. C'est le prototype du *Yi king* ou *Livre des mutations*. Fuxi observe aussi une araignée tisser sa toile et fabrique des filets avec des cordes nouées puis en enseigne l'usage aux humains pour la chasse et la pêche. Le dieu imagine également la musique en se fondant sur les harmonies divines du cosmos. Dans l'art, Fuxi apparaît avec l'équerre de charpentier, sous la forme d'un homme à queue de dragon. À la fin de la période classique (Ier siècle av. J.-C.), il est lié à Nugua avec qui il forme un couple divin reconnaissable à leurs queues de dragon entrelacées. Dans le panthéon traditionnel masculin, Fuxi apparaît souvent comme la principale divinité.

LA MÈRE DES DIX SOLEILS

AU MOYEN ÂGE, alors que les textes classiques sont en voie de codification, imprimés et classés, l'histoire des femmes est réécrite : les grandes déesses mythiques, si elles ne disparaissent pas, se trouvent reléguées aux rôles secondaires. La critique féministe moderne a contribué à redécouvrir l'identité, la fonction et le rôle des déesses primitives qui ne survivent qu'entre les lignes des textes. C'est particulièrement vrai des mythes, fragmentaires et insaisissables, ayant trait à la déesse-soleil. Les passages existants racontent qu'une déesse du nom de Xi-He (Souffle mêlé) donne naissance à dix soleils, un pour chaque jour des semaines de l'Antiquité chinoise. Quand un soleil revient du ciel du monde, elle le lave et le sèche sur l'Arbre cosmique à l'est. Son rôle nourricier de mère et de source régénératrice apparaît aussi dans son souci de garantir aux hommes la lumière, source de vie. Xi-He est également présente dans une autre version du mythe du soleil où elle conduit le char de l'astre. Dans les textes de tradition confucéenne patriarcale, le mythe se pervertit et la fonction cosmologique de la déesse est partagée entre deux personnages masculins, Xi et He, responsables de la régularité du calendrier. Cette réécriture masculinisée s'est imposée, devenant la version orthodoxe.

LA SÉCHERESSE

UNE SÉCHERESSE sévit cinq ans durant (parfois sept) pendant le règne d'un roi Shang mythique : Tang le conquérant. La famine fait rage et les devins, en signe d'expiation, veulent offrir un sacrifice humain. Mais Tang se rend au bosquet sacré de la forêt de mûriers et prie dieu pour le pardon des erreurs humaines en acceptant son propre sacrifice, pour lever la punition que représente la sécheresse. Il s'allonge sur le bûcher et, alors que le feu va s'emparer de lui, les cieux s'ouvrent et il en tombe une énorme averse. Ce mythe est absent des écrits Shang mais reflète le climat semi-aride du Nord du territoire Shang.

Il existe un autre fragment évoquant le mythe de la sécheresse. Il raconte comment une femme du nom de Chou est exposée au sommet d'une montagne vêtue de vert, couleur emblématique de l'eau et de la régénération des végétaux. Elle tente de protéger son visage du soleil impitoyable avec ses manches vertes. Mais elle meurt et son cadavre desséché devient sacré. Dans le mythe de la guerre entre le dieu de la guerre Chiyou et de Huangdi, l'«Empereur jaune », celui-ci utilise la sécheresse comme arme, matérialisée par sa propre fille, Furie sécheresse, qui sort victorieuse.

LE DIEU-CHASSEUR SAUVE L'HUMANITÉ DE L'INCENDIE COSMIQUE

LE MYTHE de la catastrophe du feu existe sous deux formes. Dans la première, le cosmos s'effondre, et le feu et l'eau menacent de détruire l'humanité. Nugua intervient pour sauver le monde, utilisant son habileté de forgeron divin pour réparer le cosmos. L'autre version, davantage centrée sur la catastrophe, met en scène l'archer Yi, dieu-chasseur. Ce mythe est associé à celui des dix soleils nés de la déesse-soleil Xi-He. On raconte qu'un jour les dix soleils s'élèvent dans le ciel en même temps, menaçant de mettre fin au monde. Le dieu-chasseur est la première divinité à prendre l'humanité en pitié. Il intercède auprès du dieu du ciel Taiyang Dijun, qui lui donne un arc magique vermillon aux cordes de soie et des flèches pour abattre les dix soleils. Dans une variante de ce mythe, c'est le souverain Yao qui ordonne au dieu-chasseur d'abattre les soleils pour éviter le désastre, et, par la même occasion, de massacrer six monstres qui se nourrissent d'êtres humains.

LES ARCHÉTYPES

LA FIGURE ARCHÉTYPALE créant l'ordre à partir du chaos apparaît dans les mythes faisant intervenir Nugua, Pangu et le dieu du ciel Zhuan Xu. Les divinités civilisatrices représentent les archétypes de la figure nourricière, qui apprend aux humains à survivre et à améliorer leurs conditions de vie. Lié à cette thématique, l'archétype du sauveur, protecteur des hommes, est représenté par Yi dans le mythe de la catastrophe du feu, Nugua et Yu dans le mythe du déluge ou le roi Tang dans le mythe de la sécheresse. La figure de Gun symbolise plusieurs archétypes : le sauveur, le héros, le dieu mourant et le magicien. L'archétype du héros est Yu, guerrier et parangon de vertu, qui devint le souverain de la première dynastie, la mythique Hia.

◀ *Lorsque le déluge menaça l'humanité, Nugua intervint et répara le cosmos.*

UN MYTHE CULTUREL : LA MÉTALLURGIE

DEUX GRANDS mythes présentent l'origine du métal et de son pouvoir symbolique. L'un d'eux met en scène le dieu Chiyou qui, lorsque deux montagnes s'ouvrent en déversant eaux et métal, rassemble le métal pour en faire des armes et des armures. Chiyou est représenté avec des cornes et des sabots lui conférant une apparence bovine. De même que ses soixante-douze frères, il a une tête en bronze et mange des cailloux. Grâce à son invention, le dieu de la guerre impose sa suprématie et défie l'« Empereur jaune » dans une guerre divine. L'« Empereur jaune » a pour alliés sa fille, Furie sécheresse, et Dragon qui répond. Ensemble, ils battent Chiyou et l'exécutent. À sa mort, ses entraves se transforment en bosquet d'érables rouge sang.

Dans un autre mythe sur la métallurgie, le demi-dieu Yu reçoit neuf chaudrons de bronze sacré représentant la connaissance du monde. Ces chaudrons ont pour vertu de discerner la valeur morale et se transmettent de dynastie en dynastie. Si le gouvernement est juste et bienveillant, ils restent aux côtés du souverain, lourds du poids de la vertu, mais si les événements sont défavorables, ils s'allègent et s'envolent. Ils symbolisent ainsi la légitimité dynastique et sont les emblèmes de la richesse, du rituel et du contrôle étatique sur la production stratégique de métal.

LE MYTHES DES ORIGINES

DANS LE MYTHE de l'origine des Shang, le dieu du ciel ordonne à un oiseau noir divin de descendre sur terre et de donner naissance aux Shang, dont le premier fondateur fut le héros Xie. Dans une autre version, une jolie jeune fille nommée Jian Di se baigne avec deux servantes lorsqu'elle voit un oiseau sombre pondre un œuf. Elle le mange, tombe enceinte et donne le jour à Xie. Jian Di devient l'ancêtre semi-divin des Shang et Xie,

le fondateur mâle de la lignée. Le mythe de l'origine de la dynastie Zhou fait lui aussi état d'une ancêtre semi-divine et d'un homme fondateur. La jeune Jiang Yuan marche sur le gros orteil d'un dieu et conçoit un enfant, Hou Ji, le dieu du grain. Elle pense que son enfant porte malheur et, par trois fois, tente de l'abandonner. L'enfant-héros survit aux trois épreuves et est sauvé par des animaux, des bûcherons et des oiseaux. Jiang Yuan décide alors de s'occuper de lui. Il grandit et acquiert la connaissance divine de la culture des graines de millet et l'art de la multiplication des haricots, qu'il transmet aux hommes. Il leur enseigne également à cuire le millet et à lui en offrir en sacrifice comme dieu du grain et fondateur de la dynastie Zhou. Le sens du mythe du millet sert à justifier les sacrifices offerts aux dieux.

▲ *Cette robe, autrefois portée par les empereurs chinois, offre un bel exemple d'ornementation.*
◀ *Les animaux sont présents dans plusieurs mythes chinois, où ils protègent ceux qui se sont perdus ou ont été abandonnés.*

◀ *Peinture sur un panneau de bois représentant le dieu de la Soie, divinité du panthéon chinois.*

LA DÉESSE DE LA LUNE

LE MYTHE LUNAIRE apparaît dans deux histoires différentes où interviennent Chang Xi (Souffle éternel) et Chang E (Sublime éternel). Dans le récit le plus ancien, Chang Xi donne naissance à douze lunes dans l'étendue sauvage de l'ouest près du mont Sumoon. Elle s'occupe ainsi de ses enfants lunaires et les baigne après leurs voyages nocturnes dans le ciel. Dans la seconde version, Chang E est la compagne du dieu-chasseur, l'archer Yi. Elle vole à celui-ci un élixir d'immortalité et, après l'avoir bu, se trouve transportée sur la lune en tant que déesse. Elle y est accompagnée d'un lièvre qui pile les herbes médicinales de l'immortalité, et d'un crapaud en transe extatique. La régénération et l'apparente renaissance du crapaud lors de sa mue expliquent les phases ascendantes et descendantes de la lune. La numérologie apparaît ici à travers les dix soleils et les douze lunes, reflets de l'ancien calendrier à dix tiges célestes et douze branches terrestres qui servaient à calculer la longueur des jours, des mois, des années et les cycles temporels.

LES MYTHES STELLAIRES

LES MYTHES stellaires sont peu nombreux dans la mythologie chinoise. Certains parlent d'un sage métamorphosé en étoile ou de deux frères querelleurs devenus des étoiles aux trajectoires opposées. Le mythe du couple stellaire, la Tisserande et le Bouvier, rappelle l'amour voué à l'échec de ces êtres célestes. On n'en découvrit qu'un fragment dans le *Livre de poésie* mais il était déjà devenu une histoire d'amour au Moyen Âge. La Tisserande est la fille du dieu du ciel et vit au bord de la Rivière céleste de l'est (la Voie lactée) où elle tisse des robes de nuages. Le dieu du ciel a pitié de sa solitude et lui permet d'épouser son amant stellaire.

LE PANTHÉON

LE PANTHÉON se limite à une dizaine de divinités ou figures mythiques. Les fonctions des divinités masculines sont liées à l'agriculture : dieu-fermier, dieu du grain, Terre souveraine ; à la guerre : Chiyou ; au feu : Flamme ; à la cosmogonie : Pangu ; aux avancées culturelles, dont la culture matérielle et les systèmes calendaires. Les divinités féminines ont des fonctions calendaires : la « Déesse mère de l'Occident » qui règne aussi sur le paradis éternel ; cosmogoniques : Nugua ; cosmologiques : Xi-He et Chang E ; elles sont salvatrices et nourricières, et mettent fin à la violence sacrée exprimée par des épidémies et des châtiments.

Mais elle néglige alors son ouvrage et le dieu les sépare pour la punir, plaçant la Rivière céleste entre les amants et ne leur permettant de se rejoindre qu'une fois par an, la septième nuit du septième mois. Le thème de l'amour est ici exprimé avec discrétion et, comme les autres mythes chinois, n'évoque ni promiscuité malséante ni accouplements brutaux et passions lubriques souvent racontés dans bien des mythologies. Cette version expurgée de l'amour dans les mythes autorise à penser que les récits antérieurs étaient peut-être plus crus mais censurés dans les textes classiques de la période Han (de 206 av. J.-C. à 220 apr. J.-C.).

LES MYTHES DES MINORITÉS ETHNIQUES

LES AUTEURS CLASSIQUES avaient une conscience aiguë des différences les séparant des peuples vivant aux frontières des territoires Shang, Zhou et Han de 1700 à 100 av. J.-C. Ils les traitaient souvent avec mépris pour affirmer leur supériorité culturelle. Vers l'an 100 av. J.-C., sous la dynastie Han, des voyageurs chinois se rendant en terres étrangères pour la première fois, consignèrent leurs impressions. S'il se dégage un point de vue assez neutre des écrits historiques, les récits de voyageurs, à l'imagination féconde, dépeignent souvent les peuples étrangers de manière négative. Ils choisissaient une graphie injurieuse pour représenter les noms étrangers, leur conférant un sens simiesque ou bestial. Ils étaient pour eux des êtres de couleurs bizarres, contrefaits, un point de vue reflété par les noms qu'ils leur donnaient : Pays de la langue fourchue, Trois têtes, Peuple poilu et Peuple aux oreilles pendantes.

Malgré l'homogénéisation culturelle croissante résultant des politiques d'unification des empires Qin et Han, les minorités chérissaient les récits de leurs propres origines et préservaient l'héritage de leur identité culturelle. Les Yao perpétuent le mythe de leur ancêtre dans lequel un ver naît de l'oreille d'une femme du palais. Elle en prend grand soin et, en grandissant, celui-ci devient le chien nommé Pan Hu (Gourde plate). Ce chien sauve son pays des envahisseurs et le roi lui donne alors sa fille en récompense. Le chien et la princesse émigrent vers une vallée fertile et mettent au monde six filles et six fils qui s'accouplent à leur tour pour donner naissance à une nouvelle génération, la race nouvelle du peuple Yao dans le sud de la Chine.

LA MYTHOLOGIE CHINOISE DANS LE MONDE

LA MYTHOLOGIE chinoise présentent des parallèles avec d'autres mythologies mais s'en écarte par ses principales préoccupations et ses particularismes. Certains mythes de la création sont rendus uniques par l'absence de causes divines ou de créateur. Les mythes du déluge se caractérisent également par l'absence de motif de la punition ou de l'intervention divine. Les mythes liés à l'introduction d'un bienfait culturel suivent la grille universelle selon laquelle le bienfait est d'origine divine et est enseigné aux hommes par un dieu. Les mythes sur les origines des dynasties se distinguent par la prépondérance des ancêtres féminins comme pour les Shang et les Zhou.

◀ *La déesse de la lune Chang E (Sublime éternel) portant le lièvre qui lui tient compagnie.*

▶ *Toutes les mythologies présentent des personnages qui leur sont propres, comme ce crapaud à trois pattes. Toutefois, des thèmes universels se retrouvent dans des mythologies géographiquement très distantes.*

Japon

INTRODUCTION

LES QUATRE grandes îles de l'archipel nippon sont peuplées depuis au moins 50 000 ans. Jusqu'à il y a environ 12 000 ans, des bandes de terre reliaient encore ce qui est aujourd'hui le Japon à Sakhaline au nord et à la Corée au sud, offrant un passage aux premières populations qui s'y installèrent. L'archéologie permet de distinguer plusieurs vagues de peuplement distinctes : le vieil âge de pierre (de 50 000 à 12 000 av. J.-C.), la culture Jomon (de 11 000 à 300 av. J.-C.) et la culture Yayoi (de 300 av. J.-C. à 300 apr. J.-C.). Les sites de la culture Jomon sont présents dans tout le Japon et plus particulièrement dans la moitié nord de Honshu, l'île principale. En revanche, les établissements yayoi, plus récents, étaient au départ regroupés sur Kyushu, Shikoku et la péninsule de Kii au sud de Nara et d'Osaka. La proximité de la Corée autorise à penser que les deux populations étaient ethniquement proches.

Les Yayoi seraient les plus anciens ancêtres, tant du point de vue culturel qu'ethnique, de la population japonaise actuelle, à l'exception d'une minorité aaïnu comptant 20 000 personnes sur l'île d'Hokkaido au nord. Ce sont peut-être les derniers descendants des Jomon.

LES RACINES DE LA MYTHOLOGIE

IL EST PEU probable que les mythes japonais que nous connaissons soient antérieurs à l'arrivée des Jomon et il est bien difficile de discerner les vestiges de leur mythologie. Il semble toutefois possible d'établir une distinction entre, d'une part, la mythologie principale qui lie les empereurs du Japon à la Plaine du Haut-Ciel, centrée sur Amaterasu, et, d'autre part la colonisation du Japon par Susanoo et sa descendance dans le cycle d'Izumo. À leur arrivée, les Yayoi auraient soumis les Jomon. Dans le pays d'Izumo, O-Kuni-Nushi et son clan furent dominés par Amaterasu et ses dieux dont le culte rayonne depuis Ise et la péninsule de Kii. On remarquera cependant que le principal sanctuaire dédié à Izanagi et Izanami se situe dans la région d'Izumo.

Les mythes japonais sont liés à des sites particuliers. Ainsi Takama-ga hara, de la Plaine du haut-ciel se trouve dans la préfecture de Nara proche de Ise dans la préfecture voisine de Mie, tout comme le Pont flottant céleste proche de Kyoto. Il y a la grotte où se réfugia Amaterasu, la plage d'Izumo où O-Kuni-Nushi

rencontra Sakunabikona, et ainsi de suite. Ce tissu de sites sacrés suggère que de nombreux mythes japonais évoquent des personnes réelles ainsi que leurs clans, les suivant dans leur progression à travers le pays après leur arrivée du continent.

LES FONDAMENTAUX

LE SHINTO (shintoïsme) ou « la voie des dieux », religion autochtone, est étroitement liée à la mythologie japonaise. La plupart de ses sanctuaires sont dédiés à des divinités présentes dans les mythes puisque l'on croit que la nation et sa prospérité résultent de l'intervention divine d'Amaterasu. La théologie n'est pas très complexe ; le shinto est centré sur les rapports entre le monde naturel et ses habitants. Il s'efforce de maintenir l'équilibre vital entre les hommes et la nature par des rituels de purification.

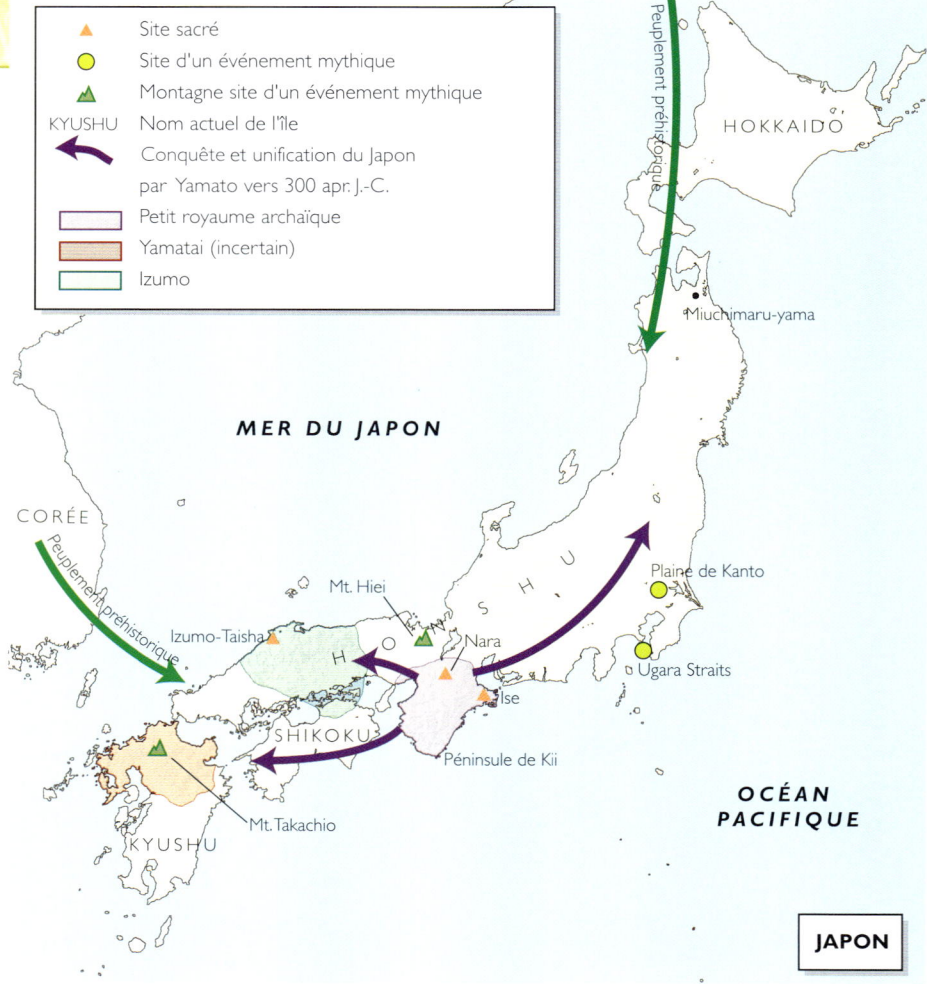

MYTHES CONNUS   PERSONNAGES

Le concept de *kegare* cu « souillure rituelle » est fondamental dans les premiers temps historiques où il se rapproche de l'idée des tabous présente dans d'autres cultures. Tout événement – naissance, mort, construction d'une maison, abattage d'un arbre ou meurtre d'animaux – susceptible de fragiliser l'équilibre se charge d'un immense pouvoir qu'il faut contenir et purifier. En dehors des rituels de purification dans les sanctuaires, on attribuait à une classe de personnes un pouvoir spirituel suffisant pour faire face à ces situations. Si, il y a très longtemps, on les respectait pour le rôle vital qu'elles jouaient dans la société, leur statut se dégrada à l'époque médiévale où ces intermédiaires devinrent *eta* ou proscrits. Leurs descendants font encore l'objet de discriminations.

► *Les sanctuaires semblables à celui-ci étaient dédiés aux divinités japonaises.*

LA CRÉATION

Le *NIHON SHOKI* et le *Kojiki* concordent dans leur récit de la création. Certains spécialistes discernent une influence chinoise dans ces récits. Il est possible qu'elle ne soit pas due à des influences tardives contemporaines de l'introduction de la culture chinoise au Japon à partir du VIe siècle, mais s'explique simplement par la migration vers le Japon de peuples originaires du Nord de la Chine et de la Corée. Selon ces mythes, l'univers était à l'origine une masse huileuse informe. Un dieu unique nommé Amanominakanushi-nokami s'éleva de cette masse. Il fut suivi par quatre autres dieux, formant ainsi le groupe des cinq dieux primordiaux. Par la suite, sept nouvelles générations de dieux et déesses virent le jour. Toutes ces créatures divines habitaient la Plaine du Haut-ciel (Takama-ga hara) car, à cette époque, il n'y avait pas de terre ferme. Les plus jeunes étaient Izanagi et Izanami. Ils se mirent en devoir de créer la terre. Debout sur le Pont flottant céleste, ils remuèrent ensemble les profondeurs glauques de leur lance sacrée. Quand ils la relevèrent, des gouttes retombèrent formant la première terre, l'île d'Onogoro.

◄ *Un dieu rencontre l'apparition de la Déesse renarde.*

la supplier de revenir avec lui, mais elle lui répond qu'elle doit parler aux dieux de l'au-delà et lui enjoint de ne pas la regarder.

Succombant au désir de la voir une fois encore, Izanagi casse une dent de son peigne et l'allume pour s'en faire une torche. Épouvanté de voir qu'Izanami est devenue un cadavre infesté de vers, il tente de fuir.

Fâchée, Izanami lance une horde de démones et de guerriers à sa poursuite. Quand il parvient à la porte qui le ramènera dans le royaume des vivants, Izanagi trouve trois pêches qu'il lance contre la meute effrayante à ses trousses et réussit ainsi à décourager ses assaillants. C'est alors qu'Izanami elle-même transformée en démon commence à le pourchasser.

Avant qu'elle ne puisse le rejoindre, Izanagi lui barre le chemin avec une énorme pierre, fermant ainsi l'entrée du monde d'En-bas. Ils se font face une ultime fois et rompent finalement les vœux du mariage.

LES THÈMES UNIVERSELS

QUOIQUE souvent moins complexes, les mythes japonais présentent des parallèles avec ceux d'autres cultures. L'émergence de certaines divinités, de la terre et de la nourriture des dépouilles de dieux n'est pas sans évoquer le démembrement présidant à la création en Inde et ailleurs.

La première mort d'Izanami et la visite d'Izanagi dans le monde d'En-bas rappellent les mythes grecs d'Orphée et Eurydice ou de Perséphone, ainsi que Yama et sa sœur en Inde. Les péripéties entourant cette première mort reflètent aussi les tabous japonais primitifs et la crainte de la pollution. Certains universitaires pensent que les déplacements successifs des capitales sous les Yamoto et les Nara à la suite du décès de l'empereur seraient liés à ce mythe et qu'ils exprimerait la nécessité de séparer à jamais vivants et morts.

IZANAGI ET IZANAMI

IZANAGI et Izanami descendent des cieux sur la terre nouvellement formée et s'y bâtissent un palais. Comme ils forment le premier couple, ils inventent le rituel du mariage et procréent. Leur premier-né, Hiruko, « l'enfant sangsue », est difforme, aussi le placent-ils dans une barque de roseaux qu'ils lancent à la mer.

La divination explique que l'enfant est ainsi parce que la déesse Izanami a parlé la première lors du rituel nuptial. Après s'être à nouveau mariés en suivant le rite adéquat, Izanami donne naissance à une progéniture nombreuse. Elle enfante d'abord le groupe d'îles qui forme aujourd'hui l'archipel nippon. Elle donne ensuite le jour à une série de dieux et déesses associés aux phénomènes naturels comme le vent et les montagnes. Elle engendre enfin le dieu du feu, Kagutsuchi, qui la brûle si grièvement en naissant qu'elle en meurt. D'autres dieux s'élèvent de sa dépouille et des larmes d'Izanagi.

Après sa mort, Izanami se rend à Yomi, le sombre royaume d'En-bas, celui des défunts. Submergé par un chagrin inconsolable, Izanagi décide de lui rendre visite pour

 MYTHES CONNUS   PERSONNAGES

◀ *Raijin, dieu du tonnerre.*

LES PREMIERS SEIGNEURS

AU DÉPART, la société yayoi s'organise sur la base de clans entretenant entre eux des liens lâches et disposant de territoires indépendants. Ce peuple a conservé des relations fortes avec la Corée jusqu'au VIIᵉ siècle apr. J.-C. Les premières chroniques du Japon survivent dans des archives chinoises du Iᵉʳ siècle qui citent les noms de plusieurs rois ou chef claniques. Cependant, dès le IIIᵉ siècle, un processus de conquête et de consolidation de ces petits territoires aboutit à l'émergence du grand État unique de Yamato qui regroupait Honshu et Shikoku. L'actuel empereur du Japon est un descendant direct des premiers empereurs légendaires de Yamato.

L'essentiel de la mythologie japonaise connue évoque les ancêtres divins de ces premiers dirigeants tels qu'ils sont présentés dans le *Nihon Shoki* et le *Kojiki*, chroniques écrites au VIIIᵉ siècle. Il est permis de penser que cette mythologie était d'abord celle des Yayoi et faisait déjà partie de leur culture avant même qu'ils n'arrivent au Japon.

LA SOURCES DES MYTHES

LES SOURCES des mythes japonais sont peu nombreuses puisqu'elles consistent en deux textes uniques, le *Kojiki* et le *Nihon Shoki*. Les parties mythologiques de ces chroniques sont délibérément écrites dans le but d'établir l'ascendance divine de la famille impériale japonaise. Il semble donc probable que nous disposons des mythes du clan qui s'impose au tout début de l'État yamato en y évinçant ses rivaux. C'est la raison pour laquelle on trouve peu de personnages ou de thèmes récurrents dans cette mythologie, à l'exception peut-être du petit groupe de mythes au sujet de Susano et de sa sœur Amaterasu.

AMATERASU

APRÈS LE RETOUR d'Izanagi seul dans le monde des vivants, plusieurs dieux et déesses sortent de son corps et de ses vêtements. Les plus importants sont Amaterasu, la déesse du soleil, Tsuki-Yomi, le dieu de la lune et Susanoo, le dieu de l'orage. Izanagi décide qu'Amaterasu règnera sur la Plaine du Haut-Ciel, Tsuki-Yomi sur la nuit et Susanoo sur les mers. Mais ce dernier, jaloux du statut de sa sœur, se rebelle, refusant de se plier aux souhaits de son père, qui le bannit.

Craignant que Susanoo ne complote pour la renverser, Amaterasu s'arme pour affronter son frère. Il la défie et lui propose une joute qui rétablira sans conteste le plus puissant des deux : celui qui donnera naissance à des divinités masculines sera vainqueur. Amaterasu l'emporte mais Susanoo refuse d'accepter sa défaite et se livre à des actes si violents contre sa sœur que, terrorisée, celle-ci s'enferme dans une grotte. Le monde entier et les cieux sont plongés dans l'obscurité et la misère.

Les dieux tentent en vain de la faire sortir. C'est alors que la très belle déesse de l'aube Ama-No-Uzume, prototype des premières chamanes japonaises, se juche sur une barrique de riz retournée et entame une danse érotique sacrée. Les autres dieux en sont fort émoustillés. Entendant toute cette excitation et les compliments destinés à Ame-No-Uzume, Amaterasu jette un œil en demandant ce qu'il se passe. On lui répond que les dieux se réjouissent du spectacle d'une déesse plus belle qu'elle. Comme elle tente de voir, un des dieux lève un miroir sacré dans lequel elle aperçoit son reflet. En même temps, un autre dieu lui saisit la main et la tire hors de la grotte. L'entrée est bloquée. Amaterasu reprend alors sa place dans les cieux. Susanoo est puni par les autres dieux et exilé en terre des mortels. Amaterasu est considérée à la fois comme la principale protectrice du pays et l'ancêtre des empereurs. Elle est encore vénérée de nos jours dans le plus important sanctuaire japonais à Ise.

▲ *Ancien vase yayoi en terre cuite.*
◀ *La déesse Amaterasu surgit des profondeurs.*

rencontre un vieux couple et de leur fille, Kusanada-Hime « Princesse des rizières ». La famille est terrorisée par un monstre à huit têtes et huit queues qui a déjà mangé ses autres filles. Susanoo accepte de tuer le monstre à condition d'épouser la jeune fille. Disposant des baquets emplis de vin de riz à l'intention du monstre, Susanoo réussit. Il découvre dans l'une de ses queues l'épée légendaire sacrée, Kusanagi « la faucheuse d'herbe ». Il épouse alors Kusanada-Hime et s'installe dans un palais à Izumo.

◀ *Porte sacrée ou torii à l'entrée d'un sanctuaire shinto.*

▼ *Sanctuaire shinto à Kyoto.*

✠ VERS L'ICONOGRAPHIE

LES NOMBREUX *kami*, ou dieux de la mythologie japonaise et de la religion shinto qui s'en inspire, n'étaient pas représentés dans l'art avant l'introduction du bouddhisme et de son imagerie complexe de textes, peintures ou sculptures. On pensait que les dieux étaient des esprits invisibles ou des puissances spirituelles habitant les objets, qu'ils soient vivants ou inanimés. Suite à l'introduction du bouddhisme, les dieux mythologiques furent identifiés à des divinités bouddhiques, ce qui facilita la représentation graphique des dieux et déesses.

LES SYMBOLES DES DIEUX

LES TROIS SYMBOLES les plus importants sont présents sur les autels des sanctuaires shinto. Il s'agit d'un collier de *magatama*, pierres incurvées, symbole souverain qu'Izanagi donna à Amaterasu, un miroir représentant celui dont les dieux se servirent pour faire sortir Amaterasu de son refuge et une épée, emblème du Kusanagi, que trouva Susanoo et, par la suite, possession de Jimmu, premier empereur japonais. Les sanctuaires shinto sont des espaces dessinés d'allées arborées ou de rocs où l'on entre par une porte sacrée, ou torii, que le dieu franchit pour pénétrer dans le lieu saint.

SUSANOO

SUSANOO était déjà un fauteur de troubles avant sa querelle avec sa sœur Amaterasu et il avait déjà provoqué plusieurs disputes avec d'autres dieux. Selon le *Nihon Shoki*, il fait des avances à Uke-Mochi, la déesse de la nourriture, et lui demande à manger, puis se met très en colère car elle sort les aliments de son nez, de sa bouche et de son rectum. Il tue alors Uke-Mochi mais, après sa mort, de ses divers orifices corporels poussent les récoltes qui sont la base du régime japonais : riz, millet, blé, haricots rouges azuki et soja. Après son exil en terre des roseaux, Susanoo

LE CYCLE D'IZUMO

LES MYTHES concernant Susanoo
et sa descendance forment ce que
l'on appelle le cycle d'Izumo. C'est
le nom de l'endroit où le dieu s'installa
après avoir été chassé des cieux ;
il correspond à la région nord de l'actuelle
préfecture de Shimane. Après avoir tué
le monstre à huit têtes, Susanoo épouse
la princesse Kusanada-Hime et s'installe
à Izumo. Cette terre lui paraît trop petite,
aussi arrache-t-il des parcelles aux terres
proches, les tire à l'aide d'une corde
et les accole à son domaine. Il joue aussi
un rôle dans la transformation de la région
pour l'habitat humain. L'un de ses
descendants, peut-être son petit fils
O-Kuni-Nushi, figure également
dans plusieurs de ces mythes en tant
que celui qui apporte civilisation et culture.

O-KUNI-NUSHI ET LE LAPIN BLANC

LE DIEU qui prendra par la suite
le nom d'O-Kuni-Nushi vit à Izumo
avec ses quatre-vingts frères dont
il est le cadet. Il y a, en terre voisine,
une belle princesse, Ya-Gami-Hime,
que les quatre-vingts frères veulent
épouser. Ils décident de la courtiser
ensemble, consentant avec réticence
à ce qu'O-Kuni-Nushi les accompagne
en tant que porteur. Alors qu'ils
entreprennent la traversée pour Inaba,
sur une plage, ils voient un lapin
sans poils avec la peau à vif, dans
de grandes souffrances. De nature
malicieuse, les frères disent au lapin
que son poil repoussera s'il se lave
dans l'eau salée et va dormir
au sommet d'une montagne battue
par les vents. Le lapin essaye mais
sa souffrance ne fait qu'empirer.

Peu après, O-Kuni-Nushi arrive,
avec les bagages de ses frères.
Voyant le malheureux lapin,
il lui demande pourquoi il pleure.
Le lapin lui raconte la cruauté des
quatre-vingts frères et lui explique
comment il a perdu sa fourrure.

Le lapin est né à Inaba mais tous
les bambous dont il se nourrit sont
emportés par une inondation.
Il s'accroche à un morceau de bambou,
se laissant dériver jusqu'à l'île d'Oki.
Après un long séjour, il souffre
de la solitude et veut revenir vers Inaba.
Mais il n'a aucun moyen de faire
la traversée. Un jour, des crocodiles
paraissent et le lapin a une idée.
Il se montre délibérément insultant
et les nargue en affirmant qu'il y a plus
de lapins que de crocodiles dans le
monde. Afin de savoir à quoi s'en tenir,
les crocodiles acceptent de se placer
en file, formant ainsi un pont entre l'île
et Inaba. Le lapin leur promet de les
compter en traversant. Mais une fois
arrivé sur l'autre rive, le lapin se met

à rire et avoue aux crocodiles qu'il s'est
moqué d'eux, simplement pour pouvoir
traverser. Furieux, le crocodile le plus
proche de la terre l'attrape et le dépèce.
O-Kuni-Nushi dit alors au lapin
de se laver dans l'eau douce et pure
de l'estuaire non loin de la plage
et de s'allonger sur l'herbe fraîche qui
pousse là. Le lapin fait ce qu'O-Kuni-
Nushi lui a conseillé et retrouve
sa fourrure blanche. Reconnaissant,
l'animal, qui était en fait un dieu,
dit à O-Kuni-Nushi que ses frères
ne séduiront pas la princesse
Ya-Gami-Hime mais que lui, O-Kuni-
Nushi, l'épousera et que ses aînés
deviendront ses garçons d'honneur.

▼ *Susanoo le fauteur de troubles.*

✠
LES FÊTES

TOUS LES SANCTUAIRES shinto ont leur *matsuri,* ou fête. Le grand moment des festivités est une procession durant laquelle des autels, les *mikoshi,* sont sortis et promenés dans les rues, guidés par le pouvoir des dieux. D'autres fêtes sont consacrées à la fécondité et à la purification, motifs qui remontent aux temps préhistoriques. Ce sont des événements importants qui, en leur faisant partager un moment de liesse, soudent les communautés. Certains sanctuaires organisent des ballets de danses anciennes, les *kaguras,* dans lesquels les danseurs sont masqués. Leur origine est peut-être à chercher dans le type de danse chamanique qui fit sortir Amaterasu de sa grotte.

▶ *Les masques en bois de ce type étaient peut-être utilisés lors des danses rituelles.*
▼ *Peintures montrant des gens autour de l'entrée d'un temple ou torii.*

O-KUNI-NUSHI ET SES FRÈRES

LE CYCLE d'Izumo est peut-être la mythologie d'un autre clan ou groupe de population qui vécut le Japon en des temps très reculés et dont la domination s'acheva avec l'arrivée des peuples de la péninsule de Kii et de la région de Ise. Ce cycle évoque la colonisation de la région autour d'Izumo par Susanoo et son petit-fils O-Kuni-Nushi et explique qu'O-Kuni-Nushi et ses descendants deviennent les seigneurs de la plus grande partie du Japon. Après son mariage avec Ya-Gami-Hime, ses frères deviennent jaloux et complotent contre O-Kuni-Nushi. Ils réussissent à le tuer deux fois, mais, chaque fois, sa mère lui rend la vie. La première fois, ils font chauffer un gros rocher et le précipitent sur lui du haut de la montagne. Pensant qu'il s'agit

d'un ours que ses frères chassent, O-Kuni-Nushi le bloque et s'en trouve mortellement brûlé. La seconde fois, ils l'écrasent dans la fourche d'un arbre. Sa mère lui dit d'aller voir Susanoo qui vit maintenant dans le monde d'En-bas pour lui demander comment mettre fin à cette rivalité.

⊤
OKUNINUSHI ET SUSANOO

AYANT BESOIN des conseils de son ancêtre Susanoo, O-Kuni-Nushi descend à Yomi, l'au-delà dans lequel Susanoo vit. Dès son arrivée, O-Kuni-Nushi est frappé par la grande beauté de Suseri-Hime, fille de Susanoo. Ils tombent amoureux

et se marient, ce qui suscite la colère de Susanoo qui décide de tuer O-Kuni-Nushi. Feignant d'être bienveillant, il l'envoie dormir dans une pièce qu'il a fait remplir de serpents venimeux. Heureusement, Suseri-Hime a donné à son mari une écharpe magique faisant fuir les serpents quand on l'agite par trois fois. La nuit suivante, Susanoo fait dormir son gendre dans une pièce pleine d'abeilles et de scolopendres, mais à nouveau l'écharpe le sauve. Alors Susanoo tire une flèche dans une immense plaine herbeuse et demanda à O-Kuni-Nushi de la lui rapporter. Il met alors le feu aux herbes. O-Kuni-Nushi ne voit aucun moyen de s'échapper jusqu'à ce qu'une souris lui dise de frapper le sol très fort car celui-ci est creux. Un trou s'ouvre et O-Kuni-Nushi s'y cache en attendant que le feu passe. La gentille souris trouve même la flèche et la lui donne.

Quand Susanoo découvre qu'O-Kuni-Nushi est en vie et détient la flèche, il devient moins hostile. Toutefois, O-Kuni-Nushi veut s'enfuir du royaume de son beau-père. Un jour, celui-ci lui demande de débarrasser sa chevelure des insectes qui y pullulent. Plus O-Kuni-Nushi peigne, plus les scolopendres se multiplient. Suseri-Hime donne de l'argile rouge et des graines à O-Kuni-Nushi en lui disant de mâcher et de recracher. En voyant les taches rouges au sol, son père pense qu'O-Kuni-Nushi mange les parasites et en est très impressionné, puis il s'endort. Décidant que le moment de s'enfuir est venu, Suseri-Hime apporte à son époux l'arc, l'épée et le koto magique de son père. Il pend tous ces objets et attache les cheveux de Susanoo aux chevrons de son palais. Portant sa femme sur son dos, il quitte Yomi pour la terre de la plaine des roseaux. Ils sont déjà assez loin quand Susanoo se réveille en entendant le son du koto. Il se lance à leur poursuite mais, retardé par ses cheveux emmêlés, il ne peut les rattraper à temps.

Il s'arrête près de la limite entre le monde d'En-bas et celui des vivants et s'adresse à O-Kuni-Nushi. Reconnaissant sa bravoure, il lui hurle le moyen de vaincre ses frères en utilisant l'arc et l'épée qu'il lui avait pris. Il lui prédit aussi qu'il deviendra le maître de tout le pays.

▼ *Aujourd'hui la culture du riz au Japon reste une activité traditionnelle, les paysans cultivant leurs propres terres.*

O-KUNI-NUSHI

LA MYTHOLOGIE japonaise vénère plusieurs héros. Ils sont associés à Susanoo. Malgré son image négative dans les mythes consacrés à Amaterasu, c'est lui qui entreprend de coloniser le Japon après son exil des cieux. Les exploits de son descendant, O-Kuni-Nushi, sont importants puisqu'on lui attribue l'introduction de la culture du riz et du millet, de la médecine, de l'élevage des vers à soie, du tissage, etc. Ces mythes font peut-être écho aux efforts de colonisation des premiers peuples qui migrèrent sur les îles. Les mauvais esprits qu'O-Kuni-Nushi rencontre seraient des diabolisations des premiers habitants de l'archipel.

O-KUNI-NUSHI RENTRE SUR TERRE

APRÈS ÊTRE revenu de Yomi, le royaume des morts, O-Kuni-Nushi suit le conseil de Susanoo et traque tous ses aînés. Il finit par les décimer et devient le seul seigneur d'Izumo. Il s'installe alors avec Suseri-Hime dans le palais qu'il fait construire à Uga-No-Yama à Izumo. Apprenant son retour sain et sauf, Yakami d'Inaba va le voir, parce qu'en son absence elle a donné naissance à un fils. Mais, en approchant du palais, elle est prise de honte et se sent inférieure à Suseri-Hime, aussi renonce-t-elle à s'y présenter. Elle se contente de déposer le nourrisson dans un arbre devant le portail. Cet enfant est trouvé par les serviteurs d'O-Kuni-Nushi qui le lui amènent. Suseri-Hime dit qu'elle élèvera le bébé comme s'il était le sien, ce qu'elle fait, nommant l'enfant Kimata-no-Kami, Dieu du tronc d'arbre.

Quand O-Kuni-Nushi installe sa résidence à Izumo, la plus grande partie du pays est encore en friche. Il n'y a que d'épaisses forêts, des marais, des bêtes féroces et des mauvais esprits. Respectueux de la prédiction de Susanoo, il entreprend de nettoyer les régions entourant Izumo avec l'arme appelée Yachihoko (8 000 lances). Infatigable, il arpente le pays en tous sens, tuant beaucoup de démons, afin que les gens puissent y vivre en sécurité. Suite à ces exploits, on lui donne le nom de Yachihoko-No-Kami.

O-KUNI-NUSHI ET SUKANA-BIKONA

UN JOUR que O-Kuni-Nushi est en mer au large du cap Miho à Izumo, il aperçoit un petit dieu mystérieux vêtu d'une robe scintillante en peaux de vers luisants. Il est assis dans une embarcation de feuilles de patate douce. Un dieu boiteux du nom de Ku-e-hiko finit par lui dire que c'est le plus jeune fils de Kami-Musubi. O-Kuni-Nushi lui fait alors part de sa découverte et le dieu lui dit qu'il s'agit de son dernier-né, Sukuna Bikona-no-Mikoto, qui est tombé du ciel en jouant. Il est demandé à O-Kuni-Nushi de traiter ce petit dieu comme son frère, ce qu'il fait. Ils deviennent des compagnons inséparables et continuent

à chasser le mal de la terre et à la préparer à recevoir des habitations. Ensemble, ils introduisent le ver à soie et le tissage, de nouvelles récoltes et de nombreuses herbes médicinales. Ils deviennent des gardiens renommés de la vie humaine et de la prospérité.

Sukuna-Bikona part seul sur l'île de Awashima (l'île du millet) où les graines qu'il a semées ont germé, donnant des pousses prodigieuses. Il grimpe sur une tige pour avoir une vue d'ensemble. Mais, après avoir plié sous le poids de ce dieu minuscule, la tige se redresse, le catapultant bien loin au-delà des mers à Tokoyo (Terre d'éternité) où il restera à jamais. Cette perte rend longtemps O-Kuni-Nushi très malheureux mais il finit par se remettre seul au travail.

COMMUNIQUER AVEC LES DÉFUNTS

IL Y A BEAUCOUP de grottes sacrées au Japon qui, croyait-on, conduisaient vers l'Au-delà, ou royaume des morts. Si les vivants étaient terrifiés par les défunts, ils les voyaient aussi comme une source de sagesse et d'apaisement et leur rendaient donc visite pour solliciter leurs conseils. Des temps anciens à nos jours, des groupes de femmes capables de communiquer avec les morts ont joué le rôle d'intermédiaires, à la fois chamans et médiums, en marge de la société. L'un de ces groupes, *miko*, était composé des descendantes de l'union entre Ame-No-Uzume, déesse de l'aube, et Sarutahiko, dieu-singe local. Les *miko* conservent aujourd'hui un rôle de gardienne dans les sanctuaires shinto mais ont perdu celui de chamane.

◀ *Statue d'un démon.*

LE RETOUR D'AMATERASU

APRÈS des centaines d'années, la vigilance d'O-Kuni-Nushi et de ses descendants se relâche et les dieux-démons recommencent à rendre la vie difficile aux gens. Amaterasu veut étendre sa domination sur la région et envoie un fils pour la conquérir. Trois ans plus tard, il n'est toujours pas de retour. Elle dépêche alors un dieu appelé Ame-No-Holi pour découvrir ce qui s'est passé. Ame-No-Holi épouse la fille d'O-Kuni-Nushi et complote afin de s'emparer du territoire de son beau-père. Huit ans plus tard, Amaterasu envoie un faisan divin demander à Ame-No-Holi pourquoi il s'est absenté si longtemps. Il transperce le faisan d'une flèche qui va ensuite atteindre le dieu Takamimusubi. Celui-ci la réexpédie aussitôt, tuant le traître couché dans son lit. Amaterasu fait alors appel à deux dieux de confiance et courageux, Futsunushi et Takemikazuchi, pour aller signifier à O-Kuni-Nushi d'abdiquer et de lui restituer sa terre. Ils s'assoient sur la pointe de leur épée dressée, prise sur la crête d'une vague

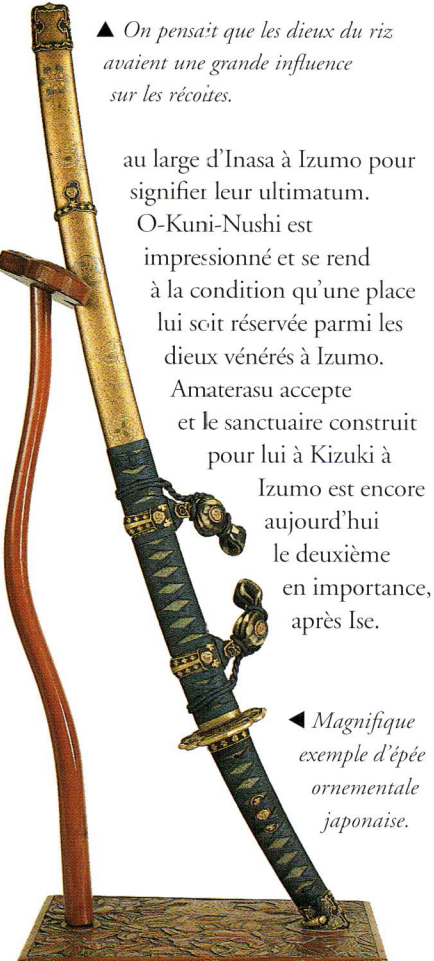

▲ *On pensait que les dieux du riz avaient une grande influence sur les récoltes.*

au large d'Inasa à Izumo pour signifier leur ultimatum. O-Kuni-Nushi est impressionné et se rend à la condition qu'une place lui soit réservée parmi les dieux vénérés à Izumo. Amaterasu accepte et le sanctuaire construit pour lui à Kizuki à Izumo est encore aujourd'hui le deuxième en importance, après Ise.

◀ *Magnifique exemple d'épée ornementale japonaise.*

HO-TERI ET HO-ORI

APRÈS LA REDDITION d'O-Kuni-Nushi, son clan est supplanté par les descendants d'Amaterasu dont le petit-fils Ninigi arrive sur terre, apportant avec lui trois symboles de souveraineté : le miroir, les perles *magatama* et l'épée, Kusanagi. Il a deux fils, Honosuseri, éclat de feu, et Hikoho-Hodemi, ombre de feu. Honosuseri, l'aîné, est un pêcheur et se sert d'un hameçon tandis que Hikoho-Hodemi est chasseur. Mais cette activité ne lui convient pas et il suggère à son frère d'échanger leurs activités. Mais Hikoho-Hodemi n'a pas plus de succès et perd même l'hameçon. Quand son frère lui demande de lui rendre, il lui en propose d'autres mais Honosuseri veut son hameçon. Honteux, Hikoho-Hodemi se laisse dériver si loin en mer qu'il finit par atteindre le palais du dieu des mers, Watatsumi. Watatsumi retrouve l'hameçon et donne même sa fille en mariage à Hikoho-Hodemi. Après plusieurs années, celui-ci a envie de rentrer chez lui. Watatsumi lui donne deux joyaux, le premier ayant le pouvoir de déchaîner les flots, le second de les apaiser. À son retour, Hikoho-Hodemi rend l'hameçon à son frère, mais Honosuseri lui fait encore des reproches. Hikoho-Hodemi jette un joyau à la mer et les flots

se soulèvent. Terrifié, Honosuseri supplie son frère de lui pardonner ; alors Hikoho-Hodemi jette le second bijou et la mer se calme. Reconnaissant, Honosuseri jure alors de toujours servir son plus jeune frère. Le petit-fils de Hikoho-Hodemi est JimmuTenno, premier empereur légendaire du Japon.

INARI ET HACHIMAN

PLUSIEURS DIEUX vénérés dans le shintoïsme n'apparaissent pas dans les sources classiques de la mythologie japonaise mais ont tout de même une grande importance. Inari, le dieu du riz, est l'un d'eux. Il assure l'abondance des récoltes de riz et la prospérité. Il est associé aux renards, ses messagers, représentés à ses côtés dans les sanctuaires qui lui sont dédiés. C'est aussi le dieu des marchands et des forgerons fabricants d'épées. Autre divinité shinto majeure, Hachiman est le dieu de la guerre, déification de l'empereur légendaire Ojin (vers 394), célèbre pour ses prouesses militaires. Il jouissait d'une grande popularité autrefois, en des temps moins paisibles, surtout auprès des guerriers qui prononçaient leurs vœux dans son sanctuaire.

Corée

INTRODUCTION

LES ORIGINES du peuple coréen remontent à 1 000 ans av. J.-C. À cette époque, des guerriers de l'âge du bronze appartenant au groupe toungouse envahirent la Mandchourie et la péninsule coréenne, se mélangeant aux habitants. Les Toungouses sont l'un des trois groupes ethniques dominants au nord et au centre de l'Asie. Ils occupent aujourd'hui la plus grande partie de la Mandchourie et le Sud-Est de la Sibérie. Les origines du peuple coréen sont donc différentes de celles des Chinois, même si de nombreux éléments de la culture des élites chinoises et de nombreux termes chinois se retrouvent dans la culture et la langue coréennes. Leur mythologie, elle, ne reflète absolument pas la culture chinoise. La structure des récits, leurs personnages et leurs thématiques sont des vestiges d'une période plus ancienne. Les mythes coréens se divisent en deux grandes catégories, les uns évoquent la fondation du peuple et de l'État, les autres expliquent les origines du monde. Les premiers sont si anciens que les conteurs modernes ne les racontent plus, aussi ne les connaît-on qu'à travers les archives chinoises et coréennes. Les seconds, en revanche, font encore partie du répertoire chanté des chamans.

Les mythes fondateurs évoquant la naissance de la nation, de l'État et des familles dirigeantes furent retranscrits depuis le Iᵉ siècle au moins, à la fois en Chine et en Corée. La trace la plus ancienne d'un mythe coréen se trouve dans le recueil chinois intitulé *Lunheng*. L'anthologie de mythes et légendes la plus exhaustive et la plus ancienne est le *Samguk yusa* ou *Mythes et légendes des trois royaumes* qui fut compilée par Iryon, moine bouddhiste du XIIIᵉ siècle et très probablement aussi le premier folkloriste coréen. Le *Samguk yusa* est le document le plus complet décrivant l'origine du peuple coréen, de l'État et des clans. Une autre source est le *Shillok* ou *Annales de la dynastie des Yi* de la lignée des rois de la dynastie Choson (1392-1910). Toutefois, aucun de ces ouvrages ne traite de la genèse, présente uniquement dans les *muga*, les chants des chamans. Les mythes de la création ne furent pas transcrits avant le début du XXᵉ siècle, quand les folkloristes, et en particulier Son Chint'ae (1900-1950), commencèrent à les collecter.

LES MYTHES racontant la fondation du royaume n'existent plus que sous forme écrite, les rituels traditionnels qui leur étaient associés ayant disparu. Le mythe des trois ancêtres des clans de l'île de Cheju, dont le rituel s'adresse à eux à la fois en tant qu'ancêtres claniques et ancêtres de la société insulaire, fait toutefois exception. Avec la montée du nationalisme coréen au XXᵉ siècle, les mythes fondateurs ont suscité la création de nouvelles religions et de nouveaux rituels : Tangun-gyo et Taejong-gyo sont l'occasion de vénérer Tangun, père de la nation coréenne.

Carte

Légende :
- Montagne sacrée
- Site sacré
- Site de l'autel Ch'amsong-dan qui aurait été construit par Tangun
- Ancienne capitale
- Aire du royaume Choson au IIIᵉ siècle av. J.-C.
- Aire de Koguryo 500 apr. J.-C.
- Aire du royaume de Silla 670 apr. J.-C.

KOGURYO

Kanggye
Myo Hyang-San
P'yongyang
Mont du Diamand
Mani-San
Séoul
MER DU JAPON
MER JAUNE
Forêt de Kyerim
Kyongju
Nam-San
Kwiji-San
Samsong-Hyol
Mont Hallae
JAPON

MYTHES CONNUS PERSONNAGES

Pour les fidèles de ces religions, Kaechon-jol (Jour de la fondation céleste), le 3 octobre est le jour le plus important de l'année puisque, selon leurs diverses croyances, il commémore soit l'anniversaire de la naissance de Tangun, soit le jour de son accession au trône. C'est aussi une fête nationale célébrée indépendamment de tout rituel religieux. Les mythes de la création faisant partie du répertoire des chamans, on ne peut les entendre que durant les *kut*, ou cérémonies chamaniques. Le rite consacré à l'esprit gardien du foyer commence par exemple par un chant relatant la création du ciel et de la terre, avant d'aborder l'histoire elle-même.

Les mythes racontant les origines de la nation sont classés en trois grands groupes en fonction de la structure formelle des récits : récits de types Tangun, Chumong et ancêtres des trois clans. D'autres mythes évoquent les origines de différents clans, en particulier celles des trois maisons royales de Silla (datation traditionnelle de 35 av. J.-C. à 936).

TYPE TANGUN

LE MYTHE de Tangun, Seigneur de santal, est la quintessence du mythe fondateur coréen. Le fils d'un roi du ciel est choisi pour régner sur l'humanité. Le fils du ciel descend sur terre et y crée une culture. Un tigre et un ours le supplient de les faire devenir hommes. L'ours transformé en femme le supplie d'avoir un enfant. Ainsi naît Tangun, le fondateur du premier royaume de Corée. Le mythe, qui présuppose l'existence de l'humanité, a trois fonctions : décrire comment la civilisation est apportée au monde, comment la première maison royale coréenne est établie, et comment est créé le premier royaume de Corée. Une autre version du mythe explique comment se produit le passage d'une dynastie à une autre. Les motifs de l'arbre cosmique et d'une montagne formant un lien entre la terre et le ciel se retrouvent dans ce mythe. Le seul autre exemple connu de ce type de mythe en Asie du Nord-Est est l'histoire de Jimmu, premier empereur du Japon, telle qu'elle est transcrite dans le *Kojiki* (*Chronique des choses d'autrefois*) et dans le *Nihon Shoki* (*Chronique du Japon*).

▲ *Sanctuaire Ch'amsong-dan qui aurait été construit par Tangun, fondateur mythique de la nation coréenne.*

LE MYTHE DE TANGUN

DANS LES TEMPS ANCIENS, le seigneur du ciel obtient un fils d'une concubine. Il s'appelle Hwan-Ung et veut descendre du ciel pour régner sur le monde des humains. Son père se rend sur les trois grandes montagnes du monde et voit que l'autorité de son fils sera bénéfique à l'humanité. Il lui confie les trois insignes célestes et lui ordonne de régner sur les hommes. Emmenant trois mille esprits avec lui, Hwan-Ung descend sur le sommet de la Grande Montagne blanche, à côté du santal sacré. Il donne au lieu le nom de « Ville sacrée » et devient le roi céleste. Avec le Duc des vents, le Maître de la pluie et le Maître des nuages, il enseigne aux hommes quelque trois cents tâches : l'agriculture, la préservation de la vie, les châtiments,

la médecine et la différence entre le bien et le mal. En ce temps-là, un tigre et un ours qui vivent dans une grotte supplient sans cesse Hwan-Ung de les transformer en hommes. Il leur donne de l'armoise sacrée et vingt gousses d'ail en leur disant de manger ces plantes et de se cacher de la lumière du jour pendant cent jours. L'ours et le tigre mangent les plantes et jeûnent trois fois sept jours. L'ours reçoit un corps de femme mais le tigre, qui a rompu le jeûne, n'obtient rien du tout. Comme elle n'a personne avec qui se marier, la femme-ours va tous les jours prier au pied du santal sacré pour demander un enfant. Hwan-Ung se métamorphose pour l'épouser. Elle tombe enceinte et a un fils qui est appelé prince Tangun, Seigneur du santal. Il fait de Pyongyang sa capitale et nomme la nation Choson.

▲ *Image emblématique du dieu de la montagne assis sur un tigre sous un arbre.*

LE DIEU DE LA MONTAGNE

DES PEINTURES du dieu de la montagne sont présentes dans les sanctuaires des cols et de pratiquement tous les temples bouddhistes. Ces autels, que l'on appelle *sanshin-gak*, sont dédiés au dieu de la montagne, seigneur de toutes les montagnes de Corée. Sur les images ornant l'autel, San-shin est souvent représenté comme un vieillard à longue barbe blanche assis sur un tigre et reposant sous un pin. Il est identifié à Tangun qui, dit-on, fut transformé en dieu de la montagne à sa mort.

LES MYTHES DE TYPE CHUMONG

LE MYTHE de Chumong raconte l'histoire du fondateur du royaume de Koguryo, puissant État militaire qui domina la Mandchourie et la moitié de la péninsule coréenne du IVᵉ au VIIᵉ siècle. Le récit mythique du *Samguk yusa* se compose de quatre épisodes. Dans le premier, un roi découvre la fille d'un esprit de la rivière qui a été violée. Dans le deuxième, elle donne naissance à un œuf géant d'où sort le héros. Puis le héros s'enfuit à cause de la jalousie de ses demi-frères. Enfin, le héros fonde son royaume.

Cette structure quadripartite est caractéristique des mythes des peuples toungouses du Nord-Est asiatique, qu'ils soient organisés en États comme les Mandchous ou en communautés tribales. Les mythes de ce groupe se différencient des mythes tangun par leur thématique puisqu'ils abordent uniquement la création de l'État et ignorent l'origine de l'humanité. Ils se distinguent également des mythes européens, et plus particulièrement méditerranéens, dans lesquels le héros doit fuir son lieu de naissance mais finit par y revenir. Dans le mythe de type Chumong, il n'y a jamais de retour.

▶

Monument de pierre évoquant l'histoire du temple Won'gak. La stèle repose sur une tortue en grantie.

▶ *San-shin avec son tigre messager.*

LE MYTHE DE CHUMONG

ALORS QU'IL PASSE près de la Grande Montagne blanche, le roi Kumwa rencontre Yuhwa, la fille du Duc de la rivière, qui lui dit qu'elle a été violée par le fils du Seigneur du ciel près de la montagne de l'Esprit de l'ours sur le fleuve Yalu, et que ses parents, furieux, l'ont bannie. Le roi enferme Yuhwa dans une pièce. La lumière du soleil vient la caresser et elle donne ainsi naissance à un œuf énorme. Le roi le donne aux chiens, aux cochons, aux vaches et aux chevaux mais aucun ne veut lui faire de mal. Incapable de pulvériser l'œuf, Kumwa le rend à sa mère. Un bébé-héros brise la coquille et en sort. À sept ans, l'enfant sait tailler ses arcs et ses flèches et atteindre sa cible cent fois de suite. Il reçoit le nom de Chumong « Bon tireur ». Ses demi-frères étant jaloux, sa mère lui conseille de fuir. Il parvient à tromper le roi et à prendre de bons chevaux pour partir avec trois de ses amis. Arrivant à une rivière, il crie qu'il est le descendant du Seigneur du ciel et le Duc de la rivière. Tortues d'eau douce et poissons montent alors à la surface et font un pont. Chumong le traverse, fonde sa capitale, nomme la nation Koguryo. Il prend le nom de Ko.

LE SEIGNEUR DU CIEL

LE SEIGNEUR du ciel, Hanullim, est le dieu suprême du panthéon. Dans les mythes anciens, il porte les noms de Hwan-Ung, Ch'onje ou Chesok (nom bouddhique). Hananim, variante dialectale, est le mot coréen pour Dieu dans la Bible. San-shin, dieu de la montagne, est le maître des montagnes et le propriétaire de toutes les créatures et objets situés sur ces dernières. Beaucoup voient en lui Tangun, le père de la nation. Le tigre est son messager.

Les esprits que l'on appelle Duc de la rivière, Duc des vents, Maître des nuages et Maître de la pluie sont les esprits dominants qui règnent sur les aspects de la nature. Ces termes sont similaires aux noms des esprits de la dynastie Zhou (du XIᵉ au XIIᵉ siècle) en Chine.

LES ANCÊTRES DES TROIS CLANS

LE MYTHE DES ANCÊTRES des trois clans de l'île de Cheju est unique dans la mythologie coréenne. Il diffère des mythes fondateurs racontés dans la péninsule à la fois par sa structure et par sa thématique. Le récit mythique s'organise en cinq séquences. La première raconte la naissance simultanée des ancêtres primitifs des trois clans qui émergent ensemble du sol. La deuxième décrit la fondation d'une société de chasseurs-cueilleurs par ces ancêtres ; la troisième, leur découverte d'une boîte flottante dans laquelle se trouvent trois princesses. La quatrième raconte le mariage des trois ancêtres et des trois princesses. Enfin, les ancêtres, hommes et femmes, établissent une société basée sur l'agriculture.

L'histoire de ce mythe complexe évoque l'origine des trois clans originaux de Cheju, les origines de la culture insulaire et le passage d'une société de chasseurs-cueilleurs à une société agraire. Il n'y a pas d'équivalent comparable à ce mythe en dehors de l'île. Sa structure narrative est toutefois parallèle à celle de mythes fondateurs de groupes tribaux de Mélanésie, de Micronésie et de Taïwan, puisqu'on retrouve les scènes décrivant l'émergence des ancêtres sortant du sol ou d'une roche,

le mariage des ancêtres mâles et femelles, et la création d'une société.

LE MYTHE DES ANCÊTRES DES TROIS CLANS

TROIS ÊTRES divins de sexe masculin jaillissent de la terre près du mont Hallae sur l'île de Cheju. Le plus vieux est Yang, suivi de Ko et de Pu, le cadet. Ils vivent de la chasse, se nourrissent d'animaux et utilisent leurs peaux comme vêtements.

Un jour, alors qu'ils chassent, ils découvrent sur la berge une grande caisse enveloppée d'un tissu violet déposée par les flots. En l'ouvrant, ils voient qu'elle contient une boîte en pierre et un émissaire royal. Dans la boîte se trouvent trois princesses, des veaux, des poneys et les Cinq Grains. Le messager leur dit que son maître royal leur a envoyé les princesses parce qu'ils n'ont pas de femmes.

Les trois ancêtres épousent donc les princesses en fonction de leurs âges respectifs. Une fois mariés, les ancêtres veulent renoncer à leur vie de chasseurs nomades et se fixer. C'est ainsi que Yang, Ko et Pu, de l'aîné au cadet, décochent des flèches pour déterminer l'endroit où ils construiront leur nouvelle maison. Ils s'installent là où les flèches tombent et commencent à pratiquer l'agriculture et l'élevage.

LES MUGA

LES GENÈSES telles que les racontent les *muga*, ou chants, rappellent l'origine du monde et de ses différents aspects tels que nous les connaissons. Dans un

exemple de ce type de mythes, le récit se divise en cinq parties décrivant la création du monde, l'origine du feu et de l'eau, des humains, du temps et des maux qui frappent le monde. Le principal protagoniste est un personnage nommé Miruk.

Dans les trois premières scènes, Miruk crée le monde et ses habitants. Puis la figure antagoniste, le mystificateur Sokka, apparaît et défie Miruk plusieurs fois de suite. Bien que vainqueur de toutes les épreuves, Miruk finit par se retirer en abandonnant le monde à Sokka, ce qui a pour effet de créer le temps qui est le nôtre mais aussi les épidémies et les fléaux qui nous assaillent.

Comme Miruk (Maitreya) et Sokka (Shâkyamuni) sont les noms de personnages bouddhistes, ce ne sont probablement pas les noms originaux, aujourd'hui impossibles à retrouver. La structure de la narration et les personnages ressemblent à ceux des récits des tribus indiennes paléo-sibériennes et nord-américaines.

LES ANCÊTRES

TROIS PERSONNAGES archétypaux des mythes coréens sont présents dans toutes les mythologies du monde : l'ancêtre du clan qui descend du ciel, celui qui apporte la culture et le mystificateur. Le plus fréquent est celui de l'ancêtre originel qui descend sur le haut d'une montagne près d'un arbre sacré. C'est souvent lui qui apporte au peuple sa culture et le rend « civilisé ». Le mythe de la fondation des îles Cheju, où les fondateurs sont des personnages masculins, mais où ceux par qui la culture se développe sont féminins, est une exception dans les mythes coréens. Le mystificateur, un personnage qui parvient à ses fins par la ruse, apparaît dans les *muga* ou mythes de la création, comme l'ennemi fourbe du créateur et le responsable des calamités.

◀ *Bodhisattva assis en marbre.*
▶ *Peinture de religieux assis devant un Bouddha.*

LA CRÉATION DE L'UNIVERS

AU DÉBUT LE CIEL et la terre ne font qu'un. Miruk les sépare en plantant un pilier de cuivre aux quatre coins du monde. Il met le soleil, la lune et les étoiles en place, et se fait des vêtements et un chapeau. Comme il mange du riz cru, Miruk pense que l'eau et le feu seraient très utiles. Il demande à la sauterelle et à la grenouille si elles connaissent leur origine. Elles l'ignorent, mais la souris sait. Elle lui montre comment faire un feu en cognant un morceau de quartz contre le fer et lui indique une source. Décidant de créer l'humanité, Miruk prend un plateau d'argent dans une main et un plateau d'or dans l'autre. Il adresse une prière aux cieux et des insectes descendent sur les plateaux. Sur le plateau d'or, ils deviennent des hommes et, sur celui d'argent, des femmes. Ils grandissent et se marient. Ainsi commence l'humanité. Mais Sokka veut abolir le Temps de Miruk.

Il le défie, pour savoir quelle chaîne se briserait en premier dans l'océan. Il perd mais il le défie encore, se vantant de dégeler une rivière que Miruk aurait gelée. Il perd mais le défie encore, prétendant qu'il arriverait le premier à faire pousser un coquelicot sur son genou. Il perd mais dérobe la fleur à Miruk. De dégoût, Miruk quitte le monde, annonçant que le Temps de Sokka apportera superstitions, immoralité et rébellions. C'est ce qui se produit.

Asie du Sud-Est

INTRODUCTION

L'ASIE DU SUD-EST est une région complexe d'un point de vue géographique et ethnique, complexité qui se retrouve dans la diversité culturelle de ses peuples. Il reste encore beaucoup à découvrir sur son histoire primitive et son impressionnante mythologie.

Au bord du plus grand océan de la terre, le Pacifique, l'Asie du Sud-Est se compose d'un arc continental et insulaire. La partie continentale comprend la Birmanie, la Thaïlande, le Cambodge, le Laos, le Viêt-Nam et la Malaisie. L'archipel indonésien, qui compte 13 677 îles, s'étend sur l'une des zones volcaniques les plus actives et dangereuses de la planète. Les îles Philippines font également partie de cette région. Entre les plaques indo-australienne et pacifique se trouve le détroit de Macassar qui sépare les îles de Bornéo et de Bali de celles de Célèbes et Lombok. À l'est de cette ligne, le climat devient plus sec ; la flore et la faune d'Asie laissent place à celles d'Australasie. Les peuples de cette région sont également de race différente, beaucoup étant d'apparence mélanésienne ou papoue.

La majorité de la population d'Asie du Sud-Est est d'extraction mongoloïde. Entre 5000 et 1000 av. J.-C., on observe une migration continuelle des peuples du Nord, probablement à partir du sud de la Chine, vers l'Asie du Sud-Est continentale et les îles d'Indonésie et des Philippines. La trajectoire de cette migration n'est pas certaine mais on suppose que les membres du groupe linguistique australo-asiatique se sont établis dans les vallées fluviales et les zones montagneuses du continent alors que la majorité des peuples de langue malayo-polynésienne s'est installée plus au sud, sans doute via Taiwan et les Philippines, en Malaisie, dans l'archipel indonésien et plus à l'est, dans le Pacifique. Certains pratiquaient l'agriculture itinérante dans des régions montagneuses reculées, mais la plupart avait élu domicile dans les vallées fluviales et les régions littorales.

Malgré l'énorme afflux de peuples venus du Sud de la Chine, l'Inde fut le pays qui exerça le plus d'influence sur l'Asie du Sud-Est. Les commerçants indiens fréquentaient les villes côtières et des échanges existaient entre les cours royales d'Inde et d'Asie du Sud-Est. À partir du début de l'ère chrétienne, les religions et les cosmologies bouddhistes et hindouistes furent inculquées aux groupes plus importants et plus cosmopolites de la région. Le bouddhisme reste la philosophie dominante en Birmanie et en Thaïlande, au Laos et au Cambodge ; il est également pratiqué au Viêt-Nam. Au XIVe siècle, l'islam, introduit par les marchands arabes, commença à être adopté dans les îles de Sumatra et Java et en Malaisie, où il est toujours la religion dominante. Dans les zones montagneuses, ces idées eurent un impact minime et les groupes tribaux conservèrent leurs croyances et coutumes individuelles. Le Viêt-Nam, dont la moitié nord était contrôlée par les cours chinoises depuis 111 av. J.-C., reste très imprégné de la culture de cette domination malgré le nationalisme farouche des Vietnamiens, qui chassèrent les Chinois en 938 apr. J.-C. L'influence indienne directe s'exerça seulement dans la partie méridionale du Viêt-Nam et dans le premier royaume de Champa, bien que le bouddhisme chinois, introduit par le nord, résultât également des idées indiennes arrivées en Chine à une époque ancienne.

LA CRÉATION

LES ANCIENS MYTHES et les mythes chamaniques modernes sont des récits de création et ont donc pour thèmes majeurs la naissance du monde, la fondation de la nation, l'édification de sa culture, l'établissement d'une famille gouvernante, la constitution d'un État et, dans le cas du mythe fondateur de l'île de Cheju, le passage d'une forme de culture à une autre.

Les Asiatiques du Sud-Est étaient d'excellents navigateurs, entretenant des relations commerciales avec la Chine, l'Arabie et l'Inde. Au début du XVIe siècle, les puissances européennes, dont la puissance allait croissant, vinrent à leur tour commercer en Asie du Sud-Est, étape sur la route maritime reliant la Chine à l'Inde, source indispensable d'épices. Le christianisme fit aussi son apparition, surtout dans les régions isolées. Aujourd'hui, les Philippines, qui connurent aussi une forte influence américaine, sont majoritairement chrétiennes.

Au XIXe siècle, les immigrants chinois et indiens s'établirent dans les villes, attirés par les opportunités économiques. Singapour est aujourd'hui principalement peuplé de Chinois. Beaucoup d'Asiatiques du Sud-Est pratiquent le confucianisme et le bouddhisme, comme une grande partie des Vietnamiens, alors que les temples hindous sont fréquentés par les communautés indiennes minoritaires.

▲ *Tête de Bouddha.*

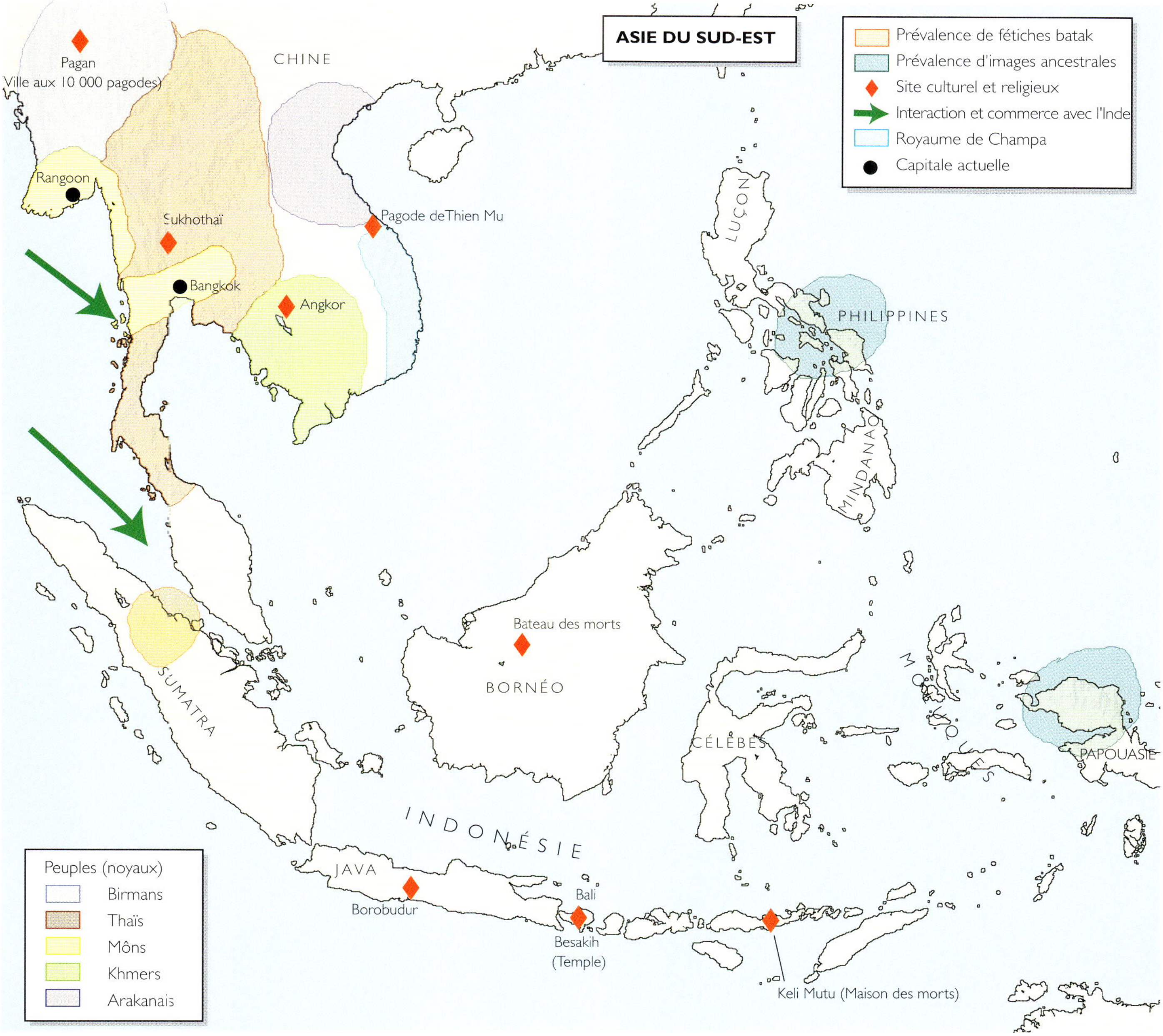

ASIE DU SUD-EST

Prévalence de fétiches batak

Prévalence d'images ancestrales

Site culturel et religieux

Interaction et commerce avec l'Inde

Royaume de Champa

Capitale actuelle

CHINE

Pagan
(Ville aux 10 000 pagodes)

Rangoon

Sukhothaï

Bangkok

Pagode deThien Mu

Angkor

LUÇON

PHILIPPINES

MINDANAO

SUMATRA

Bateau des morts

BORNÉO

CÉLÈBES

PAPOUASIE

INDONÉSIE

JAVA

Borobudur

Bali

Besakih
(Temple)

Keli Mutu (Maison des morts)

Peuples (noyaux)

Birmans

Thaïs

Môns

Khmers

Arakanais

◀ *Châle porté lors des cérémonies rituelles indonésiennes ; les deux personnages symbolisent la réussite masculine.*

LES COUTUMES RELIGIEUSES, LES INFLUENCES ET LES CULTES

SI LES ORIGINES DE LA CULTURE d'Asie du Sud-Est sont un peu vagues, certains facteurs suggèrent pourtant la présence de modèles communs dans un passé ancien. Pour renforcer l'unité du groupe, les petites sociétés déifiaient fréquemment leurs ancêtres et se réclamaient d'un ancêtre commun.

Aujourd'hui, de nombreux groupes tiennent leur origine de figures lointaines venues du nord, d'animaux ou d'êtres semi-divins.

Les peuplades isolées chasseuses de têtes ou adeptes des sacrifices humains les ont peut-être prédisposées à accepter la doctrine chrétienne complexe de la communion – prendre le sang du Christ – et de la crucifixion, ou sacrifice d'un dieu.

L'orientation a une signification symbolique pour les peuples de cette région. Une maison doit être orientée le plus possible dans la « bonne » direction. En Thaïlande, par exemple, les gens dorment la tête au nord ou à l'est ; la pièce attribuée au chef de foyer doit être plus élevée et plus au nord et à l'est que les autres pièces, tandis que les parties les moins sacrées de la maison, comme la cuisine, sont situées dans la partie ouest de la maison. Chaque étape importante de la construction est célébrée par une cérémonie destinée à éloigner les mauvais esprits.

LES MYTHES ANIMALIERS

LA TORTUE est une figure populaire qui apparaît souvent dans le mythe hindou. Elle porte le monde sur sa carapace ou joue le rôle du sage et du guide pendant le voyage de la vie. Sur le célèbre relief d'Angkor Vat au Cambodge, *Le barattage de l'océan de lait*, la tortue supporte le mont Meru, le bâton qui sert à brasser la mer pour produire l'élixir de vie et autres merveilles.

Dans les régions de forêts denses, on craint les loups-garous et les tigres-garous. Il existe aussi beaucoup de récits sur des femmes qui, marchant seules dans la forêt, se font posséder par des esprits qu'elles sont obligées d'épouser.

En Nouvelle-Guinée, l'oiseau de paradis aurait reçu ses plumes d'esprits divins, ou se serait échappé du paradis, car il est très beau et se pose rarement au sol. En Indonésie, l'âme des morts peut prendre la forme d'un oiseau qui plane au-dessus des terres de leurs descendants.

Le peuple Ngaju de Kalimantan (Bornéo) dit avoir été créé à partir de l'Arbre de vie par Tambarinang, le calao de la montagne d'Or. Le serpent aquatique est lui aussi créé par le calao mais, plus tard, l'oiseau détruit le serpent au cours de son combat avec le calao femelle. Le canoë, en forme de serpent, avec une proue en forme d'oiseau, émerge lui aussi de l'Arbre de vie à l'aube des temps.

▶ *Personnage masculin sortant d'un arbre – en Indonésie, c'est le bois, et non le personnage, qui est considéré comme sacré.*

LES SCULPTURES EN BOIS

LES MYTHES ORIGINELS sont souvent sculptés sur bois par des insulaires indonésiens ou philippins. Les figures ancestrales humaines ou animales, comme les lézards, les calaos et les mantes religieuses, sont sculptées sur des gourdins, des espars et des canoës en guise de protection. Les sculptures du Bouddha protégé de la pluie par *Naga* (« serpent » en sanscrit) et du Bouddha montrant le sol et « prenant la terre à témoin » sont très répandues. Cinq cent cinquante-sept histoires *jataka* racontant les vies antérieures et les bonnes actions du Bouddha se trouvent sur des peintures, des laques, des sculptures et de l'argenterie.

LES ESPRITS DE LA NATURE

SELON les systèmes de croyance développés au cours des siècles, les mythes entrent dans plusieurs catégories : l'animisme et la vénération des ancêtres, l'hindouisme, le bouddhisme, le taoïsme, le confucianisme, l'islam et le christianisme sont tous pratiqués dans cette région et, au sein de ces religions, des mythes ont pris de l'ampleur. La majorité des Asiatiques du Sud-Est vivent encore à la campagne, comme le montrent de nombreux mythes liés aux esprits de la nature. La croyance à de tels esprits est très ancienne, probablement antérieure à l'acceptation des religions indiennes. Ils habitent des arbres, des rochers et autres phénomènes naturels, et reçoivent souvent des offrandes de passants. Il s'agit soit d'un véritable esprit de la nature, soit de l'esprit d'une personne décédée en ce lieu, de mort non naturelle si l'on en croit de nombreuses histoires. En outre, ces esprits deviennent maléfiques s'ils ne sont pas respectés ; des branches risquent de tomber sur les passants, et d'autres malheurs, voire la folie ou la mort, sont susceptibles de frapper quelqu'un d'irrespectueux envers le rocher ou l'arbre concernés. Certains concentrent leur activité sur le lieu ou l'habitation de leur trépas, alors que d'autres prennent une plus grande dimension et deviennent célèbres à l'échelle de la région, voire du pays.

LES MYTHES DE LA NATURE

LA NATURE DUELLE du monde est confirmée par de nombreux mythes. Le mythe de la création de Florès dans l'Est de l'Indonésie étaye cette idée. D'après ce mythe, la Terre-mère et le Ciel-père sont unis par le mariage et reliés entre eux par une vigne. La vigne est coupée par un chien, la terre et le ciel s'envolent chacun de leur côté. L'amour du ciel pour la terre est encore visible aujourd'hui car, quand le ciel embrasse la terre, les bambous s'inclinent vers le sol.

Il existe également beaucoup de récits sur la déesse du riz et l'âme du riz. Les Modang de Kalimantan (Bornéo) exécutent une danse sacrée dont les danseurs, masqués, représentent les ancêtres. Ces ancêtres, venus de la forêt, entrent dans le village, portant des grains de riz contenant l'âme du riz. Grâce à leur intervention, la nouvelle récolte de riz est bénie et prolifique.

OFFRANDES ET SACRIFICES

LA MER ET LA MONTAGNE sont considérées comme sacrées et, dans beaucoup d'endroits, les gens se sentent bien seulement s'ils se savent en contact avec celles-ci. L'importance de la mer a donné naissance à beaucoup de mythes mettant en scène de grands voyages maritimes, des princesses vivant sur des îles lointaines, des poissons magiques et des monstres féroces. Les bateaux sont souvent décorés d'yeux peints protégeant les navigateurs des monstres tapis dans l'ombre. Ces monstres, ou *makara*, ornent les entrées des temples pour les protéger du mal. Dans beaucoup d'endroits, on fait des offrandes au dieu de la mer avant que les navires lèvent l'ancre et à leur retour au port.

Le rituel du sacrifice humain est un héritage commun à toute l'Asie du Sud-Est, et le concept d'un dieu ou d'un être divin qui verse son sang pour le bien de l'humanité est également coutumier. Dans certaines régions, des chasseurs de têtes vivaient encore au XXᵉ siècle. Ils pensaient que la force vitale, qui siège dans la tête, augmentait leur fécondité. Pour accroître leur puissance et mieux jouir de leur protection, ils plaçaient les têtes sur leurs toits, au-dessus des portes ou à l'entrée du village. Sur l'île de Sumbawa, des arbres ornés de têtes humaines gardent l'entrée du village et le motif de « l'arbre aux crânes » apparaît encore sur les textiles sumbawanais.

LE CULTE DES ANCÊTRES

LA VÉNÉRATION des ancêtres est très répandue et les aïeux jouent un rôle majeur dans les communautés des chasseurs de têtes. L'ancêtre primordial renforce l'identité du groupe. Chaque communauté connaît une histoire sur son ancêtre primordial, un être semi-divin, un animal ou un homme. Les ancêtres sont souvent déifiés. Des récits rapportent la création de groupes ethniques par ces personnages.

Dans le Sud, on raconte des légendes sur l'arrivée d'un ancêtre en canoë. Les ancêtres plus récents ont aussi leur importance. Ils sont censés veiller sur leur descendance, lui donner des conseils et de la force, en particulier pour combattre. Dans les tribus de Nouvelle-Guinée et, dans beaucoup d'îles, les guerriers avaient coutume de sculpter leurs armes de représentations de leurs parents ou grand-parents disparus.

LES SERPENTS

LE SERPENT-DRAGON ou *Naga* (« serpent » en sanscrit) est une créature fabuleuse connue dans toute la région. Il apparaît dans de nombreux mythes indiens où il est associé à Vishnu et Shiva. La dynastie d'Angkor au Cambodge et les Môns de Birmanie firent remonter leur famille à l'union d'un prince brahmane et d'une princesse naga. Selon un récit chinois du XIIIᵉ siècle, le roi doit passer le premier quart de la nuit dans une haute tour avec la princesse. S'il n'y parvient pas,

▼ *Les tortues, les serpents et autres créatures des Enfers supportent le toit-pagode de ce temple.*

l'empire est voué au déclin. Les Vietnamiens racontent l'histoire de leur origine ainsi : Kinh Duong Vuong, ancêtre de la dynastie Hung, épouse la fille du Dragon, maître des eaux. Leur fils, Lac Long Quan, est considéré comme le père du peuple et l'inventeur de l'agriculture, de la cuisine et des autres éléments de la civilisation.

De la Birmanie à la Nouvelle-Guinée, on rencontre fréquemment l'image du serpent combattant l'oiseau. Elle symbolise l'équilibre des deux éléments, le ciel et la terre. Dans le mythe indien, l'oiseau est Garuda, la monture de Vishnu, alors que le serpent est associé à Vishnu et Shiva.

BORNEO
Mask of painted wood.

LES DIEUX ASIATIQUES

L'ÉVENTAIL de divinités et d'esprits vénérés en Asie du Sud-Est est issu d'une histoire complexe. Parmi les esprits de la nature, Sri, la déesse du riz, est honorée. Le dieu ou l'esprit de la montagne ou des volcans est craint, surtout dans les îles, tout comme le dieu de la mer.

À l'époque hindoue, beaucoup de temples furent dédiés à Shiva et Vishnu. Dans la Bali hindoue, ces dieux et beaucoup d'autres restent présents, leurs caractéristiques se mêlant à celles des anciennes divinités indigènes. Le Nord vénère Bouddha et les divinités hindoues comme Indra, Sri Devi et Brahmâ tirées de la mythologie et des récits bouddhistes.

LES RITUELS FUNÉRAIRES

DANS BEAUCOUP de communautés insulaires, le culte des ancêtres s'accompagnait de rituels funéraires. Certaines sociétés exécutaient une danse où l'esprit-guide masqué conduisait l'âme du défunt loin du village vers le pays des ancêtres. Les Toraja de Sulawesi (Célèbes) plaçaient des effigies du mort dans des niches creusés dans les falaises surplombant le village. La légende et le mythe participaient à tous ces rituels importants. Sur l'île de Florès, le grand volcan Keli Mutu a trois cratères, chacun pourvu d'un lac. Les eaux de ces trois lacs sont de couleurs étonnamment différentes qui changent avec le temps mais restent contrastées. Actuellement, elles sont respectivement noires, blanches et aigues-

marines. Ces lacs renferment l'âme des défunts : l'âme des pêcheurs va dans le lac noir, l'âme des jeunes hommes, des vierges et des cœurs purs réside dans le lac blanc tandis que l'âme de ceux qui ont connu une mort naturelle durant leur vieillesse demeure dans le lac aigue-marine. Cette croyance s'apparente à celle très répandue en la nature sacrée des montagnes et des volcans, en particulier, qui sont plus proches du ciel que tout autre relief naturel.

▲ *Masque représentant les esprits bienveillants du riz porté lors de danses servant à promouvoir une récolte abondante.*
▶ *Cette peinture sur tissu figure les dieux et les démons en train de procéder au Barattage de l'océan de lait à l'aube de la création.*

tant que mortel. Malgré une foi authentique en la croyance bouddhiste, les récits hindous sont trop passionnants pour glisser dans l'oubli et les plus célèbres sont connus de tous. Dans le Sud musulman, les légendes islamiques de rois et de guerriers semi-historiques sont jouées au théâtre dansé au même titre que les mythes hindous.

LES THÈMES RÉCURRENTS

LES MYTHES DE LA CRÉATION sont présents dans toute la région ; ils accompagnent aussi le rituel de la mort et du passage dans le monde des morts. Les mythes liés aux figures héroïques sont populaires et font souvent référence au passé glorieux de la communauté ou à un ancêtre fondateur. Ces récits parlent parfois de traversées des océans à l'aube des temps, ou d'unions entre hommes et dieux ou créatures semi-divines.

La mort est entourée de mythes et de rituels. Le défunt est parfois transporté au pays des dieux et des ancêtres dans un cercueil ou un bateau fantastique, ou ses restes sont exhumés et incinérés au cours de nouvelles funérailles.

◄ *Illustration extraite du* Râmâyana *représentant une nymphe séduisant le roi des démons.*

LES RITUELS SACRIFICIELS

LES RITUELS SACRIFICIELS et les saignées sont supposés redonner à la terre et à la communauté leur fécondité. Les rituels autour de la fécondité et du sacrifice sont souvent expliqués par le mythe. Le rituel du sacrifice humain est une tradition courante en Asie du Sud-Est. Au XIXᵉ siècle, les victimes vivantes étaient enterrées sous les seuils et les piliers des palais et des édifices importants. Autrefois, les enfants étaient offerts en sacrifice aux volcans et, au XXᵉ siècle, dans certaines régions, les chasseurs de têtes sévissaient toujours. La force vitale, que l'on situait dans la tête, augmentait la fécondité de leur communauté.

LES LIENS AVEC LA MYTHOLOGIE HINDOUE

LES MYTHES HINDOUS, surtout les histoires tirées du *Râmâyana* et du *Mahâbhârata*, sont très connus dans toute l'Asie du Sud-Est et apparaissent dans le théâtre dansé et le théâtre de marionnettes de la plupart des pays. Même si l'hindouisme a largement disparu de la région, beaucoup de récits liés au dieu Vishnu et à ses incarnations, à Shiva et à la Déesse, demeurent dans les esprits. Ils sont représentés sur les magnifiques reliefs des temples antiques, encore fréquentés par les musulmans et les bouddhistes, comme témoins du passé. Les histoires bouddhistes sont très répandues dans le Nord ; les plus communes sont les dix dernières *jakata*, qui racontent les vies antérieures du Bouddha et des scènes miraculeuses de sa dernière vie en

LA TENTATION DU BOUDDHA

L'HISTOIRE DE LA TENTATION du futur Bouddha par Mâra, le maléfique, est répandue dans le nord de la région, en Birmanie, en Thaïlande et au Laos. Alors qu'il est en profonde méditation sous un arbre de Bodhi, le sage est aperçu par Mâra qui essaye de détourner son attention en envoyant ses deux filles légèrement vêtues parader sous ses yeux, mais le prince ne s'en émeut pas. Mâra envoie alors une armée d'affreux démons pour le terrifier, mais l'ascète semble n'y prêter aucune attention. Finalement, Mâra le provoque, lui demandant de quel droit il va devenir un Bouddha (littéralement un « être illuminé »). Le saint homme montre la terre et la prie d'être témoin de ses innombrables bonnes actions dans cette vie et ses vies antérieures, suffisantes pour l'autoriser à devenir un Bouddha. La terre se met à trembler. En réponse, les Enfers s'ouvrent et un formidable déluge entraîne la fuite de Mâra et de ses compagnons diaboliques. Puis le sage poursuit sa quête de l'illumination totale et énonce sa doctrine, l'essence du bouddhisme.

Une autre histoire est celle du serpent Mucilinda qui abrite le Bouddha de la pluie pendant sa méditation en déployant ses capuches au-dessus de celui-ci.

▼ *Tête de crocodile en bois grandeur nature ; son dos sert de siège à la déesse de la guérison, Balam.*

LES BAS-RELIEFS

BEAUCOUP DE MYTHES hindous survivent dans les bas-reliefs des temples javanais et cambodgiens. Le superbe relief du XIIe siècle représentant le *Barattage de l'océan de lait* est visible au temple d'Angkor Vat au Cambodge. La vie du Bouddha et une de ses vies antérieures sont bien illustrées et figurent sur les reliefs du XIXe siècle des murs du stûpa de Borobudur, au centre de Java. Des scènes extraites du *Râmâyana* ornent les murs de deux des principaux temples bouddhistes de Prambanan. Au nord, les mythes bouddhistes apparaissent sur les peintures murales, les manuscrits illustrés et les sculptures.

MYTHES CONNUS  PERSONNAGES

LES ROIS ET LES CHEFS

LE CONCEPT du roi comme intermédiaire entre les mondes terrestre et céleste a joué un rôle important jusqu'au XXe siècle. On pensait que le roi, le trône, le palais et le royaume étaient un microcosme de l'univers, et que l'ordre à l'intérieur du royaume reflétait l'harmonie cosmique. Un chef méchant ou idiot qui rompait cette harmonie causait non seulement des troubles politiques mais aussi des inondations, des sécheresses et des épidémies. Le roi était censé être le plus grand détenteur de la foi, construisant temples, mosquées ou stûpas et soutenant les chefs religieux. Dans certains cas, il était considéré comme un être semi-divin, et tout roturier qui le regardait était mis à mort.

Les bouleversements politiques du XXe siècle produisirent un nombre

▲ *Un exemple de temple bouddhiste dans le district de Chiang Mai au nord de la Thaïlande.*

d'histoires sur la lutte pour l'indépendance. Certains leaders nationalistes, comme Hô Chi Minh, acquièrent un statut légendaire. En Indonésie, les exploits magnifiés de ces hommes charismatiques et de leurs camarades sont mis en scène au théâtre d'ombres et pourraient devenir les bases de mythes futurs.

LES ROIS ET LES BOUFFONS

AUTREFOIS, le roi jouait un rôle vital dans la mythologie de l'Asie du Sud-Est. En tant qu'être divin ou semi-divin, il représentait l'ordre moral du monde connu. Beaucoup de rois associaient leur nom à celui d'un dieu ou d'un Bouddha et plusieurs rois morts par accident devenaient esprits dans leur seconde vie.

Dans toute la région, mais surtout dans le théâtre d'ombres javanais et balinais, figurait un personnage grotesque semblable à un clown, membre de la cour. Personnage comique, il prononçait pourtant des mots d'une grande sagesse et se classait parmi les dieux. Il était peut-être le descendant d'une divinité de l'Antiquité.

LA PRINCESSE LORO JONGGRANG

AU CENTRE DE JAVA, on raconte l'histoire de la princesse Loro Jonggrang. Cette princesse pieuse est courtisée par un prince indigène mais, ne souhaitant pas l'épouser, elle lui demande d'accomplir l'impossible tâche de construire mille temples en une seule nuit. Aidé de trolls qui, justement, sortent seulement la nuit, le prince touche presque au but, mais pour le duper, Loro Jonggrang et ses servantes commencent à piler le riz. Cette tâche, toujours exécutée à l'aube, fait chanter les coqs. Les trolls s'enfuient, craignant d'être transformés en pierres par le soleil. Le prince échoue et, de rage, il maudit la princesse, qui se transforme en statue de pierre, la déesse Durga, située dans le temple nord de Prambanan.

L'incursion de l'islam dans le sud de la région est relatée dans les mythes. Un saint islamique apparaît devant le rajah hindou de l'ouest de Java et lui prédit qu'il sera le dernier souverain hindou, car une nouvelle religion viendra bientôt envahir le pays. Sa prophétie se réalise car, peu de temps après, l'islam domine dans les plaines javanaises et les derniers hindous s'enfuient à Bali.

LE PRINCE HÉROÏQUE

L'ÉQUILIBRE ENTRE le bien et le mal, le clair et l'obscur, le masculin et le féminin est représenté dans des scènes de théâtre dansé, comme la danse de Barong à Bali, où Barong, semblable à un lion, et Rangda, semblable à une sorcière, jouent la bataille éternelle. Le prince héroïque, courageux, modeste et pur, apparaît souvent. Râma, héros du *Râmâyana* et avatar, ou incarnation, de Vishnu, constitue l'exemple le plus connu. En Asie du Sud-Est, le Bouddha, de sang royal, est connu comme un symbole de désintéressement et de sagacité.

▼ *Marionnette du théâtre d'ombres thaï, en Asie du Sud-Est. Les représentations peuvent durer plusieurs jours car on y joue les mythologies anciennes.*

LES NATS

EN BIRMANIE, les esprits sont dénommés *nats*. Nga Tin De et Shwemyethna, le frère et la sœur, sont probablement les *nats* les plus connus. Nga Tin De, forgeron séduisant et costaud, a été tué par le roi, fou de jalousie. En apprenant la nouvelle, sa sœur, qui est mariée au roi et a été dupée en attirant Nga Tin De dans un piège mortel, préfère se jeter dans les flammes et mourir brûlée au lieu de continuer à vivre avec son époux homicide. Ce dernier reste seul face à son visage sculpté dans l'or. Le frère et la sœur sont devenus les *nats* gardiens de la ville-sanctuaire de Pagan. Les offrandes faites à Nga Tin De protègent aussi les maisons du feu.

L'ÉLÉPHANT

L'ÉLÉPHANT est un animal extrêmement respecté et l'éléphant blanc, très rare, est sacré. Un éléphant blanc, en pénétrant dans le flanc droit de la reine Maya, mère du Bouddha, est à l'origine de sa conception. L'éléphant à trois têtes, Erewan, représentant le nuage de pluie, est la monture d'Indra, dieu de la pluie dans la mythologie indienne. Le mythe thaï, inspiré de l'histoire indienne, parle d'éléphants blancs transformés en nuages de pluie, condamnés à marcher sur la terre où ils attirent les nuages célestes et dispensent pluie et prospérité. Autrefois, tout éléphant blanc en captivité devait être présenté au roi. Encore aujourd'hui, le roi de Thaïlande possède un éléphant sacré. Au nord, des récits bouddhistes relatent qu'un éléphant blanc laissé en liberté porte une relique ou un texte religieux bouddhiste sur son dos. On édifie un monument là où il s'arrête et, à l'endroit de son repos éternel, on construit une grande pagode.

▶ *Représentation balinaise du lion mythique Barong combattant la sorcière Rangda.*

 DIEUX  REPRÉSENTTATIONS  THÈMES

Océanie

INTRODUCTION

L'OCÉANIE SE DIVISE HABITUELLEMENT en trois régions : celle des grandes îles au nord de l'Australie, la Mélanésie, habitée depuis longtemps par des peuples d'agriculteurs à la peau sombre ; celle des groupes disséminés de petites îles peuplées de marins originaires d'Asie ; celle des lointaines îles de Polynésie formant un triangle comprenant Hawaï au nord, la Nouvelle-Zélande au sud et l'île de Pâques à l'est. À la différence des Mélanésiens et des Micronésiens qui parlent des centaines de langues et possèdent de nombreuses mythologies, les Polynésiens parlent des langues issues d'un seul groupe linguistique et ce, bien que leurs mythologies témoignent d'influences diverses.

Les mythologies primitives d'Océanie ont des origines chamaniques et relatent les tentatives de manipulation, voire de visite, du monde spirituel effectuées par de talentueux pratiquants et médiums. Les légendes et les contes populaires évoquent de célèbres magiciens, des êtres protéiformes et des voyageurs spirituels. Cependant, il existe d'importantes variations entre les différentes régions. Dans une grande partie de la Mélanésie et dans quelques autres groupes d'îles, les facettes les plus négatives de l'expérience chamanique ont donné naissance à la magie et à la sorcellerie. Ailleurs, de puissants cultes se sont développés ou ont été introduits, certains rappelant l'Asie ou même les Amériques, avec leur propre structure chamanique.

Les Polynésiens, grands navigateurs, s'établirent aux Samoa et aux Tonga vers 1000 av. J.-C. Pendant plus de vingt-cinq siècles, ils se mêlèrent à d'autres peuples du triangle. Même si beaucoup de mythes d'exploration traitent de voyages réels, on pense aussi qu'ils représentent des voyages spirituels. Pour autant que des demi-dieux comme Rupe et Maui aient été, à l'origine, des personnes réelles, ils sont probablement plus chamans qu'explorateurs. Outre les contes et les fables, les plus vieux mythes de la région concernent la nature, en particulier les étoiles et l'origine des lieux ou des choses évidentes, comme le feu ou les espèces animales. Ces histoires étaient souvent racontées lors de cycles narratifs que des conteurs intégraient à des rituels.

Une des migrations d'Asie du Sud-Est vers la Polynésie, sans doute via l'île de Futuna, introduisit une cosmologie indo-européenne dotée de nombreux paradis et enfers, d'un Arbre de vie, d'Eaux de vie et d'un monde-miroir appelé Pulotu. Le peuple de Pulotu dominait en Polynésie occidentale et aux Fidji, tandis que le peuple Papatea, qui entretenait un panthéon émanant des dieux parents Papa et Atea, exerçait une grande influence sur la Polynésie orientale, dont la Nouvelle-Zélande, où Rangi remplaçait Atea.

LES ORIGINES DES MYTHOLOGIES

BIEN QUE les préhistoriens et les linguistes aient élaboré des modèles expliquant la progression du peuplement et des langues en Océanie, ceux-ci ne rendent compte que des bases de la culture matérielle et de l'influence socioculturelle. La distribution des motifs mythologiques et la diffusion des cultes suggèrent une plus grande variété de contacts entre les îles. Ainsi, malgré son panthéon polynésien oriental, Hawaii, par ses motifs mythologiques, ses marionnettes et son concept de la parenté sacrée, présente plus de points communs avec l'Indonésie.

En termes mythico-historiques, l'Océanie pouvait se diviser en régions soumises à diverses influences géographiques et culturelles. En Mélanésie, des vestiges de cannibalisme coexistaient avec le culte d'un dieu-serpent, le concept d'être mythique bisexuel et la domestication de porcs, dans une ceinture reliant l'Indonésie au nord de l'Australie.

La Polynésie orientale partageait non seulement des végétaux avec l'Amérique du Sud, notamment la patate douce, mais aussi

▼ *Sculptures monolithiques géantes sur l'île de Pâques.*

des rites de fécondité, le sacrifice humain, le tatouage corporel et quelques dieux.

En Micronésie, les croyances animistes et le rôle de la prêtresse-sœur liaient les îles Ryukyu, les îles de Micronésie et certaines parties de la Polynésie occidentale. Beaucoup de mythes et de noms de dieux polynésiens ont subi tellement de transformations en Micronésie qu'ils sont peu reconnaissables.

LES CULTES ET LES COUTUMES

LES DIEUX les plus anciens étaient souvent des dieux de la fécondité ou des « dieux de la terre » qui recevaient les premiers fruits et d'autres cadeaux. Des rituels annuels ou saisonniers importants s'étaient développés, et certaines familles, souvent de lignée gouvernante, envoyaient des prêtres entretenir le rituel. Dans les « empires », ou sphères d'influence, de Tonga et de Yapa, ces rituels étaient conséquents et impliquaient souvent le rassemblement de peuples provenant de toute la région. Des cultes se développèrent autour des dieux principaux, probablement en relation avec les voies commerciales et les principales hégémonies. Certains cultes polynésiens avaient une portée considérable. Le culte Tangaroa s'étendait des îles Raiatea aux archipels de la Société, Cook et Tuamotu, avec son *marae*, lieu sacré de rassemblement, à Taputapu-atea. Le culte de Rongo se pratiquait de Mangaïa à diverses régions de la Polynésie, atteignant même les îles Gilbert. Celui de Tane, répandu en Polynésie orientale, était centré sur Huahiné. Il s'étendit lorsqu'un grand nombre d'habitants de Huahiné naviguèrent jusqu'à Tongatapu (envahie par les Polynésiens de l'Est sous le règne de Tu'i Tonga Nui Tamatou) avant de lever l'ancre pour la Nouvelle-Zélande. Connu seulement de la caste sacerdotale en Polynésie orientale, le culte ésotérique de Kiho fut à l'origine de nombreuses spéculations.

▶ *Esprit ou diable bienveillant océanique.*

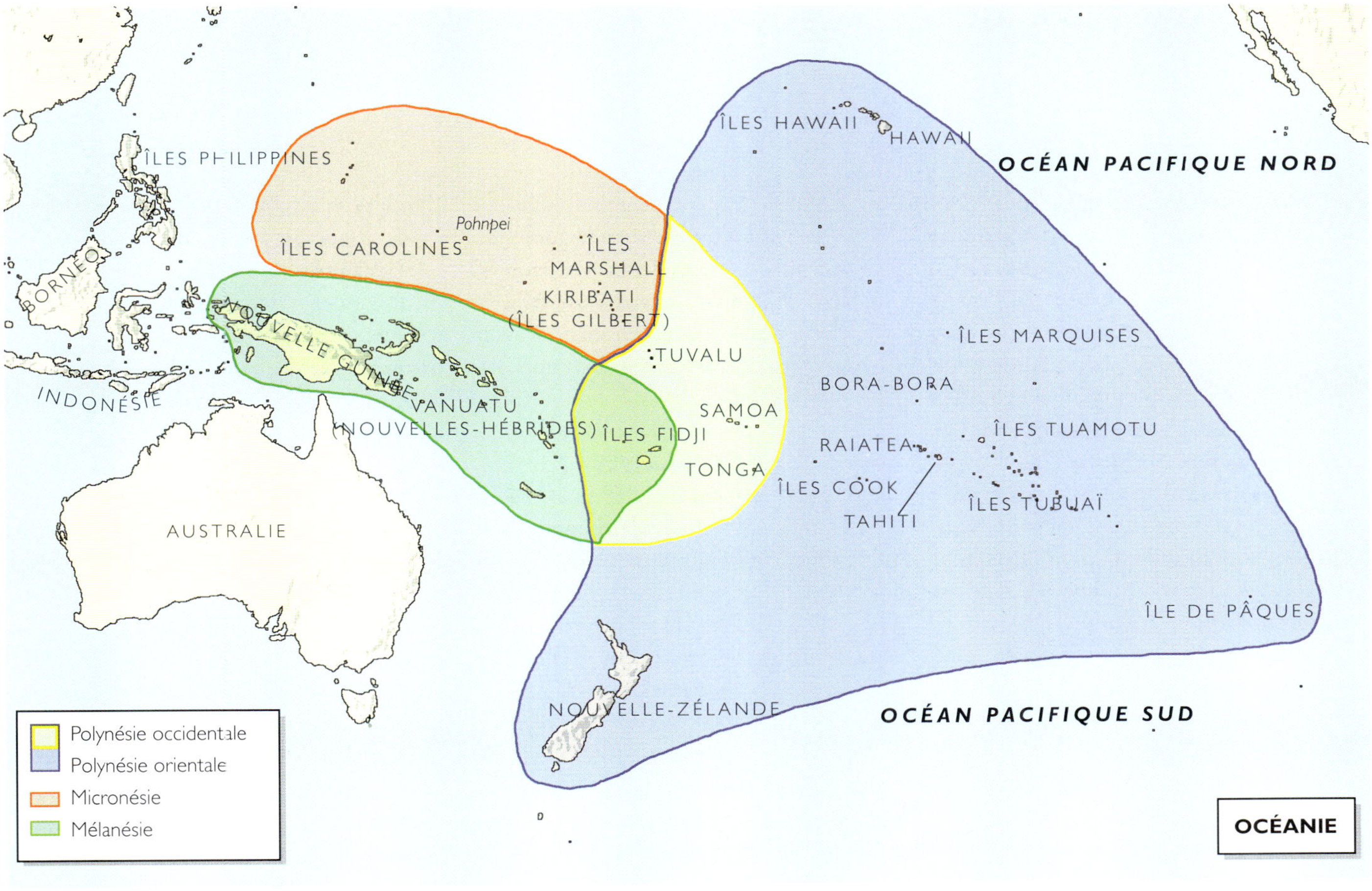

ÎLES HAWAII — HAWAII

OCÉAN PACIFIQUE NORD

ÎLES PHILIPPINES

Pohnpei

ÎLES CAROLINES

ÎLES MARSHALL

KIRIBATI

(ÎLES GILBERT)

TUVALU

ÎLES MARQUISES

BORA-BORA

BORNEO

NOUVELLE-GUINÉE

VANUATU

(NOUVELLES-HÉBRIDES) ÎLES FIDJI

SAMOA

RAIATEA

ÎLES TUAMOTU

INDONÉSIE

TONGA

ÎLES COOK

TAHITI

ÎLES TUBUAÏ

AUSTRALIE

ÎLE DE PÂQUES

NOUVELLE-ZÉLANDE

OCÉAN PACIFIQUE SUD

- ▢ Polynésie occidentale
- ▢ Polynésie orientale
- ▢ Micronésie
- ▢ Mélanésie

OCÉANIE

LA TRANSMISSION DU SAVOIR

LES MYTHES aidaient les peuples des îles à entrer en relation avec leur environnement et constituaient le fondement de leur religion. Dans la majorité des communautés, des hommes et des femmes avaient pour mission de transmettre ce savoir, soit au sein d'une famille, soit en tant que gardien du savoir s'il était un chef de haut rang. Dans l'une des îles Cook, par exemple, le système du « dernier de la lignée » s'appliquait aux titres sacerdotaux élevés : un vieux prêtre transmettait ses connaissances mythologiques à son plus jeune fils, qui héritait de son titre. Les artisans léguaient leurs connaissances souvent inséparables de la mythologie. Dans les sociétés hiérarchisées, l'enseignement des connaissances spécialisées et ésotériques se faisait dans des écoles. En Nouvelle-Zélande, dans les écoles maories, des experts sacerdotaux enseignaient, les *tohunga* ; à Hawaii, c'étaient les *kahuna*. Dans les îles de la Société, les jeunes étaient éduqués par le chef et les membres les plus âgés de la société des Ariois, ou comédiens-danseurs. Les mythes étaient souvent présentés à travers la danse ou le théâtre avec des costumes élaborés, des chœurs, des épisodes chantés d'une voix de fausset et des clowneries.

▲ Ku, dieu hawaïen de la guerre.

LES DEMAS DE L'IRIAN OCCIDENTAL

LA TERRE ENTIÈRE est un « jardin d'Éden » peuplé d'animaux, de plantes et d'êtres puissants appelés *demas*, mi-hommes, mi-esprits, capables de réaliser des prodiges. Cependant, les *demas* commencent à jouer avec le feu et finissent par tout brûler. Les montagnes prennent feu, la terre tremble, d'énormes fissures s'ouvrent et, quand le grand *dema* Darvi envoie la pluie étouffer les flammes, celles-ci se transforment en rivières . Darvi est si courroucé qu'il jette un gros fragment de terre dans la mer et fait ainsi naître la Nouvelle-Guinée. Les animaux et les plantes deviennent les ancêtres du peuple, qui se divisent en clans selon leurs espèces d'origine. Les peuples des serpents, des sagous et des kangourous possédaient chacun leur *dema*, qui apparaissait dans les fêtes, affublé d'une coiffe imposante. Le feu des *demas* avait rougi les pattes des hérons et fait grésiller les crabes. Les casoars avaient le cou brûlé et des piquants à la place des plumes, et leur chair flasque avait brûlé. Les chauves étaient donc considérés comme les parents des premiers hommes roussis par le feu.

LES THÈMES OCÉANIENS

LA PLUPART des thèmes mythiques se retrouvent dans les cycles de mythes majeurs des divers groupes d'îles, à savoir la descendance des dieux, les devoirs envers les dieux de la naissance, de la procréation et de la mort, le voyage spirituel et d'autres rites de passage en relation avec le déluge, la famine et la guerre. À un niveau inférieur, il existe des fables, qui étaient destinées à familiariser les jeunes à la nature, abordant les thèmes de la métamorphose et des origines miraculeuses. Certains cycles présentent une forte composante érotique, parlant de romance et de passion sexuelle. Des thèmes plus philosophiques explorent l'antithèse entre lumière et obscurité.

LA REPRÉSENTATION VISUELLE

LA PRÉSENCE des dieux principaux était toujours une expérience extatique. Les médiums provoquaient la possession en consommant certains champignons, des baies ou une grande quantité de bananes, en buvant du kawa vert ou des boissons plus puissantes. Les dieux « descendaient » aussi pour célébrer l'excellence artistique, avec une préférence pour les danses et la musique. Dans une grande partie de la Polynésie, les danseurs solistes étaient des jeunes femmes, mais les Marquisiennes polyandres leur préféraient un séduisant jeune homme qui dansait devant eux à la manière de Krishna. On utilisait des masques et autres accessoires pour jouer les rôles des dieux, et, même à l'époque chrétienne, à Mangaïa dans les îles Cook, la silhouette ailée de Tangiia, l'esprit des ancêtres, participait aux fêtes publiques.

Les masques symbolisaient les événements autant que les dieux. Le peuple Baining de la péninsule de la Gazelle dans l'île de Nouvelle-Bretagne organisait une fête des Mandas qui dépeignait la période mythique primitive. L'histoire de la création était chantée par un chœur de femmes et quatre-vingts masques symbolisaient la naissance de la mer, de la terre, des vents, de la faune et de la flore, et des premiers hommes. Celui de la naissance de la mer figurait un tourbillon et non un dieu.

LA REPRÉSENTATION MYTHIQUE DANS L'ART

LA SCULPTURE sur bois est le grand art mythique d'Océanie, même si les motifs mythologiques figurent aussi sur pierre, ivoire et néphrite. Pour représenter les dieux, souvent sous la forme de cerfs-volants, d'herminettes et d'artefacts de cérémonie, on utilisait des décorations en tissu d'écorces, plumes, coquillages et poils de chien. Les motifs mythologiques apparaissaient aussi sur les tatouages. On trouve des sculptures de personnages divins, grands et ouvragés, des massues de combat, des bâtons généalogiques et des ustensiles domestiques. La sculpture des proues de canoës se pratiquait en Océanie tandis que celle des linteaux de maison se limitait à la Nouvelle-Zélande.

LA PIEUVRE ET LE RAT

UN JOUR, trois animaux terrestres rejoignent un groupe d'oiseaux pour voyager en canoë. Mais un martin-pêcheur perce le fond du canoë, qui s'emplit d'eau et coule. Tous les oiseaux s'envolent. Le poisson-volant les imite mais tombe dans l'eau et se rend compte qu'il sait nager. Le bernard-l'ermite dégringole sur le récif et voit qu'il peut tout de même se déplacer. Le rat, quant à lui, se débat pour ne pas couler, jusqu'à ce qu'une pieuvre réponde à ses cris de détresse et consente à le transporter sur la grève. Le rat refuse de s'accrocher aux tentacules et grimpe sur la tête de la pieuvre où il urine et défèque. Il est tellement grincheux qu'il ne veut pas sauter et presse son porteur de le déposer sur le sable sec afin qu'il n'ait pas à se mouiller. En découvrant les déjections du rat, la pieuvre entre dans une grande fureur. C'est ainsi que des tubercules ont poussé sur sa tête et qu'elle s'attaque toujours aux faux rats utilisés comme appâts par les pêcheurs.

LES DUKDUK ET LES DEMAS

DANS BEAUCOUP de sociétés mélanésiennes, les ancêtres revenaient pour les fêtes du Nouvel An ou pour des rituels précis, et félicitaient ou réprimandaient les indigènes, bénissaient les cultures et présidaient les cérémonies d'initiation. La société secrète des *Dukduk* du peuple Tolai de Nouvelle-Bretagne, célèbre pour ses masques ou ses coiffes spécifiques, était considérée comme envoyée du pays des morts. Ces visiteurs masqués mythiques se rencontraient en Nouvelle-Guinée, en Australie et aux Vanuatu. Leurs coiffes étaient souvent très élaborées. Les structures imposantes portées par les *demas* de l'Irian occidental, par exemple, pesaient près de quarante-cinq kilos et provoquaient souvent des évanouissements lors de longues fêtes. La coiffe en palmier tressé du *dema* de la noix de coco, haute de quatre-vingt-dix centimètres, était faite de feuilles d'argile rouge, de coques de noix de coco et de racines ressemblant à de longues pailles, tissées dans les cheveux. Le *dema* de la noix de coco était le chef des esprits bienveillants, suivi du *dema* du sagou et des *demas* de la banane, de la patate douce et du tabac. Le maître de cérémonie était le Diwa-Zib, le grand *dema* des chasseurs de têtes qui s'abstenait d'excès de boisson et qui ne pouvait être maudit, tout comme les *demas* des inondations, des sécheresses, des fièvres, de la famine et de la guerre.

▶ *De spectaculaires masques océaniques en bois comme celui-ci servaient à représenter les dieux et les événements.*
▲ *Personnage sculpté servant de crochet pour suspendre les crânes.*

LA FÉCONDITÉ

LES DIEUX de la fécondité et de la guerre étaient souvent liés. Dans les sociétés des chasseurs de têtes, la tête était source de pouvoir et, dans beaucoup de mythes, elle donne naissance à des végétaux comme la noix de coco, la canne à sucre et le kawa. Les dieux de la guerre et de la fécondité étaient toujours bien dotés, de même que les rois sacrés qui recevaient les premiers fruits. Les mythes concernant Rongo, Tane et Hikule'o sont liés à la culture de plantes nourricières. En Mélanésie, les Déesses-mères étaient source d'une abondance de légumes.

▶ *Sculpture d'un dieu, probablement de Tangaroa.*

DIEUX NOUVEAUX ET TRANSFORMÉS

ALORS QUE la renaissance des anciens dieux était en partie attendue en Mélanésie, étant donné l'arrivée tardive du christianisme et l'absence de théocratie dirigée par un chef, celle-ci semblait assez improbable en Micronésie et en Polynésie. Pourtant, aux Samoa et à Tahiti, on tenta de remplacer Jéhovah dans l'Ancien Testament par Tagaloa, arguant du fait que Jéhovah et Tagaloa étaient le même dieu créateur. Bien sûr, tout le monde savait que les habitants des Samoa s'étaient convertis à la religion de l'Ancien Testament avant l'arrivée des missionnaires et attendaient simplement le Nouveau Testament.

À un autre niveau, une délégation polynésienne, qui s'était rendue à Tahiti en 1995 pour protester contre les essais nucléaires à Mururoa, choisit d'invoquer le concours des dieux Tane et Tangaroa. À Hawaii, la renaissance polynésienne était beaucoup plus anti-chrétienne ou païenne.

Les nouveaux dieux du panthéon océanien étaient vraisemblablement des anges et des saints d'origines chrétienne, musulmane, bahaï et mormone, ou même des personnages allégoriques du *Voyage du pèlerin*. Parmi les chamans et les dieux vivants modernes, le plus étrange était peut-être cette femme-prophète des îles Cook qui prenait l'apparence physique de Jésus-Christ quand elle prétendait être possédée.

LE DIEU TAGALOA

DIEU DE L'OCÉAN originaire des îles Sanguir, Tagaloa arriva probablement assez tardivement en Polynésie occidentale où il devint le dieu des constructeurs navals. En tant que dieu-marin, il rejoignit rapidement les îles orientales et la Nouvelle-Zélande. Dans les îles de la Société, comme Ta'aroa, il usurpa sans doute le rôle du dieu créateur, Atea, fondateur d'un culte redoutable, avant d'être remplacé par Oro. Sa réputation atteignit Hawaii où, sous le nom de Kanaloa, il joue un rôle mineur. Il regagne Manuae et l'Ouest sous les traits d'un puissant dieu du ciel et d'un ancêtre royal. Il apparaissait parfois en requin cannibale.

LES MYTHES EXPLICATIFS

BEAUCOUP DE MYTHES de cette région sont simplement des fables expliquant les reliefs géographiques et les phénomènes naturels tels que le feu. Invariablement, il est dit que certains dieux, comme Tagaloa aux Samoa et aux Tonga, ont jeté des pierres qui se sont transformées en îles. Kura aux Tuamotu, Motikitik à Yap et Maui aux Tonga et en Nouvelle-Zélande ont pêché des îles dans la mer grâce à des hameçons magiques. Néanmoins, toutes les îles, de Guam et la Nouvelle-Guinée à l'ouest jusqu'à l'île de Pâques, possédaient des mythes divertissants expliquant les signes figurant sur certaines créatures ou les transformations de certains personnages en oiseaux, en animaux ou en étoiles. Le mythe du rat et de la pieuvre, très populaire en Polynésie centrale, éclaircit les attributs de la pieuvre. Les mythes relatifs à une inondation, à une famine ou aux exploits d'un héros témoigne généralement des expériences cumulatives disséminées dans le temps, introduites par des conteurs dans les cycles de chansons chamaniques. De nombreux mythes parlent de batailles entre les groupes totémiques ou de luttes, pas nécessairement physiques, entre les groupes de chamans rivaux.

L'ORIGINE DU FEU

LE DIEU-FARCEUR a la responsabilité de dérober le feu et de le porter sur terre. Olifat, fils d'une femme des Carolines et du Ciel-père, voit accidentellement son père par un trou percé dans la noix de coco dont il boit le lait et décide d'aller lui rendre visite. Il monte au ciel sur la fumée d'un tas de coques de noix de coco. Après diverses aventures au cours desquelles il est tué par des parents et rendu à la vie par son père, il obtient une place au paradis. Il renvoie sur terre un oiseau avec du feu dans le bec ; le feu est déposé dans certains arbres, permettant ainsi aux hommes d'obtenir du feu en frottant des bâtons les uns contre les autres.

À la différence des dieux-farceurs micronésiens, le héros polynésien Maui apporte le feu de l'intérieur de la terre. Dans les versions maories, Maui se

change en oiseau pour visiter les enfers où il obtient du feu de la déesse Mahuika aux orteils et aux doigts rougeoyants. Mahuika lui donne le bout d'un orteil en guise « d'allumette » mais il l'éteint dans un torrent. Il revient la voir jusqu'à ce qu'il ne lui en reste qu'un. Courroucée, elle le lui lance en proférant une malédiction propre à consumer les forêts. Il implore les dieux de la pluie de le sauver, mais il reste assez de graines de feu dans certains arbres pour que les hommes puissent démarrer des feux.

LES ANIMAUX MYTHIQUES

MÊME SI de nombreux dieux prenaient l'apparence d'animaux ou de reptiles, ils étaient surtout anthropomorphes. Toutefois, des créatures étaient parfois assimilées à des dragons ou des monstres. La plus célèbre était le *taniwha* de Nouvelle-Zélande. Les mythes des *taniwha* provenaient d'une réminiscence de Polynésie occidentale où les crocodiles marins arrivaient par temps exceptionnel et causaient des dégâts. Parmi les autres animaux maoris, se trouvaient le *Manaïa* à tête d'oiseau utilisé dans l'art, le *kumi* à tête de bouledogue et le chien de Moko, cannibale. Un dieu des îles Fidji aurait été un reptile marin éteint.

LES CHAMANS OU ANCRES SPIRITUELLES

DANS TOUT le monde océanien, les dieux étaient censés communiquer par le biais de médiums, individus des deux sexes et de statuts sociaux divers qui devenaient possédés, tremblaient violemment et parlaient pour le dieu. Ces médiums étaient supposés voyager dans le monde spirituel, soigner les maladies, changer de forme, léviter et s'envoler vers des endroits lointains en un clin d'œil. En Polynésie, les médiums étaient nommés « ancres spirituelles ». Un mythe samoan parlant d'un pigeon à neuf têtes fait référence à un chaman (symbolisé par une créature ailée) ayant accès aux neuf paradis de la mythologie samoane. Dans un autre mythe, Maui possède huit têtes, suggérant que le dieu-farceur le plus connu n'est pas un véritable adepte. Tafaki, quant à lui, est un maître chaman identique à l'Irlandais Fintan, qui a grimpé jusqu'au paradis le plus élevé. Il a acquis beaucoup de caractéristiques du Dieu chrétien, ce qui suggère que les conteurs étaient influencés par les premiers colons espagnols ou les pêcheurs de baleines. À l'instar des chamans qui changeaient de forme, les dieux prenaient aussi l'apparence de leurs animaux favoris, en particulier du requin et de la pieuvre. L'esprit tongua, Fehuluni, changeait régulièrement de sexe pour prendre au piège hommes et femmes.

◄ *Figurine bicéphale en bois, probablement utilisée en sorcellerie.*
▼ *Statue s'articulant autour d'un « œil de feu » central, lui-même encerclé d'un serpent ; aux extrémités, les têtes d'un poisson mythique.*

KAMAPUAA À KAUAI

SUR L'ÎLE DE KAUAI, de nombreux rochers et sources commémorent la visite d'un dieu-farceur protéiforme nommé Kamapuaa. Arrivé sur l'île à la nage sous la forme d'un gros poisson noir, il se change en sanglier et prend racine dans le sol pour trouver de l'eau. Il assouvit sa faim en mangeant toutes les patates douces et la canne à sucre puis s'endort. Il grossit tant qu'il faut vingt hommes pour le transporter au village où ils préparent un four en terre pour le cuire. Mais, dès qu'ils essayent de l'étrangler, il brise ses cordes et se transforme en beau guerrier, le dos piqué de soies recouvert d'une cape de plumes.

Les esprits gardiens d'une source refusent de l'abreuver, il redevient alors sanglier et creuse pour trouver de l'eau. Puis il injurie les deux esprits qui se changent en gros rochers. Depuis, la source donne de l'eau pétillante qui est acheminée vers les autres îles dans des calebasses. Dans une autre source, il s'allonge et souille l'eau à tel point qu'elle devient trop amère pour être bue par tout autre animal.

Une autre fois, alors qu'il dort, le géant Limaloa tente de l'écraser en faisant rouler un énorme rocher. Changé en guerrier, Kamapuaa arrête la course du rocher en lançant un piton rocheux. Le dieu et le géant se lient alors d'amitié, Limaloa persuadant son nouvel ami de l'aider à courtiser les sœurs du seigneur de Puna. Kamapuaa se rend sur le lieu de baignade des deux sœurs, qui tombent amoureuse du charmant reflet du guerrier. Quand il déclare qu'il ne les épousera que si son esprit ami l'accompagne, elles comprennent qu'il s'agit de Limaloa, leur ennuyeux prétendant mais cèdent afin d'obtenir Kamapuaa comme mari.

Dans les guerres entre Puna et les chefs de Kona, Kamapuaa se conduit en valeureux guerrier, restant invisible excepté la main tenant sa massue. Après la bataille, il retire

les capes et les casques en plumes des chefs morts, regagne sa demeure, se change en sanglier et souille les tapis. Quand ses femmes arrivent pour laver les tapis, il cache ses trophées sous des nattes qui deviennent ainsi très volumineuses. Les tentatives pour trouver le traître échouent, bien que tout le monde sache qu'il a une main blessée. Une fois découvert, Kamapuaa a le choix entre la mort ou l'exil ; il préfère quitter Kauai pour toujours.

▲ *Les dieux-farceurs, comme Kamapuaa, étaient capables de se changer en animaux, comme ce sanglier, pour servir leur dessein.*
▼ *À Hawaii et en Nouvelle-Zélande, les écoles consentirent de gros efforts pour codifier les idées en matière de cosmologie et de mythologie.*

LA COSMOLOGIE OCÉANIENNE

DANS TOUTE L'OCÉANIE, les créateurs de mythes croyaient à un univers à trois degrés. La plupart des gens voyaient

le paradis comme un arc-en-ciel qui reposait sur la terre en deux points. On considérait que les individus ayant parcouru de longues distances avaient traversé plusieurs paradis ; en polynésien, ils étaient des papalangi, ou violeurs de paradis, nom donné aux Européens.

Dans les écoles supérieures d'Hawaii, de Nouvelle-Zélande et d'ailleurs, le débat cosmologique rivalisait avec la scolastique médiévale. L'univers était divisé en Po et Ao (obscurité et lumière), positif et négatif, masculin et féminin, reproduction et déclin, feu et eau, vie et mort. On concevait plusieurs plans pour les imprudents, souvent en rapport avec la noix de coco ou la tête humaine. Le nombre de paradis variait de dix à vingt et un ; les plus nombreux se trouvaient dans des lieux éloignés comme les Tuamotu et la Nouvelle-Zélande. Les missionnaires, hostiles aux opinions du peuple de Pulotu, changèrent les Eaux de vie en « Lac de mort » et l'Arbre de vie en « Arbre de mort ».

♓ LES NOUVEAUX ARTISTES DU PACIFIQUE

LES ARTISTES RENOMMÉS de Nouvelle-Guinée affirment peindre *fasin bilong tumbuna*, « de façon traditionnelle ». Un des tableaux peints par l'artiste réputé de Port Moresby, Mattias Kauage, *Un diable bienveillant*, a été exposé en 1977. Il représente Yogond, homme-esprit doté de nageoires qui vivait dans une grotte à Chimbu et sortait chasser la nuit. D'après Kauage, les dessins de Yogond sont toujours visibles sur les parois de la grotte.

Bien que la majorité des « nouveaux » artistes du Pacifique s'intéresse à des sujets urbains, Timothy Akis de Tsembaga préfère les sujets mythiques.

LES HÉROS DU PEUPLE

BEAUCOUP de personnages semi-divins étaient non seulement des chamans farceurs mais également des héros populaires, notamment dans les sociétés hiérarchisées de Polynésie. Encore aujourd'hui, Maui est perçu comme un partisan de la liberté dans le mouvement démocratique des Tonga. Les héros tels que Maui, Olifat, Qat et Kamapuaa représentaient aussi les dieux ou les ancêtres d'un groupe plus ancien qui réussirent à survivre et furent finalement adoptés par le culte dominant.

Un cycle du Kamapuaa hawaïen est si long qu'il faut seize heures pour le réciter. Ses exploits évoquent ceux d'Héraclès, en particulier quand il combat un chef à huit têtes, rappelant l'épisode de l'hydre dans lequel la ruse indigène supplante le savoir ésotérique. Sa querelle puis son union avec la déesse des volcans Pélé reflètent probablement une union entre deux traditions. Dans le mythe originaire de Kauai, ses méfaits et son comportement terrestre contrastent directement avec le comportement régulé des chefs Puna. Il est donc membre du groupe des gens ordinaires. D'autres héros populaires proviennent sans doute de divers peuples conquis mais le lien s'est affaibli car ces groupes étaient habituellement traités comme des esprits invisibles.

⚚ HINA ET TUNA

HINA, dame de haute naissance, est une vierge protégée vivant aux Samoa, probablement une femme Tu'i Manu'a ou un chef important des Manu'a. Un dieu, Tuna, se présente aux Samoa sous forme d'anguille et s'installe dans le bassin d'Hina. Hina tombe enceinte et chacun veut savoir qui est son homme. « C'est l'anguille, celle qui brille ». Ses protecteurs sortent alors l'anguille du bassin et la coupent en morceaux. Hina demande que la tête soit enterrée correctement, et au bout de cinq nuits, celle-ci produit un cocotier qui fournit de l'huile et un abri à l'enfant d'Hina.

Les Tahitiens et les Tuamotou incluent cette histoire au cycle de Maui. Dans la version des Tuamotu, Hina est la fille-femme de Tiki qui introduit la mort dans le monde quand elle échoue pour le ressusciter. Ensuite, elle sort Tuna des eaux éternelles et le prend pour amant. Puis elle se lasse de lui, mais celui-ci effraie ses amants potentiels. Finalement, Maui le tue dans un combat épique et lui coupe la tête. Sa mère la plante et il devient un cocotier. Les Tahitiens racontent qu'Hina laisse la tête près d'une rivière où elle se baigne et que celle-ci germe sur le champ.

▲ *Un dieu ayant pris la forme d'une anguille élit domicile dans le bassin d'Hina.*
◄ *Sculpture hawaiienne de la déesse Pélé.*

LES MYTHES ASTRONOMIQUES

Parmi les mythes primitifs, beaucoup
sont universels car ils s'inspirent
de légendes stellaires. Comme le faisait
remarquer l'érudit maori Hare Hongi,
beaucoup de mythes grecs et orientaux,
solaires et stellaires, peuvent être
correctement interprétés seulement
en étant comparés à leurs variantes maories
qui en retiennent les détails essentiels. Maui,
par exemple, était le demi-dieu qui ordonnait,
arrangeait et contrôlait le système solaire.
Le mythe classique de sa capture du soleil
demeura, mais son propre culte fut supplanté
par ceux de Rongo, Tane et Tangaroa. Les
événements et les saisons étaient déterminés
par le mouvement des corps célestes, et
les dieux associés à certaines étoiles et planètes
devinrent les dieux tutélaires de certaines
cultures. Le lever des Pléiades annonçait
la saison humide et donnait souvent lieu à
une grande excitation. Dans un mythe maori,
les Pléiades sont sept pigeons blancs pris
au piège par Tautoru, le poulet, ou Orion.

Hina, nom attribué à de nombreuses
déesses et manifestations, fut assimilée
aux phases de la lune, apparaissant dans
les mythes respectivement sous les traits
de la déesse de la mort, de l'accouchement,
du vent d'ouest, du feu, de l'eau et des arts
féminins, ses styles étant comparables
à ceux de la Vierge Marie.

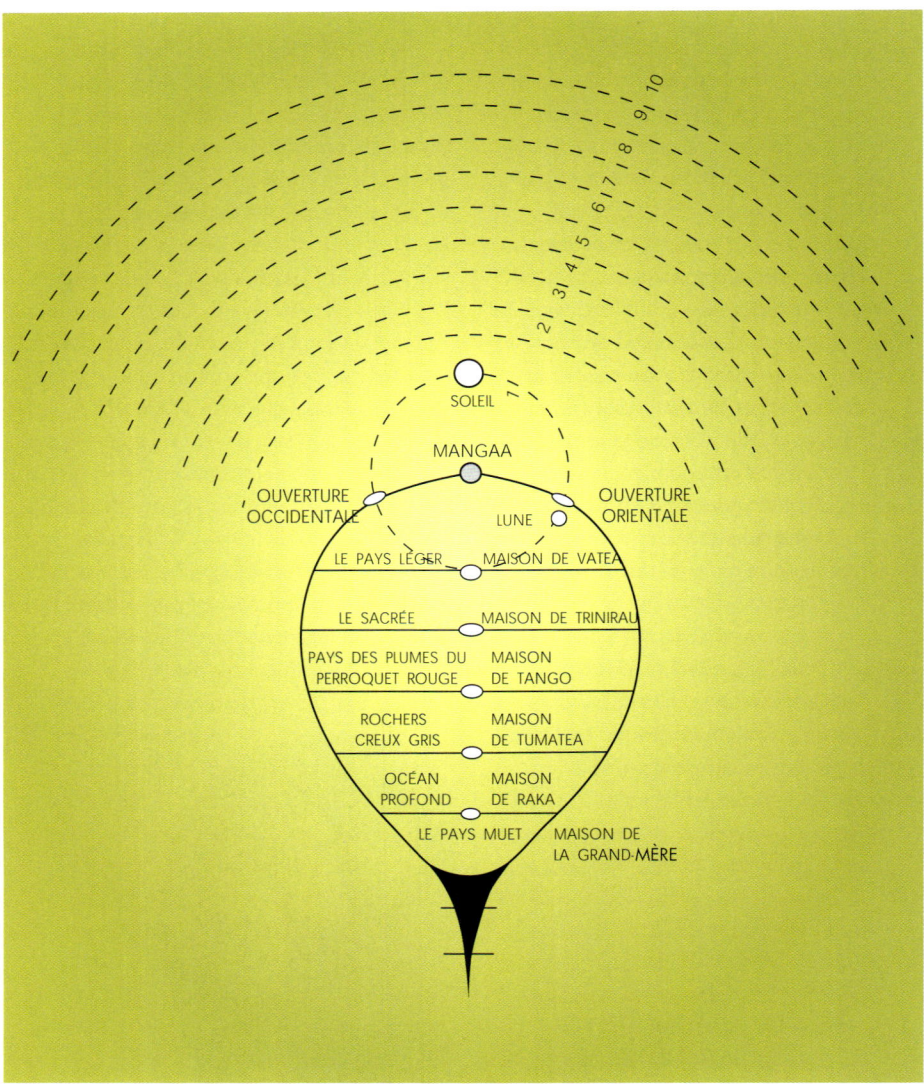

▲ *Une représentation de l'univers polynésien.*

LES DEMI-DIEUX

Les dieux vivants, comme les chamans,
les rois sacrés et les héros civilisateurs,
étaient considérés comme des êtres
mi-hommes, mi-dieux. Les plus
illustres, comme Maui et Olifat, étaient
difficiles à distinguer des dieux, leur
statut évoluant selon les croyances locales.
Certains ancêtres et esprits
anthropomorphes pouvaient passer
pour des demi-dieux. Parmi eux
se trouvaient Fehuluni des Tonga
et beaucoup d'*aitu*, ou esprits,
de Samoa, comme Moso et l'*aitu*
familial, Mata'afa. Des dieux vivants
comme le despote samoan Tamafaiga
gouvernèrent jusqu'en 1829.

MAUI CAPTURE LE SOLEIL

Le soleil se déplace si rapidement dans
le ciel que Maui, sa mère et les autres
terriens n'ont pas assez de temps pour
terminer leur travail dans les jardins.
Maui décide alors de ralentir le soleil
et, armé de cordes solides et d'un bâton,
s'en va vers l'est pour attendre
son apparition. Lorsque le soleil passe
la tête dans le piège, Maui demande
à ses frères de tirer sur les extrémités
des cordes pour le capturer. Selon
les Hawaiiens, Maui prend au lasso
six rayons de soleil et les attache
à un arbre. Puis il émet un son
à l'aide de son gourdin qui est
la mâchoire de sa grand-mère.

Le soleil est libéré quand il se résout enfin
à avancer plus lentement pour laisser
aux habitants de la terre le temps
de cultiver leurs jardins. Ce mythe est
adapté aux conditions spécifiques
des nombreuses îles et fait partie
des cycles de chants sur Maui aux îles
Tonga et Samoa, à Hawaii, en Nouvelle-
Zélande, aux Tuamotu et aux Marquises.

LES DIVINITÉS FÉMININES

Les déesses-mères et les déesses-lunes
proliféraient dans les régions où les systèmes
matrilinéaires prédominaient. Dans les sociétés
patrilinéaires, elles étaient simplement
complémentaires des dieux ou des esprits

malveillants. Parmi les déesses-serpents bienveillantes se trouvaient Kagauaha de San Cristobal et la déesse python de Niniganni en Nouvelle-Guinée qui récompensaient leurs adeptes par des richesses. Les déesses créatrices assassinées étaient souvent source de légumes. Uti de Mangaïa rôdait sur terre en quête de nourriture et enseignait l'art de la pêche nocturne. Les esprits féminins prédateurs et cannibales étaient courants, surtout dans les îles extérieures de Polynésie. Aux Marquises, les *vehine hae*, ou femmes sauvages, essayaient de voler ou violer les hommes errants. On disait que les esprits féminins des Tonga ou des Gilbert étranglaient les mortels avec lesquels elles faisaient l'amour. Les mythes paumotus (des Tuamotu), samoans et tahitiens parlaient de déesses cannibales. Ces prédatrices expliqueraient pourquoi les dieux de la guerre samoans et tahitiens étaient souvent féminins. On crut que Nafanua, le principal dieu de la guerre des Samoa, était un homme jusqu'à ce qu'il exposât ses seins au cours d'une bataille. To'imata, 'Aitupuai et Mahufaturau étaient des jeunes filles belliqueuses qui accompagnaient leur père Oro. Les déesses des volcans, comme Pélé de Hawaii, possédaient des caractéristiques des déesses-mères et des esprits malins.

♈ LE DIEU HIKULE'O

HIKULE'O, divinité ancestrale des Samoa, est le dieu illustre de Tu'i Tonga, roi sacré des îles Tonga à qui l'on offre les premiers fruits. Hikule'o demeure dans le monde-miroir de Pulotu. Il a une queue de reptile, comme le dieu Dengei des Fidji, qui encercle l'arbre de vie. Ses frères l'ont attaché pour l'empêcher de dévaster la terre. Il apparaît parfois sous les traits d'un requin blanc. Quand Tu'i Tonga trouve deux femmes sur son chemin, Hikule'o prend une apparence féminine ; à Tongaputu, il est maintenant considéré comme une déesse.

▶ *Statue de l'Avatea de Rurutu, le dieu créateur originel de la Polynésie orientale.*

♈ LA MALÉDICTION DE NAKAA

NAKAA EST L'*IWAKAI*, ou l'aîné des dieux, parmi l'un des premiers habitants des îles Gilbert. Il est le dieu créateur des hommes à la peau sombre. Il a créé des femmes et des hommes mais les laisse vivre séparément sur leur île de Bouru. Hommes et femmes n'ont qu'un seul arbre dans leurs îles respectives. L'arbre des hommes se nomme *tarakaimaiu* et celui des femmes, *tarakaimate*. Comme Nakaa, leur dieu, hommes et femmes sont immortels. Un jour, Nakaa leur annonce qu'il part en voyage. Pour rester immortels et vivre éternellement, les deux groupes doivent continuer à vivre séparément.

Chaque groupe connaît l'existence de l'autre mais ne comprend pas pourquoi Nakaa ne permet pas qu'ils se rendent visite. Le vent, qui souffle chaque soir depuis le fief des femmes, apporte aux hommes l'odeur des tabaa (fleurs) de leur arbre et, chaque fois, les hommes pensent aux femmes et désirent les voir. Bientôt, tous perdent le fil des « lunes » et des « saisons » et pensent que Nakaa ne reviendra plus. Et le vent, qui ne cesse de transmettre aux hommes le parfum des tabaa, persiste à tenter ces derniers de se rendre sur les terres réservées aux femmes. À la surprise générale, après plusieurs lunes et saisons, Nakaa revient. Tous prétendent que rien ne s'est passé. Un jour, Nakaa appelle son peuple, hommes et femmes ensemble, et lui dit : « Vous m'avez désobéi et vous vous êtes retrouvés. Ainsi, vous ne serez plus immortels et vous mourrez tous bientôt. » Tous nient mais Nakaa leur dit : « Je sais que vous vous êtes vus car des cheveux gris poussent sur vos têtes, votre peau se ride, vos dents se gâtent et votre santé empire de jour en jour… Vous ne pouvez plus rester avec moi.

Vous devez partir et choisir lequel des deux arbres emporter avec vous. » Ils choisissent l'arbre des femmes, le *tarakaimate*. C'était le pandanus. « Vous avez mal choisi mais cet arbre vous sera très utile. Vous bâtirez vos maisons avec son bois, vous mangerez ses fruits, vous vous soignerez avec ses racines quand vous serez malades et vous boirez son eau quand vous dériverez en pleine mer. Ses feuilles vous abriteront du soleil, du vent et de la pluie et, quand vous mourrez, pour revenir à moi, vous serez enveloppés dans des nattes en feuilles de pandanus… »

LES MYTHES SOCIAUX - HISTOIRES DE CRÉATION

DANS TOUTE L'OCÉANIE, les mythes servaient à enseigner des valeurs sociales, comme les devoirs familiaux, les droits d'aînesse, le respect du sacré, la condamnation de l'inceste et, dans les sociétés hiérarchisées, l'obéissance aux chefs et aux prêtres. Même si ces mythes sociaux recelaient certains éléments anciens et une langue parfois obsolète, ils étaient constamment retravaillés selon le programme politique des gouvernants. Les mythes de la création étaient souvent les plus récents car ils renfermaient les règles de l'interaction sociale. En règle générale, les plus élaborés appartenaient aux sociétés les plus hiérarchisées. Si, dans certaines régions de Mélanésie et chez les sous-cultures de Micronésie et de Polynésie, l'on prêtait peu d'intérêt à la manière dont le monde était formé, la curiosité se portant

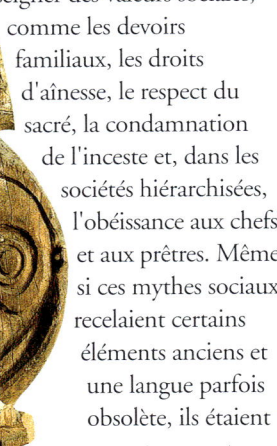

sur les premiers êtres humains, les chants de création atteignent un niveau poétique et philosophique élevé. Un hymne à Ta'aroa, des îles de la Société, ressemble à un hymne du *Rig Veda*, tandis que le *Kumulipo*, l'hymne hawaiien de la création composé au XVIIIe siècle, fournit un compte rendu évolutif opposé à la création spontanée. Ces hymnes procuraient une introduction aux très longues généalogies reliant le divin aux familles gouvernantes.

LA LÉGENDE DE TIKI : UNE HISTOIRE DE CRÉATION

LE DIEU TIKI vit à Havaiipo, le monde-miroir des ténèbres, où il régente de nombreux esprits. Se trouvant seul, il se rend au bord de la mer, crée un enfant de sable, le recouvre et s'en va. Trois jours plus tard, il revient au même endroit et se trouve surpris de découvrir une petite colline à l'endroit où est l'enfant. Il gratte le sable et trouve une belle femme qu'il nomme Hinatunaone et qu'il épouse. Un fils et une fille naissent de cette union et sont bientôt capables de procréer. Tiki décide de leur trouver un lieu où habiter et quitte Havaiipo. Il trouve un endroit dans l'Océan où il ordonne l'apparition d'un pays appelé Nukuhiva et y installe ses petits-enfants. Cette terre est bientôt surpeuplée, il regarde donc la mer et fait surgir Uapou. Il quitte Nukuhiva, où le peuple a réalisé une sculpture à son effigie, et continue à créer de nouveaux pays à mesure que la population s'agrandit : Uahuku à l'est, Hiva Oa au sud, Tahuata peuplé à partir d'Uahuku, Mohutani comme site de repos et Fatuhiva peuplé à partir d'Hiva Oa.

◄ *Ancienne statue sacrée océanienne. Les mythes étaient racontés par les aînés pour inculquer le respect du sacré aux enfants.*

▶ *Statue rendant hommage aux ancêtres.*

LA DÉSOBÉISSANCE ET SA RÉCOMPENSE

LES MISSIONNAIRES et les scientifiques, qui soutiennent la doctrine pré-évolutionniste de la dégénérescence de la culture, croient souvent avoir trouvé des preuves de révélation biblique alors que les évolutionnistes pensent que de nombreux mythes ont été contaminés par l'influence chrétienne. Il est plus probable que les mythes primitifs aient évolué à peu près de la même manière que ceux de la Genèse. Les mythes micronésiens relatifs au dieu ancêtre Nakaa, certainement d'origine asiatico-indienne, formulés à l'époque préchrétienne, présentent de fortes résonances bibliques. La malédiction de Nakaa, pourrait être interprétée comme l'expulsion du jardin d'Éden sauf qu'il est bien possible que l'île de Bouru (Pulotu) soit Bhurloka, le monde d'origine des *Vedas*. Dans d'autres versions, les hommes possèdent un arbre, à l'unique noix de coco toujours remplie, et un piège à poissons toujours plein, que Nakaa emporte avec lui à son départ. Il s'assied à l'entrée du monde des esprits et tisse un filet pour attraper l'âme des morts. Ceux qui réussissent à ne pas consommer les fruits de l'arbre, les poissons de son piège et l'eau de son puits pendant trois jours, peuvent revenir parmi les vivants.

LES MYTHES DU DÉLUGE

CEUX QUI CHERCHAIENT avec empressement des « survivances bibliques » rassemblèrent les mythes du déluge. Le pilleur d'épaves anglais, Thomas Lawson, fut si convaincu de ces correspondances bibliques dans un cycle du peuple Take d'Hiva Oa aux Marquises recueilli en 1861-1862, qu'il annonça au monde religieux avoir

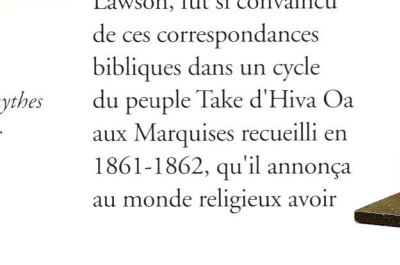

trouvé une confirmation orale du récit biblique. Bien que le professeur Alexander d'Hawaii publiât le récit du déluge, de sérieux érudits s'en offensèrent, échouant peut-être à reconnaître l'universalité du mythe et le fait que, dans les cycles chamaniques, chaque déluge était englobé dans un autre déluge, tout comme les famines, les guerres et même les héros étaient refondus dans le creuset

des contes. L'authenticité des textes de Lawson fut reconnue, au début du XXᵉ siècle, par un collectionneur allemand qui enregistra de nombreux mythes et chansons relatifs aux catastrophes naturelles, la plupart dans un dialecte archaïque. Même si peu d'entre eux survivaient, il en restait assez pour montrer leur correspondance avec le texte de Lawson. Le mythe marquisien d'une patrie

▲ *Une grande partie de l'Océanie a un littoral spectaculaire.*

du Nord, perdue et entièrement détruite, était l'équivalent d'un mythe moderne élaboré dans les années 1930 par le colonel James Churchward, un voyageur excentrique qui croyait que l'humanité était originaire du continent de Mu englouti dans le Pacifique.

LES PERSONNAGES OCÉANIENS

Outre les dieux-farceurs comme Qat en Mélanésie et Maui, la majorité des premiers cultes s'intéressait aux dieux marins et terrestres. Les dieux séparant la terre du Paradis étaient également archétypaux. Les figures qui émergèrent par la suite étaient des dieux de la fécondité phallique et de la guerre, souvent interchangeables. Ainsi, Rongo gouvernait l'agriculture dans un groupe et la guerre dans un autre. Le paysage mythique était peuplé de héros, de dieux, de clowns et de petites gens. Les femmes sauvages aux yeux globuleux, les hommes-oiseaux et les monstres marins étaient aussi des personnages récurrents.

LE SACRIFICE DE TAGALOA

Une peste terrible ravage la patrie de Faitaulaga, le prêtre du dieu de la mer Tagaloa. Il exhorte donc quarante-deux jeunes gens et sept belles jeunes filles à s'offrir au dieu Tagaloa et à fuir les dieux de la mort dans sept canoës en ramant sept jours et sept nuits. Arrivés sur une île du Nord, ils remplissent leurs canoës de fruits mais sont la cible de flèches empoisonnées. Le septième homme de chaque canoë est tué alors qu'il pousse l'embarcation dans l'eau : c'est le premier sacrifice. Puis une tempête se lève et une immense vague emporte les rameurs installés à l'avant des canoës dans le monde aquatique de Tagaloa, qui implore d'autres sacrifices. Ils se transforment en sept poissons géants et enlèvent un pêcheur dans chaque canoë en guise de troisième sacrifice.

Les navigateurs restants arrivent au lagon de Nukuor où on leur offre du porc et du lait de coco. Ils restent un an à cet endroit puis, lors d'une fête organisée en leur honneur, sept d'entre eux se saoulent avec du vin de palme et blasphèment en criant « malosi Tagaloa ». Le vieil arbre à pain sous lequel ils sont assis s'ouvre brusquement et les écrase, éclaboussant les autres de leur cervelle et de leur sang. Bannis de l'île par crainte d'un châtiment, les voyageurs transportent les cadavres de leurs compagnons dans des nattes et les offrent aux fonds marins en guise de quatrième sacrifice. Ils dépassent les îles Ralik et Raitak mais, pendant des jours et des jours, ne voient plus terre et sont réduits à la famine. Dans chaque canoë, deux hommes tirent au sort pour savoir lequel sera tué mais, quand les perdants sont attachés, les hommes refusent de les mettre à mort. Alors les femmes font l'amour à leurs amants puis les étranglent et les malheureuses victimes sont dépecées. Leurs os, enveloppés dans des nattes, constituent le cinquième sacrifice. Les femmes font ensuite l'amour aux survivants, prévoyant de les tuer si nécessaire. Mais un ouragan empêche un nouveau massacre car Tagaloa met un terme aux sacrifices et ordonne aux sept couples survivants de faire route vers le sud pendant soixante-dix-sept nuits jusqu'aux îles fertiles de Samoa. Arrivés sur l'île d'Oahu, ils sont reçus par le roi Umi et rejoints par trois chefs hawaiiens, Leapai et Tualagi, et leurs familles, puis poursuivent leur voyage vers le sud jusqu'à Manua.

▲ *Les esprits comme celui-ci devinrent des figures de culte.*

◄ *Masque de Nouvelle-Guinée représentant un homme-oiseau, personnage typique de la mythologie océanienne.*

 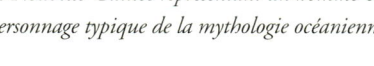

LES MYTHES SOCIAUX – INSTITUTIONS NOUVELLES

LES MYTHES SOCIAUX furent inventés ou entièrement modifiés en fonction des événements historiques. Après une guerre tribale, il était fréquent qu'un dieu pacifique de la fécondité devienne un dieu de la guerre ou qu'un dieu de la guerre vaincu règne sur un jardin. Au XVIᵉ siècle et au début du XVIIᵉ, lors de la chute du gouvernement d'orientation samoa des Tonga, on imagina de nouveaux mythes pour justifier l'usage du kawa, une plante agissant sur le psychisme, à des fins de contrôle social. On réinventa également le mythe de l'origine des Tu'i Tonga pour renforcer le caractère sacré de la famille dirigeante. Le premier Tu'i Tonga reçut un père divin et, en tant que plus jeune fils du dieu issu du démembrement chamanique, il fut exceptionnellement sacré.

Au début du XVIIIᵉ siècle dans les îles de la Société, lorsque les adeptes du culte de Tane furent vaincus, le dieu du badinage, Oro, remplaça son père Ta'aroa comme dieu du firmament et principal dieu de la guerre. Le culte d'Oro créa une nouvelle caste de comédiens, la société des Ariois, qui joua les nouvelles histoires des dieux et servit de guilde culturelle pour garantir la conformité des mythes.

L'ORIGINE DU KAWA

FEVANGA, qui s'est occupé des Tu'i Tonga, invite son maître à lui rendre visite ainsi que sa femme Fefafa sur l'île d'Eueiki. La famine fait rage et il n'y a rien à manger excepté un gros kape avec sa racine comestible au goût poivré. Le chef Lo'au installe son canoë afin d'abriter le kape. Fevanga persuade Lo'au de bouger et déterre la racine qu'il met au four avec sa fille lépreuse, Kavaonau. Or, Lo'au ne veut pas manger la fille mais fait enterrer la tête et le corps séparément. Au bout de cinq nuits, la tête donne naissance à un beau kava et le corps à une canne à sucre. Lo'au ordonne à Fevanga de lui apporter le kawa et la canne à sucre et dit : « Mâchons du kawa, une lépreuse de Faimata, l'enfant de Fevanga et Fefafa ! Apportez de la fibre de noix de coco pour le passer, un bol pour le mettre, des jeunes feuilles de bananier comme réceptacle, désignez quelqu'un comme maître de cérémonie et quelqu'un pour recevoir le bol. » Ainsi est célébrée la cuisson d'un enfant unique pour recevoir des chefs de rang.

LA MORT

DANS LES MYTHES mélanésiens, la mort est souvent liée à la sorcellerie. Le mythe le plus répandu est celui du retour de l'esprit au pays de ses ancêtres. Aux Fidji, il empruntait un itinéraire élaboré. À l'extrémité occidentale de nombreuses îles polynésiennes se trouvait un lieu où l'esprit se mettait à l'eau pour ressurgir ensuite dans un monde-miroir. Si les personnes de haut rang allaient dans des paradis appropriés, l'au-delà proposait peu de perspectives aux roturiers ; aux Tonga, engendrés par des insectes, ils n'avaient pas d'âme.

◀ *Tagaloa se venge des voyageurs irrespectueux ; il les tue en faisant tomber sur eux un arbre à pain.*

LE MYTHE DES ARIOIS

LES TEXTES MYTHIQUES sur l'institution de la société des Ariois, consignés en tahitien par le missionnaire anglais J. M. Osmond, constituent les chapitres les plus typiques de la préhistoire du Pacifique. Des variantes existent mais elles sont incomplètes. Plusieurs récits qui présentent des rituels d'initiation ou de fécondité sont perdus ou détruits car leur contenu était jugé trop agressif. Le mythe de l'origine donné ici semble renfermer certains éléments historiques. L'union d'Oro et de la dame de Bora Bora, de haute naissance, semble être l'union du peuple de la campagne vêtu de jupes en paille et du peuple fabriquant du papier en fibre d'écorce (*tapa*) venu de Rotuma, leur contrée d'origine, s'installer à Bora Bora. Même si, selon certaines sources, les frères ou les fils d'Oro, qui sont transformés en porcs, ne sont jamais tués mais vénérés comme maîtres de la société, l'objectif de leur métamorphose semble avoir été d'offrir un sacrifice humain à Vairaumati. Cette idée est confortée par Mahi lorsqu'il déclare souhaiter qu'un porc devienne un rouleau pour lancer son canoë à l'eau, une des fonctions du sacrifice humain. Le meurtre d'enfants de membres de la société était ainsi obligatoire, peut-être en souvenir du sacrifice d'Oro.

L'ORIGINE DE LA SOCIÉTÉ DES ARIOIS

LE GRAND DIEU ORO chasse sa femme qui devient une masse de sable aveugle. Ses deux sœurs ont pitié de lui et, vêtues de feuilles de ti et armées de flèches en roseau, elles lui cherchent une femme. Le peuple de Tahiti se réunit, puis le peuple de Raiatea, mais on ne trouve aucune épouse. Sous leurs couronnes vertes, les femmes ont des visages ridés. Sur Bora Bora, elles trouvent la superbe Vairaumati, le visage caché par un voile blanc et écarlate. En le soulevant, elles sont frappées par la beauté de la jeune fille.

Les sœurs retournent au ciel, réveillent leur frère et lui disent que sa femme l'attend à Vaiotaha. Oro vole jusqu'au dessus de l'île. Sa femme et lui font l'amour pendant trois jours et trois nuits. Honteux de n'avoir aucun domaine à lui offrir, il revient au ciel où ses sœurs pleurent sur son sort. Il fait venir leurs deux frères cadets, transforme l'un en sanglier et l'autre en truie pour les offrir à sa femme. Cette nuit-là, ils font l'amour et, au même moment, les deux animaux engendrent cinq petits que le prêtre dédie à Oro, chacun d'entre eux étant associé à un des privilèges des adeptes d'Oro, le maître des porcs.

Puis Oro cherche un endroit pour son pourceau et envoie Mahi à Tahiti, mais le peuple, en train de bénir sa flotte, ne l'invite pas à rester. Après être revenu à Opoa trois fois les mains vides, Mahi fait alliance avec Hua'atua de Afa'ahiti par l'intermédiaire de sa fille, Taurua. Hua'atua offre des porcs à Mahi qui sont partagés entre quatre chefs ;

◄ *Les peuples océaniens portent toujours des jupes en paille entre autres éléments du costume traditionnel quand ils célèbrent leur héritage par des danses, des rituels et des histoires.*

◄ *Les îles Fidji.*

des îles Sunda vers Hawaii, ainsi qu'une migration africaine vers les Fidji dans le canoë de Kaunitoni. Pure spéculation, cette histoire, est cependant acceptée par les Fidjiens et maintenant racontée comme une précieuse relique de la mythologie fidjienne.

LA MYTHOLOGIE POST-CHRÉTIENNE

L'ARRIVÉE du christianisme, tout d'abord en Micronésie puis en Polynésie à la fin du XVIIIᵉ siècle, et en Mélanésie à partir de 1830, provoqua une conversion rapide. Cette expérience entraîna l'émergence de cultes syncrétistes. Dans les îles de la Société, à partir de 1826, un culte important du nom de Mamaia, était présidé par des « prophètes » qui prétendaient être possédés par Jésus, Jean-Baptiste, Paul et la Vierge Marie. Aux Tonga et aux Samoa, un renouveau chamanique se produisit, donnant naissance à quelques chamans puissants, considérés comme des « dieux vivants ». Un culte du nom de son principal médium, Siovili, vit le jour aux Samoa vers 1830, avec des prêtres travestis. Des cultes de plumes apparurent à Hawaii et aux îles Gilbert. En Mélanésie, surtout au XXᵉ siècle, il y eut de nombreux cultes millénaires et traditionnels, plusieurs relatifs à une cargaison européenne envoyée du ciel (*voir* les cultes du « cargo »). Ces cultes, surtout présents en Papouasie Nouvelle-Guinée, aux Salomon et aux Vanuatu, introduisirent dans l'Amérique du président Johnson certains noms de dieux inspirés de personnages indigènes légendaires.

l'un est conservé vivant car Mahi veut s'en servir pour mettre son bateau Hotu à l'eau. Mahi vient à Tahaa pour manger certains aliments, les envelopper d'écorce du melalluca, nourrir les cochons et rouler du tissu pour son ami à Tahiti. Il offre au roi Tamatoa un double canoë, du tissu, des plumes et des perles en échange de son nom et de dix-sept objets rituels qui sont partagés entre Taramanini à Raiatea et Hua'atua à Afa'ahiti. Voici l'origine des comédiens qui, de la maison d'Oro, se rendent à Raiatea.

LES MYTHES ANACHRONIQUES

CERTAINS MYTHES sont très difficiles à dater car le conteur ajoutait souvent des éléments nouveaux pour permettre à ses auditeurs de mieux comprendre. Dans le cas des cycles chamaniques, les parties les plus anciennes conservaient leur forme initiale tandis que les éléments nouveaux pouvaient être adaptés en remplaçant les morceaux les plus pertinents. Dans le cas de mythes moins formalisés, le conteur avait plus de latitude. Ainsi, beaucoup de mythes océaniens consignés depuis la période coloniale renferment des détails anachroniques se référant à des bouteilles, des fenêtres en verre et autres artefacts rajoutés,

inconnus des conteurs précédents. Le mythe du sacrifice de Tagaloa, recueilli à l'orée du XXᵉ siècle auprès d'un chef de Manu'a, a peut-être une base traditionnelle mais certains doutes subsistent : à cette époque, les lieux mentionnés en Micronésie étaient, comme les Samoa, administrés par les Allemands. On évoque le baiser à l'européenne, et Tagaloa parle du Ciel à l'instar de Jéhovah. Une histoire courante à cette même période raconte une migration

◄ *Les récits anciens ont inspiré les peintres, les conteurs et les sculpteurs pendant de nombreuses générations. Les récits ayant été embellis au fil des ans, l'art est lui aussi devenu de plus en plus spectaculaire.*

LES DIEUX OCÉANIENS

LES DIEUX et les esprits étaient nombreux dans la région, surtout en Mélanésie et aux Marquises où les tribus étaient séparées par les montagnes. Les dieux étaient plus répandus en Polynésie orientale et aux Tonga qu'aux Samoa et en Micronésie où prédominaient les esprits. Chaque groupe polynésien possédait son propre panthéon, souvent composé de ses trois principaux dieux, comme aux Tonga, à Tahiti et à Hawaii. Les Samoa avaient deux cultes principaux, tandis que les Marquises et la Nouvelle-Zélande possédaient des panthéons familiaux qui semblaient refléter la diversité tribale. La plupart des dieux étaient anthropomorphes mais pouvaient aussi être vénérés comme objets inanimés.

LA MYTHOLOGIE MAORIE MODERNE

LES CULTES CHRÉTIENS syncrétiques qui prédominèrent chez les Maoris à partir de l'émergence du mouvement Papahurihia en 1833. Cette religion pionnière, à laquelle s'opposèrent les missionnaires protestants, invoquait le serpent biblique Nakahi, le prophète prétendant être médium de Te Atua Wera (le dieu enflammé), le serpent enflammé de la canne de Moïse. Dans tous ces mouvements, le vieux tohunga était remplacé par des prophètes maoris. Parmi les plus intéressants, se trouvait le prophète de Tuhoe, Rua Kenana Hepetipa, un messie maori qui eut une vision sur Maungapohatu, la montagne sacrée de Tuhoe, en 1905, après avoir été envoyé là-bas par l'archange Gabriel. Il y rencontra l'ancêtre Whaitiri, une puissante déesse du monde des ténèbres (Po) qui lui montra un diamant sacré au pouvoir immense. En 1906, Rua fut baptisé Hepetipa (Hephzibah), celui qui rend la terre fertile, et se proclame messie. Même si tous les prophètes ne s'intégraient pas à la tradition des dieux vivants, le mouvement Ratana, assez conventionnel, éleva les « anges fidèles » au statut de panthéon et Ratana en personne, en tant que Te Mangai (porte-parole de Jéhovah), avait presque un statut divin.

LA RECHERCHE DE L'IMMORTALITÉ

UN LINTEAU SCULPTÉ provenant d'un temple maori, exposé au musée de Wanganui et reproduit dans de nombreux villages, montre Maui essayant de pénétrer le corps de son ancêtre, la déesse Hinenuitepo, symbole de la mort. Maui, accompagné d'une volée d'oiseaux, survole la déesse endormie. Pressant les oiseaux de se taire, Maui se faufile dans son corps. À peine a-t-il introduit sa tête que les oiseaux se mettent à gazouiller de joie. Le chant du pigeon-paon réveille la déesse qui resserre ses cuisses géantes dans un claquement assourdissant et casse Maui en deux, mettant un terme à sa quête d'immortalité.

LES MYTHES ORIGINELS DES MONTAGNES ORIENTALES DE LA NOUVELLE-GUINÉE

AU DÉBUT, il y a trois frères. L'un devient le père du peuple des prairies, l'autre le père du peuple du bush et le troisième part pour ne jamais revenir. Lorsque les Blancs arrivent en Nouvelle-Guinée, les anciens disent :

« Ce sont les enfants du troisième frère. Il est parti, il a acquis toutes sortes de richesses et appris plusieurs sortes de magies, maintenant, il est de retour. Ses enfants ont accès aux vêtements et aux outils, aux véhicules et aux aliments en conserve du monde extérieur. L'homme blanc ne fabrique rien de ce qu'il possède, alors ce sont les esprits qui le font. Certains d'entre nous ont vu les marchandises arriver par la mer dans des bateaux ; elles viennent d'un grand trou au fond de l'eau. Les hommes y emmènent leurs bateaux et les esprits remontent la cargaison des profondeurs en empruntant une échelle. »

Les habitants de la vallée de Binumarie ont un nouveau mythe : « Au début, Dieu crée le Paradis, la Terre et un jardin dans lequel il met l'homme. Puis il prend un couteau, égratigne le bras d'Adam et découvre qu'il n'a pas de sang dans les veines. Alors Dieu tue un poulet et le donne à Adam. Lorsqu'Adam mange le poulet, le sang se met à couler dans son bras. Dieu crée Adam et Ève, tous deux des hommes, et quand Ève croque le fruit, Dieu la transforme en femme pour la punir. »

▲ *Certains dieux, comme ce dieu des pêcheurs, étaient figurés avec des traits humains.*
▶ *Cette sculpture est censée représenter le dieu de la guerre, Ku. Il est représenté ici sous les traits d'un requin, symbole courant du chef. Certains dieux avaient la capacité de changer de forme et sont donc figurés de différentes manières.*

LES CULTES DU « CARGO »

LES DIEUX DES CULTES du « cargo » sont des revenants ou des ancêtres ; toutefois, chez les Maoris, les « prophètes » sont souvent le statut de demi-dieu. Beaucoup de ces prophètes, comme le Peroveta Genakuiya de Buna, sont des chamans traditionnels capables de visiter les royaumes spirituels invisibles, qui prétendent maintenant également visiter le Paradis et les portes de l'Enfer chrétiens. La majorité des cultes est millénariste, bien que, souvent, Dieu ne soit ni Jésus, ni Jéhovah mais une divinité syncrétique telle que le dieu Kilibob du district de Madang, en Nouvelle-Guinée, en 1942. D'autres cultes sont strictement « adaptés », sans contenu chrétien. Même certains chefs, qui utilisent la langue des missionnaires, parlent en réalité de leur dieu local.

Les mythes des montagnes orientales de Nouvelle-Guinée proviennent d'authentiques récits faits aux missionnaires par les habitants de la vallée de Binumarie et consignés dans leurs journaux entre 1954 et 1992. Le premier permet de comprendre le mythe du « cargo » car ces gens n'avaient jamais vu l'homme blanc « fabriquer un avion ou une voiture, les vêtements qu'il portait ou mettre ses aliments en conserve. » Le second adapte le mythe biblique à la culture locale.

▲ *Danseur maori au visage peint dans la Nouvelle-Zélande d'aujourd'hui.*

Australie

INTRODUCTION

LES HOMMES SE SONT ÉTABLIS en Australie à l'époque où le continent était relié par la terre aux îles qui constituent actuellement l'Indonésie et la Papouasie-Nouvelle-Guinée. La première preuve connue de présence humaine en Australie provient de la haute vallée de la Swan, en Australie Occidentale, et remonte environ à 40 000 ans. On estime que le continent australien totalisait au moins 300 000 habitants à l'époque de l'émigration européenne (en 1788). Bien qu'il soit difficile de réaliser une estimation exacte à cause de la décimation rapide du peuple aborigène qui suivit de près la venue des Européens, on pense que l'Australie comptait cinq cents tribus, ou groupes dialectaux, différentes à la fin du XVIIIᵉ siècle. Les îles du détroit de Torres, même si elles sont officiellement australiennes, sont considérées comme appartenant culturellement au Sud de la Papouasie.

Au moment de l'arrivée des Européens, les hommes assuraient leur subsistance par la chasse et le fourrage. Le climat et les terres sont extrêmement variés, du désert aride de l'intérieur aux terres fertiles et arrosées des régions littorales. Cependant, même dans les zones côtières du Queensland et de l'Australie méridionale, par exemple, où l'abondance de poissons et de ressources animales et végétales rendait possible un mode de vie sédentaire, celui-ci était rare. Les populations se déplaçaient sur des distances considérables, non seulement pour chercher leur nourriture mais aussi pour établir et maintenir des alliances politiques, maritales et cérémonielles entre les groupes.

MALGRÉ leur isolement sur une île-continent, les Aborigènes australiens entretenaient des contacts réguliers et importants avec le peuple de la Papouasie-Nouvelle-Guinée actuelle – par le biais des îles du détroit de Torres – et avec les îles de l'Indonésie orientale. Les marchands de Macassar fréquentaient assidûment le littoral de la terre d'Arnhem et les effets de ces visites étaient rapportés dans les mythes, les chansons et les peintures des Yolngus, peuple de la terre d'Arnhem, au nord-est.

D'un point de vue anthropologique, les populations aborigènes d'Australie se sont d'abord fait connaître par la complexité de leurs liens de parenté. Dans tous les domaines, les parents étaient divisés en catégories appelées sections et sous-sections, basées sur les principes de filiation masculins et féminins. Les sections et sous-sections stipulaient dans quelle catégorie entraient les époux ou les épouses et soumettaient ainsi le mariage à des règles de parenté spécifiques. Ces sections et sous-sections remplissaient également des fonctions cérémonielles importantes, comme l'initiation et la transmission de connaissances religieuses secrètes entre les groupes.

Les liens entre les grandes traditions mythologiques d'Australie et de Mélanésie sont puissants. Cependant, le mouvement des thèmes mythiques se propagea d'Australie en Nouvelle-Guinée et non dans l'autre sens. En Australie et dans le Sud de la Nouvelle-Guinée, le culte du *bull-roarer* était le principal centre d'intérêt de la vie rituelle masculine. Dans le cas des Arandas, les *bull-roarers* portaient le même nom que les conseils sacrés (*tjuringa*). Le culte était essentiellement une glorification du pouvoir phallique mâle. Les mythes étaient rejoués par des acteurs qui, sous une forme déguisée, portaient un symbole phallique identique à l'ancêtre représenté.

Le motif du serpent accompagna ce mouvement d'imagerie phallique entre l'Australie et la Nouvelle-Guinée. Le python, ou serpent, est un symbole plus complexe que le *bull-roarer* car il possède des caractéristiques mâles et femelles, et les mythes des deux régions se sont emparés de cette ambivalence. Le mythe de Souw des Daribis du centre de la Nouvelle-Guinée mettent en relief le rapport de l'instruction et de l'humiliation sexuelles avec la culture humaine. Il est lié au mythe central du cycle des Wagilak dans la terre d'Arnhem, où la révélation des capacités menstruelles des femmes annule et limite la capacité phallique masculine.

◄ *Art aborigène traditionnel représentant des animaux.*

La culture aborigène australienne fut influencée par l'Asie et la Mélanésie. Pendant au moins deux cents ans, les pêcheurs de Macassar, à l'est de l'Indonésie, effectuèrent des voyages annuels vers les côtes de la terre d'Arnhem en quête d'une friandise exotique, le trépang (holothurie comestible). Chez les Yolngus du nord-est de la terre d'Arnhem, les membres du clan Warramiri de la *moiety Yirritja* (classe de mariage) eurent un jour à arbitrer les relations entre les Aborigènes locaux et les marchands de Macassar. Ces derniers

attribuèrent le titre de *rajah* (roi) à ces aînés aborigènes qui leur servaient de médiateurs et qui, à leur tour, contrôleront le commerce avec les autres tribus aborigènes de l'intérieur.

Il faut pourtant veiller à ne pas considérer la mythologie uniquement comme un vestige de l'histoire primitive, une manière de sauvegarder des événements antérieurs à l'histoire écrite. Un système mythologique est une théorie du monde tel qu'il est, autant qu'un portrait du monde tel qu'il a été, qui donne des explications sur la façon dont les gens devraient et pourraient agir aujourd'hui.

À l'heure actuelle, ce sont les compagnies minières qui sont le plus sérieusement confrontées aux effets des paysages mythiques aborigènes, dans leur tentative d'acquisition de concessions sur les terres. Les sites sacrés, validés par la connaissance mythologique, constituent un obstacle à une autorisation d'extraction de minerai. La manière dont les communautés aborigènes ont utilisé leur mythologie pour résister à cette intrusion des compagnies minières est une caractéristique manifeste de la mythologie aborigène australienne actuelle.

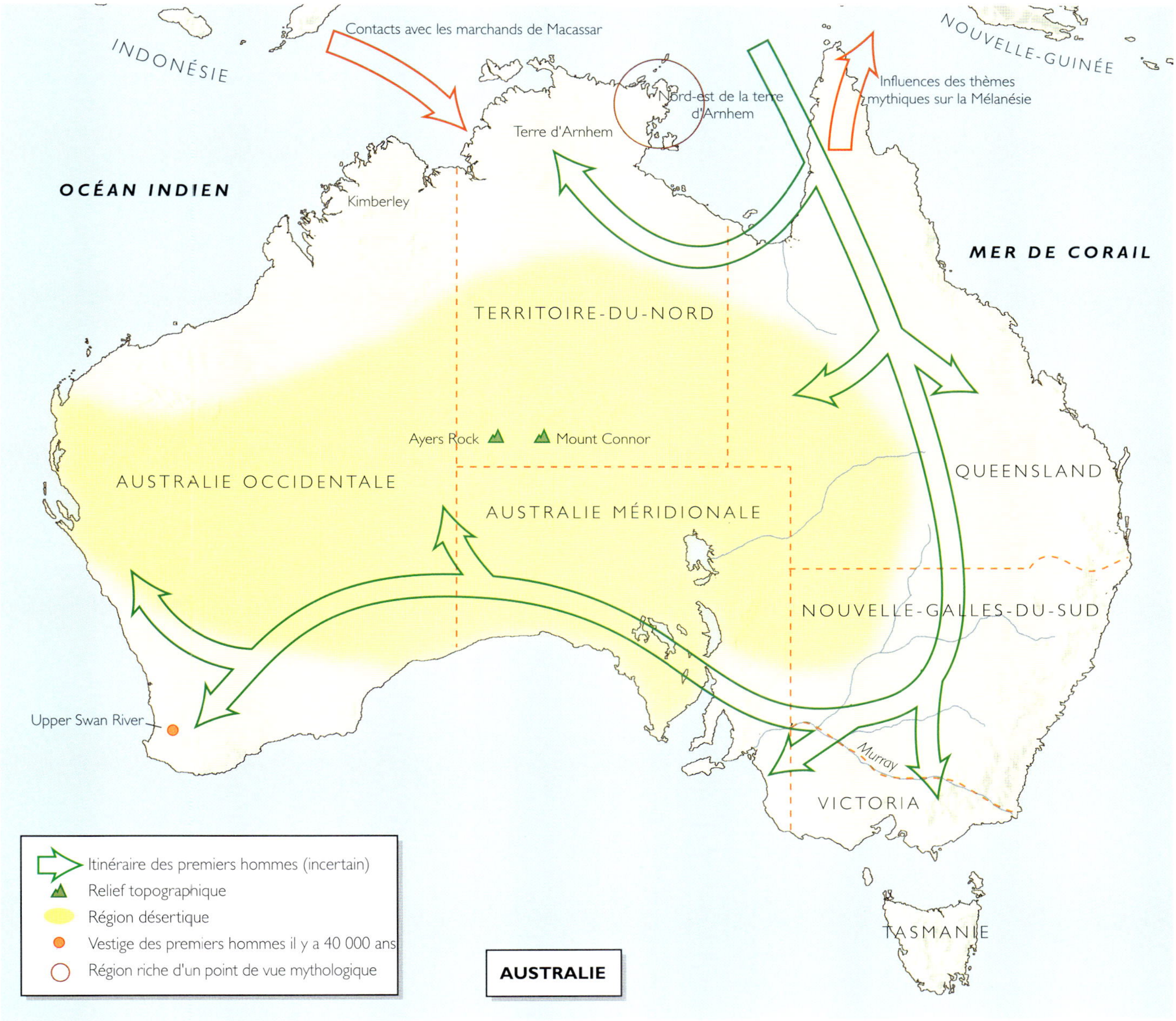

INDONÉSIE

Contacts avec les marchands de Macassar

NOUVELLE-GUINÉE

Nord-est de la terre d'Arnhem

Terre d'Arnhem

Influences des thèmes mythiques sur la Mélanésie

OCÉAN INDIEN

Kimberley

MER DE CORAIL

TERRITOIRE-DU-NORD

Ayers Rock ▲ ▲ Mount Connor

QUEENSLAND

AUSTRALIE OCCIDENTALE

AUSTRALIE MÉRIDIONALE

NOUVELLE-GALLES-DU-SUD

Upper Swan River

Murray

VICTORIA

Itinéraire des premiers hommes (incertain)
Relief topographique
Région désertique
Vestige des premiers hommes il y a 40 000 ans
Région riche d'un point de vue mythologique

AUSTRALIE

TASMANIE

◄ *Dans la mythologie australienne, ce sont des êtres créateurs ancestraux qui font apparaître les formes du vivant, au cours du* dreamtime.

BIRRINYDJI

La CONFRONTATION entre les cultures aborigène et étrangères dans le mythe de Birrinydji, qui démontre la créativité et la résistance de la mythologie aborigène comme mode de connaissance, est riche en rebondissements. Les habitants de Macassar auraient fabriqué du fer sur la côte de la terre d'Arnhem et les Aborigènes, qui pratiquèrent le commerce du trépang avec Macassar pendant deux cents ans, en furent probablement témoins et participèrent à la production. En 1988, quatre-vingts ans après la fin de l'ère de Macassar, David Burrumarra, un Yolngu, émit l'opinion que l'installation d'une exploitation minière sur ses terres, à Dholtji, rendrait aux Aborigènes la richesse et le statut social, que les marchands de Macassar, puis les colons européens avaient usurpés. Burrumarra était sûr que l'exploitation minière faisait partie de l'histoire aborigène et contribuerait à l'amélioration de la vie des Aborigènes. Il prétendait que, depuis le *dreamtime* (temps du rêve), les affleurements côtiers d'hématite étaient transformés en outils à lame de fer par les Yolngus, qui travaillaient sous la houlette du personnage emblématique du *dreamtime*, Birrinydji. Burrumarra souhaitait revenir à cet « âge d'or ». Cette histoire présente des points communs avec les mythes du « cargo », florissante en Mélanésie depuis l'arrivée des Européens.

ITINÉRAIRES ET TOTEMS

POUR FAIRE RÉFÉRENCE aux routes empruntées par les êtres créateurs, on parle d'itinéraires. Les itinéraires d'êtres créateurs importants traversaient les terres de différents peuples. Il est donc rare qu'un groupe, clan ou groupe linguistique local possède

LES ÊTRES CRÉATEURS

DANS TOUTE l'Australie, les errances, les voyages et les agissements de certains êtres créateurs ancestraux ont alimenté un grand nombre de mythes. Généralement, ceux-ci se déplaçaient dans le paysage, créant des points de repères caractéristiques, tels que des trous d'eau, des montagnes et des formations rocheuses, et donnant la vie à des espèces variées, humaines ou non, qui peuplent maintenant le pays. Par exemple, sur la terre d'Arnhem, les sœurs Wagilak étaient d'importants êtres créateurs. Lors de leur voyage vers le nord à partir de leur lieu d'origine, au centre de l'Australie, elles frappèrent le sol de leurs bâtons en divers endroits et firent surgir des points d'eau.

Tout en façonnant le paysage, ces êtres créateurs nommaient les lieux qu'ils traversaient ainsi que les espèces animales et végétales qu'ils créaient. Ils chantaient aussi des chansons. Ainsi, dans toute l'Australie aborigène, le mythe est souvent raconté par le biais du chant . Par exemple, dans un fragment du mythe des deux héros mamandabari chez les Walbiris au centre de l'Australie, ceux-ci passent à côté d'un point d'eau nommé Wurulyuwanda. Sur l'eau, ils voient des canards et des cacatoès manger des graines ; ils donnent un nom à ces créatures en les « chantant ».

ou connaisse un mythe complet.
D'ordinaire, un groupe local connaît
un fragment du mythe qui raconte
l'histoire de l'être durant son séjour dans
sa contrée. Pour opérer la recréation rituelle
du mythe entier, il est nécessaire
que les différents groupes se réunissent.
Par exemple, au centre de l'Australie,
les deux héros mamandabari parcourent
une immense région ; aucun homme
ne connaît le mythe dans son intégralité.
Pour cela, il faut que des gardiens des
différentes régions se retrouvent pour jouer
le rituel Gadjari basé sur le cycle du mythe.

Le concept du totémisme
fait partie intégrante de la
mythologie aborigène
australienne.
Il s'agit, en gros,
de l'usage d'une
espèce animale
et parfois végétale
(très rarement
d'une chose)
comme symbole
d'une personne
ou d'un groupe.
Chaque clan possède
divers articles
totémiques qui lui
sont spécifiques
et le
différencient
des autres
clans
de la même
région.
Comme
tous
les totems
sont
associés
à un lieu
particulier,
la référence
à un totem
fonctionne
comme
une indication
géographique.

LE PÈRE TOUT-PUISSANT

DANS LE SUD-EST de l'Australie, on fait
allusion à un seul être créateur masculin,
que l'anthropologue A.W. Howitt
appelait le « Père tout puissant ».
Les habitants de la basse vallée
du Murray au sud de l'Australie
le nomment Ngurunderi ; en amont,
il porte d'autres noms : Baiame,
Daramulun, etc. Ailleurs, le principe
féminin a aussi de l'importance
et l'on mentionne l'existence
d'une Grande-mère ou Déesse-mère.
Au nord-est de la terre d'Arnhem, les
deux sœurs djanggawul sont appelées «
filles du soleil » ; elles représentent
le soleil et ses vertus vivifiantes.

LE MYTHE DES WAGILAK

AU DÉBUT DES TEMPS, les sœurs
Wagilak se mettent à marcher
en direction de la mer, nommant
les lieux, les animaux et les végétaux
au fil de leur progression.
L'une d'elle est enceinte et l'autre
a un enfant. Avant de partir,
toutes deux ont eu des relations
incestueuses avec des hommes
de leur propre *moiety* (classe
de mariage). Après la naissance
de l'enfant de la cadette, elles
poursuivent leur voyage et s'arrêtent
un jour près d'un point d'eau où vit
le grand python Yurlunggor. La sœur
aînée souille l'eau de son sang
menstruel. Courroucé, le python
courroucé sort, provoque un déluge
de pluie et une énorme inondation
puis avale les femmes et leurs enfants.
Lorsque le python se redresse, les eaux
couvrent la surface de la terre
et sa végétation et, quand il se couche
à nouveau, l'inondation cesse.

◀ *Figure aborigène féminine qui représente
différents êtres sacrés dans différents clans.*
▶ *Les disques sacrés représentent l'esprit immortel,
et les motifs, un site sacré.*

LES SERPENTS ET LES ARCS-EN-CIEL

LA MYTHOLOGIE aborigène est peuplée de serpents de toutes espèces, comme le Serpent arc-en-ciel, que l'on trouve sous sa forme originale chez les peuples du désert du centre. Dans toute l'Australie, ce serpent est une figure mythique prédominante. Il est généralement de taille immense, vit dans de profonds trous d'eau, et, selon la région, apparaît sous diverses formes. Dans le centre de l'Australie, le wanambi voyage d'Aneri Spring, près de la frontière entre l'Australie méridionale et le Territoire-du-Nord, jusqu'aux Musgrave Ranges. Parfois, il effectue de grands voyages autour de Mount Connor.

Les traces qu'il laisse à cette époque sont souvent symbolisées en peinture par de grands cercles concentriques. L'itinéraire emprunté par le wanambi est marqué de formations rocheuses et de dunes de sable, visibles aujourd'hui.

Les groupes vivant près de la Proserpine River, au nord du Queensland, croient que la pluie se transforme en cristaux de quartz à l'endroit où l'arc-en-ciel touche le sol. Dans le Sud-Est du Queensland, l'arc-en-ciel – *takkan* chez ceux qui parlent le kabi kabi – révèle parfois la présence des cristaux dans le corps des hommes. Ces hommes sont capables de devenir *gundil*, ou docteurs-sorciers, de soigner et de réaliser d'autres exploits magiques.

LE DREAMTIME

LE CONCEPT DU TEMPS de la Création, au cours duquel les ancêtres ont façonné le monde tel qu'on le voit aujourd'hui, est très répandu dans la pensée aborigène. En Australie, on l'appelle communément *dreamtime*, littéralement le « temps du rêve ». Les Walbiris lui donnent le nom de *djugurba* qui, à strictement parler, fait référence aux histoires et aux dessins figurant les actes primordiaux accomplis au cours de cette période. Il désigne un acte de création événement réel dans les temps ancestraux, qui se poursuit encore aujourd'hui et exerce toujours son pouvoir créatif. L'accès à la signification de la création ancestrale passe souvent par le biais du rêve.

Les Walbiris prétendent rêver eux-mêmes des dessins que leurs ancêtres sont supposés avoir laissés sur tout le territoire. Dans d'autres régions d'Australie, une femme peut, juste avant de savoir qu'elle est enceinte, rêver d'une espèce ou d'un lieu. Cela lui indique l'affiliation totémique de l'enfant et l'identité de son géniteur spirituel.

◀ *Personnages masculins et féminins accompagnés de serpents.*

ⵀ LE BULL-ROARER

UN *BULL-ROARER* est un morceau de bois oblong, habituellement gravé de dessins sacrés. Il est noué à une corde puis lancé en l'air par-dessus la tête. Le bruit fort qu'il émet à ce moment-là serait la voix d'un ancêtre venu avaler les initiés mâles et aurait pour dessein d'effrayer les garçons et de les exposer au pouvoir du culte. Plus tard, à leur entrée dans la vie rituelle, les plus âgés connaîtront le secret du *bull-roarer*.

LES ANCÊTRES

UN AUTRE ASPECT de cette activité mythique d'inscription se matérialise par le détachement du corps des ancêtres créateurs et leur insertion dans le paysage. Chez les Arandas du désert du centre du pays, les ancêtres créateurs ont laissé des parties de leur corps dans les endroits qu'ils ont traversés. Une femme mariée, en quête de nourriture pour la journée, peut ressentir une douleur soudaine à l'intérieur de son corps qu'elle identifie comme étant un premier signe de grossesse. Plus tard, elle montrera à son mari l'endroit exact où cette sensation lui est apparue. Après avoir consulté les ancêtres importants de son clan, l'homme apprendra quel ancêtre totémique avait demeuré dans cette localité, ou y était passé durant ses pérégrinations. Il en conclura ensuite que cet ancêtre totémique a provoqué la grossesse de la femme soit en pénétrant son corps, soit en lançant

un petit *bull-roarer* sur ses hanches, responsable des douleurs aiguës dont elle a souffert. Une fois né, l'enfant appartiendra au totem de cet ancêtre.

La relation entre le mythe et le rituel est essentielle à la vie cérémonielle aborigène et à sa représentation graphique par le biais de divers arts visuels, tout d'abord la peinture et la sculpture. Pour simplifier, on peut dire que les mythes fournissent les chartes, ou les gabarits, des rituels humains selon lesquels les gens tentent d'entretenir et de faire travailler la créativité et la fécondité ancestrales en faveur des groupes humains d'aujourd'hui.

ⵏ LE MYTHE DE LA CRÉATION DES UNAMBALS

AU NORD-OUEST de l'Australie, pour les Unambals, au commencement seuls le ciel et la terre existent. Ungud, l'être créateur, vit sous terre sous la forme d'un énorme python. Il est associé à la terre et à l'eau. L'être céleste, Wallanganda, est associé à la Voie lactée. Wallanganda est censé avoir tout fait, mais c'est Ungud qui rend l'eau profonde et fait tomber la pluie. La vie commence ainsi sur terre. Ensemble, Wallangada et Ungud créent tout.

Cependant, les actes de création se produisent seulement la nuit pendant que les deux êtres rêvent. Ungud devient les êtres auxquels il rêve, tandis que Wallangada rêve des êtres auxquels il a donné naissance. Grâce à sa force spirituelle, Wallangaba matérialise ces êtres rêvés par des dessins rouges, noirs et blancs qui, selon les Unambals, sont toujours visibles dans les grottes et sur les rochers.

En terre d'Arnhem, les êtres créateurs Djanggawul et les sœurs Wagilak sont chargés de créer et de nommer tous les lieux et les espèces du paysage. Ils placent aussi des emblèmes sacrés, *rangga*, aux points d'eau. Les *rangga* sont recréés par les êtres humains comme accessoires des reconstitutions rituelles de ces actes primordiaux de création mythique.

ⵏ LES WANDJINAS

LES WANDJINAS sont les esprits de clan de la région de Kimberley dans l'Australie occidentale. Ils sont appelés êtres créateurs, chacun étant chargé de façonner une partie de paysage, ses animaux, ses végétaux et ses reliefs. Les Wandjinas sont le premier peuple. Chacun entre dans une grotte, s'allonge et meurt dès qu'il a achevé son activité créatrice. Les peintures rupestres des Wandjinas visibles aujourd'hui sont considérées comme l'incarnation de ces êtres ancestraux. Les Aborigènes d'aujourd'hui s'en approchent pour augmenter la fécondité des végétaux et des animaux qui assurent leur subsistance.

▲ *Les Wandjinas sont des ancêtres venus de la mer et du ciel.*
◄ *Planche sacrée en bois sculpté.*

NGURUNDERI

NGURUNDERI DESCEND
le Murray, au sud
de l'Australie, à la recherche
de la grande morue
de Murray (*pondi*).
Il harponne le poisson qui
s'échappe, agitant sa queue
et élargissant le fleuve pour
lui donner sa taille actuelle.
Ngurunderi envoie un signal
à son beau-frère Nepele.
Nepele attend le poisson
et le harponne près de Point
McLeay (Raukkan).
Les deux hommes découpent
le poisson, jetant
les morceaux dans le lac
Alexandrina, et crient
les noms de chaque espèce
de poisson aujourd'hui
présente dans le fleuve. C'est
ainsi qu'est créé chaque
poisson. Au dernier morceau,

ils disent : « Tu resteras la morue
de Murray. »

Ngurunderi continue à poursuivre
ses deux épouses qui se sont enfuies
après une dispute. À Larlangangel,
il soulève son canoë et le place dans
le ciel où celui-ci devient la Voie lactée.

Il trouve les deux épouses
à Encounter Bay et provoque
une grosse tempête qui les noie
et les transforme en deux petites îles
appelées les Pages, au large des îles
Kangourou. Puis Ngurunderi
fait la traversée en bateau
jusqu'aux îles Kangourou. Assis sous
un casuarina, il plonge dans l'eau
pour purifier son esprit, finit par mourir
et monte au Ciel.

◀ *Dessin sur écorce montrant un chasseur,
un kangourou et d'autres personnages.*
▼ *Cette peinture aborigène sur écorce représente
un couple de baleines. Les mythologies aborigènes
racontent l'histoire de la création
de tout ce qui vit.*

LES MYTHE ET LES RITES

LES MYTHES détaillent des actes importants
de création et de dénomination, et le pouvoir
de fécondité ancestrale. Ils démontrent
l'importance de la différence de genre
comme principe d'organisation sociale
et cosmologique aborigène. Les hommes
détiennent les traditions sacrées et le savoir
cérémoniel. On interdit aux femmes
d'entendre ou de voir tout ce qui dépend
du savoir masculin, souvent la souffrance
de la mort. Dans le mythe de la terre
d'Arnhem occidentale, après la transmission
de la cérémonie des hommes *ubar* à Nadulmi
par Yirawadbad, Nadulmi demande à l'oiseau
Djig s'il doit la montrer aux femmes.
Il lui répond que non car celle-ci est réservée
aux hommes âgés. Plus récemment,
les anthropologues ont également découvert
l'existence, jamais rapportée auparavant,
d'un savoir religieux féminin parallèle,
au centre et au sud de l'Australie.
Ce savoir consiste exclusivement
en un droit des femmes à contrôler,
transmettre et administrer.

▶ *Illustration sur écorce présentant une vision « aux rayons X » de kangourous.*

LE GUWAK

LA PEINTURE de l'artiste yolngu Banapan Maymuru a pour sujet le voyage mythique du *guwak*, ou coucou koel. Le site de cette peinture est Djarrapki, un lac saumâtre au milieu de dunes de sable au bord du golfe de Carpentaria, juste au nord de Blue Mud Bay, dans le nord-est de la terre d'Arnhem. Deux *guwak*, deux opossums, deux émeus et d'autres êtres créateurs (*wangarr*) partent de la région de Ritharrngu. Chaque animal emporte la nourriture dont il a besoin. L'opossum file sa fourrure en bouts de ficelle. Après en avoir filé une certaine longueur, le *guwak* lui dit de s'arrêter. Ces ficelles, dont la longueur varie d'un endroit à l'autre, sont ensuite données aux membres du clan des divers lieux où les animaux créateurs campent et trouvent leur nourriture. Elles deviennent des objets sacrés utilisés lors de rituels claniques.

Dans certaines versions, ils terminent leur voyage à Djarrapki. Là, ils trouvent un paysage vierge qu'ils modifient pour lui donner ses caractéristiques topographiques actuelles. La peinture montre les opossums sur les côtés et les coucous au centre qui se font face. Le long de leur corps se trouvent des anacardiers sur lesquels ils cueillent leur nourriture chaque nuit. Les émeus sont figurés au centre, dos à dos, sous le feuillage déployé de l'anacardier.

LES COMPOSANTES DE LA MYTHOLOGIE

LA MYTHOLOGIE australienne et sa signification religieuse s'articulent autour de trois composantes. La première est le corps de la mythologie elle-même, considéré comme une collection de récits. La deuxième est un système de dessins graphiques qui fournissent une forme visuelle des actions des mythes. La troisième est le pays, dont la création et les particularités, le mythe et l'art visuel décrivent son origine. Ainsi le mythe est toujours localisé : la connaissance et le contrôle d'un épisode mythique, et le complexe rituel et artistique qui l'accompagne sont toujours réservés aux gardiens actuels des sites dont le mythe rend compte en termes religieux et cosmologiques.

Les chants, forme sous laquelle les mythes sont communément racontés, se concentrent sur des références et des mots-clés, eux-mêmes reliés à des lieux spécifiques à l'intérieur du pays. Les chants permettent aux gens de se rappeler les détails significatifs de l'histoire sacrée du site en question.

LE PÈRE ET LA MÈRE TOUT-PUISSANTS

LA FÉCONDITÉ est la préoccupation essentielle des religions aborigènes de tout le continent ; les capacités sexuelles des hommes et des femmes constituent souvent l'objectif de tentatives plus ambitieuses pour entretenir la nature régénératrice du cosmos. Dans plusieurs régions de l'Australie aborigène, les êtres créateurs majeurs peuvent être des hommes ou des femmes. Au nord-ouest et au nord-est de l'Australie, les héros de la culture masculine sont des personnages mythiques de grande importance. Au sud-est, il existe un héros unique, Baiami, Bundjil, ou Ngurunderi, et c'est un homme.

Mais à l'intérieur du pays, dans le Désert du Centre et dans le Territoire-du-Nord jusqu'à la terre d'Arnhem, le personnage principal est une femme. Le grand cycle mythico-rituel de Gunabibi s'articule autour de la Vieille femme, figure que l'on retrouve dans les régions des fleuves Roper, Macarthur et Victoria. Elle est connue sous divers noms – Kunapipi, Mumuna, Kliarin-Kliari. On dit qu'elle est source de vie dans le monde humain comme dans la nature. La Vieille Femme est reliée aux rites de fertilité centrés sur le Serpent arc-en-ciel. Le serpent aurait « fait un chemin » dans la matrice féminine afin que les esprits ancestraux revivifient les hommes d'aujourd'hui à leur naissance.

LES MYTHES ET L'ART

DANS TOUTE l'Australie, particulièrement dans le Territoire-du-Nord, les dessins sont un complément important de la narration publique du mythe à portée rituelle ou cérémonielle. Dans le centre de l'Australie, des peuples comme les Walbiris et les Pintupis sont renommés pour les motifs iconographiques qu'ils peignent sur diverses surfaces – le corps humain, le sable, des artefacts sacrés comme des boucliers et des *bull-roarers*, et plus récemment sur toile avec des peintures acryliques –, représentant certains épisodes mythiques. Dans la terre d'Arnhem, sur la côte septentrionale du Territoire-du-Nord, les peintres locaux dessinent sur de l'écorce ou du bois.

Au centre de l'Australie, les motifs les plus communs sont un cercle concentrique désignant un camp, un point d'eau, une personne, un arbre ou un lieu de cérémonie, connectés par une série de motifs éparpillés décrivant le déplacement d'un être ancestral. En terre d'Arnhem, les dessins sont un peu moins abstraits mais s'intéressent également à la représentation visuelle de certains épisodes mythiques de déplacement et de création ancestraux.

Dans les deux régions, la connaissance de ces dessins et le droit de les peindre sont régis par un système politique et social élaboré qui dispense inégalement l'accès au savoir sacré à l'intérieur de la communauté. La révélation stratégique de dessins sacrés et secrets au cours d'un rituel public est un facteur essentiel de l'impact social du rituel lui-même.

LUNE ET DUGONG

UN HOMME de la *moiety* (classe de mariage) Yirritja prénommé Lune vit avec sa sœur Dugong. Un jour où ils creusent la terre pour trouver des bulbes comestibles de lis et de lotus, Dugong est mordue par des sangsues. Pour soulager la démangeaison, elle descend en courant à la mer. Avant de plonger, elle demande à son frère ce qu'il ferait. À la fin de la discussion, elle décide de se transformer en dugong. Son frère Lune est d'accord pour l'accompagner. Quand ils meurent, on retrouve les os de Dugong mais elle ne revient pas. Lune ne meurt pas ; ses os deviennent des coquillages et il ressuscite après avoir consommé des racines de lis et de lotus.

La peinture du mythe de Yirkalla du nord-est de la terre d'Arnhem, montre un croissant de lune et une pleine lune. Les Yolngus disent que la zone de hachures entourant le disque lunaire est le camp de Lune. Les motifs allongés sont probablement les bulbes et les racines de lis et de lotus. Les hachures du fond figurent le marécage où poussent ces plantes et le reflet de la lune sur la surface de l'eau. Elles pourraient aussi représenter la lueur de l'étoile du soir sur le site totémique sacré de Lune et Dugong, comme le rapporte le chant associé au mythe.

GURUWARI

LA MEILLEURE documentation sur la relation intime entre le mythe et sa représentation visuelle chez les Aborigènes d'Australie vient du Désert du Centre et de la terre d'Arnhem. Dans le Désert du Centre, on trouve chez les Walbiris la notion de *guruwari*. Ce terme fait référence au nom des éléments iconographiques conventionnels, de leurs représentations peintes et à l'essence de la fécondité ancestrale qui serait à la fois figurée et incarnée par ces dessins. Ainsi, les *guruwari* ont une manifestation à la fois « intérieure » et « extérieure ». En tant qu'essence intérieure invisible d'une chose, elle dénote le pouvoir caché, puissant du paysage, placé là par les ancêtres et exerçant toujours un pouvoir de fécondité sur les êtres. En tant que manifestation extérieure d'une telle puissance, elle désigne tout signe visible de celle-ci, comme les motifs peints sur les corps des jeunes hommes lors de leur initiation et qui représentent leurs ancêtres.

BULARDEMO : CORONATION HILL

EN 1985, un conflit éclata au sujet de l'exploitation éventuelle d'une mine d'uranium sur un site du Territoire-du-Nord appelé Coronation Hill. Le gouvernement nomma un comité consultatif ; celui-ci auditionna le peuple Jawoyn qui vivait sur le site. Celui-ci déclara que le créateur chasseur Bulardemo, incarné par le paysage, provoquerait une énorme dévastation qui résonnerait jusqu'à Sydney et Melbourne si la mine était effectivement exploitée. Plus tard, au début des années 1990, le site de Coronation Hill fut incorporé au Kakadu National Park, suite à la décision du gouvernement fédéral d'interdire toute exploitation minière.

L'HOMME-PLUIE, ATAIN-TJINA

CHEZ LES ARANDAS du Désert du Centre, l'être créateur mythique, Atain-tjina, est le plus important des hommes-pluie. Son totem est le *murunta* ou serpent d'eau. Il établit son camp sur une côte lointaine avec beaucoup d'autres hommes-pluie plus jeunes.

Atain-tjina s'attaque aux plus jeunes de ces hommes, les capture et les jette à la mer où ils sont avalés par un serpent d'eau géant. Au bout de deux jours, Atain-tjina ordonne au serpent d'eau de rejeter leurs corps sous forme de fumée.

Pendant leur séjour dans le corps du serpent, les jeunes hommes font acquisition de quelques écailles du serpent qui sont d'un blanc éclatant. Une fois libéré, l'un d'eux se rend dans une région de vaste plaine et frotte ses écailles sur un rocher. Il se transforme alors en nuage et s'élève dans le ciel. Il se renverse et laisse pendre ses cheveux sous forme de pluie. Celle-ci se déverse sur la terre. Le jeune homme rejette plus d'écailles qu'il n'en a pris dans le corps du serpent et celles-ci deviennent des éclairs.

Puis l'esprit d'Atain-tjina quitte son corps endormi et monte dans le ciel sous forme d'arc-en-ciel. Le jeune homme-nuage attrape l'arc-en-ciel et l'attache à sa tête. Ils voyagent ensemble vers l'ouest et la pluie cesse. C'est pourquoi l'Australie centrale connaît de longues sécheresses qui se terminent lorsqu'Atain-tjina jette un autre jeune homme dans la mer et recommence le cycle.

LES DESSINS WALBIRIS

LES WALBIRIS d'Australie centrale ont plusieurs catégories de dessins. Les *yawalyu* sont des dessins de femmes, peints sur des corps de femmes. Une femme reçoit la vision du dessin *yawalyu* dans un rêve mais peut transmettre ces mêmes dessins à ses filles. Idéalement, des femmes qui sont belles-sœurs se peindront mutuellement leurs dessins sur le corps. Ces dessins sont supposés promouvoir la fécondité et l'attirance sexuelle des femmes.

Les Walbiris possèdent une autre catégorie de dessins appelés *ilbinji* qui sont peints par les hommes

◄ Planches aborigènes sculptées.
▼ Membres de la tribu malaiische.

et sont censés accroître leur attrait sexuel. Les motifs courants de ces dessins sont l'émeu et d'autres oiseaux, à cause de leur signification phallique, et le feu, car la fumée sert à attirer les femmes.

Les dessins d'hommes rituellement plus importants sont appelés *guruwari* et sont la manifestation primordiale du pouvoir ancestral. Ils sont peints sur le sol, sur des planches, sur des rochers *tjuringa* et sur des armes.

Une dimension importante de cette forme de représentation est sa relation intime avec le sens du toucher. Les femmes walbiris enrichiront un récit de dessins tracés sur le sable où elles sont assises afin qu'une version en langage des signes accompagne toujours leur récit oral.

LES ESPRITS MIMI

LES ESPRITS mimi sont de petits esprits très fins et très fragiles qui ne chassent que par temps calme. Quand des hommes approchent, ils soufflent sur un rocher, une crevasse s'ouvre et ils s'y cachent. Ils sont inoffensifs mais sont indignes de confiance. Leur principal aliment est une sorte d'igname qui pousse en terre d'Arnhem. On voit fréquemment des peintures rupestres d'esprits mimi dans les grottes de cette région. Ils sont représentés par des figures longilignes, aux organes génitaux souvent proéminents s'ils sont masculins et aux gros seins pendants s'ils sont féminins.

L'HISTOIRE DE L'ÉMEU

DANS CETTE HISTOIRE du Dalabon (Territoire-du-Nord), l'émeu a coutume de manger toute la nourriture rapportée par ses compagnons, qui lui demandent en vain de partager. Un jour, un jabiru et un brolga, des oiseaux, repèrent un kangourou et reviennent au camp en informer les autres.

La pie-grièche a mal à la patte et ne peut pas les accompagner. Ils lui bandent la patte et quittent le camp. Ils harponnent le kangourou et le font rôtir près d'un ruisseau.

Le jabiru et le brolga décident l'émeu à partir à la recherche d'un champ d'herbe tendre pour absorber le jus de cuisson du kangourou. Dès son départ, les deux oiseaux découpent le kangourou et s'envolent avec les morceaux, laissant seulement la queue et la pie-grièche. L'émeu revient et trouve le lieu désert, sans viande, ni oiseaux. Il finit par repérer la pie-grièche qui s'est enfuie avec la queue du kangourou. Tous les oiseaux rient et crient : « Nous ne voulons pas rester avec cette vieille femme. » L'émeu femelle a eu de nombreux admirateurs mais, pour ne pas avoir voulu partager, elle les a tous perdus. L'émeu avale alors une pierre et c'est ainsi qu'elle en vint à pondre des œufs.

LES ÉLÉMENTS GRAPHIQUES

L'USAGE DES DOIGTS pour peindre ou dessiner dans le sable atteste de la douceur avec laquelle la main de l'homme génère en un seul et même temps un mode d'existence à partir de la terre et un récit artistique et mythique de cette vie. Les éléments iconographiques sont un double visuel du langage parlé. Comme les mythes ancestraux et les autres histoires prennent habituellement la forme d'un voyage, les dessins composent une carte. Une ligne droite peut être une lance, un bâton pour se battre ou pour creuser, ou indiquer le sens de déplacement d'un acteur. Une série de cercles représente un acteur en train de marcher ou de danser. Une ligne incurvée est un acteur qui dort ou se repose, une arche parabolique, un acteur assis. Les cercles ont de multiples significations ; ils peuvent représenter un nid, un trou, un point d'eau, un arbre, un fruit, un œuf ou un camp. Un ovale est un récipient d'eau ou de nourriture, un couffin en écorce pour enfant, un bouclier, une sarbacane ou un trou creusé dans le sable pour dormir.

◀ *Peinture sur écorce montrant un esprit aborigène masculin des rochers, ou esprit mimi.*

▼ *Chaque image recèle une signification cachée. Derrière les formes animales et humaines se dissimulent les histoires racontées par la courbure des traits, les symboles et les relations spatiales.*

LE DJANGGAWUL

LA TRINITÉ des Djanggawul, un homme, sa sœur aînée et sa sœur cadette, de la *moeity* Dua, vivent sur l'île de Bralgu au large de la terre d'Arnhem. L'homme a un pénis allongé et ses deux sœurs des clitoris allongés ; ceux-ci traînent quand ils marchent et creusent des sillons dans le sol. Le pénis du frère et les clitoris des sœurs sont des bâtons sacrés ou *rangga*. Le frère féconde ses sœurs ; à cette époque, il n'est pas interdit d'avoir des relations sexuelles avec des membres de sa propre *moiety*.

Après avoir laissé des rêves sur cette île, ils chargent leur canoë et s'embarquent vers le continent. En ramant, ils nomment diverses créatures comme le *lindaridj* (perroquet), le *damurmindjari* (canard sauvage) et le *djardja*, et laissent des rêves dans les endroits où ils passent. Le frère crée des points d'eau en frappant le sol de son *rangga*. Ils poursuivent leur voyage. À Nganmaruwi, la sœur aînée découvre qu'elle est enceinte. Son frère insère un doigt dans son vagin pour en extraire un garçon. Il prend beaucoup de précautions car, s'il l'ouvrait trop, les nombreux bébés qu'elle porte tomberaient.

Ils continuent leur voyage, abandonnant des objets sacrés, et le frère creuse d'autres puits avec son bâton *rangga*. Ils voient diverses créatures et leur donnent des noms. Ils poursuivent, leur pénis et clitoris traînant sur le sol ; les femmes sont toujours enceintes. Ils nomment d'autres créatures et laissent encore des rêves mais évitent la *moiety* Jiritja. Ils abandonnent les emblèmes sacrés *rangga* en cours de route et donnent des noms « internes » (secrets) et « externes » (publics) aux choses à mesure qu'ils les rencontrent.

Le frère continue à insérer son doigt dans le vagin de sa sœur pour faire tomber les enfants, en allant chaque fois plus profondément jusqu'à enfoncer la main entière, puis le bras et recueille ainsi beaucoup d'enfants.

Ces personnes deviennent les ancêtres de divers groupes *mada* (linguistiques) en terre d'Arnhem.

JULANA ET NJIRANA (DÉSERT OCCIDENTAL)

PENDANT que Njirana vagabonde, Julana, son pénis, se sépare de lui. Il effraie les Sept sœurs, les Minmara, avec un petit *bull-roarer* pour essayer d'en éloigner une. Une autre fois, Njirana entend une femme appelée Minma Mingari passer près de l'eau. Julana pénètre la femme, mais elle se lève et demande aux chiens de mordre le pénis de Njirana. Alors qu'ils s'exécutent, Njirana retire son pénis. Les chiens continuent d'attaquer l'organe tandis que Minma Mingari suit le mouvement de va-et-vient du pénis. Ils arrivent à Anmangu où ils se métamorphosent tous en rochers.

▲ *Diverses créatures, dont le canard sauvage, doivent leur nom à la trinité des Djanggawul.*

LE MOUVEMENT ACRYLIQUE DANS LE DÉSERT DU CENTRE

LES ARTISTES aborigènes du Territoire-du-Nord diffusent maintenant leur art en Europe et en Amérique du Nord. Dans les années 1970 et 1980, Geoffrey Bardon aida les artistes du Désert occidental et du Centre à transférer leurs peintures sur des toiles pour les vendre aux musées et aux collectionneurs privés. Aujourd'hui, les artistes de Yuendumu, dans le pays walbiri, ou de Papunya et Kintore, exécutent des dessins ancestraux à la peinture acrylique. Les peintures d'artistes aussi connus que Charley Tjungarrayi et Clifford Possum Tjalpatjari, font partie du corpus des œuvres d'Australie centrale présent dans les grandes galeries australiennes. La peinture de Tjungarrayi, *Frog Dreaming* (*Rêve de la grenouille*), a pour sujet le processus créatif à l'origine de la dernière ère glaciaire, une histoire qui, apparemment, a duré plus de 30 000 ans en Australie centrale. De nombreux récits du Désert occidental concernent le cycle de rêves de Tingari. Dans ce cycle, des groupes de vieillards vagabondaient en composant des cycles de chansons et des séquences rituelles.

LES RÊVES DANS L'ART

L'ARTISTE PINTUBI Riley Major Tjangala réalisa en 1987 la peinture le *Rêve du Serpent* à Kakarra, près de Kintore, à proximité de de la frontière séparant le Territoire-du-Nord de l'Australie occidentale. Elle représente l'homme-serpent de la sous-section Tjakamarra et sa femme qui habitaient ce site. Les cercles figurent les dunes de sables de Kakarra. La légende dit que le fossé entre ces dunes fut créé par le serpent lorsqu'il voyagea au *dreamtime*.

Une association plus moderne des cosmologies aborigène et occidentale est présentée dans une peinture réalisée en 1986 par Brogus Nelson Tjakamarra, un Walbiri de Yuendumu. L'artiste s'est inspiré d'une représentation de la comète de Haley qu'il a utilisée comme thème central. La trajectoire de la comète est figurée par une boucle, et la comète elle-même est montrée dans diverses positions au cours de sa rotation autour du soleil. Les autres planètes sont la Terre, la Lune, la constellation des Pléiades (fréquemment nommée les Sept Sœurs par les Aborigènes d'Australie) et Vénus, l'étoile du matin. Les Sept Sœurs sont un rêve important pour les Walbiris et aussi pour toute l'Australie.

◄ *Des tribus aborigènes éloignées géographiquement avaient en commun des histoires, des croyances et des artefacts, comme cette sculpture sur bois d'oiseau du* dreamtime. *Les voyages et les rencontres ont favorisé l'enrichissement des sous-cultures individuelles.*

▼ *Cette peinture sur écorce représente une vision « aux rayons X » de deux crocodiles. Elle est soit le résultat de recherches effectuées après une dissection, soit la représentation de la vision des chamans après consommation de plantes hallucinogènes.*

visuelle de l'Australie centrale et les dessins figuratifs, proches des représentations naturalistes de l'art de la terre d'Arnhem occidentale. Elles ont deux types de signification : elles se réfèrent soit aux événements des mythes, soit aux motifs topographiques du paysage, ou aux deux à la fois. Par conséquent, on peut dire qu'elles ont toujours une double fonction.

LES PEINTURES SUR ÉCORCE

EN 1959, sur l'île d'Echo au large de la côte nord-est de la terre d'Arnhem, une collection d'objets sacrés et de peintures sur écorce fut exposée à l'extérieur de l'église. Cette initiative des chefs aborigènes visait à montrer à la société blanche que le peuple aborigène possédait des artefacts et des dessins à fort potentiel et qu'il était désireux de les partager. Pour les Aborigènes, c'était une manière de demander reconnaissance, aide et assistance, dans leur combat pour survivre avec leur culture dans l'État euro-australien.

LES MARIAGES INTER-GROUPES

LE RÉSEAU des fleuves Murray et Darling couvre une grande partie du Sud de la Nouvelle-Galles-du-Sud, le Nord de l'État de Victoria et l'Est de l'Australie méridionale ; il constitua un centre d'intérêt important de la vie régionale aborigène ainsi qu'un vecteur emprunté par les mythes, les artefacts et le commerce. Les histoires de Faucon et de Corneille ont été recueillies auprès de groupes aborigènes de cette région. Ces oiseaux portent le nom de deux *moieties*, ou moitiés de la société. Ils sont représentés comme des créatures antithétiques, toujours en conflit, qui, dans certains cas, font la paix. Ainsi, les gens se divisent en deux groupes et commencent à se marier entre eux.

▲ *Cette superbe peinture sur écorce montre un couple de crocodiles avec ses petits.*

LES TECHNIQUES DE PEINTURE

DANS L'OUEST de la terre d'Arnhem, le style de peinture « aux rayons X » montrant l'anatomie interne élaborée d'êtres humains et d'animaux – pour ces derniers, elle indique les parties comestibles – est très développé.

Une variante intéressante du motif « aux rayons X » dans cette même région est obtenue grâce à la technique de remplissage appelée *rarrk*. Réservée à la représentation d'êtres ancestraux, elle montre les organes internes de leurs corps qui figurent en même temps des reliefs du paysage. Ici, nous sommes confrontés à un renversement artistique. Au lieu de montrer des êtres ancestraux qui marquent le paysage de leur empreinte en abandonnant des parties de leur corps, les peintures montrent le paysage « à l'intérieur » de l'ancêtre, comme si la terre faisait partie intégrante de son corps. Cette technique est associée aux cérémonies des Mardayins, centrées sur la relation entre une personne et les terres de son clan.

Les peintures sur écorce des Yolngus du nord-est de la terre d'Arnhem, utilisent des dessins géométriques apparentés au cercle, au point et à la ligne de la représentation

Afrique

INTRODUCTION

L A MYTHOLOGIE de l'Afrique est à la fois unique et impressionnante de diversité. Même si beaucoup de peuples partageaient une langue commune et vivaient géographiquement à proximité les uns des autres, les croyances locales variaient énormément. Il existe bien évidemment des thèmes, des personnages et des dieux communs récurrents dans les mythologies de tout le continent, mais les cultures individuelles possédaient généralement leurs croyances et leurs coutumes propres.

Certains croient que l'histoire du cosmos se divise en trois époques. La première est parfaite, un âge d'or où les dieux, les hommes et les animaux cohabitent en une totale harmonie. Puis, durant la deuxième de ces trois périodes, l'âge de la création, le dieu créateur fait naître la terre, les hommes et les animaux. C'est une période de différenciation car Dieu a créé la vie en s'utilisant comme matière et modèle, tentant ainsi de recréer l'âge d'or sur terre. Mais quelque chose se produit, indiquant que l'âge de la perfection est terminé et ne peut être reproduit sur terre ; la mort fait son entrée dans le monde, la terre et l'humanité sont défectueuses. C'est une période de chaos et d'ordre, de peur et d'espoir, d'atténuation du passé et de promesse d'un nouvel avenir. Ce dualisme ordre-chaos est parfois considéré comme la nature même du dieu créateur.

Dans certains systèmes religieux, ce créateur est un dieu farceur à la fois bienveillant et créatif, et sorcier imprévisible et, souvent, destructeur. C'est un dieu qui porte en lui la vie et la mort, un illusionniste aux particularités sublimes et scandaleuses. Ce mélange dialectique se retrouve dans la création des hommes qui portent en eux la vie et la mort et se conduisent aussi de manière sublime et scandaleuse. Cet état de fait résulte du défaut remontant à l'âge de la création, cette période primordiale de transformation, ce rite de passage au niveau cosmologique.

Au fil du temps, la part pieuse, créatrice du dieu-farceur et du dieu dualiste se rend au ciel, s'éloigne encore plus des hommes et de la terre, et sa partie destructrice reste sur terre, avec un potentiel de perfection et de bonté : le dieu-farceur est devenu profane. Ce troisième âge est l'âge contemporain, le monde d'aujourd'hui, un royaume où les hommes et les dieux sont isolés les uns des autres, où les hommes, à travers les rituels et les traditions, cherchent à dupliquer cet âge parfait, perdu depuis longtemps et dont un faible écho demeure perceptible.

Durant cette course de l'âge parfait à l'âge contemporain, les hommes ou les animaux expriment fréquemment leur libre arbitre, se démarquant ainsi de Dieu. Cette phase du processus de différenciation est caractéristique de l'âge de la création. Tout en s'éloignant de Dieu, les hommes et les animaux conservent certaines qualités de cette unicité originelle (qui est la leur durant l'âge parfait) mais perdent une qualité divine essentielle, l'immortalité. Pour de multiples raisons, en se séparant de Dieu, ils deviennent mortels. La mort entre dans le monde ; elle est souvent le résultat d'un acte de libre arbitre imputable à un homme ou un animal, un acte qui est au cœur de l'âge de la création.

DIEU, LE CRÉATEUR

DANS LES RELIGIONS africaines, le dieu créateur prend diverses formes. Il peut y avoir un seul dieu ou un panthéon de dieux. Dieu peut être une entité totalement positive ou une force duelle comprenant le bien et le mal. Il peut être un dieu-farceur, à la fois majestueux et avili, un esprit ordonné ou désordonné, tour à tour destructeur et créateur. Le dieu-farceur est un symbole de la période de transformation qui caractérise l'âge de la création. En passant de l'âge d'or ou âge parfait, à l'âge contemporain, il incarne le changement – l'évolution de la perfection de Dieu (le côté créatif du dieu-farceur) vers l'homme défectueux (le côté destructeur du dieu farceur).

À l'âge contemporain, le côté divin de cet illusionniste n'existe plus, il ne reste que le côté profane, un personnage imprévisible dont la créativité résiduelle paraît dans les illusions qu'il édifie, et dont l'amoralité se remarque dans sa conduite, souvent antisociale. Le chaos engendre l'ordre : c'est la lutte entre l'ordre et le chaos, entre la créativité et la destruction. Ce combat cosmologique primordial est un combat universel. Ce dieu duel représente chacun

▼ *Figurine double en bois représentant les ancêtres.*

AFRIQUE

BERBÈRES

DÉSERT DU SAHARA

Nil

KAKWA
NUERS

Niger
EKIO
BURA
PABIR
IGBO
KONO AKAN ASHANTI
KRACHI

ZANDÉ

ZANDÉ
BOLOKI
GANDAS
KIKUYUS
Congo
FANGS
PHALOULH

OCÉAN ATLANTIQUE

OCÉAN INDIEN

AMBOS
KIMBINDU
LAMBA
Zambèze
RONGA
SAN SHONA
MALGACHES

DÉSERT
DU KALHARI

SAN BERG
DAMARA   XHOSA
SAN

KIKUYUS Nom de peuple

Région désertique

Forêt tropicale

Peintures et sculptures rupestres

---

de nous, homme ou femme, qui se débat entre les deux faces de sa nature. Le triomphe du chaos et la mise en ordre du monde deviennent notre promesse et notre espoir, mais le dieu-farceur divin et le dieu-farceur profane, toujours amoral et prêt à brouiller l'ordre par le chaos, font aussi partie de nous.

LE MYTHE ET LA MÉTAPHORE

LE MYTHE devient une métaphore permanente du devenir possible des hommes, allant du chaos de leurs vies à un genre d'ordre éternel. Il est une ritualisation de leur vie quotidienne, un lien qui les relie à leurs dieux. Mais tandis qu'ils rêvent de ce type d'ordre, ils courent le danger, en aspirant à une unité avec Dieu, de perdre leur libre arbitre. Les mythes commencent souvent par une scène domestique familière, un événement dans lequel chacun peut

▶ *On pensait que le caractère des dieux était duel.*

s'inscrire : une activité humaine violente, la recherche d'un époux ou d'une épouse, une personne victime d'une agression. De ces événements, souvent antisociaux, émane une nouvelle vie. La violence est intentionnelle car elle représente le chaos, et la création qui en émerge représente l'ordre. Les hommes aspirent à cette

---

complétude qu'ils ont perdue. En eux-mêmes, une lutte fait rage, entre le désir d'union et celui d'indépendance. Ils sont témoins de cette lutte alors qu'ils se rapprochent de l'âge contemporain, ils la découvrent particulièrement dans les personnages de l'illusionniste et du héros, chez qui le combat entre l'humanité affranchie et l'unité avec Dieu se poursuit. Cette unité se perd lorsqu'ils se rapprochent de leur monde. Le dieu-farceur profane devient alors le spectre de ce que les hommes risqueraient s'ils s'éloignaient de Dieu, s'ils passaient de la perfection morale à l'indifférence amorale.

LE MYTHE ET LA LÉGENDE

LE MYTHE se trouve au centre de tous les récits, légendes et épopées comprises. Dans un récit ekoi (Nigéria), un mouton donne la nourriture de sa ferme à ses voisins mais, quand il vend sa ferme pour une pierre précieuse, ces mêmes voisins refusent de lui rendre la pareille, lui rétorquant qu'il a été ridicule de vendre sa ferme pour un tel objet. Mort de faim et de chagrin, le mouton donne la pierre à Efflon Obassi car ce dieu se rend au paradis. Le dieu met la pierre dans une boîte ; lorsqu'elle brille, c'est la pleine lune, symbole de la générosité du mouton mais, une fois par mois, le couvercle se ferme et il n'y a plus de lumière, suggérant ainsi que le dieu désapprouve la conduite égoïste des voisins du mouton.

LES THÈMES COMMUNS

LE CRÉATEUR de mythes compose son recueil d'histoires autour d'un sentiment initial d'entente perdue, suivi d'un effort pour regagner cet état. Si l'on considère les nombreux récits qui constituent les systèmes de mythes africains, il est possible de mettre en évidence un certain nombre de points communs.

Dieu crée l'univers, le modèle puis crée la vie. Pendant l'âge de la création, deux forces s'affrontent, celle du chaos et celle de l'ordre. Dans certains mythes, ces forces sont des extensions du dieu créateur, son fils ou sa fille par exemple, incarnant ses côtés destructeur et créateur, à la fois vivifiant et mortel. De telles divinités reflètent la transformation qui caractérise l'âge de la création, une période durant laquelle ces énergies contraires se heurtent dans le cosmos. Ainsi sont créés le monde et l'humanité, et le combat, écrit en toutes lettres dans le cosmos, s'introduit dans la vie terrestre et dans la nature humaine. Dans chaque être humain se trouve un microcosme de forces qui existaient dans ces temps primordiaux au cours desquels Dieu procédait à la fabrication de l'univers.

L'ŒUF COSMIQUE

MEBEGE (Fang, Pahouin/Congo, Gabon) est très seul. Il arrache des poils sous son bras droit, il extrait une substance de son cerveau et prend un galet dans la mer. Il souffle dessus et obtient un œuf. Il donne l'œuf à Dibobia, une araignée suspendue entre le ciel et la mer et, lorsque l'œuf est chaud, Megebe descend et pose du sperme dessus. L'œuf se craquelle et des individus en sortent ; ce sont les trois enfants de Megebe.

Puis Megebe prend un brin de raphia, en fait une croix, établissant ainsi les quatre directions. Il arrache des poils sous ses bras, des cheveux de son cuir chevelu, les roule en boule et souffle dessus, créant des termites et des vers. Ils se dispersent dans toutes les directions et, avec leurs déjections, construisent la terre sur laquelle, une fois durcie, marchent les trois êtres humains.

LES EMPREINTES DE DIEU

AU DÉBUT, quand Lesa (Lamba/Zambie), dieu et être suprême, se rend sur terre, il porte le nom de Luchyele. Venu de l'est, il aménage l'intégralité de la campagne – rivières, montagnes, arbres, herbe. Accompagné d'un grand nombre de personnes, il installe les nations et les communautés à leur place respective et continue sa progression vers l'ouest. Les empreintes de pied de Lesa et de ses gens sont visibles dans la plaine d'Itabwa. Les cailloux sont mous comme de la boue mais, dès le passage de Lesa, la boue se durcit et les traces restent désormais intactes. Puis Lesa revient au Paradis, très haut dans le ciel, comme il l'a promis à ses enfants avant de partir.

◄ *Statue féminine avec enfant figurant la maternité.*
▼ *Masque fang (Megebe), objet rare.*

LE DIEU DUEL

POUR DRAMATISER et symboliser les forces actives durant la première période de création, Dieu est parfois dépeint comme une figure complexe, ambiguë, à la fois créatrice et destructrice, deux forces opposées à l'intérieur d'un seul être. Gulu (Ganda/Ouganda) est un dieu créateur de ce type. Il a une fille, Nambi, représentant son côté créatif, et un fils, Walumbe, qui symbolise son côté destructif. Nambi, mariée au premier homme, Kintu, apporte la vie dans le monde, tandis que son frère, Walumbe, apporte la mort. Kintu et Nambi refusent de partager leurs enfants avec Walumbe et celui-ci commence à s'en emparer en les faisant mourir.

LA LIAISON ENTRE LA TERRE ET LE PARADIS

AU DÉBUT, il existe des liens entre Dieu et les mortels, entre son lieu de résidence, au Paradis, et la terre, maison des hommes. La fille de Dieu se rend sur terre et marche parmi les hommes. Les hommes vont au Paradis et vivent avec les dieux.

Le dieu créateur se déplace sur la surface de la terre, créant de nouvelles vies, refaçonnant et détaillant le lieu qu'il a fait exister. Il rencontre des hommes, vit avec eux et ceux-ci sont ses enfants. Il procède à leur éducation, les punit et les récompense, fait un effort pour organiser ce qu'il a créé.

Les premières liaisons, même si elles ne sont pas toujours fermes, sont présentes. Une déesse, arc-boutée au-dessus de la terre, veille et observe. Des chaînes, des fils, des cordes, des filins, des toiles et des arbres relient le ciel et la terre ; Dieu et les hommes restent relativement proches. Wulbari (Krachi/Togo), le dieu créateur, envoie des hommes et des femmes sur terre grâce à une chaîne. Chez les Holoholos (Congo), un arbre gigantesque réunit le ciel et la terre. Une vieille femme (Ronga/Mozambique) voit une corde se dérouler depuis un nuage. Elle grimpe à cette corde et se trouve dans un pays qui surplombe le ciel et ressemble

à son propre pays. Lorsque l'âme quitte le corps (Berg Damara/Namibie), elle emprunte une large route qui conduit au village de Gamab, la plus haute divinité, situé dans le ciel.

▲ *Un arbre isolé domine la plaine africaine.*
▼ *Remarquable statue représentant un personnage africain masculin.*

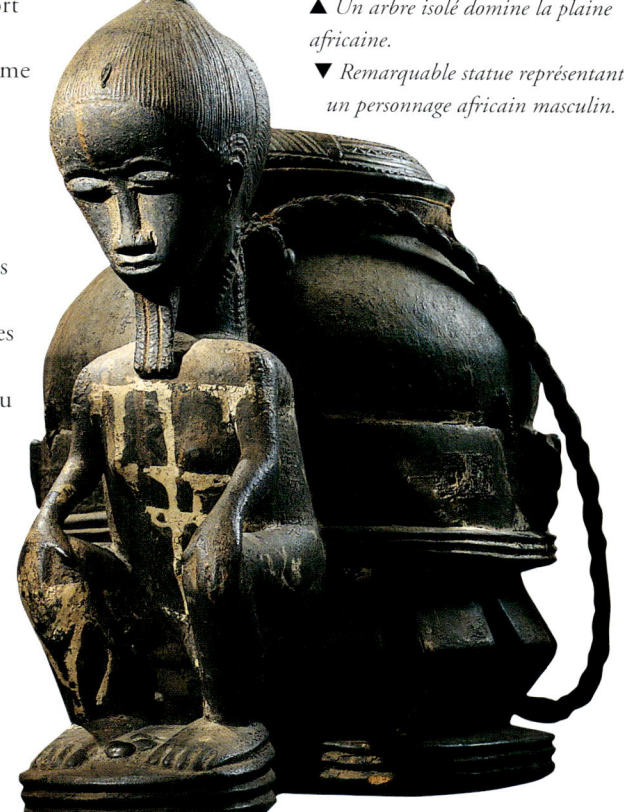

plusieurs mortiers, les empile
et se rapproche progressivement
du ciel. Or, pour atteindre Nyame,
il lui manque encore un mortier.
Elle demande à un enfant de lui
en trouver un mais il n'y parvient
pas. Désespérée, elle lui demande
de prendre un des mortiers du bas
de la pile, ce qu'il fait, et la tour
s'écroule.

LES HOMMES IMPLORENT DIEU

DEPUIS LONGTEMPS, les gens sont harcelés
par les bêtes sauvages. Ils se demandent
pourquoi, si Nguleso, l'être suprême,
(Kakwa/Soudan) existe, ces créatures
les dévorent. Certains prétendent
que Nguleso, trouvant qu'ils agissent mal,
a envoyé les animaux pour les punir.
Mais, quand les vivants voient les hommes
morts, ils décident que Dieu les a
injustement traités. En effet, ces hommes
n'ont pas usurpé la propriété d'autrui,
ne sont pas entrés dans la maison d'autrui
et Nguleso les ennuie sans raison.
Ils appellent donc les esprits,
Nguloki et, par
son intermédiaire,
invoquent Nguleso
qui se trouve au ciel.

▲ *Masque de Nimba,
la déesse
de la fécondité
des Baga.*
▶ *Statue
nigériane
d'une déesse
en bois peint
et en métal.*

LA SÉPARATION

QUELQUE CHOSE provoque la séparation
du ciel et de la terre, de Dieu et de ses créations
– une désobéissance, un combat, une erreur,
une malédiction. La mort survient dans
le monde. Les hommes commettent
une faute et déclenchent la colère de Dieu :
un message de vie éternelle envoyé
par Dieu à la terre est tragiquement ou mal
interprété, Dieu est déçu par les activités
des hommes, leur vanité triomphant
de la modestie et du désintéressement.
Peut-être à cause d'une querelle ou d'un
interdit non respecté, les liens avec le ciel
sont rompus, les dieux quittent la terre
et les hommes se retrouvent seuls dans
un environnement imparfait. Les hommes
essaient de rétablir le contact avec le ciel,
en construisant de hautes tours mais

elles s'effondrent sous leur propre poids
et sous le poids de leur insolence.
Un fossé se creuse entre le ciel et la terre,
fossé qui devient un véritable gouffre.
La cassure devient totale ; les hommes
se retrouvent livrés à eux-mêmes.

DIEU SE RETIRE
DE LA TERRE

ABEREWA, la femme primordiale,
frappe son mortier avec un pilon
alors qu'elle prépare à manger
pour ses enfants et le pilon heurte
le ciel. Ennuyé, Nyame (Akan,
Ashanti/Ghana) part. Alors,
Aberewa tente de rétablir le contact
avec lui. Pour cela, elle se procure

LE COMBAT ENTRE DIEU ET LES HOMMES

SUR LA TERRE, le combat primordial entre les forces du bien et du mal se poursuit, car les hommes font des efforts pour maintenir des contacts avec le ciel. Des êtres fantastiques et surnaturels se frayent un passage dans les interstices de la vie humaine, reflétant les heurts internes dus au combat que mènent les hommes pour atteindre le meilleur côté de leur nature. Dans leur vie quotidienne, dans leurs rites de passage, dans leurs rapports sociaux, les hommes sont engagés dans une lutte avec Dieu tandis qu'ils essayent de mettre de l'ordre dans leur vie. Les êtres fantastiques et surnaturels deviennent les indices de leurs escarmouches quotidiennes et des transformations qui en résultent.

Les héros sont emblématiques du combat temporel, renfermant en eux-mêmes des qualités positives et négatives. Dans les légendes, chaque homme et chaque femme, obéissant aux injonctions culturelles et aux rituels sociaux, cherche à restaurer l'harmonie perdue, une seconde liaison. Les héros ne sont pas seuls à mener ce combat titanesque, chaque homme et chaque femme y participe, c'est pourquoi la légende est inévitablement construite autour d'un noyau mythique. Le sujet est le suivant : les hommes ont été séparés de Dieu mais celui-ci résonne en eux.

LES COMBATS RITUELS

DANS LES HISTOIRES qui constituent les traditions du mythe africain, il y a un début, l'origine de l'univers, et une fin, l'arrivée de la mort. Entre ce début et cette fin, prend place le combat pour réitérer le premier et prévenir le second. Les liaisons initiales entre le Ciel et la terre sont interrompues et il s'ensuit une séparation entre Dieu et les hommes. Pour rétablir cette liaison, un conflit se déclare sur la Terre entre les forces opposées, et prend soit la forme de héros mythiques soit la forme de combats rituels humains.

L'ÉCHEC HUMAIN

LES INSTITUTIONS et les cérémonies culturelles sont les manifestations immédiates de la dévotion intérieure et elles montrent aux hommes le chemin pour aller à Dieu. Si les hommes observent loyalement et parfaitement ces mœurs sociales, ils peuvent à nouveau toucher le visage de Dieu. La mort est toujours victorieuse, même si certains suggèrent qu'il y a, dans la mort, une union avec le dieu des origines. Dans certains mythes, les hommes se réjouissent de la liberté que leur procurent leur séparation d'avec Dieu. C'est une gaieté anxieuse mais, en rompant leur lien avec le ciel, les hommes se retrouvent seuls et doivent chercher le moyen de survivre, non dans le cosmos, mais en eux-mêmes. Ainsi, le héros qui se met à cheval entre la terre et le ciel cède à l'homme prosaïque, et les seuls échos de cette union primitive avec Dieu résonnent à l'intérieur plutôt qu'à l'extérieur.

LA MORT PÉNÈTRE DANS LE MONDE

AU DÉBUT, la mort n'existe pas. Tous sont donc surpris à la mort du premier homme. On envoie un ver au ciel pour demander à Hyel, la divinité suprême (Bura, Pabir/Nigeria), ce qu'il convient de faire. Hyel répond qu'il faut suspendre le cadavre dans un arbre et lui jeter de la bouillie jusqu'à ce qu'il reprenne vie. Ensuite, personne ne mourra plus. Sur le chemin du retour, un lézard nommé Agadzagadza, qui a entendu les recommandations de Dieu, double le ver pour duper les hommes qui attendent sur terre. Lorsqu'il arrive, il leur dit que le ciel a conseillé d'enterrer le cadavre. Le cadavre est donc enterré. Plus tard, quand le ver arrive à son tour et leur donne le véritable message, ils sont trop paresseux pour sortir le cadavre de sa tombe. Ayant refusé de faire ce que Dieu leur a demandé, les hommes continuent à mourir.

◀ *Les masques ont servi à montrer la nature duale des dieux. Ce superbe masque vient d'Angola.*

LE DIEU-FARCEUR

QUAND IL JOUE le rôle du dieu-farceur, le dieu créateur suggère la dualité ordre-chaos reflétant ainsi la dualité de l'univers pendant que l'être suprême se déplace pour apporter l'ordre ou le désordre. Kaggen (San/Bostwana, Namibie, Afrique du Sud), un *mantis*, est un dieu-farceur. Révélant sa nature fourbe, il vole le mouton de certaines tiques primitives. Sa dispute avec ces dernières établit une rupture nécessaire dans le monde mythique qui conduira à son démantèlement et à sa reconstruction en termes terrestres. Les tiques, qui possèdent un abri, des vêtements et des animaux domestiques, deviennent les victimes du dieu-farceur puisqu'il les sort de leur monde, celui qui fournit l'infrastructure initiale de la civilisation San primitive.

AU COMMENCEMENT...

IL EXISTE des histoires nombreuses et variées sur la forme initiale de l'univers et les activités primitives de dieux créateurs – un œuf cosmique, un tapis jeté dans le vide, une terre dangereusement perchée sur les cornes d'un taureau, deux mondes enfermés dans une sphère. Durant ces périodes de formation, il existe un malestrom agité d'activités de modelage, de ciselage, d'organisation, de taille, de sculpture puis, de cette mêlée de forces en présence, apparaissent des cieux, de la terre, un œuf et l'homme lui-même, par le biais de serpents, d'araignées, de caméléons, de corps célestes, de l'arc-en-ciel et de l'éclair. Des animaux, des arbres et des plantes surgissent aussi. Les hommes, parfois suspendus entre ciel et terre, entretiennent des relations avec les deux royaumes.

ⵖ
LES PASSAGES RITUELS

LE SYMBOLISME D'UN PERSONNAGE mi-animal, mi-humain (Lamba/Zambie) révèle le passage d'un humain d'une identité à une autre, puisqu'il passe de la partie de lui-même potentiellement pire à la meilleure. Ainsi, l'enfant-lion et l'enfant-vache passent du monde animal, dans lequel « la force prime le droit », au monde humain où ils rétablissent l'ordre en anéantissant pour cela huit vieillards qui refusent aux gens l'eau vitale et vont ainsi dans le royaume céleste. Là-bas, l'un d'eux s'attribue le rôle de Dieu, suggérant que, après s'être éloigné de l'animal qui était en lui, il a également trouvé le dieu qui était en lui.

ⵣ
L'ARC-EN-CIEL MYTHIQUE

UN GARÇON (KIKUYU/KENYA) garde un troupeau dans les prairies de Mukunga M'bura, l'arc-en-ciel mythique qui, pour se venger, avale le père du garçon et son peuple, les animaux de basse-cour et les habitations – tout sauf le garçon. Une fois devenu adulte, ce dernier prend son arme pour se battre avec Mukunga M'bura qui, maintenant effrayé par les mortels, l'implore de faire un trou dans son doigt plutôt que dans son cœur afin qu'il survive. Le jeune acquiesce et tout ce que Mukunga M'bura a avalé ressort. Le jeune homme épargne Mukunga M'bura puis, craignant sa vengeance, revient le tuer. Mais une jambe de Mukunga M'bura se jette dans un bassin. Le lendemain, quand le jeune homme vient détruire celle-ci, il ne trouve pas d'eau mais seulement les animaux de basse-cour qui étaient restés à l'intérieur de Mukunga M'bura.

ⵣ
LA CRÉATION DE LA TERRE

AU COMMENCEMENT, quand la terre émerge du chaos, Ale, la déesse de la terre (Igbo/Nigeria), établit un décret stipulant que tout homme qui meurt doit être enterré dans la terre. Ainsi, la terre naît de sa matrice. À compter de cette époque, les morts que l'on enterre reviennent à la terre pour que, ainsi, les hommes ne fassent plus qu'un avec la déesse Ale. Mais bien plus tôt, lorsque Ale était absente de la terre, la mère d'un gros oiseau appelé Ogbu-ghu, le calao, meurt, et ce dernier ne trouve aucun endroit où l'enterrer. Il vole dans toutes

◀ *Statue d'une déesse africaine en bois, décorée de pigment et de métal.*

les directions en portant son corps sur son dos et en creusant une tombe sur sa tête – cela explique pourquoi le calao a une bosse sur la tête. Dans sa quête, Ogbu-ghu survole l'eau, cherchant sans relâche un lieu de repos éternel pour sa mère. Mais il n'en trouve aucun. Finalement, il voit un homme et une femme ; ils sont immenses et nagent dans l'eau, créant quelque chose. La terre commence à apparaître. Quand sa surface augmente, on entend Ale dire : « Quand un homme meurt, enterrons-le ici. » Et elle étire son corps sur la terre. Oghu-ghu a enfin trouvé un lieu de repos pour sa mère.

ⵣ
LE PEUPLE DES NUAGES

MOTU (BOLOKI/CONGO) plante un grand jardin avec des bananes et des plantains. Les fruits mûrissent mais, un jour, il découvre que les régimes de bananes mûres ont été coupés et emportés. Ce délit se répète et il décide de se cacher pour surprendre le voleur. Au bout d'un moment, Motu voit un groupe d'hommes-nuages descendre du ciel. Ils se posent sur le sol, commencent à couper les bananes et nouent en paquets celles qu'ils ne consomment pas sur place pour les emporter. Motu sort de sa cachette, attrape une des femmes, l'emmène chez lui et, peu après, l'épouse. Elle est très intelligente et s'acquitte de son travail comme une terrienne ordinaire. Motu et les gens de son village n'ont jamais vu de feu. Ils ont toujours mangé leur viande crue et, les jours pluvieux et ventés, ils restent à l'intérieur de leurs maisons, tremblants de froid car ils ne connaissent ni la chaleur, ni le feu. La femme de Motu demande aux gens des nuages d'apporter du feu à l'occasion de leur prochaine visite. Elle apprend aux villageois à cuisiner et à s'asseoir autour d'un feu les jours où il fait froid.

Motu est très heureux avec sa femme et les villageois sont contents de l'avoir parmi eux. Elle persuade beaucoup d'hommes-nuages de s'établir dans le village de son mari.

Mais les choses changent. Un jour, elle reçoit un panier couvert. Elle le pose sur une étagère en demandant à son mari de ne jamais l'ouvrir. S'il ne respectait pas sa demande, les hommes-nuages s'en iraient. Motu promet. Il est très content car il est entouré, il a une femme habile et les villageois le considèrent comme un grand homme. Puis, un jour, alors que sa femme est à la ferme, il décide bêtement d'ouvrir le panier et ne trouve rien à l'intérieur. Il le referme en riant et le remet à sa place. Mais, quand sa femme revient, elle lui demande pourquoi il a ouvert le panier. Ensuite, pendant que Motu est sorti chasser, elle rassemble son peuple. Tous remontent au pays des nuages pour ne plus jamais revenir sur terre. Voilà comment les terriens ont appris à faire du feu et à cuisiner.

NAMBALISITA

MAINTENANT qu'ils sont séparés, le fossé entre les hommes et Dieu se creuse. Les bouleversements perdurent au ciel et sur terre. C'est une époque souvent malheureuse où les maux se déchaînent, une époque de présages, de fléaux, de malédictions. Mais c'est aussi une période d'euphorie, de liberté nouvelle. Parfois, Dieu et les hommes

◀ Ce masque menaçant originaire du Congo est utilisé pour des danses ou en décoration.

s'engagent dans des combats et, à d'autres moments, les hommes prennent les petits rôles de Dieu et combattent le mal. Nambalisita (Ambo/Angola), le premier homme né d'un œuf, devient un guerrier héroïque durant une série de quêtes pour lesquelles il fait le tour de la terre avec sa mère. Kalunga, qui a créé tous les hommes, entend parler des prouesses de cet homme qui se vante de s'être donné la vie lui-même et invite Nambalisita à venir le voir. Puis, tous deux se mesurent l'un à l'autre, se montrant mutuellement leurs prouesses. À la fin, Kalunga enferme Nambalisita dans une pièce sans porte mais celui-ci appelle les animaux à sa rescousse. Ceux-ci lui façonnent un passage par où s'échapper et remplissent la pièce de citrouilles ; pendant ce temps, Kalunga met le feu à la pièce. Une fois brûlantes, les citrouilles éclatent et Kalunga en conclut que Nambalisita est en train de mourir. Mais Nambalisita poursuit ses aventures.

▲ Cette figurine couverte d'ongles provient du Congo. Elle a pu servir d'offrande pour faire la paix avec un esprit ou le retrouver.

TURE APPORTE LE FEU AUX HOMMES

LE COMBAT TERRESTRE entre l'ordre et le chaos, entre l'union et la séparation, n'est nulle part mieux révélé graphiquement que dans le dieu-farceur, symbole de cette époque. Ture, un dieu-farceur (Soudan, Zandé/Congo) va rendre visite à ses oncles qui forgent le fer. Il actionne les soufflets pour eux, puis leur subtilise le feu car son peuple ne le possède pas. Il continue à souffler sur le feu puis revient le lendemain avec une bande de tissu d'écorce enroulée autour de son corps. Il souffle à nouveau sur le feu jusqu'à ce que le tissu rougeoie et que les forgerons éteignent le feu. Cela se reproduit encore et encore, et ses oncles éteignent immédiatement le feu. Mais ils ne peuvent l'éteindre complètement. Finalement, le dieu-farceur s'enfuit avec le feu en traversant l'herbe sèche. Le feu se répand partout derrière lui. C'est grâce à lui que les hommes ont du feu.

LE HÉROS

SI CERTAINS personnages trouvent Dieu en eux-mêmes, les héros sont à cheval entre la terre et le ciel, s'assurant que la culture qu'ils incarnent reçoit une approbation divine. Les héros, victorieux ou non, sublimes ou non, offrent la promesse d'une union avec le Ciel. Une pierre tombe du ciel, un héros surgit et, plus tard, la pierre s'ouvre et la pluie tombe. Un héros sort d'un œuf et va combattre Dieu pour prendre sa place. Pâle et chevelu, un héros sort de l'eau et établit un gouvernement moderne. La force d'un héros se trouve dans son ombre et, tant que son secret est bien gardé, il joue le rôle de Dieu. Les eaux se partagent pour le héros, né comme par miracle. Le héros, mortel et imparfait, possède en lui la capacité d'atteindre au divin.

IBONIAMASIBONIAMANORO

IBONIAMASIBONIAMANORO (Malgaches/Madagascar) naît miraculeusement. Sa mère, Rasoabemanana, est allée voir un prophète, Ranakombe, pour soigner sa stérilité. Elle s'élève dans le ciel où elle trouve une sauterelle. Celle-ci

Puis il veut se marier. Il vante ses mérites et Ranakombe lui dit ce qu'il doit faire pour trouver une épouse : se procurer un taureau, se déplacer au milieu d'arbres qui sont des imposteurs, obtenir des talismans, stopper un tourbillon, rôtir le taureau, plonger dans l'eau avec les talismans, rester sous l'eau jusqu'à l'aube et alors il trouvera une femme.

ainsi Iampelamananoro pour épouse. Ils restent mariés trois ans et, trois années avant sa mort, Iboniamasiboniamanoro prépare son testament qui stipule de ne laisser aucun homme altérer les liens sacrés du mariage et meurt.

▼ *Les bêtes sauvages, telles que le crocodile, étaient craintes et respectées.*

l'aide à se procurer un talisman de maternité. Toute la nature réagit. Ranakombe informe la mère de la destinée de l'enfant et fait tirer des coups de canon tandis que la sauterelle saute dans le feu, puis entre dans la matrice de la mère par sa tête. Elle y demeure dix ans. Alors, Iboniamasiboniamanoro entraîne sa mère à parcourir la terre en quête d'un lieu où venir au monde. Il décide finalement que ce sera une ferme. Il demande à sa mère d'avaler un rasoir, puis se fraye un chemin vers la sortie en découpant sa matrice. La mère meurt et la nature réagit à nouveau. L'enfant saute dans le feu, est indemne mais ne veut pas se taire avant que les canons aient tiré vers les quatre points cardinaux. Ranakombe lui propose des noms et, après en avoir rejeté plusieurs, il accepte son nom, Iboniamasiboniamanoro. Il reste dans le feu et la nature réagit.

Dans un lieu éloigné, l'infâme Raivato pense singulièrement à son futur ennemi. Iboniamasiboniamanoro grandit et, ce faisant, il prouve ses capacités en triomphant des enfants qu'il combat.

Iboniamasiboniamanoro fait tout cela. Il devient alors un farceur irritable, faisant tomber les biens des gens dans un fossé. Sa mère lui lance quatre défis qu'il relève à chaque fois, triomphant d'un crocodile, de deux ogres et d'un monstre. Il ouvre le monstre et libère les gens que celui-ci avait avalés.

Iboniamasiboniamanoro, bien que sa mère lui ait proposé d'autres épouses, insiste pour aller délivrer Iampelamananoro que Raivato avait kidnappée. Pour accéder à la propriété de Raivato, Iboniamasiboniamanoro, épie les habitudes du vieil homme, puis tue Ikonitra, le vieux serviteur de Raivato, et revêt sa peau. Ainsi déguisé, il pénètre dans la propriété. Au même moment, une assiette et une cuiller se brisent, une natte et les amulettes de Raivato s'agitent.

Iboniamasiboniamanoro, toujours en Ikonitra, gagne aux échecs contre Raivoto et aux croix de bois, gagne aussi dans les champs avec les bœufs. Finalement, il s'empare des amulettes de Raivato, puis enfonce celui-ci dans le sol à coups de marteau et l'anéantit. Il prend

SUDIKA-MBAMBI

LORSQUE LE HÉROS mythique et divin entreprend de franchir les étapes d'un rituel, il établit un modèle pour tout le genre humain. Sudika-mbambi (Kimbundu/Angola) est un être divin qui descend sur terre où, après être né miraculeusement, avoir parlé dans la matrice de sa mère et en être sorti déjà adulte, il s'engage dans divers combats contre des créatures ignobles. Puis il va aux enfers où, dans une lutte spectaculaire, il arrache la vie, sous la forme d'une mariée, au mortel de ce royaume souterrain, Kalunga-ngombe. Par la suite, il est avalé par Kimbiji, un crocodile, et renaît de son ventre.

LE MESSAGE DE VIE

QUAMATHA, LE CRÉATEUR (Xhosa/Afrique du Sud), envoie un caméléon sur terre pour dire aux gens qu'ils resteront immortels. Pendant son voyage vers la terre, le caméléon se sent fatigué et s'arrête pour se reposer. Un lézard qui passe par là lui demande où il va et pourquoi. Alors le lézard prend les devants, se dépêche et annonce aux terriens qu'ils vont mourir. C'est un tollé général et les gens pleurent. Le caméléon, en entendant ces plaintes, se précipite sur terre pour dire aux hommes qu'il n'en sera pas ainsi. Mais ceux-ci ne croient pas le caméléon et deviennent mortels.

Le premier homme et la première femme ont un enfant, un garçon, et Yataa, l'être suprême (Kono/Sierra Leone) leur dit à tous les trois qu'ils seront immortels, qu'il leur donnera des peaux neuves quand leur corps vieillira et qu'ils redeviendront jeunes. Dieu enveloppe les peaux neuves et donne le paquet au chien. Le chien porte le paquet jusqu'à ce qu'il rencontre d'autres animaux en train de manger. Le chien, impatient de partager le festin, pose le paquet et se dirige vers la pitance. Un des animaux lui demande ce que contient le paquet et il raconte l'histoire des peaux neuves. Le serpent entend l'histoire et, profitant d'un instant d'inattention du chien, vole le paquet, l'emporte chez lui et en partage le contenu avec d'autres serpents. Quand le chien arrive à destination, l'homme lui demande où sont les peaux et l'animal lui répond que le serpent les a volées. Ils en parlent à Yataa, et Dieu leur dit qu'il ne reprendra pas les peaux aux serpents mais que, dorénavant, les serpents ne seront plus autorisés à vivre en ville avec d'autres animaux, seront exclus et devront se débrouiller seuls. Ainsi, maintenant, quand un homme vieillit, il doit mourir et, parce que le serpent a volé les peaux, l'homme essaie toujours de le tuer.

LA MORT PRÉVAUT

À LA FIN, la mort qui s'annonçait triomphe ; l'homme devient mortel et reçoit de multiples façons le message qu'il n'est plus éternel. Souvent ce message paraît peu substantiel, mais cela ne fait que renforcer l'équilibre fragile qui soutient et définit la condition humaine. Un caméléon porte souvent le message de vie mais il est devancé par un rival plus rapide ou brouille le message. Parfois, le message de vie est cruellement corrompu, ou perdu à cause d'un besoin irrépressible de nourriture ou de repos. Ou bien Dieu change d'avis. De nombreux mythes suggèrent la possibilité de vie éternelle – attrayante, tentante, taquine – mais qui reste une vague promesse, aujourd'hui perdue. Dans certaines histoires, les hommes, par avidité, arrogance, curiosité ou désespoir, enfreignent un ordre, transgressent un interdit, négligent une opportunité, interprètent mal un message et la vie éternelle devient un espoir lointain et obsédant.

▲ *Masque d'initiation en bois provenant de Côte d'Ivoire. La naissance, le passage à l'âge adulte et la mort, événements déterminants dans la vie des Africains, sont célébrés par des cérémonies, rites et coutumes spécifiques. Les sources du cycle de la vie sont expliquées dans diverses mythologies.*
▶ *En Afrique, le serpent a été puni pour avoir volé les peaux qui devaient rendre l'homme éternellement jeune, et condamné à être chassé par l'homme.*

LES FORCES EN PRÉSENCE

CHAQUE HOMME désire être un dieu ; on se souvient de ses bonnes actions, on les loue et parfois ses actes rituels engendrent le bien permanent. Mais, à l'image de la création, chaque homme a deux côtés. Au niveau mythique, ils sont représentés par le dieu-farceur ou le dieu duel. Les hommes aspirent à ce double divin d'eux-mêmes, à cette résurrection – la renaissance de leur âme représentée par des dieux duels qui, tel le dieu farceur, sont à la fois vivifiants et mortels. La lutte mythique trouve sa contrepartie dans les vies routinières des hommes à l'époque contemporaine.

Caraïbes

INTRODUCTION

L ES ÎLES CARAÏBES offraient une multitude de paysages aux premiers peuples amérindiens. À Trinidad, 5 000 ans avant notre ère, les premiers hommes arrivèrent des forêts tropicales et des savanes du continent sud-américain. Chasseurs-cueilleurs, ils s'adaptèrent vite à la vie insulaire et se déplacèrent vers le nord en canoë, pour rejoindre Tobago, la Grenade, la Martinique. Ces premiers colons virent cette région comme un mélange unique de mer, de terre et de ciel, assez différent des fleuves et des immenses forêts sans fin de leur pays d'origine.

Aux environs de 300 avant J.-C., une nouvelle vague de colons arriva du delta de l'Orénoque au Venezuela, avec dans ses bagages une vie de village organisée, l'agriculture, une sorte de religion chamanique et une vision du monde mythique typique des sociétés de la forêt tropicale de la basse Amazonie. Ces peuples cultivaient le manioc et la patate douce ; ils confectionnèrent leurs premières poteries dans les Caraïbes. Avec des haches en pierre, ils abattirent des arbres pour labourer des champs et créer des villages, transformant à jamais le paysage des Caraïbes. Dès 300 après J.-C., ils s'étaient établis dans toutes les Caraïbes et la mer continuait à jouer un rôle important dans leur vie quotidienne et religieuse.

Christophe Colomb débarqua aux Caraïbes en 1492. À cette époque, la région était principalement occupée par deux groupes amérindiens – les Taïnos (Arawak) dans les Grandes Antilles et les Caribes dans les Petites Antilles. La société taïno avait évolué avec les précédentes migrations provenant d'Amérique du Sud ; elle était basée sur la culture du manioc qui assurait la subsistance de gros villages gouvernés par des chefs (caciques). À Porto Rico et Hispaniola (Haïti), ils pratiquaient un jeu de balle sur de grands courts revêtus de pierre. La religion des Taïnos se fondait sur le culte des ancêtres ; leurs chamans entraient en contact avec les esprits en respirant de la poudre hallucinogène appelée cohoba.

Les Caribes, venus de la côte sud-américaine en canoë, semblent être arrivés plus tardivement aux Caraïbes, autour de 1000 après J.-C. ; ils ont colonisé les Petites Antilles, en particulier la Dominique, Saint-Vincent et la Guadeloupe. La société et la religion caribes étaient moins sophistiquées que celles des Taïnos, avec des villages articulés autour des temples pour hommes et gouvernés par des chefs de guerre. Un des aspects les plus méconnus de la culture caribe était le cannibalisme. Celui-ci prenait souvent la forme d'une consommation rituelle des os d'un parent réduits en une poudre qui était ensuite mélangée à un liquide pour donner une boisson cérémonielle. De telles pratiques étaient mal comprises des Européens mais jouaient un rôle prépondérant dans la religion et la mythologie caribes.

▲ *La mer joue un très grand rôle dans la vie des peuples caraïbes.*

La nature géographique de ce collier d'îles séparées par de grandes étendues de mer imposa des contraintes religieuses, sociales et économiques sur la vie des Taïnos et des Caribes et, pourtant, de nombreux éléments rappelaient leur origine sud-américaine. Cela se vérifiait notamment avec le concept partagé d'un monde animé spirituellement par des êtres ancestraux. À titre d'exemple, les sociétés caraïbe et sud-américaine considéraient les arbres comme des échelles symboliques et mythiques reliant le ciel à la terre, fournissant le matériel surnaturel et physique aux canoës et aux cercueils transportant les morts. Dans les deux régions, les arbres étaient des êtres ancestraux qui arpentaient la terre la nuit.

Malgré cette unité sous-jacente, les îles Caraïbes n'avaient pas une flore ni une faune

LES ORIGINES DES MYTHOLOGIES ET DES RELIGIONS CARAÏBES

LES MYTHOLOGIES des Caraïbes trouvent leurs origines dans les forêts tropicales des plaines amazoniennes. La vision du monde chamanique de ces peuples fut exportée aux Caraïbes et adaptée aux conditions insulaires.

Bien que la région fût peuplée par une série de migrations, les peuples caraïbes indigènes sont toujours restés en contact avec leurs cousins du continent grâce au commerce et aux guerres. Les idées et les influences, en évolution permanente, se traduisaient dans le style des poterie, les langues, les coutumes et l'habillement, ainsi que dans les rituels symbolisant leurs croyances. Cela engendra une mosaïque de peuples et de croyances caractéristiques de la préhistoire caraïbe.

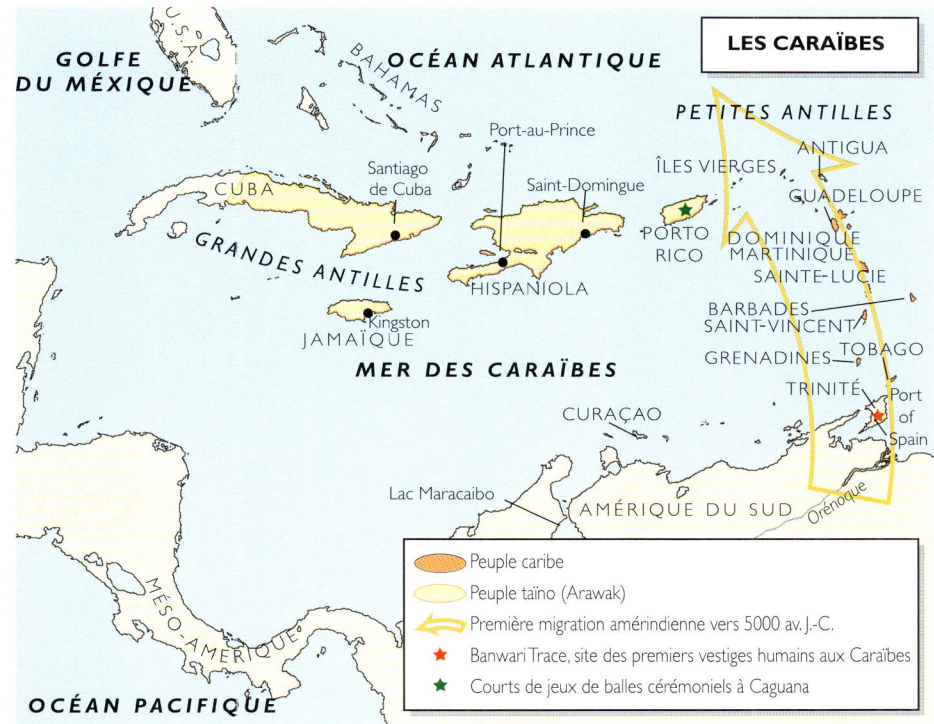

LES CARAÏBES

GOLFE DU MÉXIQUE

U.S.A.

BAHAMAS

OCÉAN ATLANTIQUE

PETITES ANTILLES

Port-au-Prince

ANTIGUA

ÎLES VIERGES

GUADELOUPE

Santiago de Cuba

Saint-Domingue

CUBA

PORTO RICO

DOMINIQUE MARTINIQUE

GRANDES ANTILLES

SAINTE-LUCIE

HISPANIOLA

BARBADES SAINT-VINCENT

Kingston

GRENADINES

TOBAGO

JAMAÏQUE

MER DES CARAÏBES

TRINITÉ

Port of Spain

CURAÇAO

Lac Maracaibo

AMÉRIQUE DU SUD

Orénoque

MÉSO-AMÉRIQUE

OCÉAN PACIFIQUE

Peuple caribe

Peuple taïno (Arawak)

Première migration amérindienne vers 5000 av. J.-C.

Banwari Trace, site des premiers vestiges humains aux Caraïbes

Courts de jeux de balles cérémoniels à Caguana

LA MYTHOLOGIE CARAÏBE

LES MYTHOLOGIES des peuples caraïbes indigènes ressemblent à celles de leurs voisins d'Amérique du Sud et de Méso-Amérique. Elles partagent l'idée de créations successives du cosmos et de l'animation spirituelle du monde physique. Ces mythes ne se différencient que par la connaissance fragmentée que nous en avons et la situation sociale et physique des paysages dans lesquels ils se déroulent. La métamorphose, à savoir la capacité à changer son apparence et à passer d'une forme animale à une forme humaine ou vice-versa, est un élément essentiel à la compréhension du mythe taïno.

Les comportements et les sentiments pouvaient changer, les figures mythiques étant dotées d'une force animale surhumaine et les animaux d'une sensibilité humaine. Certains animaux pouvaient être des ancêtres tribaux et certains arbres, les esprits ou les âmes de chefs, les caciques, décédés. On pensait que l'âme des morts se cachait la journée pour sortir la nuit chercher et manger des goyaves. Comme tous les mythes, les mythes taïnos sont des déclarations philosophiques sur leur façon de voir et de donner un sens à leur monde naturel très fragmenté. Les événements du mythe taïno se déroulent dans un temps mythique, où le mouvement, la proximité et la distance importent peu.

aussi riches que l'Amérique du Sud. Par conséquent, les Amérindiens adaptèrent non seulement leurs coutumes de chasse, de cueillette et d'alimentation mais aussi leurs coutumes spirituelles. Ils remplacèrent les puissants prédateurs comme le jaguar et la harpie par des animaux locaux en procédant à une « substitution mystique ». En particulier, il semble que les chiens aient remplacé

le jaguar dans de nombreuses occasions, en partie à cause de la ressemblance entre les crocs des deux espèces et aussi parce que, même en Amazonie, certains chiens sont identifiés aux jaguars. D'autres animaux vivant sur les îles comme sur le continent, conservèrent leur importance mythique. Les chauves-souris, par exemple, à l'instar des grenouilles, jouaient un rôle significatif dans le mythe amazonien, et toutes deux paraissent avoir été des images importantes représentées comme des *zemis* caraïbes.

Les chamans caraïbes se distinguaient difficilement de ceux d'Amérique du Sud ou centrale. Les chamans taïnos respiraient de la poudre hallucinogène (*cohoba*) pour entrer en transe, s'élancer pour un vol spirituel avec l'aide d'oiseaux mythiques jusqu'au royaume des esprits et soigner les maladies dans la tradition consacrée de leurs cousins du continent. Il existait aussi des liens cosmologiques donnant lieu au commerce de l'or, d'un alliage or-cuivre et de néphrites sculptées – représentations symboliques de richesse, de pouvoir cosmique fécondant et de la protection des chefs locaux qui les portaient en ornements physiques.

◀ *Christophe Colomb est accueilli par les caciques.*

⊬

LES ZEMIS

LES PEUPLES des Caraïbes n'étaient pas des bâtisseurs. Ils représentaient leurs héros et leurs dieux mythiques en sculptant. Ces objets, appelés *zemis,* possédaient des pouvoirs surnaturels, sous leur forme achevée comme sous leur forme première. Les *zemis* en bois sculpté prenaient la forme d'oiseaux, de figures humaines et de bancs cérémoniels polis appelés *duhos,* sur lesquels les chamans et les chefs se reposaient pendant leur voyage hypnotique vers le monde spirituel. Des grenouilles en néphrite, des visages énigmatiques aux yeux fixes, des décorations spiralées et des êtres mi-humains mi-animaux exprimaient les pouvoirs de la nature.

 DIEUX  REPRÉSENTATIONS  THÈMES

OPITA

LES PEUPLES taïnos d'Haïti, depuis longtemps associés au culte vaudou, croyaient que l'âme des morts marchait toujours sur la terre, en particulier sur l'île de Coiabi. Ces âmes, appelées *opita*, étaient très puissantes ; une confrontation avec l'une d'elles risquait d'entraîner la mort. Comme d'autres peuples des Caraïbes, les Taïnos haïtiens croyaient aussi aux *zemis*, les esprits protecteurs.

LA CRÉATION DU MONDE TAÏNO

LA MYTHOLOGIE caraïbe est bien moins connue que les épopées de Méso-Amérique et d'Amérique du Sud. Il reste cependant des traces de diverses histoires de création, aussi importantes, quoique fragmentaires. D'après les chefs (caciques) taïnos d'Hispaniola, la création de l'univers s'est étalée sur cinq ères. La première commence quand l'esprit suprême, Yaya, tue son fils rebelle et place ses os dans une calebasse qu'il suspend aux chevrons de sa maison. Un jour, en examinant la calebasse, Yaya et son épouse s'aperçoivent que les os se sont transformés en poissons, qu'ils mangent. Dans une variante, les fils quadruplés d'Itiba Cahubaba, morte en couches, arrivent dans le jardin de Yaya. L'un des frères s'empare de la calebasse et tous se rassaient des poissons qu'elle contient. Ils entendent Yaya revenir et remettent promptement la calebasse à sa place mais elle se casse et laisse couler l'eau pleine de poissons qui recouvre la surface de la terre et devient océan. Les frères s'enfuient dans le pays de leur grand-père. Quand l'un d'eux demande du pain de manioc, le vieil homme se met en colère et crache sur le dos du garçon. Ce crachat se transforme en somnifère (cohoba) que tous les chamans taïnos utilisent pour accéder au monde spirituel.

▼ *La mythologie caraïbe raconte la création des océans par le dieu Yaya.*

GUAYAHONA

GUAYAHONA est l'un des archétypes les plus significatifs de la mythologie taïno. Héros cultivé, il quitte sa grotte d'origine à Hispaniola et voyage vers l'ouest, jusqu'à l'île de Guanìn – nom donné à l'alliage d'or et de cuivre vénéré par les Taïnos. Donc, en plus de faire sortir les Taïnos des entrailles de la terre, Guayahona entreprend des voyages chamaniques dans le temps cosmique vers des lieux imprégnés de pouvoir spirituel. Dans de tels événements, le rôle et l'identité du chaman humain et de l'être mythique se confondent avec le symbolisme d'éclat cosmique qui recrée le monde par un rituel.

LES SIGNIFICATIONS DES MYTHES TAÏNOS

LES MYTHES TAÏNOS de la création sont difficiles à expliquer étant donné le matériau historique insuffisant et confus, et le manque de preuves anthropologiques postérieures à la conquête européenne. Toutefois, il semble évident que le dieu Yaya soit le dieu créateur primitif symbolisant le temps cosmique et que les quatre frères qui s'emparent de la calebasse sont des êtres surnaturels, moins importants mais plus actifs. Itiba Cahubaba, leur mère, est probablement la Terre-mère d'où provient toute forme de vie. Lorsque l'un des frères demande à son grand-père du pain de manioc, il découvre en fait l'usage du feu qui sert à cuire les aliments. La cuisson est l'essence de la vie civilisée. Dans leur mythe de la création du peuple, les Taïnos recourent aux métaphores et aux allusions. En réalité, Caonao n'est pas une province d'Hispaniola mais un lieu magique rayonnant de la brillance de l'or et des pierres précieuses. Durant la troisième époque civilisatrice du temps cosmique, Guayahona se rend dans diverses îles et reçoit des cadeaux brillants. Cela a été interprété souvent comme un rite de passage au cours duquel Guayahona acquiert les symboles de leadership et de pouvoir tribaux.

LES DIEUX ET LES ESPRITS TAÏNOS

LES TAÏNOS vénéraient les ancêtres et la nature, personnifiant leurs forces surnaturelles par le biais de dieux puissants. Des *zemis* sacrés en pierre ou en bois les représentaient. Les deux principales divinités taïnos étaient Yúcahu, « l'esprit du manioc » – l'aliment de base des Taïnos –, et Atabey, déesse de la fécondité. Dans un monde où le temps était violent et destructeur, les Taïnos vénéraient une autre divinité, Guabancex, la Dame des vents, maîtresse des ouragans. Comme ailleurs avec les Amérindiens, les dieux et les esprits des Taïnos caraïbes symbolisaient la relation intime de ceux-ci avec les forces naturelles qui façonnaient le monde.

LA CRÉATION DU PREMIER PEUPLE

LA DEUXIÈME ÈRE de la cosmogonie taïno est consacrée à la création du premier peuple. D'après l'un des récits, il y a deux grottes dans une région appelée Caonao sur l'île d'Hispaniola. Les Taïnos sortent de l'une des grottes. Lorsqu'un des hommes abandonne son tour de garde à l'entrée de la grotte, il est mué en pierre par le soleil. Les autres, partis pêcher, sont capturés puis transformés en arbres par le même soleil. L'un d'eux, Guayahona, se lave avec la plante digo et sort avant le lever du soleil. Le soleil l'attrape et le change en un oiseau qui chante au crépuscule. D'autres peuples caraïbes, moins nombreux, qui ne partagent pas les coutumes ou l'identité des Taïnos, sortent de la seconde grotte. La deuxième ère se termine quand Guayahona invite ceux qui sont restés dans la grotte à sortir pour peupler les îles fertiles des Caraïbes. Dans la troisième ère, les hommes deviennent civilisés et les femmes sont créées pour devenir les partenaires sexuelles des hommes. Durant la quatrième ère, les Taïnos se disséminent dans les Caraïbes, se perfectionnent dans la production

du manioc, vivant dans des villages et développant une langue à sonorité douce. L'arrivée de Christophe Colomb met un terme à la quatrième ère. La cinquième ère, calamiteuse, voit disparaître la société taïno suite aux mauvais traitements, aux maladies et à l'assimilation infligés par les Européens.

LES ORIGINES DE LA SOCIÉTÉ

LES THÈMES majeurs de la mythologie caraïbe, et notamment de la mythologie taïno, sont les origines du monde et l'émergence d'un lieu qui semble être physique mais qui est, en réalité, un lieu doré situé dans un temps mythique. Celui-ci relie les mondes physique et surnaturel, procurant une charte mythique de l'ordre social de la société taïno. De même, la capacité à changer de forme, à tromper par l'apparence physique est un sujet récurrent. Les mythes taïnos jouent sur l'idée de métamorphose, intégrant la vie quotidienne et la vie sacrée, reconnaissant

la présence de la mort, mais insufflant un pouvoir spirituel au tissu même de leur société.

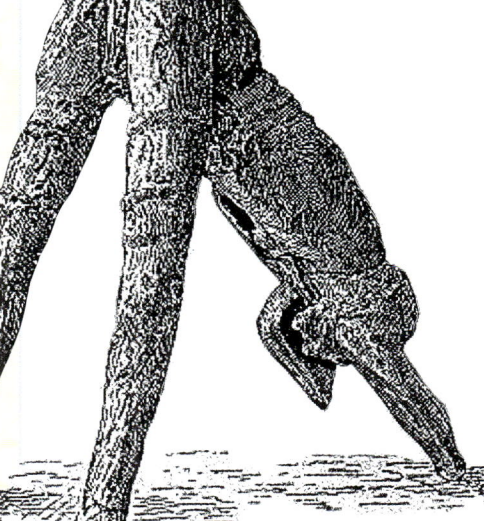

▲ *Sir Walter Raleigh observe le sacrifice d'un bébé.*
▼ *Opiel Guabiron, le gardien des enfers.*

LES OFFRANDES DE PAIN ET D'HERBES

DÈS QU'ILS se présentent à la porte de la maison du vieil homme nommé Bayamanaco, les quatre fils d'Itiba Cahubaba s'aperçoivent que celui-ci possède du cazabe (pain de manioc). En le voyant, ils crient « Ahiacabo guarocoel » – qui signifie « Nous connaissons notre grand-père ! » – un probable rituel de bienvenue chez les Taïnos. L'un des frères, Deminàn Caracaracol, franchit la porte pour voir s'il peut avoir du cazabe. Il demande à Bayamanaco un peu de pain de manioc – chez les Taïnos, il est courant d'offrir du cazabe et de la cohoba aux visiteurs. Le vieil homme répond en crachant du *guanguayo* (jus de tabac) sur le dos du garçon. De cette manière, les frères reçoivent un crachat de *guanguayo* (et ses connotations magiques) à la place du pain de manioc. Puis le vieil homme part, extrêmement contrarié par l'audace des jeunes gens.

LA CULTURE DU TABAC ET LA NOURRITURE

LA RELATION symbolique entre la nourriture, notamment le cazabe (farine de manioc), le tabac et la cohoba, poudre hallucinogène des chamans, est incarnée dans le mythe qui décrit la rencontre de Deminàn Caracaracol avec le vieux Bayamanaco. Ici, le *guanguayo* est identifié au crachat du chaman produit par le mâchonnement du tabac à priser. Dans ce mythe, le crachat de tabac est mélangé à la poudre cohoba qui a un effet purificateur et hallucinogène sur celui qui en respire. Dans ce contexte, le tabac est du *Nicotiana tabacum* brut et fort, et son effet narcotique provient de sa fermentation dans la salive. Le *guanguayo* que Bayamanaco jette sur Deminàn est peut-être le mucus qui coule du nez du chaman après ingestion de la cohoba qui, en Amérique du Sud, est symboliquement

identifiée au sperme. Les visions qui s'ensuivent font souvent partie des sessions de traitements chamaniques où l'on interroge les esprits porteurs de maladies avant de leur proposer un traitement. La rencontre de Deminàn avec Bayamanaco suggère l'occurrence d'un traitement chamanique. Bayamanaco est le grand-père de Deminàn mais peut aussi être une divinité suprême. L'invocation d'un grand-père signifie parfois plus qu'un salut social, peut-être une association rituelle à la divination et la communion avec les ancêtres.

LES IMAGES DE POUVOIR

POUR LES TANÏOS d'Hispaniola, de Porto Rico et de la Jamaïque, le pouvoir spirituel demeurait dans les *zemis*. De toutes les variétés, les petites pierres « à trois pointes », très élaborées, étaient les plus énigmatiques. Uniquement caraïbes, elles étaient en marbre blanc, en pierre grise ou en andésite et figuraient le visage des esprits tanïos. Chaque pierre avait sa signification – un pouvoir cosmique personnifié par sa forme. Les *zemis* veillaient sur l'âme quand ils étaient enterrés avec les morts et promouvaient la fertilité lorsqu'ils étaient placés dans les champs. Avec les jeux de balle cérémoniels, ils symbolisaient l'idée de dualité dans la vie religieuse taïno.

OISEAUX, CHAMANS ET FEMMES

LA RELATION symbolique entre les oiseaux, les femmes et les arbres dans la mythologie taïno fait allusion à la différence qui existe entre les hommes et les femmes. Les mythes des Taïnos d'Haïti, par exemple, incluent l'idée d'un déluge qui engloutit toutes les femmes et transforme les hommes en arbres. Leur origine est autant géographique que culturelle ; les hommes caribes pillent les îles des Taïnos et prennent leurs femmes pour épouses. Plus proche, le mythe des pics créant les femmes en creusant

des trous dans des créatures asexuées semble lié à la distance sociale qui sépare les filles impubères des hommes sexuellement matures. La pluie diluvienne rappelle les grosses averses tropicales de la saison des pluies et relie cela aux rites d'initiation féminine qui annoncent la reconnaissance publique de la maturité sexuelle d'une femme. À mesure que le mythe se développe, l'imagerie chamanique domine la cérémonie.

Le pic – ou « l'Ancien » – associe les oiseaux aux bûches, identifie la vie humaine aux arbres ancestraux et transforme un trou en vagin duquel sortiront les races futures. Si ce récit, comme certains le pensent, est une interprétation mythique du rite de la puberté, le ligotage des créatures asexuées aux arbres s'apparente aux pratiques amazoniennes qui isolent les femmes dans la jungle pendant leurs règles. Ce mythe illustre les origines chamaniques de la sexualité et de la fécondité et permet l'incorporation des deux dans la société d'une manière ordonnée : relier les mondes naturel et symbolique.

▲ *Un* zemis *avec ses trois points cardinaux orientés vers le ciel, les morts et le pays des vivants.*
▼ *Les pics jouent un rôle prépondérant dans la mythologie caraïbe en faisant le lien entre la vie humaine, les arbres ancestraux et la vie nouvelle.*

LE MYTHE
DES FEMMES-OISEAUX

DES HOMMES viennent se baigner dans la rivière et, cu même moment, une pluie diluvienne se met à tomber. Ces hommes sont impatients de posséder des femmes et, à maintes occasions, ils ont cherché leur trace mais en vain. Ce jour-là, cependant, en levant les yeux, ils voient de curieuses créatures tomber des branches d'arbres voisins. Ce ne sont ni des hommes ni des femmes, car elles n'ont pas d'organes génitaux. Les hommes les chassent mais ne réussissent pas à les capturer. Ils réclament alors à leur chef l'aide des caracaracol dont les mains rugueuses sont seules capables de saisir des créatures glissantes. On leur attribue donc

▲ *Afro-jamaïcain avec des produits locaux. Pour les Taïnos, la cuisson symbolisait la vie civilisée.*

quatre caracaracol, un pour chaque créature. Après la capture de ces créatures asexuées, les hommes se consultent pour trouver un moyen de les transformer en femmes. Ils recherchent un oiseau appelé inriri qui fait des trous dans les arbres (un pic). Les hommes ligotent les mains et les pieds des créatures puis attachent l'inriri avec elles. Le pic croit que les créatures sont des arbres et commence à creuser un trou à l'endroit des organes génitaux de la femme. C'est ainsi, semble-t-il, que furent créées les femmes pour les hommes taïnos.

LES THÈMES

LES THÈMES se concentrent autour de l'énergie cosmique canalisée dans la nourriture, les plantes hallucinogènes, la sexualité et l'intelligence. La rencontre de Deminàn Caracaracol avec Bayamanaco fait le lien entre le bien-être physique et la nourriture spirituelle par l'intermédiaire de la farine de manioc et du crachat de jus de tabac du chaman. Les notions de sexualité et d'interaction des mondes social et naturel sont sous-jacentes dans le mythe de la formation des femmes par les pics. De telles connexions mettent en évidence la transformation des enfants orphelins de mère à Matininò. On associe les maladies sexuelles et l'appropriation du pouvoir par Guayahona, association symbolisée par des ornements brillants en guanín – eux-mêmes associés à l'énergie sexuelle.

LES SAISONS, LES CYCLES ET LES FEMMES

LE MYTHE de la « fuite des femmes güeyo » est un compte rendu des associations symboliques et physiques entre la fertilité saisonnière et celle des femmes. De manière typiquement chamanique, Guayahona doit acquérir la maîtrise de ces rythmes naturels et, pour ce faire, il utilise les talents de persuasion, d'inventivité et de ruse du chaman. Le güeyo, composé de cendres d'une algue familière des cascades, est un additif qu'il faut ajouter au tabac pour obtenir le *guanguayo* – le crachat narcotique et magique du chaman. En décidant les femmes à prendre du güeyo, le crachat chamanique est neutralisé, et, en partant en voyage, les femmes sont séparées des hommes. Ainsi, la séparation du güeyo et du tabac symbolise celle des hommes et des femmes ; dans les deux cas, les deux éléments vont ensemble s'il doit y avoir production de pouvoir fertilisant. Bien que

Matininò soit identifié comme l'île de la Martinique, il est plus probable qu'il s'agisse d'un lieu mythique comme Guanin, région portant le nom d'un alliage brillant d'or et de cuivre. L'épisode de la grenouille marque l'apparition d'une créature qui possède des connotations saisonnières et sexuelles pour les Taïnos. L'arrivée des grenouilles à la saison des pluies renvoie à l'humidité, la fertilité et la plantation du manioc.

⚕ LA FUITE DES FEMMES GÜEYO

ET GUAYAHONA dit aux femmes : « Laissez vos maris et allons dans des pays lointains ramasser plus de güeyo (cendres aux vertus magiques). Abandonnez vos enfants et prenez seulement l'herbe, nous reviendrons les chercher plus tard. » Ainsi, Guayahona persuade les femmes de partir

à la recherche d'autres pays. Elles arrivent dans un endroit appelé Matininó qui signifie « Pas de père ». Là, Guayahona laisse les femmes, séparées de leurs enfants par un ruisseau, et se rend dans un pays du nom de Guanin. Au bout d'un moment, les enfants ont faim et se mettent à appeler leurs mères pour téter leur sein. Ils crient « toa, toa » et sont magiquement transformés en petites créatures semblables à des grenouilles. À compter de ce moment-là, on dit que le cri de la grenouille est la voix du printemps et du renouveau terrestre. C'est ainsi également que les hommes ont perdu leurs femmes.

▲ *Vue d'une magnifique baie de l'île de la Martinique.*

LES DIEUX DE LA NATURE

LA VIE RELIGIEUSE des Taïnos se caractérisait par la déification des éléments importants de l'existence quotidienne. Leur divinité suprême était Yùcahu « Esprit du manioc » – seigneur invisible de la fertilité sur terre et sur mer. Sur les *zemís*, Yùcahu était représenté la bouche ouverte pour éroder le sol et laisser germer les tubercules de manioc. De même, ses pieds étaient placés côte à côte pour gratter la terre. L'équivalent féminin, et peut-être sa mère, était Atabey. En tant que « Mère des eaux », elle était associée aux rivières, aux mares et à la pluie nécessaire à la fertilisation.

GUANÍN

POUR LES TAÏNOS, comme pour tous les peuples amérindiens, le pouvoir sacré qui guérit, vivifie, favorise la fertilité et symbolise le statut prend l'aspect d'une lumière vive et d'objets brillants. Dans ce mythe, Guabonito est sauvé de la mer par Guayahona. En retour, elle le guérit d'une maladie vénérienne en le plaçant en isolement chamanique – dans un lieu appelé guanara. Tandis que l'absence de relations sexuelles entre les deux suggère le tabou de l'inceste autant qu'une relation mythique complexe, le terme guanín possède un sens très fort. Nom donné à un lieu mythique, Guanín est aussi le cadeau fait par Guabonito à Guayahona. Le terme désigne aussi les objets issus de la fusion de l'or et du cuivre. Certains croient que, dans le mythe taïno, l'anín est un pont arc-en-ciel reliant les divers royaumes de l'est,

▲ *Cette mer scintillante qui baigne les îles Caraïbes sert de décor à certaines mythologies caraïbes.*

de l'ouest, du ciel et des enfers. Les objets en guanín trouvés sur les sites archéologiques ont souvent la forme d'un croissant ou d'un arc-en-ciel. La nature chamanique de ces objets, symboles de pouvoir, explique pourquoi ils ont été offerts par Guabonito à Guayahona. Les petits cailloux, ou *cibas*, peuvent faire référence aux pierres des hochets cérémoniels qui sont utilisés dans le chamanisme du tabac sud-américain.

LE VOYAGE CHAMANIQUE

DANS LA MYTHOLOGIE taïno, le voyage chamanique est un thème récurrent. Il est accompli par un héros civilisateur et s'achève par sa transformation, une fois guéri d'une maladie vénérienne. Deminán, qui arrive sur terre sur un raz-de-marée, est terrassé par une grosseur en forme de tortue sur le dos. L'histoire se termine quand il est guéri. Une tortue femelle lui offre sa carapace qui lui servira de refuge sacré pour le renouvellement de sa vie. Un second mythe parle des aventures de Guayahona qui emmène des femmes pour un voyage sacré et désire une femme vivant sous l'eau. Guéri de ce désir et d'une maladie vénérienne, il est transformé en chef.

GUAYAHONA DEVIENT BRILLANT

GUAYAHONA se souvient avoir laissé une femme au fond de l'eau et revient la chercher. Après l'avoir sauvée, il la ramène sur la montagne appelée Cauta, d'où elle est originaire, et s'en trouve très heureux. Immédiatement, il cherche à se débarrasser des terribles plaies qui affectent son corps. La femme qu'il a secourue s'appelle Guabanito ; elle l'emmène dans un lieu spécial du nom de Guanara. Ses plaies disparaissent et il se rebaptise Albeborael Guayahona.

Guabonito lui demande la permission de continuer son voyage et il acquiesce. Guabonito donne à Albeborael Guayahona beaucoup de *cibas* et de *guanines* afin qu'il puisse les porter autour des bras et du cou. Les *cibas* sont de petits cailloux, parfois brillants, et le guanín est un alliage brillant d'or et de cuivre. Albeborael Guayahona décide de rester dans ce pays avec son père, Hiauna, dont le nom signifie « Celui qui est devenu brillant ». Le fils de son père est nommé Hiaunael Guanín, « Fils de Hiauna », et depuis lors, il est connu sous le nom de Guanín.

▶ *Tabouret de cérémonie en forme de croissant qui aurait appartenu à un chef. L'extrémité figure la tête sculptée du dieu des enfers.*

Amérique du Nord

INTRODUCTION

L'ORIGINE DES INDIGÈNES d'Amérique du Nord remonte à près de soixante mille ans, lorsqu'une horde bigarrée venue des chaudes plaines d'Asie centrale se dirigea vers le nord-est pour arriver en Sibérie. Elle continua jusqu'à la péninsule de Chukotka et passa en Amérique. En effet, à cette époque, une bande de glace ou de terre reliait le Chukotka à l'Alaska actuel.

C'étaient des cueilleurs-chasseurs qui vivaient à proximité des troupeaux de gibier. À partir de l'Alaska, certains d'entre eux descendirent le long du fleuve Columbia vers les régions méridionales plus chaudes et l'autre côté des Rocheuses. Ils rencontrèrent des étrangers, en combattirent certains et s'allièrent avec d'autres. Ils suivirent les bisons et les buffles vers le sud, ou vers l'est en direction de l'Atlantique en traversant les plaines. Ils longèrent aussi la Sierra Madre orientale vers le sud, puis sillonnèrent les plaines du Mexique pour atteindre les forêts tropicales du Yucatan. Ils s'établirent et se déplacèrent, apprenant à se servir de l'arc et des bolas, taillant des silex, tressant des paniers et fabriquant des récipients en argile.

Ils voyagèrent si loin que la langue, la culture et l'apparence physique créent encore aujourd'hui un lien ténu entre les Indiens du Pérou et de ceux de Bolivie, les Inuit de Sibérie et ceux d'Alaska, les Hurons et les Iroquois de l'État de New York, et les Chukchis et les Koryaks du Nord-Est de la Sibérie.

Les tribus étaient aussi nombreuses que les « étoiles dans le ciel » et parlaient au moins trois cents langues. Mais elles étaient toujours poussées à partir. L'année 1492, où Christophe Colomb débarqua sur les côtes du Nouveau Monde, marqua le début d'une ère nouvelle. Croyant être arrivé en Inde, il appela par erreur les peuples de ce continent « Indios ». Les Anglais en firent autant et les baptisèrent « Indiens ». Plus tard, les Français ajoutèrent « Peaux-Rouges ». Pendant les quatre siècles qui suivirent, les indigènes américains virent leur pays envahi et l'essentiel de leur culture et de leur civilisation détruit.

Leur tradition orale ne se divise pas aisément en mythes ou autres formes de récits. Les peuples eux-mêmes utilisaient le plus souvent le terme « histoire », distinguant les « histoires vraies » sur le monde actuel et les « histoire mythiques » décrivant des événements qui s'étaient produits avant l'arrivée de l'homme.

Comme ils ne possédaient pas l'écriture, leurs histoires ne furent pas consignées sur papier avant d'être recueillies par l'homme blanc à partir de 1830 environ. Dans chaque village vivait au moins un vieil homme qui connaissait les légendes et les jouait en imitant les personnages par un grognement, un cri perçant, un rugissement ou un gémissement.

Durant la période qui précéda le confinement de ces peuples indigènes dans des réserves à l'initiative du gouvernement fédéral des États-Unis, les tribus entretinrent de multiples contacts entre elles et échangèrent leurs légendes. Ainsi les mêmes histoires se retrouvent, avec plusieurs variantes, sur tout le continent.

▲ *Totem décoré d'événements mythiques et historiques.*

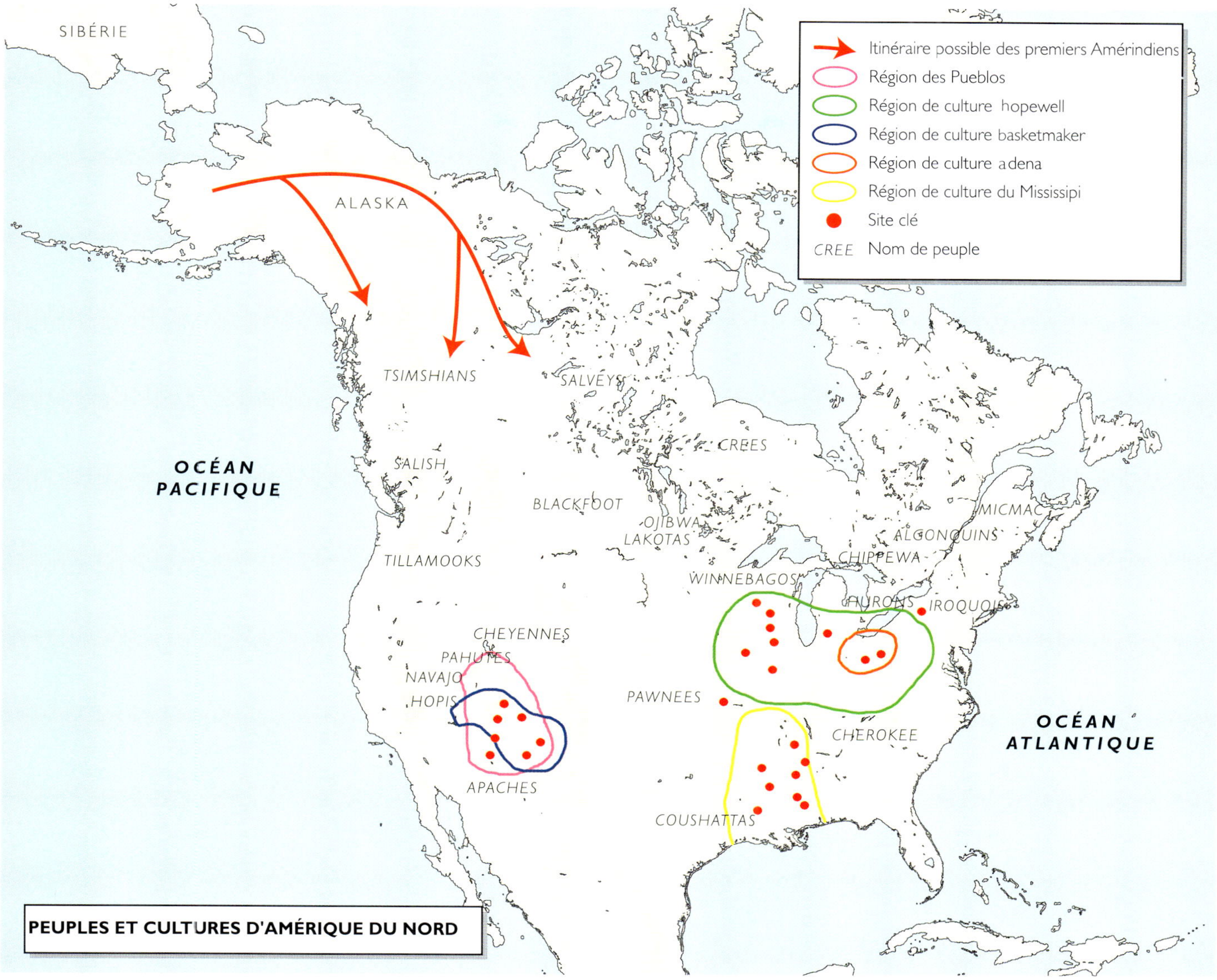

PEUPLES ET CULTURES D'AMÉRIQUE DU NORD

Légende de la carte :

- Itinéraire possible des premiers Amérindiens
- Région des Pueblos
- Région de culture hopewell
- Région de culture basketmaker
- Région de culture adena
- Région de culture du Mississipi
- Site clé
- *CREE* Nom de peuple

Noms de peuples et lieux sur la carte : SIBÉRIE, ALASKA, TSIMSHIANS, SALVEYS, SALISH, CREES, BLACKFOOT, OCÉAN PACIFIQUE, OJIBWA, LAKOTAS, MICMAC, ALGONQUINS, CHIPPEWA, WINNEBAGOS, HURONS, IROQUOIS, TILLAMOOKS, CHEYENNES, PAHUTES, NAVAJO, HOPIS, PAWNEES, CHEROKEE, OCÉAN ATLANTIQUE, APACHES, COUSHATTAS

LES ORIGINES DES MYTHOLOGIES

LES MYTHES les plus typiques sont ceux qui parlent d'agissements divins, en particulier les mythes de la création de l'univers et des hommes, de l'origine de la mort, des animaux et des végétaux comme le blé et le tabac. Ces mythes n'étaient racontés qu'à certaines périodes de l'année et dans des circonstances spécifiques. Ceux que l'on narrait toute l'année appartenaient à la catégorie des mythes divertissants ou éducatifs, ayant pour objectif l'instruction morale et le divertissement, et qui autorisaient donc une certaine souplesse d'interprétation et d'élaboration.

◀ *Peinture sur peau, retour de la chasse au buffle.*

LES FONDEMENTS

TOUTES LES TRIBUS partageaient la croyance que tout ce qui bouge est vivant. Ainsi, pour ces animistes, un esprit loge dans chaque chose, un bâton ou une pierre, un arbre ou un animal, et chaque objet peut abandonner sa forme avec désinvolture pour en emprunter une autre : la jeune fille qui se cache de la lune se transforme en monticule de terre et en lampe, ou prend l'apparence d'un bloc de pierre, d'un marteau, d'un rabat de tente, d'un cheveu, ou d'un grain de poussière.

Cette conception était l'expression directe du sentiment d'impuissance devant les forces de la nature, mystérieuses et terribles. Dépendant de la nature, l'homme la craignait et attribuait aux phénomènes naturels des pouvoirs surnaturels. Il combattait les objets naturels et en triomphait, il leur offrait des sacrifices et leur demandait protection ; il choisissait les plus petits comme amulettes. Ces amulettes, ou esprits des objets, une griffe de chouette ou d'ours, un morceau de corne de buffle ou de morse – étaient portées sur le corps pour se protéger des forces hostiles.

La vie dans ces circonstances aussi primitives n'aurait été qu'une succession infinie de terreurs si l'on n'avait pas trouvé le moyen de se prémunir contre les esprits malins. Les chants, les sacrifices et les amulettes, et même les mythes, donnaient l'espoir de contrer les forces du destin.

LES TRICKSTERS, ESPRITS DU BIEN OU DU MAL

LE PERSONNAGE le plus populaire de la mythologie nord-américaine est le trickster, ou mauvais génie. Cet être possède des caractéristiques humaines et animales ; il est à la fois bouffon crédule, farceur et créateur de l'univers. Le trickster est décrit de manière remarquable dans les histoires du Corbeau au nord de la côte Pacifique et les cycles du Coyote des Grandes Plaines.

Ce sorcier prend diverses formes. C'est le Grand Lièvre pour les Winnabagos du Wisconsin, Nanabush ou Glooksap dans le Nord et l'Est de l'Amérique (la Grande Forêt), le Lapin dans le Sud-Est, l'Araignée dans certaines régions des Grandes Plaines, le Vison ou le Geai bleu sur la côte nord-est. Quelle que soit sa forme, le trickster donne au conteur une grande liberté de jeu et d'imitation, ce qui explique certainement pourquoi ces histoires sont si répandues.

Dans le cycle du Corbeau, le personnage du Corbeau est un transformateur, mi-dieu, mi-clown. Son appétit insatiable lui fait chercher de la nourriture qu'il dérobe aux animaux. C'est aussi un incurable coureur de jupons bien qu'il soit souvent frustré dans sa quête. Comme Coyote, il est souvent créatif et indispensable à la tribu, d'où le nom que les Haidas lui ont donné : « Celui-qui-doit-être-obéi ».

LES MYTHES DE LA CRÉATION

LE MYTHE de la création le plus connu concerne un animal (canard, corbeau, huart, foulque, vison, aigle, faucon) qui plonge au fond de la mer pour rapporter de la boue qui devient terre. Dans un mythe cheyenne, on dit que celle-ci repose sur un dos de tortue.

L'histoire du Grand Plongeur est intimement liée à celle du déluge provoqué par une pluie diluvienne ou par les larmes des gens de l'au-delà qui se désolent des méfaits survenant sur terre.

Dans la plupart des mythes, l'humanité est créée avec de l'argile (Hopis) ou de l'herbe, des plumes, des bâtons ou des épis de maïs. L'homme provient aussi des os des morts, de la sueur du concepteur de la terre, ou d'un simple vœu.

Certaines tribus font s'accoupler les dieux – la Terre-mère avec le Ciel-père, le Soleil avec la Lune, l'Étoile du matin avec l'Étoile du berger. Selon les Iroquois et les Hurons dans le Nord-Est et les Navajos dans le Sud-Ouest, le premier être était une femme.

Les Micmacs de l'Est du Canada voient la création comme un flux constant. Leur univers se compose de six mondes : le monde souterrain, le monde terrien, le monde sous-marin, le monde des fantômes, le monde au-dessus de la terre et le monde au-dessus du ciel. Mais la réalité n'est jamais immuable, elle évolue selon la volonté de chacun.

LA CRÉATION DU MONDE

AWONAWILONA – Celui-qui-contient-tout – est invisible, enseveli dans les ténèbres et englouti par le vide. Puis des brumes et des ruisseaux émanent de son corps et il façonne une boule ardente – le soleil – qui touche les brumes ondoyantes ; brume et soleil s'assemblent pour donner des gouttes de pluie qui deviennent l'océan. Awonawilona met sa semence dans les eaux de l'océan ; celle-ci forme une couverture verte qui s'étend sur toute la surface des eaux. Awonawilona la partage en deux : une moitié devient la Terre-mère, l'autre le Ciel-père. La Terre-mère crache sur l'océan et le remue avec ses doigts jusqu'à formation d'une écume. Elle souffle dessus et crée des brumes blanches et noires qui flottent tels des nuages au-dessus de l'océan. Le Ciel-père souffle sur les nuages pour qu'ils laissent tomber une pluie régénérante sur la terre. Puis, le Ciel-père monte au ciel. La vie se manifeste rapidement à l'intérieur de la Terre-mère qui, peu après, donne naissance à des êtres vivants, tout d'abord des serpents laids, puis des monstres effrayants et finalement des jumeaux géants qui lancent des éclairs et percent la terre de trous profonds. En attachant les arbres, les vignes et les herbes, ces deux personnages fabriquent une échelle de corde pour permettre aux êtres humains d'échapper aux entrailles de la terre. Ceux qui réussissent à grimper trouvent un sol labouré et prêt à recevoir les premiers grains de blé. Les gens se mettent à cultiver la terre et à moissonner. Voilà l'histoire de la création vue par les Pueblos, un peuple des régions désertiques du sud-ouest américain – Arizona et Nouveau-Mexique.

▼ *Chef navajo revêtu de son costume traditionnel.*
▶ *Jeune Apache dont le nom signifie « Le fils de nombreux esprits ».*

MYTHES CONNUS   PERSONNAGES

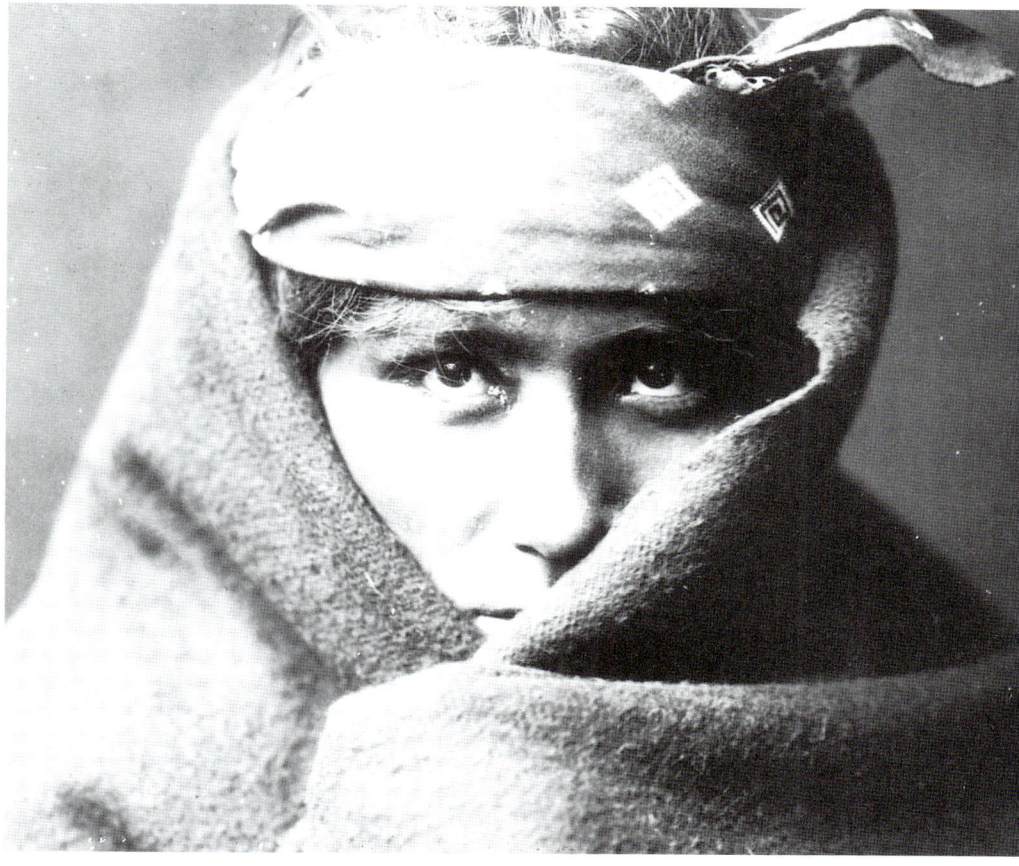

LE MYTHE NAVAJO DE LA CRÉATION

LES NAVAJOS et leurs cousins Apaches, qui vivent en Arizona, au Nouveau-Mexique et en Utah, constituent le plus grand groupe d'indigènes nord-américains vivants (160 000 personnes). Leurs traditions comprennent le récit le plus complet du mythe de la création qui se déroule en quatre âges : l'âge du commencement parle de l'ascension du premier peuple du monde souterrain jusqu'à la terre ; l'âge du héros animal décrit la façon dont la terre fut ordonnée et les aventures de ses premiers habitants ; l'âge des Dieux (les Yéïs dont le plus grand est Dieu-qui-parle) parle du massacre des monstres ; le quatrième âge dépeint le développement de la nation navajo et ses premières migrations.

LES ÊTRES SUPRÊMES, DIEUX ET HÉROS

LA PLUPART des peuples amérindiens ont un dieu ou un être suprême : Awonawilona (Celui-qui-contient-tout) pour les Pueblos de l'Arizona et du Nouveau-Mexique actuels ; Tirawa (Voûte céleste) pour les Pawnees de l'Oklahoma ; Sagalie Tyee pour les Salishs de Colombie britannique ; Citche Manitou pour les Algonquins du nord-est du Canada et les frères jumeaux Tobats et Shinob pour les Pahutes de l'Utah.

Le dieu suprême, quel qu'il soit, laisse à d'autres dieux le soin de gérer les problèmes quotidiens.

Les étoiles sont des héros personnifiés qui chassent dans le ciel. Le tonnerre, le vent et l'orage, par exemple, vivent sous forme humaine et également animale. Ainsi, le battement d'ailes de l'Oiseau-tonnerre crée le bruit du tonnerre ainsi que l'orage au-dessous tandis qu'il vole dans le ciel. Tout ce qui est touché par l'éclair exerce un pouvoir spirituel qui doit être soit évité, soit vénéré.

Les héros qui franchissent des obstacles apparemment invincibles sont soit des demi-dieux, soit des mortels ordinaires qui ont surmonté certaines épreuves, comme aller dans le royaume des cieux ou des morts pour sauver une jeune fille morte. Dans les temps mythiques, les demi-dieux ont débarrassé la terre des monstres primordiaux.

◄ *Coiffe d'Oiseau-tonnerre, reconnaissable à son bec de faucon et ses cornes empennées.*

L'ORIGINE DE LA TERRE FERME

UNE DES EXPLICATIONS les plus répandues concernant l'apparition de la terre ferme met en scène des plongeurs. Divers animaux tentent de plonger au fond du grand océan pour récupérer une petite quantité de sable ou d'autres matériaux et faire apparaître la terre. Toutes sortes d'oiseaux et de poissons figurent dans ce récit. Chez les tribus du Sud de la Californie, ce sont le canard, l'aigle, le faucon, la corneille et le colibri. Chez les Coushattas du Texas, c'est la langouste qui réussit après l'échec de la grenouille et du castor. Mais, au lieu de remonter de la terre dans ses pinces, comme dans les versions des autres tribus, elle construit une cheminée de boue jusqu'à la surface de l'océan.

LE ROCHER CONTEUR

UN ORPHELIN devient fort et sérieux en grandissant. Un jour, sa tante lui donne un arc et des flèches en lui disant : « Il est temps que tu apprennes à chasser. Va dans la forêt et rapporte de quoi manger. » Le lendemain matin, il se met en route et tue trois oiseaux. Vers midi, le tendon qui tient les plumes de sa flèche se relâche et il s'assoit sur un rocher plat pour la réparer. Soudain, il entend une voix grave : « Veux-tu que je te raconte une histoire ? » Il lève les yeux, pensant voir quelqu'un, mais il n'y a personne. « Veux-tu que je te raconte une histoire ? », redit la voix. Le garçon commence à avoir peur. Il regarde autour de lui mais ne voit personne. Quand la voix se fait entendre à nouveau, il se rend compte qu'elle vient du rocher sur lequel il est assis. « Veux-tu que je te raconte une histoire ? – Qu'est ce qu'une histoire ? », demande le garçon. « Une histoire raconte ce qui s'est passé il y a très longtemps. Mes histoires sont comme des étoiles qui brillent éternellement. » Lorsque le rocher a terminé une histoire, il en débute une autre. Le garçon reste assis à écouter.

Vers le coucher du soleil, la pierre dit soudain : « Maintenant, nous allons nous reposer. Reviens demain avec les tiens écouter mes histoires. Demande à chacun d'apporter un cadeau. » Ce soir-là, le garçon parle du rocher à tous les habitants du camp. Le lendemain, ceux-ci l'accompagnent dans la forêt. Chacun a mis du pain ou du tabac sur le rocher avant de s'asseoir. Quand le silence se fait, le rocher parle : « Maintenant, je vais vous raconter de très vieilles histoires. Certains d'entre vous se souviendront de chaque mot, d'autres n'en retiendront aucun. Écoutez bien. » Les gens baissent la tête et écoutent. Quand l'histoire est terminée, le soleil est presque couché. Le rocher dit alors : « J'ai raconté toutes mes histoires. Gardez-les et racontez-les à vos enfants, et continuez ainsi de génération en génération. Et lorsque vous demandez à quelqu'un de vous raconter une histoire, offrez-lui toujours un cadeau. » Ainsi, toutes les histoires que nous connaissons viennent de ce rocher, notre sagesse aussi.

Cette histoire est racontée par les Senecas, qui vivent près de Toronto, au Canada. Les rochers sont les os de la terre, ils sont vivants et doivent être traités avec respect.

LES CHAMANS ET LES GUÉRISSEURS

SEUL LE CHAMAN avait le pouvoir de communiquer avec les dieux ou les esprits, de servir de médiateur entre eux et les mortels ordinaires, de parler avec les âmes des défunts de la part des vivants. Le chaman était souvent un personnage extraordinaire, à la fois par son apparence et ses talents d'acteur. Il pouvait être à la fois mystique, poète, sage, guérisseur des malades, gardien de la tribu et dépositaire de ses histoires.

Pour devenir chaman, on devait « recevoir l'appel », vivre une expérience religieuse et être initié aux mystères de son art. Par le biais d'une mort et d'une résurrection symboliques, le chaman acquérait une nouvelle façon d'être ; sa structure physique et mentale subissait un profond changement. Pendant cette période initiatique, le novice voyait les esprits de l'univers et quittait son corps sous la forme d'un esprit pour naviguer dans le ciel et les enfers. On le présentait aux divers esprits et on lui disait auxquels s'adresser lors de ses futures transes.

Ceux qui ne possédaient pas la gamme complète des attributs chamaniques devenaient seulement guérisseurs ou « hommes-médecine ». Depuis que l'on savait que la maladie était due à un mauvais esprit entré dans le corps de la victime, le chaman pouvait le faire sortir et guérir en procédant à un rite spécifique : il battait le rythme sur son tambour, se balançait et chantait de plus en plus fort en intercalant de longs soupirs, des grognements et des rires hystériques.

H
LES TOTEMS

LES REPRÉSENTATIONS d'êtres mythiques, souvent des animaux (comme des aigles-ancêtres) qui avaient aidé et donné son pouvoir au clan, étaient sculptées sur des totems en bois géants. Ces totems étaient aussi érigés comme sanctuaires en hommage aux défunts à proximité de la tombe d'un chef de clan. Certains totems commémoratifs étaient plantés au bord d'une rivière ou d'un lac, en vue des visiteurs éventuels. Ces totems étaient élevés par le fils et héritier d'un chef, pour lui rendre hommage et revendiquer son titre de nouveau chef. Les Haidas des îles de la Reine-Charlotte et du Prince-de-Galles excellaient dans cet art.

▶ *Figurine sculptée de guérisseur.*
◀ *Plat de cérémonie, servant probablement à piler du tabac ou des pigments.*

PETITE ÉTOILE

UN MATIN TÔT, comme le Soleil se lève, son fils, Étoile du matin, lui dit : « Je suis tombé amoureux d'une jeune fille de la tribu blackfoot et je veux l'épouser. »

Malgré les recommandations de son père, Étoile du matin peint son corps cuivré, pique une plume d'aigle dans ses cheveux, enfile son manteau écarlate et ses mocassins noirs brillants puis se présente devant la femme qu'il aime. Elle a le coup de foudre et consent à se marier, à quitter sa maison des plaines et à voler jusqu'à sa maison des cieux. Le Soleil lui conseille de ne jamais regarder sa maison, ce qu'elle promet.

Peu après naît un fils, Petite Étoile. Un jour, tandis qu'elle se trouve dans le tipi de sa belle-mère, la Lune, elle demande pourquoi le gros chaudron de fer au centre bout toujours sans feu.

« Il est alimenté par une source, répond la Lune, mais, attention, il ne faut jamais le bouger sinon il t'arrivera malheur. »

À midi, quand la Lune s'endort, la jeune fille cède à la curiosité. Elle s'approche du chaudron et le déplace sur le côté. À sa grande surprise, elle voit ce qu'il y a dans le trou sous le chaudron : son ancienne maison, la verte prairie, le saule et l'églantier en fleur. Elle a soudain envie de revoir les siens.

Dès que le père d'Étoile du matin, le Soleil, apprend sa désobéissance, il lui ordonne de regagner la terre avec son enfant. « Tu ne reverras plus ton mari, lui dit-il, ce sera ta punition pour avoir désobéi. »

La jeune femme et son fils sont enveloppés dans une peau de caribou et descendus avec une lanière dans le trou sous le chaudron. Mais avant d'atteindre la terre, le petit garçon sort la tête de la peau de bête et eut le côté du visage entaillé par la lanière, ce qui lui vaut le surnom de Poia, le Balafré.

Plus il grandit, plus il devient laid. Un jour, il décide d'aller voir son père pour faire enlever sa balafre. Après plusieurs lunes, il arrive sur une côte rocheuse et voit devant lui une allée lumineuse traverser la mer et s'étirer jusqu'au ciel.

Quand il rejoint son père, celui-ci lui retire sa balafre. Il revient sur terre et épouse la fille du chef qu'il aime.

Cette histoire est un mythe de la tribu blackfoot des plaines d'Alberta au Canada.

▲ *Guérisseur indigène de la tribu blackfoot. Son costume d'ours indique le respect porté par les Blackfoot aux esprits de l'ours.*
◀ *Bouclier décoré d'une tortue, d'un Oiseau-tonnerre, d'étoiles et de la Voie lactée.*

L'AU-DELÀ

L'AU-DELÀ est souvent représenté comme un havre de paix et de bonheur, où l'on trouve du gibier en abondance, d'où le nom « Pays des chasses éternelles » que lui attribuent les tribus des Grandes Plaines. Étant donné l'absence d'enfers dans de nombreuses tribus, la mort paraît peu effrayante. Après sa mort, une personne

part simplement au pays des morts où elle vit comme elle vivait sur terre.

Les vivants peuvent atteindre l'au-delà par divers moyens. Certains traversent l'arc-en-ciel, une rivière tumultueuse ou la mer. Aidés de demi-dieux, les mortels marchent sur une chaîne magique de flèches ou sur un arbre qui s'élève jusqu'au monde qui les domine. Plus simplement, il leur suffit aussi de fermer les yeux et de souhaiter être là-bas.

Il existe de nombreuses légendes sur des hommes de l'au-delà qui regardent en bas et tombent amoureux d'une jeune terrienne ; ils descendent, font un enfant et ramènent leur petite famille avec eux. Fatalement, la femme brise un tabou et doit revenir sur terre avec son enfant en descendant le long d'une corde. Dans une histoire de la tribu blackfoot où le mariage est très réussi, on voit les tipis des nombreux enfants du couple dans le ciel du soir sous forme de Voie lactée.

LE DÉLUGE DE NEIGE DANS LES TERRES DU NORD

DANS DES TEMPS LOINTAINS, par une nuit très noire, la neige se met à tomber sans interruption. La nuit semble interminable,

la neige devient de plus en plus profonde, couvrant plantes et buissons, les animaux peinent pour se nourrir et beaucoup périssent.

Enfin, le conseil décide d'envoyer des messagers dans le Monde du ciel pour découvrir la raison de cette nuit et de cette neige qui n'en finissent pas. On envoie un membre de chaque espèce animale vivant sur les rives du Grand lac des esclaves, ceux qui sont incapables de voler transportés sur le dos des plus vaillants. Ainsi, tous franchissent la trappe qui conduit au Monde du ciel.

À côté de la trappe se trouve une grande hutte en peaux de cerf. C'est la maison d'Ours noir. D'étranges sacs sont suspendus aux arbalètes posées sur le toit. Quand ils demandent ce que renferment les sacs, Ours noir leur répond que l'un contient les vents, l'autre la pluie et le troisième le froid, mais il refuse de leur dire ce que recèle le dernier.

Lorsque l'ours sort, les animaux curieux décrochent le dernier sac et le jettent par la trappe. Le sac renferme le soleil, la lune et les étoiles. La neige se met à fondre sous les rayons du soleil.

Pensant que la terre est maintenant en sécurité, les animaux entreprennent de rentrer. En chemin, certains ont des accidents : le castor se coupe la queue et verse des gouttes de sang sur le lynx ; l'élan s'aplatit le museau et le buffle se cogne le dos.

Au bord du lac, la vie n'est plus aussi paisible. Lorsque le déluge de neige prend fin, les poissons s'aperçoivent qu'ils ne peuvent plus vivre car les oiseaux et les animaux les mangent ; les oiseaux trouvent qu'ils sont plus en sécurité en haut des arbres. Chaque animal choisit le lieu qui lui convient le mieux.

Bientôt, les oiseaux, les poissons et les animaux sont incapables de se comprendre. Peu de temps après, les premiers hommes atteignent le lac, et depuis, la paix s'en est allée à jamais.

Cette histoire vient de la tribu des Slaveys installés sur les rives du Grand lac des esclaves dans les Territoires du Nord-Ouest au Canada.

▲ *L'impressionnante Chief Mountain, site sacré des Blackfoot qui se rendaient là pour méditer et acquérir un pouvoir spirituel.*

Les animaux peuvent se marier avec des hommes, et les enfants de ces unions possèdent un intellect humain et une force animale.

Les récits sur les animaux étaient parfois dits pendant la chasse, quand un orage obligeait les chasseurs à se mettre à l'abri ; le conteur parlait alors très fort car on pensait que les animaux écoutaient aussi. Les contes sur les animaux domestiques, comme le chien, la chèvre, le cheval ou les poulets, étaient rares, car les tribus de chasseurs portaient peu d'intérêt aux créatures qu'elles ne chassaient pas. Les acteurs les plus courants de ces récits étaient l'ours, le renard, le loup, le glouton et, bien entendu, le corbeau.

◀ *Habit et accessoires rituels d'un chaman : bâton, crécelle, collier et couronnes de griffes d'ours.*

LES ORIGINES DES CARACTÉRISTIQUES ANIMALES

LES ANIMAUX sont souvent les acteurs principaux des contes et apparaissent parfois comme des agents de création cosmique. Les animaux ont des chefs, tiennent des conseils et vivent dans des huttes comme celles des tribus. Souvent, ils se mélangent aux hommes et parlent leur langue.

Les animaux personnifient certaines caractéristiques. Le lapin est un magicien et un sorcier ; la tortue incarne la marche lente et lourde tandis que le renard, le cerf et le lapin représentent la vitesse. La course entre les deux espèces est commune à de nombreuses tribus, la victoire revenant souvent au patient obstiné plutôt qu'au fanfaron.

LA RELATION HOMME-ANIMAL

TANDIS QUE les contes sur les esprits reflètent la peur de l'inconnu, dans les récits d'animaux, les peuples entretiennent souvent une relation intime avec les animaux ; bien qu'ils soient des objets de chasse, ils ne sont pas pour autant ennemis

L'ANIMISME

LES INDIGÈNES d'Amérique du Nord sont animistes : ils croient que tout ce qui bouge (nuages, eau, feuilles, vent) vit. Ils vivent en harmonie avec la nature et prêtent une histoire à chacun de ses éléments. Le nénuphar, par exemple, qui regarde vers le ciel, est en réalité une étoile venue du ciel. La Voie lactée est la neige tombée du manteau de l'ours Wakinu quand il traverse le Pont des âmes défuntes pour se rendre au Pays des chasses éternelles. Les Pléiades sont sept pauvres garçons qui, à jamais gelés et affamés dans ce monde, ont été changés en étoiles.

LES MYTHES ANIMALIERS

POUR BEAUCOUP de tribus, la chasse était la principale activité et l'unique moyen de subsistance. La différence entre l'homme et l'animal était perçue comme infime et surmontable. D'innombrables légendes racontent comment certains animaux étaient autrefois des hommes et vice-versa. Les Navajos prétendent que l'ours était un chasseur ou un chaman qui a été changé en ours et parlent d'un pays où les enfants naissent aussi gros que des chiens ; même les poissons seraient des êtres humains qui se sont noyés. Les Hopis croient que le castor, quand il était homme, était un archer talentueux.

▲ *Bol funéraire décoré de personnages féminin et masculin troué au fond pour laisser échapper les esprits.*

de la tribu. La mort d'un animal lors d'une chasse n'est pas considérée comme une offense envers celui-ci puisqu'il est venu de son plein gré. L'animal tué était tenu en haute estime et certain de revenir aux chasseurs sous une autre forme à un autre moment. Pour cela, les chasseurs devaient offrir des sacrifices : prélever de petits morceaux du nez de l'animal et les jeter au sol ou dans la rivière, en murmurant des remerciements et en implorant le retour de l'animal.

Certains récits sont racontés par des vieilles femmes aux enfants qui acquièrent ainsi leur connaissance sur les animaux. Quand ils posent une question sur la taille, la couleur ou la forme d'un animal, le mythe fournit une réponse.

▲ *Ce collier de griffes d'ours était une distinction que portaient des hommes valeureux qui avaient accompli des actes de bravoure à l'issue d'un contact avec l'esprit de l'ours.*

L'OURS

LE CULTE DE L'OURS occupe une place à part dans les récits d'Amérique du Nord, surtout à cause de la parenté de cet animal avec l'homme. Plus que tous les animaux, l'ours est censé posséder une âme semblable à celle de l'homme et comprendre sa langue comme celle des autres animaux.

Les Micmacs pensent être les descendants de l'ours et les Chippewas prénomment l'ours « vieil homme en manteau de fourrure » ou parfois « femme de la forêt » ou « femme des collines ».

Les Ojibwas du Canada considèrent l'ours comme une femelle et l'associent à une jeune fille qui a ses règles. À l'approche des premières règles d'une jeune fille, elle se nomme *wemukowe* – littéralement « sur le point de devenir ours » – et pendant sa réclusion, *mukowe* – « elle est un ours ».

Dans beaucoup de mythes, les ours sont décrits comme des animaux à forme humaine (se déplaçant souvent sur deux pattes avec des squelettes humains) qui portent toujours leurs manteaux à l'extérieur. De nombreux récits parlent d'une jeune fille qu'un beau jeune homme emmène chez lui et qui s'aperçoit que ce dernier vient d'un village d'ours. Elle l'épouse, donne naissance à deux oursons, revient dans son village d'origine où les jumeaux quittent leurs manteaux de fourrure et deviennent de beaux petits garçons. Naturellement, ce sont d'excellents chasseurs.

NANABOZHO

SI VOUS REGARDEZ l'autre rive du lac Supérieur, vous verrez un promontoire rocheux peu élevé qui ressemble à un homme endormi, les mains repliées sur la poitrine et le visage tourné vers le ciel. Jadis, ce géant endormi était Nanabozho, un grand magicien-créateur.

Nanabozho vint au monde ainsi : le Grand Esprit, Citche Manitou,

▲ *Robe portée par des hommes de haut rang. Le dessin représente l'ours brun, un animal tenu en haute estime par les indigènes d'Amérique du Nord.*

envoie un professeur aux Ojibwas. C'est une vieille devineresse appelée Nokomis, fille de la lune. Elle a une fille prénommée Wenonah, qui a été enlevée par le Vent d'Ouest. De cette union naissent deux fils, mais Wenonah et l'un de ses fils partent pour le Monde des esprits. Nokomis trouve un petit lapin blanc qu'elle recueille et appelle Nanabozho.

POURQUOI L'ÉTOILE POLAIRE EST-ELLE IMMOBILE ?

LE CIEL est plein de choses vivantes, aussi turbulentes que les Palutes, voyageant de part et d'autre de l'univers et laissant des traînées dans le ciel. Certaines étoiles sont des oiseaux qui volent vers des climats plus chauds, d'autres des animaux en quête d'un meilleur pâturage. Le ciel est leur terrain de chasse. Pourtant, l'une d'elle ne voyage jamais : Qi-am-i Wintok, l'Étoile polaire. Au début, elle s'appelle Nagah, le mouton de la montagne, et, un jour, elle trouve une haute montagne aux pentes raides qui s'élève en un pic pointu vers les nuages. Elle grimpe jusqu'au sommet. Shinob, l'Esprit suprême, marche dans le ciel et la repère, juchée sur le haut la montagne. Il décide de transformer le mouton en *see*, ou étoile, qui brillera dans le ciel pour être vue de tous. Elle servira de guide sur terre et dans le ciel.

Ainsi, Nagah devient la seule étoile qui reste à la même place. Grâce à son immobilité, les voyageurs égarés retrouvent leur chemin et, comme elle se trouve dans le ciel polaire, les gens l'appellent Qi-am-i Wintok ou Étoile polaire.

Cette histoire est racontée par les Palutes, un peuple autrefois grand et prospère, qui vit aujourd'hui essentiellement en Utah.

L'OISEAU-TONNERRE

DANS UN ENVIRONNEMENT si dépendant des éléments, il est normal que de nombreux mythes interprètent le temps de manière fantastique. Beaucoup de tribus imaginent que le tonnerre est un oiseau puissant dont les yeux et le bec lancent des éclairs et le battement d'ailes produit un son semblable aux coups de tonnerre. Pour les Lakotas, Wakinyan, l'Oiseau-tonnerre, est une divinité au service de l'être suprême et une manifestation de celui-ci, investie de redoutables pouvoirs

de création et de destruction. Pour les Iroquois, cette créature semblable à un aigle revêt forme humaine et devient Hino, l'esprit du tonnerre et le gardien des enfers. Les tribus de l'Ouest croient en quatre Oiseaux-tonnerre, un pour chaque coin du monde. L'Oiseau-tonnerre est engagé dans un combat permanent contre les esprits malins et les monstres ; leur lutte serait cause de séismes, d'innondations et de terribles orages.

Les Tsimshians du Nord-Ouest sculptent une figurine en bois de l'oiseau et la fixent sur un poteau, à l'extérieur de leurs tentes. Il est censé protéger l'âme du chaman qui risque de rencontrer de nombreux dangers durant son vol. Ils trouvent des traces de son pouvoir dans les arbres abîmés par la foudre que l'Oiseau-tonnerre a réduits en lambeaux avec ses « griffes de pierres ».

UNE GÉOGRAPHIE ET UNE MÉTÉOROLOGIE ANIMÉES

DANS LES SIX MONDES des Micmacs de l'Est du Canada et du Nord de la Nouvelle-Angleterre, la géographie est animée. Les étoiles sont des personnes qui chassent dans le ciel ; les coups de tonnerre sont des pouvoirs du monde naturel et, en même temps, des êtres, les Kaqtukwags, qui prennent à la fois forme d'homme et d'oiseau. Quand ils volent, leur battement d'ailes crée le bruit du tonnerre et les gros orages.

Les vents eux-mêmes sont des personnes, tout comme les saisons et les points cardinaux. Les montagnes sont vivantes, de même que les lacs, les rivières et les icebergs. Les reliefs insolites du paysage sont des personnes que l'on aime et que

Les masques de transformation, portés lors de danses rituelles, s'ouvraient en divers endroits pendant la danse pour révéler un autre aspect du personnage. Ce masque d'Oiseau-tonnerre s'ouvre pour révéler un visage humain et exprimer la nature duelle (homme/animal) des esprits.

l'on couvre de cadeaux. Dans les histoires, les falaises et les rochers changent parfois de forme lorsqu'ils souhaitent se cacher ou se reposer. Ces rochers peuvent être des êtres puissants et terribles, comme le découvre Ki'kwa'ju quand le rocher qu'il a dérangé se met à rouler derrière lui, écrasant la forêt dans sa course.

Hail est la pierre du tonnerre qui tombe du ciel sous forme de boules rondes ou de pointes de flèches et de lances. Les blizzards et les vents froids proviennent d'un géant qui vit en lisière de notre monde et passe son temps à pelleter la neige et la glace qui ensevelissent sa demeure.

LE CORBEAU

LA CRÉATURE qui revient le plus souvent dans les mythes animaliers est le corbeau. Il occupe une place à part dans la mythologie

nord-américaine, comme dans celle des peuples de Sibérie et des régions arctiques. Le corbeau (et parfois l'araignée) est considéré comme un être sacré, créateur de l'univers et symbole de sagesse. Pour de nombreuses tribus, tuer un corbeau est tabou. Le corbeau aurait contribué à créer la terre, tous les animaux et les hommes ; il apporte la lumière et l'eau douce, et apprend aux hommes à vivre sur terre.

Il est aussi sujet de dérision, étourdi et parfois provoquant. Il joue des tours aux autres qui, à leur tour, n'hésitent pas à se moquer de lui. Certains peuples comme les Tlingits du Sud de l'Alaska distinguent deux corbeaux, le héros civilisateur et le farceur rusé.

Dans le paysage désolé du lointain Nord-Ouest et sur la côte Pacifique, le cri des oiseaux, notamment du corbeau, signale la présence d'autres êtres vivants dans le voisinage. Sa couleur noire le différencie des autres oiseaux ; elle s'explique dans certains récits où il se querelle avec un hibou, un goéland ou un huart, et reçoit de la peinture noire ou de la suie.

LES HÉROS

LE HÉROS vainqueur d'ennemis apparemment invincibles est un thème universel de la mythologie, abondamment développé en Amérique du Nord. Dans certaines régions, comme le Sud-Ouest et la Californie, les héros tendent à être des demi-dieux et leurs aventures consistent à débarrasser la terre des monstres primordiaux à une époque mythique. Par ailleurs, les mythes d'une grande partie du continent évoquent les exploits de mortels extraordinaires dans un monde qui ressemble plus ou moins au monde actuel.

Dans sa quête, le héros est amené à voyager dans d'autres mondes. Dans les récits s'articulant autour du thème de l'épreuve, il s'agit du monde céleste, de la demeure du soleil ou du maître du ciel. Un autre groupe de récits héroïques s'intéresse au voyage du héros vers le Pays des morts afin d'en ramener l'être aimé. Dans certaines versions, le retour de l'épouse défunte est impossible pour cause de tabou brisé ; dans d'autres, l'épouse défunte revient à la vie comme dans ce conte winnebago qui, à l'inverse de la version cherokee, se termine bien.

L'AU-DELÀ

LES RÉFÉRENCES à un au-delà duel, pourvoyeur de récompenses et de châtiments, sont rares mais la majorité des tribus reconnaissent l'existence d'un monde supérieur. Dans le récit des Alabamas et des Coushattas du voyage vers le ciel, l'âme d'un défunt doit être confrontée à des obstacles dangereux, dont une immense étendue d'eau et un lieu rempli de serpents. Un aigle géant attaque celui qui emprunte la voie imposée. Un grand couteau, enterré avec chaque mort, sert à le combattre. Le dernier obstacle consiste à passer sous la voûte céleste tandis qu'elle monte et descend en bordure de la terre.

◀ *Les yeux de cette figurine kachina représentent les nuages, les cils symbolisent la pluie.*
▲ *Manche de couteau en forme de corbeau. Les corbeaux auraient envoyé le feu du ciel et auraient été noircis en guise de châtiment.*

COIFFES ET AUTRES COSTUMES DE CÉRÉMONIE

TOUS LES COSTUMES de cérémonie portés par les membres de la tribu, en particulier les chefs et les guerriers, participaient d'une coutume mythique ou d'une vision religieuse. Les coiffes à plumes étaient en peau et corne de buffle et en plumes d'aigle. Les tuniques décorées, la forme des bannières, les motifs peints sur les hommes et les chevaux possédaient une signification mythique. On portait ces atours au retour de raids victorieux, pendant les cérémonies et les batailles. Les tribus utilisaient les matériaux qu'ils avaient à leur disposition. Les Crees des Plaines excellaient dans l'ornementation en piquants de porc-épic peints et les Blackfoot portaient des plumes de corneille et de hibou. Les qualités de l'animal se transmettaient à celui qui portait ces ornements.

▶ *Les coiffes traditionnelles étaient faites de plumes d'aigle.*

COYOTE

COYOTE joue une grande variété de rôles dans les Grandes Plaines et dans le Sud-Ouest et l'Ouest du pays : créateur ou mauvais génie, amant ou magicien. Parfois, surtout dans les récits des tribus des Grandes Plaines, Coyote apparaît comme la personnification d'un appétit débridé et de tous les vices possibles. Cruel, fourbe et licencieux, on le présente dans de nombreux récits comme le séducteur de sa propre fille ou de sa grand-mère.

Coyote est particulièrement réputé pour sa gloutonnerie, consommant presque toute espèce animale ou végétale. Sa transformation en un plat garni de nourriture est un sujet commun à de nombreux récits.

Il est aussi dépeint comme un idiot crédule, démasqué par les animaux qu'il essaie de duper. Son absence de pitié et son ingratitude envers ceux qui l'aident le rendent presque monstrueux. Pourtant, dans d'autres contes, il campe un puissant sorcier qui organise le monde et octroie d'immenses bienfaits à l'humanité. Il est vrai que ces bienfaits sont moins le résultat de son altruisme que la conséquence indirecte de ses efforts pour satisfaire ses envies égoïstes. L'histoire qui suit appartient aux Tsimshians de la côte Pacifique.

COYOTE ET LE SAUMON

COYOTE peut changer de forme à volonté. Un jour, alors qu'il traverse une rivière, il tombe à l'eau. Pour éviter la noyade, il se change en planche de bois et est entraîné par le courant jusqu'à ce qu'il rencontre un barrage.

Bientôt, une vieille femme remarque la planche et pense qu'elle ferait un beau plat à poisson. Elle l'emporte chez elle et l'utilise pour servir du saumon au dîner. Imaginez sa surprise de voir le saumon disparaître si rapidement qu'elle réussit à peine à en manger une bouchée. Sa colère est si grande qu'elle jette la planche au feu.

Dès qu'il se trouve dans le feu, Coyote se change immédiatement en bébé qui pleure de douleur. Sans attendre, la femme le sort du feu et l'élève comme s'il s'agissait de son propre enfant.

Le temps passe et le bébé grandit mais il est toujours méchant et désobéissant. Un jour, la femme part en voyage et dit à l'enfant-coyote :

« Pendant mon absence, n'ouvre pas les boîtes qui sont dans l'étable. »

Coyote promet, mais sans intention aucune de tenir sa promesse. Il est curieux de savoir ce qu'il y a à l'intérieur mais il souhaite d'abord se débarrasser du barrage qui l'a empêché d'atteindre la mer. En effet, il n'y a pas de saumon au pays de Coyote et il veut que son peuple, en amont de la rivière, goûte ce délicieux poisson.

Dès que la vieille femme est partie, Coyote détruit le barrage avec une hache pour permettre aux saumons de remonter la rivière.

Pour satisfaire sa curiosité, il commence à ouvrir les quatre boîtes. À sa grande consternation, la première boîte recèle une horde de guêpes courroucées, la deuxième un nuage noir de mouches à saumon, la troisième et la quatrième un nuage de mouches à viande.

À compter de ce jour, Coyote peut procurer à son peuple autant de saumon qu'il le souhaite mais sa désobéissance provoque une invasion de guêpes, de mouches à saumon et de mouches à viande, qui atteint son paroxysme chaque année, à la saison où le saumon commence à remonter la rivière.

◀ *Crécelle de chaman en forme de saumon.*
▼ *Les Indiens des Plaines qui vivaient là*
avaient baptisé ce coin
« Laaire de l'enfer » à cause
de ses eaux sulfureuses.

LE CHANGEUR DU NORD-OUEST DU PACIFIQUE

AU DÉBUT, la terre était plate, sans montagnes ni arbres, et peuplée de monstres cannibales. Puis survint le Changeur. Les Quilleutes disent que c'était un vison habile et astucieux, les Makah, un corbeau, et le peuple du détroit de Puget, un renard. Les Chehalis pensent qu'il était la lune changée en être humain, et les Tillamooks prétendent que c'était une femme. Au nord de l'Alaska et à l'est des Rocheuses, les tribus parlent du Changeur de diverses manières. Dans les lieux où il s'installait, sont nées des criques et des sources qui ne se sont jamais taries. Il empila les montagnes. Il façonna les falaises rocheuses de la côte Pacifique en vidant un sac de peignes en bois semblables à ceux qui servent pour les cheveux. Il déroba le soleil à l'avare qui le gardait et le jeta dans le ciel.

LES MYTHES DES CHIPPEWAS

LES CHIPPEWAS sont des indigènes américains chasseurs, pêcheurs et cueilleurs, qui parlaient l'algonquin et vivaient dans la région des Grands Lacs. Ils cultivaient également le maïs et la courge en été, récoltaient du riz sauvage en automne et saignaient les érables pour le syrop au printemps. Ce cycle nécessitait d'adopter un mode de vie nomade ou semi-nomade. Ils construisaient des wigwams qui se démontaient rapidement et voyageaient à pied ou dans des canoës en écorce de bouleau, ou en traîneau l'hiver.

Les mythes des Chippewas se divisent peu ou prou selon les catégories suivants : des mythes de la création de Wenebojo (personne réelle), des légendes sur Matchikwewis et Oshkikwe qui sont surtout des règles morales énoncées par des femmes pour montrer aux jeunes filles comment se comporter ; des récits windigo sur les luttes contre les géants cannibales, des contes animaliers sur les rencontres entre les hommes et les animaux, des anecdotes sur les tours que les animaux se jouaient mutuellement, et des histoires de malédiction et de pouvoir magique sur des personnes sous influence d'un individu malfaisant et puissant.

Une partie du cycle de Wenejobo se racontait au cours du rituel de la danse des sorciers. D'autres histoires ne se relataient qu'en hiver. Certains prétendaient qu'il était possible de raconter des histoires seulement si la grenouille et le serpent étaient enterrés car c'étaient de mauvais esprits qui n'étaient pas autorisés à les écouter.

Guerrier chippewa en costume de cérémonie.

HIAWATHA

L'ESPRIT SUPRÊME, lassé des guerres qui détruisent ses enfants terrestres, convoque un conseil et invite les membres courageux de toutes les tribus. Il les sermonne pour s'être querellés et leur dit qu'il leur enverra un sorcier pour leur indiquer la voie de la paix.

Les années passent et un jeune garçon grandit dans la tribu des Mawhawks. Une nuit, il rêve que l'Esprit suprême lui prédit l'avenir. Sa vision est celle d'un monde sans guerre.

Devenu adulte, il essaye de semer la graine de sa vision chez d'autres personnes et réussit peu à peu à convaincre les Iroquois de constituer une ligue de tribus (Ho-de-no-sau-nee). Seuls les Onondagas s'opposent à cette ligue, à l'instigation de leur sorcier maléfique, Atotarho.

Le jeune homme sillonne tout le territoire Onondaga et assiste au conseil du feu qui se tient au camp des Onondagas. La chevelure d'Atotarho fourmille de serpents mais le jeune homme reçoit le consentement de sa tribu en proposant Atotarho comme Grand chef et les Onondagas comme gardiens du feu sacré.

S'emparant des bois de cerf sacrés, il les pose sur la tête d'Atotaroh. À la surprise générale, les serpents tombent au sol, morts. Depuis cette époque, le jeune homme est surnommé Hy-ent-wat-ha, le peigneur de serpents.

LA DANSE DU SORCIER ET LA RELIGION DES CHIPPEWAS

CHEZ LES CHIPPEWAS, les villages vivaient l'été. La Midewiwin, ou Danse du sorcier avait lieu au printemps lorsque les gens se retrouvaient dans les villages et à nouveau en automne, avant qu'ils se séparent pour les chasses hivernales.

La Midewiwin était le plus important rituel collectif des Chippewas et présentait beaucoup de caractéristiques anciennes,

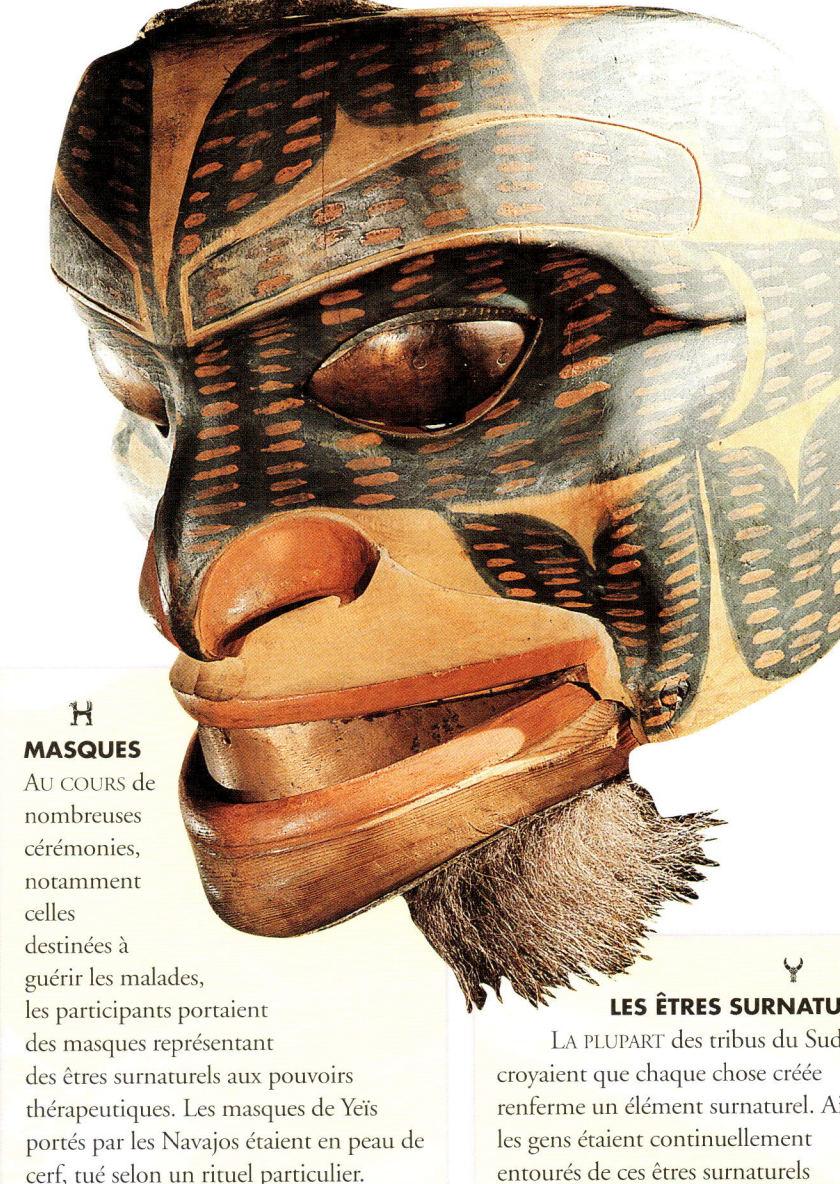

notamment le mythe de l'origine sur Wenebojo, le héros civilisateur, dont une partie était racontée durant la cérémonie. Seuls les initiés pouvaient prendre part à la danse. Pour se porter candidat à la Midewiwin, il fallait qu'un membre proche de la famille tombe malade ou décède, ou bien qu'un rêve décide que quelqu'un rejoindrait la demeure des sorciers. Une personne pouvait « subir » la danse des sorciers plusieurs fois et connaître ainsi divers stades d'initiation.

Bien que ce rituel différât d'une communauté à une autre, il consistait généralement à parader autour de la Demeure des sorciers dans le sens contraire aux aiguilles d'une montre au son des percussions et des chants. La cérémonie atteignait son paroxysme quand le nouvel initié était magiquement « abattu » par des membres de la Demeure qui braquaient leurs peaux de sorcier sur lui et injectaient probablement de petits coquillages blancs dans son corps.

MASQUES

AU COURS de nombreuses cérémonies, notamment celles destinées à guérir les malades, les participants portaient des masques représentant des êtres surnaturels aux pouvoirs thérapeutiques. Les masques de Yeïs portés par les Navajos étaient en peau de cerf, tué selon un rituel particulier. Comme il ne devait pas y avoir écoulement de sang, on étouffait le cerf en remplissant ses narines d'un repas sacré ou de pollen de maïs. Ces masques se portaient pour le rite de guérison hivernal des Yeibichais, ou Chant de nuit, pratiqué la nuit, quand les serpents étaient endormis. Ce rite visait à guérir la folie. Pendant les deux dernières nuits, les Yaibichais initiaient les jeunes aux secrets des dieux masqués.

◄ *Illustration du mariage du chef indien Hiawatha.*
▲ *Masque aux yeux et à la mâchoire articulés*
– ce type de masque servait à exprimer certaines
émotions.

LES ÊTRES SURNATURELS

LA PLUPART des tribus du Sud croyaient que chaque chose créée renferme un élément surnaturel. Ainsi, les gens étaient continuellement entourés de ces êtres surnaturels qui apparaissaient aux voyageurs dans les forêts denses ou indiquaient leur présence par des sons étranges.

Une des croyances fondamentales était l'impuissance des hommes à maîtriser leur environnement sans l'aide des pouvoirs magiques d'un être élu. Les esprits bons ou mauvais ont le pouvoir d'accorder à toute chose une valeur économique et sociale ; il est possible de mettre les esprits en relation avec les hommes par le jeûne, la concentration mentale, l'autocorrection et même la torture, les offrandes et les sacrifices, les prières et les incantations, les amulettes et les fétiches.

Amérique centrale et du Sud

INTRODUCTION

LES PREMIERS HOMMES arrivèrent en Amérique il y a trente à vingt mille ans par une bande de terre qui reliait alors la Sibérie et l'Alaska. Il y a quinze mille ans, des hommes vivaient dans la partie la plus méridionale de l'Amérique du Sud, sur le site de Monte Verde au Chili. Pendant quinze millénaires, jusqu'au débarquement de Christophe Colomb aux Bahamas en 1492, les peuples amérindiens se sont développés, isolés culturellement et géographiquement du reste du monde, ce qui joua un rôle déterminant dans l'évolution de la civilisation précolombienne et la structure de ses mythologies et de ses religions. Indemnes des bouleversements politiques, religieux, militaires ou culturels survenus dans le reste du monde et notamment en Europe méditerranéenne, les Amériques étaient également protégées des ravages causés par les maladies du Vieux Continent. Le manque d'immunité des Amérindiens transforma le rhume commun et la variole en fléaux qui décimèrent, tel un cataclysme, les populations indigènes dès leur entrée en contact avec les Européens. Pourtant, cet isolement avait engendré un mélange unique de religions, de visions du monde et de mythologies – qui était unanimement partagé par toutes les tribus et empires des Amériques.

À partir de la fin du XVᵉ siècle, les Européens découvrirent aux Amériques un monde parfait où le pouvoir du mythe était une réalité concrète, où le monde naturel était animé d'un pouvoir spirituel, et où l'étincelle de la divinité était visible sur chaque roche, plante ou animal. Les peuples de Méso-Amérique et d'Amérique du Sud vivaient dans des environnements naturels d'une étonnante variété. Dans ces deux régions, les volcans, les chaînes montagneuses, les déserts arides et les forêts tropicales humides avaient composé un paysage aux contrastes spectaculaires. En Amérique du Sud notamment, l'Orénoque et l'Amazone baignaient les plaines amazoniennes, autorisant une vie végétale extrêmement diversifiée et subvenant aux besoins de multiples espèces animales. Les Amérindiens entretenaient d'étroites relations avec leur environnement, ce qui influençait leur vision du monde naturel et les esprits qui, pensaient-ils, le peuplaient. La civilisation s'était épanouie diversement selon les régions. Les grandes sociétés précolombiennes virent le jour en Méso-Amérique et dans la partie centrale des Andes, en Amérique du Sud. Dans ces zones, l'abandon progressif de la chasse et la cueillette, et le développement de l'agriculture constituèrent les fondements de la vie civilisée. La population augmenta et des villages, des villes et, finalement, des États impériaux furent édifiés. Les mythologies de Méso-Amérique et d'Amérique du Sud étaient aussi variées que les peuples, mais elles partageaient une cohérence et un objectif communs dans une vision du monde typiquement amérindienne où les questions physiques et spirituelles étaient éternellement liées.

ORIGINES DES MYTHOLOGIES

AVANT le développement de l'agriculture et pendant plusieurs millénaires, les expériences des chasseurs-cueilleurs se sont accumulées dans la mythologie amérindienne. Grâce à une connaissance intime de l'environnement, ces communautés possédaient quantité d'informations pratiques. Elles connaissaient les plantes comestibles, celles qui guérissaient ou empoisonnaient, les sources d'eau potable et les matériaux servant à fabriquer les outils, la poterie, les vêtements et les armes ; elles comprenaient les cycles de reproduction et les migrations des animaux. Elles savaient se déplacer dans un paysage en identifiant le moindre détail – les empreintes d'animaux, les odeurs, les chants d'oiseau, les vents et le contact de la terre sous leurs pieds.

Ainsi le monde naturel était compris dans les termes du monde social amérindien. Le paysage n'était pas seulement un lieu de réalités physiques, mais aussi un lieu de mythe et de magie. Les paysages étaient parcourus d'un enchevêtrement de lignes de pouvoir invisibles, reliant mythe, parenté, et connaissance des mondes physique et surnaturel. La mémoire et la transmission de ces informations étaient un acte culturel qui s'accomplissait par l'observation, les rites de passage, l'instruction et les histoires mythiques qui donnaient une dimension spirituelle et une explication sacrée aux détails de la vie quotidienne.

Cette vision du monde fondamentale trouva néanmoins différentes expressions culturelles dans les diverses civilisations précolombiennes de Méso-Amérique et d'Amérique du Sud. La proximité de régions physiques contrastées conduisit à un mélange de coutumes et de croyances, de commerce et d'influences sur l'art, la religion et la mythologie.

Le symbolisme des premières civilisations de l'Amérique précolombienne – les Olmèques de Méso-Amérique et la culture

de Chavin dans les Andes – fourmille d'images et d'idées issues des forêts tropicales. Les deux communautés possédaient un art sophistiqué, sculptant sur la pierre des animaux de la jungle, des représentations de transformations animal-homme, l'usage des hallucinogènes, la chasse des têtes, le cannibalisme et la construction d'une architecture monumentale. Ces sociétés précoces ancrèrent le monde mythique de la forêt tropicale et léguèrent leurs découvertes technologiques à la lignée de civilisations qui naquit dans leur sillage. En Méso-Amérique, les Zapotèques, les Teotihuacan, les Mayas et les Aztèques partageaient des idées et des croyances qui apparurent pour la première fois sous forme matérielle à l'époque olmèque. De la même façon, l'influence de Chavin se ressentit dans toutes les Andes, affectant les civilisations mochica, wari, tiwanaku, chimú et inca. Chaque société avait ses mythes originels, ses propres idéologie et identité ethnique mais toutes étaient solidaires d'une vision du monde fondamentalement amérindienne.

▶ *Page extraite du Codex Fejervary-Mayer montrant le dieu du feu au centre de l'univers nourri de sang sacrificiel*
▼ *La pyramide du Magicien à Uxmal.*

Méso-Amérique

INTRODUCTION

L E TERME MÉSO-AMÉRIQUE désigne cette région d'Amérique centrale dont les habitants partageaient d'importantes caractéristiques culturelles entre 1000 avant J.-C. et la conquête espagnole de 1519 à 1521. Elle correspond à une grande partie du Mexique, du Guatemala et du Belize actuels ainsi qu'à certaines parties du Honduras, du Salvador, du Nicaragua et du Costa Rica. Pendant près de 3 000 ans, une diversité de civilisations a vu le jour dans ces paysages contrastés – des hauts plateaux arides aux forêts tropicales des plaines.

Malgré des langues, des politiques et des styles artistiques différents, les peuples de Méso-Amérique montraient une unité surprenante dans leurs croyances religieuses et leurs mythologies, dans leur usage de l'écriture hiéroglyphique, d'un calendrier sacré de 260 jours et dans leur jeu de balle. L'association de l'agriculture, de la vie rurale et des rituels religieux, spécifique à la Méso-Amérique est apparue vers 2000 avant J.-C. Autour de 1200 avant J.-C., les Olmèques constituèrent la première civilisation de la région, introduisant un panthéon de dieux mi-humains, mi-animaux, une architecture monumentale, le sacrifice humain et l'épanchement du sang. Autant d'idées et de pratiques qui, avec la construction de pyramides, le commerce de produits exotiques, le culte des ancêtres et le statut divin des chefs de dynasties, furent imitées par les cultures méso-américaines ultérieures.

LES PREMIÈRES DIVINITÉS

EN MÉSO-AMÉRIQUE, les dieux-jaguars olmèques furent les premières divinités. Leur association à la royauté et à la fécondité influença de nombreuses civilisations ultérieures. Chez les Mayas, le créateur suprême était Itzamna, le seigneur des dieux et patron de l'écriture.

▲ Les animaux représentent des blocs temporels et les profils des dieux, des nombres.

LA NATURE DU MYTHE MÉSO-AMÉRICAIN

DANS TOUTE la Méso-Amérique, les mythes individuels et les groupes de mythes servaient à intégrer et à expliquer les mondes politique, spirituel et naturel de leurs créateurs. Les populations plaçaient, en effet, leur société au centre de l'univers et accordaient une légitimité sacrée à la hiérarchie sociale et aux activités de l'élite. Les idéologies des rois mayas ou des empereurs aztèques étaient présentées en termes mythiques comme la volonté des chefs divins qui ne faisaient qu'un avec le monde surnaturel. Dans la vision du monde méso-américaine, les frontières spirituelles entre la vie et la mort étaient floues. Les hommes, les animaux, les ancêtres et les dieux pouvaient se mêler sous forme d'esprit et changer leur apparence. Le temps lui-même était cyclique et les événements se répétaient selon des modèles hérités des ères mythiques. Les naissances, les morts, les mariages, la guerre et le sacrifice n'étaient pas particuliers au monde physique, mais des reconstitutions d'événements importants enchâssés dans le mythe. Cela explique l'obsession méso-américaine du temps et les calendriers séculaires et sacrés qui mesuraient son écoulement et prédisaient l'avenir. Dans la vie quotidienne, les mythes illustraient des idées de la vie et de la mort, la fécondité des peuples, des animaux et des végétaux, ainsi que l'unité fondamentale de la vie.

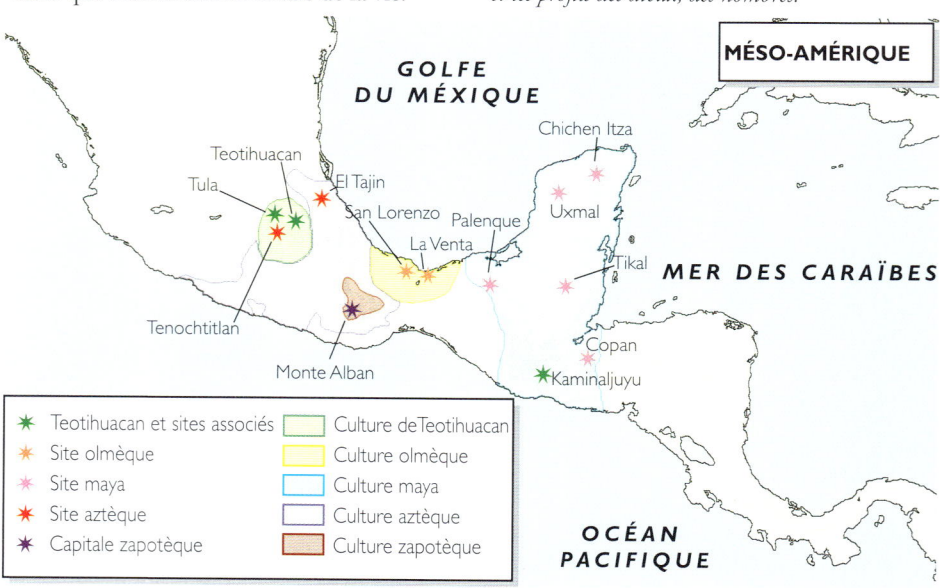

GOLFE DU MÉXIQUE

MÉSO-AMÉRIQUE

MER DES CARAÏBES

OCÉAN PACIFIQUE

Teotihuacan
Tula
El Tajin
San Lorenzo
La Venta
Palenque
Chichen Itza
Uxmal
Tikal
Tenochtitlan
Monte Alban
Copan
Kaminaljuyu

★ Teotihuacan et sites associés   ☐ Culture de Teotihuacan
★ Site olmèque   ☐ Culture olmèque
★ Site maya   ☐ Culture maya
★ Site aztèque   ☐ Culture aztèque
★ Capitale zapotèque   ☐ Culture zapotèque

Le dieu Soleil aux oreilles de jaguar, Kinch Ahau, qui traversait les enfers la nuit d'est en ouest, lui était étroitement associé. Chez les Aztèques, la première divinité était Tezcatlipoca, Dieu au miroir fumant, le tout-puissant patron de la royauté et des sorciers. Huitzilopochtli, ou « Colibri du sud », était le dieu de la guerre, uniquement aztèque, à qui l'on offrait des sacrifices.

LES CRÉATIONS AZTÈQUES OU « SOLEILS »

LES AZTÈQUES, comme beaucoup de peuples méso-américains, croyaient que l'univers avait été conçu lors d'un combat entre les forces de la lumière et des ténèbres.

AU COMMENCEMENT, il y a Ometeolt et Omecihuatl, les maîtres masculin et féminin de la dualité. Leur rejetons cosmiques sont : Tezcatlipoca rouge ou Xipe Totec,

associé à l'est, Tezcatlipoca bleu ou Huitzilopochtli associé au sud, Tezcatlipoca blanc ou Quetzalcoalt associé à l'ouest et Tezcatlipoca noir associé au nord. Ils sont rejoints par les maîtres de la fécondité, Tlaloc, le dieu de la pluie et Chalchiuhtlicue, son épouse, la déesse de l'eau. Une série de luttes cosmiques a lieu entre ces dieux jumeaux qui provoquent la création et la destruction de mondes successifs que l'on retrouve dans les mythes de la création méso-américains. Les Aztèques croient en cinq créations ou « Soleils », chacun identifié au cataclysme qui l'engloutit.

Le premier Soleil, présidé par Tezcatlipoca, est appelé « Quatre jaguars ». C'est l'époque où les géants parcourent la terre. Au bout de 676 ans, Quetzalcoatl envoie Tezcatlipoca à l'eau d'un coup de poing et la terre est dévorée par les jaguars. Cela marqua le début du deuxième Soleil, « Quatre vents », gouverné par Quetzalcoatl et qui s'achève quand Tezcatlipoca prend sa revanche en éjectant Quetzalcoatl de son trône, en changeant le peuple en singes et en détruisant le monde avec des ouragans. Le troisième Soleil, baptisé « Quatre pluies », est dominé par le feu. Gouverné par le dieu de la pluie, Tlaloc, il est détruit par une pluie ardente provoquée par Quetzalcoatl. Puis vient le quatrième Soleil appelé « Quatre eaux », identifié à Chalchiuhtlicue, la déesse de l'eau. Ce monde se termine quand la terre est engloutie par un déluge et ses habitants humains deviennent poissons. Au trépas de ces mondes imparfaits, Tezcatlipoca et Quetzalcoatl sont transformés en deux immenses arbres

et hissent le ciel au-dessus de la terre. Puis Quetzacoatl descend aux enfers et rapporte

les os des noyés du déluge. On crée la chair humaine en réduisant les os en poudre et en mélangeant celle-ci au sang pénitentiel des dieux. Bien qu'elle soit habitée par des hommes, la terre reste dans l'obscurité. Les dieux se réunissent à Teotihuacan, déterminés à provoquer le cinquième Soleil, le monde aztèque. Le dieu Nanahuatzin se jette dans les flammes et réapparaît en soleil levant. Comme il reste inerte, les autres dieux sacrifient leur sang pour lui donner l'énergie nécessaire à son trajet quotidien de part et d'autre du ciel. L'ère du cinquième monde est appelée « Quatre mouvements ».

▲ *Le double dieu Ometecuhtli, à la fois mâle et femelle, était une divinité créatrice suprême.*
◄ *Chalchuitlicue, déesse de la fécondité.*

QUETZALCOATL

L'UNITÉ DES RELIGIONS et des mythes méso-américains est illustrée par des figures récurrentes qui jouent un rôle crucial dans les rencontres épiques du monde surnaturel. Un des personnages les plus fréquemment dépeints est Quetzalcoatl, dont le nom signifie « serpent à plumes ». Les images de Quetzalcoatl, tour à tour dieu, roi ou prêtre, apparaissent sur les murs du temple de Quetzacoatl à Teotihuacan. À des époques ultérieures, la divinité fut confondue avec Ce Acatl Topiltzin Quetzalcoatl, souverain des Toltèques de Tula. À l'époque aztèque, il était le patron des souverains, vénéré dans la ville de Cholula.

LES MYTHES DES RÉGIONS MONTAGNEUSES

DANS LES MONTAGNES, les mythes reflétaient les réalités culturelles et physiques de la vie au-delà des forêts tropicales. Les mythes de la création étaient liés à un paysage changeant et instable aux pluies imprévisibles, où le déluge et l'activité volcanique mettaient la vie civilisée en danger. Ces réalités jouaient un rôle actif dans la compréhension du monde et apparaissaient aussi dans les mythes qui s'y intéressaient. La troisième création aztèque fut caractérisée par le feu et détruite par une pluie brûlante – une référence, selon certains, aux effets dévastateurs des volcans. De même, le nom glyphique donné à la cinquième création – l'ère Aztèque – était « Quatre mouvements », suggérant un lien entre les puissantes forces spirituelles qui animaient l'univers et les séismes imprévisibles qui secouaient la vallée de Mexico. La chaleur luttait contre le froid, le déluge contre la sécheresse et les peuples contre la famine.

Dans les mythes de la création, ces luttes étaient incarnées par les dieux de l'eau, du soleil et du destin imprévisible. À l'époque aztèque, le Mexique des montagnes était une mosaïque de peuples, de dynasties et de traditions, la plupart préexistantes au peuple aztèque. Mais le mythe des cinq créations le plaçait au centre de la scène, décrivant le passé comme une succession d'échecs et le présent comme le cadeau de la domination aztèque, fondée sur des sacrifices sanglants pour nourrir les dieux qui avaient créé le monde.

▼ *Plaque en jade représentant un souverain maya paré de ses joyaux, porté par deux prisonniers.*

LES CRÉATIONS MAYAS DANS LE POPOL VUH

LE *POPOL VUH*, ou livre du conseil, est l'unique chef-d'œuvre de la littérature maya ; il renferme les anciens mythes relatant la création du monde des Quiché Mayas des hautes terres du Guatemala. Au début, dans un silence total, les dieux créateurs Gugumatz et Huracan modèlent la terre, séparent la terre de l'eau et le ciel de la terre. Après avoir façonné arbres et buissons, ils créent le monde des animaux – jaguars, cerfs, oiseaux et serpents. Mais ces créatures sont incapables de parler, de célébrer leur créateur ou de donner leur nom. Les deux dieux sont si déçus qu'ils condamnent les animaux à offrir leur chair à ceux qui consentiraient à la manger, puis se résolvent à une deuxième création.

Cette fois, les divinités modèlent des hommes en espérant qu'ils immortaliseront le nom de leurs créateurs dans des prières. Mais comme ils sont en argile, ils s'émiettent et sont dissous dans les eaux tourbillonnantes. Dépités, Gugumatz et Huracan essayent une troisième fois en sollicitant l'aide de divinités ancestrales, de sorciers et d'animaux-esprits. À cette occasion, les hommes sont sculptés dans le bois ; ils parlent et mangent comme s'ils étaient réels. Pourtant, ces marionnettes qui peuplent la terre ne gardent aucun souvenir de leurs créateurs et ne réussissent pas à prononcer leurs noms. Les dieux se vengent en bouleversant le monde, incitant les récipients, les meules et même les chiens

à se rebeller contre ces hommes en bois jusqu'à ce que cette troisième création soit également anéantie.

Lors de leur quatrième et ultime tentative de fabriquer des êtres qui honoreraient leurs créateurs, les dieux découvrent que, pour façonner la chair humaine, ils doivent utiliser du maïs. Le renard, le coyote, le perroquet et la corneille leur apportent des épis de maïs blanc et jaune qui servent à modeler les quatre premiers hommes – les fondateurs mythiques des quatre lignées des Quiché Mayas. Les hommes en maïs sont beaux et bons, ils voient et comprennent tout, vénèrent et nourrissent leurs créateurs. Toutefois, Gugumatz et Huracan sont jaloux de leur perfection et craignent qu'ils n'égalent les dieux. Ainsi, ils modifient subtilement leur nature et leurs pouvoirs. Pour limiter leur compréhension du monde et altérer leur caractère unique, ils créent les femmes et leur donnent la possibilité de procréer. Surtout, ils brouillent leur vue afin qu'ils voient uniquement ce qui est près d'eux. Avec cette création s'achève la fondation de la nation quiché ; à l'est, la première aube du monde se lève et la lumière inonde la terre entière.

◀ *Sculpture personnifiant le dieu du maïs.*

⊞ LA PIERRE CALENDAIRE

LES MYTHES de création sont évoqués sur l'impressionnante pierre calendaire. Découverte en 1790 près du temple aztèque de Mexico, ce disque large de quatre mètres est plus une vision des créations aztèques gravées dans la pierre qu'un véritable calendrier. Au centre trône le visage du dieu soleil Tonatiuh, encadré de deux griffes géantes et de quatre silhouettes représentant les soleils précédents – dédiés au jaguar, au vent, au feu et à l'eau. Autour se trouvent les symboles des jours du calendrier sacré et les représentations symboliques de Tezcatlipoca, Quetzalcoatl et Tlaloc. Cette pierre témoigne de l'entrelacement de l'art et du mythe.

▲ *La pierre calendaire.*

LES MYTHES DES PLAINES

BIEN QUE les peuples des plaines eussent partagé de nombreuses caractéristiques de leur mythologie avec leurs voisins des montagnes, ils furent aussi inspirés et limités par leur environnement – forêts tropicales et terrains marécageux. Ces régions avaient de l'eau en abondance, une végétation luxuriante, de la nourriture en grande quantité ainsi que d'innombrables bêtes féroces. Ces endroits connaissaient aussi d'énormes variations climatiques — soleil ardent, vents violents, tempêtes, pluies diluviennes et gigantesques inondations.

La mythologie et l'art mayas, en particulier leurs récits de création, exprimèrent ces forces naturelles dans les ères successives si typiques de la cosmogonie méso-américaine. Dans le *Popol Vuh* des Quiché Mayas, Huracan était le dieu-tempête, l'un des créateurs du monde,

et la puissance de ses ouragans bouleversa la terre et mit un terme à la troisième ère. La luxuriance de la forêt tropicale et sa vie animale sont caractéristiques de la première ère, exprimées dans le modelage d'hommes en bois à l'occasion de la troisième création. À la différence des régions montagneuses multiethniques, les plaines mayas étaient habitées uniquement par des peuples de langue maya. Une profonde unité ethnique sous-tendait de plus vastes ressemblances méso-américaines, conférant un caractère purement maya à leurs mythes épiques.

LES MYTHES ET PEUPLES DU CENTRE DU MEXIQUE

LES MYTHES relatant la genèse des peuples du centre du Mexique ne sont pas aussi simples qu'ils le paraissent au premier abord. Au IIIe siècle, le centre du Mexique était une mosaïque de groupes sociaux et ethniques, chacun avec ses traditions, ses dieux et ses langues, même s'ils partageaient la même vision du monde méso-américain. La plupart des mythes d'origine ethnique étaient des versions « officielles », préparées longtemps après l'événement, et montraient comment ces peuples manipulaient l'Histoire, la nourrissant d'anciennes traditions mythiques, de croyances spirituelles, d'impératifs militaires et politiques. Il y avait trois principaux groupes de population. Le premier était les Chichimèques, dont le nom s'appliquait également à tous les peuples qui émigraient dans la vallée de Mexico. Considérés comme à demi civilisés, connaissant les rudiments de culture mais vêtus de peaux de bêtes, utilisant l'arc et la flèche, les Chichimèques étaient des nomades qui s'adaptèrent à la vie rurale des villages de la vallée de Mexico. Les Tépanèques venaient des frontières orientales de la vallée de Toluca. Le troisième peuple était les Acolhuas qui s'établirent dans l'Est de la vallée de Mexico. À ce melting-pot de cultures et de traditions plus ou moins entremêlées vint se greffer la dernière vague migratoire, les Aztèques ou Mexica.

LA GENÈSE DES MEXICA

LES ORIGINES des Mexica (Aztèques) sont nimbées de mystère, brouillées par une pluralité de récits. Leurs histoires épiques sont influencées par des thèmes d'origine méso-américaine commune, comme la naissance primordiale d'une grotte ou de longues et difficiles migrations ponctuées d'événements mythiques. Les épisodes ne sont pas toujours séquentiels, les lieux géographiques ou mythiques et beaucoup d'événements ont été effacés, ajoutés ou élaborés à dessein après la création de l'Empire aztèque. Les prophéties du dieu Huitzilopochtli sur la grandeur imminente des Mexica sont un exemple de ces ajouts ultérieurs. Fait encore plus troublant, le langage du mythe n'est pas celui de l'histoire, il repose sur l'allusion et la métaphore. Certains événements décrits comme réels appartiennent au domaine de la magie et des esprits et n'acceptent pas d'interprétation littérale. Les récits sur la genèse des Mexica sont souvent contradictoires, désignant leur lieu d'origine comme étant l'île d'Aztlan ou les cavernes de Chicomoztoc, ou mélangeant ceux-ci avec d'autres lieux comme Culhuacan. À travers le voile du mythe transparaissent les contours non seulement d'une véritable histoire mais aussi

de réalités politiques – les intrigues, querelles, et manipulations qui caractérisèrent ces époques de formation et entraînèrent, par exemple, l'éclatement d'un groupe tribal personnifié par Malinalxochitl, « sœur » de Huitzilopochtli.

LES ORIGINES MYTHIQUES DES AZTÈQUES

SELON LA TRADITION aztèque, les ancêtres protecteurs auraient surgi de la terre sacrée à Chicomoztoc, la montagne légendaire des « sept cavernes » – un lieu de genèse cosmique pour beaucoup de peuples méso-américains. Toutefois, beaucoup de récits prétendent qu'ils seraient venus de l'île sacrée d'Aztlan au nord-ouest du Mexique, ce qui expliquerait l'origine de leur nom. Ils auraient commencé leur migration épique vers le sud-est jusqu'à la vallée de Mexico aux environs de 1116 ou 1168. Aztlan était entourée de roseaux et située dans une grande lagune ; son nom signifie « endroit de blancheur » ou « des hérons ». Pendant leur voyage, les Aztèques sont guidés par une idole parlante de leur dieu de la guerre, Huitzilopochtli.

Lorsqu'ils sont rejoints par un groupe de chasseurs-cueilleurs nomades appelés Mexica, le dieu persuade son peuple d'adopter leur nom, leur mode de vie ainsi que leurs armes, l'arc et la flèche. Ils parcourent les montagnes et les déserts pendant vingt ans, ne restant jamais longtemps au même endroit et toujours poussés par l'esprit visionnaire d'Huitzilopochtli qui prophétise à son peuple un grand avenir. Le dieu s'adresse aux Mexica par l'intermédiaire de ses prêtres, leur indiquant comment conquérir tous les peuples de l'univers et devenir les maîtres du monde. Selon la divinité, les Mexica recevront de l'or, des émeraudes, du corail, des plumes de quetzal, du cacao et du coton.

Le voyage mythique se poursuit jusqu'à Culhuacan, la « montagne bombée » et, confusément, jusqu'à Chicomoztoc, bien que ces deux lieux ne soient peut-être qu'un. Puis survient une série de querelles internes, l'une d'elles se soldant par l'abandon de la sœur d'Huitzilopochtli, Malinalxochitl, qui continue à voyager pour trouver la ville de Malinalco. Les Mexica poursuivent leurs pérégrinations jusqu'au Coateptl (la « montagne du serpent ») près de Tula. C'est là que Coatlicue, « Celle qui est vêtue d'une jupe de serpents », la Terre-mère, conçoit Huitzilopochtli, à partir d'une boule de précieux duvet. Le dieu embryonnaire est averti que sa sœur, Coyolxauhqui, déesse de la lune, et ses 400 frères étoiles, les Huitznahua, veulent les tuer, lui et sa mère. Devançant le meurtre, Huitzilopochtli sort adulte du ventre de sa mère en guerrier cosmique invincible et, avec un serpent-feu enflammé, coupe la tête de Coyolxauhqui et démembre son corps. Il éparpille ses frères étoiles dans tous les coins du ciel. Les Mexica quittent Coatepetl pour se rendre à Tula puis dans la vallée de Mexico.

◀ *Maquette de temple en hommage au dieu Quetzalcoatl.*

LES BATAILLES, MYTHE ET HISTOIRE COSMIQUES

LA BATAILLE ÉPIQUE entre Huitzilopochtli et sa sœur Coyolxauhqui à Coateptl près de Tula est un exemple remarquable de l'histoire mythique des Mexica. C'est l'événement culminant de la préparation des Mexica à leur entrée dans la vallée de Mexico. En général, il est interprété symboliquement pour montrer comment Huitzilopochtli, dieu du soleil des Mexica, triomphe des forces de la nuit personnifiées par sa sœur Coyolxauhqui, déesse de la lune, et des « quatre cents étoiles ». Cette bataille cosmique prépare l'univers pour le cinquième Soleil, l'ère mondiale des Mexica. Le mythe revêt une grande importance pour diverses raisons. Coatepetl est un lieu de renaissance et de régénération pour Huitzilopochtli – le lieu où le monde est remis à neuf. Ce qui s'est produit là-bas a peut-être servi aussi à rétablir son autorité sur son peuple. Le nom de sa mère, Coatlicue, signifie « Celle à la jupe de serpents », un nom rituel donné à la terre sacrée. Les quatre cents étoiles qui assistent Coyolxauhqui signifient en réalité « innombrables » dans la pensée mexicaine ancienne. Le démembrement de la déesse de la lune est une charte mythique pour le sacrifice humain en général et le sacrifice féminin en particulier ; la nature martiale d'Huitzilopochtli est une justification sacrée des aspirations impériales des Mexica et un hommage aux peuples conquis.

▲ Stèle représentant le soleil et la lune.
▶ Le jaguar se tient ici avec une torche pendant que sa femme, dame Xoc, accomplit un sacrifice de sang en passant une corde à travers sa langue.

♇ XIPE TOTEC

UNE DES représentations artistiques les plus spectaculaires du mythe est la divinité des Mexica, Xipe Totec, dieu de la végétation et du renouveau printanier. Sur les sculptures en pierre et les livres peints, ou codices, il porte les peaux de ses victimes sacrificielles. Dieu de la fertilité, le « Seigneur écorché » incarne les anciennes idées méso-américaines de la fertilité du maïs. Les prêtres du dieu sont vêtus de peaux humaine, qui, en séchant et en se craquelant, tombent à l'image des feuilles de maïs écartées par les jeunes épis – du moins c'est ce que pensent les Mexica.

♈ L'AIGLE ET LE CACTUS

LES MEXICA sont entrés dans la vallée de Mexico pour chercher les signes indiqués par leur dieu Huitzilopochtli dans ses prédictions. Il s'agit d'un genévrier blanc issu de deux gros rochers autour desquels deux rivières, l'une rouge et l'autre bleue, s'écoulent. Les roseaux, les joncs, les grenouilles et les poissons vivant à proximité sont tous blancs comme neige, rappelant Aztlan, « l'endroit de la blancheur ». En voyant ces signes, les prêtres mexica et les chefs tribaux se mettent à pleurer de joie. Huitzilopochtli a tenu sa promesse et leurs errances sont terminées. Cette nuit-là, le dieu parle encore à ses prêtres et leur raconte comment le cœur sacrifié de son neveu est tombé sur une pierre et comment un magnifique cactus nopal avait surgi. Un grand aigle avait niché dans le cactus et tout autour s'étalaient les plumes multicolores des oiseaux qu'il avait tués et mangés. Cet endroit s'appelait Tenochtitlán. Le lendemain, les aînés et les prêtres cherchent cet endroit jusqu'à ce qu'ils trouvent l'aigle perché en haut du cactus, tenant dans ses serres un oiseau aux plumes chatoyantes. Ils saluent l'aigle d'une révérence et celui-ci les accueille avec respect. Voyant cela, les chefs pleurent à nouveau et remercient le Seigneur de la création et leur propre dieu Huitzilopochtli.

LE GRAND TEMPLE

LES MEXICA exprimèrent leur destinée impériale en construisant le Grand Temple de Tenochtitlán à l'endroit où se trouve l'actuelle ville de Mexico. Tous les temples méso-américains étaient des maisons divines, teocalli, et incarnaient l'essence cosmique du peuple du dieu. Le Grand Temple des Mexica, ou Hueteocalli, était une pyramide duale dédiée à Huitzilopochtli et Tlaloc et matérialisait ainsi les mythes liés à ces deux divinités. Reconstruit et agrandi par les empereurs successifs, c'était une recréation symbolique de Coatepetl, et les sacrifices humains perpétrés là-bas réitéraient la victoire sanglante de Huitzilopochtli sur Coyolxauhqui. La présence d'un autel et d'offrandes en hommage à Tlaloc suggère que le temple était conçu comme une montagne cosmique, symbole de l'eau et la fertilité.

LES PROPHÉTIES RÉALISÉES : LA FONDATION DE TENOCHTITLÁN

L'ARRIVÉE DES MEXICA dans la vallée de Mexico, leur séjour chez les peuples établis dans les villes situées autour du lac Texcoco et la fondation de leur propre capitale à Tenochtitlán constituaient des événements qui relevaient à la fois du mythe et de l'Histoire. Obéissant à la volonté d'Huitzilopochtli, les Mexica se rendirent dans la vallée de Mexico et trouvèrent les meilleures terres occupées par une multitude de peuples. Au début, ils se rendirent dans la ville de Colhuacan dont le chef, Achitometl, leur permit de s'établir dans les environs ; en contrepartie, ils combattraient comme mercenaires à ses côtés. À cette époque, ils améliorèrent leur statut en épousant des femmes de Colhuacan ; Achitometl en personne donna l'une de ses filles à un chef mexica qui s'empressa de la sacrifier à Huitzilopochtli. Chassés par l'armée d'Achitometl, les Mexica

trouvèrent refuge dans une zone marécageuse sur la rive ouest du lac Texcoco appartenant à Tezozomoc, roi de la ville tépanèque d'Azcapotzalco. Ils s'installèrent dans cette ville comme vassaux des Tépanèques jusqu'en 1428, année où, sous le commandement de leur chef Itzcoatl, les Mexica écrasèrent les Tépanèques. La victoire des Mexica fut retranscrite dans toute sa complexité comme le triomphe d'Huitzilopochtli – la prédiction réalisée de sa volonté divine.

LA TERRE SACRÉE, MIROIR DU PARADIS

LES DEUX THÈMES majeurs du mythe méso-américain étaient les concepts liés de la terre sacrée et du temps cyclique, souvent décrit comme l'histoire mythique. Dans les cultures maya, zapotèque, des Teotihuacan et des Mexica, on rencontrait des déifications de la terre, de l'eau et des corps célestes. Unissant les rythmes de la nature aux cycles de vie humains et aux réalités de la vie sociale, économique et politique quotidienne, les peuples méso-américains conçurent un paysage pénétré d'essence spirituelle et du pouvoir de leurs êtres surnaturels immortels.

Une partie de cette conception du monde s'inspirait des idées chamaniques panamérindiennes de transformation, mais une partie était spécifiquement méso-américaine. La divinité aztèque suprême, Tezcatlipoca, « Dieu au miroir fumant », illustrait cela. Omnipotent et omniprésent, Tezcatlipoca espionnait le monde à travers son miroir magique d'obsidienne, pierre noire et brillante extraite de la terre volcanique. Capricieux mais généreux, pourvoyeur de cadeaux mais aussi inhumain et cruel, Tezcatlipoca lisait dans les pensées de ses sujets.

Les Mexica se considéraient comme les esclaves de Tezcatlipoca et voyaient en leur empereur une manifestation vivante du dieu. Les complexités de cette divinité illustraient la manière particulière dont les peuples méso-américains se voyaient les uns par rapport aux autres et en relation avec les forces naturelles et surnaturelles.

◀ *Les premières civilisations indiennes américaines construisirent de somptueuses pyramides qui concurrençaient celles des Égyptiens.*

LES HÉROS JUMEAUX
DU MYTHE MAYA

Bien que le *Popol Vuh* s'intéresse
essentiellement à diverses tentatives de
création du monde par les dieux, il décrit
aussi les aventures de deux couples
de jumeaux. Deux frères, Hun Hunahpu
et Vucub Hunahpu, sont demandés aux
enfers de Xibalbay par leurs horribles
maîtres. À leur arrivée, ils échouent à
tous les tests, fort alambiqués, qu'on leur
fait subir puis finissent par être vaincus
au ballon par les dieux et sont décapités.
Leurs restes sont enterrés dans le terrain
de jeu à l'exception de la tête d'Hun
Hunahpu qui est suspendue dans un
calebassier. Une jeune déesse des enfers,
Xquic, venue observer l'arbre et ses fruits
étranges, reçoit dans sa main un crachat
émanant de la tête et tombe enceinte
de héros jumeaux. Xquic est envoyée
en exil sur la terre, où elle séjourne
chez la mère d'Hun Hunahpu jusqu'à
son accouchement. Dans la pensée
des Quiché Mayas, les héros jumeaux
sont habiles et intelligents ; ils deviennent
de talentueux joueurs de ballon
et de sarbacane, et des illusionnistes.
Ils battent le terrible ara anthropomorphe
Vucub Caquix mais aussi deux
demi-frères qu'ils transforment en singes.

Comme leur père, Hunahpu
et Xbalanque sont requis auprès
des maîtres de Xibalbay. D'après
le *Popol Vuh*, toutes les nuits, Hunahpu
et Xbalanque jouent au ballon avec

les dieux des enfers qui essaient
de les sacrifier mais en vain. Toutes
les nuits, les jumeaux se voient infliger
une nouvelle épreuve qu'ils surmontent
envers et contre tout. Cependant,
une nuit, Hunahpu se fait trancher la tête
par une chauve-souris vampire et, bien
que Xbalanque la remplace par
une citrouille, les dieux utilisent la tête
comme un ballon lorsqu'ils jouent la fois
suivante. Xbalanque concocte une ruse

par laquelle un lapin se fait passer
pour la balle et s'enfuit en bondissant,
détournant suffisamment longtemps
l'attention des dieux pour récupérer
la tête de son frère et le ressusciter.
Les jumeaux se laissent tuer
et réapparaissent en sorciers à Xibalbay.
Ils dupent les dieux par des tours
de magie, en tuant puis en redonnant vie
à un chien, à un homme, puis à Hunahpu
en personne. Les dieux sont tellement
impressionnés qu'ils demandent à être
sacrifiés eux aussi. Les héros jumeaux
exaucent le souhait des divinités haïes
mais ne les ramènent pas à la vie ; au
lieu de cela, ils prennent leur place dans
le ciel nocturne comme Lune et Soleil.

*▲ Ce manuscrit montre une semaine de treize
jours. Le personnage central est la déesse de l'eau,
la divinité qui surveille le cycle des semaines.
◄ Les heures de la journée sont illustrées dans cet
ancien manuscrit. Chaque heure est représentée par
un oiseau, un nombre, le symbole du nom du jour
et la divinité représentant les heures de la nuit.*

 DIEUX   REPRÉSENTATIONS   THÈMES

LES DIEUX DE LA NATURE

LA RELIGION était dominée par les dieux de la pluie, de l'eau et de la fertilité dont le culte était souvent centré autour des offrandes de cœurs et de sang humains. Chac était le dieu maya de la pluie et de la foudre, caractérisé par ses moustaches, ses écailles et son nez de poisson-chat. Tlaloc, la divinité des Mexica, versait la pluie avec quatre grandes jarres, une pour chaque point cardinal sacré. Les larmes des enfants qui lui étaient sacrifiés auguraient l'arrivée de pluies. L'épouse de Tlaloc, Chalchiutlicue, « Celle à la jupe de jade » – un nom évoquant une masse d'eau brillante – provoquait ouragans et tornades. Elle était également associée à la fécondité humaine via « la rupture de la poche des eaux » qui précède l'accouchement.

LES CIEUX SACRÉS
DE LA MÉSO-AMÉRIQUE

DE NOMBREUX mythes méso-américains incorporaient des données astronomiques en reliant ciel et terre dans un grand projet cosmique. L'astronomie n'était d'ailleurs pas une science dans le sens occidental du terme. La connaissance détaillée des mouvements des corps célestes, accumulée par les prêtres astronomes, servait à calculer l'alignement des temples, la fréquence des guerres et des sacrifices et les accessions au pouvoir. La terre était sacrée et le ciel, le royaume intouchable des dieux et des esprits dont le pouvoir affectait la vie sur terre. La connaissance astronomique était soumise au filtre des interprétations astrologiques.

Ainsi, les Mexica mythifiaient le Soleil et la Lune, sous les noms de Huitzilopochtli et de Coyolxauhqui à Coatepetl et les Quiché Mayas voyaient l'aube de la vie en la planète Vénus annonçant le premier lever du soleil. Chez les anciens Mayas, quand un chef divin mourait, il devait se préparer à se montrer plus malin que les dieux au combat et renaître ainsi comme corps céleste. De nombreux temples-pyramides des anciens Mayas étaient orientés en fonction du lever des corps célestes. À Palenque, les événements dynastiques étaient programmés pour coïncider avec les observations de Jupiter, et les périodes de la lune et de Vénus servaient à calculer des calendriers communs à des fins sacrées et profanes.

◄ *Ce dieu du soleil barbu décorait la devanture d'un encensoir élaboré.*

▲ *Tlaloc, dieu de la pluie, dans son temple.*

LA PREMIÈRE AUBE MAYA

LE RÉCIT de la première aube par les Quiché Mayas décrit l'apparition du soleil, de la lune et des étoiles en termes de mythe et d'astronomie. Les premiers êtres sont les fondateurs des quatre lignées quiché. Ils sont ravis de surprendre Vénus, la « Porteuse de soleil » qui se lève avant le soleil. Ils déballent trois sortes d'encens qu'ils ont pris avec eux et les brûlent en direction de l'est, celle du soleil levant. Alors que la fumée monte en volutes dans le ciel, ils pleurent de joie à l'idée de l'aube imminente. Quand le soleil se lève, tous les animaux du monde se retrouvent au sommet des montagnes et regardent vers l'est. Tous sont contents de voir le soleil monter dans le ciel. Le premier à crier est le perroquet, puis l'aigle, le vautour, le jaguar et le puma. Mais la chaleur du soleil s'amplifie, dessèche la surface de la terre et transforme les animaux en pierre. Les Quiché disent que si le jaguar, le puma et le serpent à sonnettes laissent les hommes en paix, c'est qu'ils ont été brûlés par le soleil. Après la première aube, le soleil ne laissa que son reflet ; le soleil que l'on voit à l'époque actuelle n'est que ce disque lumineux.

LES CALENDRIERS MAYAS

LE DÉVELOPPEMENT sophistiqué du système calendaire duel unissait les divers aspects de la vie, de la religion et du rituel mayas. La mythologie maya était imprégnée de la signification rituelle accordée aux dieux, aux signes et aux nombres qui marquaient le passage du temps. Le système comprenait deux calendriers séparés mais interconnectés qui exprimaient une vision cyclique du temps unique en son genre, intégrant les sphères parallèles de la vie quotidienne et de la vie sacrée. Le calendrier solaire, ou Haab, comptait 18 mois de 20 jours auxquels s'ajoutaient cinq jours malchanceux pour arriver

au total de 365. En parallèle, et intercalé avec l'année solaire, le calendrier sacré, ou Tzolkin, comptait 260 jours répartis en 20 « semaines » de 13 jours. Chacune de ces « semaines » était présidée par une ou plusieurs divinités, et chaque jour avait aussi son dieu ou sa déesse. Pour les Mayas (et les autres peuples méso-américains),  l'interaction des deux calendriers produisait un « cycle calendaire » de 52 années. Ainsi, le temps et le destin des individus et de la société étaient cycliques.

▲ *Le perroquet sur ce vase à trois pieds est censé être le dieu-oiseau Vucub Caquix. Ses ailes déployées et le collier qu'il porte sont un signe de puissance.*

LES THÈMES MÉSO-AMÉRICAINS

LES MYTHES relatés ici s'intéressent en priorité aux origines ethniques des Mexica et, séparément, aux Quiché Mayas – bien que chaque culture ait ses propres variantes. Les mythes aztèques mettent en relief leur origine divine, dissimulant ainsi ce qui aurait pu être une ascendance ethnique mixte. Les migrations mythiques et la fondation légendaire de leur capitale à Tenochtitlán sont aussi en accord avec l'idéologie aztèque – le sens de la prédestination à une grandeur impériale. Pour les Quiché Mayas, l'ethnicité pose moins de problèmes, les mythes des héros jumeaux et de la Première aube s'intéressant plus à l'établissement primordial d'un ordre naturel entre dieux, peuples et animaux.

Amérique du Sud andine

INTRODUCTION

En Amérique du Sud, les Andes centrales du Pérou et de la Bolivie modernes abritaient les grandes civilisations précolombiennes. Depuis 1000 avant J.-C. jusqu'à la conquête espagnole en 1532 après J.-C., une variété de cultures a fleuri dans cette région de paysages contrastés, la géographie stimulant le développement culturel. La proximité de trois environnements distincts – les hautes montagnes, la côte Pacifique et les forêts tropicales d'Amazonie – favorisait la spécialisation des métiers et le commerce.

Bien que la région n'ait jamais connu cette unité sous-jacente mythique et religieuse qui caractérisait la Méso-Amérique, les civilisations andines ont partagé durant plus de trois mille ans de nombreuses particularités culturelles : la vision commune d'un monde naturel peuplé d'esprits et d'ancêtres, le pèlerinage, le sacrifice humain et la représentation artistique des idées religieuses et mythologiques par le biais de l'or, de l'argent, du textile de la poterie. Pourtant, aucune de ces civilisations n'ayant développé de système d'écriture, les idées et les croyances se transmettaient oralement. Chavín (800-200 avant J.-C.) fut la première grande civilisation de la région, créant un style artistique spécifique dans lequel de féroces jaguars et aigles surnaturels décoraient l'architecture, la poterie et les objets en or. Avec les temples de pierre sophistiqués et les textiles élaborés, ces œuvres d'art devinrent la référence de toutes les civilisations andines qui suivirent, des cultures littorales des Mochicas (ou Moche) et de Nazca aux empires d'altitude de Tiahuanaco, d'Huari et des Incas.

intimement les mondes social et naturel. La mythologie andine fournissait un cadre de vie et une charte sacrée d'identité ethnique. Pour les civilisations impériales, la mythologie était partie prenante de l'idéologie d'expansion militaire et permettait d'intégrer les rituels de la société et de l'empire à la religion d'État et aux obligations sociales.

LES DIEUX DES ANDES

Le monde andin et le panthéon inca, en particulier, étaient gouvernés par de puissants dieux célestes qui dirigeaient le Paradis ou demeuraient au sommet de pics montagneux. Ils envoyaient pluie, grêle, foudre et sécheresse pour tourmenter la terre. Pour arrêter le désastre, ils demandaient à être apaisés. Chez les Incas, le dieu le plus puissant s'appelait Inti, dieu solaire, ancêtre divin de la royauté inca, représenté par un disque d'or à rayons. Mama Kilya, son épouse, déesse de la lune, devait réguler le calendrier rituel inca. Ilyapa, dieu du tonnerre, envoyait la pluie en fracassant une immense jarre d'eau céleste.

▼ *Oiseau doré, probablement d'origine surnaturelle, empreint de signification mythologique.*

▶ *Statue en terre cuite de la déesse de l'enfantement en train de donner la vie.*

LA NATURE DE LA MYTHOLOGIE ANDINE

La mythologie andine était caractérisée par un intérêt pour les origines, les ancêtres et la fécondité, et influencée par les paysages spectaculaires de la région. Malgré des différences locales et régionales, les mythes s'articulaient autour des divinités et des événements symbolisant les réalités de la vie dans une région volcanique active, secouée par les séismes et dominée par de très hautes montagnes enneigées qui généraient une météorologie tourmentée. Dans toute la zone culturelle andine, les mythes faisaient partie intégrante du paysage et du climat, racontant comment les ancêtres fondateurs avaient surgi de grottes ou de lacs, comment les rochers s'étaient transformés en hommes et réciproquement, et comment les dieux avaient octroyé aux hommes l'ordre social. Ils expliquaient comment, pour maintenir le statu quo cosmique, il fallait pratiquer sacrifices et rituels, et aussi faire des pèlerinages. Comme en Méso-Amérique, les mythes andins servaient à légitimer l'élite gouvernante en créant des généalogies remontant jusqu'aux temps primordiaux, établissant le statut divin des rois et des empereurs et mêlant

LES MYTHES DE LA CRÉATION ANDINS ET INCAS

LES MULTIPLES tentatives de création du monde naturel et des nombreuses nations qui le composent constituent le trait dominant des mythes de la création andins. La civilisation impériale inca ne considère pas comme son lieu d'origine, Cuzco, sa capitale, mais plutôt une contrée qui s'étend vers le sud à partir du lac Titicaca. Comme en Méso-Amérique, les créations sont liées à la relation entre ombre et lumière, et aux efforts constants des divinités pour perfectionner leur travail. Dans une version inca, le dieu Viracocha crée d'abord un monde des ténèbres habité par une race de géants de pierre. Ce premier peuple ignore les demandes de son créateur et Viracocha les punit en envoyant un déluge détruire le monde. Tous périssent à l'exception d'un homme et d'une femme qui sont transportés par magie au royaume du dieu à Tiahuanaco. Viracocha essaye une seconde fois ; il modèle des hommes dans l'argile et peint sur eux des vêtements dont les motifs et les couleurs variés distingue les nations entre elles. Il dote chaque groupe de coutumes, d'une langue et d'un mode de vie.

Grâce à son souffle divin, Viracocha anime ses créations, les envoie sur terre et leur ordonne d'émerger des reliefs naturels du paysage – grottes, lacs et montagnes. À chaque endroit, ils doivent honorer leur créateur en construisant des autels consacrés à son culte. Heureux de sa réussite, Viracocha

crée la lumière à partir des ténèbres – ou l'ordre du chaos – afin que son peuple puisse vivre dans un monde discipliné. De l'île du Soleil, sur le lac Titicaca, il provoque la montée du soleil, de la lune et des étoiles dans le ciel.

Tandis que le soleil se lève de la première aube, Viracocha s'adresse au peuple inca et à son chef Manco Capac en leur prédisant qu'ils seraient de grands conquérants et les seigneurs de nombreuses nations. En guise de bénédiction divine, le dieu donne à Manco Capac une magnifique coiffe

et une grande hache pour lui signifier son statut royal. Manco conduit ses frères et sœurs au cœur de la terre d'où ils émergent en pleine lumière à l'endroit des trois grottes dénommé Pacariqtambo.

Ce récit des activités magiques et transformatrices de Viracocha ne représente qu'une des versions incas d'un cycle ancien et pan-andin de mythes de la création. En son cœur réside l'idée de l'unité spirituelle du peuple et du paysage, des lieux sacrés, des voyages et de l'apparition des hommes conjointement aux premières lueurs de l'aube.

AMÉRIQUE DU SUD

Le dieu de la pluie, Viracocha, une divinité qui aurait créé le soleil et la lune.

EXPRESSIONS DU MYTHE ANDIN

POUR LES PEUPLES ANDINS, le monde physique et le monde social étaient inextricablement liés. On effectuait des pèlerinages vers les hautes montagnes sacrées que l'on vénérait en tant qu'esprits des montagnes, dispensant chance et fécondité s'ils étaient traités avec respect. À l'époque des Incas, les traditions anciennes étaient réinterprétées. Là où les ancêtres du village avaient un jour été vénérés, des mythes et des rites locaux furent ajoutés au nouvel ordre et les momies des empereurs incas devinrent des objets de culte. Les femmes trouvèrent de nouveaux rôles avec la création des *aclla* ou « femmes choisies » qui servaient la famille royale et vouaient un culte au dieu du soleil Inti, patron mythique de la royauté.

Les idées anciennes furent manipulées pour créer le système des *ceque*, une série de « lignes » droites irradiant du Coricancha, temple du dieu solaire Inti, à Cuzco. Chaque ligne était ponctuée d'huacas sacrés sur toute sa longueur, organisant l'espace symbolique et géographique et associé à des lignées royales, au système routier et aux cordes à nœuds, appelées *quipu*, sur lesquelles étaient conservés les rapports administratifs. Bien que les sacrifices de lamas, de cochons d'Inde et de coca fussent des traditions anciennes, les Incas considéraient les sacrifices d'enfants, les *capacochas*, comme d'inestimables cadeaux faits aux dieux. Acheminés à Cuzco de chaque coin de l'empire, les enfants participaient à de majestueux rituels et, ayant ainsi renoué symboliquement des liens impériaux, ils rentraient chez eux pour y être sacrifiés.

LES ENFANTS DU SOLEIL

D'APRÈS LE SPÉCIALISTE des Incas, Garcilaso de la Vega, un des récits mythiques du monde andin est le suivant. La région foisonne de montagnes et les gens qui peuplent la terre vivent comme des bêtes sauvages. Ils n'ont pas de religion, pas d'ordre social, s'échangent leurs femmes et n'habitent ni dans des maisons, ni dans des villes. En groupes de deux ou de trois, ils vivent dans des cavernes, ne portent pas de vêtements et ne savent pas fabriquer le coton ou la laine. Ceux qui se soucient de cacher leur nudité utilisent des feuilles ou des peaux de bêtes. Au lieu de cultiver la terre, ils mangent de la chair humaine,

LES HUACAS

DANS TOUTE la région andine, les lieux sacrés, imprégnés de sens mythologique et de pouvoir surnaturel, étaient une caractéristique de la vie religieuse. Dénommés huacas, ces lieux pouvaient être une source, un lac, une rivière, un rocher, une grotte ou une montagne, la tombe d'un ancêtre ou une ville désertée. Une des formes les plus courantes étaient les apachetas, des tas de petites pierres placés le long des sentiers de montagne ou aux croisements. Les voyageurs pouvaient y poser une pierre, des feuilles de coca ou verser de la chicha (bière de maïs) en offrande aux divinités locales avant de poursuivre leur voyage. Cette ancienne tradition reliait les peuples et leurs mythes au paysage animé d'esprits.

▶ *Les créatures et les personnages mythologiques décoraient costumes et bijoux. Cette coiffe en argent figure un guerrier flanqué de deux dragons.*

des plantes sauvages ou des racines. Le Soleil regarde ces créatures avec pitié et leur envoie deux de ses enfants, un garçon et une fille pour les instruire et leur donner les moyens de vivre une vie civilisée afin qu'ils puissent, à leur tour, le vénérer comme leur dieu. Il les installe près du lac Titicaca en leur intimant de planter un solide bâton en or dans le sol partout où ils s'arrêteront pour manger ou se reposer. Là où le bâton s'enfoncera aisément, ils fonderont la cité sacrée du Soleil. Puis il dit à ses deux enfants de nourrir, d'administrer et de protéger le peuple qu'ils civiliseront et de le traiter comme ses propres enfants, comme il les a lui-même traités. « Imitez mon exemple, dit-il. Je donne ma lumière et ma clarté… je les chauffe… je fais pousser leurs pâturages et leurs cultures… je donne des fruits à leurs arbres… et je fais venir tour à tour la pluie et le beau temps. »

Le Soleil promet de faire de ses deux enfants les chefs et les seigneurs de tous ceux qu'ils instruiront et dont ils s'occuperont, puis il s'en va, laissant ses enfants voyager vers le nord et s'arrêter dans de nombreux endroits pour essayer de planter le bâton doré. Finalement, ils arrivent à une auberge de bord de route appelée Pacarec Tambo ou « Auberge de l'aube ». De là, ils se rendent dans la vallée de Cuzco qui est encore sauvage. À un endroit dénommé Huanacauri, ils plantent le bâton dans le sol, il s'enfonce immédiatement et disparaît de leur vue. Puis le couple princier se sépare et parcourt la région pour rassembler les divers peuples du monde, en les impressionnant par leur comportement, leurs habits élégants et leur connaissance de la vie civilisée. Les habitants du monde se multiplient. Ils vénérèrent le couple comme leurs dieux et lui obéissent comme à des rois. Ainsi est peuplée la ville de Cuzco.

▶ *Plat en céramique figurant un jaguar, un crocodile ou une créature surnaturelle qui danse.*

LES DIEUX DU MONDE

CHEZ LES INCAS, les dieux du ciel reliaient le monde des hommes aux forces de la nature et au royaume spirituel. Outre Inti, le dieu du soleil, les Incas invoquaient Ilyapa, un dieu du temps, qui associait le bruit du tonnerre, la puissance de la foudre et les éclairs. Puisant l'eau dans la rivière céleste de la Voie lactée, il dispensait des pluies fertilisantes ; le tonnerre était le claquement de sa fronde et l'éclair, l'étincelle produite par son habit scintillant. Mama Kilya, la déesse de la lune, était sa sœur et son épouse, prototype du mariage entre frère et sœur dans la royauté inca. Elle marquait le passage du temps et régulait le calendrier.

LES MONDES ÉCLATANTS, MYTHES ÉTINCELANTS

POUR LES PEUPLES andins de l'Amérique du Sud précolombienne, le monde était imprégné de matière spirituelle éclatante – les corps brillants des êtres surnaturels, les éclairs, la neige éblouissante ou le scintillement des métaux et des pierres précieuses. Les diverses traditions des Incas exploitaient cette imagerie pour illuminer leur monde mythique. Si le langage du mythe employait les métaphores de la lumière et de la couleur, les artistes et artisans qui travaillaient pour les empereurs et les seigneurs faisaient de même. La poterie en argile, les bijoux en coquillages et en pierres précieuses, les textiles en coton et décorés de plumes étaient tous des objets

physiques dont la signification émanait des qualités spirituelles de leurs composants. Ainsi, l'or était considéré comme une matière sacrée, alliée à la brillance du cristal, de l'argent et du soleil. En jetant de l'or dans les lacs, on offrait une sorte d'éclat spirituel aux esprits ancestraux qui demeuraient sous

la surface des eaux. Ces eaux avaient jadis été des rivières formées par des pluies tombées de ciels sacrés. Cette vision globale d'un monde éclatant expliquait le rôle joué par le bâton doré dans les mythes de création des Incas, par l'océan Pacifique comme « mère de la fertilité » et par la montée du niveau de la mer jusqu'au sommet des montagnes dans les récits légendaires des déluges. Elle permettait aussi de comprendre l'importance du lac Titicaca comme « lieu d'émergence » et métaphore de la renaissance spirituelle.

L'ELDORADO, L'OR ET LE MYTHE

UNE DES HISTOIRES les plus marquantes de la mythologie sud-américaine est la légende de l'Eldorado, « l'homme doré ». Originaire des Andes colombiennes et diffusé par les souverains du peuple muisca, le mythe de l'Eldorado s'inscrit dans la réalité historique. Les rituels muiscas, qui donnent naissance aux fantasmes européens, se déroulent au bord du lac de Guatavita, lors d'une cérémonie célébrant l'accession au pouvoir d'un nouveau chef. Après une période d'enfermement dans une grotte, le chef effectue un pèlerinage au lac pour présenter des offrandes à la divinité. Quand il arrive au bord du lac, le futur chef se dévêt et enduit son corps de résine gluante saupoudrée d'une couche de poudre d'or. Accompagné de quatre dignitaires, tous parés de bijoux en or, l'homme doré s'embarque sur un radeau, lui-même richement orné et chargé de quatre braseros d'où s'échappe de la fumée d'encens sacré. Les spectateurs restés au bord jouent de la flûte et de la trompette et chantent. Parvenus au milieu du lac, dans un silence profond, le nouveau chef et ses compagnons jettent à l'eau les objets en or. Ils regagnent alors le rivage, et le nouveau chef est félicité avec cérémonie.

LES IMAGES DORÉES

DANS TOUTE la région andine, le pouvoir surnaturel de l'or s'exprimait au travers des images sacrées. Les maîtres artisans étaient souvent des chamans car le travail de l'or témoignait d'une expertise technique et exprimait aussi la transformation magique de la spiritualité brillante en matière solide. Les masques mortuaires, les couteaux des Chimu, les bijoux funéraires des tombeaux des Moche témoignent de la splendeur de Cuzco, ville inca. L'or était la « sueur du soleil », l'argent les « larmes de la lune ». Dans le temple-jardin du dieu du soleil Inti, toute la vie connue était façonnée en or et en argent – symboles des mondes naturel et spirituel.

◀ *Statuette de Vénus en or.*
▼ *Masque doré d'une momie.*

◄ *La cité perdue du Machu Picchu qui ne fut jamais trouvée par les conquérants espagnols.*

qui grandit à mesure que les eaux menaçent de l'engloutir. Lorsque leur niveau baisse, les frères se mettent en quête de nourriture et rencontrent maintes difficultés. Un jour qu'ils sont revenus bredouilles à leur hutte, ils trouvent un repas accompagné de chicha (bière de maïs). Cela se reproduit dix jours d'affilée, jusqu'à ce que le frère aîné, qui s'est caché pour essayer de percer à jour le mystère, voit deux aras préparer à manger. Voyant que les oiseaux ont des visages de femme, les deux frères quittent leur cachette, mais les oiseaux, fâchés, s'envolent sans laisser de nourriture. Le frère cadet revient et, ne trouvant rien à manger, décide de se cacher pour observer. Après trois jours, les oiseaux apparaissent à nouveau. Une fois la cuisson terminée, il ferme la porte et attrape le plus petit oiseau ; le plus gros réussit à s'échapper. Il vit de nombreuses années avec l'oiseau et a six enfants. L'histoire raconte que les Cañari descendent de ces enfants, qu'ils considèrent la montagne comme sacrée et vénèrent les aras.

LE TITICACA, LAC DE L'ÉMERGENCE

CHEZ LES AMÉRINDIENS qui occupent la région du lac Titicaca, appelée Collao avant les Incas, il existe de nombreux mythes de la création et héros civilisateurs. Un de ces héros mythiques, Thunapa ou Tonapa, est le pourvoyeur de civilisation. Plus tard, son imagerie devient inséparable de celle du dieu créateur inca, Viracocha, et est aussi probablement influencée par les missionnaires chrétiens et leurs histoires d'apôtres. D'après le mythe, Thunapa arrive du nord avec quatre disciples. C'est un homme imposant, avec des yeux bleus et une barbe ; il prêche contre la guerre, l'ivrognerie et la polygamie. Thunapa porte sur son dos une croix de bois destinée à la ville de Curapucu ; une fois arrivé là-bas, il quitte ses disciples et se rend

dans une autre ville. Pendant son absence, le désordre s'installe car l'un de ses disciples tombe amoureux de la fille de Makuri, le chef. À son retour, Thunapa baptise celle-ci et Makuri en est tellement courroucé qu'il tue les quatre disciples et laisse Thunapa pour mort. Le corps du héros est placé dans une embarcation en roseau et part à la dérive sur le lac Titicaca où, comme par magie, il se met à avancer à grande vitesse de son plein gré. La barque percute la grève avec une telle force qu'elle crée une rivière qui transporte le corps de Thunapa jusqu'à l'océan Pacifique.

LES MYTHES DU DÉLUGE

SELON LA MYTHOLOGIE du peuple cañari de l'Équateur, deux frères échappent à un énorme déluge en se réfugiant en haut d'une montagne, l'Huacaynan,

LES THÈMES ANDINS

DANS LES MYTHES relatés ici, plusieurs thèmes s'entrecroisent. Tous s'intéressent à la création, la nature sacrée des lieux physiques, l'identification des peuples avec les endroits cités et le pouvoir surnaturel de transformation de la lumière. Pour les Incas, les mythes racontent comment eux-mêmes ont apporté la civilisation à un monde sauvage et inculte qu'ils sont destinés à gouverner. L'association des montagnes à la fertilité ainsi que la création d'un groupe ethnique apparaissent dans le mythe du déluge, mélangeant les métaphores de l'humanité et du monde animal pour exprimer un thème andin universel.

Amérique du Sud amazonienne

INTRODUCTION

LES PEUPLES DES PLAINES tropicales de l'Amazone n'ont jamais atteint le niveau de civilisation de ceux des Andes. Bien qu'il n'y eût jamais d'empires ou de villes comparables à ceux de Chavin, de Moche ou des Incas, certaines régions d'Amazonie étaient densément peuplées à la Préhistoire. À partir de 2000 avant J.-C., la poterie se pratiquait beaucoup et entre 400 et 1300 après J.-C., une culture sophistiquée se développa sur l'île de Marajo à l'embouchure de l'Amazone. Ces peuples cultivaient le maïs et le manioc, construisaient de grandes maisons-tertres et fabriquaient des urnes funéraires anthropomorphes colorées dont les formes féminines suggéraient l'importance des femmes dans la vie quotidienne et la mythologie.

Toutefois, la connaissance de la préhistoire de cette région est limitée. Nous avons beaucoup plus de documentation sur les nombreuses petites sociétés amérindiennes qui ont occupé la région de l'époque de la conquête européenne jusqu'à aujourd'hui. De l'Amazone et l'Orénoque au nord de l'Amérique du Sud, aux prairies du Mato Grosso au sud, des groupes d'Amérindiens vivaient de la chasse, de la cueillette et de l'horticulture dans des environnements divers. La langue, les coutumes, la religion, l'art et l'habitat différaient, mais tous partageaient une vision amérindienne d'un monde animé par les esprits et contrôlé par les ancêtres. Dans ce type de sociétés, il y avait souvent peu de place pour une hiérarchie sociale élaborée. Les chefs et les chamans gouvernaient, plus que les empereurs.

LE MAÎTRE DES ANIMAUX

UNE DES FIGURES récurrentes de la mythologie des plaines amazoniennes est le « maître des animaux ». Créé aux temps primordiaux, cet être surnaturel est responsable de la fécondité du règne animal et doit être apaisé par le chaman pour que la chasse soit fructueuse. Chaque animal a son maître qui est souvent le plus gros membre de son espèce. Les jaguars mangent tous les animaux mais n'ont pas de prédateur ; ils se présentent donc comme un prototype naturel d'un gardien tout-puissant des esprits animaux.

MONDES MYTHIQUES DE L'AMAZONE

LES PEUPLES AMÉRINDIENS des plaines sont souvent décrits comme inférieurs, d'un point de vue technologique, aux civilisations précolombiennes des Andes. Pourtant leurs sociétés, leurs rituels et leurs croyances religieuses dénotent une spiritualité et une imagination mythique qui rappellent les réalisations intellectuelles sophistiquées des Incas et de leurs prédécesseurs. Par de nombreux côtés, la diversité des peuples amazoniens habitait un monde de mythe et de magie, où par ailleurs les mythes locaux offraient une unité sous-jacente. Cette similitude est due en partie aux groupes qui partageaient des intérêts et les abordaient avec une logique commune. Elle était renforcée par une connaissance intime de la nature et du temps, et par une croyance aux pouvoirs de transformation du chaman. Créé à l'époque mythique, l'univers amérindien pouvait se répliquer sous la forme d'une maison ou d'un corps humain. Il était gouverné par de puissants esprits dont les caprices étaient tempérés par le chaman qui les affronte lors de transes sous la forme d'un esprit oiseau ou d'un jaguar. Le chaman était le personnage le plus important d'une société. Gardien des traditions mythiques de la tribu, il connaissait plus de mythes que n'importe qui et pouvait les interpréter de façon plus significative. Dans ses mains, les mythes étaient de puissants outils et armes car il s'en servait pour parler aux ancêtres et expliquer les aspects de la vie.

▶ *Diadème en argent à deux fourches, provenant d'une coiffe ouvragée portée par les chefs et le chaman.*

▲ *Trilogie de masques représentant l'homme, la terre et le ciel.*
▶ *Les jarres décorées de personnages squelettiques avaient un lien avec les idées chamaniques sur la musique, la mort et la fertilité.*

LES ORIGINES DU FEU

LES PRINCIPAUX THÈMES s'intéressent à la régulation de la société et à ses relations avec le monde naturel. Ces sujets sont souvent imbriqués et se côtoient dans les mythes de la création qui relatent la création de la lumière et de l'ordre et comment les animaux ou les femmes furent les maîtres originels de la terre avant l'usurpation de cette position par les hommes. La définition de la culture humaine en opposition au monde non domestiqué des animaux est aussi un thème dominant. Dans de tels mythes, le feu est une métaphore de la vie civilisée, même s'il a été dérobé au jaguar qui vit comme vivaient les hommes autrefois. Les transformations et l'équilibre constituent les fondements du mythe amazonien. Dans la mythologie des Kayapo du Brésil, les premiers hommes ne possèdent pas le feu et mangent leur nourriture crue comme des bêtes sauvages. Un jour, un jeune homme nommé Botoque, est abandonné

dans la jungle par son beau-frère alors qu'il ramasse des œufs d'ara. Après s'être nourri de ses excréments pendant plusieurs jours, Botoque voit un jaguar qui porte un arc, des flèches et diverses pièces de gibier. Le jaguar promet de ne pas le manger et offre plutôt de l'adopter comme son fils et compagnon de chasse. Botoque grimpe sur le dos du jaguar et se rend dans la maison du grand félin. Là-bas, le garçon voit du feu et mange de la nourriture cuite. L'épouse du jaguar se montrant hostile, le jaguar apprend à Botoque à fabriquer un arc et des flèches. Quand cette dernière le menace, il la tue d'une flèche et, ayant rassemblé de la viande cuite, ses armes et des braises, il retourne à son village. À la vue des présents de Botoque, les hommes se rendent chez le jaguar et dérobent le feu, la viande cuite, les arcs et les flèches. Courroucé, le jaguar mange désormais sa viande crue alors que les hommes s'alimentent de viande grillée.

LA SIGNIFICATION DES MYTHES AMAZONIENS

LES MYTHES s'intéressent principalement à l'explication et à la mise en ordre des relations humaines, au sein de la société et des mondes naturel et surnaturel. Dans un univers

où mythe et histoire convergent, la vie sociale est perçue comme résultant d'un assemblage d'éléments antagonistes et spirituellement dangereux – les femmes et les hommes, les parents et les parents par alliance, les animaux et les hommes. Pour qu'un groupe vive, ses membres doivent observer des règles et des rituels créés par les ancêtres et enchâssés dans les mythes. Les transgressions entraînent le chaos et le désastre. Beaucoup de ces mythes, qui cherchent aussi à expliquer la vie civilisée par opposition à la nature, prennent la forme de récits de création et de variantes des origines du feu. Ainsi beaucoup de mythes de la création traitent de sujets communs – les origines de la chasse, les secrets de la cuisson et les relations entre les hommes, les animaux et différents groupes humains. Le changement est aussi un thème fréquent : les animaux, jadis armés, chassent sans aucune aide et les femmes, qui gouvernaient le monde, ont été supplantées par des hommes. Dans les plaines tropicales, les processus de la création et de la décadence sont magnifiés par la luxuriance de la jungle, la mort subite et le cannibalisme. Les mythes reflètent ces conditions et fournissent une structure permettant de comprendre le monde de la jungle.

LES ESPRITS ET L'ART

LES IMAGES surnaturelles sont révélées au chaman dans une transe provoquée par des plantes hallucinogènes. De puissants narcotiques, comme l'ayahuasca, créent des visions colorées modifiant les formes naturelles ; beaucoup sont considérées comme sacrées. Imprégnés d'un pouvoir protecteur, ces dessins sont peints sur des maisons communes ou sur la peau pour des fêtes rituelles, et servent de base à la fabrication et à la décoration de paniers, de textiles et de poteries. Ce sont des représentations symboliques d'événements mythologiques et de héros civilisateurs ; elles relient les objets et l'architecture de tous les jours au royaume sacré des ancêtres.

LA CRÉATION AMAZONIENNE

CHEZ LES DESANA de l'Amazonie colombienne, la création survient quand un soleil créateur invisible et impénétrable fait exploser la lumière jaune dans le vide. Le Père-Soleil, Pagë Abé, se met à créer le monde naturel dans ses moindres détails : animaux, plantes et forêts, chacun avec son identité propre, ses coutumes et ses lieux. Le Soleil expose les principes de l'existence, dispense la clarté et le discernement, tel le sperme solaire, dans l'univers entier. Puis il délègue la tâche de créer à une foule d'êtres surnaturels – seigneurs de royaumes du ciel, des rivières et des animaux, par exemple. Dans la cosmogonie des Desana, les actes spectaculaires de transformation créative sont accomplis par des femmes, comme

la fille du poisson Aracu. Ces héros civilisateurs ont la responsabilité d'inventer les nombreux détails de l'existence et de la vie culturelle : la forme et la couleur des animaux, les techniques de la chasse et de la production alimentaire et les domaines symboliques du rituel et de l'art. Le Soleil prend alors deux formes : il réside dans le ciel le jour, fournissant chaleur, lumière et fertilité à la vie qu'il a créée avec ses protagonistes féminins ; sur terre, il est le jaguar surnaturel protecteur. Le Soleil demande alors à un autre être surnaturel, Pamurimahsë, de transporter le premier peuple sur la terre dans un grand canoë.

▲ *Indiens amazoniens du Brésil.*
◄ *Statue en or créée pour représenter un être surnaturel ou un chaman.*

LA « FEMME CHAMAN » FAIT LE MONDE

DANS LA MYTHOLOGIE des Barasanas, Indiens de l'Amazonie colombienne, Romi Kumu est la « femme chaman » qui a façonné le monde. C'est une vierge qui a changé sa peau à l'aide d'une calebasse magique en cire d'abeille – elle paraît jeune et belle le matin, vieille et laide le soir. La femme chaman, mère du ciel, grand-mère de tous les peuples, détient le feu à l'intérieur de son vagin, et son urine est la pluie. Ainsi, au commencement, le monde n'est rien d'autre qu'un rocher nu jusqu'à ce que Romi Kumu amasse un peu d'argile pour fabriquer une plaque sur laquelle cuire du pain de manioc. Pour soutenir cette plaque, devenue ciel, elle conçoit trois socles, ou montagnes. La femme chaman vit au-dessus de la plaque. Quand elle allume le feu dessous, les socles se brisent et la plaque tombe sur la terre, l'enfonçant et la réduisant en enfer. Alors, se logeant entre les deux, la plaque devient la terre. Une troisième plaque devient le ciel. Et alors qu'elle façonne la « porte de l'eau » sur le côté est du monde, elle l'ouvre et la terre est inondée. Tandis que l'eau monte dans la maison, tous les objets qui sont à l'intérieur se transforment en animaux féroces et commencent à dévorer les gens. La cuve à bière de manioc et le tamis à coca deviennent des anacondas, un pilier se change en caïman et des fragments de poterie se transforment en piranhas. Seuls ceux qui ont fabriqué un canoë en bois de kahuu survivent – tous les autres éléments vivants sont engloutis. Comme il n'y a aucune nourriture, les survivants réfugiés en haut d'une montagne se mangent mutuellement. Finalement, la pluie cesse, les eaux baissent et le soleil réapparaît dans le ciel.

La chaleur s'installe et tout devient si sec que la terre prend feu. Bien que Romi Kumu n'ait pas de mari, elle enfante deux filles et crée aussi le peuple Ge – des esprits ancestraux du monde qu'elle transforme en êtres ressemblant à des femmes. Alors qu'elle va donner au peuple Ge de la nourriture chamanisée venant de sa calebasse, les serpents la mangent. À minuit, elle prépare encore de quoi manger, énonce des formules protectrices et offre ses mets aux ancêtres mais ils les refusent. Romi Kumu intervertit les calebasses : l'originale est emmenée par les blancs qui l'utilisent pour changer de peau et redevenir jeunes. Finalement, le peuple Ge reçoit la calebasse qu'il utilise aujourd'hui pour célébrer des initiations.

Ⱨ
LA PEINTURE CORPORELLE

EN AMAZONIE, l'imagerie réaliste se combine aux motifs abstraits vus par les chamans pendant leurs transes. Pour plaire aux esprits et faire connaître leur identité rituelle et leur place dans la société, les Amérindiens consacrent du temps à leurs décorations. La peinture corporelle est très importante, avec l'application sur le visage, les bras et les jambes de dessins à la peinture rouge obtenue à partir de graines de rocouyer. Des coiffes sont confectionnées avec des plumes d'oiseaux mythologiques comme l'ara et la harpie. Les bijoux expriment des idées de beauté culturellement définies ; des articles tels que les miroirs et les perles de verre forment un code d'élégance et rendent la personne séduisante pour les hommes et les esprits.

LES VISIONS DE PAYSAGES MYTHIQUES

LE POUVOIR de la mythologie amazonienne appartient à un monde mû par des êtres surnaturels et non par des forces naturelles. Là où les étrangers voient une jungle infinie, les Amérindiens perçoivent un paysage riche de symboles et de métaphores, de relations avec les peuples, les ancêtres, les animaux, les plantes, les montagnes et les rivières. Dans cet univers protéiforme, les gens se changent en animaux, le vent est le souffle des esprits et chaque élément de la forêt est investi de spiritualité. Il s'agit là d'une reconnaissance philosophique des cycles de croissance et de décadence rapides, caractéristiques d'un environnement tropical luxuriant. Une conséquence de cette vision chamanique du monde est que les activités quotidiennes peuvent se réclamer d'un rituel. Certaines plantes et animaux comestibles seront évités à cause d'un tabou, et les aliments autorisés recevront les formules purificatrices du chaman avant d'être consommés en toute sécurité. Là où elle n'est pas interdite, la chasse de certains animaux nécessite que le chaman devine le lieu de vie des créatures convoitées et demande au « maître des animaux » la permission de chasser.

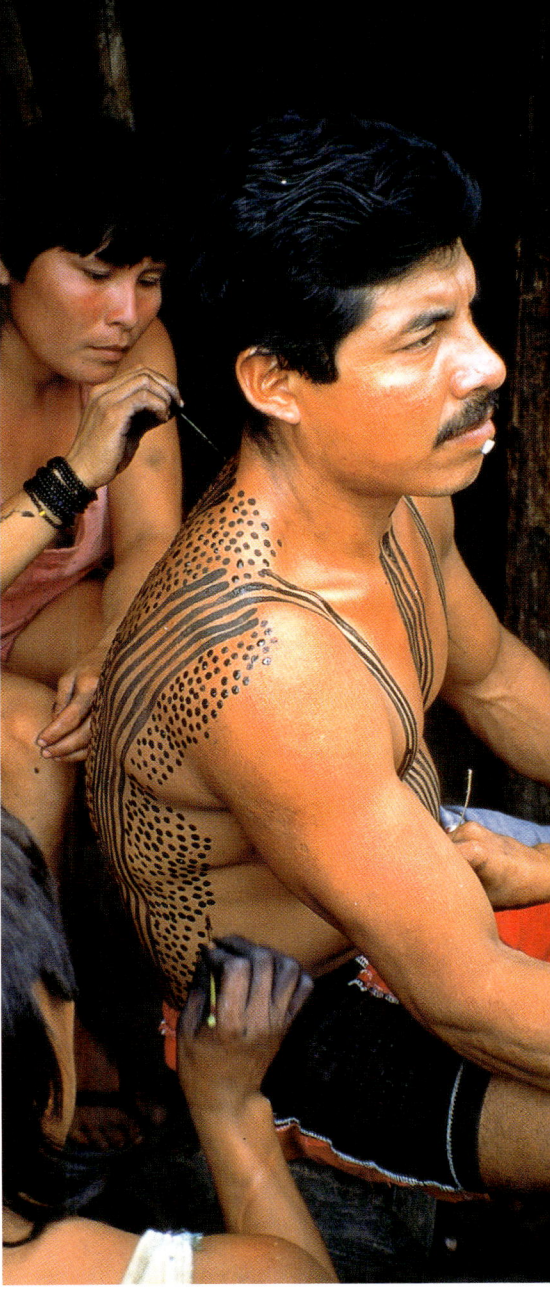

▲ *L'art de la peinture corporelle est toujours pratiqué dans certaines communautés amazoniennes.*

Couper un arbre, ramasser les feuilles de tabac ou recueillir de l'argile pour faire des pots, sont des actes qui requièrent une permission des esprits. Dans les paysages, le mythe et l'histoire se rencontrent, les sens s'unissent, les sons ont des odeurs et le goût une texture. En Amazonie, le paysage est un mythe vivant, un lieu de mémoire.

LE MYTHE ET LE MONDE PHYSIQUE

DANS LES CULTURES de la forêt tropicale,
les tribus ont leur propre interprétation
du monde physique. Les Tucano du Nord-
Ouest de l'Amazonie considèrent les éclairs
comme des cristaux de quartz qu'un chaman
jette à un ennemi ; le quartz est perçu comme
de la « lumière solide » et l'essence de la virilité.
La surface des lacs, semblable à un miroir,
marque la limite entre les mondes naturel
et surnaturel ; les rivières sont comparées
à des cordons ombilicaux et les rapides
aux demeures spirituelles des poissons.
Les animaux, eux aussi, possèdent différentes

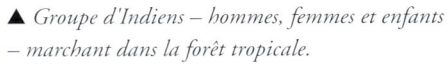

▲ *Groupe d'Indiens – hommes, femmes et enfants
– marchant dans la forêt tropicale.*

propriétés : le grognement du jaguar annonce
la pluie, ses yeux et son pelage luisants
représentent le soleil, et les buses, dévoreuses
de charognes, aident le chaman à soigner
les maladies en mangeant les agents malins
qui en sont responsables. Pour les peuples
d'Amazonie, le ciel, la terre et la mer forment
un tout spirituel et matériel. La terre est reliée
à la mer par l'échange de perles en coquillage,
le sel est échangé comme essence de fertilité
masculine et divers minéraux incarnent
des identités sociale, sexuelle et spirituelle.
Les corps célestes sont également reliés
aux rythmes de la nature par leur apparence,
de même que les aliments saisonniers.
La Voie lactée est une allée cristalline de
visions hallucinogènes perçues par le chaman
en état de transe, tandis que les météores,
les comètes et les éclipses sont des images
célestes de problèmes terrestres tels
qu'un désaccord, une guerre ou une naissance.

◄ *Vue aérienne de la forêt tropicale montrant
la couverture d'arbres interrompue seulement
par le lit sinueux d'un grand fleuve.*

 MYTHES CONNUS   PERSONNAGES

LA NUIT, LE JOUR ET LE SANG DE LA LUNE

POUR LES BARASANA, le Soleil et la Lune sont frères. Un jour, la Lune annonce qu'elle va être le jour et assécher les matrices des femmes. Le Soleil, son cadet, pensant aux besoins des humains, prend le jour à son frère et lui donne la nuit. Tandis que la lumière du Soleil est forte et rayonnante, celle de la Lune est faible ; cette dernière change son corps en sang et ressemble à un bloc de peinture rouge. Elle descend alors sur terre et pénètre une maison dont les habitants sont tous morts. Elle retire sa brillante couronne de plumes qui emplit la maison de lumière et la suspend sur un pilier au milieu de la maison. Puis la Lune se transforme en tatou et se met à gratter les os des morts. Un homme qui s'est caché dans les chevrons des combles attrape la couronne de la Lune et la cache dans un pot. La maison est alors plongée dans les ténèbres. La Lune finit par retrouver sa couronne, la remet sur retourna au ciel. C'est ainsi que la Lune descend sur terre pour manger les os des hommes qui ont fait l'amour aux femmes pendant leurs règles, car le sang de la Lune est celui de ces femmes. Quand la Lune rougit, les gens crient : l'esprit d'un parent mort répond à ceux qui sont sur le point de mourir, et ceux qui vont vivre plus longtemps ne reçoivent pas de réponse.

LA SIGNIFICATION ET LA MÉMOIRE

LES MYTHOLOGIES amazoniennes considèrent le monde à l'échelle surnaturelle, en utilisant des idées de la vie quotidienne. Dans le mythe barasana de Romi Kumu, l'univers est une maison dont les éléments se transforment en animaux. La terre est une plaque servant à cuire le pain, soutien de la vie. Ces notions sont très répandues. La division de l'espace de vie dans les maisons reflète les divisions mythologiques, avec des zones réservées à la cuisson du pain, la prise de substances hallucinogènes, la préparation de la viande et l'isolation rituelle des femmes pendant leurs règles. Chez les Yekuana, les rotondes sont perçues comme un microcosme de l'univers et liées aux montagnes conçues pour être

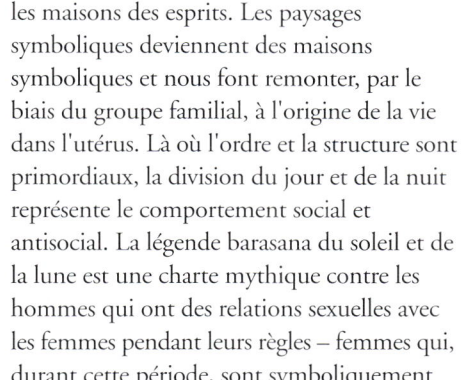

les maisons des esprits. Les paysages symboliques deviennent des maisons symboliques et nous font remonter, par le biais du groupe familial, à l'origine de la vie dans l'utérus. Là où l'ordre et la structure sont primordiaux, la division du jour et de la nuit représente le comportement social et antisocial. La légende barasana du soleil et de la lune est une charte mythique contre les hommes qui ont des relations sexuelles avec les femmes pendant leurs règles – femmes qui, durant cette période, sont symboliquement et physiquement exclues du quotidien. Le cannibalisme se rapporte aussi à l'évitement de l'inceste et à la nécessité d'accueillir des étrangers comme parents par alliance.

LES INSTRUMENTS DE MUSIQUE

LES ESPRITS des ancêtres hantent la forêt. Reliant passé et présent, ils peuvent apparaître à une personne perdue dans la forêt ou être évoqués lors de rituels reconstituant les créations mythiques. Les ancêtres confèrent un caractère sacré au paysage en déambulant dans la forêt, visitant des lieux importants et laissant des traces de leur passage. Les ancêtres habitent parfois les instruments de musique utilisés lors de rituels. Chez les Baniwas et les Barasana, les flûtes sont des ancêtres ; leur forme phallique et le souffle magique amenant la vie rappellent le temps jadis et diffusent le pouvoir régénérant du monde spirituel.

L'ESPRIT AUXILIAIRE

L'IDÉE d'un esprit auxiliaire est très répandue dans les plaines d'Amérique du Sud. C'est l'efficacité de l'alliance du chaman avec son aide qui détermine la réussite de ses rapports avec le monde surnaturel. Les esprits auxiliaires peuvent être des fantômes d'ancêtres, de puissants animaux – comme le jaguar ou l'aigle – ou de la fumée de tabac, des cristaux brillants ou des éclairs. Pour les Waiwais, les esprits auxiliaires, ou *hyasi*, aident à l'enfantement en transportant l'âme du nouveau-né au ciel pour qu'elle reçoive son nom spirituel. Le chaman mataco obtient son soutien de l'oiseau mythique, le *yulo*. Pour les Canelos, abeilles et guêpes sont les âmes de l'esprit auxiliaire.

▲ *Perle en or représentant un jaguar grognant qui signifie l'association d'un chef avec les esprits.*

GLOSSAIRE

Âge de bronze
Période remontant à 3000-2000 av. J.-C. à laquelle les peuples ont commencé à utiliser la technique du bronze, basée sur le cuivre et ses alliages.

Âge de pierre
Période de la préhistoire caractérisée par la fabrication et l'usage d'outils de pierre. Couvre les périodes du Paléolithique, du Mésolithique et du Néolithique.

Allégorie
Technique de narration selon laquelle une entité abstraite est représentée par un être animé pour transmettre une leçon morale ou pratique.

Ancêtres, culte
Maintes sociétés ont pratiqué ou pratiquent le culte des ancêtres : les hommes déifient leurs aïeux et font remonter leur histoire à un ancêtre commun qui veille sur leur lignée.

Animisme
Les peuples qui vivent proches de la nature attribuent souvent une âme aux éléments de la nature comme les bâtons, les arbres, les pierres. Cette attitude porte le nom d'animisme.

Anthropologie
Branche de l'ethnologie s'appuyant notamment sur les théories de Darwin pour étudier l'évolution humaine, les différences de modes de vie, de cultures et de sociétés à travers le monde.

Anthropomorphisme
Dans les mythes ou la littérature, tendance à attribuer des réactions ou des traits humains à des animaux, à des objets ou à des divinités.

Aryen
Langue d'un peuple de l'Antiquité vivant entre l'Asie centrale et l'Europe, ancêtre des langues indo-européennes.

Ascétisme
Doctrine de perfectionnement moral fondée sur la lutte contre les exigences du corps. Les adeptes de cette doctrine sont mus par l'art pour l'art plutôt que par une intention morale, religieuse ou éducative.

Au-delà
Lieu où l'âme est censée aller après la mort physique. Porte également le nom de Paradis, Ciel, Hadès, Enfers, Champs-Élysées…

Autochtone
Qui est issu du sol où il habite. Se dit d'un peuple indigène ou aborigène. Suggère une ascendance et une relation intime à la terre, peut-être à un niveau spirituel.

Babylone
Ancienne civilisation née sur les rives de l'Euphrate (Irak actuel). La cité de Babylone était célèbre pour ses jardins suspendus.

Bardes
Dans les civilisations celtes et de l'Europe de l'Est, les bardes étaient des conteurs qui transmettaient les mythes et les légendes de génération en génération.

Bouddhisme
Religion orientale basée sur les enseignements diffusés par le Bouddha (VIe siècle av. J.-C.) qui prônent l'abolition des désirs temporels, et donc du malheur, atteinte en empruntant des chemins vertueux.

Byzance
Ancienne cité grecque, capitale d'un empire méditerranéen possédant une architecture et un art orthodoxe caractéristiques.

Chaman
Prêtre-sorcier appartenant à la fois au monde matériel et spirituel qui possède des pouvoirs surnaturels de guérison et de métamorphose.

Chamanisme
Forme la plus ancienne de religion organisée ; croyance au pouvoir des chamans qui se font les intermédiaires entre l'homme et les mondes spirituels.

Chaudron
Souvent magiques, les chaudrons étaient considérés comme restaurateurs de vie, brasseurs de sagesse et détenteurs de visions, voire assimilés au Graal (coupe légendaire de la dernière Cène).

Christianisme
Religion mondiale issue des enseignements du Christ, fils de Dieu, qui descendit sur terre, fut victime de persécutions et finalement crucifié avant de quitter le royaume des morts et de monter au paradis.

Clan
Communauté fondée sur la parenté, descendant théoriquement d'un seul ancêtre, parfois présenté comme un être spirituel.

Corps solaires
Étoiles et planètes considérées comme des divinités participant à de nombreux mythes de fondation ou de création.

Cultes religieux
Maintes cultures anciennes adoraient plusieurs dieux mais les hommages religieux rendus à une divinité, à un saint personnage ou à un objet déifié ou à un dieu ancestral étaient qualifiés de cultes.

Cycle de la vie
Cycle de la naissance, de la mort et de l'au-delà, ou de la réincarnation, selon les religions ou les croyances.

Confucianisme
Doctrine philosophique et religieuse chinoise fondée sur les enseignements du philosophe chinois Confucius, se référant aux dieux de la nature, aux ancêtres impériaux et à l'équilibre entre le yin et le yang.

Conte mythologique
Récit permettant de transmettre les mythes et de les faire vivre soit oralement, soit par écrit, soit par le biais de récitations ou de chants.

Déesses de la fécondité
La plupart des cultures primitives étaient phallocentriques ; inquiètes de leur capacité à se reproduire, elles croyaient que certaines divinités gouvernaient la fécondité.

Déesses-mères
Certaines cultures considéraient les déesses dans une cosmologie d'ensemble avec une déesse-mère, la Terre, et un père, le Ciel.

Dégénérescence
Lorsque les mythes subissent l'influence de diverses religions du monde de telle sorte qu'ils leur ressemblent et perdent leur identité originelle, on les dit frappés de dégénérescence.

Divinités astrales
Pour expliquer la présence des planètes, on pensait que les personnes ou les divinités avaient pris la forme des étoiles, de la lune ou du soleil.

Dravidien
Relatif aux peuples non indo-européens du Sud de l'Inde et du Sri Lanka possédant près de vingt langues et une histoire littéraire vieille de deux millénaires.

Druidisme
Religion païenne pré-chrétienne du peuple celte dans laquelle les prêtres étaient des personnes érudites et des membres importants de l'ordre social.

Dualisme
Doctrine qui admet que la réalité est duale par nature, qu'elle repose sur deux principes premiers irréductibles.

Ère glaciaire
Période de grande glaciation.
La Terre a déjà connu
une vingtaine d'ères glaciaires ;
la dernière précéda immédiatement
les temps historiques.

Esprit protecteur
Dans certaines croyances,
un animal, l'âme libre
d'une personne endormie ou
un ancêtre jouait le rôle d'esprit
ou d'ange protecteur (ou gardien).

Esprits de la nature
Les cultures animistes croyaient
que les esprits, parfois les ancêtres,
habitaient dans les arbres,
les rochers ou les rivières,
expliquant ainsi leur apparence
changeante.

Étiologie
Science des phénomènes naturels
et notion employée pour les peuples
primitifs qui recouraient
aux phénomènes naturels
dans les initiations, les pratiques
religieuses et les rituels.

Être suprême
Être fécondant personnifiant
la force vitale qui anime
les mondes humain et animal.

Évolution
Processus de changement
chez les animaux et les végétaux,
leur permettant de s'adapter à leur
environnement ou d'apprendre
à le façonner, à l'image de l'homme.

Fétichisme
Culte des fétiches, ou objets
inanimés, auxquels on attribue
des pouvoirs surnaturels et une
importance religieuse ou magique.

Hellénistique
Relatif à la période classique
de la civilisation grecque débutant
en 323 av. J.-C., qui vit la culture
et les mythes grecs se répandre
dans le monde méditerranéen.

Hérétique
Personne accusée de corrompre
les dogmes religieux. L'Église
chrétienne retourna

les mythes païens (vampires,
sorcellerie) contre les hérétiques.

Héros
La capacité du héros à triompher
d'ennemis et de forces naturelles
apparemment invincibles est un
thème universel dans la mythologie.

Hindouisme
Religion dominante en Inde,
caractérisée par un système complexe
de coutumes et de croyances, dont
les nombreux dieux, la réincarnation
et le système de castes.

Identité ethnique
On parle d'identité ethnique
ou d'ethnicité quand un groupe
possède une identité basée sur
une culture, une langue,
des coutumes et une religion
communes.

Idéologie
Ensemble de doctrines,
de croyances ou d'idées propres
à un peuple, offrant un système
selon lequel organiser leur vie.

Idolâtrie
Adoration d'objets symboliques
représentant les divinités
(idoles, fétiches), qui ont
une signification particulière
dans certaines cultures ou
religions (les icônes ou
les crucifix, par exemple).

Illumination
Dans la doctrine bouddhiste,
l'éveil à la réalité
suivi du départ de l'âme
hors du cycle de la mort
et de la réincarnation.

Incantation
Répétition de mots ou de sons,
psalmodiée le plus souvent par
un groupe au cours de rituels
magiques ou religieux, visant
à jeter des sorts.

Influence géographique
La position géographique
d'un peuple, le climat,
l'environnement et les ressources
déterminent souvent
les mythes et les croyances.

Initiation
Cérémonie intronisant les jeunes
garçons dans l'âge adulte, en testant
leurs capacités et en leur enseignant
les fondements de la survie
dans la société des hommes.

Islam
Fondé au VIIᵉ siècle par le prophète
Mahomet, messager d'Allah, l'Islam
met l'accent sur l'omnipotence
et l'impénétrabilité de Dieu.

Jaïnisme
Ancienne religion indienne
ascétique prônant la non-violence
et la compassion pour toutes
les formes de vie. Ne croit pas
aux divinités.

Légende du Graal
Légende celte contant les aventures
du roi Arthur en quête des pouvoirs
surnaturels du Graal, la coupe
utilisée par Jésus à son dernier
repas (la Cène).

Lieu saint
Lieu religieux de culte, de pèlerinage,
caractérisé par des statues,
des tombeaux, des bâtiments,
des croix ou des offrandes destinés
à la divinité qui y est vénérée.

Masques
Objets symboliques portés lors des
rituels d'adoration pour représenter
des êtres surnaturels doués de pouvoirs
guérisseurs, des dieux, des ancêtres,
ou pour rejouer ou raconter
des événements importants.

Mauvais œil
Certaines cultures superstitieuses
attribuaient des pouvoirs magiques
à certains individus, jugés capables
de faire le mal par le biais
d'un simple regard.

Médiéval
Cultures et croyances relatives
au Moyen Âge, à compter du déclin
de l'Empire romain au Vᵉ siècle
jusqu'à la Renaissance au XVᵉ siècle.

Méditation
Action individuelle de contemplation
spirituelle, ou communion
d'un chaman avec des esprits divins
au cours d'un rituel.

Mésopotamie
Berceau des florissantes civilisations
anciennes de Sumer et de Babylone
(l'Irak actuel), possédant de grandes
richesses artistiques, en particulier
des sculptures (vers 3500 av. J.-C.).

Muses
Dans la mythologie grecque,
les neuf filles du dieu Zeus.
Chacune des muses inspire
une forme de création artistique.

Mythes animaliers
Les tribus de chasseurs-cueilleurs
voient souvent des relations étroites
entre l'homme et l'animal qu'ils
croient capables de transformations.
De nombreuses cultures
entretiennent une croyance
dans les mythes animaliers.

Mythes de combat
Les mythes de combat et les actes
de bravoure renforcent l'identité
culturelle, tandis que les dieux
de la guerre doivent être invoqués
sous peine d'échec.

Mythe cosmogonique
Mythe de la création qui voit
la terre primitive séparée du ciel,
les étoiles et les planètes sont créées
par les dieux ou les hommes.

Mythe de la création
La plupart des cultures
remontent au mythe
de la création du monde dans
lequel, le plus souvent, le monde
et l'ordre sont nés du chaos.

Mythes fondateurs
Communs à maintes cultures
et religions, ces mythes concernent
la création des peuples et de leur
environnement ou État.

Mythes sociaux
Ils servent à inculquer
des valeurs sociales,
des devoirs familiaux,
les tabous de l'inceste,
le respect de la hiérarchie
et des règles de comportement.

Néolithique
Âge de la pierre polie,
période la plus récente
de l'âge de pierre
(vers 8000-3000 av. J.-C.),
marquée par le développement
de l'agriculture
et le défrichage des forêts.

Nymphes aquatiques
Forces destructrices et fécondantes ;
certaines cultures croyaient
qu'elles étaient vivantes
ou renfermaient des créatures
qu'elles souhaitaient contenter.

Paganisme
À partir du XIVᵉ siècle,
les adeptes des religions
autres que le christianisme
étaient considérés comme
des païens et associés
à la superstition et la sorcellerie.

Parenté
Relations humaines fondées
sur le sang ou le mariage,
pratiquées au sein de la famille,
du clan ou de la tribu,
souvent soumises à des lois strictes,
des coutumes et des tabous.

Pastoralisme
Croyance ou idéologie
basée sur le pouvoir
et l'importance de la terre.
Les récits pastoraux incluent
l'homme et son environnement.

Pèlerinage
Voyage effectué notamment dans
l'intention de rendre hommage
à un lieu ou un sanctuaire sacré
que l'on vénère ; la pratique
des pèlerinages est associée
aux plus grandes religions.

Préhistoire
Période qui a débuté
il y a 3,5 milliards d'années,
aux premiers signes de vie sur terre
et s'est achevée vers 3500 av. J.-C.,
à l'apparition de l'écriture.

Primitif
Relatif à la période la plus ancienne
du monde. En termes de mythologie,
peut-être la période postérieure à la
création et antérieure à la fondation.

Prophétie
Ce qui est annoncé par un devin,
prophète ou visionnaire capable
de prédire l'avenir, par le biais
de la magie ou de visions. On parle
parfois du « don de prophétie. »

Réincarnation
Selon les variantes culturelles,
après la mort, une partie
ou l'intégralité de l'âme du défunt
va s'incarner
dans le corps d'un nouveau-né.

Relation symbolique
Personnification dans les mythes
et les cultes d'éléments importants
de la vie d'une culture, comme
la nourriture, l'eau ou les animaux.

Renaissance
Mouvement intellectuel
et artistique européen clôturant
le Moyen Âge qui mettait l'accent
sur les sciences et des découvertes.

Résurrection
Mythes de renaissance très
répandus dans l'Antiquité, souvent
symbolisés par les serpents qui ont
la capacité de muer.

Rituel
Célébration respectant des modèles
préétablis – incantations, danses,
chants – lors d'occasions particulières
comme initiations, naissances
ou décès.

Sacrifices et offrandes
Les peuples de l'Antiquité croyaient
que les sacrifices humains
ou animaux ainsi que les offrandes
votives apaisaient les dieux.

Saga
Récit historique ou mythologique
de la littérature scandinave ayant
trait à des rois, à des familles et à
des aventures, transmis oralement
jusqu'au XIᵉ siècle, puis par écrit.

Sage
Homme de bon sens et de raison
qui éduquait et conseillait, et parfois
prédisait l'avenir et était honoré
par sa communauté.

Sanscrit
Langue ancienne sacrée
de l'hindouisme, de la médecine,
de la loi et des récits épiques
qui a influencé la plupart
des langues indo-européennes.

Scarabée
Cet insecte industrieux, souvent
de couleur vive, était considéré
comme sacré dans l'Égypte ancienne
et souvent représenté par les artistes.

Sémite
Se dit des peuples provenant
d'un groupe ethnique originaire du
Moyen-Orient, parlant une langue
sémitique et fondateurs de l'islam,
du judaïsme et du christianisme.

Shintoïsme
Ancienne religion du Japon
se traduisant par l'unicité avec
les forces mystérieuses de la nature
et la dévotion aux descendants
royaux de la déesse du Soleil.

Société matriarcale
Culture dans laquelle prédominait
le culte des divinités féminines et de
la fécondité. La plupart des sociétés
matriarcales furent antérieures
à l'avènement du phallocentrisme.

Sorcellerie
Ensemble de pratiques magiques
visant à contrôler les forces de la
nature par des moyens surnaturels,
parfois lors de rituels religieux.

Symbole phallique
La fécondité masculine était invoquée
et vénérée dans les sociétés patriarcales
à l'aide de symboles en forme de
phallus ou représentant un pénis.

Tabou
Interdiction ou restriction religieuse
ou sociale du comportement,
comme l'inceste ou la profanation
d'objets sacrés.

Tête
Dans certaines cultures, la tête était
le siège de l'âme ; ainsi, on décapitait
ses ennemis pour prendre de leur âme.

Théromorphe
Divinité représentée sous la forme
d'un animal.

Totem
Animal, végétal ou objet sculpté qui,
dans de nombreuses sociétés dites
« primitives », représente l'ancêtre
d'un clan.

Tradition orale
Dans une culture sans tradition écrite,
transmission orale des mythes par les
bardes, anciens, chamans et conteurs.

Transe
Dans certaines cultures,
les chamans entraient en transe
hallucinogène (obtenue par la prise
de drogues) pour communiquer
avec les dieux ou les esprits.

Transformation
Métamorphose d'un objet animé
ou inanimé en un autre
(les animaux se transforment
en humains et vice-versa),
partie intégrante du chamanisme
et de l'animisme.

Vampire
Être mythique maléfique (originaire
des cultures slaves et d'Europe de
l'Est), considéré comme mort mais,
pourtant, animé et capable de changer
d'autres personnes en vampires.

BIOGRAPHIE DES AUTEURS

Arthur Cotterell
DIRECTION DES TEXTES
ET INTRODUCTIONS
Arthur Cotterell est le proviseur
du Kingston College dans le Surrey.
Autorité reconnue en matière
de mythologies du monde entier,
il a écrit et édité de nombreux
ouvrages sur ce thème, seul
ou en collaboration.

Loren Auerbach
EUROPE DU NORD
Loren Auerbach est titulaire
d'une maîtrise de lettres classiques
en anglais et en islandais du King's
College de l'université de Londres.
Elle a enseigné et donné
des conférences dans les universités
de Londres et Oxford.
Son ouvrage le plus récent est
Sagas of the Norsemen dans
la collection Myth and Mankind
aux éditions Time Life Books.

Professeur Anne M. Birell
CHINE
Anne M. Birell publie beaucoup
sur la mythologie chinoise
et fait autorité en la matière.
Son livre de vulgarisation paru
aux éditions Penguin est aujourd'hui
un ouvrage de référence.

R. P. Martin Boord
TIBET ET MONGOLIE
Avant d'obtenir son doctorat
à l'École des études orientales
et africaines de l'université
de Londres, Martin Boord
s'est formé pendant huit ans
en Inde à la philosophie
bouddhiste, qu'il pratique sous
la direction des lamas tibétains
les plus éminents.
Auteur de *The Cult of the Deity
Vajrakila* (Tring, 1993),
il a également traduit *Overview
of the Buddhist Tantra* (Dharamsala,
1996). Il est actuellement auditeur
libre et traducteur à Oxford.

Miranda Bruce-Mitford
SRI LANKA ET ASIE DU SUD-EST
Miranda Bruce-Mitford,
historienne de l'art et auteur,
a écrit et participé
à plusieurs publications sur l'art
et la culture de l'Asie du Sud-Est.

Peter A. Clayton
ÉGYPTE
Peter A. Clayton est égyptologue
et auteur de plusieurs livres
sur l'Égypte ancienne,
dont *Chronicle of the Pharaohs*
(1994, rééd. 1996 et 1998)
qui a été traduit en six langues.
Depuis 25 ans, chaque année,
il est invité à donner
des conférences en Égypte
et dans plusieurs universités
et musées d'Europe
et d'Australie.

Dr Ray Dunning
LE MONDE CELTE
Dr Ray Dunning est né
en 1947 dans le Brecon
en Galles-du-Sud. Il a enseigné
l'art et l'histoire de l'art
dans des écoles et des collèges
pendant plusieurs années.
Il est à présent chef
du département d'Études
en design au Kingston College.

Dr James H. Grayson
CORÉE
James Huntley Grayson est
chargé d'enseignement
en études coréennes modernes
et directeur du Centre d'études
coréennes à l'école des Études
de l'Asie de l'Est de l'université
de Sheffield. Anthropologue
et élève-missionnaire méthodiste
en Corée (1971-1987),
il a beaucoup écrit sur la religion
et le folklore coréens. Il a notamment
publié *Korea: A Religious History*
et *Myths and Legends from Korea*.

Dr Niel Gunson
OCÉANIE
Niel Gunson est historien
à l'Université nationale
australienne. Ses travaux
récemment publiés
sont des contributions
à l'*Atlas of World religions*
et l'*Encyclopedia of the Pacific
Islands*.

Stephen Hodge
JAPON
Stephen Hodge, japonisant,
est un auteur spécialiste
de la culture japonaise.

Dr Gwendolyn Leick
PROCHE-ORIENT ANCIEN
Gwendolyn Leick est historienne
du Proche-Orient ancien.
Elle a beaucoup écrit sur le sujet
et notamment le *Dictionary of Near
Eastern Mythology*.

Dr Helen Morales
GRÈCE ET ROME
Helen Morales, maître de conférences
au New Hall and Newnham
College à Cambridge, a publié
sur la littérature de la Grèce tardive
et l'art romain. Elle est coéditeur
de la revue d'études classiques
Omnibus, destinée aux écoles
et à tout lecteur passionné
par le monde ancien.

Mark Nuttall
SIBÉRIE ET ARCTIQUE
Mark Nuttall est anthropologue
et sociologue, spécialisé
dans les cultures de l'Arctique
et de l'Atlantique-Nord. Il a fait
de la recherche et a beaucoup
voyagé au Groenland,
en Alaska et dans les autres régions
septentrionales. Son livre le plus
récent est *Protecting the Arctic:
Indigenous Peoples and Cultural
Survival* (Harwood Academy
Publishers). Il est actuellement
maître de conférences
en anthropologie et en sociologie
à l'université d'Aberdeen en Écosse.

Richard Prime
INDE
Richard Prime a étudié
l'architecture pendant quinze ans
et enseigné la pensée de Krishna.
Auteur et journaliste indépendant,
il est aussi conseiller pour le WWF
et pour l'Alliance on Religions and
Conservation. Il a notamment
publié *Hinduism and Ecology* (1992)
et *Râmanaya, a Journey* (1997).

Professeur James Riordan
EUROPE CENTRALE ET DE L'EST
ET AMÉRIQUE DU NORD
James Riordan est né à Portsmouth
en Angleterre. Il a fait de nombreux
séjours en Europe centrale,
a vécu en Russie pendant cinq ans
et a publié plusieurs livres
sur les mythes et le folklore

de cette région. Il est actuellement
professeur d'études du russe
au Département de linguistique
et d'études internationales
à l'université du Surrey.

Dr Nicholas J. Saunders
CARAÏBES ET AMÉRIQUE
CENTRALE ET DU SUD
Nicholas J. Saunders a étudié
l'archéologie dans les universités
de Sheffield et de Southampton,
et l'anthropologie à l'université
de Cambridge. Spécialiste
de l'Amérique précolombienne
depuis vingt ans, il a associé
l'enseignement et des recherches
au Mexique, à Trinidad,
à la Jamaïque, aux États-Unis
et au Royaume-Uni.
Il est actuellement maître
de conférences en archéologie
et anthropologie à l'University
College de Londres.

Professeur Harold Scheub
AFRIQUE
Harold Scheub est professeur
de langues et de littérature africaines
à l'université du Wisconsin.
Il a récemment publié
le *Dictionary of African Mythology*
pour Oxford University Press.

Bruce Wannell
PERSE
Bruce Wannell est né à Melbourne
et a fait ses études à Oxford.
Grand voyageur, il a notamment
enseigné à l'université d'Ispahan
et travaillé avec les réfugiés afghans
dans le Peshawar. Il a également
contribué aux programmes
du service persan et pushtu
de la BBC International Service,
traduit de la poésie mystique
persane et écrit sur l'art islamique.

Professeur James Weiner
AUSTRALIE
James Weiner est un éminent
anthropologue de l'Université
nationale australienne.
Il a notamment participé
à la rédaction de l'ouvrage
World Mythology (Simon
& Schuster).

BIBLIOGRAPHIE

Ouvrages généraux

BONNEFOY YVES (sous la dir. de), *Dictionnaire des mythologies*, Flammarion, 1999

CHEVALIER JEAN ET GHEERGRANT ALAIN, *Dictionnaire des symboles*, Robert Laffont, 1982

GUIRAND FÉLIX (sous la dir. de), *Mythologie générale*, Larousse, 1992

Proche-Orient ancien

BOTTÉRO JEAN (Prés. et trad.), *L'épopée de Gilgamesh*, NRF, Gallimard, 1992

BOTTÉRO JEAN et KRAMER SAMUEL NOAH, *Lorsque les dieux faisaient l'homme : mythologie mésopotamienne*, Gallimard, 1989

CHRISTENSEN ARTHUR, *Contribution à la dialectologie iranienne, II : dialectes de la région de Sèmnán : Sourkhéí, Lásguerdí, Sägesârí et Chämerzádí*, Levin & Munksgaard, 1935

GIBSON J.-C., *Canaanite Myths and Legends*, Édimbourg, 1978

MCCALL HENRIETTA, *Mythes de la Mésopotamie*, trad. Sylvie Carteron, Seuil, 1994

Égypte ancienne

Dieux et pharaons : l'Égypte ancienne, trad. Jean-Jacques Schakmundès, Time-Life, 1997

FRANCO ISABELLE, *Nouveau dictionnaire de mythologie égyptienne*, Pygmalion, 1999

KOENING VIVIANE, *Dictionnaire de la mythologie égyptienne*, Hachette Jeunesse, 1996

MANFRED LURKER, *Dictionnaire des dieux et des symboles des anciens Égyptiens*, trad. Patrick Jauffrineau, Paris, 2000

QUIRKE STEPHEN, *Ancient Egyptian Religion*, Londres, 1992

Grèce et Rome antiques

BUFFIÈRE FÉLIX, *Le fil d'Ariane*, Aubéron, 1990

COMMELIN P., *Mythologie grecque et romaine*, Pocket, 2002

HOWATSON M. C. (sous la dir. de), *Dictionnaire de l'Antiquité ; mythologie, littérature, civilisation*, Robert Laffont, 1993

MALLARMÉ STÉPHANE, *La mythologie*, Club du Livre, 1991

NAGY GREGORY, *Le meilleur des Achéens : la fabrique du héros dans la poésie grecque archaïque*, Seuil, 1999

SCHMIDT JOËL, *Dictionnaire de la mythologie grecque et romaine*, Larousse, 1998

WATTEL ODILE, *Les religions grecque et romaine*, Armand Colin, 2001

Celtes

BRASSEUR MARCEL, *Les Celtes, vol. 2, Les rois oubliés*, Terre de brume, 1997

BRUNAUX JEAN-LOUIS, *Les religions gauloises : nouvelles approches sur les rituels celtiques de la Gaule indépendante*, Errance, 2000

MARKALE JEAN, *La grande épopée des Celtes, vol.2, Les compagnons de la branche rouge*, Pygmalion, 1997

Europes centrale et de l'Est

AFANASSIEV, *Nouveaux contes populaires russes*, trad Lise Gruel-Apert, Maisonneuve & Larose, 2003

BENOIST ALAIN DE (sous la dir. de), *Les traditions d'Europe*, Labyrinthe, 1996

FRIED JEROME et LEACH MARIA, *Standard dictionary of folklore, mythology and legend*, New York, 1949

LAPRÉVOTE LOUIS-PHILIPPE (sous la dir. de), *Ethnographie et propagandes : angoisses, rêves et espoirs d'Europe*, Presses universitaires de Nancy, 2000

Scandinavie

FAULKES ANTONY, *Snorri Sturluson, L'Edda*, trad. François-Xavier Dillmann, Paris, 1991

GUELPA PATRICK, *Dieux et mythes nordiques*, Presses universitaires du Septentrion, 1998

LECOUTEUX CLAUDE, *Hugur*, Presses de l'Université de Paris-Sorbonne, 1997

Sibérie et Arctique

BEFFA MARIE-LISE et DELABY LAURENCE, *Festins d'âmes et robes d'esprit : les objets chamaniques sibériens du musée de l'Homme*, Muséum national d'Histoire naturelle, 1999

KSENOFONTOV GAVRIIL, *Les chamanes de Sibérie et leur tradition orale*, suivi de *Chamanisme et christianisme*, trad. Yves Gauthier, Albin Michel, 1999

MALAURIE JEAN, *Hummocks*, vol. 1 et 2, Arctique central canadien, Pocket, 2003

NAOUMOVA GALA, *Taïga transes : voyage initiatique au pays des chamanes sibériens*, trad. Laurent Mannoni, Calmann-Lévy, 2002

VANIER NICOLAS, *Nord : grands voyages dans les pays d'en haut*, La Martinière, 2001

VICTOR PAUL-EMILE, *Aventure esquimau*, Éd. de l'Aube, 1997

Inde et Sri Lanka

Le Veda, Coll. Le trésor spirituel de l'humanité, Éditions Planète, 1967

DANIÉLOU ALAIN, *Mythes et dieux de l'Inde : le polythéisme hindou*, Rocher, 1994

DELEURY GUY, *Les grands mythes de l'Inde ou l'Empreinte de la tortue*, Fayard, 1992

FRÉDÉRIC LOUIS, *Dictionnaire de la civilisation indienne*, Robert Laffont, 1987

HERBERT JEAN, *La mythologie hindoue*, Albin Michel, 1979

VALMIKI, *Le Râmâyana*, trad. Hippolyte Fauche, Paris, 1999

Tibet et Mongolie

HEISSIG WALTHER, *Les Mongols, un peuple à la recherche de son histoire*, J.-C. Lattès, 1982

MIRCEA ELIADE, *Le chamanisme et les techniques archaïques de l'extase*, Paris, 1992

MIDAL FABRICE, *Mythes et dieux tibétains : une entrée dans le monde sacré*, Seuil, 2000

Tucci Giuseppe et Heissig Walther, *Les religions du Tibet et de la Mongolie*, Payot, 1973

Chine

Bailey Adrien, *The Caves of the Sun, the Origin of Mythology*, Londres, 1997

Ke Yuang, *Dragons and Dynasties: an Introduction to Chinese Mythology*, Londres, 1993

Pimpaneau Jacques, *Mémoires de la Cour céleste : mythologie populaire chinoise*, Kwok On, 1997

Tchouang-tseu et Wittgenstein Ludwig, *Montagne c'est la mer : Tchouang-tseu et Wittgenstein*, Main courante, 2003

Zheng Chantal, *Mythes et croyances du monde chinois primitif*, Payot, 1989

Japon et Corée

Frédéric Louis, *Le Japon, dictionnaire et civilisation*, Robert Laffont, 1996

Grayson James Huntley, *Myths and Legends from Korea*, Sheffield, 1998

Herbert Jean, *Réflexions sur la Bhagavad Gita*, Albin Michel, 1994

Herbert Jean, *La Mythologie hindoue, son message*, Albin Michel, 1980

Herbert Jean et Suzuki (Maître) Daisetz Teitaro, *Essais sur le Bouddhisme Zen*, 3 tomes, Albin Michel, 1972

Li Ogg, *La mythologie coréenne et son expression artistique*, Léopard d'or, 1995

Asie du Sud-Est

Le Buffle dans le labyrinthe : hommage à Paul Lévy, vol.1, *Vecteurs du sacré en Asie du Sud et du Sud-Est*, L'Harmattan, 1992

Davis R. B., *Muang Metaphisics: a Study of Northern Thaï Myth and Ritual*, Bangkok, 1984

Mus Paul, *L'angle de l'Asie*, trad. Serge Thion, Hermann, 1977

Océanie

Beckwitt Martha, *Hawaiian Mythology*, Honolulu, 1982

Kanppert Jan, *Pacific Mythology*, Londres, 1992

Poignant Roslyn, *Mythologie océanienne*, trad. Claude Ciccione, O.D.E.G.E, 1967

Australie

Johnson Thomas, *Paroles aborigènes : Australie*, Albin Michel, 1998

Roheim Géza, *Héros phalliques et symboles maternels dans la mythologie australienne*, Gallimard, 1970

Mudrooroo, *Aboriginal Mythology an A-Z Spanning, the History of the Australian Aboriginal People from the Earliest Legends to the Present Day*, Londres, 1994

Afrique

Bader Christian, *Mythes et légendes de la Corne d'Afrique*, Karthala, 2000

Bastien Christine, *Folies, mythes et magies d'Afrique noire : propos de guérisseurs du Mali*, L'Harmattan, 1988

King Noel Q., *African Cosmos: an Introduction to Religion in Africa*, Belmont, 1986

Leiris Michel, *Miroir de l'Afrique*, Coll. Quarto, Gallimard, 1995

Caraïbes

Ferguson, *Eastern Caribbean, a Guide to the People, Politics and Culture*, Londres, 1997

Gannier Odile, *Les derniers Indiens des Caraïbes : image, mythe et réalité*, Ibis rouge, 2003

Verrand Laurence, *La vie quotidienne des Indiens caraïbes aux Petites Antilles : XVIIᵉ siècle*, Karthala, 2001

Amérique du Nord

Sagesse indienne, Rocher, 1996

Dordis Claude, *Rituels des Indiens d'Amérique du Nord*, Rocher, 1995

Erdoes Richard et Ortiz Alfonso, *Et Coyotte créa le monde : mythes et légendes des Indiens d'Amérique du Nord*, Albin Michel, 2000

Erdoes Richard et Ortiz, Alfonso, *L'oiseau tonnerre et autres histoires : mythes et légendes des Indiens d'Amérique du Nord*, Albin Michel, 1995

Opler Morris Edward, *Mythes et contes des Apaches chiricahuas*, trad. Philippe Sabathé, Rocher, 1998

Rothenberg Jérôme (réunion des textes), *Les Indiens d'Amérique du Nord*, éd. et trad. Anne Talvaz, Textuel, 1998

Zimmermann Larry J., *Les Indiens d'Amérique du Nord*, trad. Jean-Louis Houdebine et Hélène Vernoux, Gründ, 2003

Amériques centrale et du Sud

Rites d'Amérique centrale : Aztèques et Mayas, trad. Delphine Nègre, Time-Life, 1998

Becquelin Pierre et Taladoire Eric, *Tonina, une cité Maya du Chiapas (Mexique)*, 4 vol., Centre d'études mexicaines et centraméricaines, 1990

Blondel Annie et Pichon Jean, *Sous le soleil inca : Pérou, Bolivie, Équateur*, Anako, 2000

Gilonne Michel, *La civilisation aztèque et l'aigle royal : ethnologie et ornithologie*, L'Harmattan, 1997

Léry Jean de, *Les Indiens du Brésil*, Mille et une nuits, 2002

Lopez Austin Alfredo, *Les paradis de brume, mythes et pensées religieuses chez les anciens Mexicains*, Maisonneuve et Larose, 1997

Stevens-Arroyo A. M., *Cave of the Jaqua: the Mythological World of the Tainos*, Albuquerque, 1988

Urton Gary (éd.), *Animal Myths and Metaphors in South America*, Salt Lake City, 1985

CRÉDITS PHOTOGRAPHIQUES

Academy for Korean Studies : 201, 202, 203(g).

AKG : 35(h), 38, 61(d), 67(h), 75, 99, 103, 120(h), 126, 129, 142(h), 143, 152, 158, 159(g), 191(d), 194(h), 203, 216, 243(b), 254, 269(h), 281(b), 298.

Christies Images : 30, 33, 51(h), 52(g), 53, 73(b), 134(b), 153(b), 186, 196(h), 197(h), 199(b), 242(h), 243(h), 249, 250(d), 252(b), 253.

Chief Pedro Guanikeyu Torres : 261(b), 262(h).

Circa Photo Library : 136(b), 189(g), Tjalling Halbertsma 175(b), 176(d), 177(b), Circa 246(g).

Clayton, Peter A : 44, 45(h), 46(toutes), 47(toutes), 49(toutes), 51(b), 52(toutes).

Collection Kharbine-Tapbor : 102, 106(h), 107, 108(h).

Reproduit avec l'aimable autorisation de Kojiki Nikon Shoki : (Shinchosha, 1991) : 195.

David Lyons : Event Horizons 88.

e.t. archive : 15(b,g,h), 23(g), 27, 29, 35(g), 38(b), 42, 62(b), 63(b), 65(h), 110, 153(b), 159(d), 193(b), 229, 244(h), 298(h), 304(h).

Foundry Arts : 251(h).

Gunson, Niel : 224.

Image Select : 133(h), 139(b), 194(b), 205, 227.

Image Select/Chris Fairclough : 109, 222(b), 230, 231.

Image Select/FPG International : 133(b), 139(h), 171, 222(h), 223(d), 233, 262(b).

Image Select/Giraudon : 13, 16(d), 21(b), 23(d), 24(toutes), 25(toutes), 36, 37(toutes), 39, 71, 79(g), 112(h), 113, 137, 138, 193(h), 196(b), 258(b), 259, 261(h).

Mary Evans Picture Library : 14, 17, 18, 20, 21(h), 31, 66(h), 80(toutes), 82(toutes), 83, 84, 86, 87(toutes), 92(h), 95(b), 97, 98, 101, 106(b), 108(b), 109(h), 111, 112 (b), 119(toutes), 128(toutes), 256(b), 268, 280, 302(h).

Riordan, J. : 104, 105, 217, 228(h).

Sanders, N. J. : 299.

Scandibild : 123, 125.

Still Pictures : Marek Libersky 140, Tony Rath 141(h), Christian Decout 177(h), Walter H. Hodge 197(b), Max Fulcher 244(b), Norbert Wu 265(h), Jamie Drummond/Christian Aid 303, Anore Bartschi 304(b).

Topham : 15(d), 16(g), 19(h), 34(b), 41(b), 134(h), 135, 136(h), 141(b), 142(b), 172, 173(toutes), 191, 199(h), 245.

Travel Photo International : 258(h), 260, 263, 264.

VAL : Musée national de Copenhague 90(h), 292(d).

VAL/Bridgeman : 19(b), 22, 24(b), 28, 40, 41(h), 43(toutes), 45(b), 48, 50, 52(d), 56, 58(h), 68(h), 70(toutes), 72, 77, 85(b), 92(b), 93, 95(h), 96, Oriental Museum, Durham University, R. U. 169(h), Chester Beatty Lib. & Gal. of Oriental Art, Dublin 178, British Library 181(b), 188, Christie's Images 189(d), Bridgeman 204, 221(h), 225, 232(d).

VAL/Artephot : Nimatallah 54, 57(toutes), Held 58(b), Nimatallah 59, Varga 60, Nimatallah 61(g), 62(h), Faillet 63(h), Nimatallah 65(b), VAL/Artephot 66(b), Varga 67(b), Held 68(h), Nimatallah 73, 74(h), VAL/Artephot 100, Scandibild 116(h), 120(b), 121, Silvio Fiore 131(h), Pietri 147(h), 150(h), 156(h), Lavaud 163(b), 166(h), Brumaire 167, Lavaud 170(h),

Faillet 176(b), Lavaud 179, Ru Sui Chu 180, G. Mandel 181(h), Lavaud 182, 183(d), Percheron 183(g), G. Mandel 184, Percheron 185(h), 187(b), Ogawa 192, Lavaud 198, Held 219, 228(b), 234, J. Guillot 247, Held 248, Varga 252(h), Held 255(h), Varga 255(b), Held 256(h), 257(toutes), Percheron 291(toutes), Percheron 293(b), Faillet 295.

VAL/Edimedia : 79(d), 85(h), 144, 145(h), 147(b), 148(h), 149, 150(d), 151, 154(h), 155, 156(b), 157, 160, 162, 165, 169(b), 218, 219(d), 220, 221(b), 223(g), 226(g), 226(d), 231(b), 232(d), 250(g), 251(b), 301(h).

Victoria and Albert Museum London : 154(b).

Werner Forman : 78, Dorset Nat. Hist. & Arch. Soc. 76, British Museum Londres 81, National Museum of Wales 89, Musée national de Copenhague 90(b), National Museum of Ireland 91, British Museum 94, Universitetets Oldsaksamling, Oslo 114, Universitetetsbiblioteket, Uppsala, Suède 115, Statens Historiska Museum 116(b), Viking Ship Museum, Bygdoy 117, Statens Historiska Museum, Stockholm 118, Statens Historiska Museum, Stockholm 122(h), 122, Arhus Kunstmuseum, Denmark 124(h), Statens Historiska Museum, Stockholm 124(b), 127(b), Manx Museum, île de Man 127(h),

Statens Historiska Museum, Stockholm 130, Viking Ship Museum, Bygdoy 131(b), National Gallery, Prague 146, Schatzkarnmer der Residenz, Munich 161, 163(h), Werner Forman 164, Collection Philip Goldman 166(b), Werner Forman 168, Collection Philip Goldman 170(b), Werner Forman 174, 175(h), 176(h), Collection privée 206, 207, Collection Philip Goldman, Londres 208 (toutes), Werner Forman 209, British Museum, Londres 210, Denpasar Museum, Bali 211(toutes), British Museum, Londres 212, Werner Forman 213, Collection privée 214, Werner Forman 215, 236, Collection privée, Prague 237(d), Collection privée, New York 237(g), Collection privée 238, Collection privée, New York 239(d), Tara Collection, New York 239(g), Art Gallery of New South Wales 240(toutes), Collection privée, Prague 241, 242(b,g), 246(d), H. W. Read Coll. Plains Indian Museum, B. Bill Hist. Center, Cody, Wyoming 266(b), Werner Forman 266(h), Museum of Anthropology, University of British Columbia, Vancouver 269(b), Centennial Museum, Vancouver 270, British Museum, Londres 271, Smithsonian Institution, Washington 272, Werner Forman 273, National Museum of Man, Ottawa, Maxwell Museum of Anthropology, Albuquerque 275(h), Portland Art Museum, Oregon 275(d), Plains Indian Museum, Buffalo Bill Historical Center, Cody, Wyoming 275(b,g), Centennial Museum, Vancouver 276, Schindler Collection, New York 277(g), Formerly Collection James Hooper, Watersfiel, England 277(d), M. et Mme John A. Putnam 279(h), Werner Forman 279(b), Provincial Museum, Victoria, Canada 281(h), Werner Forman 282-283, Liverpool Museum, Liverpool 283(d), British Museum, Londres 284, National Museum for Anthropology 284(d), 285(g), British Museum, Londres 285(h), Collection privée, New York 286, British Museum, Londres 287(h), National Museum of Anthropology, Mexico City 287(d), Museum für Völkerkunde, Berlin 288, British Museum, Londres 289(h,g), Anthropology Museum, University of Veracruz, Jalapa (h,g,d,b), Werner Forman 290, Collection privée 292(d), Collection privée, New York 293(h), Collection privée 294, Museum für Völkerkunde, Berlin 296(h), Collection privée, Paris 296(b), Collection Toni Ralph, New York 297, Werner Forman 300, Museum für Völkerkund, Berlin 301(b), David Bernstein Fine Art, New York 302(b), 305.

INDEX DES NOMS

INDEX DES THÈMES